de Gruyter Studienbuch

Ulrike Haß-Zumkehr

Deutsche Wörterbücher –
Brennpunkt von Sprach- und Kulturgeschichte

Ulrike Haß-Zumkehr

Deutsche Wörterbücher – Brennpunkt von Sprach- und Kulturgeschichte

Walter de Gruyter · Berlin · New York
2001

∞ Gedruckt auf säurefreiem Papier,
das die US-ANSI-Norm über Haltbarkeit erfüllt.

Die Deutsche Bibliothek – CIP-Einheitsaufnahme

> Haß-Zumkehr, Ulrike:
> Deutsche Wörterbücher – Brennpunkt von Sprach- und Kulturgeschichte / Ulrike Haß-Zumkehr. – Berlin ; New York : de Gruyter, 2001
>   (De-Gruyter-Studienbuch)
>   ISBN 3-11-014885-4

© Copyright 2001 by Walter de Gruyter GmbH & Co. KG, D-10785 Berlin
Dieses Werk einschließlich aller seiner Teile ist urheberrechtlich geschützt. Jede Verwertung außerhalb der engen Grenzen des Urheberrechtsgesetzes ist ohne Zustimmung des Verlages unzulässig und strafbar. Das gilt insbesondere für Vervielfältigungen, Übersetzungen, Mikroverfilmungen und die Einspeicherung und Verarbeitung in elektronischen Systemen.
Printed in Germany
Datenkonvertierung: Arthur Collignon GmbH, Berlin
Druck und Buchbinderische Verarbeitung: Strauss Offsetdruck, Mörlenbach
Einbandgestaltung: Hansbernd Lindemann, Berlin

Inhalt

Vorwort XI

1. **Einleitung** 1
   1.1 Thema, Gegenstand, Verfahren 1
   1.2 Ein roter Faden und drei Beispiele 7
   1.2.1 Erstes Beispiel – Ein Wörterbuch als Trivialroman 8
   1.2.2 Zweites Beispiel – Ein Wörterbuch der Klasseninteressen 10
   1.2.3 Drittes Beispiel – Ein Wörterbuch im Streit der Konfessionen 12
   1.3 Kultur und Kulturgeschichte 13

2. **Wie Wörterbücher entstehen und wie man sie liest** 19
   2.1 Allgemeine Vorstellungen 20
   2.2 Welche Stichwörter? 20
   2.3 Woher stammen die verarbeiteten Informationen? 23
   2.4 Form und Anordnung der Stichwörter 24
   2.5 Grammatische Angaben 24
   2.6 Wieviel Bedeutungen hat ein Wort? 25
   2.7 Das Herzstück: die Bedeutungserläuterung 27
   2.8 Enzyklopädischer Kommentar 31
   2.9 Angaben zu den Sinnverwandtschaften 32
   2.10 Angaben zu Etymologie und Bedeutungsgeschichte 33
   2.11 Angaben zur Wortbildung 34
   2.12 Beispiele und Belege 35

3. **Vom Wörterbuch als Hilfsmittel im Mittelalter zum patriotischen Symbol im 17. Jahrhundert** 39
   3.1 Die Entdeckung des Wörterbuchs als Bildungsinstrument im Früh- und Hochmittelalter 40
   3.2 Die Entdeckung des Sprachsystems im 14. Jahrhundert . . 44
   3.3 Benutzerinteressen machen Wörterbuchgeschichte: das 15. Jahrhundert 46

3.4	Die Entdeckung der Volkssprachen im Humanismus	48
3.4.1	Die humanistischen Wörterbücher zwischen den Kulturen	52
3.4.2	Ausdifferenzierung der Wörterbuchlandschaft	62

4. Die Lexikografie der ‚Haupt- und Heldensprache' in Dreißigjährigem Krieg und Barock 66

4.1	Die Sprachkonzeptionen der Sprachgesellschaften als Vorbereitung neuer Wörterbücher	68
4.2	Die neue lexikografische Praxis in den Werken von Kaspar Stieler und Matthias Kramer	75
4.2.1	Kaspar Stieler	76
4.2.2	Matthias Kramer	81

5. Vom Nutzen des Wortschatzes – die Antworten der Aufklärer 89

5.1	Das Programm des gesamtsprachbezogenen Wörterbuchs	91
5.2	Aus- oder Einschluss von literarischem, mundartlichem und fachsprachlichem Wortschatz?	94
5.3	Die Wörterbuchpraxis von Steinbach (1734/1973)	98
5.4	Die Wörterbuchpraxis von Frisch (1741/1977)	100
5.5	Die Wörterbuchpraxis von Adelung (1793–1801/1975)	105
5.6	Die Wörterbuchpraxis von Campe (1807–1811/1969)	110
5.7	Wörterbuchpraxis und gesellschaftliche Orientierung bei Adelung und Campe	115

6. Ein Jahrhundert Grimm'sches Wörterbuch 119

6.1	Gesellschaftliche Bedingungen der Entstehung des DWB	120
6.2	Sprachauffassung, Wörterbuchkonzeption und -praxis von Jacob Grimm und Wilhelm Grimm	122
6.3	Zur Wörterbuchpraxis der späteren drei Phasen	135
6.4	Quellenband und Neuauflage	138
6.5	Rezeption und Reaktionen	139

7. Die bürgerliche Sprachbildung – Daniel Sanders 143

7.1	Kritiker und Konkurrenten	143
7.2	Leitideen, Sprachauffassung, lexikografische Entscheidungen	148
7.2.1	Der Sprachgebrauch	149
7.2.2	Sprachliche Regeln – pro oder contra Sprachgebrauch?	151
7.2.3	Wortbedeutung statt Etymologie	152
7.2.4	Rhetorische Traditionen	156

7.3	Lexikografische Praxis bei Sanders	157
7.4	Konkurrenz der Wörterbücher – Konkurrenz der Kulturen	158

8. Wissenschaftliche versus ‚bloß' praktische Wörterbücher ... 162

8.1	Die Wörterbuchlandschaft wird kartografiert	162
8.2	Historischer Rückblick auf die Wörterbuchadressierung bis 1800	165
8.3	Wörterbücher ‚zum praktischen Nutzen für alle Stände'	167
8.4	Das Erfolgswörterbuch von Heyse	172
8.5	Popularisierungen der historischen-etymologischen Wortforschung	179

9. Strukturen und Vernetzung im Wortschatz – die Lexikografie Hermann Pauls ... 183

9.1	Philologie unter dem Einfluss der Naturwissenschaften	183
9.2	Pauls Sprachtheorie und Bedeutungstheorie	185
9.3	Vernetzung und historische Semantik in der Wörterbuchpraxis	189
9.4	Die Geschichte der Auflagen	193

10. Wörterbücher im Dienst der NS-Propaganda ... 202

10.1	Die Sprachsituation vor Beginn der NS-Diktatur	202
10.2	Lexikografie als Bestandteil der Sprachpolitik	205
10.3	Wörterbücher als Propagandainstrument – methodische Konsequenzen	208
10.3.1	Intention und vermittelte Sprachtheorie (Außen- und Metatexte)	209
10.3.2	Auswahl der Stichwörter	211
10.3.3	Formulierung der Bedeutungsangaben	214
10.3.4	Beispiele und Belege	219
10.3.5	Reihenfolge und Verknüpfung der Einzelbedeutungen	220
10.4	Übergang	222

11. Wörterbuchlandschaft mit und ohne Mauer ... 224

11.1	Entnazifizierung und Tradierung – Retuschen und Kompilation	224
11.2	Das *Wörterbuch der deutschen Gegenwartssprache* (WDG)	225
11.3	Duden *Das Große Wörterbuch der deutschen Sprache* in sechs Bänden (1976–1981)	233

11.4	Duden-Universalwörterbuch	239
11.5	Wahrigs Wörterbücher	240
11.6	Duden *Das Große Wörterbuch der deutschen Sprache* in acht Bänden 1993–1995	243
11.7	Duden *Das Große Wörterbuch der deutschen Sprache* in zehn Bänden 1999	246

12. Über die Grenzen – Der europäische Rahmen der deutschen Lexikografie ... 252
- 12.1 Wörterbuch-Basis ... 253
- 12.2 Wortschatz und Inventar der Stichwörter ... 256
- 12.3 Methodik ... 258
- 12.4 Sprachtheorie und wissenschaftliches bzw. gesellschaftliches Interesse an der Sprache ... 260
- 12.5 Gesellschaftliche Funktion der Wörterbücher ... 261

13. Sinn- und Sachverwandtschaften – Ordnung der Wörter oder Ordnung der Welt? ... 264
- 13.1 Anordnungsweisen ... 265
- 13.2 Der Typ des onomasiologischen Wörterbuchs ... 268
- 13.3 Historische Skizze ... 271
- 13.3.1 Mittelalter und frühe Neuzeit ... 271
- 13.3.2 Das 18., 19. und 20. Jahrhundert ... 278

14. Die Sachlexikografie und ihr Verhältnis zur Sprachlexikografie ... 291
- 14.1 Abgrenzungen und Wechselwirkungen ... 291
- 14.2 Geschichtlicher Abriss der Enzyklopädik ... 296
- 14.2.1 Antike und Mittelalter – vom Bildungsprogramm zum Wissenschaftskanon ... 296
- 14.2.2 Barock und Frühaufklärung – Systeme für die Gelehrtengemeinschaft ... 300
- 14.2.3 Der erfolgreichste Lexikograf: Comenius ... 303
- 14.2.4 Aufklärung – das System der Vernunft ... 308
- 14.2.5 Das Konversationslexikon für die bürgerliche Bildung des 19. und 20. Jahrhunderts ... 318
- 14.2.6 Nach 1945 – Multimedia für die Informationsgesellschaft ... 324
- 14.3 Mischformen und ihre Bedeutung für die Sprachreflexion ... 327
- 14.4 Enzyklopädie und Politik ... 329

15. Das Wörterbuch als Sprachrichter ... 333
- 15.1 Die Perspektive der Wörterbuchbenutzer ... 333
- 15.2 Leitvarietät ... 335
- 15.3 Regeln, Normen und Gebräuche – in der Sprache und im Wörterbuch ... 341
- 15.4 Fokussierungen des Normeninteresses – Fremdwörter und Rechtschreibung ... 352
- 15.5 Das Wörterbuch als Sprachaufklärer? ... 355

16. Computer in der Lexikografie – eine Revolution? ... 362
- 16.1 Computerunterstützte Herstellung von Wörterbüchern ... 363
- 16.2 Computerlexikografie im Dienst linguistischer Forschung ... 370
- 16.3 Revolution durch Hypertext ... 372
- 16.4 Kritik ... 375
- 16.4.1 Verhältnis der Medienelemente zueinander ... 375
- 16.4.2 Höhere Informativität ... 377
- 16.4.3 Aktualität ... 377
- 16.4.4 Quantität ... 378
- 16.4.5 Qualität und Autorität der Information ... 379

17. Anhang: Wie viele Wörter hat die deutsche Sprache? ... 381

18. Literatur ... 386
- 18.1 Wörterbücher, Enzyklopädien und verwandte Quellen ... 386
- 18.2 Forschungen ... 393

Vorwort

Der Plan zu diesem Buch entstand in Gesprächen mit Heidrun Kämper, Mannheim, die wichtige Anstöße vor allem zur thematischen Gliederung und Eingrenzung gab. Ihr möchte ich für vielfache Impulse und langjährige Begleitung im wissenschaftlichen Alltag sehr herzlich danken. Den Studierenden der Universitäten Heidelberg und Göttingen, die meiner Vorlesung zum Thema in den Wintersemestern 1996/97 und 1997/98 interessiert zugehört und meine Zweifel, ob Lexikografiegeschichte auch für andere wirklich ‚spannend' und wichtig sei, zerstreut haben, gebührt ebenfalls gehöriger Dank. Es gibt – kaum :o)) – etwas Schöneres, als sich in freundschaftlicher Atmosphäre mit Gleichinteressierten die Köpfe über Entwürfen heiß zu reden und hinterher klarer zu sehen. Für solche Momente danke ich besonders Andreas Gardt, Oskar Reichmann und Anja Lobenstein-Reichmann. Durch ihre erwartungsvolle Neugier angespornt haben ferner Herbert Ernst Wiegand und Peter Eisenberg. Wertvolle Hinweise verdanke ich Horst Börjesson, Werner Hüllen und Hartmut Schmidt, der die lexikografische Praxis des Deutschen Wörterbuchs und des Wörterbuchs der deutschen Gegenwartssprache erlebt hat. Meinem Mann Hansfrieder Zumkehr danke ich für Hilfe bei schwierigen lateinischen Passagen und – natürlich – für seine Toleranz gegenüber meiner Gestaltung von Wochenenden und Urlauben. Ermutigung, Unterstützung und Geduld brachten in sehr förderlicher Weise Susanne Rade und besonders Brigitte Schöning, seinerzeit im Verlag W. de Gruyter, auf. Für diesen vorbildlichen lektorischen Rückenwind danke ich ihr sehr.

Ulrike Haß-Zumkehr   Heidelberg, im September 2000

1. Einleitung

1.1 Thema, Gegenstand, Verfahren

Dieses Buch behandelt die Geschichte der deutschsprachigen Lexikografie vom Mittelalter bis in die Gegenwart aus sprach- und kulturwissenschaftlicher Sicht.

Sie steht auf dem Boden derjenigen Sprachwissenschaft, die die gesellschaftlichen Funktionen von Sprache und die Reflexionen über Sprache und Sprachgebrauch innerhalb der Gesellschaft für zentral hält. Ein Nachdenken über Sprache und Sprachgebrauch und die Dokumentation der Sprache bestimmter Epochen hat zu einem großen Teil in Grammatiken und Wörterbüchern stattgefunden, lange bevor die Universitätsdisziplin Sprachwissenschaft entstand. Dennoch sind historische Wörterbücher noch selten zum Gegenstand wissenschaftlicher Forschung gemacht worden, sondern wurden vielmehr als empirische Instrumente, um nicht zu sagen: als Materialsteinbruch unterschiedlichster Ausprägungen der Sprachforschung – von der Philologie bis zur Computerlinguistik – sowie anderer Kulturwissenschaften genutzt.

Der Plan dieser Wörterbuchgeschichte entsprang dreierlei Motiven: Erstens sind Wörterbücher, vor allem die ‚von gestern', ein hochinteressanter Forschungsgegenstand, zu dem hier in erster Linie Studierenden der Germanistik, aber auch Angehörigen anderer Fachrichtungen ein Zugang vermittelt werden soll. Interessant ist der Gegenstand deshalb, weil sich in der Wörterbuchgeschichte sprachhistorische mit diversen gesellschaftshistorischen Aspekten verbinden, und zwar nicht nur im Sinne einer Spiegelung dieser externen Geschichten in den Wörterbüchern. Wörterbuch- und Gesellschaftsgeschichte sind auch insofern verbunden, als die Lexikografie selbst nicht unerheblich zur Entwicklung der Sprache wie der kulturellen Orientierung einer Gesellschaft beigetragen hat. Die geradezu politische Bedeutung von Wörterbüchern resultiert aus der Tatsache, dass Menschen ‚ihre' Sprache und insbesondere den Wortschatz wohl zu allen Zeiten als Symbol und Garanten ihrer regionalen bzw. nationalen Identität verstanden haben. Für die Sprachgemeinschaft selbst ist der eigene Wortschatz symbolfähiger und erscheint greifbarer als das grammatische Regelsystem, das linguistisch gesehen für eine Sprache mindestens ebenso charakteristisch ist. Zwischen Wörterbuch- und Gesellschaftsgeschichte besteht mithin kein Spiegelungs-, sondern ein wenn auch ungleiches Wechselwirkungsverhältnis.

Zweitens soll mit dieser Wörterbuchgeschichte der empirischen Nutzung (historischen) Materials aus Wörterbüchern in den Sprach- und Kulturwissenschaften das nötige Hintergrundwissen über dieses Material in handlicher Form bereitgestellt und der zum Teil schon schwierig gewordene Zugang zu den Werken entfernterer Epochen erleichtert werden. Wer beispielsweise mit einem Text zur Verfassungsdiskussion des späten 18. Jahrhunderts zu tun hat und sich über damalige Bedeutung und Mitgemeintes bestimmter Wörter Klarheit verschaffen will, sollte wissen, erstens welche Wörterbücher hierfür infrage kommen, zweitens ob diese der Verfassungsdiskussion mehr oder weniger starke Aufmerksamkeit schenken, und drittens welche politischen Ideen die lexikografische Darstellung möglicherweise geprägt haben. Die Sprachgeschichtsforschung fängt erst an, den Quellenwert historischer Wörterbücher zu entdecken (Wiegand 1998 a, 643–646), insofern sie letztere bisher selten über die Feststellung reiner Wortbuchungen hinaus auch als Texte-in-Kommunikation wahrgenommen hat. Voraussetzung für eine angemessene Nutzung dieser Quellen ist Wissen über ihre soziale und kommunikative Einbettung. Nicht nur in der Frühzeit der deutschen Lexikografie bilden die Abhängigkeiten der Wörterbücher untereinander und von anderen Texten bzw. Textsorten ein kompliziertes Netz, das es nicht erlaubt, sie als unmittelbare historische Quelle zu nutzen; stattdessen müssen jeweils erst vielerlei Einflüsse ‚abgezogen' und mitbedacht werden (ebd. 649).

Das dritte Motiv dieses Buchs ist ein methodisches: Es soll das, was man vorläufig als Gesellschaftsbezug oder Zeittypik von Wörterbüchern bezeichnen kann, an konkreten historischen Beispielen im Licht des neueren Kulturbegriffs (zusammengefasst z. B. in Hansen 1995) untersuchen. Dieser geht über politisch-soziale Faktoren hinaus und bezieht die Werthaltungen und Orientierungen sozialer Milieus sowie ihren konstruktiven Charakter ein. Kulturelle Orientierungen werden von sozialen Gruppen nicht nur rezeptiv ‚umgesetzt', sondern eben auch aktiv verändert und tradiert. Bei dieser Tradierung spielen Wörterbücher bzw. ihre Autoren eine nicht unwesentliche Rolle, die in der Geschichtsschreibung berücksichtigt werden muss. Eine kulturwissenschaftliche Wörterbuchgeschichte kann darüber hinaus der aktuellen lexikografischen Theorie- und Methodendiskussion Aufschlüsse über die inner- wie außerwissenschaftlichen Motivationen je neuer Theorien und Methoden anbieten.

Methodische Überlegungen zu einer Lexikografiegeschichte stellte erstmals Schaeder (1987), dann Wiegand (1990, 2101 ff.), erneut Wiegand (1998 a) an. Dort wird übereinstimmend eine lexikografiezentrierte von einer wissenschaftshistorischen, einer soziokulturellen und einer sprachhistorischen Form der Lexikografiegeschichte unterschieden. Schaeder (1987, 49 f.) weist besonders eindringlich auf die sprachgeschichtliche Relevanz der Lexikografiegeschichtsschreibung hin. In der Praxis lexikografiehistorischer Darstellungen und damit auch in dem auf ihnen aufbauenden Überblick, der hiermit vorgelegt wird, verdanken die genannten Perspektiven ihre jeweilige Ausprägung und ihr Mischungsverhältnis zu einem großen Teil der Forschungslage, die bisher weitgehend lexikografiezentriert und sprachhistorisch ausgerichtet ist. Eben deshalb wird in diesem Buch – so gut die Forschungslage es eben zulässt – versucht, primär die soziokulturelle und die wissenschaftshistorische Perspektive auf die deutsche Wörterbuchlandschaft einzunehmen (vgl. Schaeder 1987, 62).

Wörterbuchautorinnen und -autoren halten selbstverständlich die von ihnen getroffenen Methodenentscheidungen für frei von gesellschaftlichen oder gar politischen Einflüssen. Aus der historischen Distanz zeigt sich jedoch, wie schwer die Grenze zwischen Wissenschaft und Gesellschaft ‚dicht zu halten' ist. Wenn Lexikografiegeschichte differenziert zeigen kann, inwiefern Wörterbücher kulturelle Orientierung leisten, dann könnte ‚Kultur' eine reflektierte Größe in Theorie und Methodologie der Lexikografie werden.

Eine Geschichte der deutschsprachigen Lexikografie im engeren, d. h. nicht kulturwissenschaftlichen Sinne bestünde in der chronologischen Beschreibung der ausgewählten Wörterbücher, in der Erläuterung ihrer charakteristischen Eigenschaften und in der biografischen Darstellung der Lexikografen und Lexikografinnen. Vielleicht würde hier und da noch etwas über die Motivationen und Intentionen mitgeteilt, mit denen die Wörterbücher verknüpft sind; hierzu gehören auch die sprachtheoretischen und methodischen Prämissen einer jeden Epoche oder bestimmter Verfasser. Das Schwergewicht einer solchen Wörterbuchgeschichte im engeren Sinn läge auf der Produktionsseite; die Rezipientenseite käme höchstens zufällig in den Blick.

Solch eine Chronologie der Lexikografie des deutschsprachigen Raums enthält auch dieses Buch in den Kapiteln 3 bis 11 und 16, angefangen vom Spätmittelalter bis ins Jahr 2000. Sie wird aber ergänzt um kulturgeschichtliche Aspekte sowie um die thematischen Kapitel 12, 13, 14 und 15, die den kulturwissenschaftlich erweiterten Absichten Rechnung tragen (dazu unten).

Die chronologischen wie die thematischen Kapitel beruhen teilweise auf eigenen, teilweise auf den lexikografiegeschichtlichen Forschungen anderer. Die wesentlichen und benutzten Titel dieser Forschungsliteratur sind im Literaturverzeichnis aufgeführt; die Lektürehinweise am Ende eines jeden Kapitels stellen den zum Selbststudium geeigneten Teil dieser Literatur dar. Die vorhandenen Bibliografien zu Wörterbüchern und Enzyklopädien stammen aus den 50-er und 70-er Jahren (Zaunmüller 1958, Zischka 1959, Kühn 1978). Obwohl auch diese nicht vollständig sein wollen und können, verzeichnen sie doch weitaus mehr Titel als die, die das Quellenverzeichnis dieses Buchs enthält; letzteres ist deshalb betont exemplarisch und berücksichtigt vornehmlich solche Titel, die, etwa über Nachdrucke, heute leicht zugänglich sind. Wichtige Quelle, in bibliografischer Hinsicht, aber auch für weiterführende Spezialliteratur, sind die chronologisch nach Epochen geordneten Artikel im dreibändigen internationalen Handbuch *Wörterbücher* (1989/1990/1991) der Reihe *Handbücher zur Sprach- und Kommunikationswissenschaft* (Berlin, Verlag W. de Gruyter), ferner das Internationale Jahrbuch *Lexicographica* (Tübingen, Verlag M. Niemeyer). Beides wird nach Autoren einzelner Beiträge zitiert.

Insgesamt weist die Lexikografiegeschichte noch kaum zusammenfassende Darstellungen über das gesamte Gebiet auf (Stötzel 1970, neu und umfassend: Wiegand 1998 a, bis Grimm einschließlich: Szlęk 1999), sondern besteht überwiegend aus Untersuchungen, die einzelne Autoren, Wörterbuchtypen oder Zeitabschnitte behandeln. Diese galt es in angemessener Weise auf einander zu beziehen und so zusammenzufassen, dass Schlussfolgerungen inbezug auf epochenübergreifende Linien und systematische Zusammenhänge möglich wurden. Dabei traten natürlich auch Forschungslücken zutage, die hier genannt werden, um Anreize zur Weiterarbeit zu geben.

Deutsche Wörterbücher ist ein knappes Etikett, mit dem in diesem Buch Folgendes gemeint ist: die für wichtig gehaltenen Wörterbücher zur deutschen Sprache einschließlich ihrer Motive, ihrer Erarbeitung und ihrer Rezeption. Dazu gehören auch sprachtheoretische und lexikografisch-methodische Ideen, medientechnische Faktoren und der politische Diskurs, hier verstanden als übergeordneter intertextueller Zusammenhang, auf den einzelne Wörterbücher bezogen sind. Sprachtheorie und lexikografische Methodologie stehen aufgrund des angestrebten kulturhistorischen Horizonts nicht im Zentrum des Buchs, werden aber immer dort – unter Rückgriff und Hinweis auf entsprechend einschlägige Literatur – angesprochen, wo Zusammenhänge zwischen Theorien- und Kulturgeschichte deutlich werden.

Als *Lexikografie* wird die Menge aller deutschsprachigen Wörterbücher und sachlichen Nachschlagewerke sowie – weiter gefasst – der Zusammenhang der Produkte mit den Prozessen von Produktion und Rezeption bezeichnet. Ein eigenes Kapitel, das fünfzehnte, wird der Rezipientenperspektive und dem Problem gewidmet, dass die Absichten der Wörterbuchautoren von den Interessen der Rezipienten oft deutlich abweichen und dass in der Beurtei-

1.1 Thema, Gegenstand, Verfahren

lung der Wörterbücher in dieser Hinsicht eine Kluft existiert. Damit verbindet sich die Hoffnung, einen Beitrag zur Schließung dieser unproduktiven Kluft zu leisten.

Ein Problem jeder Überblicksdarstellung ist die begründete Auswahl der notgedrungen wenigen zu behandelnden Gegenstände. Es gibt viel zu viele Wörterbücher und es gibt sogar viel zu viele Wörterbuchtypen, um sie alle zu behandeln. Allerdings hat sich in Spezialistenkreisen durch die Jahrhunderte hindurch eine Art Kanon der wichtigsten Wörterbücher herausgebildet. Nicht allein Jacob Grimm (1854) hat in einer kurzen lexikografiehistorischen Skizze wiederholt diejenigen Vorgängerwerke genannt, die auch heute noch als die wichtigsten gelten können: Dasypodius, Maaler, Stieler, Frisch, Adelung; mit Grimm selbst und Paul scheint der Kanon abgeschlossen. Die Genannten gelten als Verfasser maßgeblicher einsprachiger Bedeutungswörterbücher, die diesen zentralen Wörterbuchtyp für das Deutsche erst geschaffen haben. Tatsächlich haben deren Werke den größten Einfluss auf spätere Lexikografen ausgeübt, die neue Wörterbücher niemals ohne mehr oder weniger kritischen Bezug auf die ihnen zugängliche Lexikografie schreiben können. Die umfangreichen einsprachigen und auf die Gemein- oder Gesamtsprache bezogenen Wörterbücher, die, weil sie ausführlich genug sind, das Schwergewicht auf die Bedeutung legen können, bilden methodisch oft das Fundament der sonstigen, der mehrsprachigen und der Spezialwörterbücher, die hier im Großen und Ganzen ausgeschlossen bleiben müssen. Der tradierte Wörterbuch-Kanon ist also ein Stück weit den Besonderheiten der Textsorte selbst geschuldet. Aber diese ‚Höhenkamm-Lexikografie', nicht selten definiert von solchen, die sich selbst in die hochangesehene Ahnenreihe stellen, verzerrt das Bild auf die Wörterbuch-Landschaft.

Die hier vorgelegte Darstellung erweitert darum den Horizont erstens auf diejenigen Wörterbücher, die aus wissenschaftspolitischen Gründen nicht in den Kanon aufgenommen wurden: Es waren zumeist Praktiker, die den gelehrten bzw. wissenschaftlichen Lexikografen Konkurrenz machten wie Kramer, Campe, Heyse, Sanders und andere. Die Konkurrenzkämpfe können die kulturgeschichtlichen Bedingungen auch und gerade des lexikografischen Kanons besonders gut erhellen. Ihnen ist nicht nur in den chronologischen Kapiteln hinreichend Raum gegeben worden, sondern auch ein auf das 19. Jahrhundert fokussierendes Kapitel (8). In dieser Zeit schrieb die Entstehung der deutschen Philologie die Unterscheidung zwischen ‚wissenschaftlichen' und ‚bloß populären' Wörterbüchern fest, die die Wörterbuch-Landschaft in Deutschland bis in die Gegenwart besonders geprägt hat.

Die zweite Dimension, auf die der Horizont einer deutschen Lexikografiegeschichte wenigstens ansatzweise ausgedehnt werden muss, ist die europäische Lexikografie, ohne die es eine deutsche Wörterbuchtradition ebenso wenig gäbe wie eine französische, schwedische oder russische. Kapitel 12 widmet sich der Frage, wann und wo die deutschsprachige Lexikografie Impulse von außen empfangen und selbst nach außen gegeben hat und wie weit der Kreis eines engeren sprachlich-kulturellen Austauschs in Europa gezogen werden muss.

Neben den in der Regel alphabetisch geordneten Bedeutungswörterbüchern besaß in Europa der Typ des begriffssystematischen oder Synonymenwörterbuchs eine in kultureller Hinsicht besondere Bedeutung; ihm ist das 13. Kapitel gewidmet.

Die dritte Horizonterweiterung betrifft die sachbezügliche Lexikografie oder Enzyklopädik (Kapitel 14). Im nicht-fachlichen Sprachgebrauch sind die Ausdrücke *Wörterbuch* und *Lexikon* oder *Enzyklopädie* bzw. *Lexikografie* und *Enzyklopäd(ist)ik* nicht hinreichend von einander abgegrenzt, und den Nutzerinnen und Nutzern ist keineswegs immer klar, für welche Fragen welcher Typ von Nachschlagewerk am ergiebigsten ist. Dafür sind durchaus auch historische Gründe verantwortlich zu machen. Im 14., 15. und 16. Jahrhundert waren ein- und zweisprachige Wörterbücher, synonymisch geordnete Nomenklatoren sowie enzyklopädische Lexika noch nicht klar in jene zwei unterschiedlichen Überlieferungsstränge geschieden; nicht wenige Werke wollten vieles gleichzeitig bieten oder wurden entsprechend vielseitig rezipiert. Erst ab dem 17. Jahrhundert lassen sich relativ eigenständige Überlieferungen der sachinformationsorientierten und der sprachinformationsorientierten Lexika ausmachen. Auf der anderen Seite gab es, eher außerhalb des deutschen Sprachraums, Mischtypen.

Der Ausdruck *Lexikon* ist in der Linguistik überdies für etwas drittes reserviert, nämlich für das Wortschatzwissen der Sprecher (man spricht hier auch vom *mentalen Lexikon*) und für den Teil des Sprachsystems, der den Wortschatz umfasst. *Lexikon* ist also ein äußerst vieldeutiger Ausdruck. Die Unterscheidungsschwierigkeiten auf Seiten der Rezipienten führten und führen auf Produzentenseite unter Umständen zu methodischen Änderungen und zu Mischformen. Aus Sicht der Sprachlexikografie ist die Enzyklopädik ein einflussreicher kultureller Faktor, dessen Auswirkungen das 14. Kapitel gewidmet ist.

Der sprach- und kulturgeschichtliche Zugang und die Einteilung der chronologischen Kapitel 3 bis 11 und 16 verlangen nach Periodisierung. Die Sprachgeschichte im engeren Sinne unterscheidet eine althochdeutsche, eine mittelhochdeutsche, eine frühneuhochdeutsche und eine neuhochdeutsche Periode, die hier aber nicht zur Grundlage genommen wird (zum Problem Schaeder 1987, 56 ff.). In Übereinstimmung mit der neueren Sprachgeschichtsschreibung (v. Polenz 1991, 1994, 1999) und dem kulturwissenschaftlichen Ansatz werden stattdessen gesellschaftsgeschichtliche Epochen zugrunde gelegt. Im Übrigen sollen hier keine verallgemeinernden Behauptungen über ‚die Lexikografie der Epoche X' aufgestellt werden, die höchstens durch eine bedeutend breitere Materialbasis gerechtfertigt werden könnten; stattdessen konzentriert sich die vorliegende Arbeit auf exemplarische Analysen, die die Leserinnen und Leser selbst nachvollziehen und bei anderen Werken beliebig wiederholen können.

1.2 Ein roter Faden und drei Beispiele

Eine Chronik der ‚facts' ist noch keine Geschichte im Sinne einer plausibel erzählten, kohärenten ‚story'. Damit aus der Chronik eine Geschichte wird, braucht der, der sie wissenschaftlich und nicht naiv erzählen will, eine leitende Perspektive, einen roten Faden schon in der Hermeneutik, mit der er oder sie an den aus der Forschungsliteratur zusammengetragenen Stoff herangeht. Dieser Stoff ist zunächst einmal sehr heterogen, in ihm sind die verschiedenen Wörterbücher, ihre Verfasser und deren Epoche in sehr unterschiedlicher Vergrößerung, Ausführlichkeit und sehr unterschiedlichen Forschungsinteressen folgend dargestellt.

Was könnte in einer Lexikografiegeschichte als roter Faden dienen? Etwa das Interesse an der mundartlichen Prägung der Wörterbücher. Hier würde dann die allmähliche Emanzipation der Wörterbücher von einer regional gebundenen Varietät des Deutschen hin zur überregionalen Standardsprache und die Ausdifferenzierung standardsprachlicher Wörterbücher einerseits und spezieller Mundartwörterbücher andererseits herausgearbeitet.

Solch ein roter Faden der Lexikografiegeschichte orientierte sich an einem zentralen Aspekt der allgemeinen Sprachgeschichte des Deutschen. Eine Lexikografiegeschichte, die sich als Sprachgeschichte versteht, würde also danach fragen, inwiefern die Wörterbücher den jeweiligen historischen Entwicklungsstand des Deutschen widerspiegeln und inwiefern Wörterbücher Einfluss auf die allgemeine Sprachgeschichte ausgeübt haben.

Ein anderer roter Faden wäre die Frage nach den Verfahrensweisen und Instrumenten der Lexikografen. Die Geschichte der Lexikografie würde hier den Prozess der Ausdifferenzierung einer immer reflektierteren Methodik beschreiben einschließlich der Entwicklung vom Pergamentcodex über den Zettelkasten zu Computerdatenbank und interaktivem Internet-Wörterbuch.

Um ein letztes Beispiel für die zahlreichen Möglichkeiten anzugeben, der Chronik lexikografischer Werke einen roten Faden zu verleihen: Man könnte aus den facts die sprachtheoretischen Implikationen herausarbeiten, das heißt die jeweiligen Auffassungen darüber, was Sprache ist, was die Bedeutung eines Worts ist, welche Rolle die Sprachverwender spielen, welcher Stellenwert der Wortgeschichte und Etymologie zugewiesen wird oder welche Idealvorstellungen von Sprache und Sprachgebrauch mit einem Wörterbuch vermittelt werden. Lexikografiegeschichte wäre damit in Beziehung gesetzt zur Geschichte der vorwissenschaftlichen Sprachreflexion bzw. der Sprachwissenschaft und Sprachtheorie.

Der rote Faden der vorliegenden Darstellung heißt, wie erwähnt, Kulturgeschichte und stellt die Wörterbücher in einen vorderhand ziemlich weitgesteckten Rahmen, der auch die drei oben genannten Aspekte mit umfasst, jedoch ohne letzteren Vorrang zu gewähren. Bevor nun eine wissenschaftlich akzeptable Bestimmung von *Kultur*, das fast schon zu einem Modewort geworden ist, vorgenommen wird, soll anhand einiger Beispiele vorgeführt werden, wie interessant Wörterbuchgeschichte sein kann.

1.2.1 Erstes Beispiel − Ein Wörterbuch als Trivialroman

1983 erschien ein Aufsatz von der als feministische Linguistin bekannten Luise F. Pusch mit dem Titel: *„Sie sah zu ihm auf wie zu einem Gott". Das DUDEN-Bedeutungswörterbuch als Trivialroman* (Pusch 1984). Wie es sich für eine Roman-Analyse gehört, wendet sich Pusch zunächst den ‚Personen der Handlung' zu:

> Der Roman handelt von fünf Personen − von drei Männern und zwei Frauen. Die Männer werden im einleitenden Kapitel A rund 920mal erwähnt, die Frauen insgesamt etwa 180mal. Die Männer siegen mithin fünf zu eins − mit dieser Verteilung zeigt der Roman ein feines Empfinden für die Rangordnung im wirklichen Leben. (Pusch 1984, 136)

Einer der drei Männer wird dann wie folgt charakterisiert:

> Zu Beginn des Romans erfahren wir über „Ihn", dass er sich in der Sonne *aalte*, *abartig* veranlagt ist, plötzlich nach links *abgebogen* ist, die Ausführung des Plans *abgebogen* hat, den Revolver *abdrückte* und seinen Fehltritt *abbüßte*, indem er zwei Jahre *abbrummte*. (ebd.)

Man merkt, dass hier ganz bestimmte Teile des Duden-Romans zur Analyse herangezogen worden sind: die von den Lexikografen erfundenen Beispielsätze zu den Wortartikeln mit dem Anfangsbuchstaben A. Für die beiden weiblichen Hauptpersonen findet Pusch zwei Rollenfächer vor: Das „Urbild der deutschen Haus- und Ehefrau" und das Flittchen, das „Schindluder mit den Männern treibt". Die eine hat „täglich das Baby *ausgefahren*", „den Kühlschrank *abgetaut*", „erwartete mit großer *Angst* seine Rückkehr" und „pflegte

1.2 Ein roter Faden und drei Beispiele

ihn *aufopfernd*", während die andere „ein *Ausbund* aller Schlechtigkeit" ist, es „nur auf sein Geld *abgesehen* hat" und „versuchte, die Mitarbeiter gegen ihn *aufzubringen*" (ebd. 140 f.).

Pusch liest die Beispielsätze des 1970 erschienene Duden-Bedeutungswörterbuchs als „Sittengemälde der heutigen Zeit" (ebd. 139). Ob sich in der 1985 erschienenen Neubearbeitung des gleichen Buchs eine andere Zeit spiegelt, hat sie wohl nicht mehr untersucht.

Pusch fragt im Übrigen nicht danach, ob die Verfasser des Duden-Bedeutungswörterbuchs männlich oder weiblich waren. Tatsächlich hat es meist ungenannt wohl schon früh Frauen gegeben, die Wörterbücher geplant und geschrieben haben, aber genannt werden sie in der Regel erst im 20. Jahrhundert (vgl. Zischka 1959, XXIV).

Dass man ein Buch als das „Sittengemälde" der jeweiligen Zeit lesen kann, ist einleuchtend. Aber ein Wörterbuch? Ist nicht die Zeit- und Gesellschaftsgebundenheit von Wörterbüchern geringer als von sonstiger Literatur? Handelt es sich bei Nachschlagewerken nicht um objektive Informationsspeicher? Wie sonst sollte man sich in Zweifelsfällen bei ihnen als unbestechlichen Sprachrichtern Rat holen können?

Lexikografen vertreten in der Regel den Standpunkt, ihre Produkte seien ‚objektiv' und vor allem ideologisch ‚neutral'. Dieses Selbstbild ist insofern verständlich, als ja die Funktion der Orientierung über Normen, um derentwillen wir in Wörterbüchern und Lexika nachschlagen, für diese Textsorte konstitutiv ist und nicht durch die Vorstellung willkürlicher, subjektiver Inhalte zerstört werden soll. Die Brauchbarkeit als Nachschlagewerk und Orientierungshilfe, womöglich als oberste Instanz in Fragen ‚richtigen' oder ‚falschen' Sprachgebrauchs steht und fällt mit der behaupteten Objektivität und Neutralität der Wörterbuchinhalte. Anders als die Inhalte anderer Bücher bzw. Textsorten werden die Inhalte von Wörterbüchern oft *Informationen* genannt, ähnlich übrigens wie die Inhalte, die von Computern übermittelt werden. Mit *Information* wird im Unterschied zu *Angabe* oder *Aussage* oder gar *Behauptung* ein Inhalt bezeichnet, den man sich als nackt, unverfälscht, wissenschaftlich erarbeitet und von irgendwelchen Interessen unbeeinflusst vorstellen soll.

Man merkt schon, dass ich auf eine kritische Sichtweise der in Wörterbüchern enthaltenen Inhalte und der ihnen zugeschriebenen autoritativen Gültigkeit hinaus will. Nicht selten haben erst die Rezipienten ein Wörterbuch zur Autorität, zur obersten Instanz und zum Richter gemacht, wohingegen die Lexikografen nichts weiter als eine genaue *Beschreibung* der Wörter und ihrer Verwendung durch Sprecher und Hörer beabsichtigten. Tatsache ist, dass unser aller Wissen über die Textsorte Wörterbuch diesem ein hohes Maß an Orientierungsleistung und Normativität zuschreibt.

1.2.2 Zweites Beispiel – Ein Wörterbuch der Klasseninteressen

Das zweite Beispiel zeigt den in dieser Hinsicht besonderen Fall einer Lexikografengruppe, die in ihrem Wörterbuchvorwort scheinbar von der textsortenkonstitutiven Objektivität abgewichen ist, indem sie sich zur sozialistischen Ideologie bekannte. Es handelt sich um das Vorwort zum 1981 in der damaligen DDR erschienenen 4. Band des *Wörterbuchs der deutschen Gegenwartssprache* (WDG) von Ruth Klappenbach und Wolfgang Steinitz, dem sechsbändigen Pendant zum *Großen Wörterbuch der deutschen Sprache* des westdeutschen Dudenverlags (Näheres zu beiden siehe Kapitel 11). Dort heißt es:

> Infolge dieser gegensätzlichen gesellschaftlichen Entwicklung sind bedeutsame sprachliche Unterschiede zwischen der sozialistischen DDR und der staatsmonopolistischen BRD entstanden. [...] Auf Grund der in zwei Jahrzehnten sozialistischen Aufbaus gefestigten moralisch-politischen Einheit der werktätigen Klassen und Schichten wird der aus der Lehre von Marx und Engels hervorgegangene und sich mit den neuen objektiven Verhältnissen weiter entwickelnde gesellschaftlich-politische Wortschatz mehr und mehr zum festen Besitz des Staatsvolkes der DDR. In der BRD dagegen wird der überkommene, aus dem System der Einrichtungen, Bezeichnungen und Anschauungen der bürgerlichen Gesellschaft hervorgegangene Wortschatz beibehalten und den neu auftretenden Erscheinungen entsprechend erweitert; zugleich mißbraucht die Monopolbourgeoisie die Sprache zunehmend für den Versuch, die öffentliche Meinung mit Hilfe der ihr zur Verfügung stehenden Massenkommunikationsmittel zu manipulieren.
>
> Für den Lexikografen werden die sprachlichen Divergenzen zwischen der DDR und der BRD vor allem in der Veränderung der Bedeutungen, im Aufkommen neuer Wörter und im Zurückgehen alter Bildungen faßbar. [...] Die tiefgreifendste Veränderung in der Lexik beider Gesellschaftsordnungen ist durch die Bedeutungsdifferenzierung ein und desselben Zeichens entstanden [...] Die begrifflichen Unterschiede haben ihre Ursache darin, dass in der sozialistischen und in der bürgerlichen Ideologie gegensätzliche Klasseninteressen zum Ausdruck kommen, die die adäquate Widerspiegelung gesellschaftlicher Verhältnisse möglich machen bzw. verhindern. (WDG, 4. Bd., 1981, Vorbemerkung, 2411).

Hier wird also zunächst zum Ausdruck gebracht, dass dieses Wörterbuch die Bedeutungen der Wörter gemäß der sozialistischen Gesellschaftsordnung erläutert, das heißt, es wird die bestimmte ideologische Perspektive der Lexikografen explizit benannt. Insoweit zeigt das Vorwort des vierten Bands des WDG eine bemerkenswerte Offenheit und Selbstreflektiertheit. Bei genauerem Hinsehen wird aber nicht die lexikografische Darstellung als ideologiegeprägt bezeichnet, sondern der Wortschatz, den das Wörterbuch beschreibt. Insofern sehen sich die Lexikografen selbst doch wieder als ‚neutral', und nur das Deutsch, das sie darstellen, ‚wie es ist', ist einem politisch-gesellschaftlichen Wandel folgend ideologisch geprägt.

Dennoch bleibt festzuhalten, dass hier von lexikografischer Seite aus erstmals die Existenz einer Kategorie ‚weltanschauliche oder ideologische Ge-

1.2 Ein roter Faden und drei Beispiele

bundenheit' von Wörterbüchern benannt wird, die mit anderen gesellschaftspolitischen Vorzeichen auch für den bundesdeutschen *Duden* und andere Wörterbücher gilt. Gegen Ende des Vorworts der DDR-Lexikografen heißt es dazu:

> Das Wörterbuch der deutschen Gegenwartssprache [...] wird vom 4. Band an den gesamten Wortschatz konsequent auf der Grundlage der marxistisch-leninistischen Weltanschauung darstellen. Das gilt für die Auswahl der Stichwörter, für die Bedeutungsangaben, die kommentierenden Bemerkungen und auch für die Auswahl der Beispiele. (WDG, 4. Bd., 1981, 2412).

Hatte Pusch im ersten Beispiel ihre Kritik an der patriarchalischen Gebundenheit eines Wörterbuchs allein an den in diesem Fall von den Lexikografen selbstgebildeten Beispielsätzen festgemacht, so werden hier noch weitere Elemente genannt, an denen sich die irgendwie weltanschauliche Prägung eines Wörterbuchs ablesen lässt: die Auswahl der Stichwörter im Ganzen; *Produktionsgenossenschaft* und *Volkseigentum* sind Beispiele hierfür. Aber diese Wörter verzeichnet etwa der in der Bundesrepublik entstandene Rechtschreibduden von 1973 auch, und zwar mit dem Zusatz „(DDR)", ebenso wie das WDG umgekehrt das Wort *Management* als BRD-typisch markiert. Bei solchen offensichtlichen Ideologismen spielt aber die Art der Bedeutungserläuterung die größere Rolle, die in mehrbändigen Werken ausführlicher und damit aussagekräftiger ist als in einbändigen. *Marxismus* wird etwa im WDG wie folgt erläutert:

> von Marx und Engels begründetes, in sich geschlossenes System von Theorien, dessen Bestandteile der dialektische und historische Materialismus, die politische Ökonomie und der wissenschaftliche Sozialismus sind und das zur wissenschaftlichen Weltanschauung der Arbeiterklasse und anderer progressiver sozialer Gruppen und zur theoretischen Grundlage für die revolutionäre Umgestaltung der Gesellschaft geworden ist (WDG 4. Bd., 1981, 2452).

So sehr viel anders ist die Bedeutungsangabe im Duden-GWDS (1976–1981) zwar auch nicht formuliert, aber im Anschluss an diese Angabe folgen im WDG Beispielfügungen, die wohl in der Tat den offiziellen DDR-Sprachgebrauch spiegeln:

> „Seminare zum Studium des Marxismus"; „im Geiste des Marxismus handeln"; „den Marxismus verwirklichen, in die Tat umsetzen" (WDG a. a. O.).

Beispielsätze und kürzere Beispielfügungen sind also immer besonders ideologieverdächtige Elemente eines Wortartikels, aber ihre Auswahl oder freie Formulierung ist nicht die einzige Entscheidung, die Lexikografen treffen müssen und die sie, wenn nicht gänzlich unreflektiert, in halbwegs bewusster Übereinstimmung mit ihren Vorstellungen von der Welt, der Gesellschaft, der Kultur und der Sprache treffen. Auf welche Elemente des Wörterbuchs sich diese Entscheidungen beziehen, wird noch eingehend besprochen werden.

1.2.3 Drittes Beispiel – Ein Wörterbuch im Streit der Konfessionen

Das dritte und letzte Beispiel für den roten Faden meiner Lexikografiegeschichte ist dem 19. Jahrhundert entnommen. Das größte Unternehmen in der deutschen Lexikografiegeschichte ist das von den Brüdern Jacob Grimm und Wilhelm Grimm in den 1840-er Jahren begonnene und in den 70-er Jahren unseres Jahrhunderts von natürlich anderen, jüngeren Leuten mit dem 33. Band fertiggestellte *Deutsche Wörterbuch*. Die Brüder Grimm waren schon berühmt, als sie dieses ihr Alterswerk begannen. Folglich wurde schon der allerersten Lieferung, die im Mai 1852 erschien, große öffentliche Aufmerksamkeit zuteil. Das Werk wurde dabei nicht ausschließlich überschwänglich gefeiert, sondern auch kritisiert; ein Kritikpunkt kam dabei von katholischer Seite. Ich zitiere aus einer Rezension in der in Köln erschienenen *Deutschen Volkshalle*:

> Jüngst war, irren wir nicht, in der ‚Deutschen Volkshalle' darauf hingedeutet, daß das große deutsche Wörterbuch der Brüder Grimm ein sehr gelehrtes, aber durchaus protestantisches Werk werden würde. Die erste Lieferung (A – Alltags) liegt nun vor, und bestätigt dieses Vermuthung mehr als genügend. Man vgl. z. B. Abendmahl und noch mehr Ablaß. Dort fehlen viele, hier noch mehr Wörter, welche in der katholischen Kirchensprache gebräuchlich sind. Hier werden nur Ablaßbrief, Ablaßjahr, Ablaßkram, Ablaßmarkt, Ablaßwoche angeführt, und wie wird Ablaß erklärt? […] „Hauptsächlich aber steht es (das Wort Ablaß) für den kirchlichen Erlaß der Sünden ums Geld (die Indulgenz), wider welchen die Reformation siegreich eiferte." – Was sagen die Katholiken hierzu? Sapienti sat! Zum Überfluß mag noch erwähnt werden, dass nur Beispiele aus Luther angeführt werden. Es scheint uns sehr wünschenswerth, dass wir Katholiken in der Ausarbeitung eines großen deutschen Wörterbuches den Protestanten auf dem Fuße folgen. […] Einstweilen möge es genügen, die Katholiken, denen ihre Religion am Herzen liegt, vor diesem Grimm'schen Werke gewarnt zu haben, durch dessen Anschaffung sie die Herausgabe eines katholischen Wörterbuches erschweren und zugleich in den Bildungskreis ihrer Familien eine derjenigen Giftquellen leiten würden, welche insofern die allergefährlichsten sind, als sie unvermerkt und allmälig in unreifen Geistern das Licht der Wahrheit auslöschen. (zit. nach Kirkness 1980, 179).

Dass die Brüder Grimm bewusst ein protestantisch ausgerichtetes Wörterbuch geplant hätten, kann man nicht behaupten; ihnen ging es programmatisch um die gesamte deutsche Sprache und sie hatten dabei alles vordergründig Politische ausgeschlossen. Allerdings hatte Jacob Grimm in Briefen an Freunde, in denen er auf die Kritik katholischer Kreise Bezug nahm, die

1.3 Kultur und Kulturgeschichte

Auffassung vertreten, die Katholiken hätten zur deutschen Literatur eben so gut wie nichts beigetragen und bräuchten sich daher nicht zu wundern, wenn sie bei der Dokumentation literarischer Belege im Wörterbuch kaum vorkämen. Natürlich war Grimm hier ungerecht, und er hätte für *Ablaß* und die anderen Stichwörter durchaus Beispiele aus Werken katholischer Theologen und Schriftsteller auswählen können – der Reformator und Gründer des Protestantismus Luther ist für eine möglichst wertneutrale Illustrierung des spezifisch katholischen Terminus *Ablaß* in der Tat denkbar ungeeignet. Aber indem sich Grimm auf die Quellen beruft, in deren Mehrzahl *Ablaß* nun einmal so abwertend dargestellt sei, macht er auf eine soziologische Voraussetzung auch der Lexikografie aufmerksam, darauf nämlich, dass der Bildungsstand in den evangelischen Gebieten Deutschlands durchschnittlich höher war (und trotz weitgehender Säkularisierung noch ist) als in den katholischen Gebieten. Damit zusammenhängend waren auch die literarischen und vor allem die industriellen Aktivitäten protestantischer Gegenden höher.

Konfessionelle und damit bildungssoziologische Traditionen nehmen hier Einfluss auf Literaturproduktion und auch auf die Literaturwahrnehmung der in der einen oder der anderen Tradition sozialisierten Lexikografen; Literaturproduktion und -wahrnehmung übt Einfluss aus auf die Quellen der Lexikografen; und die Quellen liefern ihnen das Material, aus dem heraus die Stichwortwahl getroffen und die verschiedenen Angaben zu Bedeutung und Verwendung gewonnen werden. Die hierbei im einzelnen angewendeten Verfahren werden im zweiten Kapitel besprochen.

Dass das Grimmsche Wörterbuch auch in Bezug auf das Judentum eine für die Gesellschaftsmehrheit der Zeit typische und das heißt feindselig-abwertende Haltung sichtbar werden lässt, ist nach diesem Beispiel zu erwarten. In den Kapiteln 6 und 7 wird noch davon zu handeln sein.

In den drei Beispielen war von ‚Sittengemälde der Zeit' die Rede, von Gebundenheit an das Weltbild der Lexikografen, auch vom Anteil der Wörterbuchbenutzer an der Einschätzung dessen, was über die ‚nackte' Information hinaus geht; es war die Rede von politischer und von konfessioneller Ideologie. Damit komme ich zur Bestimmung von Kultur und Kulturgeschichte.

1.3 Kultur und Kulturgeschichte

In alltagssprachlicher Verwendung ist der Ausdruck *Kultur* wenig scharf bestimmt. Manchmal hat man den Eindruck, es handele sich gar um ein Modewort; man denke an die Beschwörung *politischer Kultur* oder die Werbung mit

Wohnkultur. Wichtig ist aber, dass *Kultur* hier stets als ein wertendes Prädikat verwendet wird, was man schon daran erkennen kann, dass es auch die Bezeichnungen *Unkultur* oder *kulturlos* gibt. Mit dieser gemeinsprachlichen, wertenden Verwendung von *Kultur* haben wir es hier aber nicht zu tun, sondern mit dem wissenschaftlichen Kulturbegriff der verschiedenen modernen „Kulturwissenschaften".

Fach- und Wissenschaftssprachen können und müssen sich oft vom Sprachgebrauch der öffentlichen Diskussion abkoppeln und ihre Begriffe dann so scharf zu bestimmen suchen, wie es möglich oder nötig ist. So ist es auch mit dem Kulturbegriff, der hier die leitende Perspektive einer Lexikografiegeschichte angeben soll. Ich gehe aus vom Kulturbegriff der Kulturanthropologie, einer wissenschaftlichen Disziplin, die die „Wechselbeziehungen zwischen sozialen Prozessen und Strukturen, den Lebensweisen und Mentalitäten wie den Wert- und Denknormen von Gesellschaften und sozialen Gruppen" (Sandkühler 1990, Bd. 2, 119) zum Gegenstand hat und auf dieser Basis, ähnlich wie die Ethnologie, Kulturen vergleicht. Die Kulturanthropologie verbindet in interdisziplinärer Weise die Perspektiven von Politologie, Soziologie, Sozialpsychologie und einer sozialwissenschaftlich ausgerichteten Geschichtswissenschaft. Auch die von französischen und britischen Historikern entwickelte sogenannte Mentalitätengeschichte hat die Kulturwissenschaft befruchtet, insofern sie die unbewussten Wert- und Vorstellungssysteme der Individuen erforscht.

Der amerikanische Kulturanthropologe Clifford Geertz (1987) bestimmt *Kultur* wie folgt:

> Der Kulturbegriff, den ich vertrete und dessen Nützlichkeit ich [...] zeigen möchte, ist wesentlich ein semiotischer. Ich meine mit Max Weber, dass der Mensch ein Wesen ist, das in selbstgesponnene Bedeutungsgewebe verstrickt ist, wobei ich Kultur als dieses Gewebe ansehe. Ihre Untersuchung ist daher keine experimentelle Wissenschaft, die nach Gesetzen sucht, sondern eine interpretierende, die nach Bedeutungen sucht. Mit geht es um Erläuterungen, um das Deuten gesellschaftlicher Ausdrucksformen, die zunächst rätselhaft erscheinen. (Geertz 1987, 9).

Geertz bestimmt Kultur also als ein „selbstgesponnenes Bedeutungsgewebe" des sozial verfassten Menschen. Kultur ist der Interpretationsrahmen, innerhalb dessen sich eine soziale Gruppe (und die Individuen in ihr) die eigene Situation und Umwelt deutet. In der empirisch arbeitenden Geschichtswissenschaft wird *Kultur* mittlerweile ganz ähnlich begriffen, nämlich als

> auf mental verankerte Orientierungsmuster und Verhaltensmaximen bezogen [...], die hinter authentischen kulturellen Objektivationen stehen. Kultur läßt sich begreifen als ein Rahmen, innerhalb dessen sich die Lebenspraxis handelnder, fühlender, denkender Menschen bewegt (K. Rohe zit. nach G. Schmidt 1986, 21).

1.3 Kultur und Kulturgeschichte

Kultur ist alles, was der sinnvollen Deutung von Wirklichkeit dient. Der Historiker Jürgen Kocka erläutert:

> Solche Deutungen enthalten Informationen über wahr und falsch, gut und böse (gerecht und ungerecht), schön und häßlich. Sie bestimmen darüber mit, in welchen Zusammenhängen die Menschen ihre Wirklichkeit wahrnehmen und einordnen, wie sie Tatbestände, Handlungen, Innovationen moralisch bewerten und zu welchen ästhetischen Einstellungen sie gelangen. Solche Deutungen prägen die sich nur langsam verändernden Mentalitäten, die Handlungsdispositionen, die Lebensweise der Menschen mit. Zum Ausdruck gebracht werden solche bedeutungsvollen, sinndeutenden Zeichensysteme durch eine Vielzahl von Phänomenen. (Kocka 1987, 39)

Kultur soll hier also aufgefasst werden als ein von Menschengruppen selbstgesponnenes Gewebe, oder unmetaphorisch gesagt, als ein vielschichtiges System bedeutungsvoller Zeichen, die dazu dienen, sich in der jeweiligen Welt zurechtzufinden. In diese Orientierungsleistung sind sowohl die existenziell grundlegenden Werte einbezogen wie auch die alltäglich-praktischeren Konventionen. Kulturanthropologen haben viel, vielleicht sogar vor allem mit nonverbalen Zeichen zu tun. Geertz beschreibt etwa einen balinesischen Hahnenkampf und seine Bedeutung für die Beteiligten; hier sind Augenzwinkern, Kopfnicken usw. die Zeichen, die es zu deuten gilt. Philologen in literalen Gesellschaften haben es da leichter, denn sie haben es bei dem Phänomen Kultur vor allem mit sprachlichen Zeichen zu tun, mit Äußerungen verschiedenster Komplexität, mit Texten, mit Sätzen, mit Wörtern.

Unter diesem Aspekt sind Wörterbücher also in zweifacher Hinsicht kulturell relevant: einmal, weil sie begriffliche Inhalte von Wörtern fixieren und zwar mit Autorität, und zum Zweiten, weil sie als Textsorte oder als Einzeltext Zeichen im kulturellen Orientierungssystem sind. Das Grimmsche Wörterbuch etwa war ein nationales Symbol; die Enzyklopädien im frühen 19. Jahrhundert waren Symbole für das Selbstbewusstsein des Bildungsbürgertums. Wörterbücher also enthalten *und* sind selbst sprachliche Zeichen. Wie man solche sprachlichen Zeichen interpretiert, gehört ebenfalls zum tradierten Know-how der philologischen Disziplinen. Deshalb ist eine kulturwissenschaftliche Lexikografiegeschichte primär eine Sache der Philologie bzw. Linguistik und nicht der Geschichtswissenschaft.

Kultur als selbstgesponnenes Bedeutungsgewebe ist durch drei wesentliche Eigenschaften charakterisiert: Kulturelle Zeichen sind sozial festgelegt und nur innerhalb einer sozialen Einheit bedeutungsvoll. Diese Sozialität haben kulturelle Systeme mit sprachlichen Systemen gemeinsam. Die Bedeutung kultureller wie sprachlicher Zeichen kann nur entstehen und existieren in irgendwie zwischenmenschlichen Beziehungen. Man denke an die literaturwissenschaftliche ‚Grundregel', dass die Bedeutung eines Textes niemals nur das ist, was der Autor ‚mit ihm sagen wollte', sondern immer auch das, was Rezipienten aus ihm machen. Die Bedeutung eines Worts oder eines kulturellen Zeichens ist nie nur oder genau das, was ein Individuum mit ihm zu verbinden glaubt; es wäre nicht kommunizierbar, wenn es keine Schnittmenge im Bedeutungswissen aller beteiligten Individuen gäbe. Nicht die individuellen Aspekte des Zeichengebrauchs sind also das Entscheidende, sondern die sozialen, gemeinsamen Aspekte.

Um die Bedeutung eines kulturellen oder sprachlichen Zeichens zu bestimmen, muss also zunächst sein sozialer Geltungsbereich bestimmt werden, das heißt, es muss die gesellschaftliche Gruppe bestimmt werden, innerhalb der es seine symbolische und orientierende Funktion besitzt. Und es muss bestimmt werden, ob und wenn ja, wie das Zeichen auch in anderen, benachbarten oder sich mit der ersten überschneidenden Gruppen verstanden wird. Man denke an die verschiedenen Schichten einer Gesellschaft oder an die gleiche Schicht in verschiedenen historischen Epochen. Der Ausdruck *Bildung* beispielsweise hatte für das Bürgertum im 19. Jahrhundert eine andere Bedeutung, als er es für die Landarbeiter hatte, und auch eine andere, als er es für das Bürgertum im 20./21. Jahrhundert hat.

Die zweite Eigenschaft von Kultur als System orientierender Zeichen ist ihre historische Dimension. Maurice Halbwachs (1985) hat Kultur als „kollektives Gedächtnis" bezeichnet (vgl. Assmann 1988). Kollektives Gedächtnis ist das, was alle Angehörigen einer bestimmten sozialen Gruppe insgesamt von der Geschichte dieser Gruppe erinnern und als Erinnertes bewahren, sei es mündlich in Form von Mythen und Geschichten oder schriftlich in Form wissenschaftlicher Geschichtsschreibung. Die Historizität von Kultur ist insofern wichtig, als damit alle biologistischen Definitionsansätze von Kultur ausgeschlossen sind, die man bei einer Redeweise von der „mentalen" Verankerung von Kultur assoziieren könnte. Wenn es so etwas wie die deutsche Kultur gibt, untergliedert in die zueinander hin mehr oder weniger offenen Kulturen der gesellschaftlichen Schichten und Gruppen, und im Unterschied etwa zu einer französischen, britischen, gesamteuropäischen Kultur usw., dann niemals aus genetischen, sondern aus historischen Gründen. Kulturelle Systeme lassen sich aber auch nicht auf traditionale Elemente reduzieren. Die Erfahrungen der jeweiligen Gegenwart formen und verändern die überlieferten Deutungsangebote.

Die dritte Eigenschaft von Kultur als System orientierender Zeichen ist ihre interpretative Zugänglichkeit. Meiner Definition nach ist Kultur nicht ein dunkles Gemenge unerforschbarer Phänomene, aber auch nicht etwas, das in Etiketten wie *Kulturetat, Kultusministerin, Kultfilm* scheinbar offen zutage

1.3 Kultur und Kulturgeschichte

liegt, sondern es handelt sich bei kulturellen Zeichen um etwas, das in vernünftiger (rationaler) und nachvollziehbarer (intersubjektiver) Weise gedeutet werden kann.

Lexikografiegeschichte als Kulturgeschichte aufzufassen heißt nun, Wörterbücher und ihre jeweiligen Besonderheiten als Elemente des kulturellen Orientierungssystems einer oder mehrerer sozialer Gruppen in einer historischen Epoche zu begreifen. Ob beispielsweise ein Lexikograf sein Wörterbuch alphabetisch oder nach Sachgruppen ordnet, ist, so gesehen, keine bloß subjektive Entscheidung, sondern etwas Bedeutungsvolles in dem Sinn, dass das gewählte Ordnungsprinzip beitragen soll zur Deutung der Welt und der Sprache. Die Entscheidung für das Alphabet impliziert ganz andere Annahmen über die Rolle des Deutschen als Einzelsprache, über die Adressaten, über das bei ihnen vorausgesetzte Fragebedürfnis und den Praxisbezug des Wörterbuchs, als es die Anordnung nach Sachgruppen tut.

Die Entscheidungen der Lexikografen im Einzelnen sind nicht nur festzustellen und zu beschreiben, sondern auch auf ihre kulturellen Bezüge und auf die dahinter stehenden gesellschaftlichen und/oder staatlichen Interessen hin zu befragen. Aber auch im Großen ist die Rolle eines Wörterbuchs in der Umgebungskultur zu bestimmen. Die Lexikografie ist nämlich mehr als irgendein wissenschaftliches Spezialgebiet oder eine von prestigeorientierten Wissenschaftlern belächelte handwerkliche Praxis, sondern lexikografische Tätigkeit und ihre Produkte sind wesentliche Bestandteile des kollektiven Wissensspeichers und des Bildungssystems, ja in bestimmten historischen Konstellationen können sie zum nationalen Symbol (etwa im Deutschland des 19. Jahrhunderts) werden oder zur Vorbedingung von Außenhandelsbeziehungen etwa in den noch jungen Staaten, die aus der ehemaligen UdSSR hervorgegangen sind. Wiegand (1998 c, 59) listet die wesentlichen Interessen auf, in deren Dienst die Erarbeitung von Sprachwörterbüchern gestellt werden kann:

- die Verbreitung eines religiösen Glaubens
- die Förderung des Warenverkehrs
- die Förderung des internationalen Reiseverkehrs und Tourismus
- die Stärkung des Nationalbewußtseins
- die Stabilisierung des Gruppenbewußtseins
- die Rettung einer Sprache oder Sprachvarietät vor dem drohenden oder angeblich drohenden Untergang
- die Reinigung einer Sprache vor der Überfremdung durch andere Sprachen
- die Herausbildung einer einheitlichen Schriftsprache
- die Stabilisierung einer Standardsprache als Leitvarietät relativ zu anderen Varietäten
- die Durchsetzung von Sprachnormen
- die Durchsetzung sonstiger sprachkultureller oder kulturpädagogischer Anliegen

- die Unterstützung sprachpolitischer Bestrebungen
- die punktuelle und direkte Sprachlenkung im Bereich der politischen lexikografisch die Förderung wissenschaftlicher Bestrebungen
- die gesellschaftliche Integration durch Abbau von sprachbedingten Kommunikationsstörungen Wiegand (1998 c, 59).

Sie können Instrument staatlicher Propaganda sein oder ganz im Gegenteil ein Mittel sprach- und gesellschaftskritischer Opposition.

Literatur:

Forschungen:

Assmann 1988; Beaujot 1989; Halbwachs 1985; Hansen 1995; Haß-Zumkehr 1999 b; Kühn 1978; Rey 1987; Schaeder 1984, Schaeder 1987; Stötzel 1970; Wiegand 1998 a, Szlęk 1999; Zaunmüller 1958; Zischka 1959.

2. Wie Wörterbücher entstehen und wie man sie liest

Im vorigen Kapitel wurde an einigen Beispielen gezeigt, woran sich die kulturelle Dimension der Lexikografie und auch eines einzelnen Wörterbuchs festmachen lässt. Dabei wurde fast ausschließlich auf die *Beispiele* des jeweiligen Wörterbuchs Bezug genommen. Kein Wunder, denn für Laien ist die Auswahl der Beispiele die einzige sichtbare Entscheidung der Lexikografen. Es gibt aber sehr viel mehr Möglichkeiten, wie Lexikografen und Lexikografinnen ihre Auffassungen und Sichtweisen im Wörterbuch umsetzen können. In diesem Kapitel geht es um alle möglichen Arten von Informationen oder Angaben zu einem Wort und seiner Verwendung und um die Gründe, die Lexikografen bewegen, die eine Informationsart anzubieten und die andere nicht, die eine Informationsart ins Zentrum zu stellen und die andere nur am Rande zu berücksichtigen. Ein Überblick über den Inhalt des ‚lexikografischen Werkzeugkastens' hilft, die in Wörterbüchern enthaltenen Informationen besser zu durchschauen, zu erkennen, wie ein Wortartikel aufgebaut ist und welche Entscheidungen die Verfasser wann treffen müssen. Ich gehe hierbei vom modernen ‚Werkzeugkasten' heutiger Lexikografie aus, der bedeutend größer und feiner sortiert ist als im Mittelalter und noch im 19. Jahrhundert. Vor dem Hintergrund der heute gegebenen Möglichkeiten kann die allmähliche Entwicklung lexikografischer Methoden und Begriffe im Laufe der Zeit nachvollzogen werden.

Die Theorie und Methodologie der Lexikografie (auch: Metalexikografie) hat sich in den letzten Jahrzehnten sehr entwickelt; dabei ist eine ausdifferenzierte Terminologie entstanden, die für Nicht-Experten jedoch so schwer zugänglich ist, dass ich sie hier nur sehr eingeschränkt oder gar nicht verwende. Auch die Unterscheidung und Bestimmung der Informationsarten ist in diesem Fachgebiet weitaus differenzierter und komplexer (siehe Wiegand 1989 a, 468), als sie nachfolgend mit Rücksicht auf eine interdisziplinäre Verständlichkeit dargestellt wird. Nachfolgendes ist also eine – wohl überlegte – Vereinfachung. Der ‚lexikografische Werkzeugkasten' soll in zwölf Fächer eingeteilt sein:

2.1 Allgemeine Vorstellungen

Bevor die erste Zeile eines Wörterbuchs zu Papier gebracht werden kann, sollte man sich über den Umfang des Werks, die anvisierte Adressatengruppe, die zur Verfügung stehenden Mittel, Mitarbeiter und den Zeitrahmen so weit wie möglich Klarheit verschaffen. Ein einbändiges Wörterbuch für Deutsch-als-Fremdsprache-Lernende erfordert andere Detailentscheidungen als etwa der Plan eines achtbändigen Wörterbuchs, in dem der Wortschatz der deutschsprachigen Schriftsteller des 20. Jahrhunderts dokumentiert werden soll. Von der Entscheidung des ungefähren Umfangs hängen einige wesentliche Charakteristika des Wörterbuchs ab: Umfangreiche Werke sind in der Regel relativ teuer und damit nur für bestimmte Käufer bzw. Adressaten erreichbar. Kleinere Wörterbücher können nur ein sehr selektives Informationsangebot machen. Zum quantitativen Verhältnis des alltags- und standardsprachlichen Wortschatzes und den Stichwortmengen heutiger Wörterbücher vgl. unter 17. den Anhang „Wie viele Wörter hat die deutsche Sprache?"

2.2 Welche Stichwörter?

Man trifft immer wieder auf die Vorstellung, dass alle existierenden Wörter der deutschen Sprache im Wörterbuch, genauer gesagt in einem als Autorität anerkannten Wörterbuch stehen, wie es der *Duden* für das Deutsche ist, und dass ein Wort, das nicht darin steht, nicht existiert und dass man ein solches Wort auch nicht verwenden darf oder kann. Es ist allerdings noch nie jemand mit einer Geld- oder Gefängnisstrafe belegt worden, der nachweislich ein nicht im *Duden* oder irgend einem anderen Wörterbuch stehendes Wort verwendet hat. Es gibt viele dort nicht gebuchter Wörter und man kann sie zweifellos auch verwenden.

Eine Systemeigenschaft jeder Sprache, besonders aber des Deutschen, ist die Produktivität in der Wortbildung, die dafür sorgt, dass mit Hilfe von unselbstständigen Wortelementen und dem vorhandenen Wortschatz immer wieder neue Zusammensetzungen und Ableitungen gebildet werden können. Wir verstehen die jeweils neuen Wörter, weil wir die Bildungsregeln kennen, genauso wie wir deutsche Sätze verstehen, weil wir die syntaktischen Regeln kennen. Die Vorstellung, man könne *alle* deutschen Wörter erfassen, ist genauso absurd wie die Vorstellung, man könne alle deutschen Sätze erfassen. Dies gilt ebenso für riesige digitale Wortschatz- oder Textsammlungen, von denen es heißt, sie erfassten den (deutschen) Wortschatz vollständig. Wo

2.2 Welche Stichwörter?

dies behauptet wird, fehlt sprachwissenschaftliches Grundlagenwissen und Wissen von den Regeln der Wortbildung.

Dabei ist die Wortbildung nicht die einzige Möglichkeit zur Vergrößerung des Wortschatzes. Die Entlehnung aus anderen Sprachen ist die zweite Möglichkeit und die dritte ist die Metaphorisierung oder besser Tropisierung, denn die Metapher ist nur eine von vielen Tropen oder Figuren, mittels derer neue Wortbedeutungen gewonnen werden können.

Für die Lexikografen entsteht aus der systematischen Unendlichkeit des Wortschatzes das Problem, diejenigen Stichwörter (Lemmata) auszuwählen, deren Behandlung sinnvoll und für das spezielle Wörterbuch, das man plant, gewünscht ist. Man könnte sich auf eine oder einige wenige Wortarten beschränken, also nur Substantive, Verben, Adjektive auswählen und Artikel, Adverbien, Partikeln und Interjektionen fortlassen. Man könnte aber auch gar nicht auf die Wortart achten und stattdessen das Kriterium der Häufigkeit hinzuziehen. Wie aber misst man diese? Man könnte sich auf die allgemeinsprachlich verwendeten Wörter beschränken und alle irgendwie fach- und sondersprachlichen Wörter ausschließen. Das würde aber bedeuten, viele Trivialitäten wie die Bedeutung von *Tisch* und *Stuhl* zu beschreiben und gerade die Wörter, bei denen ein Fragebedürfnis besteht, auszuschließen. Andersherum *nur* die schwer verständlichen Wörter aufnehmen, hieße den Anspruch aufgeben, irgendwie den Wortschatz des Deutschen darzustellen.

Es gibt, wie spätere Kapitel zeigen, in der Geschichte der Lexikografie auch das Kriterium der Höher- oder Minderwertigkeit von Wörtern. Das kann auf die Stilebene bezogen sein, aber auch auf die angenommene Ursprünglichkeit und Ehrwürdigkeit eines Wortes. Fremdwörter sind oft als minderwertig aus ‚deutschen' Wörterbüchern ausgeschlossen oder in besonderen Wörterbüchern zusammengefasst worden. Das Fremdwörterbuch als Getto – das gibt es nur in der deutschen Sprach- und Lexikografiegeschichte. Auch ohne zu werten kann es sinnvoll oder gar notwendig sein, bestimmte Bereiche des Wortschatzes aus dem jeweiligen Wörterbuch auszuschließen, z. B. fachsprachlichen Wortschatz aus einem alltagssprachlichen Wörterbuch oder mundartlichen Wortschatz aus einem standardsprachlichen Wörterbuch. Als letzte Auswahlkriterien seien genannt der Autorenbezug und der Textbezug, den das Wörterbuch haben soll: Man nimmt alle Wörter, die in Goethes Schriften vorkommen und schreibt ein Goethewörterbuch. Oder: Man nimmt alle Wörter, die etwa in der Bibel oder im Bürgerlichen Gesetzbuch oder in zehn Jahrgängen einer Computerzeitschrift vorkommen und schreibt also ein Bibelwörterbuch bzw. ein Wörterbuch, das das BGB bzw. den Wortschatz dieser Computerzeitschrift erschließen hilft.

Eine reflektierte Stichwortauswahl ist ein wichtiges Qualitätsmerkmal und sollte im Vorwort erläutert sein.

2.3 Woher stammen die verarbeiteten Informationen?

Lexikografen brauchen Material, Informationsquellen, mit deren Hilfe ein angesetztes Stichwort oder Lemma erläutert werden soll. Es gibt im Prinzip drei mögliche Quellen:

Die erste mögliche Quelle ist die
- eigene Sprachkompetenz, oder ‚Das habe ich mir so gedacht' oder ‚das ist so in meinem Kopf wie in jedem anderen normalen Sprecherkopf'. Die individuelle Sprachkompetenz eines oder einer Gruppe wie auch immer hochgebildeter Lexikografen ist immer wieder als Informationsgrundlage genommen worden, aber im Grunde kann sie in keiner Weise kollektives Sprachwissen und die ganze Breite des Wortgebrauchs repräsentieren, sondern nur einen individuell gefärbten Ausschnitt davon und noch dazu einen, den man als Wörterbuchbenutzer nicht nachvollziehen kann; man weiß ja nicht, was der Lexikograf in seinem Leben bisher alles gehört, gelesen und davon behalten hat. Es gibt essayistische oder witzige Werke wie das „Philosophische Wörterbuch" Voltaires (Voltaire 1985), das „Wörterbuch der Gemeinplätze" von Gustave Flaubert (1985) oder das „Zynische Wörterbuch" von Ambrose Bierce (1980), aber deren Reiz liegt in ihrer Subjektivität oder einseitigen bzw. kritischen Zuspitzung – eine Eigenschaft, die ein ‚richtiges', d. h. unserer Textsortenerwartung entsprechendes Wörterbuch gerade nicht aufweisen soll. Die individuelle Sprachkompetenz der Lexikografen kann immer nur zusätzlich zu verlässlicheren und vor allem nachprüfbareren Quellen genutzt werden. Ein weiteres wichtiges Qualitätsmerkmal von Wörterbüchern sind Angaben über die benutzten Quellen.

Die zweite mögliche Quelle ist
- die Kompilation vorhandener Wörterbücher, oder ‚Aus drei mach eins'. Dass der Inhalt von Büchern geistiges Eigentum von Autoren darstellt, ist historisch eine relativ junge Überzeugung. Abschreiben, Umschreiben und Ergänzen war und ist in der Lexikografie auch heute noch mehr oder weniger üblich, denn der Wortschatz gehört allen und kann in ähnlich konzipierten Wörterbüchern nicht völlig verschieden sein. Informationen zu vielen Wörtern vor allem aus dem Bereich des Standardwortschatzes müssen nahezu identisch sein, oder sie sind falsch. Die Kreativität lexikografischer Arbeit liegt gerade nicht darin, es unbedingt anders zu machen als Vorgänger oder Konkurrenten. Dennoch sind Nachdrucke auch von Wörterbüchern in der heutigen Zeit verboten. Es soll Verlage geben, die irgendwelche erfundenen Kuriosa in ihre Lemmalisten einschmuggeln, um deren Kopie im Angebot irgendeines Kaffeerösters oder Warenhauses nachweisen zu können.

2.3 Woher stammen die verarbeiteten Informationen?

Aber auch seriöse Lexikografen haben immer eine Reihe von Vorgänger- und Parallelwerken auf ihrem Schreibtisch stehen, um sich einen Überblick über die vorhandenen Informationen zu einem Wort zu verschaffen, bevor sie eine ihrem Konzept und eventuellen neueren Erkenntnissen entsprechende Darstellung zu Papier bringen. Es kommt darauf an, zu besseren, d. h. adressatengerechteren und sprachangemesseneren Lösungen zu kommen. Größere Sprachangemessenheit kann nur durch Erforschung der Sprachwirklichkeit erreicht werden.

Die dritte mögliche Quellenart ist

- ein Beleg- oder Textkorpus. Nehmen wir an, es soll ein Wörterbuch der Computersprache geschrieben werden. Dann wird zunächst eine möglichst beispielhafte und typische Menge von Texten zusammengestellt werden, die diese Sprache enthalten: Computerzeitschriften, Handbücher, populäre und wissenschaftliche Nachschlagewerke, usw. Diese werden dann *exzerpiert,* wie der lexikografische Fachausdruck dafür lautet, das heißt, Belegstellen und sonstige aus den Texten ablesbare Eigenschaften der Stichwörter werden mit genauem bibliografischem Nachweis der jeweiligen Stelle auf Zettel geschrieben und die Zettel dann alphabetisch sortiert. So eine Belegstelle kann aus einem Wort bestehen oder aus einem längeren Textabsatz. Heute weiß man: je mehr Kontext, desto besser, desto mehr kann man über die Bedeutung, die syntaktischen Verknüpfungen und das Wertungs- und Konnotationspotenzial eines Worts herausarbeiten. Am Ende hat man dann zwanzig oder einhundert Zettel aus unterschiedlichsten Texten etwa zum Stichwort *online* und man schreibt einen Wortartikel, in dem der Inhalt der Zettel zusammengefasst, das Typische betont und verallgemeinert wird. Was nachher zu Bedeutung und Verwendung von *online* im Wörterbuch steht, ist eine Abstraktion der vielen einzelfallgebundenen Bedeutungen und Verwendungsbedingungen. Die Frage nach der Grundlage der Abstraktionen kann durch Auflisten der Textquellen ganz genau angegeben werden.

Statt mit Tausenden von Belegzetteln arbeitet man mittlerweile zunehmend mit maschinenlesbar gemachten Texten, die automatisch nach einem eingegebenen Stichwort durchsucht werden können. Gegenüber den meist nur wenig Kontext enthaltenen Belegzetteln hat dieses Verfahren den Vorteil, jederzeit beliebig viel Wortkontext und auch Satz- wie Textstrukturen in die semantische wie grammatische Analyse einbeziehen zu können. Die seriöse und wissenschaftlich brauchbare Lexikografie kann heute nicht anders als auf der Basis eines möglichst umfassenden Textkorpus arbeiten. Langjährige lexikografische Unternehmen sind dabei immer auch auf die durch Exzerption entstandenen Belegkorpora der vorhergehenden Bearbeitergenerationen angewiesen.

2.4 Form und Anordnung der Stichwörter

Wörter kommen im Korpus in flektierter Form vor, außer *trinken* gibt es *trinkst*, *trank*, *getrunken* usw. Für den Stichwortansatz muss also eine Normalform festgelegt werden; traditionellerweise ist das meist der Infinitiv bzw. der Nominativ Singular, denkbar ist anderes. Viele Fremdsprachenlerner machen die leidvolle Erfahrung, dass z. B. die unregelmäßigen Stammformen von Verben in der Stichwortreihe nicht vorkommen und das Wörterbuch die Frage nach der Bedeutung von *gewesen* (Partizip von *sein*) unbeantwortet lässt, weil es eben nur den Infinitiv ansetzt.

Auch die Wortbildung macht die Lemmatisierung, so nennt man das hier besprochene Verfahren der Festlegung der Stichwortform, zu einem Problem. Was macht man mit *ablegen*, *anlegen*, *auflegen*, *belegen*, *verlegen*, *zerlegen* – kommen sie an ihre alphabetische Stelle oder zum Verb *legen*? Wie soll man mit Wortfamilien wie *Sinn*, *sinnen*, *besinnen*, *sinnlich*, *sinnlos*, *Sinnlosigkeit*, *sinnenhaft*, *Gesinnung*, *versonnen* usw. umgehen? Hier gibt es die sogenannte Nest- und Nischenlemmatisierung, bei der die alphabetische Reihe ein Stück weit durchbrochen wird. Oder was ist mit idiomatischen Wendungen wie *einen Bock schießen* – zum Lemma *Bock* (mit dem die Wendung semantisch nichts zu tun hat) oder zum Lemma *schießen* (mit dem sie auch nur metaphorisch zu tun hat)? Auch ist Alphabet nicht gleich Alphabet, man denke an die Umlautbuchstaben, die verschiedenen s-Buchstaben und die uneinheitlichen Schreibweisen einunddesselben Worts in den Varietäten bzw. historischen Sprachstufen, in denen es keine orthografischen Normen gibt.

Es geht auch ohne Alphabet, wenn man die Lemmata nach Sach- oder Bedeutungsfeldern anordnet. Manche synonymischen Wörterbücher, Thesauri und manche Datenbanken verfahren so. Diese fast immer hierarchisierende Anordnungsweise ist kulturgeschichtlich besonders interessant, weil sich ein bestimmtes Weltbild oder bestimmte kulturelle Orientierungen darin unmittelbarer als in alphabetischen Wörterbüchern äußert (Näheres dazu in Kapitel 13).

2.5 Grammatische Angaben

Steht die Liste der Lemmata fest, kann es losgehen mit dem Formulieren von Informationen, Erläuterungen, Angaben oder Kommentaren. Damit ist eigentlich viermal dasselbe gemeint. Auf die feinen Unterschiede, die heute in manchen wissenschaftlichen Wörterbüchern zwischen Angabe und Kommentar gemacht werden, will ich hier nicht eingehen; es handelt sich dabei um eine recht junge methodische Errungenschaft.

Der Wortartikel eines gedruckten Wörterbuchs beginnt meist mit den vom Nachschlagenden mehr oder weniger übersehenen Angaben zu Genus, Numerus, Flexionsklasse, Aussprache und Silbentrennung in Form von Abkürzungen und geheimnisvoll scheinenden Zeichen. Was *m*, *f* und *n* bedeuten, weiß man ja noch, aber „sw. V.", „st. V." oder „Vt" oder „Vi" ? „sw. V." steht für ‚schwaches Verb', „st. V." für ‚starkes Verb', „Vt" für ‚transitives Verb' und „Vi" für ‚intransitives Verb'. Bei den sog. starken oder unregelmäßigen Verben steht manchmal eine Zahl dabei, die auf eine der in irgend einem anderen Teil des Wörterbuchs aufgeführten Flexionsklassen verweist.

Auch die modernen Wörterbücher verfahren bei der Notation keineswegs einheitlich. Vor allem bei solchen, die das Erlernen einer Fremdsprache erleichtern sollen, sind die grammatischen Angaben sehr ausführlich; man findet Angaben darüber, ob ein Verb mit *haben* oder *sein* das Perfekt bildet, ob es reflexiv gebraucht wird und mit welchen Präpositionen welche Objektkasus angeschlossen werden. Selbst der schlichte Rechtschreibduden informiert keineswegs ausschließlich über die Rechtschreibung, sondern enthält eine ganze Menge grammatischer Informationen.

Was bei dem einen Wörterbuch die Punkte mitten auf der Zeile zwischen den Silben eines Worts sind, das hat in dem anderen die Form senkrechter Striche an eben den Stellen im Wortinnern – hier werden die Trennungsmöglichkeiten angegeben. Die betonten Silben werden oft mit einem Punkt unter dem Vokal gekennzeichnet und die lang gesprochenen Silben mit einem Unterstrich. *Wie* markiert wird, ist den Lexikografenteams selbst überlassen; die Markierungen und ihre Bedeutung sollten aber in der Einleitung erklärt sein. Unsichere Aussprache wird oft mithilfe der Umschrift der International Phonetic Association angezeigt. Das gab es in entlegenen Jahrhunderten natürlich noch nicht, aber auch früher schon wurde vor allem bei entlehnten Wörtern die originale Aussprache deutsch transskribiert.

2.6 Wieviel Bedeutungen hat ein Wort?

Die allermeisten Wörter haben mehr als eine Bedeutung. Die Einzelbedeutungen (auch Lesarten genannt) sind im Wörterbuch heute meist mit Zahlziffern markiert; etwa bedeutet

plump 1. dick, unförmig, 2. aufdringlich, distanzlos.

Semantisch ergibt sich dies daraus, dass die jeweiligen Gegensatzwörter und Sinnverwandten andere sind und dass die Klasse der mit *plump* verbindbaren

Substantive in zwei Gruppen zerfällt (1. Bezeichnungen für Gestalt, 2. Bezeichnungen für Verhalten). Die Zahl der Einzelbedeutungen ist aber trotz dieser lexikologischen Regel nicht objektiv. In ausführlichen Wörterbüchern ist sie generell höher; dort wird feiner gegliedert. Das Lemma *Brand* hat im *Duden-Bedeutungswörterbuch* 2 Bedeutungen, im sechsbändigen *WDG* 5, im *Duden-Universalwörterbuch* 8, im *Deutschen Wörterbuch* 18, im *Wörterbuch der deutschen Sprache* von Sanders 21 Einzelbedeutungen, davon 12 fachsprachlicher Art.

Die Prinzipien für die Ansetzung und Anordnung der Einzelbedeutungen aufzustellen, zählt zu den schwierigsten, aber auch interessantesten Problemen, die Lexikografen zu lösen haben. Es gibt hier mehrere, auch kombinierbare Möglichkeiten; ich nenne die wichtigsten:

- Die historisch-genetische Anordnung fängt mit der ältesten Bedeutung an, die zweitälteste folgt an zweiter, die drittälteste an dritter Stelle usw.; damit wird Wandel und Ausdifferenzierung der Bedeutungen dargestellt.
- Die syntaktisch-semantische Anordnung ordnet die Einzelbedeutungen vor allem von Verben nach deren Valenz, d. h. nach den Objekten, die sie bei sich haben können. Semantische Anordnung liegt auch vor, wenn die Hauptbedeutung zuerst und die Nebenbedeutungen danach aufgeführt werden. Es kann aber kaum eindeutig entschieden werden, was Haupt- und was Nebenbedeutung ist. Dies hängt u. a. von der Korpusbasis und von der semantischen Theorie ab, die die Lexikografen vertreten.
- Die tropische Anordnung orientiert sich an Metaphorisierung (Übertragung), Metonymisierung (Verschiebung) und allen übrigen tropischen Figuren der Rhetorik. Früher nannte man dies die Unterscheidung von eigentlicher und uneigentlicher oder figürlicher Bedeutung.
- Die enzyklopädische Anordnung folgt außersprachlichen Gesichtspunkten, etwa Fachbereichen und Handlungsfeldern.
- Die sprachdidaktische Anordnung ordnet nicht eigentlich Bedeutungen, sondern fasst die komplexe Bedeutungsangabe als einen Text auf, der nach dem Kriterium der schrittweisen Verdeutlichung und der Übersichtlichkeit zu gliedern ist.

In einer wenig reflektierten Lexikografie werden heterogene Prinzipien vermischt oder überhaupt keine Gliederung nach Einzelbedeutungen vorgenommen. Dies kann leicht zu falscher Wortwahl oder Missverständnissen führen. Ein Beispiel: Während eines Frankreichurlaubs nach einem leichten Autounfall möchte man die Werkstatt aufsuchen und dort um die Überprüfung der Lenkung bitten. In einem kleinen deutsch-französischen Taschenwörterbuch steht nur das Lemma *lenken*, nicht *Lenkung*, und es werden zu diesem Verb eine Reihe von französischen Äquivalenten angeboten, die alle nur durch

Komma oder Semikolon voneinander abgetrennt sind: *diriger, gouverner, régler,* usw. Welches davon bezieht sich nun auf das Lenken eines Autos? Das Taschenwörterbuch enthält dazu keine Angaben, so dass es leicht passieren kann, dass man dem Mechaniker sinngemäß sagt, er möchte mal die ‚Regierung' des Autos untersuchen. Eine Markierung des Sachbereichs oder ein sprechendes Beispiel wäre hier nötig gewesen.

Die Entscheidungen über Ansetzung und Anordnung von Einzelbedeutungen fallen in Abhängigkeit von der sprach- bzw. bedeutungstheoretischen und wissenschaftsgeschichtlichen Position der Lexikografen. So kann die ausgiebige Verzeichnung berufs- und fachspezifischer Bedeutungen in einem für das Bürgertum bestimmten Wörterbuch ein Indiz für die Auffassung der Lexikografen sein, Berufstätigkeit, und zwar im Manufakturbereich und/oder im kaufmännischen Bereich, gehöre schlechthin zur bürgerlichen Existenz.

2.7 Das Herzstück: die Bedeutungserläuterung

Im Anschluss an die Grammatik steht meistens das Herzstück des Wortartikels, die Angabe der jeweiligen Einzelbedeutung. Lexikografen sprechen nicht von Definition, weil dies ein in der Philosophie festgelegter Fachausdruck ist und weil man mehr als bloß die Bestimmung des engeren Bedeutungsgehalts, wie sie die klassische Definitionslehre vorschreibt, wissen muss, um ein Wort angemessen zu verstehen bzw. zu verwenden. Man spricht von Bedeutungsangabe, -erläuterung oder semantischer Angabe.

Als theoretische Grundlage hierfür gilt heute in der Regel das dreidimensionale Modell des sprachlichen Zeichens bzw. des Worts, das zu kennen für Lexikografinnen und Lexikografen unerlässlich, für Wörterbuchbenutzer nützlich ist: Jedes Wort besteht aus einer Ausdrucksseite, das ist seine lautliche Form bzw. seine geschriebene Form, und aus einer Inhaltsseite, das ist seine Bedeutung. In der Sprachwissenschaft wird unter *Wort, Lexem, lexikalischer Einheit, Sprachzeichen* stets beides zusammen (Ausdrucks- und Inhaltsseite) verstanden. Betrachten zum Beispiel das Wort *Bundeskanzler*. Über seine Ausdrucksseite kann ich sagen, dass es dreizehn Buchstaben und vier Silben hat usw. Ich spreche dann auch vom „Ausdruck" *Bundeskanzler* und seinen Eigenschaften. Die Inhaltsseite hat zwei Dimensionen: Erstens eine jeweils konkrete Einzelfallbedeutung (linguistisch: Referenz), die an eine einzelne Sprachhandlung gebunden ist. *Bundeskanzler* hat einmal die Bedeutung (bezieht sich auf) ‚Helmut Kohl' und einmal ‚Gerhard Schröder'. Diese Einzelfallbedeutungen will man normalerweise im Wörterbuch nicht lesen. Dort erwartet man die Angabe des allgemeinen Begriffs, der unabhängig von einer einzelnen Bezugnahme und ihren Zufälligkeiten ist. Der allgemeine Begriff ist die zweite Dimension der Inhaltsseite. Zudem liegt der einzelnen Verwendung des Ausdrucks die (unbewusste) Kenntnis seines allgemeinen Begriffs zugrunde. Wir alle haben einen Begriff von *Bundeskanzlerin*, obwohl das Wort noch sehr selten gebraucht wird. Nur wenn von dieser allgemeinen Bedeutung eines Worts gesprochen wird, verwenden Linguisten die Bezeichnung *Begriff*; für die Ausdrucksseite ist *Begriff* tabu. Eingebürgert hat sich folgende Schreibweise: Ist das Wort als Ganzes oder ist die Ausdrucksseite gemeint, wird es kursiv geschrieben. Die Inhaltsseite wird in beiden Spielarten bei Umschreibungen in einfache Anführungszeichen gesetzt.

Im Wörterbuch sind von Ausnahmen wie Autoren- oder Textwörterbüchern abgesehen die begrifflichen Inhalte gefragt, die mit einem Ausdruck verbunden werden können. Man nennt dies auch die lexikalische Bedeutung im Unterschied zur Text- oder Äußerungsbedeutung. Dennoch haben Lexikografen es bei der Arbeit zunächst ausschließlich mit konkreten einzelfallbezogenen Wortinhalten zu tun. Diese finden sie nämlich in ihren Materialien (Texten, Gesprächen) vor. Ihre Aufgabe besteht darin, aus einer großen Zahl dokumentierter Einzelfallbedeutungen den allgemeinen Begriff zu erschließen – eine Aufgabe, die Interpretations- und Abstraktionsvermögen erfordert. Nach diesem theoretischen Exkurs zurück zum lexikografischen Werkzeugkasten und seiner historischen Entwicklung.

Es können mehrere Elemente der Bedeutungsangabe unterschieden werden, die zusammenwirken. Historisch war zuerst die Verzeichnung eines fremdsprachigen, genauer: eines lateinischen Äquivalents da:

> Accidens ein zu vall (Vocabularius ex quo, 15. Jahrhundert, Grubmüller et al. 1988, Bd. 2, 30).

Mehrere Äquivalente können den Wortinhalt entweder präziser fassen oder ihn in diverse Einzelbedeutungen untergliedern, z. B.:

> Argutus listig vel behende (ebd. 211).

Und so wird in Taschenwörterbüchern heute noch meist ein Äquivalent pro Einzelbedeutung angeführt, z. B. *Fraktur*:

> 1) Knochenbruch 2) eine Schreib- und Druckschrift (Schülerduden Fremdwörterbuch 1975, 153).

Geht eine Äquivalentangabe über die bloße Wortgleichung hinaus, spricht man von Interpretament, z. B.:

> Zůfal (der) etwas das sich zůtragt/etwas zůfelligs. (Maaler 1561, 526r).

2.7 Das Herzstück: die Bedeutungserläuterung

Hier ist das Interpretament deutsch. Noch im *Deutschen Wörterbuch* finden sich auch lateinische Äquivalente und Interpretamente, z. B.

Bunzzeug, n. instrumenta stilorum. (DWB Bd. 2 (1860), 531).

In der einsprachigen Lexikografie sollte ein deutschsprachiges Wort auch mit Mitteln der deutschen Sprache umschrieben werden. Ab einem bestimmten historischen Zeitpunkt ist das auch der Fall. Umschreibung geschieht vor allem durch deutsche Synonyme. Da es aber kaum echte, d. h. semantisch vollständig übereinstimmende Synonyme gibt, umkreisen und umschreiben sie den Wortinhalt nur. Besser ist ein komplexerer Ausdruck, der mit dem nächst übergeordneten Oberbegriff beginnt und diesen unverwechselbar spezifiziert, z. B. *Pudel* ‚Hund mit schwarz gelocktem Fell'. Das ist das klassische Definitionsschema von Genus proximum und Differentia specifica, das bei vielen Wörtern das geeignetste Verfahren darstellt. Anstelle des Präpositionalattributs („mit XYZ") kann auch ein Relativsatz treten, etwa: *Haustür* ‚diejenige Tür eines Hauses, durch die man das Haus überwiegend betritt und verlässt'. Daran stört jetzt noch, dass *Haus* zugleich Teil des Lemmas und der Bedeutungsangabe ist. Es liegt eine sog. Zirkeldefinition vor, die in guten Wörterbüchern nicht begegnen. Ein Wörterbuch, in dem *Schlafanzug* mit ‚Anzug zum Schlafen' erläutert wird, ist offensichtlich nicht informativ. Mehrstufige Zirkel über mehrere Wortartikel hinweg lassen sich aber nicht generell vermeiden: Bei der Erläuterung von *Schlaf* wird *Ruhe* verwendet, bei der Erläuterung von *Ruhe Bett* und *Schlaf*, hinzu treten aber eine Reihe weiterer erläuternder Ausdrücke sowie andere Informationsarten. Damit ist das Verständnis der Erläuterung auch bei Nicht-Muttersprachlern sichergestellt.

Ersetzen wir also *Haus* in der *Haustür*-Erläuterung durch die Bezeichnung eines Oberbegriffs (Genus proximum), etwa *Gebäude*, und *Tür* durch *mannshohe Öffnung*, dann ergibt sich: *Haustür* ‚mannshohe Öffnung in einem Gebäude, durch die man es überwiegend betritt und verlässt'.

Die Genus-proximum-differentia-specifica-Angabe, kurz: Genus-differentia-Angabe, besteht aus der Bezeichnung für einen Oberbegriff (Hyperonym) und der Angabe der spezifizierenden Merkmale. Bei einem Wort wie *Haustür* sind Muttersprachler damit gut bedient und benötigen keine weiteren Angaben zur Bedeutung mehr. Aber wie sieht es aus mit Lemmata wie *Atomkraft, fundamentalistisch, Standort*, mit *Scheiße, Idiot, doof, linken*, d. h. mit politischen Schlagwörtern, Schimpfwörtern einerseits und andererseits mit Wörtern, die man den unteren Stilebenen ‚umgangssprachlich', ‚derb', ‚vulgär' zuordnet? Hier muss zu einer Genus-differentia-Erläuterung noch etwas hinzukommen, das man in der heutigen lexikografischen Theorie pragmatischen Kommentar nennt. Mit Pragmatik wird in linguistischen Zusammenhängen die Relation zwischen einem Sprachzeichen und dem Zeichenbenutzer bezeichnet.

Es geht beim pragmatischen Kommentar also um Angaben, die die Bindung des Wortgebrauchs an eine bestimmte politische Gruppierung, an eine bestimmte Diskussion, an ein Thema, an eine Situation, an die Einstellung des Sprechers zu einer bezeichneten Person bzw. einem bezeichneten Gegenstand oder ein bestimmtes Verhältnis zwischen Sprecher und Hörer benennen. Pragmatische Angaben machen deutlich, welche Art von Bewertung ein Sprecher mit der Verwendung eines Ausdrucks wie *fundamentalistisch* oder *Idiot* vornimmt oder welche soziale Rolle er dem Adressaten und sich selbst zuweist, wenn er die Wörter *Scheiße, Idiot, doof* usw. verwendet. Eine kritische Analyse der pragmatischen Kommentare diverser Wörterbücher zum Lemma *Nation* nimmt z. B. Kühn (1983) vor.

Das *Langenscheidt Großwörterbuch Deutsch als Fremdsprache* (1993) erläutert die Bedeutung von *doof* wie folgt [Erklärungen in eckigen Klammern UHZ]:

> gespr [gesprochen] pej [pejorativ] [dann folgen als partielle, weil auf einer anderen Stilebene angesiedelte Synonyme] besonders dumm, einfältig [dann folgen nach dem Zeichen für ,ist ungefähr gleich' die stiladäquaten Synonyme] blöd, dämlich, bescheuert [dann folgt eine explizite Erläuterung der mit dem Wort verbundenen Sprecherintention, nämlich] verwendet, um seinen Ärger über j-n/etw. auszudrücken: [ergänzt durch das Beispiel] So ein doofer Film!

Im Falle von *Atomkraft* kann der pragmatische Kommentar zu einem Wortartikel führen, der mehrere Seiten lang ist, wenn das Wörterbuchkonzept dies erlaubt, beispielsweise in *Brisante Wörter*, einem Wörterbuch zum öffentlichen Sprachgebrauch einer bestimmten Zeit, in dem die konkurrierenden Schlagwörter *Atomkraft, Kernkraft, Atomenergie* und *Kernenergie* gemeinsam in einem Wortartikel erläutert werden.

Dieses Verfahren der sehr expliziten Formulierung der Verwendungsbedingungen eines Worts entspricht dem heutigen Stand der lexikografischen Methode. 200 Jahre zuvor kennen die Wörterbücher kaum mehr als die Markierung der Stilebene mit „ugs." (umgangssprachlich) usw. Die untersten Stilebenen wurden in normativer Absicht oft gar nicht verzeichnet. Generell drückt sich die normative Intention eines Lexikografen am ehesten in den Bedeutungsangaben aus, wo der ‚richtige' vom ‚falschen' Gebrauch unterschieden wird; grundsätzlich können aber auch alle anderen Informationsarten mit normativer Tendenz oder mit deskriptiver Tendenz formuliert werden (mehr dazu in Kapitel 15).

Obwohl also die pragmatische Dimension in deutschen Wörterbüchern erst seit der sog. pragmatischen Wende der Linguistik (in den 70-er Jahren) gezielt berücksichtigt wird, sind auch in den Werken früherer Jahrhunderte mehr oder weniger versteckte Angaben zu Sprecherintentionen und zu mitvollzogenen Wertungen gemacht worden. Weist ein Wörterbuch solche Angaben auf, dann ist das ein Zeichen dafür, dass hier der naive Sprachrealismus, für den die Sprache die Welt lediglich ganz ungebrochen eins zu eins abbildet, durchbrochen ist. Lexikografen, die in der Lage sind, die Sprecherintention und die Sprecherperspektive auszudrücken, sehen Sprache generell eher als Instrument der menschlichen Kommunikation und nicht etwa als absoluten Erkenntnisspeicher oder als Abbild der Realität. Irgendeine Vorform des pragmatischen Kommentars von heute verweist auf die Möglichkeit zu sprachkritischem Denken. Sie sind darin von sprachtheoretischen Vorannahmen abhängig, die ihrerseits kulturgeschichtlich motiviert sind und entsprechend interpretiert werden können.

Bis jetzt haben wir drei mögliche Elemente der Bedeutungsangabe kennengelernt, erstens die Umschreibung mittels partieller Synonyme, zweitens die Bedeutungsangabe im engeren Sinn nach dem Schema Genus proximum und Differentia specifica und drittens den pragmatischen einschließlich des stilistischen Kommentars. Es ist noch ein viertes und letztes Element zu nennen: die Angabe des Bezugsbereichs. Was ist der Bezugsbereich einer Bezeichnung? Wenn man jemandem die Bedeutung des Worts *Blume* dadurch erklärt, dass man mit dem Finger auf Tulpen und Primeln zeigen oder – verbal – erklärt: „Blumen, das sind Tulpen, Primeln, Rosen, Astern, usw.", dann nennt man damit diejenigen Gegenstände, auf die man sich mit dem Wort *Blume* beziehen kann. Vielleicht fügt man noch hinzu „Buchen, Apfelbäume und Disteln sind aber keine Blumen"; dann hat man den Bezugsbereich zusätzlich noch gegenüber einem anderen abgegrenzt und so genauer bestimmt. Bei manchen Wörtern ist es mehr, bei anderen weniger sinnvoll, Angaben zum Bezugsbereich zu machen. Wie ist der Bezugsbereich zu den beiden Bedeutungen des obigen Beispiels *plump* anzugeben? In der Bedeutung 1) ‚dick, unförmig' bezieht sich das Adjektiv *plump* auf Eigenschaften einer sicht- und fühlbaren Gestalt (eine plumpe Vase). In der Bedeutung 2) ‚aufdringlich, distanzlos' bezieht es sich auf zwischenmenschliches Verhalten (ein plumper Annäherungsversuch). Die Bezugsbereiche sind hier deutlich voneinander unterschieden und deshalb sollte man auch zwei Bedeutungen ansetzen.

2.8 Enzyklopädischer Kommentar

Pragmatische Angaben, d. h. solche, die über die besondere Verwendung eines Worts Auskunft geben, sind manchmal schwer von Angaben zu trennen, wie sie in enzyklopädischen Nachschlagewerken üblich sind (vgl. Kapitel 14). Das hängt damit zusammen, dass Sprachwissen und Weltwissen ineinander übergehen, obwohl die Sprachwissenschaft sich permanent bemühen muss, beides nach Möglichkeit sauber zu trennen; auf dieser Trennung beruht ja auch die Unterscheidung von Sprachwörterbüchern einerseits und Sachwörterbüchern andererseits. Im Duden-Universalwörterbuch (1996) wird *Dioxin* wie folgt erläutert:

> (Chemie) (als Abfallprodukt entstehende) hochgiftige Verbindung von Chlor u. Kohlenwasserstoff, die schwere Gesundheits- und Entwicklungsschäden verursacht;

Der Relativsatz wäre semantisch entbehrlich; in einem chemischen Fachwörterbuch würde vielleicht sogar das Adjektiv *hochgiftig* fehlen. Der zugefügte Satz über die Gesundheitsschäden verdankt seine Existenz hier aber wohl der Tatsache, dass die mit dem Lemma bezeichnete Sache ein sehr wichtiges Thema der öffentlichen Diskussion seit den 80-er Jahren ist. Mit dem Hinweis auf die Gesundheitsschäden gibt der Lexikograf einen Hinweis auf den Hintergrund des öffentlichen Interesses, der die Verwendung des Worts *Dioxin* außerhalb von Fachtexten prägt. Es gibt Sachwissen, ohne das man die Verwendung eines Worts nicht angemessen verstehen kann; in etlichen Fällen, z. B. bei *Flamenco*, *Leiharbeit* oder *Festplatte* fallen Sacherklärung und Worterläuterung fast zusammen. In Lernerwörterbüchern ist die Sacherläuterung besonders wichtig. Auch in den Wörterbüchern vergangener Jahrhunderte wurde häufig nach dem vorwissenschaftlichen, d. h. unsystematischen Definitionsschema „Liebe ist, wenn man das-und-das tut" verfahren. Gerade die Vermischung von semantischem und sachbezogenem Wissen ist für die kulturhistorische Perspektive sehr ergiebig; vor allem in den Beispielen sind oft viel enzyklopädische und pragmatische Informationen versteckt.

2.9 Angaben zu den Sinnverwandtschaften

Was man unter Sinnverwandtschaften eines Worts in einer bestimmten Einzelbedeutung (den paradigmatischen Relationen des monosemen Lemmazeichens) versteht, lässt sich in Form einer Bezugsbereichsangabe verdeutlichen: Zu den paradigmatischen Angaben gehören u. a. Synonymie, Antonymie, Hyponymie, Hyperonymie, Komplenymie und Meronymie. Synonyme sind bedeutungsgleiche oder -ähnliche Wörter. Antonyme sind Gegensatzwörter wie *alt* und *jung*, *groß* und *klein*, *Sieger* und *Verlierer*; Komplenyme sind Wörter, die sich eher ergänzen als einen Gegensatz bilden, z. B. *essen* und *trinken*.

Als Hyperonyme bezeichnet man Wörter, mit denen ein Oberbegriff des Lemmainhalts ausgedrückt wird: *Gebäude* ist Hyperonym zu *Haus*; *Pudel* ist Hyperonym zu *Hund*. Die *Hyponymie* benennt die umgekehrte Relation, also einen Unterbegriff; *Haus* ist Hyponym von *Gebäude*; *rot*, *grün*, *blau* und *gelb* sind Hyponyme von *farbig*; nicht von *Farbe*, denn die paradigmatischen Relationen bestehen immer nur zwischen syntaktisch füreinander einsetzbaren Wörtern, die deshalb derselben Wortart angehören müssen.

Die paradigmatischen Angaben liefern im Kleinen das, was ein Synonymenwörterbuch im Großen ausmacht. Das sechsbändige *Wörterbuch der deutschen Gegenwartssprache* und das einbändige *Duden-Bedeutungswörterbuch* haben ein gesondertes Artikelsegment mit der einleitenden Markierung „sinnv." für „sinnverwandt". In letzterem heißt es unter dem Lemma *Extrakt* „sinnv.: Absud, Auszug, Destillat, Essenz." und unter *falsch* in der 1. Bedeutung: „fehlerhaft, grundfalsch, grundverkehrt, inkorrekt, irrig, schief, mißbräuchlich, unrichtig, unwahr, unzutreffend, verfehlt, verkehrt", in der zweiten Bedeutung „unecht". Die Angaben zu den paradigmatischen Relationen können einiges zur Vervollständigung der eigentlichen Bedeutungsangabe beitragen, obwohl sie in semasiologischen (alphabetischen Bedeutungs-)Wörterbüchern eher seltener genutzt werden. Die Angaben zu den semantisch-paradigmatischen Relationen des Lemmas lassen Rückschlüsse auf Assoziationen und Polarisierungen zu, die in der jeweiligen Sprachgemeinschaft konventionalisiert sind.

2.10 Angaben zu Etymologie und Bedeutungsgeschichte

Woher die Wörter kommen, hat die Menschen wohl schon immer interessiert. Dahinter steckt eine heute oft irrige Vorstellung, Etymologie sei der Königsweg zur eigentlichen, ‚wahren' und ‚richtigen' Bedeutung eines Worts. Anders als die Volksetymologie, die die äußere Form eines Worts für seinen inneren Gehalt durchsichtig machen und somit motivieren will, beschäftigt sich die wissenschaftliche Etymologie allein mit dem historischen Wandel der Wortformen. Man findet z. B. im *Duden-Universalwörterbuch* unter dem Lemma *fördern* die etymologische Angabe: „mhd. vürdern, ahd. furdiren, eigtl. = weiter nach vorn bringen". Unter Etymologie wird oft die gleichzeitige Darstellung von Form- und Bedeutungsgeschichte verstanden.

Die wissenschaftliche Etymologie ist, was die Wörter germanischen und indoeuropäischen Ursprungs betrifft, erst möglich geworden durch die Entdeckungen der deutschen Lautverschiebungen durch Jacob Grimm, Franz Bopp und Rasmus Rask zu Beginn des 19. Jahrhunderts. Über die Bedeutung von Wörtern, zu denen es keine oder kaum schriftliche Überlieferungen gibt, lässt sich im Grunde nur spekulieren. Die Lexikografen bis zum Beginn des 19. Jahrhunderts haben sich diesen Spekulationen aber mit Vorliebe hingegeben, so dass wir heute aus ihren etymologischen Angaben einiges über zeitgenössische Assoziationen und Wortmotivierungen entnehmen können.

Unter die etymologischen Angaben im Wörterbuch fallen auch die Informationen über Entlehnungen aus anderen Sprachen, und hierbei kommen sowohl ausdrucksseitige als auch semantische Übernahmen in den Blick. Zu *Klasse* gibt das *Duden-Universalwörterbuch* an:

> älter = (geordnete) Abteilung < [aus] lat. classis, eigtl. = herbeigerufene Volksmasse; unter Einfluß von frz. classe erw.[eitert] zur Bed. ‚Gruppe mit besonderen Merkmalen'.

Informationen über den Bedeutungswandel eines äußerlich gleichgebliebenen Worts sind oft interessanter als die über bloße Formentwicklungen. Das Interesse an Etymologie und an Bedeutungsgeschichte war und ist so groß, dass sich eigene etymologische bzw. bedeutungsgeschichtliche Wörterbücher herausgebildet haben, die diese Informationsart ins Zentrum stellen. Grundlegend sind hier Kluge (1995) und Pfeifer (1989).

Die Erläuterung zur Etymologie und Wortgeschichte erlauben vielfach Rückschlüsse auf das Sprachgeschichtsbild der Lexikografen und ggf. auch der Adressaten.

2.11 Angaben zur Wortbildung

Schon bei der Stichwortauswahl müssen sich Lexikografen mit Problemen der deutschen Wortbildung herumschlagen und etwa entscheiden, ob sie nicht nur *Auge*, sondern auch *Äuglein*, nicht nur *Biene*, sondern auch *Bienchen* aufnehmen, oder ob sie in einem eigenen Wortartikel alles über die Kombinierbarkeit mit den Diminutivsuffixen *-chen*, *-lein* und anderen Suffixen erläutern. Man denke an *-ismus*, *-istisch*, *-bar*. Sie müssen entscheiden, ob sie alle Zusammensetzungen mit präfixartig verwendeten Wortelementen wie *Glücks-*, *super-*, *extra-* an ihrer alphabetischen Stelle behandeln oder diese Elemente mit Angaben zu ihrer Produktivität für sich erläutern. Die Frage, wie die sog. movierten Formen einer geschlechtergerechten Sprache (*Lehrerin*, *Studentin*, *Präsidentin*, *Bundeskanzlerin* usw.) behandelt werden sollen – mit eigenen Wortartikeln oder unter dem Lemma der jeweiligen männlichen Form –, gehört ebenfalls hierher. Die unendlich vielen möglichen Zusammensetzungen zu Grundwörtern wie *-haus*, *-buch*, oder *-kleid* werden oft mit der Kennzeichnung „Zusammensetzungen" innerhalb oder am Ende des Wortartikels wenigstens exemplarisch aufgezählt. Wichtiges Kriterium ist dabei die semantische Selbstständigkeit einer Zusammensetzung, aufgrund derer man die Bedeutung nicht einfach aus den Wortbestandteilen zusammenaddieren kann, etwa bei *Rathaus*. Anders steht es bei *Stadthaus*, *Landhaus*, deren Bedeutung sich aus den Bestandteilen erschließen lässt. Semantische Selbstständigkeit liegt auch vor bei *Bilderbuch*, *Schwarzbuch*, *Weißbuch*, nicht aber bei *Gartenbuch*, *Vogelbuch*, *Goethebuch*, die dem Muster ‚Buch über das im Bestimmungswort genannte Thema' folgen.

2.12 Beispiele und Belege

Beispiele und ihr Nachweis als Zitat aus einem bestimmten Text sind neben der Bedeutungsangabe in irgendeiner ihrer Formen wohl die wichtigste und eigenständig wahrgenommene Angabeart. Sie können quasi unter der Hand nahezu alle anderen Arten von Informationen gleichzeitig vermitteln: An Beispielen kann man die Schreibung eines Worts ablesen; mehrere Beispiele können die orthografischen Varianten widerspiegeln. Ist das Beispiel einem gereimten Text entnommen, kann es unter Umständen sogar über die Aussprache informieren. Wie das Wort flektiert wird, ob das Perfekt mit *haben* oder *sein* gebildet wird, wie die üblichen syntaktischen Anschlüsse aussehen, welche engere und weitere Bedeutung das Wort hat, welche Verwendungsbedingungen, etwa ein bestimmter Kommunikationskontext, obligatorisch oder fakultativ ist, zu welchen bedeutungsverwandten und zu welchen Gegensatzwörtern es üblicherweise gestellt wird, in welchen Wortfamilienbeziehungen ein Wort steht und welche Etymologie ihm von irgendwelchen oder von berühmten Leuten zugesprochen wird – all das können ein oder mehrere Beispiele den Wörterbuchbenutzern ‚sagen'. Die Vermittlung geschieht allerdings in einer Hinsicht grundsätzlich anders als die der besonderen Angaben: Beispiele formulieren keine Regeln, sondern sie illustrieren den mehr oder weniger regelhaften Gebrauch. Die durch Beispiele vermittelten Informationen sind nicht explizit, sondern implizit. Wir können aus Beispielen oft etwas erahnen oder erspüren, was man kaum klar sagen kann. Die Beispiele bieten deshalb oft den tiefsten Einblick in die kulturelle Umwelt von Lexikografen.

Man muss allerdings zwei oder sogar drei Arten von Beispielen unterscheiden. Erstens sind da die von den Lexikografen selbst gebildeten, ausgedachten Beispiele; man nennt sie Kompetenzbeispiele. Sie wirken meist sehr typisch und oft ein bisschen irreal und ausgedacht. Außerdem bergen sie so ihre Tücken, weil sie mehr von den subjektiven Weltsichten der Lexikografen einfließen lassen, als ihnen wohl lieb ist. Dies hat das Beispiel der feministischen Kritik am älteren *Duden-Bedeutungswörterbuch* in Kapitel 1 gezeigt.

Kompetenzbeispiele werden in größeren, ausführlicher arbeitenden Wörterbüchern oft zweifach unterschieden: einmal in kurze Syntagmen, die vor allem die unmittelbaren syntaktischen Anschlussmöglichkeiten und Kollokationen eines Worts vorführen, z. B. zum Verb *fangen*: *Vögel fangen, Fische fangen*; zum andern in vollständige Sätze wie: „die Katze hat eine Maus gefangen; seine Erzählung hatte uns ganz gefangen" (*Duden-Universalwörterbuch*).

In einbändigen Lernerwörterbüchern sind Kompetenzbeispiele beliebt und vielleicht auch am ehesten sinnvoll, weil sie hier auf engstem Raum das Usuelle und Typische ohne Beimischung von sonstigen impliziten Informationen veranschaulichen. Lexikografen können oder müssen bei diesen Adressaten sogar auf eine homogene und leicht verständliche Sprache auch bei den Beispielen achten. Kompetenzbeispiele eignen sich daher als Vorbild irgendeiner pädagogisch-didaktisch gewollten Imitation. Das exemplarische Lernen hat eine Tradition, die bis ins 17. Jahrhundert zurückgeht. Auch in der Grammatikografie spielen Beispiele eine große, früher auch im moralischen Sinn erzieherisch gemeinte Rolle. 1872 schrieb einer über den Zusammenhang von Beispielen (hier in der Grammatik) mit dem muttersprachlichen Unterricht:

> Dadurch aber, dass die Beispielgrammatik so viel als möglich Sprichwörter, Sentenzen und sonstige klassisch-schöne Stellen als Mustersätze in sich bergen soll, gewinnt sie noch eine besondere Bedeutung für die nationale Bildung; sie wird zugleich zu einem nationalen Spruchbuche. (H. Weber, Die Pflege nationaler Bildung durch den Unterricht in der Muttersprache. Zugleich eine Darstellung der Grundsätze und der Einrichtung dieses Unterrichts. Leipzig 1872, 206. zit. nach Senya Müller 1994, 60).

Je mehr aber ein Lexikograf mit der Formulierung seiner Beispiele auf deren Vorbildfunktion abhebt, desto wichtiger ist es, dass dieses Vorbild durch eine gewisse, die Schüler beeindruckende Autorität geadelt ist. Die Lexikografen selbst waren, zumindest zu Beginn ihrer Tätigkeit, eher weniger berühmte Leute, sodass sie selbst und durch ihren eigenen Namen den Beispielen kaum den gewünschten Status verleihen konnten. Schon sehr früh ist man deshalb dazu übergegangen, die Beispiele mit Namen anerkannter Schriftsteller zu autorisieren. Damit wurde in etwa Folgendes ausgedrückt: ‚Seht her, so hat der berühmte XY dieses Wort verwendet, und ihr sollt es nun auch so machen.'

Es ist klar, dass der lexikografischen Erfindungslust bei der Formulierung der Beispiele damit Grenzen gesetzt werden. Auch wenn mangels genauen Textstellennachweises niemand so leicht nachprüfen kann, ob der berühmte

2.12 Beispiele und Belege

XY das Lemma denn tatsächlich so und nicht anders gebraucht hat, könnten Kenner der entsprechenden Literatur bei stilistischen Eigenheiten des Beispiels Zweifel kommen, ob der Lexikograf denn tatsächlich Autoritäten vorweisen kann oder ob er doch nur seine eigenen Ergüsse produziert. Diese Probleme lassen sich einfach dadurch vermeiden, dass Lexikografen sich ihre Beispiele nicht selbst ausdenken, sondern sie aus einem wohlsortierten Textkorpus herausziehen und Autor samt Textstelle möglichst genau nachweisen. Dies ist die zweite Art des Beispiels, das Belegbeispiel; in älteren lexikografischen Texten heißt es auch Zitat, Beleg. Zu diesem gehört notwendig der Stellennachweis mit Angabe von Autor, Titel, Datum, Seite. Das Autoritätsproblem ist mit Belegbeispielen dann gelöst, wenn lauter anerkannte Autoritäten ins Wörterbuchkorpus aufgenommen sind. Dieses Korpus, das sich aus dem Quellenverzeichnis oder aus der Gesamtmenge der angeführten Quellennachweise rekonstruieren lässt, ist für die kulturelle Einordnung eines Wörterbuchs von außerordentlicher Bedeutung. Das kulturelle Orientierungssystem oder die Mentalität und die leitenden Werte sowohl der Lexikografen als auch der zeitgenössischen Rezipienten lassen sich aus dem Quellenkorpus ableiten. Die Frage nach dem Material, das ein Lexikograf generell und besonders bei den Beispielen benutzt hat, wird in einer kulturell ausgerichteten Lexikografiegeschichte stets eine zentrale Rolle spielen.

Dieser Autorisierungszweck wandelte sich im Laufe der Zeit zum Zweck des wissenschaftlich anerkannten Beweises oder besser: Nachweises. Seit Beginn des 19. Jahrhunderts mussten Wörterbücher den Bedingungen einer philologischen Wissenschaft gehorchen und deren Qualitätsansprüchen genügen und ihre Aussagen im einzelnen der Nachprüfbarkeit durch die Wissenschaftlergemeinschaft unterstellen. Beispielbelege erhalten dadurch eine zusätzliche Qualität, die derjenigen vergleichbar ist, die das Anführen von Textstellen in der philologischen Arbeit, etwa in Editionen und Interpretationen, generell hat. Der Fußnotenapparat und der die Parallelstellen enthaltende Lesartenapparat wurden so zu Vorbildern für den auch entsprechend genannten Belegapparat eines Wörterbuchs. Ein Wörterbuch, das wissenschaftliche Geltung beansprucht, konnte spätestens seit Beginn des 19. Jahrhunderts und kann noch heute auf bibliografisch korrekt nachgewiesene Belege auf der Grundlage zitierfähiger Textausgaben nicht verzichten.

Beispiele können, wie gezeigt, (1.) vorbildhaft gemeint sein, sie können (2.) zum autoritativen oder (3.) zum wissenschaftlichen Nachweis dessen dienen, was in den übrigen Angaben zum Lemma behauptet wird, und sie können (4.) dazu dienen, die oft etwas trockenen semantischen und syntaktischen Regelbeschreibungen anschaulicher und konkreter zu machen. Die Anschaulichkeit ist um so größer, je typischer und eindeutiger das Beispiel im Hinblick auf den Gebrauch des Lemmas ist. Unter den Belegbeispielen, die aus einem Textkorpus gewonnen sind, sind allerdings Sätze von mal größerer und mal geringerer Anschaulichkeit. Bei selbstgemachten Kompetenzbeispielen haben die Lexikografen den Grad der Anschaulichkeit selbst in der Hand. Wollen sie nun aber nicht auf die Autorität des echten Zitats verzichten, dann müssen sie den Satz oder die Textstelle des Originals erstens ganz gezielt auswählen und zweitens so schneiden und kürzen, dass das Beispiel genau dasjenige veranschaulicht, was in der jeweiligen Angabe als Regel formuliert worden ist. Möglich, aber selten praktiziert ist darüber hinaus die Kommentierung von Belegen, obwohl dadurch die Anschaulichkeit verbessert und sprachpädagogisch gezielter vorgegangen werden könnte, indem etwa Beispiele von Politikern sprachkritisch bewertet werden.

Literatur:

Forschungen:

Kühn 1983; Reichmann 1986; Schaeder 1984; Wiegand 1998 a, 692−702; Wiegand 1989 a.

3. Vom Wörterbuch als Hilfsmittel im Mittelalter zum patriotischen Symbol im 17. Jahrhundert

Die Chronologie der Lexikografie im deutschsprachigen Raum setzt im frühen Mittelalter ein. Von ihren Anfängen bis zum Beginn der Neuzeit sind chronologisch vier Stationen anzusetzen, die für eine jeweils andere Funktion der Wörterbücher stehen:

1. Die Entdeckung des Wörterbuchs als Bildungsinstrument im Früh- und Hochmittelalter,
2. Die Entdeckung des Sprachsystems im 14. Jahrhundert,
3. Benutzerinteressen machen Wörterbuchgeschichte im 15. Jahrhundert,
4. Die Entdeckung der Volkssprache im Humanismus.

Bei der letzten Station sind zwei Aspekte hervorzuheben. Mit dem zwischen Antike und früher Neuzeit vermittelnden ‚Weltbild' der humanistischen Epoche befasst sich

    4.1 Die humanistischen Wörterbücher zwischen den Kulturen.

Der zweite Aspekt befasst sich kurz mit den unterschiedlichen Typen von Nachschlagewerken, die sich keineswegs erst im 16. Jahrhundert herauskristallisieren, ab dieser Zeit jedoch in einer ausdifferenzierten lexikografischen Landschaft greifbar werden:

    4.2 Ausdifferenzierung der Wörterbuchlandschaft.

Das Schwergewicht des ganzen dritten Kapitels liegt auf dem 16. Jahrhundert als einem Jahrhundert deutlich gesteigerter Wörterbuchproduktion und als dem lexikografisch bisher am besten erforschten Jahrhundert.

Die Sprachreflexion, insbesondere die deutsche Grammatikschreibung des 16. Jahrhunderts steht nach Gardt (1999, 50) im Schnittpunkt dreier Diskurse: einem kulturpatriotischen, einem metaphysischen und einem pädagogischen. Die Lexikografie dieser Epoche steht cum grano salis ebenfalls in diesen Diskurszusammenhängen. Allerdings scheint der pädagogische Zweck der Lexikografie dominanter zu sein als der der Grammatikografie. Die Einbettung der Wörterbücher in metaphysische Begründungen geht selten über den Einfluss hinaus, der der Theologie seinerzeit nahezu überall zuzuschreiben ist; allenfalls bei der Erfindung sachlich-begrifflicher Ordnungen waren die Lexikografen von dem Wunsch bewegt, mit ihrer besonderen Arbeit die göttliche Ordnung zu entschlüsseln (dazu siehe Kapitel 13). Der dominante Verwendungsbereich aller Wörterbucharten aber war der Unterricht, im 16. Jahrhundert zunehmend der Lateinunterricht in den Schulen der Humanisten.

3.1 Die Entdeckung des Wörterbuchs als Bildungsinstrument

Stellen Sie sich vor, Sie lebten um die Mitte des 10. Jahrhunderts als noch junge Nonne in einem Kloster, etwa in den Vogesen. Sie haben sich von Ihrer adeligen Familie getrennt, weil Sie nur hier ein Leben des Lesens und Schreibens, der Bücher und der Gelehrsamkeit führen können, ohne die völlige Abhängigkeit von einem Ehemann und ohne die ständige Lebensgefahr immer neuer Schwangerschaften und Geburten. Fast alles Geschriebene ist Latein, manches Griechisch. Das Lateinische ist eine Sprache, die Sie zu Beginn Ihres Klosterdaseins erst einmal lernen müssen. Lehrbücher gibt es nicht. Aber die Inhalte der Heiligen Schrift, des Buchs der Bücher, das ohnehin im Zentrum aller gelehrten Auslegung steht, kennen Sie wenigstens zum Teil aus Erzählungen, Predigten, früher religiöser Unterweisung in Ihrer Muttersprache, dem Alemannischen. Diese Kenntnisse werden helfen, sich den lateinischen Bibeltext allmählich zu erschließen. Sie fragen Ihre älteren Mitschwestern nach der Bedeutung dieses oder jenes lateinischen Worts. Vielleicht sind Sie auch im Schreiben noch nicht ganz firm und die Helferinnen kritzeln Ihnen die mundartliche, alemannische Übersetzung der lateinischen Wörter an den Rand der Bibelhandschrift oder zwischen die Zeilen, wenn dort genug Platz ist. So erfassen Sie Satz für Satz allmählich den Sinn der Schrift. Mit der Zeit geht das Schreiben schon besser und Sie versehen das Pergament mit weiteren Zusätzen zusammengefragten Wissens über die Bedeutung der (lateinischen) Wörter.

Irgendwann kommt die Zeit, dass Ihre Äbtissin Sie mit der Anfertigung einer weiteren Bibelhandschrift beauftragt, denn die Technik des Buchdrucks ist ja noch nicht erfunden. Das Kopieren und Verbreiten des Buchs der Bücher war schließlich eine der Hauptaufgaben mittelalterlichen Klosterlebens. Und während Sie den Text also neu abschreiben und an die Jüngeren denken, denen es mit dem Latein ebenso gehen wird wie Ihnen in Ihrer Jugend, fügen Sie Ihre muttersprachlichen Randbemerkungen, sauber eingeklammert vielleicht, mit in den lateinischen Text ein.

Neben dem Kopieren des Textes unterrichten Sie mittlerweile schon die Jüngeren im Lesen und Schreiben und eines Tages kommt Ihnen eine pädagogische Idee. Beim Besuch eines Nachbarklosters hatte Ihnen jemand davon erzählt, dass es in irischen Klöstern Listen volkssprachlicher Wörter geben soll, die die Randbemerkungen in der lateinischen Handschrift ersetzen. Das setzen Sie jetzt für Ihre alemannische Volkssprache um. Sie machen eine neue Abschrift des Bibeltextes und führen daneben noch einen Bogen Pergament mit, auf den Sie alle schwerverständlichen lateinischen Wörter notieren und die alemannische Wortentsprechung daneben setzen. Die dabei entstehende Wortliste enthält die Wörter in der Reihenfolge, wie sie im Originaltext vorkommen. Der lateinische Bibeltext sieht jetzt, wo die Kritzeleien zwischen den Zeilen und an den Rändern entfallen, übersichtlicher und schöner aus. Die neue Erfindung, die Wortliste, hat überdies den Vorteil, dass man sie immer wieder und bei der Lektüre anderer Bibelhandschriften benutzen und auch ergänzen und korrigieren kann.

Spätere Zeiten haben dieser neuen, übrigens sicher mehrfach unabhängig voneinander gemachten Erfindung (vgl. Alpers 1990, 14 f.) den Namen ‚Glossensammlung' gegeben. Glossen nennt man die volkssprachlichen erklärenden Zusätze, und zwar Interlinearglossen, wenn sie zwischen den Zeilen, Rand- oder Marginalglossen, wenn sie an den Rändern stehen, und Kontextglossen, wenn sie in den Text eingefügt werden. Die Glossografie oder besser gesagt, die ersten separaten Glossensammlungen des Frühmittelalters stellen den Anfang der deutschen Lexikografie dar, wobei deutsch hier soviel heißt wie ‚auf deutschsprachigem Gebiet und unter Einbeziehung einer Volkssprache entstanden', die spätere Zeiten als Dialekt des Deutschen eingeordnet haben. Dies muss deshalb so kompliziert ausgedrückt werden, weil es die deutsche Sprache als überregionales Verständigungsmittel noch längst nicht gab. Immerhin waren aber wenigstens die benachbarten Volkssprachen untereinander mehr oder weniger kommunikabel.

Die Reihenfolge der Wörter in den Glossensammlungen war noch nicht alphabetisch, sondern folgte dem Vorkommen der Wörter im zu erläuternden Text, ähnlich wie ein Anmerkungsapparat. Es ist klar, dass solche Glossensammlungen nicht ausschließlich zum Zweck der Bibellektüre, sondern auch zum Verständnis anderer Texte geschrieben wurden. Die älteste überlieferte ‚deutsche' Glossensammlung trägt den Namen *Abrogans* (zu deutsch ‚demütig'), benannt nach dem ersten Wort dieses überschriftlosen Textes (Abbildung in *Brockhaus* 1996–1999, Bd. 1). Der *Abrogans* ist ein lateinisch-deutsches Wörterverzeichnis, das nicht auf einen biblischen Text sondern auf ein lateinisches Synonymenverzeichnis bezogen ist, welches seinerseits als Hilfe zu besserem Stil gedacht war. Bei dem Glossator handelt es sich vielleicht um den im 8. Jahrhundert lebenden Bischof Arbeo von Freising. Datiert wird der *Abrogans* auf etwa 765; er fällt mitten in dasjenige Jahrhundert, das achte, in dessen Verlauf das deutschsprachige Glossieren allgemein üblich wurde.

Der *Abrogans* ist nicht nur das erste im genannten Sinne deutsche Wörterverzeichnis, sondern er ist das älteste schriftliche Zeugnis der deutschen Sprache überhaupt. Durch einen Zufall der Überlieferung fällt der Beginn der nachprüfbaren Geschichte der deutschen Sprache mit dem Beginn der nachprüfbaren Geschichte der deutschen Lexikografie punktgenau in einem Text zusammen. Doch der *Abrogans* ist noch durch einen dritten Aspekt lexikografiegeschichtlich bedeutsam: Er bezieht sich auf ein anderes, lateinisches Wörterbuch und bindet damit die Tradition der deutschsprachigen Wörterbücher an die gesamteuropäische Lexikografietradition an. Solche unmittelbaren Bezüge auf Wörterbücher anderer europäischer Sprachen kommen in den mehr als 1200 Jahren deutscher Lexikografie immer wieder vor (siehe Kapitel 12), aber sie sind in Gestalt des *Abrogans* schon von Anfang an gegeben und es ist unmöglich, die ‚deutsche' Lexikografie als eine genuin und ausschließlich nationale Angelegenheit zu begreifen.

Der *Abrogans* ist durch die Zufälligkeit seiner Überlieferung mehr ein Symbol denn ein hinreichender Beleg für die europäische Integration der deutschen Lexikografie schon in dieser frühen Zeit. Der entscheidende Grund für die Integration sowohl der Wörterbuchlandschaften als auch der Wortschätze Europas vom Frühmittelalter bis weit ins 16. Jahrhundert ist die absolut dominante Rolle des Lateinischen in allen schriftsprachlichen Kommunikationsbereichen. Europa kann im Mittelalter fast definiert werden als dasjenige Gebiet, in dem die lingua franca Latein Gültigkeit besaß. Von Polenz spricht aufgrund der „sprachlichen Konvergenzentwicklung aller kirchlich nach Rom orientierten Länder" (von Polenz 1991, 85) vom „Kulturmonopol" des Lateins (ebd. 361), dessen Auswirkungen in der Sprache von Wissenschaft und Verwaltung noch im 19. Jahrhundert offensichtlich sind.

Im Zusammenhang mit dem oben veranschaulichten sprachpädagogischen Zweck der Glossensammlungen als der frühesten Form der Lexikografie lässt sich ein doppeltes Ziel der damaligen Sprachbildung und damit auch der Wörterbücher als den Instrumenten dieser Bildung verallgemeinernd festhalten:

- erstens die Beherrschung des Lateinischen und
- zweitens die Auslegung der zentralen Texte.

Das am meisten glossierte Buch war die Bibel; später sollten auch die wichtigsten Texte des römischen Rechts und Werke antiker Autoren zentral werden.

Vom allerersten Anfang ihrer Geschichte an war die Lexikografie damit eine pädagogische und eine philologische Tätigkeit, indem sie den Sinn und Zweck der Philologie ganz allgemein und grundsätzlich erfüllte: Der Gesellschaft das Verständnis dunkler, aber wesentlicher Texte immer wieder neu zu eröffnen. Wesentlich sind und bleiben auch im Computerzeitalter manche Texte für das kollektive Gedächtnis oder für das, was kollektive Identität genannt wird, wie für Staat und Gesellschaft. Philologie ist, das Verständnis der mit der Zeit immer schwerer verständlich werdenden Texte offen zu halten, gleichgültig, ob die Dunkelheit sprachlich-formaler oder inhaltlich-semantischer Art ist, gleichgültig, ob die Dunkelheit der Texte aus einem zeitlichen Abstand resultiert oder aus dem Auseinanderfallen gleichzeitiger Kommunikationsbereiche und der Parzellierung eines ehemals gemeinsamen Verstehenshorizonts einer Gesellschaft. Aufgabe der Philologie ist, die für die Selbstverständigung und Selbstreflexion der Gesellschaft zentralen Texte dem Verstehenshorizont jeder Epoche neu einzugliedern. Editionen können dies leisten, Übersetzungen, Interpretationen, Kommentierungen und eben die Lexikografie, sofern sie sich auf einen oder mehrere jener zentralen Texte bezieht. Vom *Abrogans* bis zu heutigen korpusbasierten Wortschatzdatenbanken ist das lexikografische Produkt als Instrument der Sprachbildung immer zugleich Ergebnis und Instrument philologischer Tätigkeit.

Die Glossensammlungen vom Typ des *Abrogans* wurden weiterentwickelt. Der erste Schritt in dieser Weiterentwicklung bestand in der alphabetischen Umsortierung der lateinischen, zunächst ja nach dem Vorkommen im glossierten Text angeordneten Lemmata zu einem Bibelwörterbuch. Ende des 8. Jahrhunderts gibt es solche *samanunga worto*, einen Wörterbuchtyp, den man heute Textwörterbuch nennt. Die historisch daran anschließenden Schritte sind plausibel: Mehrere Textwörterbücher werden mithilfe der alphabetischen Ordnung zu immer umfangreicheren Glossensammlungen vereint, so dass die Abhängigkeit von einem oder von wenigen bestimmten Texten allmählich geringer wird. Aus dem 10./11. Jahrhundert datieren Titel wie *Liber glossarum* oder *Glossae Salomonis*.

Neben diesen alphabetischen Verzeichnissen entstanden schon früh auch sachlich geordnete Wörterverzeichnisse und nicht selten wurden beide Ordnungsprinzipien – das alphabetische und das sachliche – in einem Werk nebeneinander verwendet (siehe 13.1). Das älteste dominant sachlich geordnete Werk, das überliefert wurde, ist das *Vocabularis Sancti Galli* aus der zweiten Hälfte des 8. Jahrhunderts. Ziel und Bezugspunkt dieser Verzeichnisse waren wiederum gelehrte und literarische lateinische Quellentexte, obwohl gerade das genannte Sankt Galler Sachglossar wohl eher als praktischer Sprachführer für vielleicht angelsächsische Missionare konzipiert war und damit eine dritte wesentliche Wörterbuchfunktion repräsentiert. Die Textgattung der Sachglossare wird am wirkungsmächtigsten vertreten vom *Summarium Heinrici*, das um 1100 wohl in Lorsch entstand und dessen Handschriften vereinzelt bis ins 15. Jahrhundert reichen. Die Handschriften haben sechs bis zehn Sachkapitel, die in einem weiteren Buch alphabetisch umsortiert sind. Inhaltlich baut es auf dem Werk *Etymologiae* des Isidor von Sevilla auf, das für die Weitergabe des spätantiken enzyklopädischen Wissens an das Mittelalter von herausragender Bedeutung war (siehe 13.1 und 14.2.1).

Halten wir fest, dass der dominante Zweck der früh- und hochmittelalterlichen Wörterbücher der Sprachunterricht war, dass daneben aber auch die Hilfe zum Textverstehen, der Sachunterricht und die Hilfe zur Verständigung auf Reisen standen.

3.2 Die Entdeckung des Sprachsystems im 14. Jahrhundert

Die in der glossografischen Tradition etablierten Ziele der Wörterbuchproduktion und -rezeption muss man sich als weiterwirkend vorstellen. Aber um 1350 kommt etwas Neues hinzu. Seit dem 11. Jahrhundert waren unter dem Einfluss der Sprachphilosophie systematische Darstellungen des lateinischen Wortschatzes entstanden, die diesen Wortschatz als ein in sich geordnetes Ganzes, als ein System aus Beziehungen lautlicher Ähnlichkeiten, der Wortbildung und der Semantik begriffen. Diese Systematisierung des Lateins wirkte sich auch auf die Sammlung deutschen Wortmaterials aus, das nach wie vor zur unterstützenden Erklärung in die Interpretamente zu lateinischen Lemmata eingefügt wurde. Es wird nun möglich, unabhängig von konkreten Texten Wortgruppen nach sprachlichen Kriterien zusammenzustellen, etwa nach Wortarten oder nach Basiswort und Ableitungswort. Von diesen Kriterien hat man jetzt dank der am Lateinischen erprobten Sprachreflexion eine erste Vorstellung. Es werden lexikografisch-methodische Möglichkeiten eröffnet, etwa das systematische Kürzen der Interpretamente und: die Alphabetisierung über die ersten drei bis fünf Buchstaben eines Lemmas hinaus zu führen und sie so zu einem universellen Ordnungsprinzip zu machen. Grammatisch-sprachliche Sachverhalte rücken damit zum Gegenstand eigenen Nachdenkens auf, wenn auch immer noch primär mit Bezug auf das Latein. Die systematisierenden Innovationen erleichterten auch den Zugang zum niedergelegten Wissen.

Ziel und Angelpunkt der Lexikografie war auch im 14. Jahrhundert das Latein, das gewissermaßen Deutsch und andere europäische Volkssprachen ‚im Schlepptau' führte. Daran ändern auch die allerersten Ansätze einer ‚stur' umgedrehten, d. h. deutsch-lateinischen Abfolge von Lemma und Interpretament nichts, etwa in angehängten Wortlisten oder wie beim vor 1400 im Oberweserraum entstandene *Vocabularius theutonicus* (Grubmüller 1990, 2039) oder dem *Vocabularius incipiens teutonicum ante latinum* (Nürnberg 1482).

3.2 Die Entdeckung des Sprachsystems im 14. Jahrhundert

Der Straßburger Kleriker und Chronist Jacob Twinger von Königshofen schrieb zwischen 1380 und 1408 selbst drei Fassungen des *Vocabularius de significatione nominum*, das in weiteren Abschriften vor allem am Oberrhein und im Schwäbischen kursierte. Er konzentrierte sich ganz auf Substantive und Adjektive. Sowohl das lemmatisierte Wortmaterial als auch die Interpretamente samt Sacherklärungen entnahm er verschiedenen Wörterbüchern der lateinisch-deutschen und der rein lateinischen Lexikografietradition, ergänzte sie aus grammatischen Werken und versah sie ziemlich regelmäßig mit deutschen Glossierungen, die an der Schreiblandschaft des Oberrheins orientiert waren.

Die Systematisierungsbemühungen der lateinischen Lexikografen führten zu einem Wörterbuchtyp, der sprachbezogen profiliert ist, der Sacherläuterungen zwar durchaus enthält, diese aber deutlich hinter die Spracherläuterungen und die systematische Sprachreflexion zurücktreten lässt. Der Profilierung des Wörterbuchtyps Wortglossar steht als Komplement und Ergänzung der Typ des Sachglossars gegenüber. Die Idee, dass sich Weltwissen mit Hilfe der Wörter ordnen ließe, hatte in der seit dem 6. Jahrhundert lebendigen Tradition (lateinischer) Enzyklopädien eine große Rolle gespielt (siehe Kapitel 14.2.1) und es scheint, als hätten Sachglossare im Kleinen und Speziellen versucht, was Isidor mit seiner 20 Bücher umfassenden Enzyklopädie im Großen und Wissenschaftlich-Universalen vorführt.

Wirkungsmächtigster Vertreter der Sachglossare war das um 1400 wohl im Ostniederdeutschen entstandene *Liber ordinis rerum*, das ‚Buch von der Ordnung der Dinge'. Schon am Titel erkennen man auch hier die Bemühungen um Systematisierung des Gegenstands. Mit 73 Textzeugen beherrscht dieses Buch das gesamte 14. Jahrhundert. Der Anspruch, Welt zu ordnen, wird im kurzen Vorspruch unterstrichen:

> Incipit liber continens vocabula omnium rerum secundum ordinem communitatis et perfeccionis quem habent inter se, übersetzt etwa:
> Hier beginnt ein Buch, das die Wörter aller Dinge enthält nach ihrer Ordnung untereinander und ihrer Ausführung.

Die Ordnungsprinzipien, die hier angewendet werden, sind sowohl der Kosmologie entnommen als auch alltäglichen Sachbereichen, aber auch der Grammatik. Es überlagern sich sachliche und sprachliche Informationen, wobei der Schwerpunkt bei den Sachen, der zu ordnenden Welt liegt. Lateinisches Lemma und deutsches Äquivalent stehen hier unmittelbar nebeneinander, ohne dass lateinische Interpretamente dazwischen treten. Es wird also *eine* Welt *zweifach in Worte gefasst*, durch die Brille des Lateinischen *und* durch die Brille des Deutschen. Diese Darstellungsweise setzt aber die Vorstellung einer nach Ordnungsprinzipien eingerichteten Welt voraus.

Bereits um 1400 haben wir es mit einer vielfältigen Wörterbuchlandschaft zu tun, in der Werke unterschiedlichen Zwecks, mit unterschiedlichen Systematisierungs- und Anordnungsprinzipien und unterschiedlicher Darstellungsform miteinander konkurrieren bzw. sich gegenseitig ergänzen (Grubmüller 1990, 2039 f.). Es gibt die alphabetischen und die nach ‚Sachen' geordneten Vokabulare, es gibt Werke mit nur gelegentlichen deutschen Glossen, solche mit konsequenter deutscher Glossierung und es gibt erste Ansätze, die Reihenfolge lateinisches Lemma – deutsches Interpretament umzudrehen.

3.3 Benutzerinteressen machen Wörterbuchgeschichte: das 15. Jahrhundert

Diese Landschaft erhielt kurz nach 1400 durch ein Werk Profil, das eine ungeheuer große Verbreitung fand: Der *Vocabularius ex quo* war im Oberwesergebiet entstanden und wurde zwischen 1410 und 1502 in über 250 Handschriften und 40 Druckauflagen in allen deutschen Schreiblandschaften verbreitet. Dieser Bestseller verdankt seinen Erfolg wohl der Tatsache, dass er alle Spezialisierungen der älteren Glossografie aufgab, die gleichwohl weiterhin existierten: der *Vocabularius ex quo* verzeichnet in konsequenter und schlichter alphabetischer Anordnung nicht nur Wörter bestimmter Wortarten, nicht nur seltene und schwierige Wörter, sondern alle Wörter, die in der ganzen Reihe jener lateinischen Texte vorkommen, die den Bildungskanon der damaligen Zeit bildeten, und zwar unabhängig von der etymologischen Herkunft und von den Ableitungsverhältnissen der Wörter. Die lateinischen Wörterbücher, die in der Vorrede als Quellenmaterial genannt werden, sind de facto wohl nur spärlich benutzt; im Gegenteil, der Verfasser scheint alles Verfügbare aus einem recht weiten Quellenbereich kompiliert, d. h. zusammengeschrieben zu haben.

Der *Vocabularius ex quo* war wegen seines breiten Wortschatzes ein universell einsetzbares praktisches Hilfsmittel zum Verständnis der Bibel und anderer Texte, und zwar wohl für Adressaten, die in den Anfangsgründen des Lateins schon bewandert waren, aber Interesse daran hatten, Bedeutung und Verwendung der Wörter genauer aufgeschlüsselt zu sehen. Die Vorrede spricht „scolares" und Lehrer an Schule und Universität an, eine Gruppe, in der man auch den oder die unbekannt gebliebenen Verfasser des *Vocabularius ex quo* suchen muss. Zu den Adressaten gehörten sicher auch Pfarrer, die das Buch bei der Predigtvorbereitung nutzten.

Um die genannten Adressaten und ihre Nutzungsbedürfnisse zu treffen, dienten sechs flexibel eingesetzte Informationsarten: ein lateinisches Synonym, eine lateinische definitionsartige Sacherläuterung, ein deutsches Äquivalent, eine deutsche Sacherläuterung und die Angabe der Wortart, der Flexionsklasse und der für die Sprechpraxis in Schule und Liturgie wichtigen Silbenlänge; hierfür benutzten die Verfasser Siglen. Sie etablierten somit ein bis heute charakteristisches Merkmal der Textsorte Wörterbuch: hohe Textverdichtung durch Abkürzungen. Der *Vocabularius ex quo* verzichtete auf das spezialisierte Informationsangebot, das die Sachglossare enthielten, und auch auf alle Systematisierungsbemühungen hinsichtlich der Wortbildungsverhältnisse (Grubmüller et al. 1988, 4–8) – diese standen offensichtlich nicht im Zentrum der Adressatenbedürfnisse. Bei der Bedeutungserläuterung wird – wenn auch selten – neben der allgemeinen Bedeutung auch die spezielle biblisch-theologische Wortbedeutung angegeben, was auf die Prediger zielt. Es werden Merkverse eingesetzt, etwa zur Unterscheidung von Homonymen und Synonymen. Auch von der im 15. Jahrhundert durchaus üblichen Praxis, mittels eines Glossars Wortneuschöpfungen in die Welt zu setzen, weicht der *Vocabularius ex quo* deutlich ab und bevorzugt möglichst geläufige und gängige Wörter.

Die zahlreichen Bearbeitungen ändern an der formalen sowie sprachlichen Universalität nichts; sie füllen das Gerüst lediglich mit Wissensgut der verschiedensten Art auf. Die Wörterbücher jener Zeit spielten generell eine zentrale Rolle in der Wissensvermittlung; deren Strukturen sind „offensichtlich durch einen festgefügten Wissenshintergrund geprägt, den die Wörterbucheinträge in der Art von Erinnerungsstichwörtern aufzurufen und präsent zu machen haben." (Grubmüller et al. 1988, 28). Die bildungs- und damit kulturgeschichtliche Auswertung der gesamten Vokabularliteratur steht aber noch aus.

Waren die deutlich umfangreicheren deutschsprachigen Informationselemente einer der Erfolgsfaktoren des *Vocabularius ex quo* gewesen, so musste sich der nachfolgenden Lexikografen-Generation der Gedanke geradezu aufdrängen, diese an erste und zentrale Stelle eines Wörterbuchs zu setzen

Johannes Melber aus Gerolzhofen verfasste wohl während seines Universitätsstudiums um 1455 den *Vocabularius praedicantium* (‚Vokabular der Prediger'), der sich durch drei Dinge auszeichnet: erstens durch den ganz neuen Rang, der in ihm den volkssprachlichen Elementen eingeräumt wird. Zweitens will das Buch nicht mehr Hilfsmittel beim Verständnis oder bei der Produktion lateinischer Texte sein, sondern es will bei der Übertragung lateinischer Predigten in wohlgeformte, rhetorischen Regeln folgende, deutsche Rede behilflich sein. Und drittens war dieses Wörterbuch zumindest teilweise neu aus Quellen erarbeitet worden, und zwar aus Predigten, eventuell auch aus Vorlesungen eines Heidelberger Professors. Damit wird hier die Überwindung des kompilatorischen Prinzips zugunsten eines der Sprachwirklichkeit näher kommenden Quellenprinzips angedeutet. Die Lexikografen begannen, den Wortschatz derjenigen Sprachen und Textsorten zu behandeln, die ihre Leser verwendeten und abfassen mussten und bei denen ihnen das Wörterbuch eine umso bessere Hilfe war, je näher es an Zielsprache und -textsorte herankam. Die Umorientierung der potentiellen Wörterbuchbenutzer brachte also eine leichte Schwerpunktverlagerung bei den im Wörterbuch behandelten Sprachen und Textsorten mit sich.

Die konsequente Verlagerung des Sprachenschwerpunkts weg vom Lateinischen hin aufs Deutsche gelang dann Gerd van der Schueren, dem gebildeten clericus und Sekretär der Herzöge von Kleve zwischen 1447 und 1489 (Grubmüller 1990, 2042). van der Schueren legte seinem *Theutonista vulgariter dicendo Duytschlender* (1477) auch eines jener damaligen ‚stur' umgesetzten Wörterverzeichnisse zugrunde, allerdings eines, in dem das deutsche Wort oft vor dem lateinischen erläutert wurde und das schon deutsche Synonyme und Beispielsätze enthielt. van der Schueren baute dieses Prinzip konsequent aus und legte ihm wie selbstverständlich ein frühes volkssprachiges Selbstbewusstsein zugrunde. Dieses erst für das 16. Jahrhundert charakteristische Selbstbewusstsein hebt sein Werk noch aus der Menge der Wörterbücher seiner Zeit hervor.

In der Vorrede spricht er davon, die Muttersprache (*linguagio materno*) durch die Anordnungsweise ‚an erster Stelle das muttersprachliche, danach das lateinische Wort' würdigen zu wollen (Zitat des lateinischen Originals in Grubmüller 1990, 2042). Hinzu kommt, dass er die Beschränkung der mittelalterlichen Kompilatoren auf den Wortschatz ihrer jeweiligen Landschaft überwand; van der Schueren dehnte seinen niederrheinisch-westfälisch-ripuarischen Wortschatz regional bis ins Alemannische, Fränkische und Bairische hin aus, bleibt also nicht bei einer einzelnen Volkssprache stehen.

3.4 Die Entdeckung der Volkssprachen im Humanismus

Der *Vocabularius ex quo* beherrschte das 15. Jahrhundert. Der Beginn des Buchdrucks setzte aber in der Lexikografie wie anderswo neue Entwicklungen in Gang, die zu Beginn des 16. Jahrhunderts zur Ablösung der spätmittelalterlichen durch die humanistische, lateinisch-deutsche Lexikografie führte. Das Neue hing wesentlich mit der Entdeckung des Wertes der jeweiligen Volkssprache und einer entsprechenden Distanzierung vom Lateinischen zusammen. Man findet in den selbstverständlich lateinischen Wörterbuchvor-

3.4 Die Entdeckung der Volkssprachen im Humanismus

reden dieser Zeit die ersten Ansätze einer Wertschätzung des Deutschen oder besser gesagt: einer der deutschen Volkssprachen. Oft wird mit dem Lob der eigenen Sprache sogar eine Abwertung anderer, romanischer Sprachen verbunden, z. B. bei Cholinus/Frisius 1541 (im Original zitiert bei de Smet in Maaler 1561/1971, IX*, hier übersetzt):

> Wie kommt es, dass eben diejenigen die deutsche Sprache unverdienterweise wegen ihrer so großen Mängel zu verurteilen scheinen, die ihre Reichtümer, durch die sie fruchtbarer ist als alle anderen Sprachen, vernachlässigen? Denn wenn du die Fruchtbarkeit der Griechen bei der Komposition, die Menge der Adjektive, die Eigentümlichkeit der Fügungen bewunderst, wirst du finden, dass unsere deutsche Sprache bei allem weitaus fruchtbarer ist als die griechische: und ebenso auch als die lateinische, von der die Lateiner selbst einstimmig bekannt haben, dass sie mit der griechischen nicht zu vergleichen sei … Deshalb sehen wir nicht, im Vergleich zu welcher Sprache die Deutsche nicht fruchtbarer sei und durch die Kraft der Vokabeln ergiebiger, mit Ausnahme der Aussprache.

Ziel lexikografischer Arbeit war insbesondere, die ‚copia verborum', d. h. die vielfältigen und auch eleganten Ausdrucksmöglichkeiten und den Wortreichtum des Deutschen zu erweisen. Diese sprachpatriotischen Anfänge in Deutschland hinkten der Entwicklung in anderen Regionen Europas hinterher; die Hinwendung zu den Volkssprachen war eine gesamteuropäische Bewegung, die von den Ländern romanischer Sprachen ausgegangen war (Gardt 1999, 46 ff.).

Diese ideologische Entwicklung traf im Deutschland des 16. Jahrhunderts mit einer technologischen Entwicklung, dem Buchdruck, zusammen. Die Menge der Wörterbücher nahm insgesamt enorm zu: Unterscheidet man bis 1509 nicht mehr als sieben verschiedene Wörterbücher und Vokabularien, die immer wieder neu abgeschrieben bzw. aufgelegt wurden (de Smet 1986), so stieg danach die Zahl der lexikografischen Werke auch neuer Art rapide an. Das *Bibliographische Verzeichnis der deutschen Vokabulare und Wörterbücher gedruckt bis 1600* von Claes (1977) enthält insgesamt 858 Titel; die Zahl der 2., 3. usw. Neuauflagen ist hierbei nicht mitgezählt und natürlich beträchtlich größer. Von den 858 Titeln entfallen 187 auf die Zeit von 1467 bis 1509; 671 Titel entfallen auf den Zeitraum von 1510 bis 1600. Dabei hören die Nachdrucke von noch aus dem 15. Jahrhundert stammenden Werken bis 1520 auf. Somit war in keiner anderen westeuropäischen Region die lexikografische Aktivität so hoch wie in dem damals politisch und kulturell zersplitterten deutschen Sprachgebiet (de Smet 1986, 145).

bis 1600:	858 verschied. Wörterbuchtitel
1467–1509:	187 Titel
1510–1600:	671 Titel

Um 1510 zeichnet sich der Übergang von der spätmittelalterlichen zur humanistischen Lexikografie deutlich ab.

Für eine Lexikografiegeschichte stellt sich hier die Frage, welche dieser vielen Wörterbücher als Beispiel herausgegriffen werden sollen. Grubmüller (1990) stellt in seiner Darstellung Werke mit methodischen Neuerungen in den Mittelpunkt – ein Kriterium, das sich für ein kulturgeschichtliches Interesse sehr eignet, weil es über Adressatenbezug und Benutzungssituation wie über die Rolle des Deutschen relativ gut Auskunft gibt. Seiner Auswahl sei hier deshalb weitgehend gefolgt (ähnlich auch: P. O. Müller, demn.). Aber statt alle für den Übergang zu Neuem besonders wichtigen Titel aufzuführen, sollen hier wenige Wörterbücher etwas eingehender behandelt werden. Im Vordergrund stehen dabei die Anfänge des deutschen Sprachpatriotismus in der Lexikografie und das Verhältnis von Lateinisch und Deutsch.

Bei Melber (1455) und van der Schueren (1477) war ‚das Neue' im Ansatz schon da, auf das sich die Lexikografen nach etwa 1520 immer öfter berufen, denn immer schon wurde in den Vorreden kräftig für das eigene Produkt geworben. Hinter der Berufung auf ‚das Neue' auch und gerade in der Wörterbuchproduktion stand der Humanismus mit seinem umfassenden Neuerungsbewusstsein, vor allem hinsichtlich verbesserter und vertiefter Bildung, mit seinen Bemühungen um die Verbesserung des – an der klassischen Antike gemessen – heruntergekommenen Lateins und mit nun häufigeren Äußerungen volkssprachlichen Stolzes. „‚Novum' nennt sich im 16. Jahrhundert fast jedes Dictionarium, das auf sich hält" (Grubmüller 1990, 2043). Die lexikografische Wirklichkeit sah indes oft anders, gar nicht so neu und innovativ aus (Hartweg/Wegera 1989, 86 f.). Nicht wenige Wörterbuchnachdrucke folgten primär dem wirtschaftlichen Interesse der Druckereien. Dies wiederum wirkte sich in der humanistischen Bewegung allerdings insofern tatsächlich auf neue Weise aus, als auch die Buchmärkte sich im europäischen Rahmen zu internationalisieren begannen (Wiegand 1998 a, 647).

Ein Werk kann aufgrund seiner hohen Auflagenzahl (etwa 30; vgl. de Smet 1986, 148; West 1993) als Meilenstein des Übergangs von der mittelalterlichen Vokabulartradition zur humanistischen Lexikografie bezeichnet werden: das *Dictionarium latinogermanicum* des an einem Straßburger Humanistengymnasium tätigen Lehrers Petrus Dasypodius vulgo Peter Hasenfuß. 1535 erschien die erste Fassung, aber ab 1537 enthielt es einen zusätzlichen deutsch-lateinischen Teil, der die lateinisch-deutschen Wortgleichungen umdrehte und den Lateinschülern so den Zugang zu den lateinischen Sprachinformationen erleichterte. Den sprachpädagogischen Zweck belegt auch die Anordnungsweise nach Stammwörtern. Als Humanist legte Dasypodius seinen Erläuterungen die *auctores latinae linguae probi* zugrunde und bezog sich

3.4 Die Entdeckung der Volkssprachen im Humanismus

damit auf italienische und französische Vorbilder (Wiegand 1998 a, 648). Die Lexikografie war, wie das gesamte Bildungswesen, in der damaligen Zeit eine gesamteuropäische Angelegenheit (siehe Kapitel 12), die die Einbeziehung der verschiedenen Volkssprachen keineswegs ausschloss, sondern im Gegenteil die zunächst und primär dem Latein geltenden sprachpflegerischen Bestrebungen auch auf die eigene, mindestens ebenso ‚pflegebedürftige' Sprache ausdehnte.

Aus der Menge der für den Schulunterricht gedachten *Pappae puerorum* (‚Kinderkost') und *Gemmae* (‚Edelsteine') ragt als methodisch innovativ der *Nomenclator omnium rerum propria nomina variis linguis explicata indicans* des Hadrianus Junius von 1567 heraus (Hüllen/Haas 1992). Junius kompilierte weniger als dass er sein Wörterbuch aus der Quellenlektüre der *optimi auctores* und mittels Exzerption erarbeitete. Neben der auf das Latein gerichteten Intention stand auch bei Junius ein deutlich gesteigertes volkssprachliches Bewusstsein, das die noch bei Dasypodius und Maaler (1561/1971; siehe unten) vorhandene enge regionale Beschränkung überwand und in seinen Äquivalenten alle großen westeuropäischen Volkssprachen – Deutsch, Niederländisch, Französisch, Italienisch, Spanisch, Englisch – einbezog. Der Universalitätsanspruch des Lateins wird so zwar bestätigt; zugleich wird aber auch die Möglichkeit entdeckt, das Latein als Bezugspunkt für Vergleich und Gegenüberstellung der Volkssprachen zu nutzen. Das lateinische Lemma identifizierte und fixierte gewissermaßen die Bedeutung der verschiedensprachigen Äquivalente.

Ein anderes begrifflich geordnetes Wörterbuch stammt von Nathan Chytraeus, Professor in Rostock. Er brachte 1582 seinen *Nomenclator latino-saxonicus* heraus, der den Wortgebrauch durch Namen der *bonorum auctorum* nachweist und damit einer der ersten ist, die das Belegungsprinzip einführten. Im Übrigen betonte auch Chytraeus den Wert der *saxonica lingua* als *lingua patriae et maioribus nativa*, die „allen anderen Sprachen Europas überlegen sei an Eleganz, Schönheit und Reichtum" (Grubmüller 1990, 2044).

Über das Gewicht, das man den Bekundungen volkssprachlichen Selbstbewusstseins in den Humanistenwörterbüchern zumessen soll, gehen die Meinungen etwas auseinander; de Smet (1986, 151 f.) hält es für geringer als Grubmüller (1990). In der Perspektive späterer Jahrhunderte wird jedoch deutlich, dass der Humanismus den Anfang einer langen und äußerst folgenreichen Tradition nationalsprachlichen Bewusstseins in- und außerhalb der Lexikografie legte und in dieser Hinsicht nicht unterschätzt werden darf. Während in den spätmittelalterlichen Wörterbüchern das Verhältnis zwischen deutschen und lateinischen Teilen der Worterklärungen zu Vermischung und

Angleichung tendierte, setzten die humanistischen Lexikografen auf Kontrast, hoben schon in der Typografie die Eigenständigkeit der jeweiligen Volkssprache hervor und verurteilen jede Form der Sprachmischung (Hartweg/Wegera 1989, 87 ff.). Auf diese Weise gelang es den Lexikografen, die Möglichkeiten und den Wert der deutschen Sprache zu demonstrieren und gleichzeitig die Brücke zum Latein zu stärken.

Wer waren die gesellschaftlichen Träger der ‚neuen', sowohl humanistischen wie volkssprachlichen Zielen gewidmeten Lexikografie? Bis ins 15. Jahrhundert scheinen Kleriker eine herausragende Gruppe unter den Wörterbuchautoren gewesen zu sein. Auf der Basis der von P. O. Müller (demn.) untersuchten Wörterbücher des 16. Jahrhunderts waren aber eher Lehrer die typische Autorengruppe und (Latein-)Schüler die typische Adressatengruppe. Auch wenn Anlage und Niveau der Wörterbücher zu den in den Vorworten genannten Adressaten nicht immer passten, scheinen die Lexikografen auf Schüler unterschiedlicher Ausbildungsstufen vom ‚puer' bis zum ‚doctus' hin gearbeitet zu haben. Weitere Adressatengruppen waren „Reisende (Kaufleute, Bildungsreisende, Handwerker, Diplomaten, Pilger, Söldner)" (P. O. Müller demn.), Prediger, Redner und – im Falle der frühen Fachwörterbücher – Ärzte, Medizinstudenten und Apotheker.

3.4.1 Die humanistischen Wörterbücher zwischen den Kulturen

Der Humanismus der Renaissance-Epoche war eine Kultur mit ausgeprägten Leitideen. Antike Gelehrsamkeit und sprachlich-literarische Bildung galten als Vorbedingungen und Schwestern sittlicher wie geistiger Bildung und Menschlichkeit. Sehen wir uns das *Dictionarium latinogermanicum* von Dasypodius (1536) in kultureller Hinsicht näher an. Wie aufgrund der geografischen Herkunft des Autors, des Elsasses, nicht anders zu erwarten, enthält das Wörterbuch Reflexe protestantisch-reformatorischer Ideen. Man kann das prüfen, indem man einige der aus der Luther-Forschung entnommenen typischen Luther-Wörter nachschlägt. Im deutsch lemmatisierten Teil des Dasypodius findet man z. B. den *Bauchdiener* und den *Götzendiener*, Wörter, mit denen Luther gern gegen katholische Geistliche polemisierte. Dass die Jesuiten noch 100 Jahre später einen Kölner Drucker anregten, Dasypodius' Wörterbuch in katholischem Sinn umzuarbeiten, belegt mehr noch, als eine quantitative Wortschatzanalyse es könnte, die konfessionelle Bindung und den weitreichenden Erfolg seines Werks.

Von mindestens gleichem Gewicht wie die konfessionellen Orientierungen des Lexikografen erweist sich allerdings das von ihm benutzte Quellenmaterial. Bei Dasypodius sind es die in der antiken Literatur enthaltenen

3.4 Die Entdeckung der Volkssprachen im Humanismus

politischen und sozialen Vorstellungen, die sowohl den Lemmabestand wie die Äquivalentangaben und die Beispiele prägen. Am auffälligsten ist diese Prägung bei den geografischen Namen, die den Mittelmeerraum einschließlich Ägypten abdecken, weil sie den griechisch-lateinischen Mythen sowie den biblischen Geschichten entnommen sind. Z. B. steht unter dem Lemma *Mamers, Mars* die semantische Angabe *Der Gott des kriegs* (Dasypodius 1536, 224r), unter dem Lemma *Falernus* eine enzyklopädische Information: *Ein landtschafft Campanien in Italien/ da gůt wein wechßt. Falernum, Derselbig wein* (ebd.

> Segrego, Ich sündere/teyle.
> Grossi, plura. Die frůzeytigen feygen.
> Grossus, a, um, Dick/groß.
> Gruma, Ein ziel damit man den weg zeychnet. Degrumare, Den weg richten/anzeygen.
> Grumus, Ein kleyns heufflin grunds in ein acker/ein bühelin. Grumulus diminutiuum.
> Grunnio, is, Ich schrei wie ein schwein Grunnitus, pe. pro. Dz saw geschrey
> Grus, Ein kranch/ein krey. hinc Gruo, is, Ich schrey wie ein kranch. Cōpo. Congruo, Ich bin einhellig/ Ich reym mich herzů. Congruus, a, um, Füglich/bequem/zůreymig. Incongruus, a, ū, Vnfůglich/ vngeschickt/ vnbequem. Ingruo, Ich fall ein/fall an mit vngestimigkeyt.
> Grillus, Ein heymen muck/grille/heyme.
> Gryneus, & Grinæus, Der Appollo.
> Grypes uel Gryphones, Greiffe/seind grosse thier wie löwen/habē flügel.
> Gryphus, Ein verwickelte red/ein räterfche. Grypus/ Der ein gebogne krumme naß hat.
> Guberno, as, Ich weise/leyte/hersche/ verwalte. Gubernator, ein herscher/ verwalter. Et Gubernatio, Ein herschung/leytung/verwaltung. Item Gubernaculum, Ein leyt geschirr/ Ein steiır růder im schiff. A liàs Clauius.
> Gula, Die straß im halß/dardurch die speiß vnd tranck gehet. Das vorder

Aus: Dasypodius 1536, 88.

68r). *Africa* hingegen wird erläutert als *Die Barbarey* (ebd. 259r). Unter dem Stammwort-Lemma *Fatum* wird *Fatidici libri* erläutert mit *Bücher die ordnung gottes inhaltend* (ebd. 69r). Hier haben wir es mit einem Begriff zu tun, der uns heute fremd ist. Eine eingehende Untersuchung solcher kulturellen Implikationen bei Dasypodius oder irgendeinem anderen der frühneuzeitlichen Wörterbücher steht noch aus. Es dürfte an diesen und weiter unter angeführten Beispielen aber deutlich werden, dass man vom Wortschatz der humanistischen Wörterbücher nicht ohne weiteres auf die allgemeine deutschsprachige Kultur und den deutschen Wortschatz des 16. Jahrhunderts schließen darf (vgl. Bierbach 1997). Antike und frühneuzeitliche Welt stehen oft unvermittelt nebeneinander. Beispielsweise zeigt die Anführung der landschaftlich unterschiedlichen deutschen Münzbezeichnungen s. v. *Obolus* die Loslösung von den antiken Quellen und aktualisierende Anpassung an die eigene Gegenwart.

Das gilt auch für ein weiteres in der Tradition immer wieder genanntes Wörterbuch des Schweizers Josua Maaler von 1561, weil es als eines der ersten das „Deutsch" im Titel führt und in der Tat durchgehend deutsch lemmatisiert ist:

> Die Teütsch spraach. Alle wörter/ namen/ vnd arten zů reden in Hochteütscher spraach/ dem ABC nach ordenlich gestellt/ vnnd mit gůtem Latein gantz fleissig vnnd eigentlich vertolmetscht/ dergleychen bißhär nie gesähen (Maaler 1561/ 1971; siehe auch Wiegand 1998 a, 649).

Mit nur einer Auflage hatte dieses Werk keine herausragende Wirkung und war auch methodisch nicht wirklich innovativ. Maalers Wörterbuch ist eine deutsch-lateinische Umsetzung des bekannten *Dictionarium Latinogermanicum* von Petrus Cholinus und Johannes Frisius (1541, 1556 und öfter).

Maalers Vorlage baute wiederum auf einem französischen Latinogallicum-Wörterbuch von Robert Estienne (oder Stephanus) auf. Estienne stammte aus einer mehrfach lexikografisch aktiven Humanistenfamilie, in der die aus verschiedenen europäischen Ländern stammenden Hausgäste, die Familie einschließlich der Frauen und sogar das Hausgesinde Latein gesprochen haben sollen (Passow 1831, 553 f.), und war der wohl einflussreichste Lexikograf Europas im 16. Jahrhundert. Cholinus und Frisius übertrugen Estiennes Wörterbuch auf das Deutsche (Alemannische); sie waren wie Maaler Schweizer. Wie schon Dasypodius behaupteten sie im lateinischen Titel ihres Werkes, dass sie Redewendungen böten, die aus Werken der besten Schriftsteller ausgewählt worden seien. Natürlich waren damit römische, d. h. lateinisch schreibende Autoren gemeint. Wenn deren Wörter und Redewendungen ins Deutsche übertragen wurden, steht die Kultur, die in den Wörterbüchern von Cholinus/Frisius und von Maaler vermittelt wird, – so ist zu

3.4 Die Entdeckung der Volkssprachen im Humanismus

v. R

Vranoſcopos.piſcis.Plin.li.32.ca.7.
Vrbs,urbis,f.g. Statt.
   Vrbs aliquando ponitur pro Ciuibus.
   Vrbs libera, Freye ſtatt.
Vrbicula,æ,diminutiuum, Stettle.
Vrbicus,adiect. Der ſtatt.
Vrbicarius,adiect.pro Vrbano.Cal.ſine authore.
Vrbanus,adiect.cui Ruſticus opponitur, Stattman/ſtatt=
   woner/ſtattlich.
   Vita urbana,cui Ruſtica opponitur, Läben in der ſtatt/
   da einer ſelten vff das wåld kumbt oder wandlet / ſtatt=
   weſen.
   Arbor urbana,cui Syluestris opponitur, Luſtbaum in
   einer ſtatt.
   Prædia urbana, Behauſung/ſey in ſtatt od vff land: quia
   urbanum prædium non locus facit, ſed materia, in
   quit Vlpianus.
   Vrbani ſerui, Die man in der ſtatt braucht.
¶Vrbanus, Züchtig/höflich/ wol vnderwiſen/hold=
   ſelig/güter ſitten.

Ein Statt (die) Vrbs,Polis huius po-
   lis,Oppidum, Ciuitas.
Der Statt/ Der ſtatt zůgehörig. Vrba-
   nicus.
Herrliche alte Statt. Antiqua urbs.
Herrliche vñ rychẽ Stat. Lauta ciuitas.
Herrliche vnd weyt berümpte Statt ſtiff
   ten vnd bauwen. Præclaram urbem
   ſtatuere.
Ein träffenliche Statt mit Kriegsrüſtung
   vnd gålt wol verſähen. Grauis urbs
   armis, opibusqúe.
Der vnderſt teil der Statt / wie Zürych dz
   Nidertorff. Infima urbs.
Ein Statt mit leüte wolbeſetzt/ volckrych.
   Vrbs celebris & copioſa, populoſa,
   Arcta urbs ciuibus, Frequens popu-
   lis urbs.
Die Statt wirt ſich an jn keeren oder hen
   cken / wirdt alle hoffnung zů jm haben.
   Conuertet ſe ciuitas in eum.
Die Statt iſt beldgeret. Cingitur urbs
   obſidione.
Einn die Statt verbieten. Eijcere ali-
   quem è ciuitate.
Ein wider in die Statt helffen. Compo-
   tem urbis facere.
Ein Statt anfallen/angryffẽ /Anrennen.
   Adoriri ciuitatem.
Ein Statt in jreyheit ſetzen. Abſtrahe-
   re ciuitatem à ſeruitio.
Ein Statt in groß angſt vnd not bringen.
   Inferre calamitatem ciuitati.
Ein Statt mit Dienſt vnnd gůtthat verbin-
   den. Ciuitas officijs coniuncta.
Ein Statt mit mauren vmbgåben/ Einer
   ſtatt mauren machen. Cingere urbem
   muris.
Ein Statt regieren. Adminiſtrare ci-
   uitatem.
Ein Statt vſnen vñ meeren. Augere ci-
   uitatem.
Ein Statt von forcht vnnd ſchräcken gantz
   erſtaunet. Vrbs lymphata horrorı-
   bus, Pauida urbs.
Ein neüwe Statt bauwen. Nouam urbem condere.
Einer Statt dienſt vnd gůtthat beweyſen.
   In ciuitatem ſtudia & beneficia con-
   ferre.

Umsetzung von Cholinus/Frisius (1541) s. v. *Vrbs* (linke Spalte) nach Maaler (1561/ 1971) s. v. *Ein Statt* (rechte Spalte; jeweils ein Ausschnitt aus der Strecke).

vermuten – der antiken römischen Kultur bedeutend näher als der zeitgenössischen südwestdeutsch-alemannischen Kultur des 16. Jahrhunderts. Überprüfen wir an einem Beispiel, ob diese Vermutung richtig ist.

Als Beispiel eignet sich der Bereich der Religion, denn wir wissen: In der Antike gab es viele Götter mit sehr menschlichen Verhaltensweisen, in der

Schweiz des 16. Jahrhunderts gab es nur einen, den biblischen Gott. Auf den ersten Blick existieren Mono- und Polytheismus im Wörterbuch nebeneinander:

> Leüt so man den Göttern zu versünung opffert. (Cholinus/Frisius 1541 s. v. *Catharmata* n., pl.)

Unter dem Lemma *Opffer, opffern* bei Maaler (1561/1971) findet man zwar den *Opffermetzger/ der das vych zum opffer schlachtet oder metzget* und auch *Opfferpfaffen*, aber von Menschenopfern wie bei Cholinus/Frisius ist nicht die Rede. Auch das Stichwort *versünen* bei Maaler zeigt keine heidnischen Spuren mehr.

Der Artikel *Deus* bei Cholinus/Frisius (1541) zeigt nun etwas sehr Interessantes. Die dort unter anderem verzeichneten lateinischen Redewendungen lauten z. B. *Dij bene uertant, Dij immortales, Dij faciant, Si dijs placet*. Es ist also überall von Göttern die Rede, ‚Gott' kommt in den lateinischen Angaben überhaupt nicht im Singular vor. Was machen aber die Schweizer Lexikografen aus solch einer Vorlage? Wie übersetzen sie diese Wendungen ins Deutsche? Sie übersetzen nicht nur, sondern übertragen sie in die eigene christliche Kultur und setzen die Götter in den Singular: *walte sein Gott, O liber Herr Gott, Das wöll Gott, Ob Gott will*.

Bei Maaler (1561/1971) kommen Götter in dem fast zwei Spalten langen Wortartikel zum Lemma *Gott* nie vor; dort heißt es z. B.

> Gott anrufen, zu Gott schreyen. Gott behüt dich/ gott spar dich gsund/gott seye mit dir/ Ist ein wort wenn einer von dem andern abscheidet vnd jm also gnadet. … Gottlosigkeit (die) Verachtung gottes und vatter vnd muter. Impietas.

In beiden Wörterbüchern hat also trotz Berufung auf die Autorität der antiken lateinischen Autoren eine christliche Überformung antiker Orientierungen stattgefunden.

Als ein anderes Beispiel für die Überprüfung der Frage nach der eher heidnisch-antiken oder christlich-gegenwartsbezogenen Kulturausrichtung können die geografischen und unter Umständen auch die Personen-Namen herangezogen werden. Cholinus/Frisius (1541) schreiben *Heluetij*, Die Eydgenossen oder Schweytzer. Mit den Helvetiern hatte bereits Cäsar zu tun, aber als Eidgenossen verstanden die Schweizer sich erst mit dem erstmals 1291 geschlossenen und später vielfach erneuerten Bund (‚Rütlischwur'), so dass die Bezeichnung *Eydgenosse* nicht aus der antiken Literatur übernommen sein kann. Zugleich sind auch *Agamemnon* und *Hercules* als Lemmata angesetzt; sie werden aber nicht als historische Personen behandelt, sondern mit einer sprichwörtlichen Bedeutung erläutert: *Hercules* als *wie ein Held, Agamemnonis hostia* als *harthendig*. – Die *Alemanni* sind die *Teutschen*. Entsprechend ist auch

3.4 Die Entdeckung der Volkssprachen im Humanismus

die alemannische Mundart in den deutschen Interpretamenten beider Wörterbücher vorherrschend. Das heißt, dem volkssprachlichen Selbstbewusstsein entsprach eine regionale Perspektive. Auch bei Maaler offenbart sich seine schweizerisch-oberrheinische Heimat vor allem an der Behandlung der geografischen Namen.

Aus der Welt der Antike sind zentrale Vorstellungen über Gesellschaft und soziale Differenzierung entnommen. Unter dem Lemma *Neüw* steht folgende Erläuterung:

> Neüw aufkomne leüt/ vor vnbekant eines neüwen härkommens oder nammens/ die von schlächten orten vnd elteren här erboren sind/ aber vmb jr geleerte vnnd tugend willen/ yetz jr groß ansähen vnd achtung sind kommen. Homines Noui. (Maaler 1561/1971, 305r).

Der *Homo Novus* ist eine noch heute terminologisch gebrauchte Bezeichnung der römischen Sozialgeschichte für eine bestimmte soziale Gruppe seit der römischen Republik des 2. vorchristlichen Jahrhunderts. Im Süddeutschland des 16. Jahrhunderts gab es diese Gruppe nicht, obwohl Maaler das Temporaladverb *yetz* gebraucht bzw. unreflektiert aus seiner Vorlage übernimmt. Ob er den Sozialtypus des *Homo Novus* im Bürgertum seiner Umgebung wiederzuerkennen glaubte, kann aufgrund der Wörterbucheintragung weder bestätigt noch widerlegt werden. Für eine eher blinde Übernahme der lateinischen Vorlage spricht ein Artikel wie zu *Phrieß* als *Das oberist theil an einer saul vnder dem capital* (Maaler 1561/1971, 318v).

Ein anderer Sozialtypus, den es nur in antiken Sklavengesellschaften so gab, ist der Freigelassene. Maaler erläutert unter dem Lemma *Freygelassener*:

> Den man gefreyet hat. Libertus, Libertinus, der auß knechtschafft zur freyheit ist kommen. Von eim Freygelasszenen erboren. Libertinus.

Erst weiter unten schreibt Maaler einmal *Ein rächtsach die einsi Freyheit oder leybeygenschaft antrifft. Liberalis causa*. Es scheint, dass hier das antike Konzept des Sklaven und Freigelassenen vorsichtig eingetauscht wird gegen ein ähnliches Konzept aus der absolutistisch geprägten Lebenswelt des 16. Jahrhunderts, die Leibeigenschaft. Ganz genauso finden sich die entsprechenden Einträge schon bei Cholinus/Frisius (1541), denen mithin die eigentliche Übertragungs- und Anpassungsleistung zugesprochen werden muss. Die meisten Humanisten sahen in der Erschließung antiker Texte und Sprachen durch Übersetzung keinen Selbstzweck, sondern einen Weg, die eigene Kultur weiterzuentwickeln und in ihrer Selbstständigkeit zu stärken; die Antike diente hierzu lediglich als Vorbild, nicht als Ersatz oder bessere Alternative (vgl. Hartweg/Wegera 1989, 87).

Was man hingegen in beiden Wörterbüchern nur selten findet, sind Wörter des zeitgenössischen deutschen Wortschatzes. Wir wissen, dass es bereits die ersten Zeitungen gab, viele Flugblätter, in denen etwa über Naturkatastrophen und Gerichtsprozesse berichtet wird. Solche Texte hießen *Zeitung*, *Nachricht* und *Relation*. Alle drei Wörter fehlen aber bei Maaler. 1561 war Luther schon tot und seine Schriften berühmt; dennoch findet man keine Spuren Luthers in Maalers Wörterbuch, ebenso wenig von anderen zeitgenössischen deutschen Autoren wie Hans Sachs, aus Urkunden oder literarischen Werken und erst recht keine Spuren mittel- oder althochdeutscher Literatur.

Auf der anderen Seite muss damit gerechnet werden, dass die Lexikografen, die vom Latein her zu denken genötigt waren, durch Lehnübersetzung oder Neubildung deutsche Äquivalente schufen, die so gar nicht sprachüblich waren, z. B. *werckig* für *operosus* (P. O. Müller, demn.). Die Kompilationspraxis sorgte dann für die Überlieferung solcher Hapaxlegomena in spätere Wörterbücher, woraus falsche Schlussfolgerungen über die Entwicklung des Wortschatzes gezogen werden könnten.

Allerdings ist über die tatsächlichen Verhältnisse im Wortschatz der damaligen Zeit wenig sicheres Wissen vorhanden, an dem man das in den Wörterbüchern Verzeichnete messen und einordnen könnte. Vielmehr ist das in den Wörterbüchern enthaltene Material selbst immer wieder zu Untersuchungen über ‚den Wortschatz' einer Zeit herangezogen worden, die so womöglich ein verzerrtes Bild der lexikalischen Wirklichkeit zeichnen. Es leuchtet allerdings ein, dass das Besondere und Auffällige in den Wörterbüchern – wie in der Glossografie (siehe 3.1) so auch in Wörterbüchern späterer Epochen – mehr Aufmerksamkeit gefunden haben könnte als das Selbstverständliche und für normal Gehaltene, das der bewussten Aufmerksamkeit leichter entgeht.

Die vorangegangene Kulturanalyse zweier Wörterbücher des 16. Jahrhunderts beruht noch auf Stichproben der Bereiche Religion, Geografie sowie Sozialstruktur und erlaubt daher keine gültigen Verallgemeinerungen. Außer den genannten Bereichen wären u. a. ebenfalls ergiebig: die Landwirtschaft, die eine römisch-antike oder eine alpine sein wird, die Technik, das Recht. Es scheint sich nach den Stichproben aber folgendes Bild abzuzeichnen: Die humanistisch gebildeten Lexikografen des 15., 16. und frühen 17. Jahrhunderts gingen immer vom Latein der Antike und dessen Schriftstellern aus. Ihre Arbeit diente der Verständlichmachung dieser antiken Autoren und folglich auch der Welt der antiken Literatur. Die deutschen Äquivalente in den Humanistenwörterbüchern, egal ob sie als Interpretament oder als Lemma gesetzt wurden, übersetzten vor allem die antike Sozialordnung eher ausdrucksseitig. Nur selten wird hier ein fremdes antikes Konzept durch ein

3.4 Die Entdeckung der Volkssprachen im Humanismus

vertrautes frühneuzeitliches ergänzt oder ersetzt. Aber in einigen Bereichen scheint die ‚Eindeutschung' der Inhaltsseite stärker und bewusst vorangetrieben worden zu sein: in der Religion, wo die heidnischen Elemente durch christliche ersetzt wurden, und – wohl schwächer – bei den geografischen Namen, die offensichtlich in engerem Bezug zum volkssprachlichen Selbstbewusstsein stehen. Es ist vorstellbar, alle bei Maaler vorkommenden Städte- und Landschaftsnamen auf einer Landkarte zu markieren; man erhielte dann ein Welt-Bild, das vielleicht sein Zentrum um Zürich herum hat, in dem die *Aelbe* (Elbe) und Hamburg irgendwo vorkommen, in dem Afrika samt Ägypten und Asien nur schemenhaft existierten und von Amerika noch keine Spur ist.

Die „lebensweltliche Distanz zwischen Antike und eigener Gegenwart" (P. O. Müller, demn.) rief auch in anderer Hinsicht einen Konflikt hervor, nämlich in der Frage, ob die Neubildung lateinischer Wörter für Dinge, die der Antike noch unbekannt waren, erlaubt sei, oder ob alle neuen Bezeichnungsbedürfnisse mit dem vorhandenen klassischen Wortschatz befriedigt werden müssten. Wie dieser Konflikt in den einzelnen Wörterbüchern gelöst wurde, ist noch ungeklärt.

Die am Ende des 16. Jahrhunderts vorhandenen, neuen lexikografischen Möglichkeiten wurde im 17. Jahrhundert zunächst relativ unverändert weitergenutzt; die auf Kompilation gegründeten Wörterbuchfamilien wurden weitergeführt. Diese Jahrhundertgrenze stellt in der Lexikografie nicht wie der Übergang vom Spätmittelalter in die frühe Neuzeit eine Scheidelinie dar (P. O. Müller, demn.). Die humanistische, auf das Latein zielende Tradition hielt sich ohne besondere Innovationen bis in die Zeit des Dreißigjährigen Kriegs, der dann die für alle historischen Ebenen, auch für die Lexikografiegeschichte entscheidenden Zäsuren setzt.

Das Ende der humanistischen Epoche bilden das 1608 erschienene deutsch-französische Wörterbuch von Levinus Hulsius, der *Fons latinitatis* von Andreas Corvinus aus dem Jahr 1623 (Leipzig, in Frankfurt/M. noch zweimal, 1646 und 1660, wiederaufgelegt) und das Fragment gebliebene Werk des in Augsburg tätigen Universalgelehrten, Lehrers, Arztes und Bibliothekars Georg Henisch *Teütsche Sprach und Weißheit* von 1616. Alle drei Autoren sind bisher weder durch Nachdruck erschlossen, noch – von Kämper (2001) zu Henisch abgesehen – durch irgendeine eingehendere Untersuchung erforscht (zu Henisch siehe Wiegand 1998a, 652 f.). Wie weit sie noch dem Humanismus verpflichtet sind bzw. welche neuen Ansätze sie enthalten, ist eine weitgehend offene Frage.

Sicher humanistisch geprägt ist das *Dictionaire francois alemand & Alemand françois [...] Dictionarium Teutsch Frantzösisch unnd Frantzösisch Teutsch*. Vor disem *niemals gesehen noch gedruckt* (Frankfurt/M. 1608) von Levinus Hulsius. Hulsius hat noch zwei weitere Werke, ein deutsch-französisch-italienisches (und vice versa) von 1616 und ein deutsch-italienisches (und vice versa) von 1618 herausgebracht (Ising 1956, 122). Zu Hulsius mehrsprachigen Werken ist in der Forschungsliteratur buchstäblich nichts zufinden. Es wäre sicher interessant festzustellen, ob der Abstand zum Latein zum Ende der humanistischen Epoche hin abnahm. Zwei- und dreisprachige Wörterbücher können in der Regel als relativ benutzerorientiert gelten. Immerhin war Hulsius schon selbstständiger als seine Vorgänger, gab dem Deutschen mehr Raum und berücksichtigte bereits ein Stück weit den aktuellen Sprachgebrauch (Kühn/ Püschel, 1990 a, 2051 f.).

Andreas Corvinus' *Fons latinitatis* (1623) ist aus der Kritik an einem wohl vielbenutzten Thesaurus von Basilius Faber entstanden. Dem lateinisch geordneten Wörterbuch ist nur ein kurzer deutscher Index angefügt. In seinem deutschen Vorwort bezeichnet er besseres und schnelleres Lateinlernen der Schüler als sein Ziel. Zwar gäbe es dazu bereits Werke, aber das *Lexicon trilingue* und der Thesaurus von Calepinus (siehe Kapitel 12) seien für seine Adressaten unbezahlbar. Hier haben wir den vielleicht frühesten Hinweis auf die Unterscheidung zwischen ‚großen', teuren und tendenziell wissenschaftlichen und ‚kleinen' fürs ‚Volk' gedachter Wörterbücher, wobei man sich selbst unter ‚Volk' in dieser Zeit immer nur den größten Teil der kleinen Schicht der Alphabetisierten und Gebildeten vorzustellen hat. Der ‚kleine Mann auf der Straße' hat sicher nicht einmal gewusst, dass es so etwas wie Wörterbücher überhaupt gibt. Corvinus macht den Unterschied zwischen wissenschaftlichen und populären Wörterbüchern aber nicht an der Verständlichkeit oder der Qualität des Inhalts fest, sondern allein am Preis des Buchs. In Kapitel 8 wird auf diese Unterscheidung ausführlicher zurückzukommen sein. Die Ausdifferenzierung der Wörterbuchlandschaft hatte, wie dieses Beispiel zeigt, auch eine ökonomische Dimension.

Bei Henisch allerdings steht die gesprochene Volkssprache in neuer Weise im Mittelpunkt und trägt somit zur allmählichen Loslösung der Lexikografie vom Lateinischen bei. Sein einbändiges Wörterbuch geht nur bis zum Anfangsbuchstaben „H". Es enthält nach deutschen Lemmata geordnete Sprichwörter, Redensarten und Sentenzen, die zum Teil mit abgekürzten Quellenverweisen versehen sind. Schottelius zitierte Henischs Äußerungen über die deutsche Sprache. Stieler, Kramer, Gottsched und Grimm bescheinigtem ihm große Selbstständigkeit und Fleiß im Sammeln von Wörtern und Redensarten. Er wandte bereits das sog. Stammwortprinzip an (Kühn/Püschel 1990 a, 2052; Kämper 2001), das erst für die Lexikografie der Barockzeit wesentlich werden sollte, und verzeichnete erstmals Partikeln und unselbstständige Mor-

3.4 Die Entdeckung der Volkssprachen im Humanismus

pheme des Deutschen als Stichwörter. Damit verließ Henisch die humanistische Welt, ohne damit repräsentativ für die Lexikografie des frühen 17. Jahrhunderts zu sein. Dies gelingt ihm nicht zuletzt auch dadurch, dass er eigens exzerpierte Quellen verarbeitet, die aber zumeist der wissenschaftlichen wie religiösen lateinischen, seltener der deutschsprachigen Tradition angehören, darunter auch Fach-, Spezial- und enzyklopädische Werke (Kämper 2001, Ms. 11). Der in Redensarten eingefangene mündliche Sprachgebrauch entstammt natürlich anderen, mündlichen Quellen. Seine zusammengetragenen Sätze, auf die sich die Titelwörter *Teütsch* und *Weißheit* beziehen, sind kulturgeschichtlich aufschlussreich, weil sie die hier und da bereits in Frage gestellte ständische Gesellschaftsordnung des frühneuzeitlichen Mitteleuropas und nicht mehr die Antike widerspiegeln. Einige Beispiele aus dem Wortartikel *Bauer*:

> Gott hat drey ding erschaffen/ Den adel/ Bawren vnd Pfaffen. (Henisch 1616, 214)
>
> Je mehr man den Pferden die beine schrapet/ je besser sie ziehen: je mehr man die bawren schindet/ je mehr sie geben. D Tyr. (Henisch 1616, 214)
>
> Wenn man die bawren verderben will/ so muss man einen bawer vber den andern setzen. Ad. Zeh. 208 (Henisch 1616, 214)
>
> Wenn der Bawr Herr wirdt/ wenn der Narr voll wirt/ wenn die Magd Fraw wirdt/ vnd die Fraw Herr wirt/ das kan die Erde nicht tragen. (Henisch 1616, 214).

Die Realität des bäuerlichen Stands wird hier aber keineswegs unmittelbar gespiegelt, sondern mittels solcher Sätze in erster Linie bestätigt und befestigt. Die Bestätigung lässt wiederum die Frage aufwerfen, ob sie wohl notwendig war, weil einige Bauern nicht bleiben wollten, was sie waren, sondern „Herr" werden, ebenso wie die Frauen sich vielleicht gegen ihre Bevormundung wehrten und daraufhin mittels solcher „deutschen Weisheits"-Sprüche zur Ordnung gerufen werden sollten.

Kämper (2001) stellt bei Henisch deutliche Spuren der „Umbruchzeit" zwischen Spätmittelalter und früher Neuzeit, Neuzeit und Barock fest: Hinter den „je spezifischen und widersprüchlichen Leitbildern und Weltsichten" steht aber ein „von Individualität und Menschenwürde, Vorurteilslosigkeit und Freigeist geprägtes humanistisches Menschenbild, ein sich entwickelndes Bürgertum, welches Standesgrenzen in Frage stellt." (Kämper 2001, Ms. 3). Der wohl längste Wortartikel ist der zum Stichwort *Geld*; zu den längeren zählen auch *Acker* und *Bauer*. Die Verzeichnung zahlreicher Redensarten, Sprichwörter usw. vermitteln eine sehr kontextbezogene Semantik, die es Henisch auf der anderen Seite erschwerten, im Aufbau der Wortartikel eine systematische Ordnung herzustellen (Kämper 2001, Ms. 14 f.). Auch die offensichtliche Beachtung enzyklopädischer und begriffssystematischer (onomasiologischer) Vernetzungen musste diese vielfach kritisierte Tendenz zu Unsystematik und Inkonsequenz verstärken. Sprach- und Weltwissen in einem Buch zu vereinen, konnte Henisch nicht bewältigen. Allerdings erschließt ein vollständiges Register den gesamten in den Wortartikeln des Wörterbuchfragments enthaltenen Wortschatz (Kämper 2001, Ms. 19 f.).

Hölscher (1979) hat aus der Sicht eines Historikers die interessante These entwickelt, dass der im 16. Jahrhundert stattfindende Übergang von der Bedeutungserläuterung mittels einzelner Äquivalente und Synonyme zur Bedeutungserläuterung mittels Phrasen, Wendungen, Zitaten und Sprichwörtern dazu führte, dass die Vielzahl gesellschaftlicher „Diskurse" in Wörterbüchern jeweils von einem Wort her dokumentiert und geordnet wurden. Dadurch sei es überhaupt erst möglich geworden, Grundbegriffe der politisch-sozialen Sprache zu bilden und durchzusetzen. Aus linguistischer Sicht ist daran richtig, dass die Vieldeutigkeit eines Worts durch den Typ der phrastischen Erläuterung besser verdeutlicht werden kann als durch einzelne synonymische Ausdrücke, weil ersterer auch Hinweise zum Gebrauch vermittelt. Aber nicht jede Einzelbedeutung steht für einen ‚Diskurs', d. h. für einen Kommunikations- oder Themenbereich.

3.4.2 Ausdifferenzierung der Wörterbuchlandschaft

Wörterbuchartige Hilfsmittel zum Textverstehen, Schreiben und Lernen müssen keineswegs alphabetisch geordnet sein. In den bisher behandelten Wörterbüchern waren neben den alphabetischen Teilen oft auch weitere, sachlichen Gesichtspunkten folgende Teile enthalten, die in anderen Drucken die Textorganisation dominierten. Die Sachglossare, Onomastiken und Nomenklatoren der humanistischen Epoche deckten in ihren Funktionen das gleiche breite Spektrum vom Sprachunterricht für unterschiedlichste Adressatengruppen über Hilfestellungen beim Verfassen von Reden und anderen Texten bis hin zur Dokumentation enzyklopädischen Wissens ab wie das Gros der alphabetischen Vokabulare und Dictionarien. Sachlich geordnete Nachschlagewerke resultierten unter anderem aus den in 3.2 behandelten Bemühungen um Systematisierung des Wortschatzes. Die Sprache, um deren System es dabei ging, war zwar in erster Linie das Lateinische, aber die neue, systematisierende Sichtweise weitete sich auch auf den Wortschatz der Volkssprachen aus, die mit dem Latein parallelisiert wurden. Die Ordnungsprinzipien, die den Systemen zugrunde gelegt wurden, waren sowohl der mittelalterlichen Kosmologie entnommen als auch alltäglichen Sachbereichen und der Grammatik. Es überlagerten sich hier sachliche und sprachliche Informa-

3.4 Die Entdeckung der Volkssprachen im Humanismus

tionen, wobei das Schwergewicht bei den Sachen, bei der zu ordnenden Welt lag. Das Verhältnis zwischen Textfunktion und Anordnungsweise ist recht komplex und wird in den Kapiteln 12 und 13 näher beleuchtet.

Erst allmählich bildeten sich je eigene Wörterbuchtypen heraus, die sich unter anderem äußerlich, d. h. in ihrer Anordnungsweise (alphabetisch oder sachlich) unterschieden. Bis ins frühe 17. Jahrhundert hinein scheinen diese äußerlichen Unterschiede aber insofern noch eher nebensächlich zu sein, als die lexikografischen Methoden und das volkssprachliche Bewusstsein typübergreifend weiterentwickelt werden. Mit P. O. Müller (demn.) ist eine ordnende Übersicht über die Vielfalt der Nachschlagewerke des 16. Jahrhunderts kaum durch eine typologische, auf Strukturmerkmale der Texte bezogene Klassifizierung (wie z. B. die Art der Anordnung) zu erhalten. Dem historischen Betrachter schließen sich die einzelnen Werke am ehesten mit Rücksicht auf ihre Abhängigkeiten zu Gruppen zusammen, die sich durch die Verfahren der Kompilation, der Umsetzung, Umsortierung, Erweiterung und Mischung ergeben. Dadurch entstanden Wörterbuchfamilien, die von einem oder mehreren Vorlagewerken ‚abstammten' und deren Wortmaterial untereinander mehr oder weniger ähnlich war.

Gegen Ende des 16. Jahrhunderts enthielt die Wörterbuchlandschaft neben den das Lateinische aufschließenden Vokabularen, Nomenklatoren und Thesauri (vgl. Wiegand 1998 a, 650 ff.) auch Fachwörterbücher, Fremdwörterbücher und bereits Fremdsprachen- oder Übersetzungswörterbücher, die zwischen zwei oder mehreren europäischen Volkssprachen vermittelten, zuerst zum Sprachenpaar französisch-deutsch (de Smet 1986, 149).

Ein synonymisches Wörterbuch, das ganz auf bestimmte Benutzungsbedürfnisse einer Berufsgruppe, etwa der Stadtschreiber zugeschnitten ist, stellt Leonhard Schwartzenbachs

> Synonyma. Formular, Wie man ainerley rede Vnd mainung/ mit andern mehr worten/ auff mancherley art vnd weise/ zierlich reden/ schreiben/ vnd außsprechen sol. Item Bericht vnd Außlegung etlich Lateinischer wörter/ so täglich inn vnd ausserhalb Gerichts gebraucht/ vnd zum theil im Teutschen corrumpiert werden. Auch vnterschied derselben/ daneben vermeldet vnd angezeigt. Für die jungen noch vngeübeten Schreiber gestellet (Schwartzenbach 1564)

dar. Es ist ein Beispiel für die Flexibilität, mit der die typische alphabetische Wörterbuchform mit anderen Textsortenmustern ‚gekreuzt' wurde. Es handelt sich hier um eine Mischfom zwischen alphabetisch geordneter, erklärender Synonymik und berufsbezogenem Formularbuch mit einer entsprechenden Mischung verschiedener Varietätenwortschätze, hier von Rechtssprache und Lutherdeutsch.

Abgötterey.

Ist/ Wenn man Gott sein Ehr nimpt/ vnd legt sie einer Creatur zu.

Ablaß.

Entbindung.
Entledigung.
Vergebung.
Nachlassung/ vnd verzeyhung der Sünden.

Ablassen.

Nachlassen.
Auffhören.
Abstehn.
Abtretten.
Abweichen.

Diese wort mag man also verendern.

Von den hendeln abstehen.
Die geschäfft ligen oder fahren lassen.
Von etwar rüwig stehen.
Sich eins dings verzeihen/ begeben/ entschlahen/ enthalten/ oder abthun.
Von einem handel lassen.
Ein sach fallen lassen.
Eins dings müssig stehn.
Mit seiner sach abtretten.
Ein sach versaumen/ verlassen/ vnd der nicht nachkommen.

Item.

Von bösem fürsatz/ oder von der fürgesatzten meinung absteen/ oder abweichen.
Sich vom fürnemmen abkeren.

Den

Aus: Schwartzenbach 1564, IIIIv

Für die Ausdifferenzierung in verschiedene Wörterbuchtypen und -traditionen, die sich fortan mehr oder weniger unabhängig voneinander weiterentwickeln, sind mehrere Faktoren verantwortlich zu machen:

- Erstens die enorm angestiegene Wörterbuchproduktion des 16. Jahrhunderts,
- zweitens die Bildungsbewegung des Humanismus, die das Wörterbuch als Bildungsinstrument fest im Unterricht unterschiedlicher Schülergruppen etabliert,

3.4 Die Entdeckung der Volkssprachen im Humanismus

- drittens die Diversifizierung unterschiedlicher Nutzergruppen und spezieller Nutzungsinteressen.

Die Unterschiede verschiedener Typen von Nachschlagewerken werden tendenziell größer und einige Typen bilden eigene Traditionslinien aus. In der Wörterbuchlandschaft vollzieht sich hierbei eine generelle Entwicklung; auch in vielen anderen Bereichen, wie in der Rechts- und Verwaltungspraxis, ist eine Ausdifferenzierung der Textsorten zu beobachten (vgl. Hartweg/Wegera 1989, 50 f., 84 f.; Kästner/Schütz/Schwitalla demn.).

In den nachfolgenden Kapiteln wird diejenige Traditionslinie im Zentrum stehen, die der Kodifizierung des deutschen Wortschatzes dient und hierbei die Wortbedeutungen im Blick hat. Im Übrigen ist dies die am besten erforschte Traditionslinie der Lexikografie. Die Geschichte der zweisprachigen Wörterbücher mit Deutsch, die Geschichte der weiterhin auf das Lateinische ausgerichteten Wörterbücher, die Fach- und die Mundartlexikografie werden nachfolgend nur gelegentlich gestreift; ihre Geschichten müssen anderswo geschrieben werden. Lediglich die Synonymen- und die Sachlexikografie werden in eigenen Kapiteln (13 und 14) zusammengefasst. Halten wir fest, dass sich die Tradition der deutschsprachigen Lexikografie seit dem 17. Jahrhundert auf den Typ des einsprachigen Bedeutungswörterbuchs zu konzentrieren beginnt. Vertreter dieses Typs bauen aufeinander auf, während die übrigen Wörterbuchtypen eigene Traditionen zu entwickeln beginnen, die untereinander weniger stark zusammenzuhängen scheinen als noch im 15. Jahrhundert.

Literatur:

a) Wörterbücher:

Der Hildesheimer Verlag Olms hat in der Reihe *Documenta Linguistica* eine Reihe der Wörterbücher des 15. und 16. Jahrhunderts reprografisch, d. h. mit originalem Schriftbild, in meist originaler Satzspiegelgröße und mit erläuternden Vorworten nachgedruckt, darunter: Alberus 1540; Chytraeus 1582; Dasypodius 1536; Golius 1579; Junius 1567; Maaler 1561. Die wertvollen Originale (bisher nicht nachgedruckt sind z. B. Cholinus/Frisius 1541; Corvinus 1623; Henisch 1616; Hulsius 1608; Melber um 1480) sind sonst nur schwer zugänglich. Weitere Titel siehe Grubmüller 1990; P. O. Müller demn.

b) Forschungen:

Alpers 1990; Bierbach 1997; Duby/Perrot 1993, 419–423; Gardt 1999, Kap. 1 und 2.; Haß 1986; Grubmüller et al. 1988; Grubmüller 1990; Hartweg/Wegera 1989; Hölscher 1979; Hüllen/Haas 1992; Kämper 2001 (zu Henisch); Kästner/Schütz/Schwitalla (demn.); Knoop 1994; P. O. Müller (demn.); Passow 1831; von Polenz 1991, 100–271, bes. 216–218; de Smet 1986.

4. Die Lexikografie der ‚Haupt- und Heldensprache' in Dreißigjährigem Krieg und Barock

Die am Ende des 16. Jahrhunderts herausgebildeten lexikografischen Möglichkeiten wurde im 17. Jahrhundert zunächst relativ unverändert weitergeführt. Die auf das Latein zielende Methodentradition hielt sich ohne besondere Innovationen bis nach dem Dreißigjährigen Krieg. Dieser Krieg setzte aber die für alle historischen Ebenen, auch für die Lexikografiegeschichte entscheidenden Zäsuren. Zwei Perioden kann man unter kulturgeschichtlichem Aspekt für die Lexikografie der Barockzeit ansetzen:

- Die Sprachkonzeptionen der Sprachgesellschaften als Vorbereitung neuer Wörterbücher von etwa 1640 bis etwa 1675 (4.1).
- Die neue lexikografische Praxis in den Werken von Kaspar Stieler (4.2.1) und Matthias Kramer (4.2.2).

Die vom Humanismus geprägte Zeit war um 1630 zu Ende gegangen. Seit 1618 begann der Dreißigjährige Krieg, die gesellschaftliche Ordnung in jeder Hinsicht zu erschüttern. Während Niederdeutschland und die Alpenländer zu den sogenannten Schongebieten gezählt werden, waren Ost-, Mittel- und Süddeutschland, d. h. Brandenburg, Thüringen, Hessen, die Mosellande, die Pfalz, Lothringen, das Elsass, Baden und Württemberg die Hauptzerstörungsgebiete, in denen die Bevölkerung um 60 bis 70% abnahm. Sachsen zählte zur Übergangszone mit einer Abnahme von immer noch 30 bis 50%. (Dipper 1991, 266 ff., 273). Die Auswirkungen auf die kollektive Mentalität ließen gewohnte Verhaltensweisen und tradierte Wertesysteme zusammenbrechen. Die „massenhafte räumliche, soziale und auch moralische Entwurzelung" im Gefolge des Krieges und der Pest forderte die Obrigkeit, die selber den Krieg im Ganzen unbeschadet überstanden hatte, zu ordnenden Maßnahmen heraus. Die Untertanen wurden einer stärkeren Kontrolle unterzogen. Dipper spricht von einem „neuen verschärften Schub sozialer Disziplinierung", der das religiöse Leben ebenso wie die gesellschaftlichen Ordnungsentwürfe und den Alltag erfasste (Dipper 1991, 273). Alle Lebensbereiche erhielten den Stempel normierten Verhaltens aufgedrückt. Vor diesem Hintergrund kann der barocke Stil etwa in Architektur und Literatur auch als Kompensationsmöglichkeit mit

4. Die Lexikografie der ‚Haupt- und Heldensprache' 67

Entlastungsfunktion [gedeutet werden,] hinter deren Fassade ein Programm vertreten wurde, das Nüchternheit, Strenge, Gehorsam und Unterordnung von jedermann verlangte. Eine vormals undenkbare Fülle von ‚Ordnungen' vor allem der Territorialfürsten, aber auch der Städte und immer noch des Reiches suchte das Leben zu reglementieren. (Dipper 1991, 273).

Diese sozialen Ordnungsentwürfe liegen in ihrer Grundintention parallel zu den Anstrengungen der Sprachgesellschaften, die deutsche Sprache zu ordnen und zu normieren. Diese Gesellschaften wurden von Mitgliedern der höfischen Schicht nach älteren italienischen und holländischen Vorbildern gegründet und getragen.

Alphabetisiert war seinerzeit nur eine gesellschaftliche Minderheit, für die Lesen und Schreiben zu den ‚alltäglichen Geschäften' gehörte. Der Dreißigjährige Krieg führte zu schweren Einbrüchen im Schul- und Bildungswesen, so dass man für die Zeit um 1650 kaum von einer höheren Alphabetisierungsquote ausgehen kann, als sie um 1550 erreicht war. Der Anteil der lese- und schreibkundigen Bevölkerung in den Städten erreichte um 1650 allerhöchstens 10 %, auf dem Land eine sehr viel geringere Quote (Handbuch Bildungsgeschichte 1996, 62, 368 f., 442). In den Sprachgesellschaften versammelte sich eine noch kleinere Minderheit, die höfische Schicht. In der größten deutschen Sprachgesellschaft, der *Fruchtbringenden Gesellschaft*, gehörten 75 % der Mitglieder dem Hochadel an. Sie bemühten sich um die

> geistig-kulturelle Verfeinerung des Hoflebens […] Man wandte sich sowohl gegen den grobianischen Lebensstil anderer Gesellschaftsschichten als auch gegen die starke Überfremdung der deutschen Höfe, die in zunehmendem Maße durch französischen Einfluß entstanden war. (Ising in: Stieler 1691/1968 a,V).

Die Blütezeit der Sprachgesellschaften – sie hießen *Die Fruchtbringende Gesellschaft*, *Die Deutschgesinnete Genossenschaft*, *Die Aufrichtige Tannengesellschaft*, *Das Poetische Kleeblatt* u. ä. – war recht kurz. In den 1640-er Jahren erlebten die Sprachgesellschaften ihren Höhepunkt und als Institution verloren danach rasch an Einfluss, aber ihre Idee, dass man gezielt und verabredeterweise Einfluss auf die Sprache nehmen könne, ist in veränderter Gestalt ebenso bis heute wirksam geblieben wie die Maßstäbe, nach denen ‚gutes' von ‚schlechtem' Deutsch unterschieden wird: ‚schlecht' ist vor allem das (vermeintlich) Fremde. Die Sprachgesellschaften waren in ihrem Selbstverständnis bestrebt, dem ‚Verderben' sowohl der Sprache als auch der Sprechergemeinschaft Regeln entgegenzustellen und mit der Rettung bzw. Besserung der Sprache auch das ‚deutsche' Selbstbewusstsein zu fördern. Die Sprachgesellschaften stellen eine wichtige Phase der vormodernen Sprachwissenschaft dar, deren allgemeines, hinter den unterschiedlichen theoretischen, lexikografischen und übersetzenden Aktivitäten liegendes Ziel lautete:

4. Die Lexikografie der ‚Haupt- und Heldensprache'

> Die Etablierung des Deutschen als einer leistungsfähigen Hochsprache, die dem Lateinischen und den modernen europäischen Nachbarsprachen in seinen strukturellen und pragmatischen Möglichkeiten zumindest ebenbürtig ist und von den führenden gesellschaftlichen Kreisen getragen wird. (Gardt 1999, 128)

Dieses Ziel und die darauf gerichteten Aktivitäten der Sprachgesellschaften haben die lexikografische Praxis des späten 17. Jahrhunderts maßgeblich geprägt, jedenfalls den erforschten Teil der Wörterbuchlandschaft, d. h. das Wörterbuch von Kaspar Stieler und eines der Wörterbücher von Matthias Kramer. Dass man damit noch kein halbwegs vollständiges Bild von der Landschaft hat, betont P. O. Müller (demn.) in seinem „Ausblick": Die Wörterbuchforschung ist erst seit Kurzem dabei, die offensichtlich vorhandene Überlieferungsbreite unterschiedlichster zwei- und mehrsprachiger Wörterbücher dieser Zeit bibliografisch wie wissenschaftlich beschreibend annähernd vollständig zu erfassen; Ergebnisse liegen aber noch nicht vor. Die germanistische Forschung hat sich bisher auf die Stammwortlexikografie (zu ‚Stammwort' siehe 4.1) im Umkreis der Sprachgesellschaften konzentriert und dazu die lexikografische Programmatik, vor allem die von Schottelius, stärker beachtet als die Wörterbuchpraxis Stielers. Beides ist teilweise wohl zu sehr mit einander identifiziert worden. Die dadurch entstandene Schieflage ist aber ein in den historischen Wissenschaften nicht ungewöhnlicher Fall, und könnte an dieser Stelle ohnehin nicht behoben werden. Dieses Kapitel wird deshalb die einseitigen Forschungsergebnisse zur Lexikografie des Barock erneut referieren, wenn auch unter teilweise anderem, den kulturgeschichtlichen Intentionen geschuldetem Blickwinkel.

4.1 Die Sprachkonzeptionen der Sprachgesellschaften als Vorbereitung neuer Wörterbücher

Bei je eigenen Akzenten vereinte alle Sprachgesellschaften ein Doppelzweck: Einmal ging es um die Förderung der deutschen Sprache und zum anderen um die Aufrechterhaltung bzw. die Wiederbelebung der sog. alten Tugenden (Otto 1972, Engels 1983). Der massive Sprachnationalismus der Sprachgesellschaften wurde vorbereitet durch die patriotische Thematisierung der deutschen „Ur- und Hauptsprache" bei Humanisten wie Aventin, Fischart, Hutten, Paracelsus, Reuchlin und von Wyle, die auch die humanistische Lexikografie schon zu beeinflussen begonnen hatten (Kirkness 1975, 16 ff.; vgl. 3.4). Im späten 17. Jahrhundert treten nun die beiden Ebenen Sprache und ‚deutsch' verstandene Tugend in eine enge, mit dem Humanismus nicht mehr vereinbare Bindung, die sich auch in dem oft verwendeten Ausdruck von der

4.1 Die Sprachkonzeptionen der Sprachgesellschaften

teutschen Heldensprache und in Analogien und allegorischen Geschichten zeigt, die die beiden Ebenen vielfältig und anschaulich miteinander verflochten. Es sollen nun zunächst die theoretischen Grundlinien der barocken Sprachauffassungen benannt werden, um sie anschließend an den Allegorisierungen des von Schottelius verfassten *Schrecklichen Sprachkriegs* anschaulich werden zu lassen.

Förderung der Sprache war in der Vorstellung der Sprachgesellschaften auf die Entwicklung einer ‚urdeutschen' oder ‚Erzsprache' bezogen, die anderen Sprachen, insbesondere den antiken und den romanischen Sprachen überlegen sei. Diese Überlegenheit müsse durch Dokumentation ihrer Wortbildungspotenz herausgestellt werden, die die Theorie der sog. Stammwörter herausarbeitete. Durch den potenziellen Wortreichtum des Deutschen könne und müsse die Poesie als etwas spezifisch Deutsches gefördert werden, würden Fremdwörter überflüssig und ersetzbar, könnten orthografische Regeln aufgestellt und so Einheit in der Schreibung und am Ende auch Einheit durch Überbrückung der dialektalen Unterschiede in Gestalt einer übergreifenden Hochsprache erreicht werden.

Konzentration auf das Spezifische der deutschen Sprache korrespondierte mit der Abwertung fremder Einflüsse insbesondere in der Dichtung; Schriftsteller waren wegen ihrer Ausrichtung an der französischen Kultur die wesentlichen Adressaten der puristischen Forderungen. Die Sprache der Wissenschaft war zu dieser Zeit selbstverständlich noch Latein; das Deutsche auch zu ihren Zwecken auszubauen, sollte erst von Leibniz die entscheidenden Impulse erhalten (s. 5.1). Zu den bleibenden Folgen puristischer Bestrebungen zählen nicht nur ein allgemein abwehrender Affekt des Fremden im Sprachlichen wie im Sozialen, sondern ganz konkret eine Reihe deutsch gebildeter Neologismen, darunter die Wörter *Wörterbuch, Rechtschreibung, Zeitwort* (Otto 1972, 66; vgl. Kirkness 1975, 40 ff.). Aber Sprachtheoretiker wie Schottelius und Harsdörffer ließen sich von der Idee leiten, dass vor die Reinigung der Sprache ihre gründliche Erforschung und Bestandsaufnahme in lexikografischer Form zu treten habe (Kirkness 1975, 35).

Orthografielehren suchten zunächst nach allgemeinen Grundprinzipien wie Aussprache, Ableitung, Gebrauch und Analogie, die als Basis für einheitlichen Schreibgebrauch gelten können (vgl. von Polenz 1994, 156). Der sprachreflexive Gewinn dieser Versuche – man muss über Lautqualitäten, Phonem-Graphem-Beziehungen, Wortbildungsregeln und Gebrauchsunterschiede nachdenken, wenn man orthografische Regeln aufstellen will – war größer als ihr Einfluss auf die Schreibung selbst. Erwähnenswert ist aber auch, dass seit jenen Versuchen lateinische Bezeichnungen durch Verdeutschungen wie *Anführungs-, Ausrufungszeichen, Beystrich, Doppelpunkt* u. a. abgelöst wurden (ebd.).

Die Haltung der Sprachgesellschaften bzw. ihrer Protagonisten gegenüber den Mundarten war überwiegend ablehnend. Dies hing einmal mit der Analogie zwischen dem in Kleinstaaten zersplitterten und fremden Mächten unterworfenen deutschen Reich und der in Mundarten zersplitterten *teutschen Haubtsprache* zusammen, zum Anderen mit der scheinbaren Regel- bzw. ‚Zuchtlosigkeit' der Dialekte, die die Identität der übergeordneten Sprache und damit auch der (höfischen, gebildeten) Gemeinschaft gefährde, die sich ihrerseits über die auf ihr Territorium bezogene Sprache definiere. Zum Dritten spielte dabei die zeittypische Vorstellung von der Entwicklungsrichtung der Sprache eine Rolle: Gemäß der biblischen Geschichte von der babylonischen Sprachverwirrung sei am Ursprung eine allen Menschen gemeinsame Sprache, die adamische oder paradiesische Ursprache, gewesen, die im Laufe der Zeit von einer immer größeren Vielzahl von Sprachen und Dialekten verdrängt worden sei. Dies ist die Entwicklung vom Guten zum Schlechten, eine Verfallsgeschichte, denn Sprache geht wie alles Menschliche auf den Tod zu. Mitunter wird menschliche Schuld als Ursache für den Verfall gesehen. In dieser Geschichtskonzeption nagt gewissermaßen der Zahn der Zeit unaufhaltsam auch an der ursprünglichen Einheit der Sprachen; erst in der Aufklärung sollte Geschichte als von Menschen gestaltete oder beeinflussbare Entwicklung verstanden werden. Mundarten waren demnach Produkte einer beklagenswerten Entwicklung, deren Wortschatz auch in den Wörterbüchern möglichst ausgeschieden werden musste (Reichmann 1993 b, bes. 294 ff.; Tauchmann 1992).

Erst in der Aufklärung sollte sich der bei Schottelius nur anklingende und wieder verworfene Gedanke durchsetzen, dass Mundarten erstens eine eigene Regelhaftigkeit besitzen, die es zu ergründen gilt, und dass die Mundarten zweitens (wie die alten Fachsprachen in Bergbau, Schifffahrt und Jagd) eine Quelle der Bereicherung für die Hochsprache darstellen und diese mit Hilfe der Mundarten von fremdsprachlichen Entlehnungen befreit werden könnten im Barock.

Vor allem Fremdwortpurismus, Orthografie und Stammworttheorie entsprangen einer explizit normativen Grundeinstellung. Im sozialen Bereich wie in der Sprache ging es darum, den diversen Auflösungserscheinungen – oder was man dafür hielt – Ordnungen entgegenzusetzen. Der ordo-Gedanke beherrschte die Epoche und zwar in einer Weise, bei der die religiöse oder sonstwie ideologische Fundierung jeder gedachten Ordnung konstitutiv war. Das heißt, man stellte sich die eigentlich vorhandene und nur durcheinander gebrachte Ordnung als von Gott oder der Natur gegeben vor. (Historisches Wörterbuch der Philosophie, Bd. 6, bes. Sp. 1280–1285; Henne 1975, 10). Erst viel später, infolge der Aufklärung sollten soziale wie sprachliche

4.1 Die Sprachkonzeptionen der Sprachgesellschaften

Normen (anders als ‚sprachliche Regeln', s. 15.3) als etwas Menschengemachtes erkannt werden.

Aus heutiger Sicht werden im wissenschaftlichen Interesse der Sprachgesellschaften und in der Sprachwissenschaft des Barock kulturelle und politische Motive sichtbar: Der politischen Zerrissenheit Deutschlands wird die Einheit der Sprache gegenübergestellt; die politisch-militärische Überlegenheit Frankreichs, die gesellschaftlichen Auswirkungen des kulturellen Prestiges alles Französischen lieferten die Motivation für die puristische Abwehr der französischen Entlehnungen in der Sprache. Vor allem die Stammworttheorie und der Fremdwortpurismus hatten weitreichende Folgen für Sprach- und Lexikografiegeschichte.

Im sozialen Kontext dieser Sprachgesellschaften entstanden Konzeptionen mit unmittelbaren Forderungen für und Auswirkungen auf die Lexikografie. Christian Gueintz veröffentlichte 1641 in Köthen eine *Deutsche Sprachlehre* und 1645 eine *Deutsche Rechtschreibung*. Auf ihn bezog sich dann der herausragende Sprachtheoretiker der Epoche, Justus Georg Schottelius, der als Prinzenerzieher und Hofrat am Hof des Fürsten von Braunschweig-Lüneburg tätig war. Sein wichtigstes Buch lautet mit vollständigem Titel:

> Ausführliche Arbeit Von der Teutschen HaubtSprache/ Worin enthalten Gemelter dieser HaubtSprache Uhrankunft/ Uralterthum/ Reinlichkeit/ Eigenschaft/ Vermögen/ Unvergleichlichkeit/ Grundrichtigkeit/ zumahl die SprachKunst und VersKunst Teutsch und guthen Theils Lateinisch völlig mit eingebracht/ wie nicht weniger die Verdoppelung/ Ableitung/ die Einleitung/ Nahmwörter/ Authores vom Teutschen Wesen und Teutscher Sprache/ von der verteutschung/ Item die Stammwörter der Teutschen Sprache samt der Erklärung und dergleichen viel merkwürdige Sachen. Abgetheilet in Fünf Bücher [...] Braunschweig 1663. (Schottelius 1663/1995).

Die ausführliche Titelei macht deutlich, worum es dem Autor geht: In erster Linie um die Propagierung und Begründung der Idee, dass die deutsche Sprache genauso wie das Lateinische, das Griechische und das Hebräische eine „Hauptsprache", d. h. eine Sprache mit höchstem kulturellen Prestige ist. Dabei werden die Sprache und ihre Sprecher, das *Teutsche* und *die Teutschen* wechselseitig aufeinander projiziert und miteinander identifiziert. In seinem Vorwort warnt Schottelius davor, die deutsche Sprache zu unterschätzen:

> Etliche Ausländer halten die Teutschen in jhren Schriften (was jhre Sprache betrift) für grobe brummende Leute/ die mit röstigen Worten daher grummen/ und mit harten Geleute von sich knarren: ja schreiben etzliche öffentlich/ die Teutsche Sprache hette nur ein tausent Worter in sich/ derer acht hundert von Griechen/ Hebreern und Lateinern erbettelt/ und ungefehr zwey hundert grobe Teutsche Wörter daselbst verhanden weren/ und helt man diese Hauptsprache/ als die nicht könne verstanden/ noch von andern recht erlernet/ oder einige Lieblichkeit darin aufgebracht werden. (Schottelius 1663/1995, Bd. 1, Blatt b iij v.)

Die Begründung des in Wahrheit hohen Werts der deutschen Sprache wird an ihrem hohen Alter, am „Uralterthum" festgemacht. Schottelius argumentiert in den entsprechenden Stellen seines Werks mittels einer spekulativen Etymologie, dass entgegen der bisherigen Annahme das Lateinische vom Deutschen abgeleitet sei – keinesfalls umgekehrt. Ein weiterer wichtiger Begründungsaspekt ist die Idee von den Stammwörtern. Schottelius wie auch Gueintz, Harsdörffer und die Sprachgesellschaften im Ganzen wie auch die Lexikografen, die Schottelius' Idee umzusetzen versuchten, gingen davon aus, dass eine Sprache um so wertvoller sei, je mehr Stammwörter sie hat. Stammwörter sind in der Auffassung der Barockautoren:

> uralt, d. h. sie wurzeln tief in der Stammesgeschichte der Deutschen, reichen möglicherweise sogar bis in die Zeit der babylonischen Sprachverwirrung und über diese hinaus bis ins Paradies zurück. Sie sind [...] der Wirklichkeit in besonderer Weise gemäß; mit dem Besitz des Stammwortes ist also eine [...] direkte Erkenntnis der Realität verbunden. – Sie liegen in einer solchen Anzahl vor, dass tendenziell jede Gegebenheit der Realität mit einem eigenen Ausdruck belegt ist. (Reichmann 1989, 232)

Man stellte sich die Stammwörter einsilbig mit höchstens einer zweiten, unbetonten Silbe vor –

> Denn diß ist gewiß und unzweifelich zu glauben/ dass kein zwey= oder mehrgliederich Wort/ eine Teutsche Wurzel sey/ sondern die Stammwörter allzumal nur in einem einzigen Gliede bestehen. (Stieler 1691/1968a, Vorrede XXXiij v)

– ein Definiendum, das sich in vielen Fällen praktisch nicht halten ließ. Uralt und nationalhistorisch bedeutsam sind neben den Stammwörtern auch die Eigennamen und gewisse Sprichwörter und ‚Redensarten'. Das Deutsche zeichnet sich in dieser Auffassung nun zusätzlich durch einen besonderen Reichtum an Kombinations- und Ableitungsmöglichkeiten aus, mittels derer die Stammwörter untereinander verbunden und dem Wortartenwechsel angepasst werden können: *Art, arten, artig, unartig, abarten, verunarten, geartet* usw. Wenn von Grammatik die Rede ist, waren im 17. Jahrhundert vor allem diese Wortbildungsregeln gemeint; die syntaktische Verbindung der Wörter spielte eine eher untergeordnete Rolle. Die Stammwörter und das Regelwerk der Wortbildungsregeln stellen den bildungstragenden und an der Produktion amtlicher und literarischer Texte beteiligten Schichten und vor allem den Dichtern den notwendigen ‚Schatz' von Bezeichnungen zur Verfügung.

Diesem Ideal gegenüber stehen die folgenden Gefahren, die das Deutsche verderben: Die alamodische Einmischung fremder, besonders französischer Wörter, die die Stammwörter verdrängen, und der regelwidrige Sprachgebrauch der unteren sozialen Schichten, die sowohl gegen die Wortbildungsregeln verstoßen wie auch gegen das angenommene Verhältnis zwischen Rea-

4.1 Die Sprachkonzeptionen der Sprachgesellschaften

lität und lexikalischem Abbild, das mit dem zentralen Terminus *Grundrichtigkeit* erklärt wird (Gardt 1999, 130). Die Notwendigkeit eines Wörterbuchs der Stammwörter und eines grammatischen Regelwerks ergibt sich daraus in einleuchtender Weise. Schottelius forderte, dass die deutsche Sprache endlich aus ihrer Nebenrolle heraus muss:

> die Teutsche Sprache [wird] in frömden Lexicis, nur wie eine Magd und Nachsprecherin gehandhabt/ auch keine Teutsche Wörter mehr alda befindlich/ als durch welche nur hat müssen das frömde erklärt werden. (zit. Kühn/Püschel 1990a, 2051).

Schottelius formulierte in seinem Buch acht Forderungen an ein Wörterbuch, von denen vier Flexion und Wortbildung betreffen (Ising 1956, 49). Er selbst sammelte während des Dreißigjährigen Kriegs Material, gab 1647 aber auf und übergab das Material an Harsdörffer. Auch er sammelte für das Wörterbuch und gab wieder auf. Vielleicht hatten schon die damaligen Theoretiker die intellektuellen Herausforderungen der lexikografischen Praxis unterschätzt. Schottelius kam zu dem Schluss, dass man zuerst ein grammatisches Regelwerk bräuchte, bevor man ‚das' Wörterbuch schreiben könne. Kaspar Stieler schließlich schaffte 1691, ein halbes Jahrhundert später, die Umsetzung der in den Sprachgesellschaften entwickelten Ideen, insbesondere des Stammwortkonzepts in ein Wörterbuch (Ising 1956, 48).

Schottelius wiederholte seine Vorstellungen zehn Jahre nach seiner *Ausführlichen Arbeit von der Teutschen HaubtSprache* in einer allegorischen Geschichte mit dem Titel *Der schreckliche Sprachkrieg – horrendum bellum grammaticale*, deren Metaphorik an dieser Stelle gewissermaßen als Visualisierung genutzt werden soll und die darüber hinaus die kultur- bzw. mentalitätsgeschichtliche Einbindung der barocken Sprachreflexion unmittelbar aufzeigt. Schottelius' Geschichte des *Schrecklichen Sprachkriegs* handelt von einem fiktiven isländischen Dokumentenfund, der die Ursachen des gegenwärtigen verderbten Zustands der deutschen Sprache und der deutschen Nation – auch hier geht beides unmittelbar ineinander über – erklärt. Wunderbarerweise war die alte deutsche, bei Schottelius „celtische" Sprache durch Gottes Erwählung von der babylonischen Verwirrung verschont geblieben, hatte diesen paradiesischen Zustand später aber durch die Schuld interner Uneinigkeit in jenem Krieg verloren. In diesem Zusammenhang leitet Schottelius *deutsch* etymologisch von *deus* ab und das lateinische Wort für ‚Gott' von *teutsch* (Schottelius 1673/1991, 31). Eine prophetisch mahnende Figur streut in die Geschichte ständig Denksprüche wie den folgenden ein:

> Teutsches Wasser/ Luft und Werke/ Geben recht den Teutschen Sterke: Teutsche Sprache/ Sitten/ Wesen/ Lesset Teutschland wolgenesen. Unteutsch-sein/ Frömdgierigkeit/ Zeucht uns an ein Sclavenkleid. (Schottelius 1673/1991, 55).

Anstelle von Menschen agieren in Schottelius' Geschichte Wörter, und zwar vor allem die Stammwörter, die hier ähnlich wie Stammesoberhäupter oder Clanfürsten dargestellt werden. Wie es die Menschen vor dem Dreißigjährigen Krieg waren, so sind auch in Schottelius' Geschichte die Wörter in eine feste ständische Hierarchie eingebunden. Nur einen Kaiser gibt es nicht. Das kaiserlose Reich der Stammwörter hat zu Beginn noch eine wohlausgewogene Verfassung, in der alle Könige und Fürsten ihren Macht- und Aufgabenbereich ausfüllten, bis die beiden mächtigsten Königreiche, das Königreich der Nennwörter und das Königreich der Zeitwörter durch Intrigen in einen Streit verwickelt werden, die von ausländischen Königreichen gesponnen wurden. Die Leser sollen sehen, wie schädlich fremder Einfluss ist.

Die einzelnen Stammwörter und Wortklassen wie etwa die Sprichwörter oder Interjektionen werden als Stammesfürsten gezeichnet, deren Frauen, Kinder und Kegel aus den zugehörigen Ableitungen und Zusammensetzungen bestehen. Z. B. stellen die Hilfsverben ein „HülfVolk" dar, das in Vorstädten siedelt, „damit der Königliche Hof der Zeitwörter/ völlige ansehnliche Aufwartung allemahl beihendig haben kunte" (Schottelius 1673/1991, 53). Am unteren Ende der Gesellschafts- und Wörterordnung und eigentlich außerhalb der Stammwortgemeinschaft stehen „Gemeinheit und Pöbelvolk" (ebd. 36), ein „unförmliches PöbelGemürmel" aus „ungewissen Knarrwörteren" (ebd. 49 f.). Das restaurative Denken wird vor allem darin deutlich, dass diese Hierarchie gegen soziale Aufsteiger behauptet werden muss. Ein einer Stelle heißt es:

> Was jeder begreift/ wird unwehrt und unsauber. [...] Wil man alles dan altäglich/ und so gar gemein machen/ wie das Hutabziehen/ so werden auch die Bauren wol dabei hochfärtig. (ebd. 62).

Die Folgen des schrecklichen Bruderkriegs für die Sprache stellt Schottelius folgendermaßen dar: Es gibt keine Sprachgelehrten und keine überlieferten Dokumente der alten paradiesischen „teutschen" Sprache mehr, die Intelligenz ist vernichtet oder zerstreut, und deshalb muss man Sprachgelehrsamkeit, Wörterbuch und Regelwerk wieder neu erschaffen. In Folge des Zerwürfnisses sind die Mundarten entstanden, die die ursprüngliche Einheit der Sprache bis zur Unkenntlichkeit entstellen, und deshalb muss man sich um einen regionalen Sprachausgleich bemühen. Auch die Wortbildungsproduktivität der Stammwörter wie ihre absolute Zahl hat abgenommen – metaphorisch gesprochen: „gantze Geschlechter und Familien [sind] in diesem MordKriege mit Grund und Wurtzel ausgewürget" (Schottelius 1673/1991, 144). Schlussfolgerung: Man muss sich um die Belebung und notfalls um die etymologische Rekonstruktion der Stammwörter und ihrer Wortfamilienverwandtschaft bemühen.

4.2 Kaspar Stieler und Matthias Kramer

Auf der Basis des von Kreisen der Sprachgesellschaften getragenen einflussreichen Werks von Schottelius und, konkret auf dessen Stammwortsammlung aufbauend, erarbeitete Kaspar Stieler sein Wörterbuch (Stieler 1691/1968 a; Stieler 1691/1968 b).

4.2 Die neue lexikografische Praxis in den Werken von Kaspar Stieler und Matthias Kramer

In diesem Abschnitt werden Gemeinsamkeiten, Unterschiede und Konkurrenz zweier herausragender Lexikografen des späten 17. Jahrhunderts herausgearbeitet. Sowohl bei Matthias Kramer als auch bei Kaspar Stieler vollzog sich eine merkliche Lösung vom Lateinischen und vom lexikografisch überlieferten Wortschatz des Späthumanismus, die unter anderem durch die Aufnahme vieler neuer Wörter und Wendungen, aber auch durch neue Ableitungen und Zusammensetzungen begründet ist. Nur ein Viertel des verzeichneten Wortschatzes stammt bei beiden noch aus der humanistischen Epoche.

Kramer und Stieler gemeinsam ist auch das Bestreben, Fremdwörter auszuscheiden, und dieses steht bei beiden vor dem Hintergrund der Stammworttheorie, auch wenn Stieler sich dabei unmittelbarer auf Schottelius beruft als Kramer. Beide nehmen viel Grammatisches ins Wörterbuch auf. Grund ist nicht nur, dass die nationalbezogene Stammworttheorie auf die Sprache als Ganzes zielte. Hinzu kommt auch, dass die lateinische Grammatik offenbar noch lange nach der humanistischen Bewegung wichtige Anstöße zur Kultivierung der europäischen Volkssprachen geben konnte. Die antike Sprachwissenschaft „in den systematisch ausdifferenzierten Domänen der Orthographie, Lexikographie, Grammatik und Stilistik" (Cherubim 1995, hier bes. 127) stellte einer wissenschaftlich fundierten Sprachnormierung noch im 17. Jahrhundert die Kategorien zur Verfügung.

Die Sprache als Ganzes und die Analyse des Deutschen anhand lateinischer Grammatikkategorien zeigt sich in der weitgehenden Einbeziehung von Wortbildung, Flexionslehre und Orthografie bzw. Aussprache in die lexikografische Darstellung. In Stielers Wörterbuch ist eine 240 Seiten starke, inhaltlich durchaus innovative und in Manchem über Schottelius hinausgehende (Sonderegger in: Stieler 1691/1968 b, 15 f.) Grammatik enthalten. Bei Kramer ein 60-seitiger grammatischer „Vortrab oder Fundament", in der sich der Autor ebenfalls auf Schottelius beruft, gleichzeitig aber die Grammatik stärker in die Erläuterungen zum einzelnen Wort einbezieht.

Bei näherem Hinsehen erweisen sich die Unterschiede zwischen diesen zwei wichtigsten Lexikografen der Barockzeit aber als beträchtlich. Ihre Differenzen beruhten weniger auf sprachtheoretischen Aspekten, sondern in erster Linie auf unterschiedlichen kulturellen Orientierungen, d. h. auf Unterschieden in den als Adressaten angesprochenen sozialen Gruppen, im vorausgesetzten Benutzungszweck sowie in zahlreichen Wertungen, die in der Darstellung mehr oder weniger implizit vermittelt werden.

4.2.1 Kaspar Stieler

Kaspar Stieler, manchmal auch mit seinem Gesellschaftsnamen „der Spate" genannt, wurde 1632 in eine Erfurter Patrizier- und Apothekerfamilie hineingeboren. Nach dem Studium von Medizin, Theologie und Redekunst und einer Hauslehrerstelle bei Königsberg, wo er Kontakte zum dortigen Dichterkreis hatte, kam er 1655 als Kriegsschultheiß in den Militärdienst. Er unternahm zwei weite Reisen durch Europa, studierte wieder, diesmal Jura und war ab 1662 leitender Sekretär an diversen mitteldeutschen Fürstenhöfen. Die eigentliche Formulierungsarbeit von Gesetzen, Verordnungen und aller juristischer Briefwechsel dürften ihm obliegen haben. Zu dieser Tätigkeit gehörte auch die Ausbildung der Pagen im Briefeschreiben und das Verfassen von Bühnenstücken mit Stoffen aus der französischen und italienischen Literatur für Festspiele bei Hofe. 1666, als Sekretär am Eisenacher Hof, kam Stieler in Kontakt mit der *Fruchtbringenden Gesellschaft* und mit Schottelius. Sein Interesse konzentrierte sich nun auf das sprachtheoretische und juristische Gebiet. Als in den Adelsstand erhobener Privatgelehrter starb Stieler 1707 in Erfurt.

Außer den dichterischen Werken und dem Wörterbuch hat Stieler ein Handbuch für Sekretäre und eine Art Handbuch für Zeitungsschreiber und -leser verfasst; letzteres setzt sich mit einem damals neuen Medium auseinander und enthält auch eine längere Liste zur Erklärung von Fremdwörtern. Das dreibändige Wörterbuch, das er ausdrücklich und in erwiesener enger Zusammenarbeit mit Schottelius konzipierte, heißt:

> Der Teutschen Sprache Stammbaum und Fortwachs oder Teutscher Sprachschatz/ Worinnen alle und iede teutsche Wurzeln oder Stammwörter/ so viel deren annoch bekant ietzo im Gebrauch seyn/ nebst ihrer Ankunft/ abgeleiteten/ duppelungen/ und vornemsten Redarten/ mit guter lateinischen Tolmetschung und kunstgegründeten Anmerkungen befindlich. Samt einer Hochteutschen Letterkunst/ Nachschuß und teutschem Register. So Lehrenden als Lernenden/ zu beider Sprachen Kundigkeit/ nötig und nützlich/ durch unermüdeten Fleiß in vielen Jahren gesamlet

und erschien 1691 in Nürnberg. Die Seite links neben dem Titel zeigt auf einem Kupferstich den seinerzeit durch Indienreisende beschriebenen indianischen Palmenbaum, den Stieler benutzt, um sein von Schottelius übernom-

4.2 Kaspar Stieler und Matthias Kramer

menes Konzept vom Baum der Stammwörter und seinem weiteren Wachstum zu illustrieren. Die Zweige dieses Baumes beginnen bei Bodenberührung eigene Wurzeln zu schlagen, so dass mit der Zeit um den ursprünglichen Stamm herum ein ganzer Wald von Trieben entsteht, die neuer Zweig und Wurzel zugleich sind. Stieler erläutert die bildliche Darstellung in einem gereimten Text. Die Allegorie verbindet also das Wurzeln, eine Tätigkeit, die von oben nach unten betrachtet wird, mit dem Wachsen, einer Tätigkeit von unten nach oben. Sie verbindet die rückwärts gewandte Etymologie mit der gegenwartsbezogenen und zum Teil zukunftsweisenden, weil normativen Wortbildungslehre.

Die Intentionen, die Stieler in seinem Vorwort zum Ausdruck bringt, decken sich nicht völlig mit der Wörterbuchpraxis. In der Einleitung wertet er lateinische Wörter ebenso wie die anderer Nachbarsprachen als „Flicklappen" ab, um das Deutsche und damit sein neuartiges Wörterbuch hervorzuheben. Zugleich führt er den Hang der Deutschen zu neumodischen und fremden Wörtern auf mangelndes ‚nationales' Selbstbewusstsein zurück:

> Kein Ungar/ Böme/ Polak/ Moskowit/ wird seiner Rede solche bunte und närrische Flicklappen ankleistern/ als die schandkützliche Stiefteutsche zuthun pflegen. Die Römer/ ob sie gleich den halben Teil ihrer Sprache denen Griechen/ die andere Helfte aber uns Teutschen zu danken haben/ hätten dennoch sich eher in einen Finger gebißen/ als in einer offendlichen Kunstrede oder bey ansehnlicher versammlung ein Griegisch Wort eingelappet [...] Der Franzos nimmet wol teutsche Soldaten an/ und besoldet sie/ er nimmet aber keine teutsche Wörter mehr an/ ist auch denenselben dergestalt spinnenfeind/ daß er die in seiner Sprache von Alters her gebrauchte Teutsche und Zeltische Wörter/ immer nach und nach ausgemustert/ und davor andere einschaltet/ so/ entweder aus dem zerbrochenen Latein entlehnet/ oder aufs neue von ihnen erdacht worden. Man hat schon eine geraume Zeit her wieder solche Neugierigkeit der Teutschen gesungen und gesagt; Aber/ da hilft weder warnen noch weisen/ da muß employiren/ engagiren/ incaminiren/ charge, parole &c. mit unterpartiret werden/ es gerahte oder verderbe. Ja es scheinet/ als wann man wißens und willens barbarisch werden/ und durch die Schande/ so man der herrlichen und allerreichsten Teutschen Sprache antuht/ eine Gloire (denn Ruhm/ Preis und Ehre ist viel zu schlecht) erbetteln wolle. (Stieler 1691/1968a, XXXiij v. f.)

Trotz dieser puristischen Emphase führt Stieler unter den vielen Zwecken, denen das Werk insgesamt dienen soll, auch das Übersetzen in die lateinische Sprache an, und zwar in- und außerhalb der Schulen (Stieler 1691/1968a, XXXii v.). Mit der Nennung der potenziellen Adressaten und Käufer waren Lexikografen damals wie heute recht großzügig. Stieler nennt Geistliche, Staatsmänner, Ärzte, Männer, die einem Gemeinwesen vorzustehen hätten, ausländische Gelehrte, Dichter (ebd. XXXi v.) und auch die „aufwachsende Jugend" (ebd. Xi v; XXXii v). Den Ausländern zuliebe sollen auch Vulgarismen, Flüche und unhöfliche Ausdrücke behandelt werden, denn sie müssten diese Wörter kennen, um sie zu vermeiden (ebd. XXXiv v; vgl. XXXXiij r.). Die gleiche Argumentation findet sich bei Kramer wieder und geht, wie Stieler durchblicken lässt, auf die Wörterbuchkritik von Jesuiten zurück (ebd.).

Wer ein Wörterbuch wirklich nutzt, ist selbst heute nur schwer herauszufinden; das Spektrum der jeweils genannten Nutzergruppen ist breit, allerdings selten so breit, wie die Lexikografen es ankündigen. Die Anordnungsweisen bei Stieler zeigen keineswegs, dass hier jemand über Nutzerbedürfnisse nachgedacht hat, sondern zeugen eher vom Versuch, die „Hauptsprachen-Ideologie lexikographisch zu untermauern", und hierin liegt einer der Gründe dafür, dass Stielers Wörterbuch wohl ein „Ladenhüter" blieb (Wiegand 1998a, 655).

Wie sah nun Stielers lexikografische Umsetzung der Stammworttheorie aus? Sein Wörterbuch enthält geschätzte 68.000 Lemmata (Sonderegger in: Stieler 1691/1968 b, 11), gegliedert nach 400 – 600 alphabetisch angeordneten Stammwörtern (Kühn/Püschel 1990a, 2052). So ein Stammwort ist z. B. *(das) Rad* oder *Fest, Fett.*

Es ist durch eine große und fette Type herausgehoben. Innerhalb des Wortartikels *Rad* werden linkserweiternde Kompositen wie *Drehrad, Elendsrad, Feuerrad, Glückesrad, Mül- oder Wasserrad, Spinnrad, Wagenrad* und *Zugrad* erläutert. Die nachfolgenden Wortartikel sind durch Lemmata mit einer etwas kleineren Type als dem Stammwort zugehörig gekennzeichnet: *Rädlein, Räderen, Räderung, Rollen, (die) Rolle, Rollung, Rollicht.* Innerhalb z. B. des Artikels *Rädlein* wird das *Tanzrädlein* und *Spinnrädlein* mit erläutert. *Rollen* wird etymologisch über *Radelen* und *Rodelen* von *Rad* hergeleitet; die etymologische Zuordnung ist ausschlaggebend für die Ansetzung einer Stammwortverwandtschaft. Innerhalb des Artikels *Rolle* werden wiederum Kompositen wie *Kornrolle, Musterrolle, Bürgerrolle, Reichsrolle, Ritterrolle, Zeugenrolle* behandelt. Diese Kompositen sind sozusagen Lemmata dritter Ordnung und ebenfalls als solche typografisch markiert.

Auf diese Weise wird ein großer Teil der etymologischen Zusammenhänge innerhalb des Wortschatzes mit lexikografischen Mitteln dokumentiert, und zwar prinzipiell korrekt, wie im Falle von *Rad* und *rollen*, die beide auf unterschiedliche Weise mit lateinisch *rota* verwandt sind. Ob damalige Etymologien richtig oder falsch geraten sind, ist eine Frage, die überhaupt erst seit dem 19. Jahrhundert gestellt und einigermaßen beantwortet werden kann. Stieler setzt *Bote* ganz richtig hinter *bieten*, fügt dann aber noch *Post* als Ableitung von *Bot* hinzu, und hat damit seiner Meinung nach wieder ein angeblich lateinisches Wort als ursprünglich deutsch reklamiert.

Die Reihenfolge *bieten* – *Bote* zeigt schon, dass sich bei der Stammwortlemmatisierung zwei grundsätzliche Probleme ergeben: einmal werden etwa

4.2 Kaspar Stieler und Matthias Kramer

Rad/ das / pl. die **Räder/** rota. *Qvi à Latin. rotâ derivant, iidem probent, necesse est, antiqvos Germanos neq; currus, neq; rotas habuisse, donec Romani post mille annos Germanos hoc nomen edocueriut unâ cum re ipsâ. Inepta sanè Grammaticorum deductio est, qvando rotam sic dici volunt, qvod ruat, aut à Græco ῥοθεῖ*, strepitum edere, & cum impetu ferri. *Thuringi cum multis aliis* Rad *pronunciant* Rod / atq; *hinc est Latinorum* rota, *siculi nasus à* Nase/ *auris ab* Ore. Einen wie ein Rad üintreiben / rotare aliqvem. Die Pfaue machet ein Rad / pavo rotat caudam. Einen bey Galgen und Rad etwas verbieten / sub pœnâ suspendii & crurifragii aliqvid vetare. Der Kopf gehet mir herum / wie ein Rad / caput meum vertigine laborat. Schiene am Rad/ canthus. Büchsenrad / rota sclopetaria. Drehrad/ rota tortilis *sive* versatilis circitorum, orbis lusorius, cum versatili nummorum gnomone. Elendsrad/ gyratio calamitatum. Feuerrad / rota ignivoma. Glücksrad / rota fortunæ. Kammrad/ tympanum dentatum. Marterrad / rota infelix, capitalis. Mül- *sive* Wasserrad / rota molaris, qvam aqva versat, hydraula, machina aqvæductoria, tympanum haustorium. Pflugrad/ aratri rotula. Spinnrad/ rhombus. Pfauenrad/ cauda pavonis conchata. Spulrad/ rota glomeratoria, harpedone. Urwerksräder/ rotæ versatiles horologii. Wagenrad/ rota vehiculi. Zugrad / tympanum versatile.

Rädlein/ *das / dimin.* rotula, orbiculus, gyratio. Ein Rädlein im Tanze machen/ in gyrum saltando se agere. *Alias* Tanzrädlein *est* orbis saltatorius, *qvi etiam vocatur* ein Reihen. Sperräderlein/ rotularum sustiamen. Spinnrädlein / colus rotata.

Rädern/ in rotam agere, crura rotâ frangere, elidere, elisione crurum interimere, membra *vel* artus rotâ confringere. Der Straßenreuber ist gerädert worden / obsessor viarum *sive* latro supplicio crurifragii mulctatus, plexus est. Von unden auf rädern / crura & brachia rotâ primitùs suffringere. Von oben hinab rädern / cervicem statim rotâ confringere.

Räderung/ die / & das Rädern/ crurifragium, crurum elisio. *Sed* das Räder/ *est* molile, *alias etiam* Radscheit / damit man das Waßer ab, und zuelässet.

Rollen / *dicitur per crasin à* Rodelen / *sive* Rodelen/ *propr.* rotare, volvere, postea lævigare, planare, polire. Rollen *etiam est* fruges vannare. Das Getreide rollen/ purgare, cribrare frumentum. Tandem Rollen *est* vagari. Das Land ausrollen / circumambulare provinciam, per agros vagari, peragrare, percurrere, pervadere, pererrare regiones. Wo rollest du einmal her / unde vagaris? Weiß Zeug rollen / lintea pura politurâ planare. Ein Papir zusammenrollen/ convolvere chartam. *Sic compos.* Aufrollen/ explicare involucra, res complicatas expedire. Fortrollen/ rheda vehi. Hin und her rollen/ circumcursitare, vagari cursu, *alias* Durchrollen. Er rollet durch die ganze Stadt durch/ totum oppidum pererepat. Mitrollen/ unâ lævigare, currere, proficisci, comitem viæ esse. Nachrollen/ curru *vel* cursu inseqvi. Überrollen/ leviter planare. Vorrollen / prævenire curru *vel* cursu. Wiederrollen/ denuò polire.

Rolle / die / *itidem varia notat: Proprie esse deberet* rotunditas, orbis, gyratio, & trochlea: *sed ferè sumitur pro* fullonica, torculo, & politura, in qva panni, lintea & telæ lævigantur & planantur, *dicitur alias* eine Mangel. Rolle *etiam est* sucula, *machina nimirum tractoria, tereti ligno constans duobus vectibus trajecto, circa qvam ductariu funis convolvitur, alias* eine Haspel / *sive* Winde. Rolle *porrò est vas rusticum sive cribrum oblongum ferratum, qvô fruges purgantur, atq; semina cernuntur:* Eine Kornrolle / capisterium, incerniculum. Tandem Rolle *est* matricula, index, laterculum, designatio juxta ordinem. Bürgerrolle / matricula civium. Musterrolle/ & Regimentrolle / catalogus nominum militum. Reichsrolle / matricula imperii. Ritterrolle/ index, *seu* designatio nobilium, *seu* eqvestris dignitatis virorum. Zeugenrolle / *vulgò dicitur* rotulus testium, *est autem* perscriptio examinationis & responsionis productorum testium, *alias* Rodel / Rödel / & Rotel / *qvasi sit à rotulare, qvod tamen æqvè ut rotulus Latinum non est, sed nostrum: licet inde veniant Barbara vocab.* Inrotulare, inrotuliren / inrotulatus, inrotuliret/ & inrotulatio, Inrotulirung: *Est autem* inrotuliren / acta judicialia convolvere, & complicare, ut ad collegium prudentum transmittantur.

Rollung/ die / *propr.* rotundatio, gyratio; *post* involutio, involucrum, implicatio, *it.* lævigatio, ac vagatio, *vel* cursura sursum deorsum. Getreiderollung / purgatio frumenti per incerniculum.

Rollicht / & Rollhaft/ *adj. & adv.* rotundus, & rotundè. Rollicht machen/ rotundare. *It.* Rollicht *est* involutus, vagabundus, & vagè.

Aus: Stieler 1691/1968 a, Bd. II, Sp. 1499–1501.

bei der Bildung aller möglichen Präfixverben Wörter verzeichnet, die es so gar nicht gab oder gibt; dies trifft womöglich für *nachrollen* und *vorrollen* oder eventuell auch für *rollicht* zu. Zum Zweiten wird mit allen Lemmata, die nicht selbst zu den Stammwörtern gerechnet werden, die alphabetische Reihenfolge verlassen. Um ein Wort auf Anhieb finden zu können, müssten die Leser die Stammwortzugehörigkeit jedes Worts schon kennen, über die sie das Wörterbuch eigentlich erstmals aufklären soll; sie müssten *rollen* unter *Rad* suchen. Und sie müssten die Ansatzform des Stammworts kennen, die besonders bei den Verben oft auf das Stammmorphem, wie man heute sagen würde, reduziert ist, etwa *teil* für *teilen*. Die Substantive *der* bzw. *das Teil* sind bei Stieler vom Verb abgeleitet, nicht umgekehrt. Übrigens wird das Fremdwort *subtil* ebenfalls dem deutschen Stammwort *teil* zugeordnet: *sub* wird auf *sauber* bezogen und *til* auf *teil*. Hier haben wir wieder eines der heute erheiternd wirkenden Beispiele für die Ablehnung des lateinischen Einflusses auf die deutsche Sprache (vgl. auch *Teut/ der/ Tuiscon, Deus* […], Stieler 1691/ 1968a, Bd. II, 2276). Sonderegger (in Stieler 1691/1968b, 8f.) weist aber zu recht darauf hin, dass in Stielers Lexikografie immerhin eine erste Ahnung vom indoeuropäischen (indogermanischen) Sprachenzusammenhang und von regelhaften Lautstrukturen sichtbar wird. Tatsächlich hatte Stieler bei der Herleitung von *Post* aus *Bot* explizit Parallelen zu *Brunst/brennen* und *Gunst/ gönnen* gezogen (Stieler 1691/1968a, Bd. I, 182). Stieler hatte insofern recht, als das Deutsche und das Lateinische ja tatsächlich einer gemeinsamen Sprachenfamilie angehören, die allerdings erst zu Beginn des 19. Jahrhunderts strukturell und genealogisch als solche erkannt wurde. Man sieht aber auch, wie hier ein Argument mit dem Anspruch der Wissenschaftlichkeit vorgebracht wird, um eine nationale und insofern außersprachlich relevante Ideologie zu stützen.

Konstruierte Wortbildungen und spekulative Etymologien machen sich heutigen Lesern bei Stieler dadurch verdächtig, dass ihnen gar kein oder kein sinnvolles Satzbeispiel beigegeben ist. Zu *Tierisch* schreibt Stieler: *Ein tierischer Mensch, i. e. der tierisch gesinnet ist* (Stieler 1691/1968a, Bd. II, 2280). Zu *Tierheit* hingegen gibt er nur die lateinische Erläuterung an: *qvalitas, & proprietas pecudum, vulgo brutalitas, bestialitas* […] (ebd.). Stielers Erläuterungen und Kommentare sind grundsätzlich lateinisch geschrieben. Zum Beispiel heißt es beim Sublemma *Teutschheit*:

> Teutschheit/ die/ natio Germanica, gens Teutonica, *it.* integritas, fides, & religio Germanis propria. Teutschheit *etiam est* salus, gloria, & dignitas populorum Germaniae. (Stieler 1691/1968a, Bd. II, 2278)

Zusammenfassend lässt sich Stielers lexikografischer Wortschatz nach Kühn/ Püschel (1990a, 2052) folgendermaßen charakterisieren:

4.2 Kaspar Stieler und Matthias Kramer

- Das Wörterbuch enthält veralteten und zum Teil ausschließlich lexikografisch belegten Wortschatz der humanistischen Vorläufer, wie Ising eindrücklich belegt. Ein Wort wie *Spähschiff* ist vom 16. bis zum Beginn des 19. Jahrhunderts in einem Dutzend Wörterbüchern belegt, aber es gibt darüber hinaus keine literarisch oder gebrauchssprachlich bezeugten ‚echten' Verwendungsfälle des Worts (Ising 1956, 21).
- Stielers lexikografischer Wortschatz enthält neben diesem kompilatorischen Erbe aber auch viel Neues aus dem aktuellen und gebräuchlichen Wortschatz der höfischen Schicht, zu der Stieler als Hofsekretär selbst gehörte; dieser ist auch noch stark landschaftlich, d. i. thüringisch geprägt (Sonderegger in: Stieler 1691/1968 b, 11).
- Er enthält künstliche neue Wortbildungen nach den Möglichkeiten des Sprachsystems, z. B. *Rollung, Tierheit, Spöttlichkeit, schnarchhaft*; mit ihnen sollte der Reichtum der deutschen Sprache demonstriert werden, die es überflüssig mache, Wörter aus fremden Sprachen zu entlehnen. Auch solche Bildungen existierten im Sprachgebrauch nicht.
- Er enthält poetische Okkasionalismen, d. h. Wörter, die Dichtern zum Gebrauch anempfohlen werden, gerade weil sie vom allgemeinen Sprachgebrauch unberührt waren.
- Der lexikografische Wortschatz Stielers enthält sehr Weniges aus dem volkstümlich-derben Gebrauch. Nach Sonderegger (in: Stieler 1691/1968 b, 11) ist die Rechtssprache bei Stieler besonders stark vertreten, offensichtlich, weil dies seine eigene Berufssprache war.
- Stielers lexikografischer Wortschatz vermittelt die Perspektive der höfischen Welt, während Kramer, wie noch zu zeigen sein wird, die Welt in der Perspektive des Bürgertum wahrnimmt.

4.2.2 Matthias Kramer

Die biografischen und bibliografischen Kenntnisse verdankt man Ising (1956) und Bray (2000). Zu Kramer siehe Wiegand (1998 a, 656 ff). Kramer wurde 1640 in Köln geboren, war ein Bürger mit enormen Kenntnissen in den zeitgenössischen Sprachen. Niederländisch lernte er offenbar schon als Kind. Obwohl er den deutschen Sprachraum nie verließ, war seit 1670 in Nürnberg als mittlerweile verheirateter „Sprachmeister" für Italienisch, Französisch, Spanisch, Holländisch und andere okzidentalische und wohl auch für exotische Sprachen tätig. Dieser Beruf dürfte ihm ein leidliches, aber kein sehr hohes soziales Prestige verschafft haben. Erst in höherem Alter wurde Kramer einmal Hoflehrer für die Kinder eines brandenburgischen Reichstagsgesandten in Regensburg und wurde 1712 in die *Preußische Societät der*

Wissenschaften zu Berlin berufen, einer Vorläuferin der späteren Akademie. Im Alter siedelte er aus konfessionellen Gründen − er gehörte der evangelisch-reformierten Kirche an − ins benachbarte Erlangen über, was wegen der Schulden, die er in Nürnberg hinterließ, aktenkundig wurde. Nachdem Kramer gestorben war (zwischen 1729 und 1732), führte einer seiner Söhne das Sprachlehreramt weiter.

Matthias Kramer schrieb viele Sprachlehrbücher und Wörterbücher zu verschiedenen Sprachen und klagte über die große Arbeitsbelastung und den geringen Lohn; in Italien und Frankreich wüsste man solche Anstrengungen um der Sprache willen ganz anders, nämlich durch staatlich geförderte Akademien zu würdigen. Er war anders als Stieler darauf angewiesen, dass sich seine Bücher auch verkaufen ließen; er arbeitete für praktische Bedürfnisse des Fremdsprachenunterrichts vor allem Erwachsener im Selbststudium. Dabei ging es ihm um den bürgerlichen Handel und kulturellen Verkehr. Eines seiner Werke ist etwa ein Lehrbuch zur Abfassung italienischer Handelsbriefe (*Banco-Secretarius / oder Kauffmännischer Correspondenz-Stylus* 1693), ein anderes *Die rechte Lehr-Art Denen Teutschen ... beyzubringen Die Frantzösische Sprach ...* 1696). Sein Motiv würde man mit heutigen Worten Völkerverständigung oder zwischenmenschliche Kommunikation nennen; er selbst drückte dies mit Bezeichnungen für christliche Werte aus. Seinem deutsch-italienischen Wörterbuch (Kramer 1700−1702/1982) stellte er ein Motto des Kirchenlehrers Augustinus (4./5. Jahrhundert) voran, nicht ohne das lateinische Original ins Deutsche und Italienische zu übersetzen:

> Der Unterscheid der Sprachen entfremdet den Menschen vom Menschen/ und es hillft/ wegen dieser blossen Ungleichheit zur freundlichen Vergesellschafftung der Menschen die/ sonst so grosse Gleichheit ihrer Natur so viel als nichts; dergestalt/ daß einer viel lieber bey seinem hunde ist/ als bey einem Menschen/ mit dem er nicht reden kann.

Trotzdem lag auch ihm sehr daran, den Wert der eigenen, *Teutschen* Sprache herauszustreichen, den er allerdings insbesondere im Hinblick auf die Möglichkeiten der Wortbildung für längst erwiesen und offensichtlich hielt:

> sintemal die Italiänische/ wie nobel/ lieblich/ höflich und anmutig sie immer seyn mag/ [dann es hat eine jegliche/ ob sie gleich keine Grund-sprach/nicht allein etwas eigenes/ sondern auch etwas/ das einer andern gantz unnachähmlich ist] der Teutschen/ und das zuförderst aus Mangel der Doppel-kunst [= Komposition, UHZ]/ noch lang nicht beykömmt/ und man sonst unaufhörlich mit mehrern Wörtern umschreiben und periphrasiren muß/ was der Teutsche hurtig/ vermittels eines Compositi bedeuten kann. Es ist einmal und bleibt doch jene gegen dieser unserer teutschen Königin ein armes/ kahles und bedürftiges Bettel-Weib. Es wohnet diese in hohen und selbst-bauenden Schlössern/da jene in einem gemieteten Häußlein behelffen muß. Diese gehet in Sammet und Seiden/ ja in

4.2 Kaspar Stieler und Matthias Kramer

Gold- und Silber-Stück/ jene aber in geflickt- und zusammen-gestuckelten Lumpen. (Kramer 1700–1702/1982, (e)1 v.)

Auch Kramer spricht von „unserer so redlichen und so Wort- und Redenreichen/ ur-alten teutschen Helden-Sprache", die „durch Verfrantzosirung und gantz unnöhtige Einplackung so vieler Frantzösis. &c. Flicklappen" (Kramer 1700–1702/1982, (g)3 v) verunziert sei und fühlt sich hierin mit Stieler als dem „gelehrten Spaten" (ebd. (g)3 v f.) einig.

Obwohl er anders als Stieler mit seinen Wörterbüchern großen Erfolg hatte – das italienische und das französische *Gesprächsbuch* wurden noch im 18. Jahrhundert wiederholt aufgelegt, und die italienische Grammatik erlebte 1799 sogar die 18. Auflage – trotz oder vielleicht gerade wegen dieses Publikumserfolgs wurde Kramer in wissenschaftlichen Kreisen, d. h. in den Sprachgesellschaften und ihren Nachfolgern, nicht voll anerkannt. Dies erstaunt um so mehr, als Kramer in den Vorreden seiner Wörterbücher eine ausführliche und anspruchsvolle Methodendiskussion betrieb, die sich mit den Theorien von Schottelius und Stieler durchaus messen konnte. Mit deren Vorstellungen setzte sich Kramer aber kritisch auseinander und hielt ihnen ein Konzept entgegen, das sich stark auf den Sprachdidaktiker Johann Joachim Becher berief und das die von Schottelius und Stieler versuchte Trennung von Wortschatz und Grammatik aufhob (Subirats-Rüggeberg 1994; Schaller 1994). Das Vorwegnehmen der Nutzerinteressen, das bei Stieler ganz und gar fehlte, wirkt sich generell, und bei Kramer offensichtlich, auf die Präsentationsformen und die lexikografisch-methodischen Überlegungen aus (Wiegand 1998a, 657), wie es z. B. an der Auswahl der Stichwörter und am Einsatz von Syntagmen zur Illustration charakteristischer Satzzusammenhänge zu sehen ist (s. u.).

Sein für die deutsche Lexikografie wichtigstes Werk ist das zweibändige *herrlich-große Teutsch-Italiänische Dictionarium* und zwar in Gestalt der 2. Auflage aus den Jahren 1700 bis 1702 (die 1. Auflage war schon 1678, d. h. vor Stieler erschienen). Obwohl es sich hierbei um ein zweisprachiges Wörterbuch handelt, das die Verbindung der deutschen Lexikografie zu derjenigen einer seinerzeit herausragenden europäischen Kultursprache, dem Italienischen, herstellt (vgl. Kapitel 12), verfolgte Kramer damit die Intention, den gesamten deutschen Wortschatz darzustellen und zwar in einer seiner Ansicht nach gelungeneren Weise als Stieler. Allein der deutsch-italienische Teil ist erheblich umfangreicher als Stielers Wörterbuch (Ising 1956, 53). In welchen Punkten unterscheidet sich Kramers Wörterbuch von dem Stielers?

Statt 400–600 Stammwörter und insgesamt 68.000 Lemmata bietet Kramer ca. 4700 Stammwörter, die etymologisch weniger stark differenziert sind. („Noch viel weniger bin ich so klügelsüchtig und aber-critisch auf die Urankunfftforschung einiger Worte gangen" Kramer 1700 – 1702/1982, Hochnöthiger Vor-Bericht Bl. e2 v.). Er diskutierte in seiner Einleitung das problematische lexikografische Ideal der Vollständigkeit (ebd. Vor-Bericht Bl. a4 r; b 1 r; f3 v.) sowie die Schwierigkeiten beim Nachschlagen, die sich aus einer zu starken Stammwortorientierung ergeben (ebd. Bl. d2 v.). Aber er wandte sich ebenso wie Stieler gegen die alamodische Nachäffung des Französischen und gegen die etymologische Höherbewertung des Lateinischen.

Aber Kramer schloss mit kritischem Hinweis auf Stieler alles Veraltete aus, alles bloß Poetische, alle Eigennamen, alle künstlichen Wortbildungen (Bl. a4 v.) und alle Okkasionalismen. (Kühn/Püschel 1990 a, 2053) und ist damit schon bei der Stichwortauswahl näher an der Sprachwirklichkeit. Kramer betont, dass der zu behandelnde Wortschatz „gang und geb/ das ist/ rein teutsch/ und das [...] beydes bey hohen/ mittern und nidern Stands-Personen in täglichem Schwange gehen und Gebrauch" zu sein habe. Er setzt sich kritisch von Stieler ab:

> und daß ich mitnichten verfahren sey wie ein anderer sonst trefflicher Lexikographus, welcher/ nebst denen Poetischen/ Romantzischen hochfliegenden Derivatis und Compositis, welche in die Lufft verstieben/ auch solche mit einverleibet/ die sich zwar nach den gesetzen der teutschen Derivir- und Componir-Kunst von einem Stamm-wort abstammen lassen/ aber noch nie nirgend in gangbare Ubung kommen seynd (Kramer 1700 – 1702/1982, (e)2, v.)

Nach Isings (1956) Wortschatzvergleichen ergibt sich, dass bei Kramer der Wortschatz des bürgerlichen Handwerks und Gewerbes sowie des öffentlichen Lebens überwiegt, während Stielers Schwerpunkt bei Verwaltung und Hof und in der Perspektive absolutistischer Regierung liegt und insofern die ständische Gesellschaftsordnung widerspiegelt. „Ein großer Teil der sprachlichen Neuerungen des ausgehenden 17. Jahrhunderts" – so urteilt Ising abschließend – „vollzog sich in einem Bereich, dem der Sprachmeister und Bürger der freien Reichsstadt Nürnberg näher stand als der im Fürstendienst lebende thüringische Barockdichter" (Ising 1956, 118). Beispiele für erstmals verzeichnete Bezeichnungen oder für die erstmalige semantische Bestimmung wichtiger Ausdrücke des bürgerlichen Lebens sind: *Augenzeuge, Alleinherrschaft, Geldmittel, Handelsgesellschaft, Teilhaber, Vorschuss, Briefwechsel, arbeitslos, Beschäftigung, Veranstaltung* (Ising in: Kramer 1700 – 1702/1982, o. S.)

Die Leitlinie des schichtenübergreifenden alltäglichen und tatsächlichen Gebrauchs von Wörtern und Redensarten, die hier erstmals in der deutschen Lexikografiegeschichte formuliert und mit methodischen Konsequenzen verfolgt wird, kommt einer Ablehnung künstlicher, der Sprache von außen übergestülpter Normen gleich, in diesem Fall der Ablehnung der barocken Normen poetischer Sprache und der Forderung, durch Ausnutzung der Möglich-

4.2 Kaspar Stieler und Matthias Kramer

keiten des Sprachsystems neue Wörter zu bilden. Die Orientierung am tatsächlichen Sprachgebrauch führte aber immer wieder und bereits bei Kramer zu einem Konflikt mit ethisch-moralischen Normen, die den Gebrauch obszöner Wörter und tabuisierte Bezeichnungen für Körperfunktionen in der Öffentlichkeit untersagen. Wörterbücher, die Sprache nicht beschreiben wie sie ist, sondern wie sie *sein soll*, lassen diesen Wortschatz aus oder markieren ihn als verboten oder dergleichen. Wörterbücher, die die Sprache beschreiben, wie sie *ist* oder deren Normativität sich auf etwas anderes richtet als auf Stilistisches, wie es auch für Stieler zutraf, verzeichnen sie; die Lexikografen müssen dann aber offensichtlich ihre eigene moralische Integrität (in Vorworten) betonen, so auch Kramer, der dabei zwischen Wort und Tat, Sprache und Gesittung eine Grenze zieht:

> mein Zweck ist hier nicht eine Ethica oder Sitten-lehr/ sondern ein vollständiges Teutsch-Italiänisch Wörter-Buch zu schreiben; ich ziehe in solchen Worten und Reden nur was Grammaticalisch/ mit nichten aber was moralisch ist/ in consideration. Ein anders ist/wie etwas unzüchtiges Namen hat/ ein anders aber es thun [...] und werden solche geilen Böcke durch Auslassung solcher Wörter in einem Dictionario schwerlich keusch und fromm werden! (Kramer 1700–1702/1982, (e)3r f.)

Stielers Haltung in dieser Frage ist nur unwesentlich anders (Stieler 1691/1968a, XXXiv v.), aber er kündigt doch an, „unhöfliche", „unzüchtige" und gotteslästerliche" Wörter zu markieren:

> Es müßen ja die Ausländer wissen und verstehen / wenn man ihnen vorflucht / ein ungehobelter teutscher Bauer sie ausschilt und schmähet / oder eine unverschämte Dirne / sich gegen Sie zur Maulhuren machet / auch müssen Sie selbsten sich hüten heßliche Worten in ihrer Teutschen Rede zu gebrauchen / zumal in diesem Wörterbuche allezeit beygesetzet worden/ welches Wort und welche Redart unhöflich / unzüchtig und Gotteslästerlich sey. (ebd.)

Das Ideal der Gebrauchsangemessenheit führt bei Kramer zu einer bahnbrechenden Neuerung. Er schreibt: „Was nutzet einem aber die blosse Kundschafft [= Kenntnis, UHZ] eines worts/ wann mir nicht auch dessen richtige Bindung mit andern/ und seine ordentliche Construction und Application oder Anwendung durch Zusatz der füglichen Red-arten bekandt wird?" (Kramer 1700–1702/1982, Vor-Bericht Bl. a4 v.). Kramer setzt drei in der Sprache wirksame Ordnungsprinzipien an, die er in Anlehnung an den Didaktiker J. J. Becher *Connexionen* nennt: Das erste ist die etymologisch-wortbildungsmäßige Verwandtschaft der Wörter (Stammwortprinzip). Das zweite ist die Zusammengehörigkeit nach Sinngruppen, d. h. nach den semantisch-paradigmatischen Relationen des Wortschatzes. Und das dritte ist der Satzzusammenhang oder, in heutiger linguistischer Terminologie, die Ebene der syntagmatischen Relationen. Kramer bezieht damit erstmals die Wortsemantik in eine explizite lexikografische Konzeption ein. Wie aber vermittelt er die semantischen Informationen im Wörterbuch praktisch? Kramer formuliert noch keinen expliziten semantischen Kommentar, aber er gibt selbstgebildete, systematisch eingesetzte, reflektierte Satzbeispiele, die sog. „Redarten", die er nicht aus der gedruckten Literatur, sondern vom Hörensagen kennt. Bei Kramer sind Gebrauchsweisen und Redewendungen schon belegt, die in der gedruckten Literatur zum Teil erst 50 Jahre später auftauchen. Z. B.:

> Eine Waare &c. nicht durchführen lassen wollen ohne Zoll […] die Durchfuhr gestatten / verbieten […] neue Gebräuche / Sitten / Kleider / Moden / Gewonheiten / Gesetze &c. einführen […] Einführer fremder Waaren / neuer Moden (Kramer 1700–1702/1982, Bd. I, 435)

Eine weitere Neuerung kommt hinzu: In seiner Vorrede gibt Kramer zu jeder Wortart gesondert die Informationsarten an, die die Wortartikel bieten. Bei einem substantivischen Stammwort etwa nennt er 15 Punkte, in die der Wortartikel gegliedert ist; unter Punkt drei werden die „Synonyma, das ist / gleichdeutige oder sonst genau verwandte Worte" und unter Punkt vier die „üblichsten Phrases" genannt samt demjenigen, was man heute Valenz- und Kollokationsangaben nennt (ebd., Vor-Bericht Bl. b3 vf.). Damit wird eingelöst, was die heutige Methodenlehre der Lexikografie z. T. noch fordern muss: Informationsangebot und Wortartikelstruktur speziell für jeden Stichworttyp zu entwerfen.

Noch eine Neuerung ist aus sprachwissenschaftlicher Sicht besonders interessant; sie besteht in der internen Bedeutungsdifferenzierung der Wortartikel. Während bei Stieler die verschiedenen Einzelbedeutungen eines Worts in seinen Äquivalentangaben durcheinandergewürfelt sind, wird Kramer durch seine Gebrauchsorientierung darauf gebracht, die Menge der Satzbeispiele irgendwie sinnvoll zu ordnen. Kramer setzt dann das Lemma in kleinerer Type noch einmal an. In diesem Sinne gelingt ihm etwa die Unterscheidung von *Grund* im Sinne von ‚Erdboden' und *Grund* im Sinne von ‚Ursache'. Weitere Beispiel bei Ising (1956, 85 ff.).

Nicht nur das soziale Profil des dargestellten Wortschatzes hängt von der sozialen und kulturellen Verortung des Lexikografen ab, sondern offensichtlich auch die methodischen Entscheidungen, die Kramer von den normativen Sprachordnungen und verabsolutierten Regelsystemen der Sprachgesellschaften ein Stück weit weg- und zum Sprachgebrauch und seiner Beschreibung hinführen. Die Orientierung am tatsächlichen Gebrauch impliziert eine gewandelte Sprachauffassung: Sprache als Instrument des bürgerlichen Handels und Wandels (Kramer ebd. Vor-Bericht Bl. i 1v.) statt Sprache als Gedächtnis

Grund

Aus: Kramer 1700–1702/1982, Bd. I, 573.

vergangener nationaler Größe und als Instrument zur Wiederherstellung dieser Größe.

Die theoretisch-methodischen Innovationen von Kramers Lexikografie wurden in der Folgezeit aber weder theoretisch noch in der Praxis rezipiert, weil man seine Bücher als ‚praktisch' und damit zugleich als ‚nicht-wissenschaftlich' abqualifizierte. Kramers Missachtung ist vor allem Leibniz' Verdikt zu verdanken, der sein Urteil trotz zugegebenermaßen unzureichender Kenntnis fällte. Vierzig Jahre später wiederholte der Lexikograf Johann Leonhard Frisch (s. Kapitel 5.4) Leibniz' Kritik und eiferte Kramer dennoch nach (Ising 1956, 15). Die Konstruktion des Gegensatzes praktischer und wissenschaftlicher Wörterbücher hat die Geschichtsschreibung der Lexikografie seither beherrscht. Dass die nutzerfreundlicheren Werke möglicherweise den zugkräftigeren Motor für Innovationen der lexikografischen und lexikologischen Methodik darstellten, ist eine erstmals von Ising (1956, 22) formulierte These, der in Kapitel 8 nochmals nachgegangen werden soll.

Literatur:

a) Wörterbücher und verwandte Quellen:

Kramer 1700–1702/1982; Schottelius 16631995; Schottelius 1673/1991; Stieler 1691/1968 a; Stieler 1691/1968 b.

b) Forschungen:

Bray 2000; Cherubim 1995; Dipper 1991; Engels 1983; Gardt 1999 (Kapitel 3); Gardt et al. 1991; Henne 1975 (insbes. Deutsche Lexikografie und Sprachnorm im 17. und 18. Jahrhundert); Historisches Wörterbuch der Philosophie Bd. 6 (Artikel *ordo*); Ising 1956; Ising in: Stieler 1691/1968 a; Jones 1999 (bibliografisches Verzeichnis zu Wörterbüchern des 17. Jh.s); Kühn/Püschel 1990 a; P. O. Müller (demn.); Otto 1972; von Polenz 1994 (bes. 5.7.); Reichmann 1989; Reichmann 1992; Reichmann 1993 b; Szlęk 1999 (Dokumentation von Quellen zu Rathke, Harsdörffer, Schottel, S. 291–340); Sonderegger in: Stieler 1691/1968 b; Subirats-Rüggeberg 1994; Tauchmann 1992; Wells 1990; Wiegand 1998 a, 654 ff.

5. Vom Nutzen des Wortschatzes – die Antworten der Aufklärer

Da umfangreichere Wörterbücher verständlicherweise nur mit einiger zeitlicher Verzögerung auf sprachliche und gesellschaftliche Entwicklungen reagieren können, antworteten erst die Wörterbücher des 18. Jahrhunderts auf die Herausbildung der deutschen Sprachnorm, die im 17. Jahrhundert begonnen hatte und erst zu Beginn des 19. Jahrhunderts zu einem gewissen Abschluss kam. Die Ideologie der ‚Grundrichtigkeit' in der Sprache (siehe 4.1) und die Diskussionen der Sprachgesellschaften um ‚gutes' Deutsch waren einer der Gründe dafür, dass aus dem Nebeneinander prinzipiell gleichwertiger regionaler und sozialer Varianten des Deutschen ein über- und unterordnendes Variantengefüge mit einem auf alle anderen Varianten ausstrahlenden Sprachideal an der Spitze wurde. Man nennt dies den Prozess der Vertikalisierung des Variantenspektrums und der Herausbildung einer Leitvarietät (ausführlicher dazu, mit weiterer Literatur, von Polenz 1994, 135 ff.). Entscheidend auch für die Lexikografiegeschichte ist nun, dass dieser Prozess sich nicht ‚wie von selbst' vollzog, sondern sprachideologisch gesteuert wurde, d. h. dass Vorstellungen und Argumentationen darüber, was ‚gutes Deutsch' ist und wozu es wem nützt, in diesem Prozess treibende Kraft waren. In diesem Kapitel soll die Beteiligung der Lexikografie an diesem Prozess, d. h. die Programmdiskussionen um Aufgabe und Zweck von Wörterbüchern und deren Umsetzungen in die Praxis, dargestellt werden. An den Programmdiskussionen waren die bekanntesten und führenden Intellektuellen der Zeit beteiligt; die schwierigere Umsetzung freilich leisteten andere und setzten dabei die Theorie recht eigenständig um.

Wozu sollte nach Ansicht des frühen 18. Jahrhunderts eine deutsche Leitvarietät dienen? Warum sollte überhaupt die Vielfalt landschaftlicher und sozialer ‚Sprachen in der Sprache' aufgegeben werden? Einerseits sollte die überregionale Verständlichkeit vergrößert und gefördert werden. Zum Zweiten hielten vor allem Wissenschaftler wie Leibniz und auch Landesfürsten wie Preußens Friedrich Wilhelm I. den Ausbau des sachbezüglichen Bezeichnungsvorrats des Deutschen für unerlässlich, um Wissenschaft und Technik, aber auch um die sittlich-moralische Entwicklung des Volkes zu fördern und dabei sachlich wie sprachlich vom Lateinischen und Französischen unabhängiger zu werden.

Dominanter aber als diese Nützlichkeitserwägungen, die auch heute noch in der Sprachpolitik vieler ehemaliger Kolonialländer eine Rolle spielen, waren in der Diskussion um die Leitvarietät Argumente, die man kulturpatriotisch nennt: Eine regional wie sozial einheitliche deutsche Sprache könne die politische Einheit der deutschen Nation fördern, sie kulturell vorwegnehmen und sie so vielleicht erst ermöglichen.

Diejenige Varietät, die in den Vorstellungen der meisten dem geforderten, einheitsstiftenden Ideal am ehesten entsprach, war die der bürgerlich-protestantischen und gebildeten Oberschicht im Raum um Leipzig und Dresden, genannt das ‚Meißnische Deutsch'. Mit der politischen Hegemonie Preußens verlagerte sich die regionale Zuordnung (vor allem hinsichtlich der Aussprache) dann mehr nach Norden; die soziale Zuordnung zum Bürgertum blieb bestehen.

Die allmähliche Durchsetzung dieser Leitvarietät vom 17. bis ins 19. Jahrhundert ist nicht einer einzigen autoritativen Instanz zu verdanken, sondern einem Verbund von Instanzen bzw. Vorbildern. Dieser Verbund bestand aus: einer bestimmten Region (Meißen; Norddeutschland), bestimmten Schriften und Autoren (hier vor allem Luther, später den Weimarer Klassikern), großräumig einflussreichen Institutionen wie Kanzleien und Gerichten und aus den großen (umfangreichen) Wörterbüchern und Grammatiken. Letzteren kam die besondere Aufgabe zu, die Wahl des regionalen und sozialen Vorbilds zu begründen und sie als vernunftgemäß zu erweisen. Die Autoren von Grammatiken und Wörterbüchern hatten aus den – nicht in allen Punkten miteinander vereinbaren – vorbildlichen Sprachgebräuchen Prinzipien des guten und richtigen Schreibens und Sprechens abzuleiten, mit denen die vorhandenen Möglichkeiten der Sprache ausgebaut und Erfordernissen neuer gesellschaftlicher Entwicklungen angepasst werden konnten. Prinzipien und Verallgemeinerungen aber setzen die Analyse des betreffenden Sprachgebrauchs voraus; Grammatikografen und Lexikografen waren damit als Experten in Sachen *deutscher* Sprache gefragt; ihre besondere Kompetenz bildeten sie in der Auseinandersetzung mit den Anforderungen und Problemen ihrer Arbeit heraus. Sie nahmen keine willkürlichen Setzungen ‚richtiger' Wörter bzw. grammatischer Konstruktionen vor, sondern erklärten, was schon da war, und begründeten im Nachhinein, was warum als vorbildlich galt. Ihre rational-deskriptive Tätigkeit diente in der damaligen sprachgeschichtlichen Situation aber durchaus der normativen Orientierung und übte einen gewissen rationalisierenden, systematisierenden Einfluss auf die Sprachwirklichkeit aus (zu wichtigen Grammatikern und Lexikografen s. von Polenz 1994, 150–168, 189–199).

Die Institution der Sprachgesellschaften hatte erstmals eine von der praktischen Wörterbucharbeit gesonderte lexikografische Programmdiskussion möglich gemacht, an die sich korrigierend anknüpfen ließ. Nur allmählich und mit einer zeitlichen Versetzung, die durch die lange Produktionszeit von Wörterbüchern bedingt ist, wurde die kulturpatriotische Phase der *Hauptsprachen-* bzw. Stammwort-Lexikografie abgelöst durch die aufklärerische Phase der Dokumentations- bzw. gesamtsprachbezogenen Lexikografie (von Polenz 1994, 181 f.).

5.1 Das Programm des gesamtsprachbezogenen Wörterbuches

In wenigen Jahrzehnten, von etwa 1690 bis nach 1730 wurden von Gelehrten wie v. a. Johannes Bödiker (1690), Johann Gottfried Leibniz (1697), Daniel Ernst Jablonski (1711) und Johann Leonhard Frisch (1723) die Grundzüge des Programms eines gesamtsprachbezogenen Wörterbuches entwickelt und diskutiert (Reichmann 1989, 233). Unterstützt und verstärkt wurde die Gelehrtendiskussion 1711 durch den Auftrag des preußischen Königs Friedrich Wilhelm I. an die philosophisch-historische Klasse der *Societät der Wissenschaften*, ein „vollständiges deutsches Wörterbuch" herauszugeben (Henne 1975, 23 f.).

Noch während also Stieler sein Stammwörterbuch schreibt, werden öffentlich Überlegungen angestellt, die den gesamten Wortschatz, so wie er ist, ohne wertende Hierarchie aus Stammwörtern und Nicht-Stammwörtern und ohne Ausschluss etwa der Mundartwörter, der schichtenspezifischen (ständespezifischen) Wörter, der Fremd- und Fachwörter mittels Wörterbuch erfassen und festhalten wollen. Während sich die Leitvarietät konsolidiert und durchsetzt, soll das diese Entwicklung unterstützende Wörterbuch auch diejenigen Bereiche des Wortschatzes festhalten, die nicht zur Leitvarietät gehören. Das Gesamtwörterbuch soll das ganze – vertikalisierte – Spektrum der regionalen, sozialen und fachlichen Varietäten (‚Sprachen in der Sprache') dokumentieren. Es muss daher die Wörter ihrer jeweiligen Varietät zuordnen und ggf. als ‚hoch' und ‚niedrig', gebräuchlich und ungebräuchlich, mundartlich, fachspezifisch usw. bewerten.

In seinen *Unvorgreifflichen Gedancken, betreffend die Ausübung und Verbesserung der deutschen Sprache* legte Leibniz 1697 dar:

> Der Grund und Boden einer Sprache sind die Worte, […] woher denn folgt, daß eine der Hauptarbeiten, deren die deutsche Hauptsprache bedarf, sein würde eine Musterung und Untersuchung aller deutschen Worte, welche, dafern sie vollkommen, nicht nur auf diejenigen gehen soll, die jedermann braucht, sondern auch auf die, so gewissen Lebensarten und Künsten eigen. Und nicht nur auf die, so

man Hochdeutsch nennt und die im Schreiben jetzt allein herrschen, sondern auch auf Plattdeutsch, Märkisch, Obersächsisch, Fränkisch, Bayrisch, Österreichisch, Schlesisch, Schwäbisch oder was sonst hin und wieder bei dem Landmann mehr als in den Städten bräuchlich [...] Und letztlich nicht nur auf das, so noch in der Welt geredet wird, sondern auch, was verlegen und abgegangen, nämlich das Altgotische, Altsächsische und Altfränkische, wie sich's in uralten Schriften und Reimen findet, daran der treffliche Opitz selbst zu arbeiten gut gefunden. [...] Nun wäre freilich hierunter ein großer Unterschied zu machen, mithin was durchgehends in Schriften und Reden wackerer Leute üblich, von den Kunst- und Landworten [Fachausdrücken und Provinzialismen, UHZ], auch fremden und veralteten zu unterscheiden. (Leibniz 1697/1983/1995, 17 f.)

Für die notwendige Bereicherung des deutschen Wortschatzes wollte Leibniz eher die am Rand der Leitvarietät gelegenen und die historischen Sprachstufen herangezogen wissen als Fremdwörter künstlich zu verdeutschen (von Polenz 1994, 186). Leibniz und auch Jablonski artikulierten die Vorstellung, die verschiedenen Teile des Wortschatzes in getrennten Wörterbuch-Bänden zu versammeln, vielleicht um arbeitsteilig schneller voran zu kommen, vielleicht weil sie die Unterschiedlichkeit der jeweils erforderlichen Darstellungsmethoden ahnen:

ein eigenes Buch für durchgehende Worte, ein anderes für Kunstworte [= Fachwortschatz, UHZ], und letztlich eines für alte und Landworte [= Dialektwortschatz, UHZ] und solche Dinge, so zur Untersuchung des Ursprungs und Grundes dienen, deren erstes man Sprachbrauch, auf lateinisch Lexikon, das andere Sprachschatz oder cornu copiae, das dritte Glossarium Etymologicum oder Sprachquell nennen möchte. (Leibniz 1697/1983/1995, 18)

Nur Frisch will all die verschiedenen Wortschatzteile und Informationsarten in einem Werk unterbringen (s. 5.4). Die Idee einer umfassenden und systematischen Darstellung der „Einheit des kollektiven Wissens einer sich zunehmend selbst aufklärenden Gesellschaft" (von Polenz 1994, 187) folgte dem Vorbild der Académie française und ließ sich sowohl auf das sachbezügliche als auch auf das sprachbezügliche Wissen beziehen.

Die Forderung nach einer den gesamten Wortschatz umfassenden Dokumentation wurde ergänzt um eine sprachtheoretische Grundidee, die das barocke Ideal der *Sprachrichtigkeit* im Zuge der Rationalisierung und Systematisierung des Umgangs mit der Sprache verdrängte: die Idee der *(Sprach-)Deutlichkeit* (von Polenz 1994, 187 f.; Reichmann 1992). An dieser, d. h. an Klarheit und Eindeutigkeit der Bezeichnungen, mangelte es nach Leibniz' Ansicht der deutschen Sprache seiner Zeit, aber, so dachte man wohl, die angestrebte differenzierte Dokumentation des Wortgebrauchs würde Präzision und Rationalität der Bezeichnungen und der Formulierungen erhöhen.

In der praktischen Umsetzung v. a. bei Adelung führte die Leitidee der Deutlichkeit zur Systematisierung der Bedeutungsbeschreibung und zu rationaler Begriffsbildung (s. 5.5) durch das, was allgemein Definition genannt wird (vgl. 2.7). Hierbei ist die Zuordnung zu übergeordneten Begriffen und die Abgrenzung von verwandten Bedeutungen nach dem Schema von Genus proximum und Differentia specifica zentral. Erst durch die Praxis der abstrahierenden und verallgemeinernden Bestimmung der Wortbedeutungen konnte die Vorstellung eines sprachsysteminhärenten und kontextenthobenen semantischen Potenzials im Unterschied zur je konkreten, einmaligen kontextspezifischen Bedeutung entstehen, die in der Linguistik seit de Saussure unter der Opposition von *langue* und *parole* mit Bezug auf Wortschatz und Grammatik bekannt ist. Entsprechend enthält die Programmdiskussion auch die Forderung nach „Auslegung und Erklärung der Wörter" (zit. nach Reichmann 1989, 235) und zwar differenziert nach „eigentlicher" und übertragener Bedeutung.

Weitere programmatische Anforderungen an ein gesamtsprachbezogenes Wörterbuch in der Zeit um 1700 betrafen — abgesehen von der Aufnahme der Sonderwortschätze (s. 5.2) — die Erläuterungssprache und die Beispiele. Abweichend von allen Vorgängern soll die Erläuterungssprache in den Wortartikeln nicht länger Latein, sondern Deutsch sein, „damit der Gebrauch des Buchs allgemeiner, und auch denen, so keiner anderen Sprache kundig, diensam gemacht werde" (Jablonski, zit. nach Reichmann 1989, 235). Zumindest sollen die immer noch für unerlässlich geltenden lateinischen Äquivalente und Paraphrasierungen durch deutschsprachige Erläuterungen ergänzt werden.

Erstmals wird die Informationsart „Exempla" theoretisch gefordert; die Beispiele sollen „aus bewährten und solchen Schriften, die ingemein zum Muster und Urbild unserer Sprache angenommen sind", herausgeholt werden (Jablonski zit. nach Reichmann 1989, 235). Die Funktion von Beispielen wird noch ganz auf das Vorbildgeben beschränkt und folgt darin den humanistischen und lateinischen Wörterbüchern. Statt antiker lateinisch schreibender Autoren werden aber nun erstmals deutsche Schriftsteller für ‚beispielwürdig' erachtet. In der Praxis sollte sich herausstellen, dass Beispiele, die etwas anderes als idealen und vorbildlichen Sprachgebrauch zeigen, dem Dokumentationszweck der aufgeklärten Lexikografie dienlicher sind. Leibniz stellt erste Überlegungen zu Quellenwahl und Exzerption an:

> Solches zu erreichen, wäre gewissen gelehrten Leuten aufzutragen, daß sie eine Besichtigung, Musterung und Ausschuß anstellen, und diesfalls in guten deutschen Schriften sich ersehen [umschauen] möchten" (Leibniz 1697/1983/1995, 30; Klammerung im Orig.).

Unter den guten deutschen Schriften seien dichterische Werke ebenso zu verstehen wie theologische, vor allem Luthers, und Gesetzestexte aus Reich, Ländern und Städten, weil sie vergessenen, aber bewahrenswerten Wortschatz enthielten. Aber:

> Man kann auch in weit schlechteren Büchern viel Dienliches finden; also könnte man zwar von den Besten anfangen, hernach aber auch andere von geringerem Schlag zu Hilfe nehmen. (ebd.)

Nur zwei derer, die sich an der Programmdiskussion beteiligt hatten, versuchten sich auch an dessen praktischer Umsetzung: Frisch und Gottsched, der Jablonskis Programm mit leichten Änderungen siebzehn Jahre später nachdruckte. Die Programmatiker waren sozial etwas anders verortet als die Praktiker: Der Geheime Justizrat Leibniz und Frisch, wie Bödiker Rektor eines berühmten Gymnasiums, waren Mitglieder der Berliner *Societät der Wissenschaften*, Jablonski, Schwiegersohn Comenius', war Hofprediger. Das heißt, sie gehörten nicht nur zur Bildungs- sondern auch zur staatlichen Funktionselite im aufgeklärten Absolutismus (Reichmann 1989, 236; Powitz 1959, 23).

5.2 Aus- oder Einschluss von literarischem, mundartlichem und fachsprachlichem Wortschatz?

Die Dokumentation des (vorbildlichen) Sprachgebrauchs folgte in der Programmdiskussion der aufgeklärten Lexikografie dem Ziel der Systematisierung und Rationalisierung der Leitvarietät. Das Interesse am Gebrauch öffnete den Horizont der Lexikografen wie der Sprachinteressierten für die sozialen, pragmatischen und historischen Bedingungen der Sprache, für ihre Variabilität und Wandelbarkeit. Entsprechend weit gefasst wurde die Menge der Stichwörter, die in ein Wörterbuch der deutschen Gesamtsprache hinein gehörten, auch wenn die Menge in der Praxis aus Umfangs-, nicht aus programmatischen Gründen meist irgendwie begrenzt werden musste.

Wo Klarheit und Deutlichkeit des Bezeichnungsvorrats einer Sprache zum leitenden Prinzip erhoben sind, können Wörter nicht deshalb aus Wortschatz und Wörterbuch ausgeschlossen werden, weil sie dichterisch-kreativ, mundartlich oder vor längerer oder kürzerer Zeit aus einer anderen Sprache entlehnt worden sind. Entscheidend ist vielmehr, ob ein Wort das Verhältnis zur bezeichneten Sache ‚deutlich' fasst oder nicht (Reichmann 1989, 234; Reichmann 1992).

Mit der rationalistischen Sprachauffassung Gottscheds und Adelungs setzten sich einige herausragende Dichter der 2. Hälfte des 18. Jahrhunderts auseinander und beeinflussten damit auch die Überlegungen, inwiefern ein Wörterbuch die Sprache der Schönen Literatur zu berücksichtigen habe. Die Diskussion war aber weniger speziell auf die Lexikografie bezogen als auf die Sprachbetrachtung und Sprachkultivierung allgemein (Reichmann 1989, 236 f.). Dennoch ist insbesondere bei Lessing, Klopstock und Wieland ein

5.2 Literarischer, mundartlicher und fachsprachlicher Wortschatz

ausgeprägtes Interesse an Wortschatz und Wörterbuch festzustellen; der eine sammelte intensiv, die beiden anderen schrieben programmatische Texte. Blackall (1966, 266 ff.) schildert Lessing geradezu als einen verhinderten Lexikografen, dem Adelung (s. 5.5) lediglich zuvor gekommen und dessen Wortschatzsammlung deshalb unveröffentlicht geblieben sei.

Christoph Martin Wieland nahm 1782 in einem Artikel in der Zeitschrift *Teutscher Merkur* mit dem Titel „Über die Frage Was ist Hochdeutsch? und einige damit verwandte Gegenstände" zu den zeitgenössischen sprachrationalistischen Ansichten Stellung. Der Dichter forderte ein Wörterbuch, das die Sprache der „Schriftsteller von Genie, Talenten und Geschmack, […] Dichter, Redner, Geschichtsschreiber und populare[n] Philosophen" (Wieland zit. nach Reichmann 1989, 237) lexikografisch in der Weise dokumentiert, dass Offenheit und Flexibilität der Sprache, d. h. der Grammatik und vor allem des Wortschatzes, gegenüber jeder nur denkbaren Situation und Funktion demonstriert werde. Wieland und andere Dichter entwickeln eine Gegenposition zu der so extrem nur von Gottsched verfochtenen Ansicht, die deutsche Sprache sei ein fertiges und geschlossenes System, das in Wörterbüchern und Grammatiken nur noch kodifiziert zu werden brauche. Aber auch Adelungs begriffspräzisierende Bemühungen führten eher zur Auffassung von der Geschlossenheit des (semantischen) Systems als zu der von der Offenheit, an der Wortkünstlern gelegen sein muss.

Wieland bestritt keineswegs, dass es Regeln des Sprachgebrauchs gebe, wies aber darauf hin, dass sie hochgradig differenziert den jeweiligen Mitteilungsbedürfnissen und Konstellationen angepasst seien. Mit der andauernden Weiter- bzw. ‚Höher'-Entwicklung der Gesellschaft, von der auch Wieland als Aufklärer ausging, müsse sich auch die Sprache weiterentwickeln können:

> die guten Schriftsteller in jeder Schreibart entscheiden […] was Hochteutsch in der höheren Redner- und Dichtersprache, was Hochteutsch in der Sprache der Wissenschaften und Künste, und was Hochteutsch in der Sprache der täglichen Gesellschaftssprache der obern Classen ist. Jeder dieser Sprach-Distrikte (wenn ich so sagen darf) hat wieder sein eigenes Gebiet, seine eigne Verfassung, Gesetze und Gerechtsame, so wie seine eigenen Grenzen: nur aus ihnen allen zusammengenommen besteht die Schriftsprache einer durch Künste und Wissenschaften gebildeten Nation. (Wieland zit. nach Reichmann 1989, 237)

Wieland setzte also voraus, dass sich die sozialen, politischen, traditionell-historischen Bedingungen einer Sprechergemeinschaft und der vorhandenen Ausdrucksmöglichkeiten im Wortschatz widerspiegeln und dass die Sprache, „eine Tochter des Bedürfnisses und ein Pflegekind der Geselligkeit" (zit. nach Reichmann 1989, 236), von diesen Bedingungen in gewisser Weise abhängt.

Schriftsteller und Gelehrte sollten bei der Sprachkultivierung und also auch im Wörterbuch nicht deshalb eine herausgehobene Rolle spielen, weil sie das bessere ‚Hoch'-Deutsch schreiben, sondern weil sie die Offenheit und Flexibilität des Sprachsystems allen Regelsetzungen der Grammatiker zum Trotz erhalten. In diesem Sinne hatte sich Lessing in seinen lexikografischen Sammlungen intensiv mit dem Dichter Friedrich von Logau beschäftigt, weil dieser eine besondere Flexibilität und Variabilität der Sprache besitze. Vor allem einfache, (scheinbar) anschauliche und alte Wörter wollte Lessing in einem Wörterbuch gesammelt sehen (Blackall 1966, 266 ff.), damit es zu einem Instrument der Bereicherung nicht nur für die Sprache der Dichter würde. Klopstock erteilte dem normativen Sprachrationalismus ebenso ausdrücklich eine Absage wie Wieland.

Dichter, die über einen relativ engen lokalen Horizont hinaus gelesen werden und wirken wollten, konnten dem Prozess der Herausbildung und des Ausbaus einer überregionalen Leitvarietät kaum wirklich ablehnend gegenüber stehen, aber sie sahen darin offensichtlich auch Gefahren. Die Tendenz zum Ausschluss aller Varietäten mit geringerem sozialen Prestige, darunter die Mundarten, bedrohte die Ausdrucksvielfalt und den ‚Vorrat' an Wörtern, die weniger ‚abgegriffen' und darum für poetische Sprache geeignet waren. Ungewöhnliche, besondere, unerwartete Ausdrücke sind das Wortmaterial, das die Dichter in den Wörterbüchern zu finden hofften. Auch die Systematisierung und Präzisierung der Bedeutungen, die Adelung in seinem Wörterbuch vorführte und voranbrachte, lief dem Bedürfnis der dichterischen Sprache in gewisser Weise entgegen, die darauf angewiesen ist, bis zur Vieldeutigkeit hin offen und wandelbar zu sein. Selbst die bloße Dokumentation kreativen Wortgebrauchs in Wörterbüchern läuft dieser Kreativität im Grunde zuwider, weil sie sie fixiert, statt sie zu öffnen. Aber das Zitieren ungewöhnlichen, dichterischen Wortgebrauchs aus literarischen Quellen kann die generellen Verfahren und die historischen Leistungen sprachlicher Kreativität sichtbar machen. Hierin liegt bis heute die Funktion einer die Sprache der Literatur berücksichtigen Lexikografie. (vgl. Henne 1975, 26; Kämper 1999).

Am meisten von den Forderungen der Dichter realisiert hat noch Johann Heinrich Campe, ohne dass seine lexikografische Intention zentral auf die Sprache der Literatur ausgerichtet gewesen wäre (s. 5.6).

Die Einstellung gegenüber den Mundarten bzw. den räumlich begrenzten Varietäten musste sich mit der Herausbildung einer ‚darüber' stehenden Leitvarietät und der gleichzeitigen Forderung nach einer den Wortschatz der gesamten Sprache umfassenden lexikografischen Dokumentation verändern. Dies führte nun aber keineswegs zu einer Abwertung der „Provinzialismen", sondern im Gegenteil zu einer großen Zahl programmatischer und vor allem praktischer Versuche, den Wert der Mundarten mittels lexikografischer Dokumentation zu begründenden und zu unterstreichen. An die 140 Mundartwörterbücher, genauer: Idiotiken sind für das 18. Jahrhundert nachgewiesen (unter Mundartwörterbüchern sind streng genommen solche zu verstehen, die den gesamten Wortbestand einer Mundart behandeln, während Idiotiken sich auf den landschaftlich spezifischen Teil des Wortschatzes beschränken).

Aus dem Barock stammte das Bild von den Mundarten als Zweigen des deutschen Sprach- bzw. Stammbaums, die alle miteinander den ‚Reichtum' des Deutschen ausmachten und zu seiner ‚Vollkommenheit' notwendig seien (ebd.). Damit werden auch die Mundartwörterbücher bzw. Idiotiken zu Instrumenten, die die deutsche Sprache insgesamt fördern, in dem sie sie bereichern. Nur selten wird als Zweck eines Mundartwörterbuchs die Belehrung von Ausländern, d. h. ein kommunikativer Zweck genannt (Reichmann 1989, 238). Infolge der sprachideologisch begründeten Aufwertung der Mundarten wird auch darauf hingewiesen, dass ‚provinzielle' Sprache nicht mit ‚pöbelhafter' Sprache gleichgestellt werden dürfe, wie Gottsched dies tat; die „ganz pöbelhaften Wörter" schließt Adelung auch aus seinem Wörterbuch aus (s. 5.5), denn die Leitvarität musste an eine sozial höhere Schicht gebunden bleiben, um ihre Durchsetzungskraft zu behalten. Entsprechend werden Mundarten bzw. Mundartwörtern von Vertretern des Idiotikenprogramms nun positive Eigenschaften zugeschrieben: Sie sind ‚anständig', ‚ehrwürdig' und ‚unverdorben' und durch Alter geadelt (ebd.) – Eigenschaften, die im 17. Jahrhundert auch dem Stammwort zugesprochen worden waren. Gegen Ende des 18. Jahrhunderts – die Romantik grüßt – finden sich sogar Umkehrungen, die die Schriftsprache als ‚glatt' und ‚charakterlos' abwerten (Reichmann 1993, 307).

Der Plan einer allgemeinen, großen Sammlung aller deutschen Idiotismen in einem Werk blieb unausgeführt; bis heute behandeln Mundartwörterbücher immer nur *eine* regionale Varietät. Davon abgesehen, dass Gesamtschau und Vergleich der deutschen Dialekte nach wie vor eine kaum zu bewältigende Aufgabe darstellt, mag im 18. Jahrhundert auch eine Rolle gespielt haben, dass es nicht, wie beim Programm des gesamtsprachbezogenen Wörterbuchs, die einflussreichsten ‚Bildungspolitker' ihrer Zeit waren, die die Idiotiken forderten, sondern ‚normale', d. h. sozial nicht besonders herausgehobene Bildungsbürger: Juristen, Lehrer, Ärzte, Pfarrer, Schriftsteller usw. Ihr gesellschaftlicher Einfluss war beschränkt. (Reichmann 1989, 237 ff.; Tauchmann 1992; Reichmann 1993; von Polenz 1994, 196 f.).

Der Wortschatz der ‚Wissenschaften und Künste', d. h. der Fachsprachen überschnitt sich mit dem der Mundarten, soweit die betreffenden Fach- und Sachgebiete autochthon waren: bei Jagd, Seefahrt und Bergbau sowie bei den zahlreichen alltagsrelevanten Rechtsreglungen (z. B. Allmend- und Wasserrechten). Auf der anderen Seite standen die neueren Technologien (Chemie, Textilfabrikation), die teilweise aus dem Ausland importiert wurden und deren Terminologien in eigenen Fachenzyklopädien bearbeitet wurde (s. 14.2.4). Zusammenstellungen von deutschem Fachwortschatz aus sprachlichem, fachexternem Interesse entstanden erst im 19. Jahrhundert (wie zum Bergbau oder zur Seemannssprache). Die Fach*enzyklopädien* wurden aber in unterschiedlichem Ausmaß und mit unterschiedlichen Schwerpunkten von Autoren allgemeinsprachlicher Wörterbücher des 18. und 19. Jahrhunderts herangezogen, um auch von den Fachsprachen, vor allem von den autochthonen, her die deutsche Gesamtsprache zu bereichern.

Mehr noch als die Mundarten galten im 18. Jahrhundert die Fachsprachen als integraler Bestandteil der deutschen Schriftsprache. Dennoch sind auch im Bereich der beruflichen und thematischen Varietäten seit 1712 Wörterbücher nachgewiesen, etwa zur „Seemanns"-, „Kaufmanns"-, „Bergmannssprache" (Kühn/Püschel 1990 a). Erst mit der immer weitergehenden fachlichen und beruflichen Ausdifferenzierung der Gesellschaft im 19. und 20. Jahrhundert werden Fachsprachen zu Sondersprachen, die nicht mehr in ihrer ganzen Breite in allgemeinsprachliche Wörterbücher aufgenommen werden, wie es vor allem Frisch (s. 5.4) noch tat.

5.3 Die Wörterbuchpraxis von Steinbach (1734)

Wenden wir uns nun den praktischen Folgen dieser Programmdiskussion zu, dann ist als frühestes Wörterbuch das *Vollständige Deutsche Wörter-Buch* des schlesischen Arztes Christoph Ernst Steinbach (1734/1973) zu nennen, das ja schon im Titel die Idee eines die Gesamtsprache umfassenden Wörterbuchs aufzugreifen scheint. In seinem Vorbericht zu diesem zweibändigen Werk weist Ulrich König auch ausdrücklich auf die Bestrebungen der *Berliner Societät der Wissenschaften* und damit auf die Programmdiskussion hin. In zwei methodischen Besonderheiten wich Steinbach deshalb vom lexikografischen Usus seiner Vorgänger ab; in beiden kommt er dem Standpunkt der Dichter entgegen, ohne dass eine direkte Einflussnahme etwa durch Wieland anzunehmen ist.

Steinbach differenzierte vier Wortschatzbereiche mittels eigener Markierungszeichen (Sternchen, Kreuze), die Abweichungen des Wortgebrauchs von der an die Schriftsprache gebundenen Leitvarietät anzeigen. Mundartliche, veraltete, vor allem in der Schriftsprache ungebräuchliche Wörter bzw. Wortbildungen werden so zugleich dokumentiert und normierend ausgesondert (Schröter in: Steinbach 1734/1973, XVIII*; Wiegand 1998 a, 658 ff.).

Da Steinbach vor seiner Wörterbucharbeit die Werke des schlesischen Dichters Johann Christian Günther (1695–1723) herausgegeben hatte, lag

5.3 Die Wörterbuchpraxis von Steinbach (1734)

ihm wohl der Gedanke nahe, neben Verwendungsbeispielen auch poetische Belege von Günther und anderen schlesischen Dichtern (Hofmannswaldau, Opitz, Gryphius) in sein Wörterbuch aufzunehmen. Damit machte er – ganz ohne programmatische Begründung – den Anfang der *deutschen* Beleglexikografie und auch einen ersten Schritt hin zum Literatursprachenwörterbuch. Wie in den humanistischen Wörterbüchern üblich wird einem Belegbeispiel (s. 2.12) lediglich der Name des Autors hinzugefügt. Ein nachprüfendes oder vertiefendes Nachschlagen der Textstelle war somit noch nicht intendiert; der Name belegt eine Autorität und diese verweist auf die Vorbildlichkeit des Wortgebrauchs. Aus diesem Grunde trennt Steinbach in seinen Wortartikeln typografisch zwischen den lateinisch wie deutsch gegeben Kompetenzbeispielen und den längeren, deutschen Beispielen aus der Literatur, die er allerdings teilweise auch ins Lateinische überträgt.

Im Ganzen gesehen überwog bei Steinbach noch die kompilatorische Praxis (s. 2.3). Das bedeutet: der Lemmabestand wie auch die aus dem Lateini-

---

Mensch (der, plur. Menschen, quasi männisch, contr. männsch, ut putat *Claubergius* etymolog. teuton. vid. collect. *Leibnitzii* p. 209. vel ab antiquo nomine proprio: Mannus & abjecta terminatione latina Mann, qui fuit filius Dei Tuistonis, ut refert *Tacitus* in libro de germania cap. II. § 2. hinc männisch vel mänsch soboles Dei, a Deo procreatus) *homo, mortalis.*
Ein lustiger Mensch, homo hilaris; ein bescheidener Mensch, homo civilis; ein betrübter Mensch, homo tristis; ein unbedachtsamer Mensch, homo vecors; keinen Menschen beleidigen, neminem hominem offendere; er hat ihn zu einen rechten Menschen gemacht, expolivit illum hominemque reddidit; was bist du vor ein Mensch? quaeso, quid tu hominis? er ist ein feiner Mensch, homo est honestus; ein artiger Mensch, lepidus mortalis; o! böser Mensch? o! mortalem malum; ein gelehrter Mensch, caput doctum; der Mensch führt sich erbar auf, vir honestam agit vitam; kein Mensch, nemo, nemo hominum; er schlug sich mit den verwirrtesten Gedancken, so in eines Menschen Sinn kommen konnten, Hofmannsw. cogitationes, quae unquam homini in mentem venire possunt.
Ein Mensch, der nicht so wohl darff seinen Anfang nennen, *idem.*
Homo, quem originis sui pudere debet.
Man schaut, wie mancher Mensch in seinen Banden lachet, *idem.*
Multos homines in vinculis ridentes conspicimus.
Wer Wahrheit liebt, den Menschen nützt,
Sich selbst beherrscht, die Tugend schützt, **Günther.**
Qui veritatem amat & homines tuetur.
Die Liebe sprach:
Ich bin der Menschen Trost und Freude, *idem.*
Hominum sum solatium & gaudium.
Nebenmensch, proximus.
Unmensch, hominis monstrum, bellua.
Zu einem Unmenschen werden, hominem exuere.

Aus: Steinbach 1734/1973, Bd. II, 46.

schen übersetzten Kompetenzbeispiele wurden aus Vorgängerwörterbüchern, die Steinbach durchaus nennt (Henisch, Stieler), gewonnen, entstammten damit in der Regel einer länger zurückliegenden Zeit und entsprachen als Ganzes nicht dem zeitgenössisch gebrauchten Wortschatz. Es ist heute jedoch nahezu unmöglich, die kompilierten Anteile von den Anteilen aus Steinbachs eigener Beobachtung und Kompetenz zu unterscheiden.

5.4 Die Wörterbuchpraxis von Frisch (1741/1977)

Von größerer Wichtigkeit für die Umsetzung des Programms vom gesamtsprachlichen Wörterbuch ist allerdings das 1200 Seiten starke Werk von Johann Leonhard Frisch aus dem Jahr 1741, dessen Titulatur schon alle Charakteristika des Unternehmens benennt (siehe nächste Seite).

Frisch ging, an die Barock-Lexikografie anknüpfend, von den Stamm- oder ‚ursprünglichen' Wörtern mitsamt ihren Zusammensetzungen und Ableitungen aus. In der Praxis verfuhr Frisch aber realitätsgerechter als etwa Stieler; bei Frisch steht *Flug* und *Flügel* nicht mehr unter *fliegen*, *Floß* und *Fluß* nicht unter *fließen*, sondern an ihrem alphabetischen Ort; teilweise stehen die Kompositen wie die von *Andacht* bis *Verdacht* immer noch unter einem künstlichen Lemma wie *Dacht*. Frisch bemühte sich aber um mehr Rationalität bei den etymologischen Begründungen solcher Wortfamilienkonstruktionen, indem er verschiedene Sprachen vergleicht, und er wies auch auf Zweifelhaftes und schlicht Unbekanntes hin, statt zu spekulieren:

> Wo die Etymologie gar ausgelassen ist, hat sie der Verfasser nicht gewußt. Man will hier lieber eine behutsame Unwissenheit bekennen, als ein verwegenes Wissen vorgeben. [...] Kurtz zu sagen, [...] man hat in Ansehung aller erstgemeldten Ursachen, denjenigen für einen Ertz-Praler zu halten, der da sagt, er wisse wo alle unsere Wörter herkommen. (Frisch 1741/1977, Vorbericht X1 r/v.)

Auf dem barocken Stammwortprinzip wird jetzt aber nur aufgebaut. Wichtiger sind Frisch die Darstellung des überregional allgemein gebräuchlichen Wortschatzes (er nennt dies an Leibniz anknüpfend *usuale generale*) und hierbei besonders die deutschen Benennungen, die in den „Künsten und Handwerken" etc., d. h. in den Berufs- und Fachsprachen gebräuchlich sind, und die z. T. veralteten Wörter der Quellen aus den „mittleren Zeiten", d. h. des Mittelalters und der frühneuhochdeutschen Zeit. Die programmatische Wichtigkeit der letzteren beiden Wortschatzbereiche wird durch größere und fette Schrifttype in der Titelei unterstrichen. Methodisch konsequent sammelte Frisch ältere und neuere Quellen aus dem gesamten deutschsprachi-

Johann Leonhard Frisch
Teutsch-
Lateinisches
Wörter-Buch,

Darinnen

Nicht nur die ursprünglichen, nebst denen davon hergeleiteten
und zusammengesetzten allgemein gebräuchlichen Wörter;

Sondern auch die bey den meisten

Künsten und Handwerken, bey Berg- und Saltz-
werken, Fischereyen, Jagd- Forst- und Hauß-Wesen, u. a. m.

gewöhnliche Teutsche Benennungen befindlich,

Vor allen,

Was noch in keinem Wörter-Buch geschehen,

Denen Einheimischen und Ausländern, so die in den mittlern Zeiten geschriebenen
Historien, Chroniken, Übersetzungen, Reimen u. d. g. mit ihren veralteten
Wörtern und Ausdrückungen verstehen wollen,

möglichst zu dienen,

Mit überall beygesetzter nöthigen Anführung der Stellen, wo dergleichen in den Büchern zu finden,

Samt angehängter

Theils versicherten, theils muthmaßlichen Etymologie
und critischen Anmerkungen;

Mit allem Fleiß viel Jahr über zusammengetragen,

Und jetzt den Gelehrten zur beliebigen Vermehrung und Verbesserung
überlassen.

Nebst einem Register der Lateinischen Wörter.

Berlin,
Verlegts Christoph Gottlieb Nicolai
1741.

gen Raum und exzerpierte sie systematisch. Sein Quellenverzeichnis umfasst drei Seiten und enthält Texte wie die folgenden: ein Bayerisches Jagd- und Fischrecht, die „Clevische Policey-Ordnung, ein altes Arzneibuch, ein Buch über Bienenzucht, eine „West-Indianische Reisebeschreibung", die „Peinliche Hals-Gerichts-Ordnung" (d. i. eine Strafprozessordnung), eine alte Rostocker Kleider-Ordnung, Leibnizens „etymologische Collectanea", „Lutheri Schrifften" und „Zedlers grosses Lexicon" (zu Letzterem siehe 14.2.4).

Die Berücksichtigung veralteter Wörter aus alten Quellen drückt bei Frisch eine Art spracharchäologisches Interesse aus, das mit der *Haupt-* und *Heldensprach*-Ideologie des Barock nicht mehr viel zu tun hat, obwohl sich offensichtlich auch die Sprachforscher der Frühaufklärung des Alters und des kulturellen Werts des Deutschen bewusst waren. Die Lexikografie sollte hier auch die Brücke schlagen helfen zu den immer schwerer verständlichen alt-, mittel- und sogar frühneuhochdeutschen Texten. In den Schriften kurz vor und kurz nach der Erfindung des Buchdrucks stünden, so Frisch, „auf allen Seiten Wörter [...] die dem Leser am Verstand solcher Schrifften hinderlich fallen" (Frisch 1741/1973, Vorbericht X2 r.). Historische Lexikografie dient, das wird hier erstmals artikuliert, dem Offenhalten des Zugangs zu alten und immer schwerer verständlichen Schriften, ähnlich wie die Edition, nur mit dem Unterschied, das Wörterbücher nicht nur einen, sondern eine große Zahl von Texten und den ihnen gemeinsamen Wortgebrauch erläutern.

Die Darstellung des gesamten deutschen Wortschatzes umfasst bei Frisch schon die auch aus heutiger Sicht zentralen Varietäten: Gegenwart und Vergangenheit, Gemeinsprache und Fachsprachen, dialektale und soziale Varietäten. Insofern kann man bei Frisch den Beginn der Fachsprachenlexikografie des Deutschen, integriert in die Gesamtsprache, ansetzen. Ausschließen musste Frisch aus Umfangsgründen die meisten Personennamen und geografischen Eigennamen, die bis dahin keineswegs, wie heute üblich, eine Besonderheit von Sachlexika waren. Das folgende Beispiel zeigt die Berücksichtigung älterer und fachspezifischer Quellen und entsprechender Spezialbedeutungen, die vorsichtige Etymologie und das Bemühen um Konsolidierung der Leitvarietät (des „Hoch-Teutschen"), hier mit Bezug auf die Schreibung:

Die Einbeziehung und ausdrückliche Nennung sozialer Varietäten zeigt sich bei Frisch vor allem in der Praxis, wie bei der Zuordnung der Wörter *Abend-Mahlzeit* zur Nahrungsaufnahme von *vornehmen Leuten* und von *Abend-Brot* zu der von *gemeinen Leuten* (Frisch 1741/1973, 4).

Das Konzept des gesamtsprachbezogenen Wörterbuchs besaß bei Frisch auch Auswirkungen auf die Auswahl der Informationsarten. Formale Aspekte

5.4 Die Wörterbuchpraxis von Frisch (1741/1977)

> **Harpfe,** *f.*
> ein Musicalisches Instrument, instrumentum lyricum, chordis harmonicis. *vulg.* harpa, Triangulum hodie rectum chordis repletum.
> **Davids-Harpfe,** steht mit der Spitze unten, harpa major, chordis ex animalium intestinis contortis, Triangulum basi longiore, chordis basi parallelis angulo recto ad os musici, basi ad ejus pectus, angulo acutiori ad terram verso.
> **Harpfenet, die kleine Harpfe,** steht mit der Spitze in die Höhe, harpa chordis æneis, in utroque alvei sui latere sonantibus. Triangulum chordis catetho parallelis in basi breviore & angulo suo recto stans.
> **Harpfenist, der auf der Harpfe spielt,** musicus hoc instrumento utens; harpator. Lat-Barb.
> **Harpfen-Spiel,** ist so viel als **Harpfe.**
> **auf der Harpfe spielen,** harpa canere.
> **Harpfe,** ist in der Haushaltung des Land-Lebens, ein Drat-Werk; dessen Stücke Drat nach der Quer gelegt, als Seiten einer Harpfe in den Seiten-Leisten, aber enger neben einander stecken. Uber dieses abhängig gestellte Drat-Werk läßt man die Körner des Getraides hinab rollen, wodurch sich der daran klebende Staub abreibt, und durchfällt, modus purgandi grana frumenti a pulvere adhærente.
> In der **Preußischen Cammer-Ordnung.** *Anno* 1648. *n.* 104. Das Getraid durch die Harpfe lauffen lassen.
> **Harpfe,** hieß in der alten Architectur, nach Zeugnüß eines *Vocabularii* von *Anno* 1482. ein gewölbter Aufgang in einer Kirche. It. im Krieg, ein Schnecken-Aufgang auf eine Art Batterey, so man Katzen hieß.
> Der Namen **Harpfe** scheint Griechisch zu seyn, ἁρπή, eine Sichel, oder krumme Klauen, wie der harpyen, weil man die Finger im Spielen auf diesem Instrument krum macht, die Seiten damit etwas reisset, und sonderlich heut zu Tag, da man zum Spielen auf den kleinen Harpfen die Nägel wachsen läßt, oder dieselben mit andern Klauen bewaffnet. f. **Krapf,** uncus. Die Europæischen Sprachen haben diß Wort behalten. Auch auf diese Gleichheit gesehen, Französisch heißt man die Hunds-Klauen, harpe de chien. Einige sagen und schreiben nur **Harfe,** aber das Hoch-Teutsche liebt das pf in dergleichen Wörtern: palus, **Pfahl,** pondo, **Pfund.**

Aus: Frisch 1741/1973, 417.

wie die Wortbildung, die Orthografie, die Flexion, die Etymologie usw. werden ebenso berücksichtigt wie Bedeutung und Gebrauch sowie Sachinformationen. Ein Beispiel aus dem Wortartikel zu Konjunktion *aber*:

> 1) Seine erste, und nun veraltete Bedeutung ist von ober oder über, davon hat es so viel geheissen, als widerum [...] Das ist, was ober oder über das vorher ge-

> hende mahl geschiehet. Was nach dem vorigen kommt. Es ist noch übrig davon [das Wort] *Abermahl* [...] 2) Deutet es etwas unechtes an, und ist soviel als Affter. [... nämlich in, UHZ] *Aberglaub* [...] 3) Im meisten Gebrauch bedeutet es ein Sondern vom vorhergehenden, das man über das vorige als etwas abgesondertes vorbringen will. Und kann bald die Rede anfangen, bald nach einigen Worten erst stehen, als: In der Jugend sammlet man; im Alter aber genießt man es. Offt gehet die Particke1 zwar ausdrücklich vorher, offt nur dem Verstand nach, als: die Wissenschafften sind zwar schön, aber sie haben wenig Liebhaber. Mancher liebt eine Wissenschafft, aber er will keine Zeit und Mühe daran wenden. Im gemeinen Reden wird aber ein substantivum, als im Sprichwort: Es ist nichts so vollkommen, es ist ein Aber dabey. [...] Wenn man im gemeinen Reden das Aber verdoppelt, so bedeutet es, dass man den Mangel nicht sagen will: Sie ist zwar schön, aber, aber (nemlich, sie ist nicht so züchtig, oder hat sonst etwas mißfälliges.) (Frisch 1741/1973, 4).

Dass dieser Wortartikel zu einem vordergründig nicht sehr interessant erscheinenden Lemma fast wie ein Fenster ins Leben des 18. Jahrhunderts wirkt, ist einerseits den Kompetenzbeispielen und andererseits der semantisch-pragmatischen Kommentierung zu verdanken, die Frisch in die Lexikografiegeschichte einführte.

Johann Leonhard Frisch stammte aus dem „gebildeten bürgerlichen Mittelstand" (Powitz 1959, 1), aus einer protestantischen Theologen- und Juristenfamilie der bayerischen Oberpfalz. Nach dem Theologiestudium trieb er sich einige Jahre herum als Erzieher im Harz, im Odenwald, als Dolmetscher auf dem Balkan und als landwirtschaftlicher Hofverwalter nahe Nürnberg. Schon in dieser Zeit interessierte er sich für Natur- und Sprachdinge und korrespondierte mit dem berühmten Leibniz, der ihn 1706 in die Preußische *Socieät der Wissenschaften* aufnehmen ließ. Mit 32 Jahren kam er als Gymnasiallehrer, später als Rektor in Berlin äußerlich zur Ruhe. Hier arbeitete er an Lehrbüchern und Übersetzungen und publizierte Wissenschaftliches über die Seidenraupenzucht, über Insekten überhaupt, über Vögel, über Farbenchemie, über die ältesten deutschen Wörterbücher, und vieles mehr. Aber Frisch konnte Programme in die Praxis umsetzen. Als Friedrich I. ihn mit der Seidenproduktion beauftragte, ließ Frisch auf allen Berliner Grünflächen Maulbeerbäume anpflanzen. Mit einem verbesserten Herstellungsverfahren des Farbstoffs „Berliner Blau" hat er wohl sogar Geld verdient. Neben all diesen Aktivitäten arbeitete er an seinem Wörterbuch – fünfzig Jahre lang. Welche Bezüge ergaben all dieser Aktivitäten innerhalb desselben Kopfes? Hierzu Powitz:

> Die naturkundlichen Studien erlangen auch für Frischs Arbeiten auf dem Gebiet der Sprachforschung Bedeutung. Das gilt zunächst in methodischer Hinsicht: die empirische Erkenntnishaltung, die in den exakt beschreibenden Darstellungen na-

turkundlicher Gegenstände fassbar wird, bestimmt das Verfahren auch der sprachwissenschaftlichen Untersuchungen Frischs. Zur gleichen Zeit, da er die Sammlungen seines Insekten- und Vogelkabinetts Stück um Stück zu vervollständigen sucht, trägt er unermüdlich exzerpierend wortgeschichtlichen Erfahrungsstoff aus den Quellen zusammen, um Einblick zu gewinnen in die Sprache als Erscheinung der objektiven Wirklichkeit. Zweifellos wird es für die Ausbildung der sprachwissenschaftlichen Methode Frischs bedeutsam, daß er es gewohnt ist, als Naturforscher scharf zu beobachten, Beobachtetes genau zu beschreiben (Powitz 1959, 9).

Biografische Umstände wie lexikografische Praxis zeigen bei Frisch, dass Lexikografie keine ausschließlich philologische Tätigkeit sein muss, sondern in ihrer Empirie durchaus naturwissenschaftlichen Sichtweisen verwandt sein kann.

Im Ergebnis muss das *Teutsch-Lateinische Wörterbuch* von Frisch „auch heute noch als ein wichtiges Instrument zur Primärquellenerschließung, insbesondere für die Übergangsprozesse vom Frnhd. zum Nhd. sowie für die Lexik und das Sprachbewußtsein der Frühaufklärung gelten" (Wiegand 1998a, 662).

5.5 Die Wörterbuchpraxis von Adelung

Als ein Vertreter der aufklärerischen, und zwar der streng rationalistischen Sprachreflexion galt der Sprach- und vor allem Literaturtheoretiker Johann Christoph Gottsched, der sich intensiv an der Diskussion um Kultivierung der Leitvarietät, insbesondere um Aufgabe und Zweck eines deutschen Wörterbuchs beteiligt hatte. Als Gottsched 1766 starb, hinterließ er den Entwurf eines Wörterbuchs samt Probebogen. Daraufhin wandte sich der Verleger Breitkopf an Johann Christoph Adelung und forderte ihn auf, das von Gottsched begonnene Wörterbuch zu schreiben. Die Rolle der Verleger in der Lexikografie ist noch selten thematisiert worden; hier wie auch bei den späteren Unternehmungen von Grimm, Sanders und Duden sowie bei den größeren Enzyklopädien (s. 14.2.4 und 14.2.5) gaben Verleger den entscheidenden Anstoß zum Wörterbuch.

Adelung war 1732 in Pommern geboren und stammte wie viele der damaligen Intellektuellen aus einem evangelischen Pfarrhaus. Nach dem Theologie- und Sprachenstudium war er eine Zeit lang Gymnasiallehrer und freier Übersetzer, bevor er 1762 in den höheren Staatsdienst, nach Sachsen-Gotha als „Rat" und 1787 als Oberbibliothekar an die große churfürstliche Bibliothek in Dresden kam. Wie für Gymnasiallehrer und Bibliothekare üblich beteiligte Adelung sich schon früh mit Publikationen an den wissenschaftlichen

Interessen der Zeit, hier also an den Diskussionen um deutsche Sprache und Literatur.

Es dauerte von der Annahme des verlegerischen Auftrags an acht Jahre, bis 1774 der erste Band seines *Versuchs eines vollständigen grammatisch-kritischen Wörterbuchs Der Hochdeutschen Mundart mit beständiger Vergleichung der übrigen Mundarten, besonders aber der oberdeutschen* bei Breitkopf in Leipzig erschien (Adelung 1775–1786). Diese 1. Auflage wurde 1786 mit dem fünften Band abgeschlossen. Adelung machte sich aber sogleich an eine Neubearbeitung, nicht zuletzt aufgrund des zwar überwiegend kritischen, aber sehr starken Echos. Die 2. Auflage ließ das Wort *Versuch* im Titel weg; dieses *Grammatisch-kritische Wörterbuch der Hochdeutschen Mundart* erschien in vier Bänden von 1793 bis 1801 und wurde – mit gut 55.000 Stichwörtern (Wiegand 1998 a, 678) als das bis dahin größte und wichtigste deutsche Wörterbuch rezipiert (Adelung (1793–1801/1975). ‚Der Adelung' ist ein Meilenstein, an dem sich alle späteren Wörterbücher messen lassen mussten. Mindestens neun Wörterbücher des 19. Jahrhunderts basierten auf ihm und es dürfte in dieser Zeit keinen Lexikografen gegeben haben, der sich nicht intensiv – und sei es kritisch wie Jacob Grimm – mit seiner lexikografischen Methodik auseinandersetzte. Adelungs wissenschaftlicher Einfluss war enorm (vgl. Wiegand 1998 a, 662), aber es gibt bis heute keine Rezeptionsforschung auf der Grundlage von Auflagenzahlen und Verbreitungsgrad, auf die sich Einschätzungen über Adelungs Einfluss auf Sprachbewusstsein und Sprachpraxis stützen könnte.

Die Schriftsteller wussten die enorme sprachreflexive Leistung des „Orakels" Adelung zu schätzen. Schiller borgte sich das teure Exemplar aus Goethes Besitz mehrfach aus (vgl. Wells 1990, 363). Wie die Bezeichnung *Orakel* (durch Schiller) zeigt, wurden Adelungs Auskünfte ambivalent beurteilt; die rational-präzise und bis dahin unerreichte Breite seiner Dokumentation machten ihn rasch zur Autorität; die – in erster Linie von den Rezipienten aufgebaute – Autorität machte ihn bzw. sein Wörterbuch aber zugleich suspekt. Heinrich Heine spottete:

> Denn wir armen Deutschen, die wir schon mit Einquartierungen, Militärpflichten, Kopfsteuern und tausenderlei Abgaben genug geplagt sind, wir haben uns noch obendrein den Adelung aufgesackt und quälen uns einander mit dem Akkusativ und Dativ. (Heine 1826/1976/1981, 268).

Adelung legte seine lexikografisch-sprachkultivierenden Intentionen in den Wörterbuchvorreden beider Auflagen ausführlich dar. Aber seine Praxis sieht vor allem insofern anders aus, als sie die in der Vorrede geäußerte normative Intention kaum bestätigt, sondern den Wortgebrauch in einem gewissen sozialen Rahmen dokumentiert und beschreibt. Widersprüche zwischen Theorie und Praxis waren schon damals nichts neues und sie sind es auch heute

5.5 Die Wörterbuchpraxis von Adelung

nicht; man darf Wörterbuchvorreden nicht für bare Münze nehmen, sondern muss sie auch als Werbetexte bzw. als Beiträge zu einer Programmdiskussion lesen. Insbesondere bei der Stichwortauswahl (Wortbildungselemente, Archaismen, Fremd- und Fachwörter) scheint mit der Zeit der Adressatenbezug, d. h. die Frage „Was wollen Benutzer nachschlagen? Inbezug worauf haben sie ein Informationsbedürfnis?" in den Vordergrund gerückt zu sein, so dass der behandelte Wortschatzbereich gegenüber dem intendierten erweitert wurde (vgl. Wiegand 1998 a, 667). Sprachgeschichtlich gesehen war Adelung „weniger ‚Schlußpunkt' als vielmehr ‚Übergang'" (Neumann zit. nach von Polenz 1994, 167) vom Rationalismus der Aufklärung zu anthropologisch-philosophischen und empirischen Ansichten des 19. Jahrhunderts. Obwohl Adelung einer der am besten erforschten Lexikografen des Deutschen ist, herrschen aus den genannten Gründen inbezug auf wichtige Charakteristika unterschiedliche Meinungen (Wiegand 1998, 662). Nachfolgende Charakterisierung fasst die eher unstreitigen Ergebnisse der Forschung zusammen.

Am meisten diskutiert wurde schon zu Adelungs Lebzeiten seine konzeptionelle Festlegung des ‚Hochdeutschen' auf die mündliche Umgangssprache der „obern Classen", d. h. der feineren Gesellschaft, Obersachsens oder Meißens. Dies erschien am Ende des 18. Jahrhundert vielen überholt und soziologisch wie geografisch zu eng. Adelungs Beharren auf dem Meißnischen Deutsch lief der lange schon andauernden Tendenz, die Leitvarietät des Deutschen an einer nördlicher gelegeneren Region festzumachen, zuwider und musste zwangsläufig polemische Reaktionen hervorrufen. Aber Adelung lebte in dieser Region und hatte hier endlich Anerkennung und Lebensunterhalt gefunden (vgl. von Polenz 1994, 143). Die mündliche Umgangssprache der „obern Classen" galt Adelung als das notwendige Vorbild, das, mit Hilfe des Wörterbuchs verbreitet, für die Festigung der immer noch schwankenden und verwilderten Sprache der Schriftsteller nützlich sei.

Die wichtigste methodische Eigenschaft von Adelungs Wörterbuch wird schon im Titel angesprochen: *(Versuch eines vollständigen) grammatisch-kritischen Wörterbuchs der hochdeutschen Mundart*. *Grammatisch* bedeutet bei Adelung: „mit Bewußtseyn und Beobachtung der Sprachregeln"; *Sprachregeln* sind „allgemeine Vorschriften, nach welchen die Wörter einer Sprache gebildet, gesprochen, gebeugt, verbunden und geschrieben werden" (Adelung, *Umständliches Lehrgebäude der Deutschen Sprache*, zit. nach Henne 1975, 113). *Kritisch* meint einmal die Haltung des analytischen und prüfenden Beobachtens, und bezieht sich zum Zweiten auf die semantische Dimension, d. h. auf die Wortbedeutung (Henne 1975, 113 f., Anm. 12). Die rationale Beobachtung der im Sprachgebrauch vorhandenen Regeln brachte einen entscheidenden Fortschritt der lexikografischen Praxis, in der von einer Bevorzugung des Obersächsischen nicht mehr viel zu sehen ist, wohl aber von der der oberen sozialen Schichten. Die dokumentative Leistung hat Adelung zur maßgeblichen Instanz der neuhochdeutschen Schrift- und Literatursprache werden lassen.

Für die Bestimmung dessen, was (welchen Sprachgebrauch) Adelung dokumentiert, ist ein Blick auf die benutzten Quellen wichtig. Die lexikografischen Vorgänger wurden nahezu alle berücksichtigt und z. T. zitiert. Adelung nutzt deren Angaben manchmal zu gelehrten Vergleichen und Exkursen. Aber die lexikografische Tradition lieferte ihm bloß Ergänzungen. Nach Dill (1992, 360) hat Adelung über ein Drittel der Belege aus den Wörterbüchern seiner Vorgänger, vor allem aus Frisch und aus Kramer übernommen. Weit über die Hälfte seiner Beispiele sind allerdings selbst gebildet oder, zu einem geringeren Teil, aus der Sachliteratur und aus der Schönen Literatur exzerpiert (vgl. Adelung 1793–1801/1975, VIII). Letztere sind meist nur mit einem Namenskürzel gekennzeichnet (Dill 1992, 342).

Die Auswahl der Stichwörter nimmt Adelung nach fünf Schichten vor, die den Abstand zur Leitvarietät markieren. Sie reichen von der „erhabenen" bis zur „ganz pöbelhaften" Schicht. Diese unterste Ebene bleibt draußen und auch von der vierten, der „niedrigen" „Schreib-Art" kommen nur besondere Fälle ins Wörterbuch. Die Ebenen werden mit Sternchen usw. an den Wörtern kenntlich gemacht. Auch veraltete Wörter kann Adelung auf diese Weise als nicht mehr gebräuchlich markieren. Solche, normorientierend gedachten Markierungen hatte Steinbach (s. 5.3) eingeführt; ihre Übertragung auf soziostilistische Ebenen durch Adelung war aber neu und existiert in veränderter Form (‚gehoben', ‚vulgär') bis heute.

Auch gegenüber Lehnwörtern nahm Adelung eine rationalistische und damit positivere Haltung ein als die Puristen des 17. Jahrhunderts: Die Strecke C umfasst gut 70 Spalten (vgl. die ausführlichen Erläuterungen zum Stichwort *C* in Adelung 1793–1801/1975, 1287–1290). Damit übereinstimmend wandte sich Adelung endgültig von der Stammworttheorie ab und ordnete die Stichwörter strikt alphabetisch. Entsprechend spielte die Etymologie nicht mehr die herausragende Rolle, die sie bei den Stammworttheoretikern und -lexikografen spielen musste. Angaben zur Herkunft des Worts bringt er am Ende des Wortartikels in einem Anhang unter. Eine hier anschließende Neuerung war die Unterscheidung zwischen einer ‚näheren' und einer ‚entfernteren' Etymologie. Adelung erkennt, dass die synchrone Durchsichtigkeit bzw. Motiviertheit einer Wortbildung etwas anderes ist als die historisch-diachron verfahrende Rekonstruktion von Ausdrucks- und Inhaltsseite eines Worts. Damit wird anerkannt, dass es den Benutzern weniger auf die alten

5.5 Die Wörterbuchpraxis von Adelung

    Die Canáille, (sprich Canálje,) plur. die — n. 1) Ein niedriges Schimpfwort auf liederliche lasterhafte Leute von der untersten Classe, als ein Collectivum und ohne Plural, in welcher Bedeutung das Franz. Canaille eigentlich von dem niedrigsten Pöbel gebraucht wird. 2) Ein eben so niedriges Schimpfwort auf einzelne, niedrige, lasterhafte und boßhafte Personen. Es ist eine Canaille. Er, oder sie ist eine Canaille. Die Abstammung dieses niedrigen Wortes, welches nunmehr auch der Russe kennet, ist ungewiß. Lipsius leitet es von der ehemahligen Strafe des Hundetragens, andere von Canalicula oder Canalis, einem ehemahligen Orte zu Rom her, wo sich der Pöbel zu versammeln pflegte. Menage erklärt es durch Canalia, eine Kuppel Hunde.

Vielleicht, adverb. welches gebraucht wird, die Möglichkeit einer Begebenheit oder eines Satzes zu begleiten. Vielleicht kommt er, vielleicht auch nicht; es ist möglich, daß er kommt, und möglich, daß er nicht kommt. Er wird vielleicht noch heute kommen. Es möchten vielleicht noch einige Gerechte zu Sodom seyn, 1 Mos. 18, 24. Ich möchte vielleicht sterben, Kap. 26, 9. Alle dachten in ihrem Herzen von Johanne, ob er vielleicht Christus wäre, Luc. 3, 15. Vielleicht sitzest du jetzt beym wärmenden Feuer, Geßn. Ich will deinen Wellen folgen, vielleicht führst du mich öden Gegenden zu, eben ders. Was willst du mit deinem Vielleicht? Gell. Zuweilen leidet es daß nach sich, wo doch der Ausdruck elliptisch ist.
    Vielleicht, daß in der Todesnacht
    Dieß seinen Schatten ruhig macht, Haged.
    Anm. Frisch glaubte, die letzte Sylbe in diesem Worte sey die Ableitungssylbe — icht, und wollte es daher nur mit einem l vieleicht geschrieben wissen; und so schrieb es auch Gottsched. Allein, beyde hätten nur auf den Ton merken dürfen, so würde er sie überzeugt haben, daß hier keine Ableitungssylbe Statt findet, sondern daß leicht das Hauptwort in der ganzen Zusammensetzung ist. Das Wort ist aus viel, sehr, und leicht zusammen gesetzt, und stehet elliptisch für die Redensart, es kann sehr leicht seyn, kann seyn, Franz. peut-être, welches gleichfalls als ein Nebenwort gebraucht wird. Daher schrieben es die Schwäbischen Dichter und ihre Zeitgenossen ausdrücklich und getheilt vil licht.

Aus: Adelung 1793–1801/1975, Theil I, 1296; Theil IV, 1203.

‚Wurzelwörter' ankommt, als auf die wortbildungsbedingten Zusammenhänge (welches Wort mit welchem anderen ‚verwandt' ist) und auf das Benennungsmotiv. Dennoch räumte er der Etymologie eine zentrale Rolle bei der Bedeutungserläuterung ein.

Letzteres, die ausdrückliche Beschreibung und Erläuterung der Wortbedeutung ist das hervorstechendste und lexikografiegeschichtlich wohl folgenreichste Merkmal des Adelungschen Wörterbuchs.

> Zu der kritischen Behandlung der Wörter rechne ich vornehmlich den bestimmten Begriff eines Wortes und seiner verschiedenen Bedeutungen. Die meisten Wörterbücher begnügen sich, ein Wort und dessen Bedeutungen entweder durch ein fremdes, oder nur ungefähr durch andere für gleich bedeutend gehaltene Ausdrücke zu erklären. Dieses schien mir nicht genug, und ich legte mir gleich Anfangs die Pflicht auf, den Begriff eines jeden Wortes und einer jeden Bedeutung desselben auf das genaueste zu bestimmen; eine Pflicht, deren Erfüllung mir bey dem ganzen Werke die meiste Mühe verursachte, ob es gleich scheinet, daß sie von den wenigsten bemerkt und erkannt worden. (Adelung 1793–1801/1975, Vorrede VI).

Nachdem dargelegt wird, warum die Definitionen der Philosophen für dieses Wörterbuch unbrauchbar seien – sie seien „nicht selten so abstract ausgedruckt, daß die Definition dunkler wird als das Definitum" (ebd.) – kommen Etymologie und Sprachgebrauch ins Spiel:

> Der Begriff eines Wortes, einer Bedeutung muß aus der Etymologie, verbunden mit dem Sprachgebrauche, hergeleitet werden, und darbey kurz und für jedermann faßlich seyn. (ebd.)

Auch diese sprachtheoretisch nicht unproblematische Vermischung synchroner und diachroner Aspekte der Bedeutungsbestimmung ist im Sprachbewusstsein und in der Gebrauchslexikografie im Grunde bis heute wirksam geblieben. Wo Sprecher über Wortbedeutung reden, steht die „Herkunft" oft sogar im Vordergrund.

Adelungs semantische Theorie ist recht differenziert und sucht Orientierung bei den Naturwissenschaften. Der Rationalist braucht ein Modell, mit dem sich der Zusammenhang der verschiedenen Bedeutungen *eines* Worts erklären und ihre Reihenfolge im Wörterbuch sich begründen lässt. Er nennt seine „Classification der Bedeutungen" „Linnäisch" (Adelung 1775–1786, XIVf.) und beruft sich damit auf den Schöpfer der noch heute gültigen botanischen und zoologischen Klassifikation, den Schweden Linné. Aber die in den Wortartikeln angewandten Kategorien, mit denen eine Bedeutung zu einer anderen in Beziehung gesetzt wird, gehen auf die Tropenlehre der Rhetorik zurück. Schon in den humanistischen Wörterbüchern wurde gelegentlich von eigentlicher und übertragener Bedeutung gesprochen. Adelung baut dieses Prinzip nun konsequent aus und macht es zu Grundlage seiner typografisch sehr ansprechenden und mithilfe römischer und arabischer Ziffern sowie Kleinbuchstaben klar strukturierten Wortartikelgliederung. Damit trug Adelung wesentlich zum modernen Erscheinungsbild des Bedeutungswörterbuchs bei.

Dass Adelung auch Sprachlehrer und Grammatiker war, kommt der differenzierten Darstellung der Grammatik im Wörterbuch zugute, in die auch Orthografie und Aussprache einbezogen waren. Die Regel des „Schreib wie du sprichst" geht auf ihn zurück (Henne 1975, 122).

Die folgenden Beispiele zeigen einige der genannten Charakteristika (Bedeutungsbeschreibung; soziostilistische Kommentierung, Etymologie zwecks Motivierung der Bezeichnung; literarische Belege, wissenschaftliche Diskussion):

Adelung ist den Ruf des pedantisch-trockenen Sprachnormierers lange nicht losgeworden, obwohl er gemessen an Gottsched den Übergang vom streng normativen zum deskriptiven Standpunkt vollzogen hatte (von Polenz 1994, 166) und damit im deutschsprachigen Raum der erste ‚moderne' Lexikograf war.

5.6 Die Wörterbuchpraxis von Campe (1807–1811/1969)

Einer der heftigsten Kritiker Adelungs war der Pädagoge Joachim Heinrich Campe. Vertritt Adelung die rationalistische Dimension der Aufklärung, so repräsentiert Campe ihre pädagogische. Der 1746 geborene Campe war Hauslehrer der Brüder Alexander und Wilhelm von Humboldt und beteiligte sich später praktisch und schreibend an der reformpädagogischen Bewegung des Philanthropinismus, einer ‚menschenfreundlichen', auf das Individuum, seinen freien Willen und die praktische bürgerliche Berufstätigkeit bezogenen Pädagogik. Campe leitete einige Jahre ein Erziehungsheim in Hamburg, bevor sich 1786 in Braunschweig niederließ. Hier schrieb er unter anderem ein umfangreiches reformpädagogisches Werk und an die dreißig Bände Jugendliteratur. Berühmt wurde vor allem sein Buch *Robinson der Jüngere* (1779), das den Robinson-Roman von Daniel Defoe moralisch-erzieherisch für Kinder umschrieb.

Bildung und Erziehung war in der Aufklärung immer auch auf Sprachbildung bezogen. Selbstverständlich kannte Campe ‚den Adelung', aber dieses Wörterbuch war seiner Auffassung nach so wenig zu Aufklärung und Bildung des Volks, genauer: des bürgerlichen Individuums zu gebrauchen, dass Campe eine lexikografische Alternative entwarf und mit Hilfe anderer in die

Tat umsetzte. Adelung bekam Konkurrenz, und zwar aus ideologischen Gründen. Vor allem in einem Punkt setzte Campe sein eigenes lexikografisches Programm dem von Adelung entgegen: bei der Behandlung der Fremdwörter. Campe ist als Purist in die Geschichte der deutschen Sprache eingegangen, begründete seine Ablehnung von Fremdwörtern aber nicht patriotisch oder gar national, sondern aus einer demokratischen Haltung heraus (vgl. Schiewe 1988 a, Schiewe 1988 b):

> Ohne Reinheit der Sprache, d.i. ohne eine, für ein ganzes Volk verständliche, also durch ihre eigene Ähnlichkeitsregel begrenzte, und alles Fremde, dieser Ähnlichkeitsregel widerstrebende, ausschließende Sprache, findet keine *allgemeine Belehrung*, keine *Volksaufklärung* oder *Volksausbildung*, in irgend einem beträchtlichen Grade der Allgemeinheit, Statt. [...] Ohne eine reine Sprache [...] findet keine reine Vernunftwissenschaft (Philosophie), sondern nur jene vernunftverwirrende und vernunfttödtende Schulweisheit (scholastische Philosophie) Statt, welche ihre Armuth an wirklichen Begriffen und Sachen hinter hohlen, barbarischen, Griechisch-Lateinischen Wörtern versteckt, und nur dann erst in ihrer ganzen Dürftigkeit dasteht, wann diese Wortlarven ihr abgezogen werden. (Campe 1801, Vorrede VIf., Hervorheb. im Original)

Es ist die These vorgebracht worden (Koldewey 1887, s. Henne 1975, 147), dass nämlich Campes Hinwendung zum Purismus dazu dienen sollte, Zweifel an seiner vaterländischen Gesinnung auszuräumen, nachdem er wegen seiner öffentlich bekundeten Begeisterung für die Französische Revolution und ihrer republikanischen Grundsätze in Verruf geraten war. Dies kann aber nicht das einzige Motiv für Campes lexikografisches Engagement gewesen sein, dazu war es mit fünf bzw. sechs Bänden zu umfangreich, auch wenn Campe selbst wohl fast ausschließlich die Vorreden schrieb, während die Wortartikel von Theodor Bernd verfasst wurden. Auf die erste Auflage des zweibändigen *Wörterbuchs zur Erklärung und Verdeutschung der unserer Sprache aufgedrungenen fremden Ausdrücke* folgte von 1807 bis 1811 ein fünfbändiges *Wörterbuch der deutschen Sprache*, und daran schloss sich 1813 eine erweiterte Neuauflage des ersten Verdeutschungswörterbuchs an, das Campe als sechsten und Ergänzungsband zu seinem großen Wörterbuch verstand. Ihm ging es bei Letzterem um Kritik und Korrektur des Adelung'schen Werks.

In seiner Kritik an Adelung blieb Campe sehr auf den Gegner fixiert, dessen Wörterbuch er skrupellos ausgeschlachtet habe, wie Adelung-Verehrer heute noch monieren. Dennoch lohnt sich die nüchterne Analyse seines Wörterbuchs, das zeitnah und unter ähnlichen Bedingungen entstanden ist wie das von Adelung, aber aus einer dezidiert gesellschaftsverändernden Absicht heraus. Die andere politisch-kulturelle Orientierung führte offensichtlich auch zu anderen methodischen Entscheidungen. Das Wörterbuch

5.6 Die Wörterbuchpraxis von Campe (1807–1811/1969)

solle nämlich, so schreibt Campe im Vorwort seines *Wörterbuchs der deutschen Sprache*:

> nicht bloß aus einer Quelle des Deutschen Sprachschatzes (etwa nur aus einer Mundart, z. B. der Meißnischen oder Obersächsischen), sondern aus allen Quellen, die für die allgemeine Deutsche Sprache, Hochdeutsch genannt, etwas zu liefern haben, geschöpft werden. […] Unsere Quellen also sind: die feinere Umgangssprache in allen Deutschen Ländern, und alle in der Gemeinsprache geschriebene Deutsche Werke, von den ältesten Denkmälern unserer Schriftsprache an, bis auf die neuesten Schriften, welche die letzte Büchermesse geliefert hat, sie mögen von Oberdeutschen, Mitteldeutschen oder Niederdeutschen Schriftstellern verfasst worden sein. […] Es kümmert uns sogar bei unserm Sammeln im geringsten nicht, ob der Schriftsteller, aus dessen Werken wir schöpfen, zu den berühmten gehöre oder nicht. (Campe 1807–1811/1969, Bd. 1, VIII).

Im Ergebnis dokumentiert Campe die Literatursprache seiner Zeit umfassender als Adelung. Da sein Wörterbuch bei etwa gleichem Umfang aber fast dreimal so viele Stichwörter, nämlich ca. 141.000 (Wiegand 1998a, 678), enthält und die einzelnen Wortartikel kürzer sind, müssen Ableitungen und Zusammensetzungen in seinem Lemmabestand einen großen Raum einnehmen. In der Tat, man hat Campe verächtlich eine ‚Wörter-Fabrik' genannt, in der nicht nur die wenig erklärungsbedürftigen dichterischen und bei Adelung fehlenden Neubildungen wie z. B. Goethes *abduften* und *silberprangend* aufgenommen und nachgewiesen sind, sondern auch viele puristische Neubildungen, von denen sich viele nicht, manche aber eben doch durchsetzen konnten. Nicht durchsetzen konnten sich *denklehrig* bzw. *denkkünstig* für *logisch*; aber wir kennen noch *Zartgefühl* neben *Delikatesse*, *Zerrbild* neben *Karikatur* und *Voraussage* neben *Prophezeiung* – alles Ausdrücke, die Campe zur Ersetzung lateinischer und französischer Äquivalente gebildet hatte.

> ⊙ Das Zartgefühl, —es, o. Mz. ein zartes Gefühl, besonders in engerem Sinne, ein zartes Gefühl für das, was schicklich oder unschicklich, sittlich oder unsittlich ist (Delicatesse). C. „Schreibe es einem aus dieser vielleicht übermäßigen Güte entspringenden Zartgefühle zu." Wieland. „Ich verstehe den Zweifel des Zartgefühls in ihrem beredten Auge." Benzel-Sternau. Sehr gern, erwiederte das Zartgefühl, bescheiden erröthend ic." Derf.

Aus: Campe 1807–1811/1969, Bd. V, 814.

Es ist nachzuweisen, dass Campe auch beim politischen Wortschatz auf der Höhe seiner Zeit war. Die Einflüsse, die die Französische Revolution auf den Wortschatz der deutschen Sprache ausübte, lassen sich bei Campe, nicht bei Adelung nachvollziehen. Dies wird z. B. bei den Zusammensetzungen von *Staat* deutlich:

> **Der Staatsbeamte,** —n, Mz. —n, ein Beamter in einem Staate, einer der ein Staatsamt hat und verwaltet; der Staatsdiener, sofern er dadurch dem Ganzen, wovon er ein sehr untergeordneter Theil ist, dienet oder in dessen Diensten ist. Der Vernunft gemäß ist also der Fürst, Kaiser, König ꝛc. der erste Staatsbeamte oder Staatsdiener, welcher nur durch den Staat und für den Staat da ist; aber nicht umgekehrt.
> **Der Staatsbediente,** —n, Mz. —n, der Staatsdiener, welches Wort das bessere ist.
> **Die Staatsbedienung,** Mz. —en, s. Staatsamt.
> **Die Staatsbegebenheit,** Mz. —en, eine Begebenheit in einem Staate, eine den Staat betreffende Begebenheit.
> **Die Staatsbehörde,** Mz. —n, eine Behörde in einem Staate, besonders eine solche hohe Behörde; auch wol, eine Staatsstelle (Collegium, Bureau). Die ersten Staatsbehörden. „Es sei unweise — unter den höchsten Staatsbehörden dergleichen Samen von Zwietracht auszustreuen." Europ. Annalen.

Aus: Campe 1807–1811/1969, Bd. IV, 566.

Campe legte seine Wörterbuchkonzeption in einer vierzehn Punkte umfassenden Vorrede dar (zusammengefasst von Wiegand 1998a, 680 ff.). Hier wird unter anderem die Berücksichtigung aller, nicht bloß einer Regionalsprache zugesagt, das System der regionalen, historischen und sozialen Markierungen Adelungs korrigiert und auch ausgeweitet. Die Beispiele und Belege erfüllen wie bei Adelung vor allem die Vorbildfunktion, die Campes sprachpädagogischen Absichten entsprach. In der Berücksichtigung von Wortbildungen geht Campe sehr viel weiter als Adelung und dokumentiert die Kreativität der zeitgenössischen Schriftsteller in umfassender Weise.

5.7 Wörterbuchpraxis und gesellschaftliche Orientierung bei Adelung und Campe

Die Unterschiede der beiden konkurrierenden Wörterbücher der Spätaufklärung von Adelung und Campe sind in ihrer Programmatik zwar deutlich, aber sie lassen sich von ihrer kulturellen Spezifik her noch besser verstehen. Wenn man an Wortartikeln aus dem gesellschaftlich-politischen Wortschatz wie *Adel, Bürger, dienen, edel, gemein, Herr, Knecht, Magd* und *Mensch, Obrigkeit, Staat, Stand* und *Untertan* samt zugehöriger Ableitungen und Kompositen untersucht, welche Änderungen Campe an der Adelungschen Vorlage vornahm (Haß-Zumkehr 1999b), werden die kulturellen Konsequenzen lexikografisch-programmatischer Entscheidungen deutlich.

Campes programmatische Ausrichtung am Sprachgebrauch bürgerlicher, nicht höfischer Adressaten musste dort in Konflikt mit der dokumentari-

5.7 Wörterbuchpraxis und gesellschaftliche Orientierung

schen Absicht geraten, wo der Sprachgebrauch altständische soziale Konstellationen konservierte, z. B. in den höflichen Grußformeln von Briefen. Bei *dienen*, *Diener*, *Herr*, *Knecht*, *Magd*, *untertänig* handelt es sich um einem Wortschatzbereich, bei dem es für Campe nicht leicht gewesen sein kann, die soziostilistische Perspektive der semantischen und pragmatischen Kommentare in Richtung auf eine selbstbewusste Bürgerlichkeit zu ändern.

„Ich bin ihr ergebener, gehorsamer u. s. f. Diener. Ihre unterthänige Dienerinn." (Adelung 1793–1801/1975, Theil I, 1486). Solche und ähnliche Formeln werden von Adelung meist eingeordnet als „ein bloßer Ausdruck der modischen Höflichkeit, wobey man nichts denkt" (ebd.). „Bloß ein Höflichkeitswort" schreibt an der entsprechenden Stelle auch Campe, aber da er schon in der Bedeutungserläuterung ein etwas anderes Konzept des Dieners präsentiert hatte, nach dem ein Diener zwar verpflichtet und abhängig von einem anderen sei, aber „ohne ihm […] mit seiner Person unterwürfig und zugehörig zu sein" (Campe 1807–1811/1969, Bd. I, 716), so muss Campe nun auch die Haltung dessen, der sich aus Höflichkeit eines anderen Diener nennt, als eine selbstbewusste, nicht unterwürfige Haltung charakterisieren.

Adelung verzeichnet regelmäßig gerade solche Grußformeln, die „noch am häufigsten in den Unterschriften der Briefe von Vornehmern an Geringere" gebraucht werden. Überhaupt legt Adelung großen Wert auf eine differenzierte Angabe der hierarchischen Konstellation, die über die Wahl eines Anrede- oder Titellexems entscheidet, und zwar regelmäßig von ‚oben' nach ‚unten'. So s. v. *Herr*: „ein Ehrenwort oder Titel, welchen alle männlichen Personen von einigem Stande, so wohl von Geringern, als von Personen ihres Standes und von Vornehmern zu bekommen pflegen" (Adelung 1793–1801/1975, Theil II, 1132).

Campe hingegen streicht oder entdifferenziert diese, die Standesunterschiede betonenden Angaben, es sei denn, es handelt sich um eine Person unterbürgerlicher Schichten, die von beiden *Pöbel* genannt wird:

> In noch weiterer Bedeutung nennt man Herr jede erwachsene Person männliches Geschlechts, die nur nicht ganz niedrigen Standes sein darf, sonst ohne Rücksicht auf Stand, Rang, Ansehen, Alter &c. (Campe 1807–1811/1969, Bd. II, 655)

Es fällt aber auf, dass Adelung viele Höflichkeitsformen als ‚noch' üblich kennzeichnet und sie dann oft dem Schreibusus nicht näher bestimmter Kanzleien zuweist; nur ganz vereinzelt äußert er sich sogar kritisch über Merkmale solchen Kanzleistils.

Der Gebrauch von *untertänig* im höflichen-ergebenen Briefstil war, wie er sich aus den Belegen des *Deutschen Wörterbuchs* (s. Kapitel 6) ergibt, um 1800 längst nicht mehr allgemein üblich, galt vielmehr als typisch für einen

„schwülstigen kanzleistil" (DWB Bd. 24 (1936), Sp. 1869 ff.). Der Ausdruck und das damit bezeichnete Verhalten war Autoren des 18. und 19. Jahrhunderts Anlass zu Kritik und Satire (ebd.), wie ja überhaupt schon in Brieflehren aus der Mitte des 18. Jahrhunderts, etwa von Gellert, das Ideal des natürlichen Briefstils der „prächtigen" oder „kanzleiförmigen Schreibart" gegenübergestellt worden war (zit. nach Haß-Zumkehr 1999 b, 261). Insbesondere eine Schlussformel wie „dass ich mich nenne Ew. Exzellenz unterthänigen und gehorsamsten Knecht" verwarf Gellert schon 1751 als unnatürlich, „kindisch und falsch" (ebd.). So weit geht Adelung noch fünfzig Jahre später nicht.

Campe markierte Veraltetes generell und strich auch einige der Verwendungsweisen, die schon bei Adelung als nicht mehr gebräuchlich gelten, aber Campe konnte offensichtlich die traditionellen Höflichkeitsformen nicht einfach als veraltet markieren, denn die Wörterbuchbenutzer hätten sich womöglich sozialen Nachteilen ausgesetzt, wenn sie hergebrachte Höflichkeitsformeln nicht verwendeten. Campes Lösung lag in relativ umfangreichen pragmatischen Kommentaren, in denen er das Missverhältnis zwischen alten Umgangsformen und neuer Gesellschaftsordnung thematisieren konnte.

In diesen Kommentaren wird oft genug auf die Herkunft der Höflichkeitskonventionen aus dem Ancien régime und darauf hingewiesen, dass sich die sozialen Signale (die Symptomatik) bestimmter Ausdrücke verändert haben. S.v. *Magd* hebt Campe hervor, dass eine Frau, die einen Brief mit „unterthänigste Magd" unterzeichnet, weder leibeigen noch Sklavin ist, damit nichts über ihren Ehestand aussagt und obendrein übergroße Demut bezeugt (Campe 1807–1811/1969, Bd. III, 183; Bd. V, 218).

Die Normen brieflicher Höflichkeit zu kennen, rechneten sowohl Adelung als auch Campe zu derjenigen Sprachbildung, die ein Wörterbuch zu vermitteln habe. Aber die Normen werden von beiden doch recht unterschiedlich begründet und verteidigt, weil sie für Adelung im Wesentlichen noch mit der vertrauten Sozialordnung übereinstimmen, für Campe hingegen längst ein Missverhältnis zwischen den Titulaturnormen und der sich im Umbruch befindlichen Ordnung bestand.

Campe passte sein Wörterbuchs an eine bürgerliche, etwas utopische Gesellschaftsordnung an. Zu diesem Zweck vergrößerte er die Menge der Lemmata, ließ weitere Auswahlkriterien zu, ordnete er die Einzelbedeutungen in Richtung auf das ‚Neuere' um, drängte er die historisch-etymologischen Informationen zurück, weitete er pragmatische Kommentare in Richtung auf neue soziale Normen aus und formulierte er Kompetenzbeispiele um. Erst vor dem Hintergrund der Wörterbuchpraxis Campes wird erkennbar, dass Adelungs Wörterbuch die kulturellen Orientierungen der adelig-ständischen Gesellschaft dokumentiert und bestätigt.

5.7 Wörterbuchpraxis und gesellschaftliche Orientierung

Die Wörterbücher von Adelung und Campe stehen trotz zeitlicher Nähe für unterschiedliche gesellschaftliche Kulturen. Auf der einen Seite stand der mit Sekretariatsaufgaben vertraute und rechtlich privilegierte Beamte Adelung, den gegenüber der Obrigkeit grundsätzlich loyale Staatsdiener, der die sozialen Umbrüche seiner Zeit eher ablehnend registrierte und die Ideen der Französischen Revolution langfristig nicht für wirklichkeitsprägend hielt. Damit gehörte Adelung zum frühen Bildungsbürgertum, deren Mitglieder als erste den Weg zum Staatsbürger beschritten und dennoch weiter an altständischen Vorrechten und Symbolen hingen (Wehler 1995/1996, Bd. I, 210). Normgebend war für dieses Bürgertum nicht nur in sprachlicher, sondern auch in ideologischer Hinsicht die Welt des Adels, die allerdings bürgerliche Ideen wie ‚Bildung' in sich aufzunehmen begann. Auch weil Adelung auf etwas Vorhandenes bzw. Gewesenes blicken konnte, ist sein Wörterbuchstil deskriptiver als der Campes.

Auf der anderen Seite stand Campe, der Pädagoge und Schriftsteller ohne feste Anstellung, der einer der wichtigsten Verbreiter revolutionären Gedankenguts in Deutschland war und dies in der lexikografischen Arbeit blieb. Vierzehn Jahre jünger als Adelung blickte er auf die Welt des Ancien régime als auf etwas Vergangenes zurück und bekämpfte seine Überreste. Campe baute an der neuen Welt des gebildeten Bürgertums, das sich seiner eigenen Werte bewusst war und dessen Vertreter von Campe als Wörterbuchbenutzer vorausgesetzt wurden. Seine pädagogischen und lexikografischen Intentionen bündeln sich in dem Ziel, die Emanzipation des dritten, nicht des vierten Standes zu fördern. Deshalb und weil Campe immer wieder Ideen und Utopien beschreiben muss, ist sein lexikografischer Stil appellativer und sind seine Angaben unverhohlen auf eine bestimmte, politisch begründete, sprachliche Norm bezogen.

Literatur:

a) Wörterbücher und verwandte Quellen:

Adelung 1775–1786; Adelung 1793–1801/1975; Campe 1801; Campe 1807–1811/1969, Frisch 1741/1977; Leibniz 1697/1983/1995; Steinbach 1734/1973.

b) Forschungen:

Blackall 1966; Gardt 1999; Knoop 1994; Kühn/Püschel 1990 a; von Polenz 1994 (bes. 5.7.); Powitz 1959; Reichmann 1989; Reichmann 1992; Schenda 1977 (über Lesegewohnheiten zwischen 1770 und 1910); Szlęk 1999 (Quellendokumentation zu Bödiker, Leibniz, Jablonski, Gottsched, S. 341–362, 443–456); Tauchmann 1992; Wells 1990; Wiegand 1998 a.

Zu Steinbach: Schröter in: Steinbach 1734/1973; Tauchmann 1992, 115–144; Wiegand 1998 a, 658–660.

Zu Frisch: Haß-Zumkehr demn. b; Powitz 1959; Tauchmann 1992, 145–172; Wiegand 1998 a, 660 ff.

Zu Adelung: Bahner 1984; Dill 1992; Tauchmann 1992, 173–214; Haß-Zumkehr 1999 b; Haß-Zumkehr demn. b.; Henne 1975, 109–142; Henne, Einführung und Bibliographie in: Adelung 1793–1801/1975; Strohbach 1984; Wiegand 1998 a, 662–677.

Zu Campe: Haß-Zumkehr 1999 b; Haß-Zumkehr demn. b; Henne, Einführung und Bibliographie in: Campe 1807–1811/1969; Henne 1975, 143–168; Orgeldinger 1999; Schiewe 1988 a; Schiewe 1988 b; Wiegand 1998 a, 677–683.

6. Ein Jahrhundert Grimm'sches Wörterbuch

Das umfänglichste und bekannteste deutsche Wörterbuch überhaupt ist das *Deutsche Wörterbuch* von Jacob Grimm und Wilhelm Grimm (nachfolgend abgekürzt: DWB). Die Brüder begründeten das Wörterbuch, aber sie vollendeten es nicht. Das Erscheinen der 32 Wörterbuchbände und des Quellenbands mit insgesamt 33.812 Seiten (gezählt vom Verlag) erstreckte sich über 108 Jahre, von 1852 bis 1960; zuzüglich einer Vorbereitungsphase von vierzehn Jahren. Die Stichwortzahl (400.000 – 500.000?; vgl. H. Schmidt 1986, 105) wagen Fachleute kaum zu schätzen (vgl. Informationsschrift 1986, 6), wohl wegen der enormen Heterogenität der Bände hinsichtlich der Breite der Darstellung pro Stichwort. Das Alphabet wurde im *Deutschen Wörterbuch* keineswegs kontinuierlich im Lauf der Zeit abgearbeitet. Wer wissen will, wann genau und von wem eine Lieferung geschrieben wurde, muss im Anhang des Quellenbands nachschauen; dort sind die Erscheinungsdaten jeder einzelnen Lieferung samt Bearbeitern aufgelistet. Viele Buchstabenstrecken und manche Lieferungen sind aufgrund langer Bearbeitungsdauer und verschiedener Bearbeiter in sich völlig heterogen.

Auch Konzeption und Umsetzung konnten über 122 Jahre hinweg kaum homogen bleiben. In dieser Zeit hat das DWB zwei Weltkriege überstanden und entsprechend der politischen Teilung Deutschlands eine in zwei Arbeitsstellen, Berlin (Ost) und Göttingen, aufgeteilte Weiterbearbeitung erfahren. An ihm war eine Menge von Bearbeitern und Bearbeiterinnen tätig, die die Zahl 100 übertrifft und viele Germanistikprofessoren in irgendeiner Weise an sich band (Haß-Zumkehr 1999 a, 237).

Die Stichwortgrenzen der einzelnen Bände haben Namen, die man ihrer poetischen Qualität wegen nicht so leicht wieder vergisst, z. B.: *a – biermolke, biermörder – dwatsch, gefoppe – getreibs, glibber – gräzist, seeleben – sprechen, wenig – wiking, zobel – zypresse*. Literaturkritiker Marcel Reich-Ranicki-Zitat unterstützte, den Taschenbuchnachdruck 1999 in Werbeanzeigen mit den Worten: „Ich halte das ‚Grimmsche Wörterbuch' für den interessantesten Roman und das allerwichtigste Buch in deutscher Sprache."

Diesem Wunder an Beharrlichkeit, dieser Fundgrube und diesem Unikum in der Wörterbuchlandschaft will ich mich hier über seine Entstehungsgeschichte nähern.

6.1 Gesellschaftliche Bedingungen der Entstehung des DWB

Das DWB verdankt seine Entstehung nicht einer sprachgeschichtlichen Situation, wie dies für die Lexikografie bis zur Aufklärungszeit gilt, sondern einer bestimmten gesellschaftlich-politischen Situation, in der die Idee des Nationalwörterbuchs entstand. Das Nationalwörterbuch stellte zusammen mit Denkmälern etwa für den ‚Volksbefreier' Freiherrn vom Stein, mit der politischen Architektur (Völkerschlachtdenkmal) und Ikonografie sowie mit kulturnationalen Festen – Schillerfeiern usw. – die Nationalsymbolik des 19. Jahrhunderts dar. Es ging in dieser Situation um die Symbolisierung der vereinten deutschen Nation, lange bevor sie politisch realisiert war. „Was haben wir denn gemeinsames außer unserer sprache" – war ein in den vierziger Jahren geäußerter und danach viel zitierter Satz von Jacob Grimm, der die Reichsgründung 1871 selbst nicht mehr erlebte. Angesichts der politischen Zersplitterung Deutschlands in nahezu vierzig Einzelstaatsgebilde wuchs dem gemeinsamen Nenner dieser Gebilde eine große Bedeutung zu, erst recht, wenn dieses Gemeinsame durch eine lange und ins Mythologische hinüberwechselnde Geschichte wie geadelt erschien. Gemeinsam waren die Sprache Deutsch, das überlieferte Recht und ein großer Teil der politischen Geschichte in Gestalt des Heiligen Römischen Reiches deutscher Nation, das 1806 formal zu existieren aufgehört hatte.

Man hat das 19. Jahrhundert das Jahrhundert des Nationalismus genannt. Differenzierter gesehen begann die Epoche mit Patriotismus und endete mit Chauvinismus. Patrioten nannten sich seit der Spätaufklärung die sich für Einheit und Freiheit Deutschlands einsetzenden Bürger; ein Patriot engagierte sich für die regionale *und* für die nationale Gemeinschaft, in der er lebte, wobei letztere bis 1871 nur eine kulturelle, keine politische Gemeinschaft war. Die Revolution von 1848 ließ die staatliche Einheit zwar kurzzeitig nahe rücken, aber ihr Scheitern verstärkte nur die Betonung der kulturellen Identität bis hin zum Rückzug des Bürgertums aus dem politischen Engagement ins kulturelle. Als wahre Patrioten sahen sich Anhänger aller Parteien der 48er-Bewegung, gleichgültig, ob sie zum radikal-demokratischen oder zum konstitutionell-liberalen Flügel gehörten.

Der nationale Chauvinismus entwickelte sich stufenweise, als Reaktion auf die napoleonische Herrschaft über deutsche Territorien, nach dem militärischen Sieg über Österreich 1866, dann nach dem Sieg über Frankreich 1871 und ab 1888 in Form des Wilhelminismus zu einer zunehmend fremdenfeindlichen, überheblichen und Unterwerfung anderer anstrebender Bewegung, die auch Bildung, Sprachbildung, Sprachforschung und Lexikografie ergriff. Dies umreißt den Kontext, in den nationale Bekenntnisse der Brüder

Grimm und anderer Wissenschaftler, Lexikografen und Schriftsteller gehören und in den auch die Entstehungsphasen des *Deutschen Wörterbuchs* eingeordnet werden müssen.

Die Geschichte des DWB wird in vier Phasen eingeteilt. Die erste beginnt 1837 mit der Vertreibung der Brüder und fünf weiterer Professoren aus Göttingen, weil sie ihren Amtseid auf die Verfassung nicht zugunsten einer Vereidigung auf den neuen Monarchen zurücknehmen wollten („Göttinger Sieben"). Ohne gesicherten Lebensunterhalt kamen Jacob und Wilhelm Grimm nach Berlin und griffen dort eine Idee auf, die in der Luft zu liegen schien: das Nationaldenkmal in Wörterbuchform.

Drei Verlagshäuser: Cotta, die Weidmannsche Verlagsbuchhandlung und Winter in Heidelberg hatten zwischen 1823 und 1838 jeweils die Idee zu einem großen deutschen ‚National'-Wörterbuch entwickelt und unabhängig voneinander Jacob Grimm angetragen (Kirkness 1980, 54 f.). In einer „Zeit gewaltigen nationalen Aufschwungs" (Reimer zit. nach Kirkness 1980, 109) würde eine „literarische Unternehmung" „von außerordentlicher Bedeutung und großer Wichtigkeit" „nicht nur ehrenvoll, sondern auch gewinnbringend" sein, so Reimer (zit. nach Kirkness 1980, 53 u. 55), der Inhaber der Weidmannschen Buchhandlung, der die Brüder Grimm schließlich für seine Idee gewinnen konnte. Der deutsche Buchhandel expandierte seinerzeit stark und das erste *Conversationslexikon* von Brockhaus schien die Aufnahmefähigkeit des Marktes auch für ein großes nationales Wörterbuch zu beweisen (siehe 14.2.5). Nach der Vertreibung aus Göttingen und ohne universitäre Lehrverpflichtungen begannen die Brüder in Berlin mit der Vorbereitung des Nationalwörterbuchs und wurden zu diesem Zweck aus der Privatschatulle des preußischen Königs bezahlt.

Mit folgenden Worten beendete Jacob Grimm am 2. März 1854 seine Vorrede zum ersten und damit nach zwei Jahren des lieferungsweisen Erscheinens abgeschlossenen Band des *Deutschen Wörterbuchs*:

> Deutsche geliebte landsleute, welches reichs, welches glaubens ihr seiet, tretet ein in die euch allen aufgethane halle eurer angestammten, uralten sprache, lernet und heiliget sie und haltet an ihr, eure volkskraft und dauer hängt in ihr. noch reicht sie über den Rhein in das Elsasz bis nach Lothringen, über die Eider tief in Schleswigholstein, am ostseegestade hin nach Riga und Reval, jenseits der Karpathen in Siebenbürgens altdakisches gebiet. Auch zu Euch, ihr ausgewanderten Deutschen, über das salzige meer gelangen wird das buch und euch wehmütige, liebliche gedanken an die heimatsprache eingeben oder befestigen, mit der ihr zugleich unsere und euere dichter hinüber zieht, wie die englischen und spanischen in Amerika fortleben.

Die Imaginierung des Werks als „aufgethane halle" der „angestammten, uralten sprache" mag die Zeitgenossen an die zwölf Jahre zuvor eröffnete Walhalla bei Regensburg erinnert haben. Grimm stellte das Wörterbuch damit ganz explizit in die Reihe national-politischer Symbole, die mit dem Leipziger Völkerschlachtdenkmal begann und noch nach der Reichseinigung in zahllosen Bismarckstatuen und -türmen ihre Fortsetzung fand. Denkmäler aus Stein wie die Vollendung des Kölner Doms nach Plänen von Josef Görres und der Bau des *Germanischen Nationalmuseums* in Nürnberg (gegründet 1852) gehören ebenso in diese Reihe hinein wie einige Denkmäler aus Papier: die Sammlung deutscher historischer Quellenschriften in Form der *monumenta Germaniae historica* ab 1826 nach den Plänen des Freiherrn vom Stein und auch die Sammlung des historischen deutschen Sprachschatzes im Gefäß eines Nationalwörterbuchs (Haß-Zumkehr 2000 b).

6.2 Sprachauffassung, Wörterbuchkonzeption und -praxis von Jacob Grimm und Wilhelm Grimm

Die Brüder können ihrer sozial-kulturellen Zugehörigkeit wie ihrer Sprachauffassung nach in erster Linie als Romantiker vorgestellt werden, die sich gegen den Rationalismus der Aufklärung mit ihrer staubtrockenen, die Sprache ‚zergliedernden‘ ‚Pedanterei‘ wandten. Jacob und Wilhelm Grimm, zwei von insgesamt fünf Söhnen und einer Tochter eines beamteten Juristen im hessischen Hanau hatten ihr Wissenschaftlerdasein als Erforscher des alten deutschen Rechts begonnen, das in einem Jahrhunderte langen Prozess allmählich vom römischen Recht verdrängt worden war. Sie hatten mit alt- und mittelhochdeutschen Quellen, mit deren Legenden, Mythen und Gesängen zu tun gehabt. Die Bedeutung der germanischen Rechtsquellen für die Gegenwart betonte vor allem ihr akademischer Lehrer Friedrich Carl von Savigny und wandte sich damit gegen die Naturrechtslehre, gegen das römische, aber vor allem gegen das napoleonische Recht, das in der Besatzungszeit in einigen deutschen Staaten eingeführt worden war. Das aktuelle Recht sollte aus der Geschichte heraus legitimiert werden; dies machte den rechtsgeschichtlichen Streit, der zu Beginn des 19. Jahrhunderts ausgetragen wurde, zu einer Angelegenheit von über die Wissenschaft hinaus gehendem Interesse. Die beiden Parteien in diesem Streit hießen „Germanisten" und „Romanisten", je nach der Rechtstradition, die sie für wichtiger hielten bzw. die sie erforschten. Die deutsche Philologie, die kurz darauf und in personeller Verflechtung mit der historischen Rechtswissenschaft entstand, übernahm von daher ihren Namen (Meves 1994).

Während Wilhelm Grimm sich auf die alt- und mittelhochdeutsche Literatur konzentrierte, befasste Jacob sich mehr mit der Sprachentwicklung. Ihm

6.2 Sprachauffassung, Wörterbuchkonzeption und -praxis

sowie Franz Bopp und dem Dänen Rasmus Rask wird die Entdeckung des sog. indoeuropäischen Sprachenzusammenhangs zugeschrieben. Damit ließen sich Wörter der germanischen, romanischen, persischen und indischen Sprachen auf eine gemeinsame erschlossene Urform zurückführen. Für die ‚Sprache' dieser Urformen, das Indogermanische bzw. das Indoeuropäische, existierten keinerlei Quellenzeugnisse, aber sie konnte mithilfe der u. a. von Grimm erstmals beschriebenen Regularitäten der Lautverschiebung vom Indogermanischen zum Germanischen ansatzweise rekonstruiert werden. In der 2. Auflage seiner *Deutschen Grammatik* von 1822 hatte Jacob Grimm seine Rekonstruktionen niedergelegt und damit, so sagt man bis heute, die sprachwissenschaftliche Germanistik begründet.

Das Interesse Grimms wie aller Germanisten des 19. Jahrhunderts blieb auf die historisch-diachrone Perspektive festgelegt. Man konnte jetzt die Wortwurzeln, die Schottelius und Stieler im 17. Jahrhundert (s. Kapitel 4) rein spekulativ ermittelt hatten, mit wissenschaftlicher Begründung wiederum zum wertvollsten, weil ältesten Bestandteil des deutschen Wortschatzes erklären und in den Mittelpunkt der Forschungen rücken. Doch änderte die Entdeckung der Lautverschiebungen zunächst nichts daran, dass auch die wissenschaftliche Etymologie in vielen Einzelfällen immer noch auf Spekulationen angewiesen war. Grimm sah sich verständlicherweise dennoch am Beginn einer neuen Wissenschaftsepoche, die das bisher maßgebliche Wörterbuch von Adelung vor allem wegen seiner spärlichen und gemessen an den neuen Erkenntnissen oft falschen etymologischen Angaben plötzlich als überholt erscheinen ließ. Denn für die Begründung der nationalen Einheit aus der Sprache heraus waren rationale Analyse und Formulierung von Bedeutungsangaben nahezu unbrauchbar, wohingegen die Rückführung der Wörter auf die ‚Wortwurzeln' fast mit der Konstruktion einer altehrwürdigen Vergangenheit des Volks als Sprachgemeinschaft zusammenfiel.

Grimms wissenschaftliche Neugier auf die hinter den alten Wortformen verborgenen Zusammenhänge wurde eingerahmt von einem ideologischen Interesse, das in den Etymologien den Schlüssel zum verlorengegangenen poetischen Paradies der Sprache suchte, so, wie sie *vor* den Einflüssen der Römer und der Franzosen gewesen sein musste. Und dieses sprachideologische Interesse glitt bei Grimm und vielen seiner Zeitgenossen von der Sprache auf die Sprecher, das hieß für ihn: auf das Volk der Deutschen und auf ihre Geschichte hinüber.

Dem Volk seine ureigene Sprache, seine Geschichte und nationale Identität wiederzugeben, schien nicht nur den Brüdern Jacob und Wilhelm Grimm das Heilmittel gegen die politische Zerrissenheit ihrer Zeit. Auf der Frankfurter Germanistenversammlung 1846 hielt Jacob Grimm die Eröffnungsrede, in der er sagte: „Was ist ein Volk? Der Inbegriff von Menschen, welche dieselbe Sprache reden. Das ist für uns Deutsche die unschuldigste und zugleich stoltzeste Erklärung" (zit. nach Feldmann 1970, 224). Nur aus der politischen Zerrissenheit kämen auch all die anderen despotischen Auswüchse einzelner Fürsten; ein einiges Volk und über ihm ein konstitutionell verpflichteter Monarch wären der beste Schutz dagegen. Jacob Grimm hat sich 1848 noch für eine kurze Zeit widerwillig in die Frankfurter Nationalversammlung wählen lassen, obwohl er sich ständig an den einsamen Schreibtisch zurücksehnte. Er gehörte dort dem liberalen Flügel an; die radikalen Demokraten waren ihm ein Gräuel (Feldmann 1970).

Vor diesem Hintergrund sollte das Wörterbuch zum ‚Schatzhaus' der Deutschen werden und zu diesem Zweck konnte es nicht anders als historisch angelegt sein. Im Historischen sah man ja gerade das sensationell Neue und aktuell Politische gegenüber dem toten Rationalismus der Aufklärung, speziell dem Wörterbuchs des von Adelung. Die Gegenwart, die gegenwärtige Bedeutung und der aktuelle Gebrauch der Wörter lagen dagegen am Rand des Interesses. So wie Jacob Grimm der muttersprachliche Deutschunterricht absurd erschien, weil man nicht zergliedert neu lernen müsse, was man von Kind an intuitiv könne, so erschienen ihm auch Bedeutungsangaben zu Wörtern der Alltagssprache ganz überflüssig. Um die Bedeutung der Wörter einigermaßen zu fixieren und Homonyme bzw. Homographen auseinanderhalten zu können, genügten den Brüdern Grimm einige lateinische Äquivalente, eine Praxis, die in der gesamten Lexikografietradition bis Adelung ohnehin üblich gewesen war. Mit Bezug auf die Aufklärung und Adelung sprach Grimm (1854, VII) von der „zerlegten und aufgelösten sprache" und vom „geschlepp langweiliger definitionen" (ebd. XL), zu denen die historische Wortforschung, die die alten deutschen Wörter aufspürt, den Gegensatz bilden sollte.

Die historische Wortforschung oder Etymologie, die durch Grimms eigene Forschungen auf eine neue Basis gestellt worden war, kann zunächst nur Aussagen über die historischen Veränderungen einer Wort*form* (Ausdrucksseite) machen. Veränderungen der *Bedeutung* (Inhaltsseite) gehen damit nicht zwangsläufig parallel einher und können dort nur vage erschlossen werden, wo keine ausreichend umfangreichen Verwendungskontexte, d. h. Quellentexte überliefert sind. Wenn man die indogermanische Wortform erschließen kann, kann man die Bedeutung dieser Form nur mehrfach vermittelt erschließen und keineswegs genau bestimmen. Dennoch sahen die Brüder Grimm, und nicht nur sie allein, in der Etymologie den Schlüssel zu einer semantischen Größe, die Jacob *Urbegriff* nannte; über den Urbegriff freilich konnte er oft genug nur spekulieren (Reichmann 1991 a). Im Wortartikel

6.2 Sprachauffassung, Wörterbuchkonzeption und -praxis   125

arm versucht er beispielsweise, „einen innern zusammenhang beider [von Substantiv und Adjektiv, UHZ], so sehr er sich dem ersten blick verbirgt, aufzudecken". Die Idee, dass ein Armer ein in die Arme zu schließender sei, verleiht der Sprache in Grimms Augen Mitleidsfähigkeit — ein Anthropomorphismus:

> ARM, *miser, pauper, elend und dürftig,* goth. arms, ahd. aram, mhd. arm, alts. arm, mnl. arem, aerm, nnl. arm, ags. earm, fries. erm, altn. armr, schw. dän. arm, also gleich dem vorausgehenden subst. allen deutschen sprachen gemein. hier liegt einer der seltnen fälle vor, dasz zwei in laut und buchstaben einstimmige wörter ganz verschiednen wurzeln anzugehören scheinen; es wird aber vielleicht gelingen einen innern zusammenhang beider, so sehr er sich dem ersten blick verbirgt, aufzudecken. was haben die begriffe brachium und miser mit einander zu schaffen? während nun arm brachium zu dem sl. ramo traf, begegnet merkwürdigerweise unser arm miser, goth. armaiô *misericordia* dem lappischen armes *miseraibilis,* armo *misericordia,* finnischen armas *gratus, clemens,* armo *gratia, clementia;* die abweichung der finnischen bedeutung ist doch so zu fassen, dasz armas mitleidig, lappisches armes dagegen bemitleidet ausdrückt, jenes activen, dieses passiven sinn zeigt, ungefähr wie in unsrer volkssprache niederträchtig herablassend, gnädig, in der schriftsprache elend meint. das goth. arms, überhaupt das deutsche arm bezeichnen wie das lapp. armes und lat. miser den elenden, der unglück oder abscheu auf sich zieht. Lappen und Finnen vermögen aber die abstraction dieses worts in den sinnlichen begrif nicht aufzulösen, wie wenn unsre sprache es vermöchte? armen hiesz *amplecti, in manus tollere,* umarmen, das grenzt geradezu an erbarmen, bemitleiden; wie gefühlvoll erschiene die sprache, welcher der arme ein solcher ist, den man mitleidig, liebreich aufnimmt und in die arme schlieszt. arm miser stammte hiernach unmittelbar aus arm brachium, musz nur einen hernach schwindenden ableitungsvocal besessen haben und jenes lapp. armes, finn. armas könnten ein früheres goth. armus errathen lassen, das sich hernach in arms verdünnte. fast entscheidende bestätigung dieser subjectiven deutung des wortes arm wird sich hernach unter armut ergeben, volles licht empfangen kann sie erst bei armen und erbarmen; festzuhalten ist, dasz arm einen unglücklichen ausdrückt, dem mitleid und gnade zu theil werden sollen.

Aus: *Deutsches Wörterbuch* 1, 1854 (Strecke von Jacob Grimm), Sp. 553–554.

Grimm gibt das Subjektive und Vorläufige seiner Deutungen ausdrücklich zu („dieser subjectiven deutung des wortes *arm*"), aber er will auch im Wörterbuch, einer Textsorte, von der man schon damals eigentlich nur gesichertes Wissen und keine Erörterungen erwartete, nicht auf Assoziatives verzichten, weil dies die Leistungsfähigkeit der neuen Art von Wortforschung immerhin anzudeuten vermag.

Die große lexikografische Neuerung neben dem herausragenden Stellenwert der Etymologie sollten die Quellen der ‚altdeutschen Poesie' spielen. Man kann das Wort *Quelle* hier ganz bildlich verstehen, als ein sprudelnder Brunnen, aus dem neues Leben quillt und der ‚gut tut', wenn man ihn trinkt oder in ihm badet. Baden kann man in der Belegmasse der 32 Bände in der Tat, und schwimmen auch, falls man eine präzise Information auf irgendeine gezielte Frage sucht. Aber um Informativität im modernen Sinne ging es den Brüdern nicht; sie wollten den Belegen vielmehr die ‚gewalt der poesie vor augen stellen' (Grimm 1854, XXXVI) und damit eine Sprachauffassung in Lexikografie umsetzen, die der aufgeklärt-rationalen Sprachreflexion diametral entgegengesetzt war.

Die Funktion der Beispiele war im *Deutschen Wörterbuch* der Brüder Grimm eine andere und neue. Seit der humanistischen Lexikografie hatten Beispiele vor allem als Vorbild für nachahmenswerten Wortgebrauch gedient (vgl. 2.12). Von Anfang an wurden deshalb im Zusammenhang mit Beispielen hier und da Namen berühmter und als Autorität geeigneter Schriftsteller angeführt. Bis hin zu Adelung blieb die Vorbild- oder Imitatio-Funktion der Beispiele gültig; sie entsprach auch der sprachnormierenden Absicht des 17. und 18. Jahrhunderts. Aber Adelung erkannte wohl bereits, dass Beispiele im Wörterbuch noch mehr können, als vorbildlichen Sprachgebrauch vorzuführen. Er merkte, dass es anhand von Beispielen auch möglich wäre, „alle diese unmerklich kleinen Schattierungen in den Bedeutungen durch Worte auszudrucken" (zit. nach Haß 1991, 544), aber es sei unmöglich, alle diese Fälle in Beispielen anzuführen, und so bleibt es bei der Vorbild-Funktion der adelungschen Beispiele. ‚Schattierungen', Nuancen, Konnotationen usw., d. h. die pragmatischen Implikationen des Wortgebrauchs wurden seit Adelung und vor allem Campe explizit in den Erläuterungen thematisiert und durch Beispiele lediglich illustriert.

Das *Deutsche Wörterbuch* knüpfte an die überlieferte Vorbild-Funktion des lexikografischen Beispiels an, tat dies aber in einer Weise, die von der älteren Sprachrichtigkeits- und Imitatio-Vorstellung wegführt. Jacob und Wilhelm Grimm bestimmten nämlich völlig neu, welche Werte durch vorbildhafte Beispiele vermittelt werden sollten. Alles, was die Lexikografen bei der Exzerptionstätigkeit am Material selbst entdeckt hatten, sollten auch die Wörterbuchleser an den Belegen entdecken können. Mit einem unausgesprochenen ‚Hier seht und staunt!' breiten die Lexikografen einen Teppich von Zitaten aus.

Beispiele sollten nicht ein an rhetorischen oder poetischen Regeln bzw. an der Leitvarietät ausgerichteten Wortgebrauch vorführen, sondern die Leser

6.2 Sprachauffassung, Wörterbuchkonzeption und -praxis

sollten affektiv betroffen gemacht werden von der Fülle, der Schönheit und der Gewalt der Sprache an sich, die im Kern als natürlich poetische Sprache gedacht wird. Die Wörterbuchbenutzer sollen die Sprache nicht „grammatisch-kritisch" analysieren wollen wie es Adelungs Ziel war, sondern sie sollen sich dem Wunder der Sprache staunend nähern. Die Beispiele sind das Medium, durch das man das Urbild der Poesie erahnen lernen soll. Jacob und Wilhelm Grimm gingen in ihrer Wörterbuchpraxis davon aus, dass man an die Bedeutung, das Wesen und den Kern eines Worts, d. h. an die „Urbedeutung" mit Mitteln der Vernunft nicht herankommen kann (Reichmann 1991 a). Man kann höchstens deren Widerschein in den Beispielen wahrnehmen, die zu diesem Zweck möglichst zahlreich sein müssen, um alle Facetten des Edelsteins Urbedeutung funkeln zu lassen. Wilhelm Grimm trug diesen Gedanken auf der Germanistenversammlung 1846 vor:

> Ich hoffe, es wird dem deutschen Wörterbuch gelingen, durch eine Reihe ausgewählter Belege darzutun, welcher Sinn in dem Wort eingeschlossen ist, wie er immer verschieden hervorbricht, anders gerichtet, anders beleuchtet, aber nie völlig erschöpft wird; der volle Gehalt läßt sich durch keine Definition erklären [...] der Geist ist es allein, der das Wort erfüllt und der Form erst Geltung verschafft; (W. Grimm 1846 zit. nach Denecke 1985, 233).

Der Geist, von dem Wilhelm hier spricht, war für beide Brüder die enge Verbindung von Sprachgeist und Volksgeist, einer zentralen Kategorie der romantischen Sprachauffassung. In diesem Begriff ist die treibende Kraft der Sprachentwicklung und die eigentümliche Essenz des Deutschen an und in der Sprache zusammengefasst. Der Volks- bzw. Sprachgeistbegriff neigte vor allem bei den Brüdern Grimm zu Personalisierung und Ontologisierung; der ‚Geist, der das Wort erfüllt' erscheint wie eine autonome Wesenheit, die einem eigenen Willen und eigenen Regeln folgt, gegen die rationale menschliche Eingriffe in die Sprache machtlos sind.

Nicht die Vorbild-, sondern die Urbild-Funktion des Beispiels spielte in der Konzeption des *Deutschen Wörterbuchs* und auch in seiner ersten Phase die ausschlaggebende Rolle und begründet die Vielzahl der Belegbeispiele. Der Verleger seufzte brieflich sehr oft über die viel zu vielen Belege (Kirkness 1980).

Nach dem Tod der Brüder 1859 und 1863, d. h. mit Beginn der zweiten Phase des *Deutschen Wörterbuchs* (s. 6.3) änderte sich die Funktion, nicht aber die Menge der Beispiele. Seither galt das Beispiel als philologischer Nachweis, als Zitat, anhand dessen der Philologe eine wissenschaftliche Aussage belegt, gleichgültig ob dies in einem Wörterbuch, einer Grammatik oder sonst einem wissenschaftlichen Text geschieht. Daher die Redeweise vom Beleg oder vom Zitat. Auch für die Philologen Jacob und Wilhelm Grimm waren Quellensammlungen und philologische Belegungen Kern der wissenschaftlichen Arbeit. Je breiter die Belegung, desto plausibler schien der Nachweis einer wissenschaftlichen Aussage.

Während Beispiele eher das Vorbildliche oder auch das Anschauliche ins Wörterbuch holen, verzeichnen die Belege und Zitate der Idee nach das, was vorkommt – wertneutral sozusagen. Bis einschließlich zu Adelung und Campe war das Belegungsprinzip nur ansatzweise verwirklicht worden, quasi automatisch mit der Erfüllung der Imitatio-Funktion der Beispiele und nicht vollständig im Bewusstsein der Nachweispflicht (vgl. 6.3 zu Steinbach). Innerhalb der deutschen Lexikografie ist das Belegungsprinzip erstmals 1827 von Johann Andreas Schmeller, dem Autor des Bayerischen Wörterbuchs, umgesetzt worden. Bei Schmeller war mit der „Beurkundung" von Dialektwörtern eine Aufwertung der Mundart als wissenschaftlichem Gegenstand verbunden.

Die Einführung der Nachweis-Funktion der Beispiele im *Deutschen Wörterbuch* bewirkte eher noch eine Zunahme der Belegfülle. Bis heute haben die Belege in einem wissenschaftlichen Wörterbuch, das den Wortschatz eines bestimmten Sprachzustands dokumentieren will, die Aufgabe nachzuweisen, was die Lexikografen über diesen Sprachzustand implizit behaupten.

Damals wie heute weisen Belege ein Wörterbuch nach außen sichtbar als wissenschaftlich aus. Nach dem Tod der Brüder Jacob und Wilhelm Grimm rückte der Wissenschaftlichkeitsanspruch des *Deutschen Wörterbuchs* immer stärker in den Vordergrund; als Symbol der Kulturnation hatte es mit der Gründung des Deutschen Reichs 1871 viel von seiner gesellschaftlichen Bedeutung verloren.

Die langwierige, aber nicht besonders kreative Arbeit der Exzerption sollten vom Verlag bezahlte Hilfskräfte und Kollegen übernehmen, letztere im Sinne einer ehrenamtlichen Unterstützung des großen Werks. Die Arbeit Jacob und Wilhelm Grimms fing im Prinzip erst mit den alphabetisch geordneten Zetteln an, auf denen aber oft genug kaum Kontextinformationen standen. Die Nennung eines Stichworts und der Seite seines Vorkommens in einem bestimmten Buch reicht aber nicht aus. So fühlten sich die Brüder von so manchem wissenschaftlichen Kollegen im Stich gelassen, der seine Mithilfe bei der Quellenexzerption zwar versprochen, die stupide Arbeit dann aber immer wieder hinausgeschoben hatte. Die Beleggrundlage erwies sich während der Arbeit an den Wortartikeln als zu dünn und so manches mal musste den Brüdern ein Hörbeleg oder die Frucht der Zeitungslektüre als Notnagel herhalten. Zumindest bei den einfachen, alten Wörtern wollen die Brüder nicht auf Belege verzichten, aber bei den für sie uninteressanteren Zusammensetzungen fehlen sie oft. 1840 müssen ihnen etwa 60.000 Belege

6.2 Sprachauffassung, Wörterbuchkonzeption und -praxis

verteilt über die gesamte Alphabetstrecke zur Verfügung gestanden haben – das ist nicht viel.

Welcher Wortschatz welcher Varietäten der deutschen Sprache sollte nach den Vorstellungen der Gründer im *Deutschen Wörterbuch* behandelt werden und auf welche hatten die Exzerptoren besonders zu achten? Das Werk sollte die Sprache dreier Jahrhunderte, von Luther bis Goethe, und dabei alle Stilschichten und alle Mundarten umfassen, ‚fremde' Wörter aber ausschließen. Das entscheidende Kriterium sowohl für die Auswahl der Quellen als auch für der Stichwörter war die ‚Sprachgewalt' eines Dichters, seine ‚kräftige Ausdrucksweise' oder die ‚lebendigkeit der Redensarten'. Fachsprachliche Quellen galten im allgemeinen als saft- und kraftlos; auch Neubildungen barocker oder klassischer deutscher Herkunft schienen zu weit weg vom Ideal alter Kraft. Sogar Schiller, schrieb Jacob Grimm in einem Brief, sei „wortarm und unsrer sprache nicht recht mächtig" gewesen (zit. in Kirkness 1980, 70; vgl. Haß 1991, 560). Das Volkstümliche, Einfache der Literatur rangierte in Grimms Augen weit höher als das Verfeinerte oder Höfische und als das Entlehnte. ‚Gute', aufzunehmende Wörter sind:

> heimische(n) Simplizia und Redensarten, auch und insbesondere [...] seltene(n) und veraltete(n), sowie [...] unbekannte(n), ungewöhnliche(n) oder vom gegenwärtigen Gebrauch abweichende(n) Bedeutungen, vor allem von einfachen Wörtern. Provinzialismen und Ableitungen interessieren weniger, während frei auflösbare Komposita und Fremdwörter nicht gefragt waren. (Kirkness 1980, 15).

Immer wieder findet man bei beiden Brüdern Äußerungen, in denen normierende Eingriffe in die Sprache, wie sie in der Lexikografie von Schottelius bis Adelung und Campe vertreten worden waren, abgelehnt werden. Jacob und Wilhelm Grimm setzten eine Vorstellung des Naturwüchsigen dagegen, in der allerdings ebenfalls eine Wertehierarchie der Wörter enthalten war: Sie unterschieden sehr wohl zwischen guter und schlechter Literatur, reiner und verdorbener, kerniger und kraftloser, deutscher und fremdländischer Sprache und scheuten sich nicht, entsprechende Urteile und Empfehlungen in ihre Wortartikel hineinzuschreiben: „man schreibt auch heute besser ermel", „das wort männlich zu gebrauchen ist sünde gegen die sprache" (zit. nach Kühn 1991, 117). Andererseits sollte im Wörterbuch die „Naturgeschichte der Wörter" geschrieben werden (Wilhelm Grimm 1846, s. u.), was damals ein deutliches Signal für ein deskriptives Verfahren setzte. Die zeitgenössische Naturgeschichte beschrieb, was sie vorfand, verglich und systematisierte nach den beobachteten Ähnlichkeiten. Aber die ‚Naturgeschichte' wies den Weg zur guten und richtigen Sprache: ‚richtig' ist, wie die Sprache sich hätte entwickeln müssen, ‚falsch' oft der gegenwärtige Gebrauch. Hier wird die überregionale Leitvarietät, um die Adelung und Campe sich noch bemühen mussten, bereits vorausgesetzt und zum wiederholten Gegenstand einer Kritik, die ihre Maßstäbe aus älteren Sprachstufen des Deutschen holt. Selbst vor anerkannten literarischen Repräsentanten wie Schiller, Goethe, Lessing, selbst vor Luther und Opitz, macht diese Kritik nicht halt.

Jacob und Wilhelm Grimm formulierten ihren Maßstab und die daraus abgeleiteten Kriterien der Stichwort- und Belegauswahl ihren Helfern gegenüber, die den Hauptanteil der Exzerption ehrenamtlich oder gegen geringe Entlohnung durch den Verleger übernahmen, nie in zusammenfassender schriftlicher Form. Infolgedessen und infolge der langen Erscheinungsdauer des Gesamtwerks gehorcht die Aufnahme der Stichwörter keinen strikt eingehaltenen Prinzipien. Unzusammengesetzte und alte deutsche Wörter wird man im *Deutschen Wörterbuch* mit Sicherheit breit behandelt finden; aus deutschen Elementen gebildete Komposita und Ableitungen sind umso knapper behandelt, je komplexer und je jünger sie sind. Bei älteren Lehnwörtern lateinischer Herkunft ist die Chance, sie zu finden, etwas größer als bei jüngeren und bei Anglizismen.

Als Anordnungsweise legten die Brüder Grimm die streng alphabetische fest, obwohl die etymologische Ausrichtung eigentlich auch Argumente für eine an Wurzelwörtern orientierte Anordnungsweise ähnlich wie bei Stieler zugelassen hätte. Die Gründe für diese Entscheidung wurden wie die meisten anderen konzeptionellen Entscheidungen nicht ausdrücklich dargelegt, mit Ausnahme der Entscheidung für das historische Prinzip, der die Wortbeschreibung zu folgen habe. Es beinhaltete ausführliche und der Bedeutungsangabe wie den Belegen vorangestellte Erläuterungen zur Etymologie sowie die diachronische (chronologische) Anordnung der einzelnen Bedeutungen bzw. der Verwendungsaspekte, die die jeweiligen Bearbeiter als Bedeutungen auffassten.

Die Wortartikel sind durchgehend zweigeteilt: Auf einen etymologischen und sprachvergleichenden Teil folgt der Bedeutungs- und Belegteil. Letzterer beginnt immer mit dem Gliederungspunkt, in dem die am frühesten belegte Einzelbedeutung dargestellt ist; weiter werden die Belege und sonstigen Angaben innerhalb solch eines Gliederungspunktes ebenfalls chronologisch angeordnet. Das ist ein vor allem in den Bänden ab der zweiten Phase wirklich durchgehaltenes Prinzip, an dem sich auch die heutigen Benutzer noch orientieren können, besonders unter dem Gesichtspunkt, dass die Belege im DWB selten mit einer Jahresangabe datiert sind, sondern meist nur der Autor und ein Kürzel für das Werk angeführt werden, das man dann mithilfe von Band 33, dem Quellenverzeichnis, auflösen und datieren muss.

Zum Vergleich ein Wortartikel aus der Feder Jacob Grimms und der Beginn eines Artikels von Moriz Heyne:

6.2 Sprachauffassung, Wörterbuchkonzeption und -praxis

FELGEN, ahd. felgan, falcta (GRAFF 3, 499), alts. felgian, felgida, mhd. velgen, valcte (wb. 3, 295¹), nhd. zwischen felgen und falgen schwankend; die ags. form fehlt, engl. aber findet sich fallow arare, subarare, scholt. fauch (nicht faulch) bei JAMIESON in gloss. und suppl. = fallow ground. es fällt gleich schwer, die beschaffenheit des vocalauts, als die wurzel des worts zu bestimmen. felgen falgte, ein subst. falga occasio (GRAFF 500), die variante falgen, und das engl. fallow scheinen von dem gramm. 3, 416. 456 angesetzten velge abzulenken, für welches sich doch das altn. adj. fialgr (SVEINBIÖRN EGILSSON 174ᵃ. 439ᵇ) geltend machen liesze. geht dieses fialgr zurück auf fëla condere, so gelangt man zum goth. filhan, ahd. fëlahan, aus deren praet. falh, falah ein schwaches falhjan, mit übergang des h in g und jenes falga entsprossen sein könnten, das subst. fëlga (goth. filha) und adj. fialgr rühren aber aus der starken form her. h haftete noch im ags. fealh occa. ein ahd. part. praet. gifalgan (GRAFF 500) wäre verschrieben für gifolgan. nun die bedeutungen.

1) agrum arare, subarare, novare begegnet in ahd. mhd. denkmälern nicht, nur erst in späteren glossen: falgen, eckern, untereren, subarare. voc. theut. 1482 h 5ᵇ. f5ᵇ. kk 8ᵃ. weitere stellen schwanken zwischen felgen, fälgen, falgen:

Luthers sach thut ider vorstan,
der halb wil nimant zum (papistischen) opfer gan,
er felge ader requiemme, schwod ader hot,
so hat man draus ein hon und spot.
dial. von zweien pfaffenkochin 1523 A 1ᵇ,

er thue was er wolle, pflüge oder brache, rufe links oder rechts (gramm. 3, 309). hier hält die felge der brache (cessatio, requies) entgegen, doch andermal ist felgen, gleich dem brachen, ein stürzen, umpflügen, von dem eigentlichen ersten pflügen unterschieden. vielleicht war felgen das zweite, brachen das dritte umwenden des ackers, ein stoppelfeld wird gefelgt, umgerissen, in diesem sinn scheint auch felgen, falgen bei SCHMELLER 1, 527. FROMMANN 4, 90. 105. im brem. wb. 1, 337 angesetzt. nach SCHAMBACH 259ᵃ heiszt felgen den abgeernteten acker im herbst umwenden, verschieden von roren (rühren) und tweoren (zum zweitenmal rühren) des sommerfelds. 174ᵃ. 238ᵇ. die benennung und bedeutung mag landschaftlich schwanken, s. auch bei STÜRENBURG 78ᵇ güstfalgen. die folgenden, von weinbau und zuckerrohr redenden stellen verstehen ein bearbeiten des erdbodens mit hacke und karst, nicht mit der pflugschar:

mhd. rëben sol man falgen (: galgen)
und mit miste dungen. Ls. 3, 564.

nhd. in einer weinbergordnung von 1536 (MONE zeitschr. 3, 276) stehn nebeneinander 'maienfalgen' und 'augstenfalgen' für im mai und august felgen, das gras mit dem rührkarst aus dem weinberg entfernen; die weinberge drei vorneme regung bedürfen 1. im früling das hacken. 2. wann der wein schier blühen soll, das brachen, rühren oder felgen, und diese drei regung sind karstarbeit. a. weish. lustg. 112; sie müssen im weinberg hacken und felgen. OTHO 264; was die pflanzung (des zuckerrohrs) anbelanget, so wird vor allen dingen ein gutes, feisztes und feuchtes land darzu erfordert, welches, so als wol gebauet, in kleine hügelein gefelget und eingetheilet wird. HOHBERG 3, 1, 541ᵃ; derowegen sol man, nachdem man gemeldete schollen zerklopfet oder gebrochen hat, das feld ohngefähr im brachmonat, wann der grund feiszt und feucht ist, fälgen lassen. 3, 2, 19ᵃ; einem, der den sommerlang das felgen in seinem weinberg vergessen hat, so dasz das gras über die pfähle hinaus wächst, ruft sein nachbar zu: 'geh hinaus, felg deinen siebdichfür (weinberg)'. NEFFLEN vetter aus Schwaben s. 121. wenn J. P. biogr. bel. 1, 150 sagt: ein alltag, ein ausgeleerter prosaischer, tausendmal gefelgter oder gestürzter treberntag, so hebt dies nur die allgemeine bedeutung wiederholter feldarbeit hervor.

2) schon aus älterer zeit aufzuweisen sind abstracte anwendungen, in deren sinn nicht genau einzudringen ist,

a) euphemistisch für subigere, comprimere, cogere mulierem: ahd. ni valcta imo sia, non cognoscebat eam conjugem. Diut. 2, 282. vgl. erkennen sp. 566 und das folgende usurpare, brauchen.

b) rechlich für mancipare, vindicare, usurpare, sich eine sache aneignen, anmaszen, ihrer unterziehen, in welcher bedeutung felgan, falgan, bifalgan verschiedentlich bei GRAFF 3, 499. 500 aufgeführt wird.

mhd. dâ zebrach ër (der teufel) dën ban
an dëm aller ërsten man
unde an sinem wibe,
ër bevalcte ir libe (mancipavit, tradidit ipsi)
ein obiᵌ (daᵌ?) ër ir bôt.
dar an empfienc si sin tôt.
daᵌ obiᵌ si eᵌᵌen began,
si befalcte eᵌ dëm man. KARAJAN denkm. s. 41;
got gab Josëbe daᵌ ze muote,
daᵌ er an dëme gewalte
ime mëre maᵌᵌes nie bevalgte,
ne wane daᵌ durre prôt. fundgr. 2, 56, 7.

thën namon imo felgen heiszt deutlich nomen sibi vindicare, usurpare:

noh thên namon, in min wâr,
then ni felgu ih mir sâr. O. I. 27, 34;
in thia beldida gigangê,
thên namon imo felgê. IV. 20, 20.

c) alts. felgian firinsprâca, firinword, probrum inferre, gleichsam schimpf über einen stürzen:

felgiad in firinsprâca endi fiundscap. Hel. 40, 11;
im bigan felgian firinsprâca. 151, 19;
felgidun imu firinword. 156, 7;
felgidun im firinword. 161, 16.

so viel zurückgegriffen muste werden, um ein in der heutigen sprache ganz schwach fortlebendes wort einigermaszen zu beleuchten. für die abstraction steht mir nur eine einzige stelle zu gebot:

laszt ihn jetzt laufen an den galgen.
'da bin ich doch? wilt mich mehr falgen?'
ja freilich, wann ich dich wird mehr
ergreifen, ich tractier dich sehr. FRISCHLINS Rebecca p. 199.

der reim wie vorhin Ls. 3, 564. hier musz es bedeuten foppen, mishandeln.

d) umstürzen, umkehren:

sol man ein evangelium
und s. Francisci heiligthumb
also felchen und keren umb?
FISCHARTS Dominicus und Franciscus
1571. f4 randnote.

Aus: *Deutsches Wörterbuch* Bd. 3, 1862 (Strecke von Jacob Grimm), Sp. 1493 f.

ROH, adj. crudus, rudis.
I. Formales. das wort ist gemeingermanisch. die gothische entsprechung fehlt zufällig. altnord. hrár, schwed. rå, dän. raa; ags. hreáw, hreów, engl. raw; neufries. rä, rê; mnd. rô, nnd. rå, rô, rau; mndl. rouw, rauw, holl. rouw. verwandt erscheinen lat. cruor, cruentus, crudus, altir. crúu blut (vergl. die älteste bedeutung von roh II, 1) nach FICK 1², 539. — ahd. ist belegt rauuer, rôer, rauuin, rouuaz, rouaz (GRAFF 2, 553. 554); mhd. rå, rô, rou, flectiert råwes, rôwes, rouwes (LEXER mhd. wb. 2, 510), daneben durch vermischung mit dem in form und gebrauch ähnlichen, der herkunft nach aber unverwandten rûch, rouch schon früh rôher, rouher, rôch, rouch (vgl. darüber rauh sp. 262): swer in eʒʒen wil, der sol in sieden, sô ist erb eʒʒer denne rôher. arznb. im mhd. wb. 2, 1, 757'; unlust geschicht von rouher veuht. ebenda; welchiu tier rôch flaisch eʒʒent, diu streitent mit andern tiern. MEGENBERG 116, 34; rauch (cruda) fleisch DIEF. nov. gl. 121'. auch im älteren nhd. findet sich rôch neben der heute üblichen form: (die frauen) punden rôch flaisch under die üechseln. AVENTINUS 2, 62, 33; fragen, da man mit der ewigen versehung die leute jrre, zweiffelhafftig, wild, roch unnd sicher macht. MATHESIUS Sarepta 159'; roch geblüt, .. sanguis crudus imperfecte coctus HENISCH 431, 10. in die flectierten formen scheint das ch nicht einzudringen. das 16. jh. bietet als unflectierte form nicht selten ein historisch unberechtiges rohe: was rohe ist, soll man meiden. RYFF spiegel d. ges. (1544) 33'. DASYPODIUS hat neben rho, roher noch rhow und rôwe cruditas, MAALER schreibt das unflectierte form mit w: rauw, rouw; ebenso rauwlächt, halbkochet, subcrudus. SCHM. 2, 65 erwähnt aus älterer zeit ein neutr. sing. rabs (die stelle s. unter II, 5). — von der mitte des 17. jahrh. ab scheint in flectierter und unflectierter form der heutige gebrauch festzustehen.
II. Bedeutung und gebrauch.
1) an die älteste bedeutung des worts rührt gewiss der gebrauch als wund oder blutig an: wenn derselb (der priester) sihet und findet, das weis auffgefaren ist an der haut (des aussätzigen), und die har weis verwandelt, und rho fleisch im geschwür ist, so ist gewiss ein alter aussatz in der haut seines fleischs. 3 Mos. 13, 10; sich roh (wund) liegen bei CAMPE als der 'gemeinen sprechart' angehörig; so noch heute: er schürfte sich die haut ab, sodasz das rohe fleisch sichtbar wurde; nd. raue (zerrissene, wunde) handen dún sêr. TEN DORNKAAT-KOOLMAN 3, 16'; hê hed sük de handen wêr rau reten. ebenda;

 dâ von erschrac sîn muoter dô
 daʒ er (Achilles) beschunden unde rô
 ze hûse ûf im den lewen truoc.
   KONRAD V. WÜRZBURG troj. 16693;
 mit den thränen, die mein leiden
 billig scheide-wasser nennt,
 weil es .. die lippen schmertzlich friszt,
 die der abschied roh geküszt. GÜNTHER 302.

2) indem das rohe, blutige fleisch eines thieres dem durch feuer zubereiteten gegenübergestellt ward, mag sich der ansatz ergeben haben zur entwicklung der freieren anwendung als ungebraten, ungesotten, ungekocht, ungebacken u. s. w.: ahd. rouuaʒ crudum, glosse zu 2 Mos. 12, 9, vom fleisch (die stelle s. unten) STEINMEYER-SIEVERS 1, 274, 51; swenne diu milche rôhiu ist, sô schadet si mêre unde nicht gesoten. arznenbuch im mhd. wb. 2, 1, 757'; aber si (die holzapfel) sint gsünter gepräten oder gesoten denn rôch. MEGENBERG 330, 2; gib mir das fleisch dem priester zu braten, den er mir nicht gekocht fleisch von dir nemen, sondern roh. 1 Sam. 2, 15; knobloch, speck, butter, saltz, also rohe, ist jr speisz. S. FRANCK weltb. (1542) 58'; den rohen honig allein und on brot genossen, treibt von seiner scherpffe wegen den bauch, aber gesotten honig füret. RYFF sp. d. ges. (1544) 57'; so sein (des raben) eyer gekocht werden, unnd dann widerumb in das nest gelegt, so holt der rapp ein stein, mit welchem er berürt seyn eyer, und so werden sie als bald wider roh und lauter. ein neuwer Alb. Magnus (1562) 32'; dat is en old mene word, dat man secht: de hungher maket ro bonen sote. SCHILLER-LÜBBEN 3, 492'; de ro spise gheten heuet unde eme an sineme maghen licht, de scal nemen encianen. mnd. arznb. im nd. jahrb. 1889 (15), 111; roher schinken, petaso sive perna, nec cocta nec infumata. STIELER 1620; heute heiszt auch gerducherter schinken roh; vom bier, das nicht gehörig gesotten ist: worauf ein rohes wasserhafftes bier dem magen .. unruhe machte. WINCKLER edelm. 87; so darff ich nicht mehr so viel rohe welcke rüben essen. REUTER frau schlampampe K. u. T. neudr. 121; roher teig, massa farina non cocta FRISCH 2, 124'; (vom siedenden wasser:)

 dâr inne râwe spise
 wirt gemachet gâr. minnes. 1, 268' Hagen;
 ein schlecht und rohes essen,
 vom feuer ungekocht.
   H. SACHS meisterl. 134, 22 Gödeke;
 disz ist noch rho, jhens gar verbrent,
 das essen ist in boden geschendt.
   Grobianus v. 2785 neudruck;
(im bilde): wir (alamode monsiers) taugen nichts gesotten,
 roh sind wir auch kein nutz. OPEL u. COHN 416, 20;
 der baum wird zum zelte,
 zum teppich das gras,
 und rohe kastanien
 ein herrlicher frasz! GÖTHE 13, 92.

etwas roh essen:

 swaʒ er dar in (Chiron in seiner höhle) gedinsen
 mohte wilder tiere
 diu gaʒ er alliu schiere
 beid ungesoten unde rô.
   KONRAD V. WÜRZBURG troj. 5891;

Aus: *Deutsches Wörterbuch* Bd. 14, 1893 (Strecke von Moriz Heyne), Sp. 1113 f.

Zwei der drei zentralen Ziele, die die Brüder Grimm mit ihrem *Deutschen Wörterbuch* verfolgten, sind bisher genannt worden: Erstens sollte das Wörterbuch den nationalen Schatz, den Sprache und Literatur darstellen, und die Macht der Sprache, „die gewalt der poesie" einem Publikum nahe bringen, das Sprache und Literatur als Quelle nationaler Identität begriff. Zweitens sollte das *Deutsche Wörterbuch* die historisch-etymologische Wortforschung als Wissenschaftsparadigma etablieren und diesem möglichst über wissenschaftliche Kreise hinaus national motiviertes Prestige verleihen.

Das dritte Ziel bestand in der Begründung und Durchsetzung einer dieser Sprach- und Methodenauffassung entsprechenden historisierenden Orthografie. Sowohl die lateinische und damit fremde Schrift als auch die durch mangelndes geschichtliches Bewusstsein verursachte Schreibung trübten im

6.2 Sprachauffassung, Wörterbuchkonzeption und -praxis

Verständnis beider Brüder die Quelle, die Sprache und Literatur der mittelhochdeutschen Blütezeit darstellen. Die im *Deutschen Wörterbuch* praktizierte Schreibweise war seinerzeit und ist heute erst recht äußerst ungewöhnlich: Sind die Stichwörter vollständig in Großbuchstaben gesetzt, so dass die Groß- und Kleinschreibung am Wortanfang unmarkiert bleibt, so wird in den beschreibungssprachlichen Textteilen als auch in den Belegen radikal, d. h. auch am Satzanfang kleingeschrieben, ungeachtet der Schreibung in den jeweiligen Originalausgaben. Anstelle des ‚scharfen s' (*ß*) wird *sz* gesetzt; dafür enthalten mittel- und althochdeutsche Belege spezielle Sonderzeichen (*nâch, groʒen*). Solange eine einheitliche überregionale Regelung der deutschen Schreibung noch fehlte – 1876 wurden erste Versuche unternommen, die aber erst 1904 zum Erfolg führten –, war es nicht ganz unmöglich, auf die Durchsetzung dieser vorneuhochdeutschen Schreibung zu hoffen, obwohl in Literatur, Presse und Administration Frakturschrift und Substantivgroßschreibung üblich war. Nach 1904 aber wurde die orthografische Praxis des *Deutschen Wörterbuchs* nur noch von etlichen Sprachwissenschaftlern geteilt und in ihrer Intention verstanden.

Die Adressaten, für die das *Deutsche Wörterbuch* vor allem geschrieben war, sind für die Zeit nach dem Tod Wilhelm und Jacob Grimms eindeutig dem Kreis der Wissenschaft, der deutschen Philologie oder Germanistik, zuzuordnen. Aber auch in der Konzeptions- und Frühphase werden Entscheidungen an philologisch vorgebildeten Benutzern ausgerichtet, etwa bei der Wahl der lateinischen Interpretamente oder bei der Entfaltung der etymologischen Zusammenhänge quer durch alle indogermanischen und viele nicht-indogermanischen Sprachen. Dennoch warb vor allem Jacob Grimm in seiner Vorrede zum ersten Band beim großen Publikum für das Werk. Berühmt wurde vor allem die hier von Grimm entworfene idyllische Vision vom Hausbuch, das im Familienkreis mit Andacht gelesen werden könnte:

> fände bei den leuten die einfache kost der heimischen sprache eingang, so könnte das wörterbuch zum hausbedarf, und mit verlangen, oft mit andacht gelesen werden. warum sollte sich nicht der vater ein paar wörter ausheben und sie abends mit den knaben durchgehen zugleich ihre sprachgabe prüfen und die eigne anfrischen? die mutter würde gern zuhören. (Grimm 1854, XIII)

Doch darf man diese Vision nicht als Definition der Benutzungssituation, für die das *Deutsche Wörterbuch* geschrieben sei, missverstehen, wie es oft geschehen ist. Nicht nur die konzeptionellen Entscheidungen der Lexikografen sprechen eine andere Sprache. Auch in der unmittelbaren Textumgebung der Idylle, im vorhergehenden Absatz, wird die Einhaltung des wissenschaftlichen Niveaus bekräftigt: „Auch ist gar keine noth, dasz allen alles verständlich" (Grimm 1854, XII).

Die Vorstellungen über die Merkmale, die das Nationalwörterbuch haben sollte, gingen beim Verleger, der das große Publikum der wissenschaftlichen Laien im Auge hatte, und bei den Literatur- und Sprachforschern der historisch-etymologischen Richtung auseinander. Die Adressatenausrichtung des Werks blieb ein ständiger Konfliktpunkt in der Korrespondenz der Brüder mit dem Verleger.

Die Aufgabe der berühmten Vorrede Jacob Grimms (Grimm 1854) war weniger die Darlegung des lexikografischen Programms als die Entkräftung der Kritik, die in den beiden vorangegangenen Jahren laut geworden war (detailliert dazu Haß-Zumkehr 1997). Der eigentlich programmatische Text zum *Deutschen Wörterbuch* stammt von Wilhelm Grimm (1846).

1846, mitten in den langwierigen Vorbereitungen und sechs Jahre, bevor die erste Lieferung des Wörterbuchs erschien, hielt Wilhelm Grimm in Frankfurt am Main auf dem ersten Germanistentag einen Plenarvortrag mit dem Titel *Bericht über das deutsche Wörterbuch*. Er wollte damit die Fachkollegen näher über den Plan informieren und bei ihnen um Unterstützung werben:

> Unser Werk wird, wenn Sie mir den Ausdruck erlauben, eine Naturgeschichte der einzelnen Wörter enthalten. [...] Ein Redner vor mir hat mit Recht behauptet, die Wissenschaft suche nicht sich selbst allein, sie sei vorhanden, um den Geist des ganzen Volks (ich begreife alle Stände darunter) zu erheben und auf seinem Wege zu fördern. Möge daher das Wörterbuch nicht bloß die Forschung begünstigen, sondern auch im Stande sein, das Gefühl für das Leben der Sprache zu erfrischen. [...] Könnte das Wörterbuch dahin wirken, dass die sinnliche Rede, der bildliche Ausdruck (ich meine nicht die von allen Händen abgegriffenen Gleichnisse) selbst auf die Gefahr hin, derb oder eckig zu erscheinen, wieder in ihr Recht gesetzt werde! [...] Wir geben uns der Hoffnung hin, dass das Wörterbuch den Sinn für die Reinheit der Sprache wieder erwecke, der in unserer Zeit völlig abgestorben scheint. Keine andere Sprache befindet sich, von dieser Seite betrachtet, in einem so erbarmungswürdigen Zustand. (W. Grimm 1846 zit. nach Denecke 1985, 232–236)

Auch Wilhelm legt hier enormes Gewicht auf die Vorzüge des neuen Wissenschaftsparadigmas. Er zeigt an sechs Aspekten auf, inwiefern die „auf geschichtliche Erforschung (ge)gründet(e)" „Grammatik" für die gegenwärtige Sprachgemeinschaft selbst, nicht bloß für die Forschung von Bedeutung sei. Das Wörterbuch sollte das Instrument darstellen, mittels dessen die historische Sprachforschung gesellschaftlich verankert und auf die Sprachentwicklung Einfluss genommen wird.

Wilhelms Wörterbuchkonzept stimmt mit Jacobs später verfassten Vorrede darin überein, dass das lexikografische Programm des *Deutschen Wörterbuchs* auf die drei Themen: Wort-„Schatzhebung", etymologische Methode und Orthografiereform konzentriert war. Sie werden an herausgehobener

Stelle der Vorrede, im ersten Satz des „Schlusz"-Abschnitts, in einer für die Öffentlichkeit bestimmten Rhetorik zusammengefasst:

> Es galt unsern wortschatz zu heben, zu deuten und zu läutern, denn sammlung ohne verständnis läszt leer, unselbständige deutsche etymologie vermag nichts, und wem lautere schreibung ein kleines ist, der kann auch in der sprache das grosze nicht lieben und erkennen. (Grimm 1854, LXVII).

Dieses Programm stellte allerdings eine versuchte Revolution in der Geschichte der Lexikografie dar und hätte, wenn überhaupt, nur mit gezielter ‚Öffentlichkeitsarbeit' Chancen auf langfristige Durchsetzung gehabt. Möglicherweise haben die berühmten Brüder ihren Ruf als nationale Integrationsfiguren überschätzt; die bürgerliche Öffentlichkeit hielt jedenfalls überwiegend an der rational-aufgeklärten Form des Wörterbuchs fest (s. Kapitel 7 und 8).

6.3 Zur Wörterbuchpraxis der späteren drei Phasen

Jacob Grimm hatte sich zu Beginn die Buchstaben A, B und das schmale C vorgenommen, während der langsamer arbeitende Wilhelm sich an das D machte. Gedacht waren insgesamt fünf bis sieben Bände, aber Maßnahmen zur Einhaltung dieses Plans fehlten offensichtlich, etwa Berechnungen, wie viel Druckraum auf jeden Buchstaben höchstens kommen dürfen und wie viel Wortartikel eines bestimmten durchschnittlichen Umfangs es geben darf. Wilhelm starb 1859, kurz nachdem er den Band D fertig hatte. Jacob arbeitete daraufhin, von Schülern unterstützt, weiter an den Strecken E und F, bis zu seinem Tod 1863. In der wohl einzigen Fußnote des 33-bändigen Wörterbuchs unter dem Stichwort *Frucht* heißt es:

> Mit diesem worte sollte Jacob Grimm seine feder von dem werke leider für immer niederlegen. das übrige bis zu ende des so weit geführten buchstabens ist meine arbeit. Weigand. (*Deutsches Wörterbuch* Bd. 4, 259)

Mit Jacobs Tod 1863 beginnt also die zweite Phase des *Deutschen Wörterbuchs*. Das historisch-diachrone Paradigma der „Deutschen Philologie" war inzwischen etabliert; das Wörterbuch hatte auf diesem Gebiet nichts mehr zu beweisen. Mit dem Sieg Deutschlands über Österreich 1866 und der Reichsgründung einige Jahre später veränderte sich auch seine nationalsymbolische Funktion: Es hatte der nationalen Einigung nicht mehr richtungsweisend voranzugehen, sondern diese nun kulturell und historisch zu begründen. Die bis in den Deutschunterricht der Schulen verbreitete Germanistik hieß nun „Deutschkunde", und wurde pädagogisch herausragend von Rudolf Hildebrand, einem der Bearbeiter der zweiten Phase vertreten. Alle Hauptbearbeiter der zweiten Phase waren noch von den Brüdern Grimm in die Wörterbucharbeit eingeführt worden.

> Um die Fortführung des Unternehmens zu sichern, übertrug der Verlag die Weiterbearbeitung des DWB an Professoren, die diese Tätigkeit neben ihrer eigenen wissenschaftlichen Lehr- und Forschungsarbeit ausübten. Damit entstanden räumlich getrennte, selbständige Bearbeitungsbereiche bei Rudolf Hildebrand, Friedrich Karl Weigand und Moriz Heyne, der auch Assistenten und Studenten an die Bearbeitung heranführte. [...] Für den Verlag war das Unternehmen längst zu groß geworden. Eine Förderung mit öffentlichen Mitteln erwies sich ab 1868 als notwendig. Diese Förderung wurde vom Deutschen Bund, später vom Innenminister des Deutschen Reichs gewährt. (Informationsschrift 1986, 4 f.)

Ein Werk, das auf staatliche Unterstützung angewiesen ist, kann sich dem staatlichen Bedarf, in diesem Falle der ideologischen Begründung der Nation aus Sprache und Geschichte, kaum entziehen; die Autoren eines solchen Werks werden die gesellschaftliche Relevanz ihrer Arbeit sogar noch unterstreichen. Hildebrand:

> Das wörterbuch arbeitet zugleich, es mag wollen oder nicht, an einer wichtigen ergänzung, ich möchte sagen unterbauung der politischen geschichte, an einer deutschen, in gewissem sinne europäischen culturgeschichte, die die königin der wissenschaften zu werden sich anschickt. (Hildebrand, 1869, zit. nach Bahr 1991, 23).

Im gleichen Maße, wie sich das *Deutsche Wörterbuch* politisch definierte, verlor es den Kontakt zur zeitgenössischen Sprachwissenschaft und ihren Theorien und Methoden (Bahr 1991, 23). Die Darstellung wurde noch viel breiter, als sie es bei den Gründern gewesen war. Ein einziger Wortartikel des *Deutschen Wörterbuchs* ist separat gedruckt worden: der 173 Spalten lange Artikel *Geist* (einschließlich rechtserweiternder Kompositen) von Rudolf Hildebrand. Neun Bände (4 und 5, 10–16) oder die Hälfte des gesamten Werks am Spaltenumfang gemessen, entstand in dieser zweiten Phase von 1863 bis 1908.

Die dritte Phase von 1908 bis 1930 war durch den Versuch geprägt, die Uneinheitlichkeit, das umfängliche und das zeitliche Ausufern durch organisatorische Maßnahmen in den Griff zu bekommen. Die Verlangsamung des Erscheinungstempos verdankte sich auch der zeitraubenden Exzerption neuen Textmaterials, durch die die von den Brüdern zusammengestellte unzureichende Quellengrundlage verbessert werden sollte. Es musste sich institutionell und arbeitstechnisch etwas ändern, wenn das Wörterbuch überleben sollte. Die wissenschaftliche Leitung des DWB wurde der Deutschen Kommission der Preußischen Akademie der Wissenschaften zu Berlin übertragen. Die finanzielle Ausstattung wurde verbessert, der Mitarbeiterstab vergrößert

6.3 Zur Wörterbuchpraxis der späteren drei Phasen

und eine Zentralsammelstelle in Göttingen eingerichtet. Von 1908 bis 1913 wurden etwa 2 Mio. neue Belege für die noch nicht gedruckte Alphabetstrecke gesammelt.

Ferner wurden Maßnahmen zur Reduzierung des Artikelumfangs ergriffen, die im Endeffekt aber nur bewirkten, dass die Artikel nicht noch umfangreicher und das Arbeitstempo nicht noch langsamer wurde. Von 1906 bis 1930 erschienen nur die Bände 6, 17 und 27. Die Artikel blieben weiterhin recht heterogen. Einige der Bearbeiter in dieser dritten Phase waren Moriz Heyne, Matthias Lexer und Hermann Wunderlich. Heyne und Lexer sind auch mit eigenen Wörterbüchern bekannt geworden: Lexer mit einem mittelhochdeutschen Wörterbuch und Heynes mit einem dreibändigen *Deutschen Wörterbuch* (1890–1895), das wohl eine populärere und kürzere Variante des ‚großen' Nationalwörterbuchs sein wollte.

Die vierte Phase begann 1930 mit den organisatorischen Neuerungen von Arthur Hübner, der schon seit 1910 Mitarbeiter am *Deutschen Wörterbuch* war. Sein Konzept zielte auf die bessere und konsequentere Gliederung der Wortartikel. Hübner versuchte, den Formteil zu Beginn des Wortartikels zu straffen und als eine Art Einleitung oder Vorspann dem Bedeutungsteil gegenüber zu bestimmen. Der Bedeutungsteil wurde viel stärker hierarchisiert als früher; die Bedeutungen wurden erst jetzt mittels deutscher Paraphrasen angegeben, statt bloß mittels lateinischer Äquivalente. Dabei wurden nicht Einzelbedeutungen im Sinne heutiger Semasiologie unterschieden, sondern unterschiedliche Verwendungsaspekte wie z. B. der Bezugsbereich oder die Verwendung eines Verbs mit einer bestimmten Präposition gaben den Ausschlag zum Ansatz einer neuen Bedeutungsstellennummer (vgl. 2.6). Ab 1930 erhielt die Darstellung also eine semantischere Ausrichtung als vorher, auch wenn die Wortformengeschichte im Vordergrund und die Darstellung hinter dem Stand der zeitgenössischen Semasiologie zurück blieb.

Auch institutionell ändert sich etwas: 1930 wird unter Hübners Leitung an der Preußischen Akademie der Wissenschaften eine Arbeitsstelle mit jetzt hauptberuflich tätigen Mitarbeitern eingerichtet. Es hatte sich gezeigt, dass das Unternehmen nur mit nebenamtlichen Professoren nicht im gewünschten Maße vorankommen konnte. Die von Hübner schon in der dritten Phase praktizierten Neuerungen wurden nun von Mitarbeiter Peter Diepers in schriftlicher Form festgehalten und ihre Umsetzung in die Praxis systematisiert. Diepers war damit der erste, der für die Arbeit am *Deutschen Wörterbuch* redaktionelle Richtlinien verfasste.

Die Institution *Deutsches Wörterbuch* überstand den Zweiten Weltkrieg und fand sich nach dessen Ende in Ostberlin wieder. 1947 wurde in Göttingen eine zweite Arbeitsstelle eingerichtet, die zunächst eine Art Filiale der Berliner

Arbeitsstelle war. An beiden Orten und in zwei Staaten arbeiteten Germanisten an der gemeinsamen und abgesprochenen Komplettierung der seit langem begonnenen Bände, vor allem G, S und W. Nach der Währungsreform wurde die Göttinger Arbeitsstelle der dortigen Akademie der Wissenschaften angegliedert. 1960 erschienen die letzten beiden Bände aus der W- bis Y-Strecke.

6.4 Quellenband und Neuauflage

Doch damit hatte die Geschichte des *Deutschen Wörterbuchs* noch kein Ende. Das Verzeichnis der im Laufe eines Jahrhunderts benutzten ca. 25.000 Quellen musste erarbeitet werden. Die Nachweisfunktion der Beispiele ist zwingend darauf angewiesen, dass Wörterbuchbenutzer ein Zitat in der benutzten Quelle auf Anhieb wieder finden können. Nur etwa 2000 Werke mit insgesamt rund 4000 Bänden waren systematisch durchexzerpiert, die übrigen 23.000 Quellen sporadisch benutzt worden. Der Quellenband des *Deutschen Wörterbuchs* erschien 1971 und leistet einem auch als allgemeines bibliografisches Hilfsmittel gute Dienste, etwa bei Fragen wie „Was hat denn der Autor X noch so alles geschrieben?" oder „Welche großen Luther-Ausgaben hat es eigentlich gegeben?" usw. Hier hat man einen guten Querschnitt über 300 Jahre deutsche Literatur einschließlich Sachliteratur und Wörterbüchern.

Mit dem Erscheinen des Quellenbands war die Geschichte des *Deutschen Wörterbuchs* noch nicht zuende. 1957/58 beschlossen die Akademien in Berlin, in Göttingen und in Österreich die Neubearbeitung des DWB in den am stärksten veralteten Teilen, das sind die von den Brüdern Grimm bearbeiteten Buchstaben A bis F. Die Quellengrundlage dieser Lieferungen war unvergleichlich schmaler als die der späteren. Aus den dreieinhalb Bänden, die A bis F in der 1. Auflage umfassen, sollten in der Neubearbeitung etwa 10 Bände werden, um so das Gleichgewicht zu den übrigen Strecken wiederherzustellen. Einige Bände dieser Neubearbeitung sind lieferungsweise inzwischen erschienen. Die Neuauflage weist aber auch konzeptionelle Änderungen auf, obwohl man bei solch einem Werk natürlich den grundsätzlichen Zusammenhang mit den zentralen Ideen der Gründer nicht völlig verlieren darf. In der Neubearbeitung wird zum Beispiel auch der Fremdwortschatz aufgenommen, den die Brüder Grimm überwiegend ausgeschlossen hatten. Die Geschichten der Wörter werden nun sowohl ihrer Form als auch ihrer Bedeutung nach dargestellt. Die Nachweisfunktion der Belege wird noch konsequenter auf die worthistorische Darstellung ausgerichtet (Informations-

6.5 Rezeption und Reaktionen

schrift 1986, 10). Die Belegmenge wird durch strikte Regeln begrenzt. Weitere Charakteristika der Neubearbeitung s. Strauß (1991).

6.5 Rezeption und Reaktionen

Bei kaum einem Wörterbuch der deutschen Lexikografiegeschichte nahm die Öffentlichkeit so intensiven Anteil an seiner Entstehung; kaum eines erhielt so viel Aufmerksamkeit in Form von Rezensionen. Die öffentlichen Reaktionen konzentrierten sich auf die Jahre 1960, das Jahr der Fertigstellung, und 1984, dem Jahr des Taschenbuch-Nachdrucks.

Bekannt geworden ist vor allem die Auseinandersetzung des Publizisten Eckehard Boehlich mit den DWB-Bearbeitern Theodor Kochs und Hans Neumann. Boehlich hatte in etwas polemisch formulierten Artikeln wie „Säkularfeier oder Säkulartrauer" (Boehlich 1952), „Blick zurück im Grimm" (Boehlich 1961 b) und „Ein Pyrrhus-Sieg der Germanistik" (Boehlich 1961 a) auf eine ideologische Einseitigkeit des gerühmten *Deutschen Wörterbuchs* hingewiesen. Er warf dem Werk insgesamt eine deutsch-nationale Ausrichtung, antijüdische Züge und die Vernachlässigung sozialistischer und linksliberaler Autoren vor (Boehlich 1961 a, 43). Boehlich bezog sich dabei in erster Linie auf die Titel, die in den stark auswählenden Literaturverzeichnissen einiger Bände aufgelistet wurden – 1960 war der Quellenband noch nicht erschienen. In zweiter Linie interpretierte er die Auswahl der Lemmata, vor allem der Lehn- und Fremdwörter als Ausdruck einer bestimmten, von den Lexikografen vertretenen Ideologie. In Hildebrands „K"-Band sind *Kanone, Kaserne, Kompanie* aufgenommen, *Kapitel, Katastrophe, Kausalität* und *Kultur* hingegen vermisste Boehlich – zurecht. Bei der von Moriz Heyne bearbeiteten Strecke fehlen laut Boehlich *Literatur, Legalität, Logik, Methode, Metaphysik*. „Können wir es uns leisten, Kernwörter der deutschen Bildungsgeschichte als undeutsch zu verstoßen?" fragt Boehlich (1961 b, 45) und deutet das Fehlen bestimmter Lemmata als deren bewusste Ausgrenzung aus dem deutschen Wortschatz. Auch Lemmata mit Belegen nationalsozialistischer Autoren, z. B.:

> da man sich erfahrungsgemäsz nur für etwas, an das man glaubt und das man liebt, auch schlägt A. Hitler m. kampf (DWB Bd. 7 (1949), Sp. 7846; vgl. S. Müller 1994, 76)

und eine einseitige DDR-Sicht in Wortartikeln zu *Westen* und *westlich*, die in Ostberlin verfasst worden waren, monierte Boehlich (1961 b, 52).

Allerdings war einer der angegriffenen und sich gegenüber Boehlich verteidigenden Lexikografen, Hans Neumann, selber seiner jüdischen Herkunft wegen von den Nationalsozialisten verfolgt worden (Neumann/Kochs 1961; Kochs 1967). Kochs und Neumann beriefen sich dem Kritiker gegenüber auf die wissenschaftliche Dokumentationsaufgabe des Wörterbuchs, das etwa bei einem so zentralen Wort der nationalsozialistischen Propaganda wie *Glaube* nicht auf Belege wie *Glaube an Deutschland* und *Glaube an den Führer* verzichten darf. Sie wiesen daraufhin, dass Belege nicht als politisches Bekenntnis missdeutet werden dürfen. Einerseits machten Kochs und Neumann Gegenrechnungen in Gestalt „politisch korrekter", auch jüdischer Autoren und Bücher auf, die im *Deutschen Wörterbuch* berücksichtigt sind. Andererseits beriefen sie sich auf das rein sprachdokumentarische Interesse, das Lexikografen bei der Auswahl und beim Zuschnitt der Belege walten lassen und zogen sich damit hinter die Quellenentscheidungen ihrer Vorgänger zurück.

So polemisch-ungerecht Boehlichs Urteil auch formuliert wurde, so wichtig war doch die dadurch angestoßene Diskussion um den möglichen ideologischen Gehalt von Wörterbüchern, um den Einfluss, den die kulturellen oder ideologischen Orientierungen der Lexikografen auf ihr jeweiliges Werk haben können. Boehlichs Kritik wies darauf hin, dass Benutzer ein Wörterbuch anders lesen können, als es von den Lexikografen intendiert gewesen sein mag (vgl. Kapitel 15).

Tatsächlich hatten schon die Brüder Grimm die ‚linke' Literatur ihrer Zeit, also etwa die jungdeutschen Autoren Heine, Börne, Laube, nicht geschätzt und deshalb auch nicht ins Wörterbuch aufgenommen. Sie begründeten ihre Ablehnung hierbei zwar mit dem Kriterium der ‚Sprachgewalt', aber das ist aus heutiger Sicht so wenig objektivierbar, dass sicher auch inhaltliche oder politische Motive in die Ablehnung eingeflossen sind. Tatsächlich finden sich vereinzelte judenfeindliche Angaben und Belege in Lieferungen des *Deutschen Wörterbuchs*, die um 1900, d. h. in einer Zeit entstanden, als der Antisemitismus gesellschaftlich salonfähig war. Tatsächlich findet man in Artikeln aus der nationalsozialistischen Entstehungszeit des DWB Zitate aus Hitlers *Mein Kampf* (vgl. Kapitel 10). Tatsächlich hat es in der Ostberliner Arbeitsstelle zu DDR-Zeiten zeitweilig einen gewissen politischen Druck gegeben, z. B. mehr sozialistische und antifaschistische Literatur zu berücksichtigen (mündliche Mitteilung von Hartmut Schmidt).

Gleichzeitig war das *Deutsche Wörterbuch* zu allen Zeiten eher eine politisch-ideologische Nische, in der auch Lexikografen mit nicht systemkonformen Ansichten überleben konnten. Der Nationalsozialismus hielt die einbändigen Volkswörterbücher für die wichtigeren Propagandainstrumente (s. 10.2); die SED interessierte sich in dem Moment nicht mehr für die Inhalte des DWB, als das *Wörterbuch der deutschen Gegenwartssprache* von Wolfgang Steinitz und Ruth Klappenbach gegründet wurde, das die sprachideologischen Ansprüche

6.5 Rezeption und Reaktionen

der DDR erfüllen sollte (s. 11.2). Das *Deutsche Wörterbuch* galt in beiden Systemen als nur historisches Museum.

In der Praxis hat jeder Lexikograf und jede Lexikografin eine Haltung auch gegenüber den Inhalten und Aussagen ihrer Belege und Quellen, die in jede noch so knappe Kommentierung als Mitgemeintes Eingang finden kann. Im Ganzen gesehen war das *Deutsche Wörterbuch* aber ein viel zu wissenschaftsbezogenes Buch, als dass es eine nennenswerte propagandistische Wirkung in die eine oder andere Richtung hätte haben können. Dass wissenschaftliche Wörterbücher auch sprachkritische Instrumente sein könnten, war trotz des Ende der vierziger Jahre erschienenen *Wörterbuchs des Unmenschen* von Sternberger, Storz und Süskind (1945–46/1986) in den sechziger Jahren noch kein Thema. Dazu bedurfte es der pragmatischen Wende in der Linguistik seit Mitte der siebziger Jahre (vgl. Brisante Wörter 1989).

Der Taschenbuchnachdruck von 1984 kostete weniger als ein Fünftel der gebundenen Ausgabe und brachte das *Deutsche Wörterbuch* erneut einem nichtwissenschaftlichen Benutzerkreis nahe (vgl. Jens 1984). Zu welchen Fragen wird es in der Gegenwart herangezogen? Eine empirische Erforschung der Nutzungssituationen gibt es nicht, aber einzelne aufschlussreiche und z. T. öffentliche Fälle (vgl. Haß 1991). Als 1988 die Begnadigung eines RAF-Terroristen durch den Bundespräsidenten zur Diskussion stand, und der damalige Generalbundesanwalt den Betreffenden „gnadenunwürdig" genannt hatte, griff die Wochenzeitung *Die Zeit* mithilfe eines längeren Auszugs aus dem Wortartikel *Gnade* (DWB Bd. 8) in die Debatte ein. Der Auszug wurde folgendermaßen eingeleitet:

> Ist uns wirklich jedes Gespür dafür verloren gegangen, was „Gnade", auch in einem säkularisierten Staat, bedeuten kann? Im „Deutschen Wörterbuch" der Brüder Grimm darf das Wort sechzig Spalten fordern – und so seine Wichtigkeit beweisen. Hier ein kleiner Auszug – auch, um die Diskussion über die Begnadigung besser verständlich zu machen. Wie sagt Jupiter in Kleists „Amphitryon"? „Ob du der Gnade wert, ob nicht, kömmt nicht/Zu prüfen dir zu ..." (*Die Zeit* 30. 9. 1988, 60)

Die betreffende Lieferung erschien 1942 und stammt aus der vierten Bearbeitungsphase mit ihrer stärkeren Betonung der Wortsemantik. Der Umfang des Artikels ist dem Umstand zu verdanken, dass *Gnade* ein altes, deutsches und unzusammengesetztes Wort ist; der Umfang hängt keineswegs von einer wissenschaftlich schwer zu begründenden ‚Wichtigkeit' ab. Obwohl die semantischen Erläuterungen in dieser Wörterbuchstrecke ungewöhnlich ausführlich sind und von der *Zeit* auch breit zitiert werden, sind es offensichtlich doch die Belege aus der deutschen Literatur, vom Althochdeutschen bis 1937, die hier das Entscheidende vermitteln sollen: ein Gespür für die semantische

Potenz des Worts, die aus der kulturellen Tradition gespeist in die Gegenwart hinein zu wirken vermag. An dieser Art des Umgangs mit dem *Deutschen Wörterbuch* hätten Jacob Grimm und Wilhelm Grimm ihre Freude gehabt.

Literatur:

a) Wörterbücher und verwandte Quellen:

Denecke 1985; Deutsches Wörterbuch 1854–1971/1984; Grimm, Jacob 1854; Grimm, Wilhelm 1846; Heyne 1890–1895.

b) Forschungen:

Bahr 1991; Boehlich 1952; Boehlich 1961a; Boehlich 1961b; Döring 1984; Dückert 1987; Feldmann 1970; Gardt 1999, 260–267; Haß 1991; Haß-Zumkehr 1995; Haß-Zumkehr 1997; Haß-Zumkehr 1999a; Haß-Zumkehr 2000b; Informationsschrift 1986; Jens 1984; Kirkness 1980; Kirkness/ Kühn/ Wiegand 1991; Kochs 1967; Kühn 1991; Kühn/Püschel 1990b; Meves 1994; Neumann/Kochs 1961; Paul 1894; Reichmann 1991a; Schiewe 1999; H. Schmidt 1986; Strauß 1991.

7. Die bürgerliche Sprachbildung – Daniel Sanders

Die lange Geschichte des *Deutschen Wörterbuchs* sorgte mit dafür, dass die romantische Sprachauffassung mit ihrer national-kulturellen und historischen Ausrichtung vor allem das Interesse eines Teils des gebildeten Bürgertums am Wortschatz im 19. und frühen 20. Jahrhundert prägte. Mit der Abgrenzung gegenüber dem Rationalismus der Aufklärung und damit auch gegenüber jeder Systematik und methodischen Strenge ging eine eher affektive als kognitive Haltung gegenüber der Sprache und der Literatur einher. Wie weit diese Sprachauffassung tatsächlich verbreitet und wie dominant sie war, lässt sich heute schwerlich ermitteln. Tatsache jedoch ist, dass daneben das Sprachbewusstsein der Aufklärung im ganzen 19. und frühen 20. Jahrhundert weitertradiert und den gesellschaftlichen Umständen entsprechend weiterentwickelt wurde: im Deutschunterricht der Schule und auch in der Lexikografie. Für die weniger humanistisch gebildeten Kreise des Wirtschaftsbürgertums sollte Sprachbildung sich nicht in der national-historischen Identitätsfindung erschöpfen, sondern in alltäglicher und beruflicher Kommunikation nutzbringend sein. Eine solche aufgeklärte Alternative zum historischen Paradigma der Lexikografie nahm um die Mitte des 19. Jahrhunderts die Form der öffentlichen Kritik am Grimm'schen Wörterbuch an und führte zu zwei mit Grimm konkurrierenden Wörterbuchunternehmen, von denen eines auch zu Ende gebracht wurde.

7.1 Kritiker und Konkurrenten

Während einer der beiden Kritiker und Konkurrenten, der bayerische Gymnasiallehrer Christian F. L. Wurm sein Wörterbuch nur bis gegen Ende des Buchstabens A (Wurm 1858; Hinderling 1988) veröffentlichen konnte, gelang dem anderen die Fertigstellung eines großformatigen Dreibänders in sechs Jahren; die 1. Lieferung erschien 1859, die letzte 1865. Dem *Wörterbuch der deutschen Sprache* (Sanders 1860–1865/1969) folgte zwanzig Jahre später ein *Ergänzungswörterbuch* (Sanders 1885/1969), das die vorhandene Stichwortstrecke um neue Wortbildungen, Bedeutungen und Verwendungen erweiterte.

Zwischenzeitlich erarbeitete Sanders weitere Wörterbücher: unter anderem ein Fremdwörterbuch (Sanders 1871) und eine kumulative Synonymik (Sanders 1873–77/1985).

Daniel Sanders, jüdischer Lehrer und später Privatgelehrter in Mecklenburg-Strelitz, wurde 1852 über die Landesgrenzen hinaus bekannt, als er es wagte, die Arbeit Jacob und Wilhelm Grimms ausführlich und scharf zu kritisieren. Er tat dies mit einer Schrift *Das deutsche Wörterbuch von Jacob und Wilhelm Grimm kritisch beleuchtet* (Sanders 1852; fortgeführt in Sanders 1853), in dem das *Deutsche Wörterbuch* der Brüder Grimm als methodisch schlecht durchdacht und als zu gelehrt für das ‚Volk' bezeichnet wurde. Ein Jahr später, 1854, veröffentlichte Sanders sein *Programm eines neuen Wörterbuchs der deutschen Sprache*, in dem er eine ganz andere, unromantische Idee des Nationalwörterbuchs vertrat, bei der die Gegenwartssprache im Zentrum stand. Außer Sanders hat nur noch Wurm gewagt, Anspruch und Wirklichkeit des nationalsymbolischen Werks der berühmten Brüder zu prüfen (Hinderling 1988). Auch Wurm brachte 1852 und 1853, im Anschluss an das Erscheinen der ersten und der zweiten Lieferung des *Deutschen Wörterbuchs* der Brüder Grimm, je eine Kritikschrift hervor. Nur wenige andere, meist anonym bleibende Rezensenten schlossen sich dem Urteil Sanders' und Wurms an (Haß-Zumkehr 1997). Folgende Kritikpunkte wurden dem *Deutschen Wörterbuch* gegenüber zur Sprache gebracht, einmal zum „Gerippe", d. h. zur Makrostruktur:

- fehlende Systematizität
- mangelnde Orientierung an Informationsbedürfnissen und Vorwissen der Adressaten
- mangelnder Gegenwartsbezug bei Stichwort- und Quellenauswahl
- Zerstörung der Wortfamilienzusammenhänge durch zu strikte alphabetische Anordnung
- Prinzipienlosigkeit bei der Aufnahme von Zusammensetzungen und Ableitungen
- Prinzipienlosigkeit bei der Aufnahme von Fremdwörtern
- Fehlen der wichtigsten Fach- und Wissenschaftswortschätze,

zum anderen zur „Bekleidung", d. h. zum Aufbau der Wortartikel und zu den Angaben:

- fehlende Systematik bei den Bedeutungsangaben; diese seien unvollständig, fehlerhaft, undifferenziert und vage
- fehlende Gegenwartsorientierung der Bedeutungsangaben
- fehlende Systematik und Unvollständigkeit in der Darstellung der Einzelbedeutungen

7.1 Kritiker und Konkurrenten

- Fehlen kulturgeschichtlicher Informationen
- lateinische Äquivalente seien nicht adressatengerecht
- argumentationslose Normativität
- unsachlicher Wörterbuchstil
- spekulative Etymologien
- einmal zu viele und einmal zu wenige Belege
- Belege seien oft nicht treffend bzw. hätten keinen Bezug zur Bedeutungsangabe
- häufig ungenaue Quellennachweise
- konfessionelle Einseitigkeit
- schlechte Materialexzerption, vor allem bei Goethe
- unübliche historisierende Orthografie
- unübliche lateinische Schrift (Antiqua)

Jacob Grimm war durch die Kritik so irritiert und gekränkt, dass er in seiner Vorrede zum Abschluss des 1. Bands des *Deutschen Wörterbuchs* Sanders und Wurm, statt sie beim Namen zu nennen, als „zwei spinnen" bezeichnete, die „auf die kräuter dieses wortgartens gekrochen [sind] und ihr gift ausgelassen haben (Grimm 1854, LXVIII); öffentlich diskutieren wollte er mit diesen „hämischen Gesellen" (ebd.) nicht.

Welche kulturellen Orientierungen und welche Motive standen hinter der Kritik und dem lexikografischen Alternativentwurf? Ich beschränke mich im Folgenden auf Sanders.

Daniel Hendel Sanders wurde am 12. November 1819 in Altstrelitz/Mecklenburg als zweiter Sohn eines Lederhändlers geboren. Ersten Unterricht erhielt er bei einem Privatlehrer, bevor er (1827) in eine neugegründete „Frei-Schule" der jüdischen Gemeinde und später von dort aufs Gymnasium der Nachbarstadt Neustrelitz wechselte. Während der Bruder das väterliche Geschäft weiterführte, begann Daniel nach dem Abitur (1839) an der Universität Berlin ein breit angelegtes Studium der Naturwissenschaften, Philosophie und Philologie, wie es für Gymnasiallehrer der Zeit typisch war. Er hörte u. a. bei Jacob Grimm. Mit einer mathematischen Dissertation wurde er 1842 promoviert und als preußischer Oberlehrer examiniert, obwohl eine Beamtenstelle an einem Gymnasium oder gar an einer Universität für einen Juden damals selbstverständlich unerreichbar war. So ging er für zehn Jahre (1842 bis 1852) als Oberlehrer und Schulleiter an die jüdische Schule seiner Heimatstadt zurück. In den 40er Jahren fing er an zu veröffentlichen, zuerst zur neugriechischen und zur mecklenburgischen „Volkspoesie" und stand damit auf dem Boden des zeitgenössischen Interesses an Nationalliteraturen und Mundarten.

Im Revolutionsjahr 1848 wurde Sanders Mitgründer des Altstrelitzer „Reform-Vereins", d. h. einer politischen Partei, und Initiator der „radical-demokratischen" Zeitung *Blätter für freies Volksthum*. Redend und schreibend beteiligte er sich an den Revolutionsaktivitäten in Mecklenburg-Strelitz. Daraufhin schloss der konservative Großherzog 1852 die jüdische Schule, eine Form der politischen Bestrafung, durch die Sanders seine Stellung verlor.

Der nun arbeitslose Privatgelehrte sollte bis ins fünfzigste Lebensjahr den Status eines minderberechtigten und von großherzoglicher Gnade abhängigen Schutzjuden besitzen. Er veröffentlichte noch im Jahr seiner Entlassung den ersten Teil seiner Kritik am Grimm'schen Wörterbuch und begann mit der Arbeit an einem eigenen *Wörterbuch der deutschen Sprache*. Die Menge seiner im weitesten Sinn sprachpädagogischen Veröffentlichungen brachten ihm ein gewisses Maß an öffentlicher, nicht aber an akademischer Anerkennung.

Grimms Schüler und Nachfolger setzten dessen Strategie des Ignorierens und Herabsetzens fort. In der Rezeption von Sanders' lexikografischem Werk spielten judenfeindliche Stereotype von den 1850er Jahren bis 1945 keine geringe Rolle. Ein für diese Rezeption folgenreiches Beispiel, das wesentlich dazu beitrug, dass Sanders' Lexikografie in der deutschen Wörterbuchgeschichte lange ignoriert wurde, lieferte Jacob Grimms Schüler und Mitarbeiter am *Deutschen Wörterbuch* Friedrich Karl Weigand. Er hatte nach Absprache mit Grimm eine Rezension über Sanders' Wörterbuch veröffentlicht, in der er das Buch nicht nur verriss, sondern auch die „Deutschblütigkeit" des Verfassers infrage stellte. Für diese Rezension bedankte sich Grimm bei Weigand mit einem Brief, in dem sich die tradierten antijüdischen Ressentiments äußern, für die es bei beiden Brüdern weitere und bis in ihre Jugendzeit zurückreichende Belege gibt und die in der damaligen Gesellschaft und insbesondere in der Professorenschaft gang und gäbe war (Haß-Zumkehr 1995, 508–516.). Der Vergleich mit Wurm, gegen den Jacob und Wilhelm Grimm ebenfalls alle verfügbaren Mittel einsetzten, zeigt aber, dass es in erster Linie die andere Art der Sprachauffassung, der Lexikografie und die daraus erwachsende Konkurrenz auf dem Wörterbuchmarkt waren, die Grimms Haltung auch Sanders gegenüber bestimmten.

Sanders war, wie nahezu zwingend für einen deutschen Juden im Zeitalter der Emanzipation, ein Kind der Aufklärung, das das Ende des Absolutismus herbeisehnte, um in einem demokratischen Staat gleichberechtigter Bürger die Gettoexistenz ablegen und einem bürgerlichen Beruf nachgehen zu können. Von der politischen und pädagogischen Aufklärung her behauptete er über das Scheitern der Revolution von 1848 hinweg ein Demokratieverständnis, in dem Sachargumente und die Fähigkeiten des Individuums mehr zählten als Autoritäten und ‚große' Namen. Er setzte mit seinem Büchern bis in die wilhelminische Zeit hinein ein Verständnis von Bildung um, nach dem das Individuum zum Selbstdenken befähigt werden muss, und er entwickelte ein Verständnis von Sprache als dem Instrument demokratischer Kommunikation, dem Medium von Bildung und des Austauschs mit anderen Völkern. Die vom 18. weit ins 19. Jahrhundert hinein reichende Tradition aufklärerischer Sprachreflexion wird aber nicht allein von Sanders bzw. Wurm repräsentiert; sie sind keine Randphänomene oder Überbleibsel einer älteren Epoche. Als Lehrer gehörten beide soziologisch zur Ebene der bildungsnahen Sprachreflexion für Zwecke der Schule und des Selbststudiums Erwachsener – eine Ebene, der in der Geschichte der Sprachtheorie (bisher zu) wenig Gewicht beigemessen wird.

Aus der Gruppe der Gymnasiallehrer ragt Sanders aber heraus durch den Umfang seines Werkes: Er schrieb das einzige deutsche Wörterbuch des Jahrhunderts, das in Umfang und Ausführlichkeit mit dem Grimm'schen konkurrieren konnte – Munske (1992) schätzt es auf 220.000 Stichwörter, darunter ca. 6 % Fremdwortschatz – und es dabei in punkto Gegenwartsbezug und praktischer Brauchbarkeit übertraf. Daneben steht eine große Reihe weiterer, vor allem lexikografischer Werke, etwa einen an Roget anknüpfenden Sprachschatz, eine erklärende Synonymik, ein zweibändiges Fremdwörterbuch, mehrere orthografische Bücher, eine Schulgrammatik, eine Stilistik, ein Zitatenwörterbuch und anderes. Das alles wurde meist mehrfach wieder aufgelegt und auch benutzt. Der Erfolg der Bücher hing mit dem Vorrang des Gegenwartsbezuges und der Semantik gegenüber Sprachgeschichte und Etymologie zusammen. Dem mehrheitlich national-liberalen und zur politischen Mitsprache strebenden Bürgertum der zweiten Hälfte des 19. Jahrhunderts waren Sanders' Angaben wie

> **Armbrust**: ein Bogen zum Schießen mit einem Schaft daran, jetzt im Allgemeinen, nur noch als Knaben-Spielzeug in Brauch. (Sanders 1859–1865/1969, Bd. I, 45)

brauchbarer als:

> **ARMBRUST**: eine seltsame, zuerst im zwölften jh. erscheinende assimilation des mlat. arcubalista [...] Luther verwendet armbrust nirgend. (*Deutsches Wörterbuch* Bd. 1, 556)

Sanders' Erfolg beim Publikum verlieh Richtung und Begründung seiner fundamentalen Kritik am Grimm'schen Wörterbuch ein nicht geringes ökonomisches Gewicht, insbesondere, da 1865 Sanders' Wörterbuch von A – Z fertig vorlag, während das *Deutsche Wörterbuch* gerade irgendwo im F angelangt war.

Aus der Biografie lassen sich die für Sanders' Sprachauffassung und Lexikografie orientierenden Leitideen ableiten (zur kulturwissenschaftlichen Methode Haß-Zumkehr 1995).

7.2 Leitideen, Sprachauffassung, lexikografische Entscheidungen

Die beiden zentralen Leitideen sind ‚Bildung' und ‚Aufklärung'. Bildung war für das liberale deutsche Bürgertum der ersten Jahrhunderthälfte eine moralische Verpflichtung, die das Individuum an sich selbst, d. h. als ‚Selbstbildung' und, pädagogisch gedacht, für die noch ungebildeten Schichten des ‚Volks' zu leisten hatte. Beides zielte auf den Zivilisationsfortschritt zunächst der Nation und dann der gesamten Menschheit. Dahinter steht die bürgerliche Bildungsideologie, eine in Deutschland mächtige und mit den Namen Goethe, Lessing, Schiller verknüpfte Tradition. Für das deutsche Judentum wies Bildung überdies den Weg aus der Gettoexistenz in die bürgerliche Gesellschaft. Als ‚Herzens- und Weltbildung' grenzte sich die Leitidee der Bildung bei Sanders scharf von jeder ‚Gelehrtheit' ab, in der er die Wiederholung adeligen Dünkels auf dem Gebiet der geistigen Arbeit sah. Die Brüder Grimm personifizierten in seinen Augen diesen Dünkel, der sich um die wahren Bildungsbedürfnisse des Volkes nicht scherte.

Die Inhalte der so verstandenen Bildung waren im Deutschland des 19. Jahrhunderts nicht etwa Mathematik oder Technologie, sondern ausschließlich Sprache und Geschichte. Das war allgemeiner Konsens, nicht aber, welchen Zielen Sprachbildung zu dienen und welche Kenntnisse und Fähigkeiten sie zu vermitteln habe. Bei Sanders konkretisierte sich dies durch die zweite Säule im System seiner Leitideen, die ‚Aufklärung'. Auf alle Tätigkeiten der Vernunft bezog er sich mit Metaphern der Augen und des Lichts. *Aufklären* erläutert er in seinem Wörterbuch:

> den Geist von Etwas die Einsicht Umnebelnden und Verwirrenden, die klare Anschauung Hemmenden frei machen, ins Klare setzen (Sanders 1859–1865/1969, Bd. I, 922).

Zum Vergleich: Grimm beginnt die Erläuterung von *aufklären* mit „die romanischen sprachen unterscheiden zart zwei reihen" [von Stammformen, UHZ] und bringt weiter unten in den Wortartikeln bis *Aufklärung* Belege von Kant und Lichtenberg, Goethe und Wieland, darunter auch Kritisches über „Aufklärerei" (DWB Bd. 1, 674 f.)

Vergleicht man Sanders' Erläuterung mit dem Sprachgebrauch der linken Parteien in der Frankfurter Nationalversammlung 1848/49, für den die Redeweise vom ‚Nebel' des alten und der ‚Freiheitssonne' des neuen Rechtsbodens charakteristisch war, wird bestätigt, wohin Sanders politisch gehörte. Die demokratischen Ideale der 1848er Bewegung speisten sich aus der Aufklärung. Für das deutsche Judentum dieser Zeit war der Zusammenhang von Demokratie und Aufklärung noch zwingender: Die aufklärende Überwindung von

7.2 Leitideen, Sprachauffassung, lexikografische Entscheidungen

Vorurteilen würde alle gesellschaftlichen Hierarchien zugunsten demokratischer Gleichberechtigung beseitigen. Zunehmende Aufklärung war gleichbedeutend mit dem „Fortschritt der Geschichte", einer weiteren seiner Leitideen, die sich auf die Vorstellung der Geschichtlichkeit von Sprache auswirken musste.

Auf dem Boden von Bildung und Aufklärung stand Sanders' nationaler Patriotismus; wie Grimm strebte er nach der Einheit Deutschlands, die das Nationalwörterbuch sprachlich symbolisieren und vorwegnehmen sollte. Sanders' Nationalismus nahm aber nach 1871 nicht die chauvinistischen Züge an, die den Rechtsruck des bürgerlichen Liberalismus kennzeichnen. Eine weitere Leitidee bewahrte ihn gewissermaßen davor: die Idee, dass die europäisch-vorderasiatischen Kulturen seit der Antike stets in befruchtenden Austauschprozessen standen. Israel, Hellas und Rom legten in seinem Verständnis den Grund der deutschen Kultur und der Weimarer Klassik, nicht die spekulativen Mythen der Germanen. Aus heutiger Sicher fehlt hier ‚nur' noch der Islam, der in seiner spanischen Blütezeit ganz entscheidend dazu beigetragen hat, das Wissen der Antike über das dunkle Mittelalter Nordeuropas hinweg in die Neuzeit zu tradieren. Bei der Leitidee des ‚Kulturkontakts' deutet sich die Richtung an, die Sanders' Einstellung zur schon damals viel diskutierten ‚Fremdwortfrage' betrifft: Die ideologische, alles Fremde abwertende Grundlage des deutschen Purismus teilte er nicht; seine Kritik am Fremdwortgebrauch stand allein unter dem Aspekt der Schwerverständlichkeit und des gelehrten Habitus und ähnelte daher den Motiven Campes (s. 5.6). Lehn- und Fremdwörter gehörten bei Sanders selbstverständlich in ein Wörterbuch der *deutschen* Sprache hinein. Sein Fremdwörterbuch verzeichnet hingegen den weniger geläufigen Wortschatz der Fach- und Sondersprachen; in diesem 1871 erschienenen Buch sind übrigens schon eine ganze Reihe Anglizismen verzeichnet wie *strike* und *meeting*.

Sanders' Sprachauffassung, die Auffassung von den Inhalten und Methoden der bürgerlichen Sprachbildung im 19. Jahrhundert, ist durch vier wesentliche Elemente charakterisiert.

7.2.1 Der Sprachgebrauch

Aufgabe des Sprachforschers sei die scharfe Beobachtung und daran anschließend die Beschreibung des allgemein geltenden Sprachgebrauchs. Entsprechend bestehe auch die Hauptaufgabe des Wörterbuchs darin, „das Verständnis der Sprache, wie sie sich gesprochen und geschrieben darstellt, zu vermitteln" (Sanders 1854, 59). Diese Auffassung vom Sprachgebrauch unterscheidet sich von dem, was die Aufklärung, etwa bei Adelung, unter

Sprachgebrauch verstand: Der Sprachgebrauch soll nicht eine nach regionalem bzw. sozialem Prestige herausgehobene Varietät sein wie bei Adelung, auch nicht eine nach rationalen Kriterien künstlich geschaffene normative Varietät wie bei Gottsched oder z. T. bei Campe, sondern der tatsächliche, allgemein verbreitete Usus der jeweiligen Gegenwart.

Und wo kann ein Lexikograf diesen Usus beobachten, wer soll laut Sanders den Maßstab für den Sprachgebrauch liefern? Er sagte: das „Volk" und dachte dabei wohl an eines ohne ständische und geografische Schranken. Im Wörterbuch aber und insbesondere bei der Quellenauswahl setzte er *den* Sprachgebrauch mit demjenigen „unserer mustergiltigen Schriftsteller" (Sanders 1854, 87) gleich. Gemeint waren damit die deutschen Klassiker, vor allem Lessing und Goethe, und eine ganze Reihe angesehener Sach- und Fachprosaschriftsteller des späten 18. und frühen 19. Jahrhunderts. Dazu zählten zum allerersten Mal in der Lexikografiegeschichte auch Zeitungen und Zeitschriften, nicht als Notlösung mangels literarischer Belege, wie es für die ersten Bände des *Deutschen Wörterbuchs* galt, sondern als für das Wörterbuch wichtige Quellen, die entsprechend umfangreich ausgewertet wurden. Wie sich Sanders die Instanz des Sprachgebrauchs dachte, von welchen anderen Instanzen, nämlich etablierten Sprachrichtigkeitsnormen der Sprachgebrauch sich hier ‚emanzipierte' und welcher Stellenwert den pressesprachlichen Texten dabei zukam, zeigt das Beispiel des Wortartikels *Attentäter* im *Ergänzungswörterbuch*:

> Dieses von uns nur als „scherzhafte Fortbildung" aufgeführte Wort scheint (nach dem 2. Attentat auf den deutschen Kaiser Wilhelm) durch die Zeitungen dem deutschen Wortschatz einverleibt zu werden, vgl. besonders National-Ztg. 31,261 (vom 5. Juni 1878), woraus wir Folgendes ausheben: Die Bezeichnung ... hat einen frivolen Anstrich; denn der Ausdruck wurde bei einem Attentat auf Friedrich Wilhelm IV. als Reim auf „Hochverräther" und gewissermaßen als komisches Mißverständnis der Endsilben in einem Drehorgelgedicht zuerst angewendet &c. und als Entgegnung seitens der Redaktion: Die Bildung des Wortes „A." mag zunächst das Werk eines Spottgedichtes sein; das Wort hat aber eine über die Art seiner ersten Entstehung weit hinausgehende Beachtung gefunden, die Volksetymologie hat in dem Anklang an das Wort „Thäter" einen leicht verständlichen Zusammenhang mit sprachlich geläufigen Bildungen gefunden und, wenn „A." auch wohl ein Eindringling in die Schriftsprache ist, so hat es doch eine ernsthafte Bedeutung und volle Geltung in der Volkssprache erhalten. Die Ausdrücke, die man etwa aus dem deutschen Sprachschatz schöpfen könnte, haben die Specialbedeutung von A. nicht. Weder „Verbrecher" noch „Mörder" geben den nicht mißzuverstehenden Specialsinn eines Menschen wieder, der aus politischen Gründen auf hochgestellte Personen einen Mordversuch gemacht hat. Dagegen geben wir bereitwillig zu, daß das Wort weder einen sehr respektablen Ursprung hat, noch sprachlich richtig gebildet, noch wohlklingend ist. Es ist eben nur scharf bezeichnend u. gemeinverständlich; der Versuch, es dem Sprachgebrauch wieder abzuringen, erscheint uns vergeblich. (Sanders 1885/1969, 21)

Der Lexikograf gibt hier also ausführlich wieder, was die Zeitgenossen zu einem Neologismus bemerken; damit dokumentiert das Wörterbuch nicht nur den Sprachgebrauch, sondern führt auch die Reflexion der Sprecher über ihn vor – eine Reflexion, in der die Sprachgemeinschaft sich als Souverän über den Sprachgebrauch erweist.

Wer den Sprachgebrauch konsequent beschreiben will, muss auch seinen Wandel akzeptieren. Darin verbindet sich bei Sanders die Idee des Sprachgebrauchs mit der Leitidee vom Fortschritt der Geschichte: Die deutsche Sprache wird bei entsprechend verbesserter Bildung ihrer Sprecher nicht nur immer klarer und bestimmter, sondern sie kann auch die sich historisch verändernden Gegebenheiten immer angemessener ausdrücken, m. a. W. sie ist der nachabsolutistischen, der „Jetztzeit", wie Sanders sich ausdrückte, gewachsen. Die Zeitgenossen Jacob und Wilhelm Grimm sahen den Gang der Sprachentwicklung ganz anders, nämlich als einen ständigen Niedergang von der mittelhochdeutschen Blütezeit bis in die Niederungen der Gegenwart.

7.2.2 Sprachliche Regeln – pro oder contra Sprachgebrauch?

Die Idee, dass Wörterbücher nicht vorab festgelegte sprachliche Normen durchsetzen sollen, sondern den tatsächlichen (oder vermeintlichen) Sprachzustand beschreiben sollen, war überhaupt erstmals in der Aufklärung, in Adelungs Wörterbuchpraxis, aufgetaucht, aber noch keinesfalls programmatisch vertreten worden. Weil aber Wörterbücher schlechthin eine Textsorte mit Orientierungsfunktion sind, halten Benutzer in ihnen leicht ‚unter der Hand' für Vorschrift, was von Lexikografenseite als ‚bloße' Beschreibung der Sprachwirklichkeit gemeint war. Dadurch wird das Verhältnis von Normativität und Deskriptivität etwas kompliziert (vgl. Kapitel 15). Sanders unterschied drei verschiedene Regelbegriffe, mit denen sich auch heute noch das Verhältnis von Deskriptivität und Normativität bestimmen lässt:

1. Regel im Sinne des Usus, des Sprachgebrauchs, als beobachtete Regularität;
2. Regel im Sinne einer autoritativ gesetzten Vorschrift, einer Norm;
3. Regel im Sinne einer Eigenschaft des Sprachsystems, einer Gesetzmäßigkeit wie in Naturgesetzen.

Sanders' hauptsächliches Interesse galt nun den usuellen Regularitäten, die sich durch Beobachtung des Sprachgebrauchs erkennen, beschreiben und dann als Richtschnur im Sinne einer Norm anwenden lassen. Er wandte sich scharf gegen die „Grammatiker", die die Regeln „machen" und die Sprache danach „modeln" wollten, statt die Regel aus der Sprache, wie sie geworden ist, abzuleiten (Sanders 1859–1865/1969, Bd. II.1, 189 s. v. *machen*). Den „Diktaturbefehle[n] der Grammatiker" wolle sich die Sprache eben nicht fügen, schrieb er (Sanders 1854, 37). Insbesondere Jacob und Wilhelm Grimm waren in Sanders' Augen zu diktatorisch, vor allem wenn sie den Sprachgebrauch als „mustergültig" anerkannter Schriftsteller wie Lessing, Schiller usw. tadelten.

Dass grammatische Kategorien, die die Systemeigenschaften der Sprache nur mehr oder weniger treffend erfassen, nicht naturgegeben sind, sondern von Menschen gemacht werden, war Sanders bewusst. Als Sprachforscher nahm er gegenüber dem „Bau" der Sprache, d. h. dem System eine ebenso deskriptive Haltung ein wie gegenüber dem Sprachgebrauch. Er vergleicht sich hier einmal mit dem „Sternkundige[n]", der die Sterne beobachtet und ihren Lauf berechnet (Haß-Zumkehr 1995, 229). Aus der Beschreibung des Sprachgebrauchs und des Systems werden dann die Orientierungshilfen über guten und weniger guten Sprachgebrauch abgeleitet, die die Benutzer von einem Wörterbuch erwarten.

Der Sprachgebrauch bei Sanders orientierte sich damit doch an einer sozial herausgehobenen Sprachform; nur hatte diese nichts mehr, wie noch bei Adelung, mit den Ständen des absolutistischen Zeitalters zu tun, sondern bezog sich auf die Gebildeten in der Gesellschaft und den zeitgemäßen Gebrauch sprachlicher Mittel.

Für Sanders' Verständnis von Orientierungshilfe war nun entscheidend, dass sie argumentierend und begründend aus dem Sprachgebrauch in Verbindung mit den Maßstäben Klarheit, Eindeutigkeit, Schärfe und Stilangemessenheit hergeleitet werden muss. Seine diesbezüglichen Empfehlungen und Begründungen werden in einer Weise formuliert, die deutlich macht: Das kann man diskutieren, das kann man aus anderen Gründen eventuell sogar anders sehen. Die häufigsten Sprachbewertungsausdrücke sind *lieber, besser, deutlicher, korrekt* und *minderkorrekt, ungewöhnlich, nicht nachahmenswerth* und *sinnverwirrend* (Haß-Zumkehr 1995, 231). Ein Sprachrichteramt sprach er dem Lexikografen grundsätzlich ab:

> Ich habe von dem Beruf und der Befugnis des Wörterbuchschreibers immer eine weit bescheidenere Auffassung gehabt. Danach hat er nur den Schatz der von dem gesammten Volk geschaffenen und – namentlich auch mit durch die anerkannten Schriftsteller – fortgebildeten Sprache möglichst vollständig und übersichtlich geordnet zusammenzutragen und darzulegen, und er kann […] nicht misstrauisch genug gegen sich und sein vielleicht aus zu einseitigem und zu engem Gesichtspunkt gefasstes Urteil sein. (zit. nach Haß-Zumkehr 1995, 235)

7.2.3 Wortbedeutung statt Etymologie

Ob man die Erläuterung der Wortbedeutung im Wörterbuch für zentral hält oder nicht, und welche Bedeutungsauffassung man dabei zugrundelegt, wirkt sich auf die Art und Weise der semantischen Angabe aus. Semantik, d. h.

7.2 Leitideen, Sprachauffassung, lexikografische Entscheidungen

der Zeichencharakter sprachlicher Elemente stand sowohl bei der historisch-vergleichenden Sprachwissenschaft wie auch bei der vom aufgeklärten Rationalismus geprägten Schulgrammatik des 19. Jahrhunderts nicht gerade im Mittelpunkt des Interesses. Ein Zeichenmodell oder eine über den „Urbegriff" (Reichmann 1991 a) hinaus ausgeführte Semantik sucht man bei den Brüdern Grimm vergebens. Für Sanders war Sprache, so erläutert er im Wörterbuch,

> der Ausdruck von Empfindungen und Gedanken durch Zeichen [...] in engrem und gw. Sinn: durch Worte; Ausdruck Dessen, was man denkt [...] Dessen, was man fühlt, empfindet [...] Dessen, was man will (Sanders 1859–1865/1969, Bd. II.2, 1147).

Illustriert werden diese Angaben durch Belege von Fichte, Goethe, Lessing, Schiller, Wieland u. a.

Im Unterschied zu den romantisch beeinflussten Sprachauffassungen des 19. Jahrhunderts, die Sprache und Wort nach dem Modell des pflanzlichen Organismus begriffen, der etwa blüht, sich verzweigt oder abstirbt, verwendete Sanders Ausdrücke wie *Wort* und *Bezeichnung* nie personalisierend oder als handelndes Subjekt. Der Zeichenbenutzer als der eigentlich Handelnde ist bei ihm immer ‚in Sichtweite', auch wenn er in Passivsätzen syntaktisch nicht realisiert ist, etwa in der Formel *‚X dient zur Bezeichnung von Y'*. Ziel der bürgerlichen Sprachbildung ist ein Sprachteilhaber, der aus dem Zeicheninventar der Sprache bewusst die angemessenen Elemente auswählt – und über die dafür notwendigen Kenntnisse verfügt. Der „Standpunkt des Sprechenden" ist eine in Sanders' Wörterbuch immer wiederkehrende Größe, mit der einerseits deiktische (auf das Ich-Hier-Jetzt des Sprechers bezogene) Relationen (etwa bei den Stichwörtern *gehen* und *kommen*) und andererseits pragmatische Bedingungen des Wortgebrauchs explizit gemacht werden können (z. B. bei *gut, deutsch, gläubig*). Im Wortartikel *gehen* wird der ‚Standpunkt des Sprechenden' zur Erläuterung der Deixis eingesetzt (siehe nächste Seite).

Der ‚Standpunkt des Sprechenden' eignet sich aber auch zur Verdeutlichung der Sprecherperspektive, insofern sie auf die Bedeutung eines Worts Einfluss hat, z. B. im Wortartikel *deutsch*: „bald lobend, bald tadelnd hervorgehoben" (siehe übernächste Seite).

Mithilfe der Größe ‚Standpunkt des Sprechenden' gelingt es Sanders erstmals in der Lexikografiegeschichte, Bedeutungen als etwas Perspektivisches und im Ansatz als etwas sozial Konstruiertes deutlich zu machen. Seine Bedeutungsbeschreibungen sind insofern ‚modern', als sie die gesellschaftliche Differenziertheit nach ‚Interessengruppen' voraussetzen; eine Gliederung nach Schichten, wie Adelung, nimmt Sanders als ‚1848er' nicht mehr vor.

Gêhen, ging; gegangen: intr. (sein, Anm.): dies Zeitwort von weitem Umfang bezeichnet die Bewegung, das im=Gang=Sein, und zwar urspr. das Sich=Fortbewegen lebender Wesen, im engern Sinn mittels der gleichmäßigen Fortbewegung der Füße, wo es den andern Arten der Fortbewegung entgegengesetzt wird (z. B. dem Kriechen, Laufen, Springen, Hüpfen, Schwimmen, Fliegen ꝛc., wie auch dem Fahren, Reiten, Schiffen ꝛc.), im weitern Sinn aber auch diese Arten der Bewegung mitumfasst. In Bezug auf den Standpunkt des Sprechenden steht es als das Fortbewegen dem Kommen, dem Sich=hinzu=bewegen, gegenüber. — In noch weiterm Sinne steht g. auch = sich bewegen, selbst von nicht=lebenden Wesen, denen eine Bewegung eigen ist oder mitgetheilt wird oder auch nur beigelegt wird, und zwar metonymisch auch von einem Ganzen, das durch die Bewegung, das Fortrücken eines Theils im Gange (s. d.) ist, und endlich in vielen Wendungen allgem. = sich bewegen, sich erstrecken, im Gange sein, wie die Belege im Folgenden zeigen, welches wir aber der Übersichtlichkeit halber nach grammat. Beziehungen ordnen:

1) ohne beigefügte nähere Bestimmung (persönlich und unpersf.): a) Die Kinder kriechen, ehe sie g. lernen; Wenn ich nicht mit fahren kann, gehe ich; Er kam gegangen, kam zu g.; Man kam [an] und ging [weg]; Ich muß jetzt g. [fort]; Die Jahre kommen und g. Heine Lied. 202; Die Sonne kommt wieder in ihrer Kraft und der Nebel ist gegangen. G. 14, 139; Das Stück will gegen das Ende weder g. noch rücken [weder vorwärts noch rückwärts]; Die Post das Schiff, die Eisenbahn geht [fährt ab] um 6 Uhr; Das Rad, der Pendel, der Zeiger — meton.: Die Maschine, die Mühle, die Uhr geht [ist im Gang]; Die Orgel geht [wird gespielt]; Die Thür geht [bewegt sich, wird geöffnet]. Prutz Woch. 125; Der Teig geht [auf, hebt sich]; Es geht [weht] ein unfreundlicher Wind. G. 10, 13; Es geht die Rede, das Gerücht [ist im Gang, verbreitet]; „Wie befindest du dich?" Es geht [macht sich, ziemlich, vgl. hin= g. 2b]; Als erster Versuch geht's; Das möchte noch Alles [hin=] g. G. 10, 20; „Das geht nicht." Versuch nur, es wird schon g. [sich machen lassen] ꝛc. — Mundartl.: Er wußte doch immer, was [vor=] ging [im Gang, im Werk war]. Gotthelf G. 246; Frauen, wenn sie g. [schwanger sind, s. 2b]. Günther 421 ꝛc. — b) als substant. Infin.: Das G. wird ihm sauer; Ich bin des G=s müde; Er liest im G. ꝛc.; Es war ein beständiges G. und Kommen in dem Hause; Das G. der Mühle ꝛc. — c) in Verbindung mit „lassen": Eine Person g. [ihres Weges g., in Ruhe] lassen. — Sich g. lassen, ohne Achtsamkeit auf sich, ohne sich zu zügeln ꝛc. sich seinem natürlichen Wesen, seinem Trieb, seinen Leidenschaften ꝛc. überlassen; sich Nachlässigkeiten zu Schulden kommen lassen; im Infin. ohne sich: Ein zu einem lockern Gehenlassen geneigter Geselle. Danzel 85. — Etwas g. lassen, es seiner Entwicklung, seinem Gang überlassen; Den Teig g. [auf=g.]

Aus: Sanders 1859–1865/1969, Bd. I, 556 (gekürzt).

7.2 Leitideen, Sprachauffassung, lexikografische Entscheidungen

Deutsch, a.: was zu Deutschland gehört, was diesem Lande oder den Bewohnern desselben, den Deutschen, eigen und eigenthümlich ist ꝛc. 1) eigentl.: Das d-e Reich, die d-en Völkerschaften, Stämme; Ein d-er Mann oder ein D-er; eine d-e Frau oder D-e; die d-e Sprache (Zunge) ob.: das D., uv. durch alle Kasus, nur — wie auch bei allen ähnlich gebildeten Ew. von Völkernamen auf (i)sch — wenn unmittelbar auf den Artikel folgend, in der Abhängigkeit von Präpos., das D-e, z. B.: Das D. der heutigen Zeit; das heutige D.; Welch ein echtes d-es D. er [Luther] spricht! Chamisso 5, 94; So böse wendisch oder dänisch D. reden. Luther 8, 114b; Im heutigen D.; In gutem D. G. 20, 146, aber: Im D-en; Das heilige Original | in mein geliebtes D. zu übertragen. G. 11, 51, aber: Ins D-e; Aus gutem Französisch in schlechtes D. übersetzt, aber: Aus dem Französischen ins Deutsche; Auf D., Französisch, Englisch; Auf gut D. Hebel 3, 257; vgl.: Die auf ihr rothwälsches Italiänisch [gewöhnl.: in ihrem rothwälschen J.] dem König .. viel Unschickliches sagte. G. 30, 176 ꝛc. — Ein d-er Fürst, Ritter; Ritter des d-en Ordens (s. D.-Meister); Der d-e Handel; D-e Literatur. G. 32, III; Von d-er Baukunst. 31, 3; Die d-e Poesie. Uhland 458; U. wenn ich sie denn fassen darf | im luft'gen d-en Tanz. G. 1, 14; Daß sie herzlich gern d. tanze. 14, 26; Beide Töchter trugen sich noch d., wie man es zu nennen pflegt. 21, 269; D-es Gewicht, Maß; D-e Meile; D-e Landeserzeugnisse ꝛc. — 2) D. von dem den Deutschen eigenthümlichen Wesen und den in ihnen hervortretenden, sie kennzeichnenden Eigenschaften. Als solche gelten namentl. Derbheit, Zähigkeit und Geduld, bald lobend, bald tadelnd hervorgehoben, Jenes als Biederkeit, Treue und Ehrlichkeit, als Standhaftigkeit, Muth und Kraft, als Ausdauer, unverdroßner Fleiß, tiefe Gründlichkeit ꝛc., Dies als Grobheit und Ungeschliffenheit, als Trägheit und Ungeschick, im praktischen Leben sich geltend zu machen, als Philisterei und Spießbürgerlichkeit, die sich Alles gefallen läßt, als Pedanterie und Zopfthum ꝛc. Verkörpert sind diese Eigenschaften in der Figur des sogen. „d-en Michels" (z. B. Danzel 301; Eichendorf Lärm. 17; Gervinus Lit. 3, 103; Unsre teutschen Michel und Michelinnen. W. (Merck's Br. 2, 87) u. o.; Möchte seinem Vaterlande nur noch den Namen Michelien gönnen. Scherr Graz. 1, 20 ꝛc.), theils auch in der Bezeichnung: D-er Bär (s. d. 3); Alter d-er Degen ꝛc.; „Was redst?" D. [deutlich, klar ꝛc.] Auerbach D. 4, 51; Die d-e Sprache ist ehrlich grob. SchW. 222; Eine D-e bleibt immer eine brave, schwere Gertrude. Börne 5, 255; So strenge d. sind wilde Schönen nicht. Gellert 1, 24; Alles D-e, Grobe, Vierschrötige, alle Derbheit ꝛc. Gervinus Sh. 1, 22; Im D-en lügt man, wenn man höflich ist. G. 12, 91; „Nein, ein D-er soll nicht lügen" ... Läßt sich treu und grob nicht scheiden? S, 302; Die Grobheiten, welche ihm von biedern d-en Männern ... aufgedrungen worden. 16, 182; Peter von Perugia, ein so braver Mann, daß man sagen möchte, eine ehrliche d-e Haut. 23, 120; Sprich .. derb und d. Zelt. 2, 179; Du glaubensfrohe heilige d-e Treue ... Diese wälsche Schlangenbrut. KGroth 98; Auf Eurem Rücken werdet ihr [Franzosen] bald erfahren, was er [Friedrich der Große] für ein kräftiges D. versteht. Gutzkow Königl. 78; Runde d-e Antwort. R. 5, 238; Mit der bärenhaften Unbeholfenheit ... seid d. ehrlich! Heine Lut. 1, 202; Geradeweg auf ehrlich D. Jahn M. 253; So demüthig als ein Teutscher vor einem Fürsten. Klinger F. 27; Die d-e Derbheit. Kühne Freim. 128; D. herausgesagt. s. 12, 457; 13,

Aus: Sanders 1859–1865/1969, Bd. I, 288 (gekürzt).

7.2.4 Rhetorische Traditionen

Anders als Jacob und Wilhelm Grimm, aber ähnlich wie Adelung, unterschied Sanders zwischen Wortbedeutung im gegenwärtigen Sprachgebrauch und der geschichtlichen Entwicklung von Form und Inhalt eines Worts. Entsprechend kam es für ihn auch nicht infrage, die Polysemie eines Worts, das Nebeneinander verschiedener Einzelbedeutungen diachronisch darzustellen. Um die verschiedenen Einzelbedeutungen eines Wortes zu unterscheiden und seine Gesamtbedeutung sinnvoll zu gliedern, zog Sanders vielmehr die Tropenlehre der Rhetorik heran (Haß-Zumkehr 1995, 241–247), die ansatzweise bereits in der humanistischen Lexikografie genutzt wurde, ohne dass man davon sprechen kann, es habe hierfür ein etabliertes lexikografisches Verfahren gegeben. Matthias Kramer (siehe 4.2.2), Adelung und Campe (siehe 5.6) hatten überhaupt erstmals über Äquivalentangaben hinaus gehende semantische Erläuterungen gemacht und typografische Mittel zur Unterscheidung mehrerer Einzelbedeutungen eingesetzt. Das Verhältnis unterschiedlicher Einzelbedeutungen zueinander so zu erklären, dass sich daraus eine sinnvolle Reihenfolge im Wortartikel ergibt, hatte Adelung noch mittels des Bilds von einer Leiter versucht, im Übrigen aber auf die durch die Rhetorik überlieferten Kategorien ‚eigentliche' und ‚uneigentliche' oder ‚figürliche' Bedeutung zurückgegriffen. Bei Jacob und Wilhelm Grimm waren daraus die Kategorien ‚sinnlich' und ‚abgezogen' geworden, wobei ‚sinnlich' als gut und ‚abgezogen' im Sinne von abstrakt als schlecht galt.

Die Rhetorik unterscheidet aber nicht bloß zwei, sondern zehn bis vierzehn Figuren oder Tropen. Die bekanntesten sind die Metapher (Übertragung auf einen anderen Bereich: *Sie ist ein Fuchs*), die Metonymie (Verschiebung auf etwas innerhalb desselben Bereichs: *Er lockerte seinen Griff – der Griff des Messers*) und die Synekdoche (Nennung eines Teils für Bezeichnung des Ganzen: *Die Familie hat sieben Köpfe*). Weniger bekannt sind z. B. die tropischen Beziehungen zwischen Inhalt und Gefäß (*eine Tasse trinken*), zwischen Fertigfabrikat und Rohstoff (*Eisen* in *Blut und Eisen*), zwischen Symbol und sozialem Phänomen (*Blaustrumpf, Sansculotte*) (vgl. Haß-Zumkehr 1995, 237 ff.). Bei der Erläuterung von *Fuchs, Griff, Tasse, Strumpf* usw. müssen Lexikografen auch diese durch Verschiebung entstandenen Einzelbedeutungen behandeln. Die Tropenlehre, die Sanders in ausgedehnterer Weise als seine Vorgänger zu einem lexikografischen Instrument macht, war Bestandteil der rhetorischen Tradition. Ein Beispiel für die Nützlichkeit der Tropenlehre ist Sanders' Wortartikel *Büreau*:

> eigentl. ein [...] Schreibtisch dann das [...] Zimmer und überhaupt den [!] Ort [...] dann auch die ganze Anstalt und die dabei beschäftigten Personen. (Sanders 1860–1865/1969, I, 243)

‚Schreibtisch' zu ‚Zimmer' verhält sich wie pars pro toto, ebenso ‚Zimmer' zu ‚Ort', ‚Ort' zu ‚Anstalt'. ‚Anstalt' zu ‚Personen' verhält sich wie eine Metonymie.

Erst wenn eine tropische Gliederung nicht möglich oder sinnvoll schien, griff Sanders zu syntaktisch-semantischen Kriterien (vor allem bei Verben oder Präpositionen), zu enzyklopädischen, d. h. tendenziell außersprachlichen Kriterien und auch zu sprachdidaktischen Kriterien wie etwa Übersichtlichkeit (vgl.2.6).

Um tropische Relationen überhaupt feststellen zu können, ist die Untersuchung der Wortkontexte anhand eines Belegkorpus unerlässlich; die eigene Sprachkompetenz reicht hierzu nicht aus. Sanders' Methode der Bedeutungsgliederung ist offensichtlich eine philologisch-hermeneutische, d. h. aus der Arbeit an Texten entstandene Methode, in der der synchrone Bedeutungsfächer, nicht die historische Entwicklung der Bedeutung entfaltet wird. Anders als Jacob und Wilhelm Grimm wollte Sanders keine „Naturgeschichte der Wörter" schreiben, sondern die interne Differenziertheit der Wortbedeutung und die semantische Differenzierungsfähigkeit der Sprache generell aufzeigen. Er war überzeugt, dass dies für die bürgerliche Sprachbildung wichtiger sei als das im übrigen ungesicherte Wissen über etymologische Stufen.

7.3 Lexikografische Praxis bei Sanders

In seiner Kritik an Grimm wie in seinem eigenen, vorab veröffentlichten Wörterbuchprogramm (Sanders 1854) formulierte er Eigenschaften eines Wörterbuchs, die in vielem eine Gegenposition zum *Deutschen Wörterbuch* der Brüder Grimm einnahmen; nur in einem stimmten die Konkurrenten überein: Dass die Sprachgemeinschaft der Zeit (d. h. um 1850) ein Nationalwörterbuch brauche, das auf dem Gebiet von Sprache und Kultur verwirkliche, was politisch noch immer nicht gegeben war.

Sanders' Realisierung des Nationalwörterbuchs war auf die Gegenwart und auf die Frageinteressen des Bürgertums bezogen; alle Einzelentscheidungen waren systematisch angelegt und rational begründet. Seine Systematik richtete sich in erster Linie am System der Sprache aus, in zweiter Linie an den Bedürfnissen der Nutzer, und sie wurde gewissermaßen in lexikografische Methodik ,übersetzt'. Dies bedeutete im Einzelnen:

Die Zusammenhänge der Wortfamilien wurden durch eine Anordnungsweise gewahrt, die nur die Grundwörter alphabetisch ordnet, die Bestimmungswörter aber innerhalb des Grundwortartikels alphabetisch anführt. Man muss Komposita und Ableitungen also unter dem jeweiligen Grundwort suchen. Diese Anordnungsweise ist allerdings bis heute gewöhnungsbedürftig: Man muss *Besinnlichkeit* unter *sinnen*, *leichtsinnig* unter *sinnig*, *vertrauen* unter *trauen*, *Haushaltsbuch* unter *Buch* usw. suchen. Leider ist obendrein das Druckbild äußerst unübersichtlich, wofür aber der Verleger verantwortlich zu machen ist. Auf diese Weise vermittelt das Wörterbuch aber sehr viel von der Produktivität hinsichtlich der Bildung neuer Wörter und von der Art und Größe der auf ein Grundwort bezogenen Wortverbände. An Zusammensetzungen und Ableitungen sind nur solche aufgenommen, die in irgend einer Weise erklärungsbedürftig sind.

Bei der Aufnahme von Fremdwörtern verfährt Sanders nach dem Prinzip: Wörter aus fremden Sprachen sind ‚vollgültige' Wörter des Deutschen, sobald sie in Schreibung, Aussprache und Morphologie dem Deutschen angeglichen sind. Damit einher geht die Berücksichtigung der wichtigsten Fach- und Wissenschaftswortschätze, so wie sie im späten 18. und 19. Jahrhundert gebräuchlich waren. In diesem Bereich gibt das *Deutsche Wörterbuch* durchgängig so gut wie keine Auskünfte.

Der Aufbau der Wortartikel ist ebenso systematisch wie die Prinzipien der Stichwortauswahl. Selbstverständlich steht die Angabe der – nach tropischen Prinzipien (s. o.) geordneten – Bedeutungen im Vordergrund und ist auf Deutsch statt auf Lateinisch; die Angaben zur Herkunft des Worts hingegen stehen in einer Anmerkung. Der Stil der Angaben ist vernunftbetont, es gibt keine Spekulationen. Aussagen über sprachliche Normen sind begründet und oft relativierend formuliert. Sanders' Wörterbuch bietet deutlich weniger Belege als das *Deutsche Wörterbuch*; sie sind aber gleichmäßig über die gesamte Alphabetstrecke verteilt, gezielt ausgewählt, sinnvoll gekürzt und selbstverständlich mit genauen Quellennachweisen versehen.

7.4 Konkurrenz der Wörterbücher – Konkurrenz der Kulturen

Mit der verhältnismäßig raschen Realisierung dieses Wörterbuchkonzepts stellte Sanders eine ernstzunehmende Konkurrenz für das Werk der Brüder Grimm dar. Doch besaß die Konkurrenz nicht nur die genannten praktischen Aspekte. Hinter der Ausrichtung einerseits auf die Fachwissenschaft bei Grimm, andererseits auf das Bildungs- und Wirtschaftsbürgertum bei Sanders standen unterschiedliche kulturelle Konzepte mit je eigenen politischen, sozialen und religiös-konfessionellen Orientierungen. Deren Spuren finden sich wiederum in der Formulierung von Angaben und Beispielen und in der Auswahl von Belegen. Dies sei nachfolgend veranschaulicht.

An der Erläuterung des Stellenwertes der Sprachgebrauchs (7.2.1) wurde bereits deutlich, dass er mit demokratischen Vorstellungen in Zusammenhang stand, die Sanders während seiner aktiven Beteiligung an den Ereignissen

7.4 Konkurrenz der Wörterbücher

von 1848 entwickelt hatte. Als politischer Redakteur hatte er seinerzeit Texte verfasst, in denen das Schlagwort *Volkssouveränität* die gleiche argumentative Rolle erfüllte wie das Schlagwort des *Sprachgebrauchs* in seinen sprachreflexiven Texten; der Souverän in Fragen der politischen Verfassung wie in Fragen der sprachlichen Konventionen ist das ‚Volk'. Für den Demokraten und Achtundvierziger Sanders war das Wörterbuch der Brüder Grimm wohl noch dem alten, absolutistischen Zeitalter, der ständischen und feudal beherrschten Gesellschaftsordnung verhaftet. Der Vergleich beider Wortartikel zum Stichwort *frei* (aus der von Jacob Grimm selbst bearbeiteten Strecke) zeigt in der Tat je andere politisch-soziale Werte (die Wortartikel sind im Folgenden gekürzt zitiert):

> **FREI** [...] der freie ist sein selbes eigen, sui juris, keines andern eigen. selbständige, unbesiegte völker heiszen freie [...] nach dem besiegten pflegt der freie seinen knecht zu nennen [...] dem stande nach ist frei wer bleiben kann, wo, gehen wohin er will [...] den freigelassenen heiszt der herr gehen wohin er wolle. ein knecht musz beim herrn verharren (*Deutsches Wörterbuch* Bd. 4, 94) [...] freie menschen bilden freie, unabhängige völker, freie staaten, und in königreichen sind noch freie städte, freie dörfer, freie hafen gelegen. [...] (ebd. 95) frei, ungehindert, in freier wahl und willkür stehend. [...] (ebd. 96) der mensch hat freien willen, ist freies mutes, seine gedanken, entschlüsse, handlungen sind frei, seine sitten und zustände, seine rede und sein betragen bilden sich frei aus. [...] (*Deutsches Wörterbuch* Bd. 4, 97).
>
> **Frei** [...] Frei ledig von Dem, was als Einschränkung, Hindernis, Zwang, als Hemmendes und Drückendes, als eine auf Etwas ruhende Last, Verpflichtung etc. gilt. [...] mit verschieden nüanciertem Sinn, je nachdem die mehr oder minder sich geltend machende Abwesenheit des Hemmenden etc. sich auf körperliche, räumliche, staatliche, geistige, sittliche Verhältnisse etc. bezieht, also z. B. = ungebunden, ungehindert, unbeschränkt, unabhängig; los und ledig von Fesseln, Bedrückendem, von Einengendem, von Schranken [...] von Knechtschaft, von Dienstbarkeit, von Abhängigkeitsverhältnissen, von einer Anklage, von Strafen, von Gefahr, von Beschäftigung, von zu leistender Zahlung, überhaupt einer bestimmten Verpflichtung durch Etwas davon Ausnehmendes enthoben [...] nicht durch fremde Bestimmung eingeengt, sondern sich so bewegen oder bewegen können, wie man es selbst will, so wirkend, wie ohne Einwirkung von außen und Hemmung es dem Wesen des Gegenstandes gemäß ist [...] auch: nicht beschränkend, ungehinderte Bewegung und Selbstbestimmung verstattend [...] (Sanders 1860–1865/1969, Bd. I, 488).

Die Gegenüberstellung beider Artikel hinterlässt den Eindruck, als sei der erste von jemandem geschrieben, der sich selbst seiner rechtlich-politischen Freiheit bewusst ist und sich dessen herzlich freut, wohingegen der zweite Artikel von jemand geschrieben zu sein scheint, der sich nach Freiheit sehnt und dem sie in vielfacher Weise verstellt ist. Ich zähle in Sanders' Bedeutungsangabe 24 Gegensatzausdrücke und etliche Negationen. Jacob Grimm hingegen greift zu einer Menge von selbstgebildeten Beispielsyntagmen, die eine triumphierend wirkende Anhäufung des Worts *frei* erzeugen. Sanders zitiert in der Anmerkung am Schluss seines Wortartikels noch einen längeren Beleg des jüdischen Aufklärers Moses Mendelssohn, in dem das Ziel der „bürgerlichen Freiheit" beschworen wird (Sanders 1860–1865/1969, Bd. I, 489).

Dass das Wörterbuch der Brüder Grimm konfessionell einseitig sei, d. h. zu deutlich für die Protestanten Partei ergriffe, hatten ausschließlich katholische Rezensenten festgestellt (siehe 1.2.3). Dass es auch die tradierten Ressentiments gegen die Juden enthält, z. B. entsprechende Äußerungen Martin Luthers oder Abraham A Sancta Claras unkommentiert zitiert, hätte ein jüdischer Deutscher seinerzeit nicht öffentlich zu monieren gewagt. Auch Sanders vermied es, in seinen Wörterbüchern als Jude erkennbar zu werden; Bezeichnungen aus dem Bereich der jüdischen Religion werden bei ihm nicht zahlreicher oder eingehender behandelt als solche der beiden christlichen Konfessionen. Aus einsichtigen Gründen achtete er in religiös-konfessioneller Hinsicht auf vollkommene Ausgewogenheit und Unparteilichkeit. Dies fängt damit an, dass er nicht nur die Bibel in Luthers Übersetzung in die Quellenbasis aufnahm, sondern zugleich auch eine katholische und zwei jüdische Übersetzungen, letztere von Moses Mendelssohn und Leopold Zunz.

Auf Belege, die Jüdisches deutlich abwerten, verzichtete er und zeigt so, dass es in der deutschen Literatur diesbezüglich auch andere Stimmen gab.

Man kann Sanders heute als aufgeklärten Germanisten bezeichnen, der die Sehnsucht nach dem Nationalstaat mit der ‚Bildungsreligion' des 19. Jahrhunderts verband und das darauf antwortende Wörterbuch schrieb. Als Lexikograf außerhalb der Universitätswissenschaft, der er als Jude nicht hätte werden können, war er durch die Fachgermanisten leicht als unwissenschaftlich zu stigmatisieren und in der Folge zu ignorieren. Sanders' Wörterbuch trug nicht zur Durchsetzung der historisch-vergleichenden Wortforschung bei, sondern folgte den Sprachinteressen seiner gebildeten Zeitgenossen. Weil Sanders' verschiedene Wörterbücher unübersehbar erfolgreich waren – mehrere Auflagen, einbändige Versionen –, schlugen ihn wohlwollendere Nachfolger der Brüder Grimm der ‚praktischen' Lexikografie zu und führten damit die bis heute andauernde Zweiteilung der Wörterbuchlandschaft in ‚wissenschaftliche' und ‚praktische' Lexikografie herbei.

Literatur:

a) Wörterbücher und verwandte Quellen:

Sanders 1852 (Kritik an Grimm); Sanders 1853 (Kritik an Grimm); Sanders 1854 (Wörterbuchprogramm); Sanders 1860–65/1969; Sanders 1869; Sanders 1871; Sanders 1872; Sanders 1873–77/1985; Sanders 1885/1969; Sanders 1889 (Kritik an Lyon); Wurm 1852; Wurm 1853 (Kritik an Grimm); Wurm 1858.

b) Forschungen:

Haß-Zumkehr 1991 b; Haß-Zumkehr 1994; Haß-Zumkehr 1995; Haß-Zumkehr 1997; Hinderling 1988 (zu Wurm); Kühn/Püschel 1990 b (allgemein zur Lexikografie der Zeit); Munske 1992 (Vergleich von Sanders mit Heyse und Duden); Reichmann 1989; Reichmann 1991 a (Vergleich von Grimm mit Sanders); Schenda 1977 (über Lesegewohnheiten zwischen 1770 und 1910); Schröter 1988; Wagner 1996 (zu Wurm); Wiegand 1998 a, 684–689.

8. Wissenschaftliche versus ‚bloß' praktische Wörterbücher

8.1 Die Wörterbuchlandschaft wird kartografiert

Wörterbuchautoren aller Zeiten haben mit mehr oder weniger Erfolg versucht, bestimmten Adressatengruppen und deren spezifischem Nutzungsinteresse entgegenzukommen. Doch erst im 19. Jahrhundert und besonders deutlich in der Konkurrenzsituation Grimm – Sanders wurden die unterschiedlichen Adressatenorientierungen polarisiert in ‚wissenschaftliche' und ‚praktische' Lexikografie. Im Munde vieler, vor allem der Germanisten und Philologen war mit der Polarisierung zugleich eine Hierarchisierung und Wertung verbunden: Die wissenschaftlichen Wörterbücher galten als wertvoller und ihre Verfasser als angesehener. Deshalb konzentrierten sich lexikografiehistorische Darstellungen auf die ‚wissenschaftlichen' Wörterbücher; infolgedessen ist über die ‚praktischen' Werke sehr viel weniger bekannt, obwohl sie – dies zeigen schon die meist vielfachen Auflagen – weitaus verbreiteter waren als die ‚wissenschaftlichen'. Man kann daher annehmen, dass die ‚praktischen' Wörterbücher in engerem Kontakt mit gesellschaftlichen Interessen an Sprache standen und so den größeren Einfluss auf die Sprachentwicklung besaßen, während für die ‚wissenschaftlichen' Werke von einem engeren theoretisch-methodischen Austausch mit der Sprachwissenschaft auszugehen ist.

Die Polarisierung und Hierarchisierung der Wörterbuchlandschaft hängt unmittelbar mit der Entstehung der Germanistik bzw. der deutschen Philologie als Universitätsfach im 19. Jahrhundert zusammen. Der Prozess von der Einrichtung erster Lehraufträge und Professuren bis zur Gründung germanistischer Institute an allen deutschsprachigen Universitäten dauerte fast das gesamte Jahrhundert hindurch an (vgl. Bahner/Neumann 1985). In der ersten Jahrhunderthälfte ging es vor allem um die Etablierung des neuen Forschungsgegenstands ‚deutsche Sprache' und der entsprechenden historisch-vergleichenden Methoden. Die Konzipierung des *Deutschen Wörterbuchs* durch Jacob und Wilhelm Grimm und ihre Abgrenzungsbestrebungen gegenüber der älteren, rationalistischen Sprachauffassung gingen ganz auf diese wissenschaftsgeschichtliche Situation, die Durchsetzung eines neuen Paradigmas, zurück (siehe 6.1 und 6.2). Die Germanisten der zweiten Jahrhunderthälfte fußten auf dessen Erfolg und bauten die institutionellen Formen – Lehrstühle, Institute, Zeitschriften, Kongresse – aus. Die zweite Bearbeitungsphase des *Deutschen Wörterbuchs* ab 1863 fiel mit dieser Institutionalisierungsphase der Germanistik zusammen. Nun musste sich die historisch-vergleichende, etymologische Wortforschung nicht mehr beweisen, sie musste sich nur noch immer weiter ausbreiten und durchsetzen; das *Deutsche Wörterbuch* war ein herausragendes Mittel hierzu (vgl. Haß-Zumkehr 1999 a).

Neben diesem Prozess der Entstehung einer wissenschaftlichen Disziplin zum Gegenstand ‚deutsche Sprache und Literatur' und lange vor seinem Einsetzen existierte so etwas wie Laienlinguistik oder außerwissenschaftliches, allgemeines Nachdenken und Räsonnieren über Sprache, zu dem – in der Sicht der Universitätsgermanisten – auch der ganze Bereich des schulischen Muttersprachunterrichts gerechnet wurde. Bis zum Beginn wissenschaftlich-universitärer Erforschung der deutschen Sprache spielten Wörterbücher neben Grammatiken und anderen für Unterrrichtszwecke geschriebenen Werken eine Hauptrolle in der Sprachreflexion einer Gesellschaft. Bis zum Beginn des 19. Jahrhunderts wurde (und wird) das Nachdenken über Sprache nicht in ein universitär-akademisches einerseits und ein schulbezogenes andererseits unterschieden. Erst mit der Entstehung der Germanistik werden daraus geradezu Gegensätze, weil das Neue die scharfe Abgrenzung gegenüber dem Alten vor allem im Moment seiner Entstehung in gewisser Weise grundsätzlich braucht.

Im Laufe des 19. Jahrhunderts, ausdrücklich erstmals in Jacob Grimms Vorrede zum *Deutschen Wörterbuch* von 1854, wird die voraus liegende Wörterbuchtradition in Haupt- und Nebenlinien und die zeitgenössische Wörterbuchproduktion in ‚wissenschaftliche' und ‚nützliche' Werke eingeteilt. Im Rückblick, den das neue Fach auf seine Vorläufer wirft, werden auch diese der polarisierenden Wertung unterworfen. Grimm gibt im fünften Abschnitt seiner wissenschaftsstrategisch angelegten Vorrede zum *Deutschen Wörterbuch* (vgl. Haß-Zumkehr 1997) einen kritisch-abwertenden Überblick über ältere und neuere Wörterbücher. Zu Stieler (siehe 4.2.1) etwa schreibt er, dass dort „die falschesten etymologien geschmacklos geltend gemacht" werden; ferner seien „die beispiele nicht reichlich genug und zu trocken gegeben" (Grimm 1854, XXII). Adelung wird einerseits gelobt, andererseits wird das „geschlepp langweiliger definitionen" gerügt, das „seit Adelung durch die deutschen Wörterbücher zieht" (ebd. XL); auch sei dieser „unempfänglich […] gegen den aufschwung deutscher poesie" gewesen (ebd. XXIV). Am Ende des Abschnitts geht er auf die praktischen Wörterbücher seines eigenen Jahrhunderts ein:

> Der übrigen seit Adelungs zeit erschienenen deutschen wörterbücher, handwörterbücher, gesamtwörterbücher von Moritz, Heinsius, Heyse, Kaltschmidt und wie sie alle heiszen, ausführlich zu erwähnen ist keine noth. sie sind verschiedner art und anlage, in wolmeinender absicht unternommen und theilweise mit geschick bearbeitet; allein ich trage bedenken, ob irgend ein einziges unter ihnen der sprache selbst wahren und dauernden dienst geleistet habe. sie gehen darauf aus und halten für bedürfnis, die bisherige errungenschaft immer umzuschreiben, auszuziehen und abzukürzen, statt sie zu erhöhen und zu steigern. den eingang zum schacht finden sie nicht oder lassen ihn versanden. eine weile brach zu liegen hätte dem groszen wortacker besser gethan, als dasz, während die pflüger ausblieben, viele füsze auf seiner oberfläche sich tummelten und sie fest traten. (Grimm 1854, XXVI)

Grimms Kartografie der Wörterbuchlandschaft zeitigte langanhaltende Wirkung. Die ‚praktischen' und ‚populären' Wörterbücher bleiben auch in einer auf Theorien und Methoden konzentrierten Geschichte der Sprachgermanistik und in einer theorieorientierten Lexikografiegeschichte außerhalb des Blickfelds. Infolgedessen sind diese Wörterbücher nahezu ein weißer Fleck in der Forschungslandschaft. Für eine kulturwissenschaftlich ausgerichtete Wörterbuchgeschichte sind sie aber von Interesse, weil sie unmittelbarer mit dem jeweiligen gesellschaftlichen Wertesystem verknüpft sind und weil sie Antworten auf die Frage gestatten, worin denn die Sprachgemeinschaft einer bestimmten Epoche, unter Umständen im Unterschied zur Sprachwissenschaft, Nutzen und Funktion dieser Wörterbücher sah.

In der Perspektive der Sprachgemeinschaft, insbesondere bei denjenigen, die in der schulischen Bildung tätig waren, wurde die polarisierende Einteilung der Wörterbuchlandschaft zwar übernommen, aber anders bewertet als in der Wissenschaft. Hier standen auf der einen Seite die ‚gelehrten' oder pejorativ als *gelahrt* bezeichneten Wörterbücher, prototypisch hierfür das *Deutsche Wörterbuch* mit seinen ausführlichen etymologischen und sprachvergleichenden Angaben zu vielen anderen Sprachen und Sprachstufen außer zur Sprache der Gegenwart des 19. und 20. Jahrhunderts – auf der anderen Seite die nützlichen und damit vor allem zur Orientierung über Sprachnormen herangezogenen Werke, wie diejenigen von Heyse (s. u.), Sanders und anderen. Wie zwiespältig Gelehrtheit und Gelehrsamkeit im 19. Jahrhundert beurteilt wurden, zeigt die Bedeutungsangabe zum Stichwort *Gelehrt-* bei Sanders:

> theils in lobendem, theils in tadelndem Sinn, insofern Gelehrsamkeit, wenn nicht der Geist durchdringend sie beherrscht und in Beziehung und Anwendung aufs Leben erhält, als drückende Last den Geist verschroben, ihren Besitzer, ihn dem Leben entfremdend, praktisch ungeschickt macht und dabei noch oft mit dünkelhafter Verachtung der „Nicht-Gelehrten" erfüllt, vgl. Pedant. (Sanders 1860–65/1969, II.2, 1639)

Nachfolgend soll eine soziokulturelle Charakteristik der populären Wörterbücher vor allem des 19. Jahrhunderts versucht werden; sie kann sich wegen der erläuterten Forschungslage nur auf sehr exemplarische Untersuchungen stützen. Diese Charakteristik hat von den Interessen der Wörterbuchbenutzer auszugehen, soweit sie sich einerseits aus den offensichtlich erfolgreichen Werken, insbesondere ihren Adressatenorientierungen selbst ableiten lassen, andererseits von vorläufig nur unsystematisch gesammelten Urteilen der Wörterbuchrezensenten und -kritiker. Aufschluss über nutzerseitige Beurteilung der Funktionalität oder ‚Brauchbarkeit' eines Wörterbuchs gibt zunächst ein historischer Rückblick. Benutzungsinteressen und Benutzungssituationen wurden stets an Personengruppen, ihrem Bildungsstand und der Art ihrer ‚Arbeit mit Sprache' festgemacht.

8.2 Historischer Rückblick auf die Wörterbuchadressierung bis 1800

Eine Differenzierung der Wörterbuchlandschaft einer Zeit in Werke mit je unterschiedlichen Adressatenbezügen gab es von Anfang an, d. h. seit dem Mittelalter. Mit dem Einsetzen des Buchdrucks stiegen jedoch die Möglichkeiten enorm an, mit verschiedenen Werken oder gar mit verschiedenen Versionen desselben Werks auf spezielle Nutzertypen einzugehen.

Die Lexikografie des 16. Jahrhunderts war vor allem Schullexikografie, diente also im Lateinunterricht (Kapitel 3). Dabei wurden die Wörterbücher auf verschiedene Lernstufen abgestimmt (Folgendes nach Peter O. Müller, demn.). Die unterste Stufe verlangte Bücher für „pueri"; diese waren nicht selten in Reimform angelegt, damit das Auswendiglernen der Vokabeln leichter fiel. Die älteren Schüler waren aufsteigend der „adolescens", der „iuventus", der „studens", der „progressus" und schließlich der „doctus". Wörterbücher für diese letztere Gruppe gingen über die reine Wortschatzvermittlung hinaus und zielten eine Verbesserung der rhetorisch-stilistischen Lateinkompetenz an. Hier war der Übergang von der schulbezogenen zur universitätsbezogenen Lexikografie fließend.

Daneben und somit außerhalb des primären Bildungssektors existierten aber auch noch Wörterbücher mit speziellem Sach- und Berufsbezug: für Prediger, Ärzte, Juristen, Verwaltungsbeamte, Kaufleute, Handwerker, Diplomaten, Pilger, Söldner und auch für Ausländer, die Deutsch lernen oder verstehen wollen (Müller demn., Ms. 486 ff.). Außerhalb von Schule und Universität standen auch die zahlreichen polyglotten Werke, die neben Latein und Deutsch andere lebende europäische Fremdsprachen verzeichneten und diese

‚Wort für Wort' mit dem Deutschen verbanden. Die Vermittlung von niederländischen, italienischen, polnischen und tschechischen Wortschatzkenntnissen durch Wörterbücher sind ein sicheres Zeichen für deren Praxisbezug, für die kommunikative Relevanz der Lexikografie auf Reisen, beim Austausch von Waren und Kenntnissen, d. h. in Bereichen außerhalb der Universitäten (vgl. Kapitel 12).

Eine Wertehierarchie scheint mit den Adressatenbezügen bei den Zeitgenossen des 16. und frühen 17. Jahrhunderts nicht verbunden gewesen zu sein. Wohl aber versuchten die Autoren in ihren Vorreden um möglichst viele Adressaten, darunter eben auch um die „docti", zu werben. Dennoch ist ein gewisser Unterschied festzustellen hinsichtlich des Umfangs und damit des Preises eines Wörterbuchs. Andreas Corvinus bezeichnete in seinem 1626 erschienenen, eine Tradition des 16. Jahrhunderts fortsetzenden *Fons latinitatis* besseres und schnelleres Lateinlernen der Schüler als sein Ziel. Zwar gäbe es dazu bereits Werke, aber das *Lexicon trilingue* und der *Thesaurus* von Calepinus seien für seine, Corvinus', Adressaten unbezahlbar. Von Verständlichkeit oder Qualität redet er nicht – ein ökonomisches Kriterium reiht sich hier an die älteren, lernstufen- und berufsbezogenen Kriterien der Wörterbuchunterscheidung.

Die Wörterbuchlandschaft des 17. Jahrhunderts ist bisher zwar nicht einmal bibliografisch erfasst (vgl. Jones 1999), sodass über die Adressierungen der Wörterbücher noch kaum etwas gesagt werden kann, aber neuere Forschungen ergeben, dass die in der 2. Hälfte des 16. Jahrhunderts einsetzende Tendenz zur Vielsprachigkeit der Wörterbücher ihren Höhepunkt im 17. Jahrhundert erreichte (Peter O. Müller demn., Ms. 501–506). Das Deutsche wurde nun mehr und mehr mit dem Italienischen, Französischen und Spanischen verknüpft – mit Sprachen, die für den Austausch von Waren wie von intellektuellen Gütern unerlässlich waren. Auf der anderen Seite, aber womöglich durchaus mit der mehrsprachigen Lexikografie verknüpft stand die ‚Comenius-Lexikografie' (siehe 14.2.3), die die unteren Stufen des Schulunterrichts beherrschte. In den Kontext der deutsch-fremdsprachlichen Lexikografie gehört das *Herrlich große Teutsch-Italiänische Dictionarium* von Matthias Kramer (s. 4.2.2) vom Ende des 17. Jahrhunderts, ein Werk, das konkret auf Handelsbeziehungen mit Italien ausgerichtet war und das in der wissenschaftlich dominierten Wörterbuchgeschichte bis heute im Schatten der kultur-national motivierten Wortschatzarbeit der Sprachgesellschaften und des *Sprachschatzes* von Kaspar Stieler steht. Beim Vergleich von Stieler und Kramer stellte Ising (1956, 22) beiläufig fest, dass praktische Wörterbücher wie die von Kramer wie ein Motor für Innovationen der lexikografischen Methoden gewirkt hätten. Kramer war derjenige, der die Verständigungsmittel des Alltags und der bürgerlichen Berufe festhielt und Entlehnungen aus dem Italienischen wie *Bank*, *Kasse*, *Brutto* und *Netto* ins Deutsche lexikografisch kodifizierte und damit durchzusetzen half. Doch wurde schon diese Leistung von Gelehrten wie Leibniz und Frisch als „peu de chose" eingestuft, obwohl Frisch selbst ein deutsch-französisches Wörterbuch für Reisende verfasst hatte, das im Gegensatz zu seinem als wissenschaftlich geltenden *Teutsch-Lateinischen* Werk unbeachtet geblieben ist (Ising 1956, 14 f.). Ziel der gelehrten Sprachforscher war, den deutschen Wortschatz mit Mitteln der Lexikografie für wissenschaftliche Zwecke leistungsfähiger und zugleich nationalkulturell attraktiver zu machen. Pointiert gesagt wird der deutsche Wortschatz in den praktischen Wörterbüchern schon dieser Zeit als Verständigungsmittel, d. h. als ein Vehikel für außerhalb seiner selbst liegende Zwecke betrachtet, wohingegen in den gelehrten Wörterbüchern von Stieler, aber auch von Frisch der Wortschatz einen höheren, nämlich symbolischen Wert für einen noch höher bewerteten Gegenstand, die Nation, darstellt.

Über die Rezeption der bekanntesten Wörterbücher des 18. und frühen 19. Jahrhunderts – Steinbach, Frisch, Adelung, Campe – ist wenig bekannt. Sie alle wandten sich Adressaten, die für die deutsche Nation oder das ‚Volk' insgesamt standen. Daneben muss es allerdings auch eine Schullexikografie gegeben haben, die wohl immer noch primär auf die Erlernung des Lateinischen ausgerichtet war. Möglicherweise waren die Bücher von Steinbach und Frisch zu teuer, um in Schulkreisen verbreitet gewesen zu sein, wie dies für Adelung und Campe ganz sicher gilt – nicht einmal Schiller, nur Goethe konnte sich den Adelung leisten. Die bekannte und beachtliche Ausdifferenzierung der Wörterbuchlandschaft im 18. Jahrhundert spielte sich, so weit man heute überblicken kann, innerhalb des Kreises gelehrter Autoren und Rezipienten ab. Es entstanden Synonymen-, Mundart-, Fach- und Sondersprachenwörterbücher sowie Enzyklopädien, die sprachlich-terminologische Fragen durchaus einbezogen (siehe Kapitel 13 und 14). Wir verdanken diese Wörterbücher einem vor allem historisch-dokumentarischen Interesse der Aufklärungszeit, wohl kaum den damaligen Kommunikationsbedürfnissen von Jägern, Seefahrern, Kaufleuten, Bergleuten, Studenten usw.

8.3 Wörterbücher ‚zum praktischen Nutzen für alle Stände'

Mit dem Ende des „Kulturmonopols" des Lateins (von Polenz) endete auch dessen Bedeutung für Schule und Universität. Die Lehrmaterialien, darunter die Wörterbücher, waren zu Beginn des 19. Jahrhunderts vollständig beim Deutschen angekommen und konnten sich seit Adelung auf einen Fundus gelehrter Darstellungen von Wortschatz und Grammatik der deutschen Sprache stützen. Was die Gelehrten erarbeitet hatten, wurde nun kompilierend popularisiert und dabei mehr oder weniger verändert. Dabei konnten Art und Umfang solcher Veränderungen, wie unten an einem Beispiel gezeigt wird, bis in die sprachtheoretische Basis hinein reichen. Die Titel einiger dieser populären Wörterbücher sind im Hinblick auf wesentliche Kriterien ihrer Adressatenorientierung sprechend und seien deshalb ausführlich wiedergegeben:

> 1805 bis 1807 erschien in Leipzig ein zweibändiges Werk von Christian Friedrich Voigt: *Vollständiges deutsches Handwörterbuch für die Geschäftsführung, den Umgang und die Lectüre.*

> 1814 brachte A. Holzmann in Augsburg heraus: *Neues vollständiges Wörterbuch, nach den besten bis jetzt erschienenen Wörterbüchern und vorzüglich nach Adelung und Campe bearbeitet.*

> 1818 bis 1822 erschien in vier Bänden das *Volksthümliche Wörterbuch der deutschen Sprache mit Bezeichnung der Aussprache und Betonung für die Geschäfts- und Lesewelt* (Hannover) von Theodor Heinsius.

> In Zeitz erschien 1825 in 3 Bänden von Gottlieb Heinrich Heinse: *Encyklopädisches Wörterbuch, oder alphabetische Erklärung aller Wörter aus fremden Sprachen, die im Deutschen angenommen sind, wie auch aller in den Wissenschaften, bei den Künsten und Handwerken üblichen Kunstausdrücke.* Die 1. Auflage aus den Jahren 1793 bis 1805 umfasste noch 11 Bände.

> Jacob Heinrich Kaltschmidt: *Allgemeines Fremdwörterbuch nebst Erklärung der in der deutschen Sprache vorkommenden fremden Wörter und landschaftlichen Ausdrücke mit Angabe ihrer Abstammung. Zum praktischen Nutzen für alle Stände bearbeitet.* 2. Aufl. Nördlingen 1852.

> Jacob Heinrich Kaltschmidt: *Vollständiges stamm- und sinnverwandtschaftliches Gesammt-Wörterbuch der Deutschen Sprache aus allen ihren Mundarten und mit allen Fremdwörtern. Ein Hausschatz der Muttersprache, für alle Stände des deutschen Volkes, worin außer allen einfachen und zusammengesetzten Wörtern der hochdeutschen Schriftsprache, auch alle derselben fehlenden Wörter der norddeutschen, d. h. der westphälischen, bremischen, hamburgischen, holsteinischen, dithmarsischen, mecklenburgischen, pommerschen, lief- und ehstländischen, und die Wörter der süddeutschen, d. h. der bayerischen, schwäbischen, schweizerischen und österreichischen Mundarten in schriftgerechter Schreibart verzeichnet und erklärt sind von Dr. Jakob Heinrich Kaltschmidt. Fünfte, wohlfeile Stereotyp-Ausgabe.* Nördlingen 1865.

> Valentin Grübel brachte 1874 in Ansbach heraus: *Taschen-Fremdwörter-Büchlein. (Erklärung der in den deutschen Schriften und Zeitungen, sowie in gerichtlichen Angelegenheiten am häufigsten vorkommenden Fremdwörter.) Zum Gebrauche und zur Belehrung für Schulen, sowie für den Geschäfts- und Landmann.*

Vertreter eines besonderen, aber ungemein erfolgreichen Wörterbuchtyps war Daniel Sanders' *Kurzgefasstes Wörterbuch der Hauptschwierigkeiten in der deut-

8.3 Wörterbücher ‚zum praktischen Nutzen für alle Stände'

schen Sprache. Berlin, 1. Auflage 1872. Ab der 31. Auflage (o. J.) wurde es von Julius Dumcke neu bearbeitet, die 38. Auflage erschien ca. 1908 und es folgten noch sechs weitere Auflagen.

In diesen Titeln werden eine Reihe von Kriterien genannt, von denen angenommen wird, dass sie für potenzielle Adressaten bzw. Käufer wichtig sind. Adressaten als Käufer zu betrachten bzw. zu fragen, ob ein Wörterbuch für Nutzer erschwinglich ist oder nicht, hat Auswirkungen auf die infrage kommenden Benutzungssituationen. Die meisten Frageanlässe kommen beim häuslichen Lesen und Schreiben oder im schreib- bzw. redeorientierten Berufsleben vor; ist hier kein Wörterbuch zur Hand, wird keines benutzt. Nur ‚zweckfreies' sprachreflexives Interesse lässt sich auch in den Räumen einer Bibliothek befriedigen und zwar umso besser, je umfangreicher das Wörterbuch und je ausführlicher die angebotenen Informationen sind. Handlichkeit, d. h. die Beschränkung auf ein oder zwei Bände, und niedriger Preis waren und sind insofern Bedingungen für ‚praktischen' Nutzen. Beide Kriterien werden deshalb wohl nur selten explizit genannt.

Am häufigsten genannt (je vier mal in den obigen Titeleien) werden Vollständigkeit und die Erläuterung von Fremdwortschatz. Das Versprechen eines einbändigen Wörterbuchs, ‚vollständig' zu sein bzw. ‚alle' Wörter zu enthalten, erscheint grotesk. Die damit vollzogene Sprachhandlung lässt sich aber umschreiben mit: ‚Ich verspreche Dir, alle für Dich wichtigen Wörter zu behandeln und Deine Fragen zu beantworten.' So gesehen wird eine benutzer- und benutzungssituationsspezifische Auswahl der Stichwörter versprochen. Zur Menge der frag-würdigen oder schwierigen Wörter zählten im Jahrhundert der Industrialisierung, Demokratisierung und Urbanisierung prototypisch Lehnwörter und aus entlehnten Wortelementen gebildete fach- und themenspezifische Ausdrücke (‚Fremdwörter'). Auch grammatische Schwierigkeiten wurden und werden von Nicht-Sprachwissenschaftlern meist an Wörter gebunden bzw. über Wörter identifiziert. Die Titeleien heben eine Reihe weiterer Teilwortschätze hervor, zu denen ein Frageinteresse besteht: berufliche und wissenschaftliche Fachausdrücke, Mundartwortschätze, einmal explizit der Wortschatz regionaler *Schrift*sprachen, und der Wortschatz der überregionalen geschriebenen Standardsprache. Der Nachschlagebedarf erstreckte sich offensichtlich auch auf Fragen der regionalen und überregionalen Sprachnorm.

Hierbei ging es ähnlich wie heute vor allem um die ‚richtige' regionale bzw. überregionale Aussprache, um Hilfe bei Unsicherheiten in Morphologie und Syntax sowie um die Bedeutung der gebräuchlichen Fremdwörter. Nach den um Vereinheitlichung der ‚reichsweiten' Schreibung bemühten orthografischen Konferenzen von 1876 und 1904 kam ein verstärktes Interesse an

Angabe der normgerechten Schreibungen hinzu. Nur das Schwierige aus allen sprachlichen Phänomenen herauszusuchen, gleich ob im Wortschatz oder in der Grammatik, hat in der angelsächsischen Lexikografie eine Tradition mit eigener Bezeichnung: Dort gab und gibt es Wörterbücher der *hard words*, d. h. der in irgendeiner Hinsicht schwierigen Wörter.

Die in den Titeleien mit ‚Vollständigkeit' zugesagte, spezifische Auswahl wird in weiteren Kriterien auf Benutzungssituationen und Nutzergruppen bezogen: Das Wörterbuch fungiert in der Ausübung bürgerlicher Berufe, zur ‚Vor- und Nachbereitung' gesellschaftlicher Konversation (ähnlich den Konversationslexika, vgl. 14.2.5), zur Vorbereitung der Teilnahme an gerichtlicher Kommunikation, bei der Lektüre insbesondere von Zeitungen. Das Wörterbuch soll benutzt werden von Schülern, von Landleuten, d. h. von Menschen, die abseits jeglicher Kultur- und Bildungseinrichtungen leben, vor allem aber von Angehörigen „aller Stände". Mit letzterem wird implizit auf die exklusiv-gelehrten Wörterbücher angespielt, die ohne gründliche humanistische, d. h. Lateinbildung für alle gesellschaftlichen Schichten außer für das Bildungsbürgertum unzugänglich waren. Mit „alle Stände" wird der voraussetzungslose Zugang zu denjenigen Informationen zugesagt, die von Nutzern in den o. g. Situationskontexten nachgefragt werden.

Im Einzelnen werden in den Titeleien an Informationsarten genannt: Ausspracheangaben, enzyklopädische Informationen, Angaben zur Sinnverwandtschaft und Herkunftsangaben. Für letztere, aber vielleicht auch für Informationen zu sachlichen Hintergründen und Sinnverwandtschaften ist anzunehmen, dass sie dem Bedürfnis nach größerer Motiviertheit der Wortbedeutung und nach der Transparenz von Wortbildungszusammenhängen entsprangen, und wenig mit den Fragestellungen der wissenschaftlichen Etymologie zusammenhingen. Die prominente Nennung der Fremdwörter impliziert Angaben zu deren Aussprache und Bedeutung.

Aus den Kriterien insgesamt und aus ihrer Gewichtung wird im Ansatz das Informationsprofil erkennbar, das ‚praktischen' Wörterbüchern im 19. und frühen 20. Jahrhundert eigen war. Es ist recht weit entfernt von demjenigen Profil, das das in dieser Zeit dominante wissenschaftliche Wörterbuch, das Grimm'sche, aufwies. Nicht oder kaum gefragt waren längere Etymologien und Sprachvergleichungen sowie Bedeutungserläuterungen der Wörter, die jedermann zu gebrauchen weiß. Die Charakteristik der populären Lexikografie des 19. und frühen 20. Jahrhunderts ist aber unvollständig ohne Einbeziehung der mehrsprachigen Wörterbücher.

Von einiger Bedeutung ist die Gründung des Langenscheidt-Verlags 1856, bei dem auch fünfundsechzig Jahre hindurch das o. g. *Kurzgefasste Wörterbuch der Hauptschwierigkeiten* von Sanders erschien. Die Festschrift zum 100-jährigen

8.3 Wörterbücher ‚zum praktischen Nutzen für alle Stände'

Bestehen des Verlags trägt den Titel „Brücken zu fremden Völkern" und macht den kulturhistorischen Kontext gerade dieser Verlagsgründung klar: Mit Ausdehnung der Eisenbahnnetze hörte Reisen auf, ein Privileg der Reichen zu sein. Auch die Angehörigen der bürgerlichen Schichten reisten nun vermehrt ins Ausland. Dabei spielte neben geschäftlichen Interessen der Aspekt der Bildung eine zunehmend größere Rolle. Langenscheidt machte sein Sprachlehr- und Wörterbuchprogramm zu einer ‚völkerverbindenden' Angelegenheit.

In diesem Zusammenhang steht auch *Kürschner's Sechs-Sprachen-Lexikon*, dessen 4. Auflage 1921 herauskam und das nicht das einzige seiner Art zwischen 1850 und 1933 war. Hier werden nicht nur Wörter, sondern auch Namen, geflügelte Worte und Sentenzen deutsch wie ‚fremdsprachlich' lemmatisiert und jeweils mit englischen, französischen, italienischen, spanischen und lateinischen Äquivalenten versehen, z. B.:

> Struwelpeter: s/m, engl. a boy s/m with disorderly hair; frz. ébouriffé s/m; ital. porcospino s/m; span. desgreñado s/m; lat. puer s/m (puerulus, puellus) hirsutus (Kürschner 1921, 1505).

Außer einigen grammatischen Angaben werden im Wörterbuchteil keinerlei weitere Informationsarten geboten, dafür aber eine Art fünfsprachiger Briefsteller im Anhang.

Zur selben Zeit nun, in der zugespitzt formuliert die Lexikografen des *Deutschen Wörterbuchs* sowie die zahlreichen puristischen Lexikografen der Fremd- und Verdeutschungswörterbücher versuchen, den deutschen Erbwortschatz ohne Entlehnungen als allseitig ausdrucksfähig zu erweisen bzw. der Nation alle möglichen Verdeutschungen für Lehn- und Fremdwörter ‚beizubringen', d. h. in der Zeit vor, im und kurz nach dem Ersten Weltkrieg, schrieb Joseph Kürschner sein „Welt-Sprachenlexion" (so der Untertitel) mit folgender Begründung:

> Die Bedeutung von Sprachkenntnissen für jeden modernen Menschen ist so allgemein anerkannt, daß sie einer besonderen Betonung heute nicht mehr bedarf. Die Beherrschung fremder Idiome ebnet Mann und Frau den Weg ins Leben, vielfach ist sie geradezu ausschlaggebend für den Erfolg in dem Ringen um eine gefestete Existenz. Kein Stand vermag mehr Sprachkenntnisse zu entbehren, sie begleiten den Menschen von der Kindheit bis ins späte Lebensalter und helfen ihm nicht nur in der Erringung materieller Güter, sondern erschließen ihm auch die höchsten geistigen Schätze fremder Nationen und damit das Verständnis dieser Nationen selbst. (Kürschner 1921, Vorwort zur 1. Aufl. o. S.)

Im Vorwort zur 4. Aufl. 1921 fügte der Bearbeiter Hermann Hillger noch hinzu:

> Die durch den verlorenen Krieg herbeigeführte Veränderung aller wirtschaftlichen Verhältnisse fordert aber gebieterisch eine neue Auflage, weil die Kenntnis fremder Sprachen jetzt in weit höherem Maße für jeden im öffentlichen Leben stehenden Deutschen notwendig ist als es vorher der Fall war.

Bezeichnungen für veränderte Verhältnisse wie *Verfassung* und *Republik* sind aufgenommen, *Flugzeug* und *Flieger* jedoch nicht.

Nachfolgend soll das wohl verbreitetste populäre Wörterbuch des 19. Jahrhundert im Hinblick auf die kulturellen Orientierungen, die mit einem populären Informationsprofil vermittelt werden, betrachtet und mit ein, zwei weiteren der o. g. Wörterbücher verglichen werden.

8.4 Das Erfolgswörterbuch von Heyse

Johann Christian August Heyse und sein Sohn Karl Wilhelm Ludwig Heyse versuchten schon, bevor die Idee zum DWB sich konkretisierte, den historischen Blick auf den deutschen Wortschatz in die Lexikografie umzusetzen. Der Magdeburger Schuldirektor Johann Christian August Heyse hatte nach einer Grammatik und einem Fremdwörterbuch (Heyse/Böttger 10. Aufl. 1891) 1833 ein Wörterbuch der deutschen Sprache herausbringen wollen. Aber mitten in den Druckvorbereitungen starb Heyse, und sein Sohn, der Berliner Professor Karl Wilhelm Ludwig Heyse, der sich zunächst mehr mit allgemeiner Sprachwissenschaft und Sprachphilosophie beschäftigte, brachte das aus drei kleinformatigen Bänden bestehende Werk in den Jahren 1833 bis 1849 zuende:

> Johann Christian August Heyse: *Handwörterbuch der deutschen Sprache mit Hinsicht auf Rechtschreibung, Abstammung und Bildung, Biegung und Fügung der Wörter, sowie auf deren Sinnverwandtschaft. Nach den Grundsätzen seiner Sprachlehre angelegt; ausgeführt von Karl Wilhelm Ludwig Heyse.*

Im Anschluss an die Zeit lexikografischer Praxis veröffentlichte der gelehrte Sohn Heyse übrigens eine theoretische Schrift über das Wortfeld *Schall*, der Coseriu (1979) bescheinigt, eine im modernen Sinne strukturelle Analyse zu sein.

Aufgrund seines erschwinglichen Preises und seiner Kompaktheit war ‚der Heyse' das erfolgreichste Werk des 19. Jahrhunderts. Obwohl Karl Wilhelm Ludwig Heyse Sprachwissenschaftler war, erreichte das Wörterbuch, wie die in 8.1 zitierte Äußerung Grimms zeigt, keine Anerkennung auf Seiten der Deutschen Philologie. Die Spannung wurde in einer zeitgenössischen Rezension des ‚Heyse' wie folgt zum Ausdruck gebracht:

8.4 Das Erfolgswörterbuch von Heyse

> Das Erscheinen [...] wird durch ein allgemeines Bedürfnis vollkommen gerechtfertigt; Beweises genug ist der Umstand, daß augenblicklich mehrere Werke der Art im Werden sind. Der Gelehrte von Fach fühlt das Bedürfniss freilich nicht [...] sieht vielleicht gar geringschätzig auf sogenannte „praktische Arbeiten" herab. (Lisch 1835, 390)

Die Wissenschaftlichkeit Heyses zeigte sich in einer rational formulierten Bedeutungserläuterung (vgl. unten s. v. *Zelle*), aber auch schon in historisch-sprachvergleichenden Angaben, die die Form des Stichworts etwa im Alt- und Mittelhochdeutschen, im Alt- und Angelsächsischen dokumentiert (vgl. unten s. v. *Zelg*). Gerade die Verbindung von Semantik und Etymologie hebt der o. g. Rezensent besonders hervor:

> Stellen wir in kurzen Andeutungen die Gesichtspunkte auf, welche ein deutsches Handwörterbuch für die Gebildeten des Volks für unsere Zeit haben müsste: 1) Muss der Wortvorrath der deutschen Sprache vollständig aufgenommen sein [...] 2) Muss die Form festgestellt werden [...] 3) Muss die Bedeutung klar und bestimmt angegeben sein, und zwar sowohl die erste, ursprüngliche Bedeutung [...] als auch die jetzt geltende und deren historische Entwicklung [...] 4) muss die Bedeutung durch Etymologie begründet werden. Dies verlangt man jetzt nicht weniger, als die bestimmte Angabe der Bedeutung. Beruht diese mehr auf einer philosophischen Tätigkeit, so fordert die historische Begründung der Form und der Bedeutung mehr gelehrte Kenntnis des gesammten Sprachschatzes deutscher Nation. (Lisch 1835, 393 f.)

Heyse erläutert explizit und unter Einbeziehung sachlicher, z. T. fachwissenschaftlicher Informationen, etwa aus der Anatomie. Beispiele oder Belege aus der Schönen oder Sachliteratur gibt er nicht. Deshalb ist anzunehmen, dass dem Wörterbuch kein eigens exzerpiertes Quellenmaterial zugrunde lag. Heyse selbst bezeichnete es als praktisches, nicht als wissenschaftliches Wörterbuch und bekannte sich in seinem Vorwort dazu, aus den Vorgängern, vor allem aus Adelung und Campe kompiliert und deren Angaben nur um das zu Jahrhundertbeginn neu hinzugekommene etymologische Wissen ergänzt zu haben. Damit stellt Heyse eine Synthese zuvor eher unvereinbar scheinender lexikografischer Konzeptionen her: Aufgeklärter Rationalismus, national-historische Dokumentation und die Absicht, für die Volksbildung zu wirken, gehen bei diesem Erfolgswerk eine Verbindung ein. Heyse war sich des Spannungsverhältnisses durchaus bewusst:

> Das wissenschaftliche Wörterbuch hat die Aufgabe, das gesammte Material der Sprache nach dem ihr selbst inwohnenden Gesetze zu ordnen und zu erläutern. Es muß den Wörterschatz seinem organischen Zusammenhang und seiner historischen Entwickelung nach aus einander legen, und kann mithin nicht anders als etymologisch geordnet sein. Von den Sprachwurzeln, so weit sie nachweisbar sind, muss es ausgehen und deren Entfaltung zu Stämmen, Ästen, Zweigen, Blättern und Blüthen durch die ganze Geschichte der Sprache hindurch verfolgen. [...]

Verschieden ist die Bestimmung und Anlage des für die ganze Nation berechneten praktischen Wörterbuches [...] vor Allem ein gründlicheres Verständnis der Sprache, eine lebendigere Anschauung und ein deutlicheres Bewusstsein von der Bedeutung des Wortes und den Gesetzen der Sprache in ihrem Zusammenhange ist wesentlicher Zweck solcher, für die Nation bestimmten Sprachwerke. [...] das bewusstlose Sprachgefühl [soll] zu einer deutlichen Erkenntniss der Sprachgesetze erhöht werden [...]

Als praktisches und populäres Wörterbuch aber hat es von dem Gegebenen anzuheben, d. i. den gegenwärtig vorhandenen Wörtervorrath alphabetisch darzulegen, die Wörter auf ihre Ursprünge zurückzuführen, ihre sprachlichen und logischen Verzweigungen und Zusammenhänge nachzuweisen, ihre Biegungsformen und Fügungsverhältnisse, so wie alle Bedeutungen und Anwendungsweisen in genetischer Folge geordnet aufzuführen. (Heyse 1833–1849/1968, III-VI).

> **Zelg** ob. **Zelch**, m., -es, M. -e, auch: die Zelg, M. -e, (landsch. auch Zalg, Zelken; althochd. zuelga, w., mittelh. zwelge, zelge; altsächs. telg, telch, angels. telga, niederd. Telge) alt u. oberd. f. ein Ast, Zweig.
>
> **zelgen**, ziel. Zw. (landsch. auch zelchen, angels. tilian, tiligan, engl. till) oberd. das Brachfeld bestellen, was gewöhnlich nach der sogen. Dreifelderwirthschaft je um das dritte Jahr geschieht; die Zelge, M. -n, oberd. (Zelg; althochd. zelga, mittelh. zelge; mittl. lat. celga) 1) die Bestellung des Feldes, das Pflügen zur Saat; 2) das bestellte Feld, bes. sofern es den dritten Theil der Gesammtflur ausmacht; daher auch überh. der dritte Theil der Flur ob. einer Hufe (die Sommerzelge, d. i. der mit Sommergetreide bestellte Theil der Flur, z. U. v. der Winter- u. Brachzelge).
>
> **Zelle**, w., M. -n, Verkl. das Zellchen, (mittelh. zelle, celle, v. lat. cella, Behältniss, Kammer, welches von celare, hehlen, bergen, abzustammen scheint) 1) eig. ein kleines Zimmer, bes. als Wohnung eines Mönchs ob. einer Nonne in einem Kloster, auch die Höhle ob. Hütte eines Einsiedlers; ehem. auch ein von einer Abtei abhängendes kleines Kloster (daher noch EN. von Ortern, wie: Celle, Marienzelle u. a. m.); 2) uneig. überh. ein kleines Behältniss, eine kleine Höhlung ob. Abtheilung, bes. wenn deren mehre neben einander befindlich sind, z. B. die sechsseitigen Höhlen in den Wachsscheiben der Bienen, die kleinen Höhlungen im Gehirn ꝛc.: — Zsetz. die **Zellblume**, landsch. f. die gemeine Wegedistel; der **Zellbruder** (mittelh. zellebruoder), Mönch, Einsiedler; **zellenförmig**, Bw.; der **Zellengang**, in Klöstern der Gang über dem Kreuzgange zu den Zellen der Mönche ob. Nonnen; das **Zell-** ob. **Zellengewebe**, ein aus mehren zellenähnlichen Abtheilungen ob. Fächern bestehendes Gefüge, u. ein so zusammengefügter Körper (das Zellengewebe der Wachsscheiben, des Gehirns, der Haut ꝛc.; Pflanz. die sehr zarte Haut, welche die Gefäße umgiebt); die **Zellhaut**, Anat. eine zellige Haut, z. B. des Schlundes, des Magens ꝛc.; die **Zellenkoralle**, eine Gattung Korallen mit kreuzförmigen Löchern ob. Zellen; der **Zellkörper**, Anat. ein zelliger Körper; der **Zellenschwamm**, Löcherschwamm mit Bienenzellen ähnlichen Löchern; die **Zellenwespe**, die Zellen bauende Wespe, z. U. v. Schlupfwespe ꝛc.; — Ableit. **zellicht**, Bw., zellenähnlich; **zellig**, Bw., Zellen habend, aus Zellen bestehend (Pflanz. ein zelliger Fruchtboden).

Aus: Heyse 1833–1849/1968, Bd. 3, 2056.

8.4 Das Erfolgswörterbuch von Heyse

Zwei Schlüsselwortbereiche in diesem Zitat weisen Heyse einmal dem historisch geprägten Interesse des 19. Jahrhunderts und einmal der Aufklärung des 18. und 19. Jahrhunderts zu. Vielleicht erklärt die gelungene Syntheseleistung einen Teil des Heyse'schen Erfolgs. Der Organismus- und Pflanzenmetaphorik mit ihrem genetischen Verfahren und ihrer Ursprünglichkeitssuche wird „deutliche[m] Bewusstsein", „deutlicher Erkenntniss" bzw. der Erziehung des „bewußtlose[n] Sprachgefühl[s]" sowie der Gegenwartsbezug und der Hinweis auf „logische Zusammenhänge" an die Seite gestellt. All dies ist nur durch ausdrückliche Benennung der Bedeutung und Verwendungsbedingungen zu erreichen. Deshalb ist Heyse für ein ‚praktisches' Wörterbuch mit drei Bänden immer noch relativ umfangreich.

Je ausdrücklicher ein − dann notgedrungen umfangreicheres − Wörterbuch seine Informationen präsentiert, desto differenzierter kann es gegenüber kulturellen Werten Stellung nehmen. Im umgekehrten Fall der einbändigen, womöglich sehr stichwortreichen Populärwörterbücher bleibt der kulturelle Kontext vieler Wortverwendungen unausgedrückt. Dass dies viel eher zur Verfestigung von Stereotypen führen kann, zeigt ein Vergleich der Wörterbuchpraxis von Heyse und dem populären Gesamt-Wörterbuch von Kaltschmidt (1865). Kaltschmidts Wortartikel sind in der Regel nur eine einzige Zeile, höchstens zwei Zeilen lang. Z. B. folgen auf das Lemma *die Engländerei* die Äquivalente *Engländersucht, Anglomanie, -glicomanie*. Auf das Lemma *die Engelshuld* folgt: *die liebreiche Thätigkeit für Anderer Wohl*. Heyse paraphrasiert die Wortbedeutungen z. T. in Sätzen und bietet auch schon einmal einen lexikografischen Kommentar über die Bedeutungsangabe hinaus:

> die Engländerei, lächerliche Nachahmung engländischer Sitten und Volkseigenheiten (Heyse 1833−1849/1968, Bd. I, 346)

Heyse schreibt zum Lemma *Zigeuner*, nach einigen formgeschichtlichen Angaben:

> ein aus Indien stammendes Wandervolk von gelbbrauner Farbe, welches durch ganz Europa in Horden umherschweift, vorzüglich aber im südl. Spanien (wo sie Gitanos heißen), in Ungarn, Siebenbürgen, der Moldau, der Türkei, auch in Böhmen (daher frz. Bohémien) verbreitet ist und meist Gaunerei, Wahrsagerei und allerlei Gaukelkünste, hie und da jedoch auch ordentliche Gewerbe treibt; in Deutschland seit 1417 erwähnt […] (Heyse 1833−1849/1968, Bd. III, 2089)

Kaltschmidt (1865) hat nur Platz für: „wild herumziehender indischer Volksstamm". Natürlich sind beider Angaben zeitgemäß abwertend und diskriminierend, aber während Kaltschmidt sich vor allem aus Platzgründen für die Angabe des stereotypen semantischen Kerns der Bezeichnung *Zigeuner* entscheidet, kann Heyse das wenige historische Wissen und eine Einschränkung des Stereotyps zum Ausdruck bringen.

Geht es beim Lemma *Zigeuner* allein um die Angabe des Denotats, so muss beim vergleichbaren Lemma *Jude* eine weitere, besondere Verwendung von *Jude* als Schimpfwort mit der Bedeutung ‚Halsabschneider, Wucherer' beschrieben werden.:

> [Jude] Bekenner des Mosaischen Glaubens; uneig. gemein für Wucherer, bes. in Zusammensetzungen wie Korn-, Geldjude. (Heyse 1833 – 1849/1968, Bd. I, 806)

Heyse bestimmt Judentum als Religionsgemeinschaft wie es der zeitgenössischen Auffassung der Aufklärer entsprach. Die Angaben zum uneigentlichen Gebrauch „[all]gemein für Wucherer usw." beschreiben den tatsächlichen Sprachgebrauch, aber natürlich noch ohne jede Kritik an den Stereotypen, die in diesem metaphorischem Gebrauch enthalten sind und mit der Verwendung von *Jude* als Schimpfwort weiter tradiert werden. Werfen wir an dieser Stelle einen Blick in das *Handwörterbuch der deutschen Sprache* von Daniel Sanders (1869), und vergleichen insbesondere seine Angaben zur metaphorischen Verwendung von *Jude* in der Bedeutung ‚Wucherer':

> 1) [...] theils in engrem Sinn Jemand aus den Stämmen Juda u. Benjamin, im Ggstz der Israeliten, theils in weitrem, diese mit umfassend (vgl. Hebräer), dann auch: Anhänger der mosaïschen Religion [...] 2) o. Bezug auf die Religion: a) ein Wucherer; Einer, der auf schmutzige Weise nach übermäßigem u. unredl. Gewinn strebt. (Sanders 1869, zit. n. der 4. Aufl. 1888, 394)

Es folgen Angaben zu vier weiteren metaphorischen Bedeutungen von *Jude*, etwa „ein langer Bart" und „eine Mahlzeit ohne Fleisch". Natürlich verschweigt auch Sanders die aus Stereotypen entstandene Metapher nicht, aber er trennt sie durch seine Bemerkung „ohne Bezug auf die Religion" radikal von der Bedeutung 1) ‚Juden als Religionsgemeinschaft'. Mittels der klaren Artikelgliederung drückt er aus, dass diese überhaupt nichts zu tun haben mit der Gruppe derer, die man ihres unredlichen Verhaltens wegen als Juden bezeichnet.

Nun zu Kaltschmidt. Er bringt unter *Jude* die mit Kommata getrennten Äquivalente:

> Hebräer, Israelit, Schacherer, Wucherer (Kaltschmidt 1865, 456),

unterscheidet also nicht zwischen eigentlichem und uneigentlichem, metaphorischem Gebrauch. Da man die nur mittels Kommata, nicht etwa Semikola gereihten Ausdrücke für Synonyme hält, lässt sich Kaltschmidts Angabe durchaus als eine Gleichsetzung von ‚Israelit' und ‚Wucherer' lesen, eine Interpretation, die durch die Angaben zu benachbarten Stichwörtern eher gestützt wird, welche wie oben auf den stereotypen Kern der Wortbedeutung beschränkt sind.

8.4 Das Erfolgswörterbuch von Heyse 177

> Jüdelei: die jüdische Gewinnsucht, jüdische Art zu reden, Hebraismus
> jüdeln: wuchern, übermäßigen Gewinn suchen, jüdisch reden" (Kaltschmidt 1865, 456).

Andererseits sieht man, dass die Kommata zwischen Äquivalenten gar keine Reihung von Gleichartigem signalisieren müssen, denn *wuchern* und *jüdisch reden* bezeichnen zwei völlig verschiedenartige Verhaltensweisen. Kommata und oft auch Semikola zwischen den Äquivalenten einer Bedeutungsangabe sind für Wörterbuchbenutzer insofern tückisch, weil sie nicht das signalisieren, was sprachüblich ist. Aus Lexikografenperspektive sind sie eine große Bequemlichkeit, da man sich über das Verhältnis der durch Komma verbundenen Ausdrücke keine Gedanken machen oder dieses Verhältnis gar benennen muss. Auch in den heutigen populären Taschenwörterbüchern besteht dieses Problem.

Das Bild einer bezeichneten Sache, Person, Gruppe oder eines Sachverhalts wie auch das Bild vom Verwendungsspektrum ihrer Bezeichnungen können nur in einem hinreichend ausführlichen Wörterbuch differenziert gezeichnet werden. Je knapper der Druckraum, desto stereotyper das Bild der bezeichneten Gegenstände; auf Verwendungsbesonderheiten und ihre kulturellen Hintergründe kann dann gar nicht eingegangen werden.

Ein weiterer Vergleich zwischen Heyse (1833–1849/1968) und Kaltschmidt (1865) beim Lemma *Pöbel* ergibt, dass Heyse offensichtlich manches von Campe übernommen hat, der ja in seinem Wörterbuch die Gleichheit aller Stände mit Ausnahme des vierten Standes, des Pöbels, propagiert hatte (vgl. 5.6 und 5.7). Allerdings unterschied sich Campes Bild vom Pöbel immer noch deutlich vom Bild des Pöbels bei Adelung; bei Campe ist er immerhin bedauerns- und seine Existenz beklagenswert und bedarf im Übrigen der Bildung und Verbesserung. Genau das findet sich in gekürzter Form auch bei Heyse:

> das gemeine Volk, der große Haufen, nur mit verächtlichem Nebenbegriff in Ansehung seiner Rohheit und mangelnden Bildung; daher uneig. f. Personen von gemeiner, niedriger Denkungsart, unedler Handlungsweise, schlechten Sitten (es gibt Pöbel in allen Ständen; vornehmer Pöbel &c.) (Heyse 1833–1849/1968, Bd. II, 392)

Kaltschmidt (1865, 698) reiht folgende Äquivalente aneinander:

> das gemeine Volk, die Hefe des Volkes, der Janhagel, der rohe Haufe, das Klattjenvolk, der Hottich, die Canaille.

Zunächst sieht man, dass hier mit der Zusammenstellung der verschiedenen mundartlichen Ausdrücke ernstgemacht wird, die im Titel des Wörterbuchs angekündigt wurden. Aber woher sollen die Nutzer wissen, in welcher Mundart *Klattjenvolk* und *Hottich* gebraucht wird? Wenn die Angabe der Mundart aus Platzgründen entfallen musste, fragt sich doch, welchen Wert die Nennung solcher Ausdrücke dann noch haben kann.

Zwei der Ausdrücke in der Reihe der Äquivalente scheinen mit der Rezeption der Französischen Revolution zu tun zu haben: *die Hefe des Volkes* und die *Canaille*. Letzteres ist offensichtlich eine französische Entlehnung. Mit Ersterem wird das Volk im Ganzen mit einem Glas Bier oder sonst einer durch Gärung entstandenen Flüssigkeit gleichgesetzt, in dem sich die Hefe am Boden absetzt; danach ist der Pöbel so etwas wie der Bodensatz, d. h. eine Schicht, die unten bleibt und nicht nach oben strebt. Zugleich wird etwas Zweites ausgedrückt, nämlich dass der Pöbel wie die Hefe quasi naturgesetzlich zu gären anfängt. Im Zusammenhang mit politischen Unruhen ist die Metapher *gären* ja durchaus üblich. Nach dem Gären kommt naturgesetzlich das (Über-)Schäumen.

Sollte die Hefe des Volkes allerdings an das Bild des Kuchenbackens angelehnt sein, dann hätte Kaltschmidt etwas sehr Positives zum Ausdruck gebracht, nämlich dass der Pöbel die treibende Kraft im Volksganzen wäre, die das Ganze erst hochbringt und genießbar macht. Diese Art von Sozialromantik gehört aber wohl späteren Zeiten an. Deshalb ist hier wohl vom Vorliegen der Biermetapher und dem Bezug auf politische Gärung auszugehen, die Kaltschmidt offensichtlich ablehnt. Bestätigt wird dies durch einen anderen Eintrag, den zum Lemma *Bürgerzeit*:

die Zeit da ehrbare Bürger Abends nach Hause gehen (Kaltschmidt 1865, 130),

statt – so könnte man mit einiger Fantasie ergänzen – auf den Straßen herumzulärmen wie der Pöbel.

Mit vorstehenden Interpretationen sollte gezeigt werden, dass die Benutzung knapp erläuternder ‚Populär'-Wörterbücher mehr Interpretationsspielraum lässt und keine präzise oder gar differenzierte Informationsvermittlung erlaubt. In der kulturwissenschaftlichen Analyse erfordern sie mehr sozialhistorische Kontextualisierung als Wörterbücher mit ausführlich angelegten und explizit erläuternden Angaben. Reine Äquivalentreihen ohne Kommentierungen repräsentieren semantische Stereotypen, d. h. so etwas wie die vom Lexikografen assoziierte Durchschnittsbedeutung, die beim politisch-sozialen Wortschatz leicht in soziale Stereotypen im Sinne von Vorurteilen übergehen können.

Der Unterschied zwischen ‚wissenschaftlichen' und ‚praktischen' Wörterbüchern ist auch ein Unterschied des Umfangs – mit weitreichenden Folgen für die Weitergabe sozialer und kultureller Stereotype. Bei knapp gefassten Populärwörterbüchern fehlt in der Regel auch eine eigene Quellenbasis, die

die individuellen semantischen Assoziationen der Lexikografen kontrollieren und korrigieren könnte. Vieles von dem, was hier über die ‚praktischen' Wörterbücher des 19. Jahrhunderts gesagt wurde, lässt sich auch auf heutige Produkte übertragen. Doch zeigt gerade das Beispiel des Erfolgswörterbuchs von Heyse, dass den Nutzern die dort gegebene Vielfalt der Informationen und Mischung der sprachtheoretischen Orientierungen mehr entgegen kam als das nur einmal aufgelegte Wörterbuch von Kaltschmidt.

8.5 Popularisierungen der historischen-etymologischen Wortforschung

Waren bei Heyse historisch-etymologische Angaben noch in die semantischen und gegenwartsbezogenen Wortartikel einbezogen gewesen, so verschwanden solche rational-aufgeklärten Aspekte aus der vom Grimm'schen Großunternehmen beherrschten Wörterbuchlandschaft mit der Zeit ganz, mit Ausnahme der Wörterbücher von Sanders. Neben dem *Deutschen Wörterbuch* entstanden in der zweiten Jahrhunderthälfte eigene kürzere Werke einiger DWB-Mitarbeiter, Karl Weigand, Moriz Heyne, Friedrich Kluge, Matthias Lexer, die trotz je spezifischer Ausrichtung historisch-etymologisch orientiert waren und die maßgeblich zur Popularisierung der historischen lexikografischen Methode beitrugen. Angehörige dieses Paradigmas übernahmen ferner die Bearbeitung von Auflagen der Wörterbücher, die die rational-aufgeklärte Tradition bewahrt hatten. Dies trifft z. B. auf die einbändige Bearbeitung von Eberhards Synonymik durch Otto Lyon zu, auf Julius Dumckes Bearbeitung zweier Erfolgstitel von Sanders oder auf die Bearbeitung von Sanders' *Handwörterbuchs der deutschen Sprache* (1869) durch Ernst Wülfing ab 1910. Wülfings Bearbeitung schuf allerdings eine vorher nicht vorhandene puristische Tendenz (Haß-Zumkehr 1995, 550).

Funktion dieser Popularisierungen und Umarbeitungen war zum Einen, die Unvollständigkeit des *Deutschen Wörterbuchs* zu kompensieren und zu zeigen, dass dessen Konzept der historisch-etymologischen Darstellung des deutschen Wortschatzes von ‚A bis Z' aufging, zum Andern mussten sie den Widerspruch auflösen, der zwischen der ausufernden Gelehrsamkeit des *Deutschen Wörterbuchs* und dem von Jacob Grimm vertretenen Anspruch, ‚Hausbuch' und ‚Schatzhaus des Volkes' zu sein, entstanden war.

Mitarbeiter am DWB oder diesem Unternehmen nahestehende Schulgermanisten übernahmen die Aufgabe, das Interesse der Gesellschaft an Wortschatz und Sprache auf Herkunft, Entstehung und Geschichte zu lenken, wo es sich mit weiteren national-historischen Interessen zu einem deutschen

Kulturbewusstsein verband und dem Universitätsfach Deutsche Philologie bei dieser nationalen Aufgabe einen wichtigen Platz zuwies.

Über die Hintergründe, Konzeptionen und Methoden der genannten populär-historischen Wörterbücher ist, von Weigand/Schmitthenner abgesehen (Seemann 1993), nicht mehr bekannt, als in den Vorworten steht.

Karl Weigand hatte, bevor er die Arbeit Jacob Grimms in der Alphabetstrecke ‚F' fortsetzte, zwei eigene Wörterbücher herausgebracht. Eines davon ist eine historisch-etymologische Synonymik von 1840–1843, das andere die 1857 erschienene zweibändige Neubearbeitung eines älteren Wörterbuchs von Friedrich Schmitthenner. Dieser hatte ein *Kurzes deutsches Wörterbuch für Etymologie, Synonymik und Orthographie* (1. Auflage Darmstadt 1834, 2. Aufl. 1837) geschrieben, das Weigand konzeptionell insofern veränderte, als er aus einem der philosophischen wie der Schulgrammatik nahestehenden, in der Semantik eher gegenwartsbezogenen, aber die historisch-vergleichende Richtung durchaus schon andeutenden Wörterbuch eines machte, das vorrangig die neue historisch-etymologische Methode nach Grimm um- und durchsetzte (Seemann 1993, 14 ff.). Dieses Werk wurde für Weigand zur Eintrittskarte ins Unternehmen *Deutsches Wörterbuch*. Nach seinem Tod wurde Weigands Wörterbuch von dem Indogermanisten Hermann Hirt, von Karl Kant und Karl von Bahder, alle jüngere DWB-Mitarbeiter, umgearbeitet und für Schulzwecke geeignet gemacht, so dass es zu einem Multiplikator der historischen Germanistik in der Schule werden konnte; das Werk wurde bis zur fünften Auflage 1909–1910 weitergeführt. (Weigand/Hirt/Kant/v. Bahder 1909–1910/1968).

Wichtig war auch das dreibändige *Deutsche Wörterbuch* von Moriz Heyne (Heyne 1890–1895), Oberbibliothekar in Göttingen und ebenfalls Mitarbeiter am *Deutschen Wörterbuch* der Brüder Grimm. Er bearbeitete in umgekehrter Reihenfolge wie Weigand erst seine Strecke am DWB und machte sich parallel und anschließend daran an sein eigenes Werk, das 1890 bis 1895 in erster, 1905 bis 1906 in zweiter Auflage erschien. Auch dieses Wörterbuch wollte verstanden werden als populäre Realisierung der Nationalwörterbuch-Idee im Grimm'schen Sinne. Eine der Buchanzeigen für das Wörterbuch Heynes zeigt, dass die Diskussion um das Nationalwörterbuch noch bis zum Jahrhundertende (und darüber hinaus) lebendig war, gerade weil sich mit dem Erscheinen jeder weiteren Lieferung des ‚Grimm' herausstellte, dass es die Erwartungen eines großen Teils der Sprachgemeinschaft nicht erfüllte:

> Ein „Wörterbuch der deutschen Sprache" von Prof. M. Heyne in Göttingen wird in drei Bänden (sechs Halbbänden) im Verlage von S. Hirzel in Leipzig erscheinen. Diese Arbeit des berühmten Germanisten soll das große Grimm'sche Wörterbuch nicht etwa verdrängen oder ersetzen, es soll nur den Sprachschatz des deutschen

8.5 Popularisierungen der etymologischen Wortforschung

Volkes in seinen wichtigsten Theilen dem Volke zugänglich machen und ist bestimmt, nicht bloß ein gelehrtes Werk, sondern ein Familienbuch zu sein. (*Illustrierte Zeitung* vom 11.5.1889, zit. nach Haß-Zumkehr 1995, 292).

Während die Menge der bekannten und unbekannten ‚praktischen' Wörterbücher des 19. Jahrhunderts in Sprachauffassung und Darstellungsweise an den von Adelung gesetzten aufgeklärten Standards festhielt, diese zum Teil zunehmend um etymologische Angaben ergänzte, dabei aber die oben beschriebenen Nutzerinteressen im Vordergrund hielt, spielte in den Popularwörterbüchern der wissenschaftlichen historischen Wortforschung der ‚praktische Hausbedarf' trotz gelegentlicher Nennung keine prägende Rolle. In diesen Werken wurde vielmehr ein ideologischer Nutzen zugesagt, insofern die national-kulturelle Bedeutung dieser Wörterbücher notwendig an ihre historische ‚Tiefe' gebunden dargestellt wurde, welche nur durch ‚wissenschaftliche' Lexikografie erreicht werden könne. Weigand schloss die Vorrede zu seinem *Deutschen Wörterbuch* 1873, indem er an seine eigenen Worte wenige Jahre zuvor erinnert, wie folgt:

> Jene eben berührte, am heil. Christtage 1870 geschriebene Vorrede schloß mit den Worten, daß den so trüben Jahren fremder Bedrückung gegenüber, in welchen das größte deutsche Wörterbuch vor dem der Brüder Grimm, das von Campe, mit einem Nothruf für Erhaltung unserer Sprache erschien, nun unser deutsches Vaterland auf einer Höhe der Erforschung dieser seiner Sprache stehe, wie kein anderes Land der Welt, und höher und herrlicher durch die Schlag auf Schlag erfolgten glänzenden Siege seiner Heere gegen den alten Erbfeind, denn je zuvor. heute, nach einem Friedensschlusse, der uns einst schmachvoll entrissene alte Reichslande mit ihren Reichsfestungen wieder zuführte, erhebt sich das deutsche Reich aufs neue ruhmvoll und mächtig, wie in den glanzvollsten Tagen alter Zeit, und das Herz jedes Deutschen [...] darf bei dem Gedanken an sein Vaterland höher schlagen. (Weigand 1857, 4. Aufl. 1882, 2. Bd. XV)

Dieser Rückblick schlägt den Bogen von der napoleonischen Besatzung bis zum Sieg über den „Erbfeind" und zur Reichsgründung, und er integriert in diesen Bogen Pflege *und* Erforschung der Nationalsprache.

Die wissenschaftliche, d. h. historische Sprachforschung im 19. und frühen 20. Jahrhundert versuchte unter anderem mit Mitteln der Populärlexikografie, die Gesellschaft für ihre Art der Sprachbetrachtung zu interessieren und setzte hierbei ein Argument ein, das den ‚praktischen' Wörterbüchern außerhalb der Wissenschaft im Ganzen gesehen fehlte: das Argument des politisch-ideologischen Wertes der national-historischen Wortforschung im Gewand des Populärwörterbuchs.

Auf die Berücksichtigung anderer Nützlichkeitsaspekte konnte da wohl weitgehend verzichtet werden. Die Zahl der ‚praktischen', d. h. eher semantisch-gegenwartsbezogenen und normorientierenden Wörterbücher war aber höher, und auch die Zahl der Neuauflagen dieser Werke. Man wird daraus wohl schließen können, dass die Sprachgemeinschaft in ihrer Mehrheit in Wörterbüchern keine nationalkulturelle Bewusstseinsbildung, sondern Orientierung über sozial relevante Sprachnormen suchte, zu denen auch das Bedeutungswissen ‚schwieriger', beim gesellschaftlichen Gespräch wichtiger Wörter gehörte. Die Vergewisserung hinsichtlich dieser Normen war in den Augen des Bürgertums Hauptaufgabe aller ‚praktischen' Wörterbücher.

Literatur:

a) Wörterbücher und verwandte Quellen:

Grimm 1854; Heyne 1890–1895; Heyse 1833–1849/1968; Kürschner 1921; Lisch 1835; Sanders 1869; Sanders 1872; Weigand 1857; Weigand/Hirt/Kant/v. Bahder 1909–1910/1968; Wenig 1876.

b) Forschungen:

Bahner/Neumann 1985; Coseriu 1979; Ehrhardt 1998; Gardt 1999 (Kapitel 5, zur Sprachtheorie des 19. Jahrhunderts); Haß-Zumkehr 1995 (437 ff.; 516 ff.; 525 ff.); Haß-Zumkehr 1998; Haß-Zumkehr 1999 a; Knoop 1994; Kühn/Püschel 1990 b (zu Heyse, Weigand, Heyne, Hirt); von Polenz 1999; Seemann 1993 (zu Schmitthenner, Weigand).

9. Strukturen und Vernetzung im Wortschatz – die Lexikografie Hermann Pauls

9.1 Philologie unter dem Einfluss der Naturwissenschaften

An der Schwelle vom 19. zum 20. Jahrhundert war der auf die Sprache gerichtete historische Blick in der deutschen Philologie unangefochten, seine Durchsetzung in Wissenschaft und im Deutschunterricht der höheren Schulen gelungen. Mit der Sprache der Gegenwart befasste man sich höchstens aus ‚praktischen' Interessen und stellte sich damit automatisch außerhalb der Wissenschaft (siehe Kapitel 8). Ein großer Teil des an der Muttersprache interessierten Bürgertums begeisterte sich seit 1871 zunehmend für den Fremdwortpurismus (von Polenz 1994, 264 ff.) und verhalf damit einer Gattung von Wörterbüchern zum Erfolg, die ‚deutsche' Alternativbezeichnungen für als fremd empfundene Entlehnungen boten, sog. Verdeutschungswörterbüchern; auch viele, aber nicht alle der sog. Fremdwörterbücher dienten diesem Zweck. Auch in der Sprachgemeinschaft selbst ging das Interesse an der je aktuellen Bedeutung der Wörter und an den Bedeutungszusammenhängen innerhalb des Wortschatzes zurück. Der tatsächliche Sprachgebrauch, um dessen Bestimmung und Beschreibung sich Adelung, Campe und Sanders bemüht hatten, wurde zunehmend zum Gegenstand der Kritik: Vorbild und Anhaltspunkt in Zweifelsfragen lieferten weder die ‚Tagesschriftsteller' der nachklassischen Ära noch die vor allem in sprachlicher Hinsicht gescholtene ‚Journaille'. Infolgedessen hielt das Bildungsbürgertum so lange an den Merkmalen der Klassikersprache fest, bis sie in hohlen Phrasen erstarrte (von Polenz 1994, 302 ff.). Die kulturellen Größen der deutschen Nation schienen sowohl für die Deutsche Philologie als auch für die Sprachgemeinschaft auf je besondere Weise in der Vergangenheit zu finden zu sein (vgl. Haß-Zumkehr 1998).

In dieser Situation entstand aus einem neuen Ansatz innerhalb der historischen Sprachforschung der Germanistik, der unter dem Namen „Junggrammatik" bekannt ist, Kritik an der lexikografischen Methode des *Deutschen Wörterbuchs* der Brüder Grimm und ihrer Nachfolger. Historische Wortforschung im Medium Wörterbuch, die wissenschaftlichen Ansprüchen genüge, müsse anders, vor allem systematischer und exakter vorgehen. Vorgebracht wurde diese Position von Hermann Paul, einem der bis heute wegen seiner Scharfsinnigkeit angesehensten germanistischen Sprachwissenschaftler. Er setzte seine Kritik mit einem eigenen einbändigen *Deutschen Wörterbuch* auch bald in die Praxis (Paul 1897). Dieses Wörterbuch wurde bis heute mehrfach, auch in parallelen Ausgaben beider deutscher Staaten, neu bearbeitet (zuletzt Paul 1992). Seine Kritikschrift lautete: *Ueber die Aufgaben der wissenschaftlichen Lexikographie mit besonderer Rücksicht auf das deutsche Wörterbuch* (Paul 1894).

Mit Hermann Pauls Wörterbuch wurde zum zweiten Mal in der Geschichte aus einem bestimmten sprachwissenschaftlichen Paradigma heraus ein lexikografisches Konzept entwickelt. Welches waren dessen wissenschaftliche Voraussetzungen? „Junggrammatiker" wurden eine Gruppe von eher indoeuropäisch und sprachvergleichend als germanistisch arbeitenden Forschern ab Ende der 1870er Jahre genannt, die die impressionistische und wenig systematische Methodik der Grimm-Nachfolger durch eine streng rationale und logische Art von Wissenschaft ablösen wollten. Sie nahmen die Bezeichnung „Lautgesetze" ernst, indem sie die damit gemeinten regelhaften Erscheinungen des Lautwandels wie ein Naturgesetz begriffen, bei dem es keinerlei Ausnahmen gibt. Was dennoch so aussieht wie eine Ausnahme, müsse durch andere Gesetzlichkeiten erklärt werden können.

Bei diesem Wissenschaftsverständnis wirkten offensichtlich die Naturwissenschaften als ein Vorbild. In der Tat war die zweite Hälfte des 19. Jahrhunderts durch wichtige naturwissenschaftlich erworbene, technisch nutzbare Errungenschaften geprägt. Die industrielle Modernisierung und die Technisierung hatten das Ansehen der Naturwissenschaften in der Gesellschaft gestärkt und naturwissenschaftliches, d. h. ‚exaktes' Denken zum Vorbild gemacht (vgl. Haß-Zumkehr 1999 a).

Junggrammatiker nannte man Paul, Braune, Delbrück, Sievers, Brugmann und Osthoff deshalb, weil man sie wohl in Anlehnung an die „jungdeutschen" Schriftsteller Heine, Börne, Laube, Gutzkow und Wienbarg der 30er und 40er Jahre des 19. Jahrhunderts als aufbegehrende, aufbrausende Neuerer charakterisieren wollte. Aus dem anfänglichen Spottnamen wurde bald ein Markenzeichen. Der für die heutige Linguistik immer als Beginn der Moderne, als Anfang der ernstzunehmenden Sprachwissenschaft behandelte Ferdinand de Saussure war in die Leipziger Schule, die Hochburg der Junggrammatiker gegangen.

Neu war an ihrem Ansatz, dass sie mit der Ausnahmslosigkeit der Lautgesetze das Verfahren der Analogie verbanden, das über die damals noch ganz junge Wissenschaft der Psychologie aus der Philosophie entlehnt war.

Die historische Betrachtungsweise galt auch den Junggrammatikern weiterhin als die einzig denkbare; ihre zentrale Aufgabe sahen sie in der Rekonstruktion der Sprachgeschichte und insbesondere der indoeuropäischen Grundsprache. Dies sollte aber nun auf eine solide systematisch-methodische Basis gestellt und von allem Romantischen, National-Historischen und Ideologischen befreit werden.

Die Anlehnung an die naturwissenschaftliche Methodik brachte zunächst eine Einschränkung des junggrammatischen Forschungsgegenstands auf die lautliche und formale Seite der Sprache mit sich. Man interessierte sich für die physiologischen Voraussetzungen des Sprechens, also auch den Sprechapparat. Zu Semantischem glaubte man erst sehr viel später gelangen zu können. Und doch hat der unbestrittene Kopf der Junggrammatiker Hermann Paul in seinem Wörterbuch, das wie Lexikografie generell nicht als primäre wissenschaftliche Leistung zählte, semantische Fragen klären müssen, die anschließend und parallel auch in seinem wichtigen Werk *Prinzipien der Sprachgeschichte* (Paul 1886/1975) verarbeitet wurden.

9.2 Pauls Sprachtheorie und Bedeutungstheorie

Hermann Paul wurde 1846 bei Magdeburg geboren; über seine familiäre und soziale Herkunft aus wohl kleinbürgerlichen Kreisen (Burkhardt/Henne 1997, 3) hat er sein Leben lang nichts verlauten lassen. Er interessierte sich schon früh sowohl für Mathematik als für deutsche Sprache und Literatur, studierte aber auch romanische und slawische Sprachen und erhielt nach einigen Enttäuschungen 1874 in Freiburg und 1893 in München eine ordentliche Professur.

In dem Bild, das die germanistische Sprachwissenschaft heute von Paul besitzt, spielen seine grammatischen und allgemein wissenschaftstheoretischen Leistungen die Hauptrolle. Weniger wahrgenommen wird dagegen, dass Paul die Sprachwissenschaft bei aller methodischen Strenge als eine Form der Kulturwissenschaft verstand und sich in einigen Veröffentlichungen auch für die gesellschaftliche Bedeutung der Sprachwissenschaft engagierte (Henne/Kilian 1998). Sein Wörterbuch verband wissenschaftlichen und sprachpädagogischen Anspruch:

> Das Werk wendet sich an alle Gebildeten, die ein Verlangen empfinden, ernsthaft über ihre Muttersprache nachzudenken. In erster Linie habe ich an das Bedürfnis der Lehrer gedacht, die Unterricht im Deutschen zu erteilen haben. (Paul 1897, III)

Wohlgemerkt: Hier wird nicht von einem unmittelbaren unterrichtspraktischen Nutzen des Wörterbuchs gesprochen, sondern von Anreizen und Hilfen für gebildete Sprachinteressierte, intensiver über Sprache nachzudenken. Lexikografiegeschichtlich gesehen hat man es bei Hermann Paul mit einem Sprachwissenschaftler zu tun, dessen lexikografische Arbeit eingebettet war in eine explizite und umfassende Theorie der Sprache, eine Theorie, in der die Semantik eine herausragende Bedeutung erhielt (Paul 1886/1975; Paul 1894). Da er selbst von der gesellschaftlichen Relevanz seiner Theorie überzeugt war, kam deren Umsetzung ins Wörterbuch einer Multiplikation gleich. Anders als beim *Deutschen Wörterbuch* von Jacob und Wilhelm Grimm auf der einen und bei den vielen ‚praktisch'-populären Wörterbüchern auf der anderen Seite bestand für Paul kein Zweifel daran, dass eine spezifische Verbindung beider Interessen möglich sei, sofern sich das Wörterbuch an gebildete und reflexionsbereite Adressaten richtete. Damals wie heute wissen Lexikografen zu wenig über ihre potenziellen Adressaten, so dass von letzteren oft genug nur Wunschbilder existieren. Ein Rezensent Pauls zeigte, wie unklar Pauls Vorstellungen vom Vorwissen seiner Leser im Grunde waren (Wiegand 1983, 312).

Welches waren die lexikografisch wichtigen Ideen in Hermann Pauls Sprachtheorie?

Aus der Annahme von Sprachgesetzen und aus der seinerzeit aktuellen psychologischen Lehre von Assoziationen, die bei der Begriffsbildung eine Rolle spielen, leitete Paul ab, dass jedes Einzelwort im Zentrum mehrerer psychisch bedingter Netze stehe, ohne deren Kenntnis das Einzelwort vor allem in semantischer Hinsicht nicht erklärt werden könne. Paul ging davon aus, dass die Sprechtätigkeit des Menschen auf assoziativen Prozessen beruhe und dass die Vorstellungen im Unbewussten eingeprägt seien, wo sie in Gruppen oder Feldern angeordnet seien. Nicht nur die Psychologie, auch die Biologie befasste sich seinerzeit mit den Wechselwirkungen zwischen den Individuen einer Spezies oder zwischen den ‚Seelen' der Völker (vgl. Knobloch 1988). Per Analogie schloss Paul, dass man den Wechselwirkungen zwischen den Wörtern einer Sprache mehr Beachtung schenken müsse und dass diese Wechselwirkungen nicht nur in der Gegenwart wirksam seien, sondern wie die Lautgesetze auch maßgeblich an der Entwicklung der Sprache beteiligt seien.

Die Vernetzungen, in die jedes Wort gestellt ist und die dafür sorgen, dass der Wortschatz einer Sprache mehr ist als eine Menge von Wörtern, waren für Paul auf mehreren Ebenen greifbar: Zusammenhänge der verschiedenen Bedeutungen eines Worts untereinander, Bedeutungsverwandtschaften und -gegensätze unterschiedlicher Wörter, etymologische ‚Verwandtschaft', d. h.

9.2 Pauls Sprachtheorie und Bedeutungstheorie

gemeinsame Herkunft, morphologische Vernetzung durch Mittel der Wortbildung, grammatisch-syntaktische Vernetzung der Wörter im Satz, Zusammenhänge der Wörter innerhalb von „Verkehrskreisen", worunter Sondersprachliches und auch Mundartliches fällt (Kämper-Jensen 1990). Alle diese Arten der Vernetzung entstehen aber erst durch den wiederholten Gebrauch der Wörter in der Kommunikation, so dass sich kulturelle Bedingungen und historische Prozesse im Sprachgebrauch niederschlagen. Hermann Paul ging in seinem *Deutschen Wörterbuch* vom Sprachgebrauch der Gegenwart aus und war überzeugt, den gegenwärtigen Zustand der verschiedenen Vernetzungsebenen nicht anders als durch deren historische Herleitung erklären zu können:

> Jedoch nicht die Belehrung über Einzelheiten […] ist es, was ich mir als Hauptaufgabe gestellt habe. Das Werk ist nicht bloß zum Nachschlagen bestimmt, sondern auch zum fortlaufenden Lesen. Es kam mir darauf an, die einzelnen Thatsachen des Wortgebrauchs möglichst in einen historischen und psychologischen Zusammenhang einzureihen. […] Die ältere Sprache ist dabei überall nur soweit berücksichtigt, als es für das Verständnis der Zustände in der gegenwärtigen Schriftsprache […] erforderlich war. (Paul 1897, V).

Damit grenzt er sich ausdrücklich von dem auf Etymologie konzentrierten Wörterbuch Friedrich Kluges ab, das 1883 erstmals erschienen war (vgl. Kluge 1989). Das Ausgehen von der Gegenwart unterscheidet Pauls Ansatz auch von dem Jacob und Wilhelm Grimms, für die die Geschichte eines Worts, nicht sein gegenwärtiger Gebrauch im Zentrum des Interesses standen und die sozusagen mit dem Rücken zur Gegenwart in die Geschichte schauten, während Paul eher an den indoeuropäischen, althochdeutschen usw. Anfang zurückspringt und von dort aus nach vorn auf die Gegenwart blickt und Erklärungen dafür sucht, wie sie entstanden ist.

Zu Pauls Bedeutungsauffassung gehört wesentlich die Unterscheidung von usueller und okkasioneller Bedeutung, die er in seiner wichtigsten Theorieschrift, den *Prinzipien der Sprachgeschichte* (Paul 1880/1975), erläutert hat. Usuell ist in etwa das, was die heutige kognitive Semantik die prototypische Bedeutung nennt. Gemeint ist dasjenige, was einem Durchschnittssprecher bzw. -hörer beim isolierten Auftreten eines Worts assoziativ als erstes einfällt. Beim Wort *Tisch* denken wir an einen vierbeinigen hohen Tisch, obwohl das Wort problemlos auch auf dreibeinige niedrige Tische angewendet werden kann. Bei *Vogel* sollen nach empirischen Untersuchungen die meisten Westeuropäer an eine Art Rotkehlchen denken; in anderen Kulturen sieht der Prototyp von ‚Vogel' sicherlich anders aus. Solche Überlegungen findet man bei Hermann Paul zwar noch nicht, aber er spricht davon, dass es eine Grund- oder Hauptbedeutung geben muss, die beim Hören oder Lesen der

Wortform assoziativ in der „Seele" des Individuums erzeugt wird. Trotz des entschieden historischen Ansatzes geht Paul in der Semantik nicht mehr vom Grimm'schen diachronischen Urbegriff aus, sondern er setzt eine durch vernünftiges Denken und das eigene „Sprachgefühl" erschließbare gegenwärtige Grundbedeutung an. Der Kategorie des Sprachgefühls räumten sowohl Heyse als auch Sanders eine gewisse Bedeutung ein, aber dadurch, dass sie bei Paul mit der ‚neuen' Wissenschaft Psychologie in Verbindung gebracht wird, erscheint sie deutlich aufgewertet. Das „Sprachgefühl" ist hier nicht mehr der dunkle Nebel, den es durch Vernunfterkenntnis zu erhellen, aufzuklären und eigentlich also abzuschaffen gilt, sondern das Sprachgefühl ist jetzt die Quelle assoziativer, aber gültiger Erkenntnis über die Sprache.

Die Angaben zur Grundbedeutung lesen sich in Pauls Wörterbuch oft ein wenig abstrakt, weil sie den gemeinsamen Nenner für die verschiedenen konkreten Verwendungsfälle darstellen müssen. Aber die Formulierung der Bedeutung eines isolierten Worts gerät immer relativ abstrakt, da man bei der Formulierung von den vielen konkreten Verwendungsfällen abstrahieren muss, die das einzige sind, was Lexikografen in den Belegen konkret und objektiv zugänglich ist. Das Konkrete nennt Paul die okkasionelle Bedeutung; sie ist an die jeweilige Sprachverwendungssituation und an den Kontext gebunden. Die okkasionellen Bedeutungen entnimmt Paul den überlieferten Sprachdenkmälern, von denen er etliche selbst exzerpierte oder exzerpieren ließ. Die meisten jedoch sind, so schreibt er im Vorwort, aus den Werken Grimms, Adelungs, Sanders', Heynes und Wurms genommen (Paul 1897, V). Deren Materialgrundlage, so Paul, beinhalte auch die am meisten gelesenen Werke der deutschen klassischen Epoche und Luther. Am Rande teilt er hier eine wichtige methodische Überlegung mit: Ein Wörterbuch, das unter anderem den Sprachwandel darstellen will, muss darauf achten, nicht nur literarisch hochwertige, aber wenig gelesene Literatur zur Exzerptionsgrundlage zu nehmen, sondern diejenige Literatur, die breit rezipiert wurde und damit auch Einfluss auf die Sprachentwicklung nehmen konnte. In seiner Kritik am Grimm'schen Wörterbuch (Paul 1894) entwickelte Paul die Forderung nach einer systematischen Auswahl der Quellen und nach deren systematischer Auswertung. Er unterscheidet hier sprachliche „Verkehrskreise", ähnlich wie schon Frisch 1741, aus denen sich die Gemeinsprache als eine Art Durchschnittsmenge ableiten lässt. Die Sprachdenkmäler und das eigene Sprachgefühl waren für Paul gleichrangige Quellen, gemessen an dem Zugang zur usuellen Bedeutung, den sie beide gleichermaßen eröffnen.

Ein eigenes Textkorpus hat Hermann Paul seinem Wörterbuch also nicht zugrundegelegt; es ist aber anzunehmen, dass er die Materialien für seine nach dem Wörterbuch 1916 bis 1920 entstandene fünfbändige *Deutsche Gram-*

matik bereits teilweise für das Wörterbuch nutzen konnte. Einer Formulierung von Prinzipien oder allgemeinen Aussagen über die Geschichte eines Worts muss in Paul Wissenschaftsverständnis immer die Empirie vorausgehen, d. h. die Beschäftigung mit den vielen konkreten Wortverwendungen und ihren Details.

Die interne, mehrere Ebenen umfassende Vernetzung des Wortschatzes und der auf die Gegenwart bezogene historische Erklärungsansatz, der sich nun auch auf die Wortbedeutung, nicht mehr nur auf die Wortform erstreckt, sind die beiden theoretisch motivierten Charakteristika des *Deutschen Wörterbuchs* von Hermann Paul.

9.3 Vernetzung und historische Semantik in der Wörterbuchpraxis

Wie sind die Vernetzungen des Wortschatzes, die Paul für so wesentlich hielt, im Wörterbuch dargestellt? Sehen wir uns zunächst die Ebene der Synonymieverhältnisse, der Gegensatzrelationen (Antonymie, Komplenymie) und der Oberbegriff-Unterbegriffrelationen (Hypero- und Hyponymie) an. Im Wortartikel *Frau* erläutert Paul historisch, zu welchem Zeitpunkt bzw. in welchen Epochen man jeweils *Frau, Herrin, Weib, Dame, Madame, Fräulein, Frauenzimmer* verwendete, auf welchen sozialen Stand oder welchen Familienstatus die Bezeichnungen jeweils bezogen wurden und welche positiven und negativen Wertungen mit den einzelnen Bezeichnungen verbunden waren. Zusätzlich stellt Paul die Bezüge zu den männlichen Gegenstücken *Frô* (heute noch in *Fronleichnam*) und *Herr* her.

Die Darstellung aktueller Bedeutungsverwandtschaften geschieht also vor dem Hintergrund ihrer Entstehungsgeschichte(n). Paul verfolgt die Veränderung eines ganzen, zum selben Begriff gehörenden Wortfeldes und ordnet diese Darstellung unter demjenigen Stichwort ein, das als das zentrale Element des Wortfelds angesehen werden kann. Folgerichtig wird von *Weib* auf *Frau* (Paul 1921, 635), von *Madame* auf *Frau* und auf *Dame* (Paul 1921, 334) und von *Dame* auf *Frau* (Paul 1921, 100) verwiesen, d. h. die Vernetzung ist auf das in der Gegenwartssprache zentrale Element des Wortfelds, *Frau*, hin ausgerichtet.

Paul geht davon aus, dass sich die Sprache den Luxus einer echten Bedeutungsgleichheit nicht leistet und dass Synonyme wie *kindisch* und *kindlich* eine unterschiedliche semantische Funktion haben müssen, die es zu finden gilt. Dadurch, dass im Wörterbuch Bedeutungen verglichen und ihre Unterschiede bestimmt werden, kommen Nuancen und Feinheiten der Wortver-

Frau = mhd. *frouwe*, noch jetzt poetisch altertümelnd *Fraue*; desgleichen wird so die schwache Form des Gen. u. Dat. Sg. gebraucht, vgl. *Klaggesang von der edlen Frauen des Asan Aga* Goe.; auch in Goethes Briefen ist die Form *Frauen* noch häufig; formelhaft erstarrt und häufig nicht mehr verstanden ist der Gen. *unserer (lieben) Frauen* (der Jungfrau Maria). *F.* ist identisch mit dem Namen der skandinavischen Göttin *Freyja*. Es ist Femininbildung zu einem verlorenen M. ahd. *frô* „Herr" (vgl. *Frohn-, Frohne*) und ist eine Weiterbildung zu dem Stamme, der in *für, vor, Fürst* vorliegt. Im Mhd. korrespondiert die Bedeutung genau mit der von *Herr* (s. d.). *Frouwe* ist zunächst = unserm neugebildeten *Herrin* (vgl. noch bei Lu. *du sollst nicht mehr heißen Frau über Königreiche*, bei Lohenstein *Rom kann die F. der Welt nicht ohn Egypten sein*), dann ist es ehrende Bezeichnung für Personen adeligen Standes, gleichviel ob sie verheiratet sind oder nicht, sowohl vor Namen und Titeln als für sich stehend. Heute hat es Funktionen übernommen, die im Mhd. durch *wîp* vertreten wurden: es bezeichnet ein verheiratetes weibliches Wesen (*Frauen* und *Jungfrauen* oder *Mädchen* als Gegensätze) und als Ausdruck eines Verhältnisses dasjenige zum Ehemann, vgl. nhd. *meine Frau* gegen mhd. *mîn frouwe* „meine Herrin". Es haben sich aber Reste des älteren Gebrauches erhalten. Die Bedeutung „Herrin" liegt noch vor in *unsere (liebe) Frau* (s. oben) = franz. *notre dame* (vgl. auch *der großen Frau zu Zürich* Schi.); auch in manchen Zuss. bezieht sich *Frauen-* als Gen. Sg. auf *Maria*: *Fraueneis* = *Marienglas, Liebfrauenmilch*. *Hausfrau* korrespondiert noch mit *Hausherr*, jedoch so, daß auch schon an das Verhältnis zu diesem gedacht wird. In manchen Gegenden sagen die Dienstboten noch *unsere Frau*. Ehrende Bezeichnung, wenn auch wie *Herr* nicht mehr dem Adel allein zukommend und nicht mehr für die höchsten Stände genügend, ist es noch vor Namen und Titeln (*F. Meier, F. Rätin*), jedoch beschränkt auf Verheiratete, abgesehen von *F. Äbtissin* u. dergl. Für sich stehend kann es nicht so gebraucht werden außer in *gnädige F., hohe F.* (für fürstliche Personen) u. dergl., wiederum nur von verheirateten Frauen, abgesehen etwa von Würdenträgerinnen. Als allgemeine Bezeichnung für ein weibliches Wesen vornehmeren Standes ist an Stelle von *frouwe Dame* getreten. Hie und da wird *F.* auch wohl in Ermangelung eines anderen Wortes für „weibliches Wesen überhaupt", gebraucht, vgl. Schillers *Würde der Frauen*; namentlich ist dies in Zuss. der Fall (*Frauenkleidung* usw.). Vgl. noch *Jungfrau, Fräulein, Frauenzimmer — Weib, Dame, Madame.*

Fraubaserei, s. *Base.*

Aus: Paul 1921, 172.

9.3 Wörterbuchpraxis

wendung zur Sprache, die man heute ‚pragmatische Informationen' nennt, und die das Wörterbuch Hermann Pauls kulturgeschichtlich besonders interessant machen.

Bezüglich der Zusammenhänge, die zwischen den verschiedenen Einzelbedeutungen eines Worts untereinander bestehen, ist festzustellen, dass Paul sich bemüht, sie nicht bloß hintereinander aufzureihen, sondern nach Möglichkeit anzugeben, wie die eine Bedeutung aus einer anderen, etwa durch Metaphorisierung oder durch Verengerung der Bedeutung abgeleitet wurde und beide insofern auch gegenwärtig zusammenhängen. Dahinter steht die Vorstellung, dass okkasionelle Bedeutungen immer von usuellen ausgehen und diese variieren.

Vernetzung findet bei Paul natürlich auch auf der Ebene der Etymologie statt; frühere und spätere Formen sind durch Regeln des Lautwandels miteinander verknüpft. Gleiches gilt für die Morphologie und die Wortbildung. Wenn aus einem Verb ein Verbalsubstantiv auf *-ung* (*schreiben, Schreibung*) wird, beruht dieser Vorgang ebenfalls auf einer Sprachregel. Beispiele für morphologische Vernetzungen sind *hauen – Hieb – Verhau, Mantel – bemänteln – Deckmantel*. Vernetzung via Lautregeln findet auch zwischen den dialektalen Varianten eines Worts statt, etwa zwischen hochdeutsch *Apfel* und niederdeutsch *Appel*. Und auch die grammatischen Verknüpfungsregeln schaffen Netze, insbesondere zwischen Verben und den ihnen zugeordneten nominalen Ergänzungen – etwas, das man heute als Valenz bezeichnet. Der Anteil der grammatischen Informationen ist auch aufgrund von Pauls Zugehörigkeit zur junggrammatischen Schule groß, insbesondere zu sogenannten Synsemantika oder Formwörtern wie z. B. Partikelwörtern, Präpositionen und Konjunktionen sowie Verben. Allerdings gilt dies für das Grimmsche *Deutsche Wörterbuch* und für das *Wörterbuch der deutschen Sprache* von Sanders in etwa ebenso. Nur im Vergleich zu heutigen ein- und vor allem mehrsprachigen Wörterbüchern sticht die Ausführlichkeit der grammatischen Informationen hervor.

Ein weiteres Charakteristikum an Hermann Pauls Wörterbuch ist, dass er sich in der Regel nur mit dem Abweichenden und Besonderen beschäftigt, insofern sich daran das Nachdenken über Sprache vor allem bei den nichtlinguistischen Wörterbuchnutzern entzündet. Alles Normale, Triviale, sich geradlinig Entwickelnde oder, in Pauls Terminologie, das ‚bloß Usuelle' bleibt aus dem Wörterbuch ausgeschlossen oder ist zumindest an den Rand gedrängt. Beim Lemma *Fluß* etwa fehlt die Hauptbedeutung ‚sich stets in einer Richtung durch ein Land bewegendes und eine Rinne hinterlassendes Gewässer' und es werden nur die abweichenden Bedeutungen für Krankheitsnamen, *Blutfluß* etwa, und die idomatische Metaphorisierung ‚*etwas kommt in Fluss*' dargestellt. Der schwierigen Etymologie von *Kirchweih* geht Paul nach, das Lemma *Kirche* fehlt hingegen. Kein anderes Charakteristikum könnte deutlicher machen, dass Hermann Paul sich an gebildete und zum Nachdenken über Sprache bereite Leser wendet, nicht an Nutzer, die punktuell etwas nachschlagen, sich über ‚richtig' und ‚falsch' informieren wollen und insofern auf relative Vollständigkeit angewiesen sind. Die 9.000 bis 10.000 geschätzten Lemmata der Erstauflage (Wiegand 1983, 304) decken also sicherlich nicht den gleichen Wortschatz ab wie andere, quantitativ vergleichbare Wörterbücher.

Verfasser eines und sei es großen einbändigen Wörterbuchs sind gezwungen, schon bei der Lemmaauswahl sehr selektiv vorzugehen. In der Vorrede begründet Paul seinen Verzicht auf Vollständigkeit sowohl bei den Stichwörtern als auch bei den Wortbedeutungen damit, dass die „Erklärung des allgemein Verständlichen" überflüssig und im Übrigen auch gar nicht möglich sei. An anderer Stelle begründete er theoretisch, dass man die Bedeutung von Wörtern wie *rot, blau, gelb, grün* gar nicht explizit angeben könne; die physikalische Definition von Farbwerten mittels messbarer Lichtwellen scheidet für ein allgemein adressiertes Wörterbuch in der Tat wohl aus. Aus heutiger Sicht ist dazu allerdings zu sagen, dass die Bedeutungserläuterung bei solchen Farbwörtern sofort gelingt, wenn man sie auf Beispiele wie *rote Ampel, grüne Wiese, blauer Himmel* stützt.

Paul wollte den Wortschatz der „allgemeinen Sprache" behandeln und damit nur den in sie hinein ragenden Teil der Mundarten und Fachsprachen. Fremdwörter sind kaum vorhanden – nicht weil Paul ideologischer Purist gewesen wäre, sondern weil sie für die deutsche Etymologie nichts hergeben und deshalb nicht besonders interessieren. Innerhalb des allgemeinen Wortschatzes interessiert ihn vor allem das ‚Eigenartige' in seinem historischen Gewordensein, für das ein Nachschlageinteresse zu erwarten sei.

Pragmatische Angaben sind eher spärlich und kommen vor allem bei der Erläuterung von Bedeutungsbeziehungen und Bedeutungswandel vor, etwa beim Vergleich von *Pfahlbürger/Spießbürger* – man hat beim Lesen irgendwann den unbeweisbaren Eindruck, dass Hermann Paul alles persönlich Verräterische, alle Gefühle oder auch politische Meinungen strikt aus dem Wörterbuch verbannt hat. Kulturgeschichtliche Hinweise auf die Entstehungszeit des Wörterbuchs zeigen sich am ehesten in den seltenen, von Paul selbstgebildeten Beispielen, auf die er zurückgreifen musste, wenn der gegenwärtige Sprachgebrauch von seinen in der Regel älteren Materialien abwich. Kulturell am aufschlussreichsten sind noch die Bedeutungsangaben zu zeittypischen Denotaten wie etwa zu *Seelenwärmer*:

Bezeichnung eines in den sechziger und siebziger Jahren getragenen Shawls, der Rücken und Brust deckt. (Paul 1921, 476)

Die Wortartikel sind in ihrer Struktur nicht gleichförmig, sondern sehr variabel. Es lässt sich aber feststellen, dass diese Variabilität nicht mit Unsystematik und Willkür zusammenfällt, sondern in Abhängigkeit vom Einzelfall wohlüberlegt gestaltet ist. Paul nahm offensichtlich eine Forderung der modernen Lexikografietheorie tendenziell vorweg, nach der die Lemmata über ihre Zugehörigkeit zu einer der Wortarten hinaus in semantisch begründete Klassen eingeteilt werden sollten; für jede dieser Klasse könne dann die geeignetste Wortartikelstruktur festgelegt werden.

9.4 Die Geschichte der Auflagen

Paul selbst betreute noch die dritte, im Umfang deutlich erweiterte Auflage seines Wörterbuchs, bevor er 1921 starb; drei Auflagen in etwas mehr als zwanzig Jahren sind für ein wissenschaftliches Wörterbuch ein beachtlicher Erfolg. Die Erweiterungen sind allerdings nicht auf die Berücksichtigung gesellschaftlich bedingter Veränderungen im Wortschatz, etwa von Neologismen, zurückzuführen, sondern auf Fortschritte der wissenschaftlichen Wortforschung (Wiegand 1983, 311). Der Preis des Einbänders war selbstverständlich sehr viel niedriger als der des großen Sanders oder gar des damals noch unfertigen Grimm. Und im Unterschied zum älteren Einbänder von Sanders (1869 bis 1924) intensivierte und präzisierte Paul den historischen Blick auf den Wortschatz, der letztlich bis nach 1945 dem schulischen Deutschunterricht zugrundegelegt wurde.

Ab der vierten Auflage 1935 wurde das Paul'sche Wörterbuch von Karl Euling weitergeführt. Zwischen 1956 und 1981 entstanden je vier neue Auflagen in der Deutschen Demokratischen Republik, bearbeitet von Alfred Schirmer, und in der Bundesrepublik Deutschland, bearbeitet von Werner Betz (vgl. Köstler in: Burkhardt/Henne 1997, 60). Die neunte Auflage, bearbeitet von Henne, Objartel und Kämper-Jensen, erschien 1992 und wurde auch auf CD-Rom übertragen, was neue Arten der Nutzung erlaubt. Insgesamt beweist das *Deutsche Wörterbuch* von Hermann Paul damit eine über einhundert Jahre hinweg tragfähige und von der weiterentwickelten Sprachwissenschaft auch für ausbaubar gehaltene Konzeption.

Nachfolgend soll auf einige Charakteristika dieser Auflagen und Neubearbeitungen eingegangen werden, weil sie die Prinzipien und die Praxis der Neubearbeitungen die Beziehungen eines Wörterbuchs zur jeweiligen Umgebungskultur zeigen.

Karl Euling war Mitarbeiter am *Deutschen Wörterbuch*. Aus Respekt vor dem berühmten Professor Paul hat er an dessen letzter Ausgabe wohl nichts verändert, offenbar aber leicht gekürzt (vgl. Wiegand 1983, 310). Zusammen mit dem etymologischen Wörterbuch von Friedrich Kluge in der Bearbeitung von Alfred Götze gehörte der Paul/Euling zu den Grundlagen des Deutschunterrichts bis in die nationalsozialistische Zeit (Senya Müller 1994, 77 f.). In einer Rezension des Paul/Euling von 1935 wird ausdrücklich betont, dass es den Moden der Zeitungssprache nicht nachgehe, sondern „zur Hochhaltung unserer vom Zeitungsdeutsch bedrohten Sprache" beitrage (zit. Senya Müller 1994, 102 f.). Eingehendere Untersuchungen der Bearbeitung durch Euling fehlen, aber es scheint, als sei dessen Ausgabe als Garant der guten bildungsbürgerlichen Tradition auch in ‚stürmischen Zeiten' und damit als ideologiefern eingeschätzt worden. Neue Wörter der 20er und 30er Jahre hat er danach vermutlich nicht aufgenommen.

Alfred Schirmer, der die fünfte bis achte Auflage von 1956 bis 1961 in der DDR bearbeitete, blieb ebenfalls beim Paul'schen Konzept. Über seine Bearbeitung ist noch weniger bekannt als über die von Euling. In der Bundesrepublik wird ab 1940 das Paulsche Wörterbuch von Werner Betz bearbeitet, der einer der Nachfolger auf Pauls Münchener Lehrstuhl war. Die ‚westdeutsche' fünfte und im Umfang deutlich erweiterte Auflage erschien 1966, weil, so Betz in seinem Vorwort, die Arbeit durch Krieg und Nachkriegszeit verzögert wurde. Folgende Aspekte werden als Neuerungen bzw. Veränderungen genannt:

Die Umgangssprache wird jetzt stärker berücksichtigt, weil dies „ihrem ständigen Vordringen in neue Anwendungsbereiche entspricht" (zit. nach Paul 1981, V). Manche nicht bibliografisch nachgewiesenen Angaben und Belege gehören wohl hierzu. Am auffälligsten sind aber neue Stichwörter wie *Bammel, dalli, dufte, Gesöff, Krimi, mittenmang, Scheibenkleister* und *verjubeln* (Wiegand 1983, 311). Der oben wiedergegebene Artikel *Frau* wird hier um folgenden Satz erweitert: „*Frauchen* heißt für den Hund die Herrin, wie der Herr *Herrchen*." Das klingt hier zwar, als ob der Hund sprechen könnte, aber muttersprachliche Nutzer verstehen, was damit ausgedrückt werden soll; der Gebrauch von *Frauchen* und *Herrchen* ist pragmatisch in der Tat sehr komplex. Ein weiteres Beispiel für die Berücksichtigung der aktuellen Umgangssprache ist *Bubikopf*:

> nach dem 1. Weltkrieg für kurzgeschnittenes Frauenhaar, vielleicht nach der englischen Bezeichnung dieser neuen Frisur: *bobbed hair*. U. [= umgangssprachlich, UHZ]: *B. [= Bubikopf] mit Spielwiese* = „kleinere Männerglatze mit größerem Haarkranz" (Paul 1981, 115).

9.4 Die Geschichte der Auflagen

Als umgangssprachlich gelten wohl auch die soldatensprachlichen Verwendungen, die vielen männlichen Lexikografen des 20. Jahrhunderts aus eigener Anschauung geläufig gewesen sein werden. Betz setzt etwa das Lemma *Raupenschlepper* zweimal an. Einmal nach der soldatensprachlichen Bedeutung von *Raupen* „für die geflochtenen Schulterstücke des Generals nach der Ähnlichkeit mit einer Raupe" steht *Raupenschlepper* im „2. Weltkrieg für ‚Stabsoffizier, General'". Das zweite Lemma *Raupenschlepper* wird erläutert als um 1930 datierte Lehnübersetzung von engl. *caterpillar (tractor)*, das ab 1915 belegt ist (Paul 1981, 502).

Als zweite Neuerung nennt Betz im Vorwort:

> Zugleich aber gilt ein besonderes Interesse der Sprache Goethes: die Beispiele und Erklärungen für seinen Sprachgebrauch sind beträchtlich vermehrt worden. (zit. nach Paul 1981, Vf.)

Goethe wird in der Tat so oft erwähnt, behandelt und nachgewiesen, dass man den ‚Paul/Betz' auch als kleines Goethewörterbuch bezeichnet hat. Es werden sogar Stichwörter zugefügt und Verwendungen belegt, die selbst bei Goethe nur einmal vorkommen und sonst überhaupt nirgends. Solche sog. Hapaxlegomena sind etwa *sonntägig* statt *sonntäglich*, *Sonntagsdeklamation*, *Schwimmwams* und *Sonntagsklub*. Der Zuwachs an Goethewörtern dürfte den an zeittypischen Neuwörtern sogar überwiegen. Ein ganz auf Goethe gerichteter Wortartikel ist etwa:

> **Gemeinsinn**, bei Goe. noch „allgemeiner Menschenverstand" nach lat. *sensus communis,* engl. *common sense:* sie zeichnete sich durch ihre Natürlichkeit, ihren G., ihre gute Art sehr vorteilhaft vor den Römerinnen aus Goe. It. R. 8. 10. 87; seit Herder „Gemeingeist". – **Gemeinsprache** 1807 Campe als allgemeine Hochsprache im Gegensatz zu *Mundart.* – **Gemeinverstand** gebraucht Goe. als Lüs. von franz. *sens commun:* der G., der als Genie der Menschheit gelten soll M. u. R .42^{II}, 181, 16. Dazu gemeinverständlich 1801 Campe für *populär.* – **Gemeinwesen,** s. *gemein* und *Wesen.* – **Gemeinwohl** Ende 18. Jh. Lüs. von engl. *common weal(th).*

Aus: Paul 1981, 244.

Dritte Neuerung:

> Die Paulschen Bedeutungsgeschichten wurden erweitert durch Hinweise auf die innere europäische Sprachangleichung in Gestalt der Lehnprägung. Wichtige Neubildungen und Neuverwendungen der letzten Jahrzehnte wurden aufgenommen (zit. nach Paul 1981, VI).

Es gibt darunter Lehnübersetzungen, Lehnübertragungen, Lehnbedeutungen. *Schwerkraft* gilt als Lehnübertragung von *Gravitation*; *Papiergeld* gilt als Lehnübersetzung (um 1720) von *papier-monnaie*, dieses wiederum lehnübersetzt von *papermoney*. (vgl. Wiegand 1983, 313). Die Stichwortmenge wird also erweitert, ebenso die Zahl der Einzelbedeutungen je Stichwort, wo sich etwas Neues gebildet hat.

Viertens wurden Fremdwörter etwas ‚weitherziger' aufgenommen, Angaben zu Stilebene und Mundarten konkretisiert. Es finden sich darunter auch Bestandteile des nationalsozialistischen Propagandawortschatzes, die hier erstmals ausdrücklich als solche markiert sind, etwa bei *fanatisch* und *Untermensch*, wo es heißt: „Später auch beliebtes ns. Schlagwort: *jüdische, östliche, kommunistische Untermenschen*" (Paul 1981, 713). Werner Betz hat seit den 50er Jahren immer wieder Aufsätze zur Sprache des Nationalsozialismus und zur Sprachkritik veröffentlicht (Senya Müller 1994, 270 f.) – eine Beschäftigung, die sich im Wörterbuch niederschlägt. Zentrale Ausdrücke des politisch-sozialen Lebens der Bundesrepublik, wie *Demokratie*, bleiben jedoch unberücksichtigt oder werden mit einer ihrem Gewicht nicht angemessenen Kürze und lediglich im Hinblick auf die Wort*form* behandelt.

Einer der lexikografischen Schwerpunkte Hermann Pauls bleibt bei Euling, Schirmer und vor allem bei Betz uneingeschränkt erhalten: die Rückführung der aktuellen Bedeutungen auf die vorangegangenen Entwicklungen. Bei Betz wurde die Etymologie aber in einer Weise erweitert, dass Pauls ursprüngliches, eher semantisch ausgerichtetes Konzept von Wortgeschichte verdrängt wurde (Wiegand 1983, 313). Aber Betz setzt mit der dominanten Berücksichtigung von Goethe einen kulturgeschichtlichen Akzent, der sich auch in der Literatur der frühen Nachkriegszeit findet: das Anknüpfen an den bildungsbürgerlichen Kanon der Zeit vor dem Nationalsozialismus, vor allem an die gewissermaßen zeitlosen Größen der deutschen Klassik.

Die von Paul hervorgehobene Vernetzung des Wortschatzes in seinen verschiedenen Ebenen wird von den Bearbeitern bis zu Betz sicher nicht zurückgenommen, aber wohl auch nicht weiter ausgebaut oder der jeweiligen Gegenwartssprache angepasst. In einem gedruckten Wörterbuch macht es ohnehin keinen Sinn, die Zahl der Verweise wesentlich zu erhöhen – Nutzer lassen sich höchstens auf ein bis zwei weitere Wortartikel verweisen. Die tatsächlichen Vernetzungen, die die Sprachwissenschaft für jedes Wort bzw. jede Einzelbedeutung angeben könnte, ließen sich im Verweissystem eines gedruckten Wörterbuchs auch nicht annähernd darstellen (vgl. 16.3).

1992 erscheint das *Deutsche Wörterbuch* von Hermann Paul in neuer Bearbeitung, konzipiert und durchgeführt von Helmut Henne, Heidrun Kämper-Jensen und Georg Objartel. Fast einhundert Jahre sind seit der Erstausgabe

9.4 Die Geschichte der Auflagen

vergangen – kann ein Wörterbuch den Vorgaben des Gründers nach so langer Zeit und nach all den Veränderungen in der Sprachwissenschaft eigentlich noch folgen? Ja und nein. Im Vorwort wird dargelegt, dass man bei der Konzeption eines historischen Bedeutungs- und Belegwörterbuchs bleibt, dass man die Grenzen eines Einbänders nicht überschreiten will und deshalb bei der Stichwortaufnahme selektiv verfahren muss. Die Adressatenorientierung Pauls wird bekräftigt: Das Wörterbuch soll sich wiederum an die Deutsch- und Gymnasiallehrer wenden und auf deren sprachreflexives und sprachhistorisch interessiertes Niveau einstellen. Alles andere ist aber weitgehend neu:

Anstelle der psychologisierend-spekulativen Bedeutungsauffassung Hermann Pauls wird eine Verbindung aus struktureller Merkmalsemantik und sprachhandlungsorientierter, ‚kommunikativer' Semantik gesetzt. Damit verbunden ist eine weitgehende Verschiebung von der Formgeschichte eines Worts hin zur Bedeutungsgeschichte. Ferner werden diese Wortgeschichten bis an die Gegenwart herangeführt; tatsächlich ist hier die deutsch-deutsche Wende von 1989/90 schon dokumentiert, etwa beim Stichwort *Osten*, Unterstichwort *Ossi*:

> spöttisch ‚Deutscher aus der ehemaligen DDR', vgl. *Wessi* (↑ Westen) und *Zoni*, seit 1989 nur in dieser Bed[eutung, UHZ]. *Ossis* zuvor auch für die Bewohner anderer Landstriche mit der Vorsilbe *Ost-*, z. B. für die Ostfriesen. (Paul 1992, 634)

Man sieht hier gut, worin sich Etymologie von Bedeutungsgeschichte unterscheidet: *Ossi* ist auf der Ebene der Wortbildung und insofern etymologisch mit dem Lemma *Osten* verwandt und diesem auch als Sublemma zugeordnet. Aber das kommunikativ Wesentliche ist die Information über das Spottpotential und über die Parallelen zu *Wessi*.

Um sowohl im Lemmabestand als auch in den Angaben aktuell zu sein, ist die Erweiterung der Quellenbasis unerlässlich. Das in der Neubearbeitung gebotene umfangreiche Quellenverzeichnis enthält moderne und modernste Titel mit dem Schwerpunkt auf der Zeit nach 1945, die die im Wesentlichen aus Wörterbüchern entnommenen Belege Pauls und die Goethe-Schicht von Betz ergänzen: Hier steht Helmut Heißenbüttel neben Eckard Henscheid, Elfriede Jelinek neben Uwe Johnson, Franz Kafka neben Walter Kempowski usw. Aus dieser Literatur werden nicht nur aktuelle und treffende Belege ausgewählt, sondern bei Eignung auch Bedeutungserläuterungen direkt ins Wörterbuch übernommen, z. B. bei *Gasthaus*:

> Ist doch ein G. zweifelsfrei ein Ort, an dem sich das abspielt, was man leichthin das Leben nennt – Ort des Essens und Trinkens, Stätte der entspannten Begegnung (Robert Gernhardt [...]) (Paul 1992, 311)

An vielen Stellen wird den Wörterbuchbenutzern der prägende Einfluss der Literatursprache auf den allgemeinen Wortschatz und das Besondere, das Innovative, Spielerische an der literarischen Verwendung allgemein gebräuchlicher Wörter vor Augen geführt.

> Die Darstellung der Wortbedeutungen wird gestützt durch literarische Belege. Diese reichen von sprechenden Belegen, die das Lemma erklären, bis zu sprachreflexiven Belegen, von prototypischen Belegen, welche die gebräuchlichste Bedeutung anzeigen, bis zu solchen, die ein semantisches Spiel mit dem Wort treiben. (Paul 1992, XI)

Endlich ganz unabhängig davon, ob Fremdwort oder indigen ‚deutsches' Wort wird der politisch-sozial relevante sowie der in die öffentliche Sprache hineingewachsene wissenschaftlich-technische Wortschatz aufgenommen. Ferner wird die Menge der sprachwissenschaftlichen und literaturwissenschaftlichen Beschreibungsbegriffe, die in den Angaben des Wörterbuchs selbst vorkommen, lemmatisiert und erläutert, z. B. *Wortfeld* oder *literarisch*. Stand bei Betz noch allein das Lemma *Ozon*, so werden jetzt auch *Ozonschicht* und *Ozonloch* erläutert und mit einem Beleg aus der Zeit von 1989 illustriert.

Die neuere, an Strukturen des Wortschatzes interessierte Sprachwissenschaft der 70-er und 80-er Jahre des 20. Jahrhunderts belebte die Vorstellung von der Vernetzung des Wortschatzes neu. Die bei Paul noch psychologisch und assoziativ erklärte Idee der Wortschatzvernetzung wird in der Neubearbeitung im Sinne der strukturellen lexikalischen Semantik im Anschluss an Ferdinand de Saussure und andere begriffen. Ausgewählte, weil in der wissenschaftlichen Literatur eingehend behandelte Wortfelder z. B. zu *sterben*, *schnell*, *Angst* und *lachen* werden mittels systematischer und kontrollierter Verweise in eine lexikografische Darstellungsform gebracht (Kämper-Jensen 1990). Verweise werden aber nicht ausschließlich oder überwiegend mittels Pfeil oder „siehe" angelegt, sondern beschreibungssprachlich realisiert. Dort heißt es dann etwa „im Gegensatz zu", „anders als", d. h. dass so die Beziehungen, die ein Verweis herstellt, inhaltlich bestimmt werden; ein Pfeil kann dies nicht. Etwa auf Bedeutungsnuancen oder auf Beziehungen zwischen den Elementen eines Wortfelds werden die Nutzer so aufmerksam gemacht, ohne dass sie in jedem Fall das zum Vergleich herangezogene Wort nachschlagen müssen.

Im Wortartikel *lachen* wird auf folgende Stichwörter verwiesen: *Ast, Hohn, feixen, gackern, grienen, grinsen, kichern, meckern, prusten, schmunzeln, wiehern, Glucke* (wegen *glucksen*), *Krähe* (wegen *krähen*), *Strahl* (wegen *strahlen*), *Furcht, Gelächter*. Ergebnis der systematischen Kontrolle ist, dass von den hier genannten Verben auch wieder Verweispfeile zurück auf *lachen* führen, das dort gewissermaßen den Oberbegriff (das Hyperonym) angibt. Folgt man z. B. dem

9.4 Die Geschichte der Auflagen

Verweis von *lachen* auf ein Substantiv wie *Gelächter*, gelangt man zu *Spott*, von dort u. a. zu *beleidigen*, von wo aus elf weitere Verweise auf folgende Wortartikel unterschiedlicher Wortarten zielen: *Hohn, verhöhnen, Spott, verspotten, kränk, verletzen, Schikane, lästern, beschimpfen, hänseln, foppen*.

Nicht nur semantische Relationen, auch etymologische bzw. wortbildungsbedingte Verwandtschaft werden mittels Verweisungen deutlich gemacht: Unter *fertig* wird auf den etymologischen ‚Verwandten' *Fahrt* verwiesen. Mittels Verweispfeil kann der Wortschatz assoziativ vernetzt werden; mit ihm werden unterschiedlos semantische (synonymische wie antonymische, hyponymische wie hyperonymische), wortbildnerische und grammatische Beziehungen hergestellt.

Mithilfe des Computers müsste sich die Vernetzung des Wortschatzes noch sehr viel besser zeigen lassen als in einem gedruckten Wörterbuch, da umständliches Nachblättern entfällt (vgl. Kapitel 16). Doch sind in der CD-Rom-Version der 9. Auflage des Paul'schen Wörterbuchs lediglich die Verweis-*pfeile* in Links verwandelt worden. Es ist nicht möglich, wie z. B. in der CD-Rom des Universal-Dudens, auf jedes erwähnte Wort, etwa ein bedeutungsverwandtes zu klicken, um zu dem entsprechenden Stichwort zu gelangen. Weder die „siehe"-Verweise noch die beschreibungssprachlich hergestellten und deshalb besonders leserfreundlichen Zusammenhänge lassen eine automatische Umsetzung in Links zu, so dass sich die CD-Rom hierin nicht vom Buch unterscheidet.

Den elektronischen Verweisen folgend gelangt man z. B. von *Frau* zu *Weib* und zu *Mann*, von *Mann* mehrfach wieder zu *Frau* und unter anderem zu *niemand*, zu *Hampel*, *Haupt* und *Stroh* (wegen der Zusammensetzungen), von *Stroh* zu *streuen* usw., usw. Und zwar jeweils zum Stichwort eines unter Umständen längeren Wortartikels, nicht etwa zu einer Einzelbedeutung oder einer bestimmten einzelnen Angabe. Man sieht, dass die Darstellung der Wortschatzvernetzung nicht durch die Technik allein gelöst werden kann, sondern ganz neue, allerdings faszinierende Untersuchungen und Umsetzungsarbeiten herausfordert. Die zehnte Auflage des *Deutschen Wörterbuchs* von Hermann Paul, oder die Überarbeitung der Neubearbeitung, ist im Entstehen. Ob die technischen Möglichkeiten dann intensiver genutzt werden, bleibt abzuwarten.

In der vorliegenden Verweispraxis der neunten Auflage des Paul'schen Wörterbuchs ist, sicher in Übereinstimmung mit den Intentionen Hermann Pauls, an die mögliche Verwendung der lexikografischen Darstellung solcher Strukturen im Deutschunterricht gedacht, um anschaulich zu machen, was Gegensatzwörter usw. sind und worin sich Wortbedeutungen unterscheiden können und auch, wie sich Wortbedeutungen mit der Zeit verändern. Zwar greifen die Autoren des neuen Paul auf vorliegende wissenschaftliche Wortschatzforschungen zurück, aber es ist durchaus vorstellbar, dass eigene Untersuchungen zur Vernetzung des Wortschatzes in eine lexikografische Darstellungsform gebracht würden. Dass dies überhaupt geschieht, verrät den wissenschaftlichen Anspruch des Wörterbuchs. Die Autoren fassen das Besondere ihrer Neubearbeitung wie folgt zusammen:

> Unserm Wörterbuch ist die Überzeugung eingeschrieben, daß Sprache verdirbt, wenn sie keine Anwälte mit historischem Gedächtnis hat: Wir sehen das Wörterbuch als historisches Spracharchiv, das Vergangenheit und Gegenwart verbindet, ja beide in der Geschichte aufhebt. Die historische Semantik des Wortschatzes und ihre Fundierung im literarischen Beleg kommen diesem geschichtlichen Verlangen nach. (Paul 1992, XII)

Den historische Blick auf den Wortschatz behält auch diese Neubearbeitung bei, aber er wird anders begründet als bei Paul hundert Jahre zuvor, nämlich mit der Notwendigkeit eines kollektiven Gedächtnisses auch in Bezug auf Wortbedeutungen und Verwendungskontexte. Für das Wörterbuch wird in der Neubearbeitung generell vorgeschlagen, dass es auch ein Museum der Sprache sein solle, ein Museum, das die Vergangenheit nicht glorifiziert, sondern wie moderne Museen sonst auch seinen Gegenstand anschaulich vorführt, sachlich und wo nötig kritisch beschreibt. Die nötige Kritik bezieht sich in der Neubearbeitung des Paul'schen Wörterbuchs in erster Linie auf den Wortschatz der Nationalsozialisten. Historisches Gedächtnis ist für deutsche Wörterbücher nach 1945, in der Lexikografie ‚nach Auschwitz' sozusagen, etwas schon moralisch Verpflichtendes. Die Neubearbeitung des Paul erfüllt diese Pflicht, wie das folgende Beispiel *Stern* zeigt:

> 1 ‚Himmelskörper', allg. Ggs. Mond, Sonne, Erde [...]
> 2 übertr., seit dem Mhd. Bez. für Wirtshäuser [...] bei Pferden ‚Blesse' (16. Jh.); seit dem 17. Jh. als Lehnbed. nach engl. *star* [...] von bekannten Personen, [...] im Kompositum *Films.*, heute vor allem im Dimin. *(Film-)Sternchen* verächtlich gegenüber aufwertendem *Star*; Kosename in privater Sphäre [...] sprachwiss. Symbol mit der Bed. ‚erschlossene Form' (vgl. Trü.); an Uniformen Rangabzeichen (Trü.); zur Zeit des Nat.soz. seit 1940 den Juden in Deutschland aufgezwungenes gelbes Stoffstück in Form des Davidsterns: *Wenn ein Gestapobeamter Pflichteifer beweisen will ... dann hat der Jude ... ‚den S. verdeckt' ... Todesursache ist der verdeckte S.* (Klemperer; LTI 182). Dazu → Gestirn. *Sternbild* (1646 Harsdörffer) für älteres Himmelzeichen; *Sternfahrt* (1932; DWb) urspr. im Sinn einer Wettfahrt, heute auch polit. i. S. v. ‚Demonstration', ebenso *Sternmarsch*; *Sternschnuppe* (Ad. 1780) [...] *sternvoll* ugs. intensivierend *welcher ... in der nacht s. besoffen heimkam* (Grimmelshausen; DWb), heute zumeist *sternhagelvoll* (früheres 19. Jh.; DWb); *Sternwarte* (Frisch), für Observatorium. (Paul 1992, 849, nach CD-Rom-Version).

Aber auch der politisch-soziale Wortschatz ist jetzt angemessen vertreten, nicht nur durch Einbeziehung der gerade hier wichtigen Lehnwörter (*De-*

9.4 Die Geschichte der Auflagen

mokratie, *Parlament*, *Regierung* usw.), sondern auch durch die semantische Beschreibung und die Belegauswahl. Bei *Gemeinsinn* etwa wird Goethes Spezialbedeutung (s. o.) jetzt nicht mehr verzeichnet, aber dafür Herder und Campe mit frühen Zeugnissen der Bedeutung des Stichworts als politisch-sozialem Wertbegriff:

> *Gemeinsinn* (Stieler 1691) nach lat. *sensus communis*, engl. *common sense*; urspr. ‚allgemeiner Menschenverstand', seit Herder wie *Gemeingeist*: *Was G. sei, wissen wir in Deutschland so wenig, daß man sogar nach dem Worte in Ad. Wörterbuche vergeblich sucht* (Ca.), heute *Gemeinschaftssinn* (Paul 1992, CD-Rom-Version)

Literatur:

a) Wörterbücher und verwandte Quellen:

Paul 1894; Paul 1897; Paul 1921; Paul 1981; Paul 1992.

b) Forschungen:

Burkhardt/Henne 1997; Gardt 1999; Haß-Zumkehr 1998; Haß-Zumkehr 1999 a; Henne/Kämper/Objartel 1997; Henne/Kilian 1998; Kämper-Jensen 1990; Kämper-Jensen 1991; Knobloch 1988; Paul 1886/1975; von Polenz 1999; Wiegand 1983.

10. Wörterbücher im Dienst der NS-Propaganda

Dieses Kapitel beschäftigt sich nicht nur mit der Behandlung des spezifisch nationalsozialistischen Wortschatzes in den Wörterbüchern der Zeit zwischen 1933 und 1945 (z. B. den Bezeichnungen für Organisationen und Institutionen). Es geht viel mehr um die Frage, ob und wie die Darstellung des allgemeinsprachlichen Wortschatzes in den Wörterbüchern, die zur Zeit des Dritten Reichs erschienen sind, den Bedingungen einer totalitären Ideologie angepasst wurde. Zuvor sollen einige Bemerkungen zum Stand der Sprachentwicklung in der ersten Hälfte des 20. Jahrhunderts und zur sog. Sprache des Nationalsozialismus gemacht werden, damit dasjenige, was die Wörterbücher zwischen 1933 und 1945 kodifizierten, im Verhältnis zur Sprachwirklichkeit eingeschätzt werden kann.

10.1 Die Sprachsituation vor Beginn der NS-Diktatur

Die sprachlichen Anfänge der Industriegesellschaft waren in Sanders' *Ergänzungswörterbuch* von 1885 erfasst worden. Das von Jacob und Wilhelm Grimm begründete *Deutsche Wörterbuch* verhielt sich neueren Entlehnungen und Wortbildungen gegenüber sehr zögerlich und berücksichtigte in seiner Quellenauswahl auch den für das 20. Jahrhundert zunehmend wichtigen Bereich der Pressekommunikation nicht. Diese war, schon aus Umfangsgründen, auch in den Bearbeitungen des *Deutschen Wörterbuchs* von Hermann Paul kaum vertreten (siehe Kapitel 9). Auch in der Wortschatzforschung außerhalb der Lexikografie fand weder die sog. Krise des bürgerlichen Bildungsdeutsch (v. Polenz 1999, 302 ff.) noch die tiefgreifenden Erfahrungen des Ersten Weltkriegs und das Ende der Monarchie, noch die Folgen der kommunikativen Veränderungen in der ersten deutschen („Weimarer") Republik einen zeitlich unmittelbaren Niederschlag. Die Veränderungen im Sprachgebrauch, die sich im Zuge der genannten tiefgreifenden gesellschaftlichen Veränderungen im ersten Drittel des 20. Jahrhunderts vollzogen, gingen an der Deutschen Philologie und sowohl an der wissenschaftlichen wie an der populären Lexikografie dieser Jahrzehnte spurlos vorbei.

10.1 Die Sprachsituation vor Beginn der NS-Diktatur

Die Sprachgeschichtsforschung nach 1945 befasste sich aber ebenfalls noch eher wenig mit den Entwicklungen des frühen 20. Jahrhunderts (vgl. von Polenz 1999, 545 ff.). So existiert heute kein scharfes Bild von der Sprache der Weimarer Zeit, genauer: von den Verhältnissen innerhalb des gemeinsprachlichen Wortschatzes und den soziokulturellen Faktoren der Verwendungsweisen der Wörter. Hingegen haben sich mit der politischen Sprache des Nationalsozialismus eine recht große Menge von Arbeiten sprachkritisch-populärer und wissenschaftlich-beschreibender Art beschäftigt (kritischer Überblick bei von Polenz 1999, 537 ff.). Die Wörterbücher der nationalsozialistischen Zeit waren noch selten Gegenstand der Untersuchung (Kühn/Püschel 1990 b; Senya Müller 1994; Haß-Zumkehr 2000 a). Als lexikografische Dokumentation des nationalsozialistischen Wortschatzes aus heutiger Perspektive muss Schmitz-Berning (1998) hervorgehoben werden.

Der in der nationalsozialistischen Zeit verwendete Wortschatz besteht aus verschiedenen Schichten und Funktionsbereichen, die auch in der lexikografiegeschichtlichen Analyse unterschieden werden müssen: politische Ideologiewörter und Wortschatz von Rassismus/Antisemitismus (z. B. *Arier, arteigen, Blut und Boden, völkisch, zersetzen*), Organisations- und Verwaltungswörter (z. B. *Arbeitslager, BDM, Blockwart, evakuieren, Gestapo, KDF, Napola*) und Sachbenennungen für neue Gegenstände (z. B. *Arbeitsdienst, Eintopfsonntag, Winterhilfswerk*), Bezeichnungen neuer Rechtsregelungen (z. B. *Erbgesundheit, Euthanasie, Eugenik, aufnorden*). Unter den politischen Ideologiewörtern stammten viele aus älteren, vor allem konservativen, aber auch sozialistischen Traditionen. Einige ältere deutsche Wörter wurden wiederbelebt (*Ahn(en)-, Bann, Gau, Rune, -walter, -wart*), andere folgten dem Wortgebrauch des italienischen Faschismus. Militärische (*Kampf, Sieg, Untergang*), technische (*Bewegung, Aktion, durchführen*) und biologisch-pathologische Metaphorik (*Blut, Sippe, ausmerzen, gesund, krank*) waren im Sprachgebrauch radikaler Richtungen lange vorher schon üblich. Nicht alle diese für den Nationalsozialismus typischen Wortschatzbereiche waren in der Alltagskommunikation gleichermaßen geläufig; insbesondere Bezeichnungen im Zusammenhang mit Verfolgung und Ermordung von Bevölkerungsgruppen (z. B. *Konzentrationslager, Endlösung, Euthanasie, Deportation*) unterlagen zunehmender Tabuisierung und führten zu Euphemisierungen (z. B. *abgeholt werden, Konzertlager*) und zu Sprachlosigkeit und Schweigen (nach von Polenz 1999, 549 f.).

Diese sehr kurze Skizze zeigt, dass eine kulturhistorische Untersuchung nationalsozialistischer Wörterbücher nicht den wiederholt kritisierten Fehler mancher Sprachkritiker machen darf, die Wörter – und ihre Erläuterung im Wörterbuch – von ihrem textuellen und situativen Kontext isoliert zu sehen. Man kann den nationalsozialistischen Wortschatz nicht vom übrigen deutschen Wortschatz dieser Zeit und Gesellschaftssituation trennen. Längst nicht alle ideologiespezifischen Wörter sind ausdrucksseitig erkennbar; zu einem guten Teil spielte sich die ‚Gleichschaltung' der Sprache mit Mitteln einer veränderten Semantik und Pragmatik ab. Dazu von Polenz:

> Als irreführende Wunschvorstellung hat sich die nachträglicher Rechtfertigung dienende Vorstellung erwiesen, der nationalistische Sprachgebrauch sei gewissermaßen als etwas ‚Fremdes' über die Deutschen und Österreicher gekommen und habe sie zu etwas ‚verführt', was sie vorher nicht kannten und nicht wollten. [...] Hitler, Goebbels und ihre Parteigenossen hatten in den letzten Jahren vor der Machtübergabe gerade deshalb so raschen Erfolg, weil sie in Propagandaveranstaltungen verschiedenen Gruppen von Unzufriedenen sehr geschickt ‚nach dem Munde' redeten: den Arbeitslosen ebenso wie den Jugendbewegten, den über Versailles Grollenden, den Militaristen, den antiliberalen Konservativen, den neue Konjunktur witternden Großindustriellen, den das Weimarer parlamentarische *System* Verachtenden, den Deutschtümlern, Nationalchauvinisten, Sündenbock-Suchern, Fremdenhassern, Rassisten und Antisemiten. Dabei konnten sie sich weitgehend des längst gewohnten, teilweise sogar in der Schule gelernten politischen Sprachgebrauchs der entsprechenden Diskurswelten bedienen, der in rechts- wie (z. T. auch) linksgerichteten Gruppen üblich und zugkräftig war. [...] In dem sehr heterogenen Ideologie-Konglomerat des deutschen Faschismus gab es traditionsorientierte Komponenten, die besonders in der letzten *Kampfzeit* vor der *Machtergreifung* und in der Stabilisierungsphase bis 1938 taktisch instrumentalisiert, aber später von den obersten Naziführern fallengelassen wurden, z. B. neuromantische Deutschtümelei, Frakturschriftmonopol, Fremdwortpurismus, nachdem deren Verfechter als nützliche Mitläufer ihren freiwilligen Dienst geleistet hatten. (von Polenz 1999, 548)

Es ist zu erwarten, dass die zwischen 1933 und 1945 entstandenen Wörterbücher all diese Wortschatzbereiche in ihren Stichwortlisten berücksichtigten und auch, dass die Erläuterungen mehr oder weniger konform mit dem kulturellen Wertesystem und der Ideologie jener Zeit ausfallen. Soweit erfüllten die Wörterbücher genau die gleiche Funktion wie in jeder anderen Gesellschaft und Epoche. Es ist jedoch zu erkennen, dass Wörterbücher im Nationalsozialismus darüber hinaus aktiv zur Durchsetzung der Ideologie beigetragen haben und gezielt als Instrumente der Propaganda eingesetzt wurden. Abgesehen von dem ausdrucksseitig identifizierbaren NS-Vokabular wurden in der allgemeinen politischen Propaganda, wie oben skizziert, auch ältere und verbreitete Wortgebräuche für die nationalsozialistische Ideologie vereinnahmt und teilweise verändert. Es stellt sich daher die Frage, ob Wörterbücher bzw. ihre Autoren sich an dieser semantischen Gleichschaltungsarbeit in einer Weise beteiligt haben, die aus den Wörterbüchern noch etwas anderes als Kulturdokumente machte, nämlich Propagandainstrumente.

Bei dem in diesem Buch vorausgesetzten, sehr weiten Kulturbegriff (s. Kapitel 1.3), der Mentalität und Ideologie einschließt, ergibt sich das Problem, wie man zwischen propagandistischer und kultureller Funktion eines Wörterbuchs unterscheiden will. Sind beide nicht allenfalls graduelle Ausprägungen derselben Dimension (vgl. Haß-Zumkehr 2000 a)?

Eine mögliche Unterscheidung von kultureller und propagandistischer Funktion folgt den sprachlich-kommunikativen Funktionen (Darstellungsfunktion: sprachliche Ausdrücke dienen der Darstellung konkreter oder abstrakter Gegenstände; Symptomfunktion: sprachliche Ausdrücke geben etwas über den Sprecher und ‚seine Welt' zu erkennen; Appellfunktion: sprachliche Ausdrücke dienen der Aufforderung). Während Kultur (und Mentalität) wohl gleichermaßen mittels darstellungs-, symptom- und appellfunktionaler Aspekte sprachlicher Äußerungen vermittelt wird, scheint für die propagandistische Vermittlung einer Ideologie die Appellfunktion vorrangig zu sein, wobei Appelle sowohl implizit als auch explizit ausgedrückt sein können: Wenn z. B. in deutschen Wörterbüchern des 16. Jahrhunderts *Afrika* lakonisch mit „die Barbarey" erläutert wird, dann ist dies als eine darstellungsfunktionale Äußerung zu verstehen, denn es war seinerzeit unnötig, irgend einen Adressaten von dieser common-sense-Sicht zu überzeugen; diese Äußerung entspricht dem kulturellen System der Zeit. Mit propagandistischen Texten hingegen sollen die Adressaten von etwas überzeugt werden, von dem sie zunächst noch nicht überzeugt sind. Propaganda ist demnach Überzeugungsarbeit. Entsprechend werden in Wörterbüchern, die eine ideologisch-propagandistische Funktion übernehmen sollen, schon in den Einleitungen Überzeugungsabsichten formuliert (siehe unten).

Davon zu unterscheiden ist der Appellativitätssonderfall einer manipulativen, d. h. auf Täuschung setzenden Propaganda, bei der kaum zu expliziten Appellen gegriffen, sondern auf die Wirkung verdeckter, impliziter Appelle gesetzt wird. Hier sollen die Adressaten auf abweichende Wertmaßstäbe und Haltungen eingeschworen werden, ohne dass sie diese mit ihren eigenen Wertmaßstäben und Einstellungen vergleichen und eine selbstständige Wahl treffen können. Bei manipulativ-propagandistischen Texten bzw. Äußerungen wird die Appellfunktion gewissermaßen hinter der Darstellungsfunktion versteckt. Ein Text, der äußerst sachlich ‚daherkommt' und noch dazu das Image einer Informationsautorität hat, ist deshalb für manipulative Propaganda besonders geeignet. Infolgedessen ist die darstellungsfunktional geprägte Textsorte Wörterbuch für totalitäre Ideologien besonders attraktiv. Die implizite Appellativität kann gerade mit den Mitteln dieser Textsorte darstellungsfunktional maskiert werden.

10.2 Lexikografie als Bestandteil der Sprachpolitik

Mit der politischen und gesellschaftlichen Gleichschaltung aller Gruppen ab 1933 ging eine Gesinnungs- und Sprachzensur durch das *Reichsministerium für Volksaufklärung und Propaganda* einher, die für den Rundfunk wie für alle gedruckten Erzeugnisse Wortverbote und -gebote beinhaltete. Auch Wörterbücher mussten sich dieser Zensur unterziehen. Da sich ein Großteil der Germanisten und Lexikografen aber selbst schon früh gleichgeschaltet hatte, wurden generelle Verbote nicht ausgesprochen. Die Wörterbuch-Autoren stellten sich meist freiwillig in den Dienst der ‚nationalen Sache' und warben für sie. Z. B. versah Ernst Wasserzieher sein etymologisches Wörterbuch 1935 mit folgendem, schon 1923 verfassten Motto:

> An jedem einzelnen Wort hat die Volksseele jahrtausendelang gemeißelt, bis es uns in der gegenwärtigen Form in Erscheinung treten konnte. Wörter sind Weltbausteine eines Volkes. (Motto von Ludwig Kappes, in Die Tat, zit. in Senya Müller 1994, 80)

Ein Ministerialdirigent setzte in seinem Geleitwort zu einer späteren Auflage des genannten Wörterbuchs von Wasserzieher an die Stelle der „Volksseele" dann die „völkische Sache", der das Werk dienen solle:

> Die Sprache ist nicht nur ein Spiegel der Gedanken des vergänglichen einzelnen Menschen, sie bleibt auch immer ein ewiges Denkmal der geistigen und sittlichen Entwicklung des Volkes, das diese Sprache spricht. [...] Um der deutschen, das heißt um der völkischen Sache willen wünsche ich ihm weiteste Verbreitung. (zit. in Senya Müller 1994, ebd.)

Steht Wasserzieher hier für eines der vielen kleineren populären Wörterbücher für Schule, Büro und Privathaushalt, so stellt Trübners *Deutsches Wörterbuch* (1939 ff.) mit acht Bänden das für wissenschaftliche Zwecke und nach wissenschaftlichen Maßstäben der Zeit geschriebene Wörterbuch dar (s. u.). In den Vorworten der Trübner-Bände finden sich Bemerkungen wie die folgenden:

> Mögen auch diesem Bande viele ernsthafte Leser beschieden sein, die das Werk nach seiner tiefsten Absicht auszuschöpfen verstehen und mit seiner Hilfe in deutsches und germanisches Leben einzudringen lernen. (Trübners *Deutsches Wörterbuch* Bd. 4, 1943, o. S.).

> Das Werk [will] in gewissenhafter Auslese die sprachgeschichtlich anziehenden und kulturgeschichtlich bedeutsamen Wortgeschichten ausheben. (Trübners *Deutsches Wörterbuch* Bd. 1, 1939, V)

Während in der zuerst zitierte Stelle die propagandistische Funktion des Wörterbuchs ausdrücklich benannt wird, greift der Autor in der zweiten Stelle zu einem Wort aus dem Bereich der ‚Rassenlehre', um einen gängigen lexikografischen Arbeitsschritt, der bis dahin als „Auswahl der Stichwörter" o. ä. bezeichnet worden war, stellvertretend für die gesamte Tätigkeit der Lexikografen mit der neuen Ideologie in engeren Zusammenhang zu bringen.

Wie sahen nun die Wörterbücher im ‚Dritten Reich' aus? Ausschlaggebend für die Indienstnahme der Wörterbücher durch die Sprachpolitik war, dass

10.2 Lexikografie als Bestandteil der Sprachpolitik

die Nationalsozialisten diese Textsorte als Propagandainstrument hohen Ranges entdeckten. Dies lässt sich unter anderem dadurch belegen, dass trotz Kriegs- und Mangelwirtschaft bei Wörterbüchern Produktionssteigerungen und Auflagenerneuerungen zu verzeichnen waren (Senya Müller 1994, 61 und 86 f.). Sie waren für die Indoktrination der deutschen Bevölkerung und derjenigen der okkupierten Länder wichtig. Goebbels schrieb 1942 in seinem Tagebuch:

> Ich veranlasse, dass von unserem Ministerium Wörterbücher für die besetzten Gebiete vorbereitet werden, in denen die deutsche Sprache gelehrt werden soll, die aber vor allem eine Terminologie pflegen, die unserem modernen Staatsdenken entspricht. Es werden dort vor allem Ausdrücke übersetzt, die aus unserer politischen Dogmatik stammen. Das ist eine indirekte Propaganda, von der ich mir auf die Dauer einiges verspreche. (zit. in Senya Müller 1994, 69).

Es gab einerseits eine Menge kleinerer und größerer einbändiger „Volkswörterbücher" wie etwa den Sprach-Brockhaus (1935) und das Duden-Rechtschreib-Wörterbuch (Duden 1941; Duden 1942) neben bebilderten Wörterbüchern für sog. „Ostarbeiter". Auf der anderen Seite standen die Wörterbücher mit wissenschaftlichem Anspruch: der einbändige Paul, das ja immer noch nicht fertige vielbändige *Deutsche Wörterbuch* und als neues Werk Trübners *Deutsches Wörterbuch* in acht Bänden, das nach dem Verleger Karl Trübner benannt und von DWB-Mitarbeiter Alfred Götze in Zusammenarbeit mit Wolfgang Stammler und anderen verantwortet wurde. Die letzten vier Bände wurden ab 1954, nach Götzes Tod, von Walther Mitzka geschrieben.

Auch die Arbeit am *Deutschen Wörterbuch* wurde in der Zeit des Nationalsozialismus staatlich gefördert. Zwischen 1933 und 1943 erschienen 65 Lieferungen oder 6,5 Lieferungen pro Jahr, während der Jahresdurchschnitt dieses Werks über die gesamte Erscheinungsdauer hin gesehen bei 3,5 Lieferungen lag. Die im Dritten Reich entstandenen Bände des DWB, das sind das Ende von G und große Teile von S, T und U, zeigen ein paar NS-Neuwörter, etwa *Sturmabteilung* mit Belegen von Hitler und Horst Wessel.

Einerseits bildeten zwar die „Volkswörterbücher" die propagandistisch wirksameren Instrumente, andererseits wollten aber auch die wissenschaftlichen Lexikografen bei der Ausbreitung der neuen Ideologie nicht zurückstehen. Die Anpassung vor allem der wissenschaftlichen lexikografischen Konzepte an die nationalsozialistische Ideologie wurde durch einen bestimmten Traditionsumstand eher erleichtert als erschwert: die historische Methode, die aller philologischen Tätigkeit seit dem frühen 19. Jahrhundert zugrundelag. Es wäre allerdings einseitig, zu sagen, die seinerzeit traditionelle Sprachwissenschaft mit ihrer Bevorzugung vergangener Sprachstufen und ihrer Affinität zu nationalen Mythen habe zwangsläufig zum rassistischen Nationalismus der Nazis geführt, aber man kann wohl sagen: Die historisch geschulten

Germanisten haben den völkischen Nationalismus mit seinem Reden von der Volksseele zum Teil als konsequente Fortsetzung der altvertrauten Auffassung vom Volksgeist und Sprachgeist begriffen.

Arthur Hübner, der damalige Leiter des *Deutschen Wörterbuchs*, drückte dies 1935 in einem Vortrag folgendermaßen aus:

> Wir dürfen mit dankbaren Herzen in diesen Jahren einen großen Ruck in der mühseligen Geschichte der deutschen Volkwerdung erleben. Vieles ist daran sich zu verwirklichen, was die deutsche Romantik an politischen Ideen geschaffen oder gepredigt hat. Mit doppeltem Grunde feiert darum das neue Deutschland Jacob Grimm als einen der größten Wohltäter unseres Volkes. (zit. in Senya Müller 1994, 71).

Im Übergang von der national-romantischen zur völkisch-nationalen Sprachauffassung lässt sich allerdings eine entscheidende konzeptionelle Veränderung ausmachen. Hitler hatte in *Mein Kampf* geschrieben, dass „das Volkstum, besser die Rasse, eben nicht in der Sprache liegt, sondern im Blute" (zit. in Senya Müller 1994, 79). Diesen Schritt vollzog der Grimm-Forscher Wilhelm Schoof, als er 1938 schrieb:

> In der heutigen Zeit, welche die Reinhaltung der Rasse so stark betont und alles Artfremde ablehnt, muten uns Jacob Grimms sprachliche Schriften wie lebendig wirkende Zeugen für die Gegenwart an. Denn die Verbundenheit mit Blut und Boden schließt die Verbundenheit mit der Muttersprache in sich, in welcher das seelische Leben einer Gemeinschaft wächst. (zit. in Senya Müller 1994, 81 f.).

Die historische deutsche Sprachwissenschaft und mit ihr die Wörterbücher haben die Pervertierung zum nationalsozialistischen Propagandainstrument offensichtlich nicht als abrupten Kurswechsel, sondern als Fortsetzung erlebt und daher möglich gemacht. Eine lexikografische Tradition, die an der Aufklärung über den jeweiligen Gegenwartswortschatz und seiner Verwendung interessiert gewesen wäre, hätte der völkischen Sprachauffassung womöglich mehr Widerstand entgegensetzen können oder wäre mit ihr in größere Konflikte geraten. Aber es gab sie nicht, oder nicht mehr. Der deutsch-jüdische Lexikograf Sanders durfte im DWB des Dritten Reichs nicht mehr zitiert werden.

10.3 Wörterbücher als Propagandainstrument – methodische Konsequenzen

Ich greife für die nachfolgende Analyse der Konsequenzen, die die propagandistischen Funktionalisierungen für die Modifikationen der Wörterbuch-Methodik hatten, aus der Wörterbuchlandschaft des NS-Zeit zwei Arten heraus: die einbändigen „Volkswörterbücher" (vertreten durch den *Sprach-Brock-*

10.3 Wörterbücher als Propagandainstrument   209

haus von 1935, den *Großen Duden Rechtschreibung* von 1941 und 1942 und das Wörterbuch von Hoffmann/Block von 1942) und die Werke mit wissenschaftlichem Anspruch (vertreten v. a. durch die von 1939 bis 1943 erschienenen vier ersten Bände des Trübner) und ansatzweise gehe ich auch auf das DWB ein. Nicht einbezogen werden hier spezielle Bild-Wörterbücher für sog. Ostarbeiter, die Bearbeitung des *Deutschen Wörterbuchs* von Paul durch Euling und auf das Begriffswörterbuch von Dornseiff.

Folgende Bereiche lexikografisch-methodischer Entscheidungen gilt es daraufhin zu untersuchen, was sie zur propagandistischen Zweckerfüllung eines Wörterbuchs beitragen:

1. die mit dem Wörterbuch verfolgte Intention und vermittelte Sprachtheorie (Außen- und Metatexte)
2. Auswahl der Stichwörter
3. Formulierung der Bedeutungsangaben mittels synonymischer Äquivalente, mittels Paraphrase oder ‚narrativ'
4. Formulierung von Kompetenzbeispielen und Auswahl von Belegbeispielen
5. Aufbau des semasiologischen Feldes (Reihenfolge und ggf. Verknüpfung der Einzelbedeutungen)

Sehr wichtig für die propagandistische Funktion wie für die generelle kulturelle Zeichenhaftigkeit der Wörterbücher ist auch das Profil der Quellenbasis, d. h. die Auswahl von Autoren und Texten, durch die das Wörterbuch zu bestimmten Diskursen in Beziehung gesetzt wird (oder nicht). Fehlende Quellenverzeichnisse verhindern im hier gegebenen Rahmen jedoch die Untersuchung dieses Aspekts.

Bei den unter 1, 3 und vor allem 4 genannten lexikografischen Entscheidungen sind propagandistische Absichten problemlos zu erkennen, d. h. hier wird am ehesten erwartet und abgelesen, wie ein Wörterbuch sich zur nationalsozialistischen Ideologie verhält. Es scheint jedoch, dass jedes Wörterbuch als Vertreter eines bestimmten Wörterbuchtyps nie in allen methodischen Bereichen gleichermaßen propagandistisch geprägt ist, sondern dass die Lexikografen vielmehr Schwerpunkte setzen, auf die im Einzelnen hingewiesen werden soll.

Wie also sahen unabhängig von Selbstgleichschaltung oder Zensur die Entscheidungen der Lexikografen der ‚Volks'- wie der wissenschaftlichen Wörterbücher aus?

10.3.1 Intention und vermittelte Sprachtheorie (Außen- und Metatexte)

In den Außen- und Metatexten finden sich vor allem drei durchgängige Merkmale. Einmal standen die Lexikografen des nationalsozialistischen Zeit vor dem Problem, dass an die vierhundert Jahre lang die deutsche Sprache als das Definiens für Volk und Nation begriffen und die Beschäftigung mit der Sprache gesellschaftlich dementsprechend hoch geschätzt worden war, dass nun aber mit der staatlich verordneten Rassenideologie die Rasse, metaphorisch als „Blut" bezeichnet, zum Definiens für Volk und „Reich" wurde. Das nationale Leitkonzept der Sprache wurde durch das Leitkonzept Rasse/Blut verdrängt. Die Autoren der Wörterbuchvorworte mussten dem Rechnung tragen, indem sie nach neuen Legitimierungen sprachwissenschaftlicher und lexikografischer Tätigkeit suchten. Sie beschrieben Sprache nunmehr als eine von der ‚Rasse' abgeleitete und eng auf sie bezogene Größe und schlossen: Die durch Wörterbücher vermittelte Sprachkenntnis solle die Erkenntnis der ‚Rasse' oder ‚deutschen Art' ermöglichen.

Zweitens wurde das ‚Führerprinzip' auf die Lexikografie übertragen, insofern sich die Orientierungsfunktion der Textsorte Wörterbuch mit der Metapher des Führers noch betonen lässt.

> Das Wörterbuch ist im besten Sinne des Wortes ein deutsches Rechtschreibebuch und kann als zuverlässiger Führer auch im Zusammenschreiben von Wörtern benutzt werden (Hoffmann/Block, 10. Aufl. 1936, zit. 11. A. 1942, VIII).

> Das vorliegende Wörterbuch [...] hat mit der Zeit Schritt gehalten, es ist [...] Wegweiser und sicherer Führer und will weiterhin der getreue Eckart bleiben (Hoffmann/Block, 11. Aufl. 1942, IX).

Versteckter, aber schwerwiegender war drittens die Verschiebung des Wortschatzes der deutschen Standard- bzw. Leitvarietät von der Schriftsprache weg und hin zu einer bestimmten Varietät der gesprochenen Sprache. Daran sind die Außentexte zusammen mit einer entsprechenden Stichwortauswahl beteiligt. Der *Sprach-Brockhaus* (1935, III) nennt die beschriebene Varietät die

> oft vernachlässigte ‚Zwischenschicht' zwischen Mundart und gehobener Umgangssprache,

Hoffmann/Block (im Vorwort zur 10. Aufl. 1936)

> den wirklich gesprochenen und geschriebenen Wortschatz der deutschen Sprache.

Auch in den Zeitungen, dem anderen großen Propaganda-Medium, wurde ja überwiegend die mündlich produzierte Propagandasprache von Hitler, Goebbels und anderen Parteirednern geschrieben; und auch der ‚Volksempfänger'-Rundfunk wird in einem der Außentexte zum Beweis der Dominanz einer sprechsprachlichen Varietät angeführt:

> Ein neues Werden und Blühen durchzieht in unseren Tagen die deutsche Sprache. Die Kraft der Gemeinschaft und des Gemeinschaftsgefühls aller deutschen Stämme durchflutet sie und läßt sie durch die unerhörte Wirkung des gesproche-

nen Wortes im Rundfunk sich neu umgestalten. (Hoffmann/Block 1941, S. III, aus d. Vorwort zur 10. Aufl. 1936)

Die Leitvarietät sollte also mit lexikografischer Hilfe ausgetauscht werden, so dass sie mit der von einer bestimmten politischen Partei produzierten sozialfunktionalen Varietät zur Deckung kam: Das ist sprachlicher Totalitarismus und Gleichschaltung. Da ist es nur konsequent, wenn alle anderen Gruppenvarietäten aus dem neu definierten Standard ausgeschlossen wurden – gemeint ist hier vor allem der Wortschatz der Gelehrten und Intellektuellen:

> Damit entfällt all der Ballast von Wörtern, der nur von einer kleinen Gruppe von deutschen Menschen gebraucht und verstanden wird. (Hoffmann/Block im Vorwort zur 10. Aufl. 1936)
>
> Die Ausdrücke der Umgangssprache konnten zu einem großen Teil Aufnahme finden, während Mundartliches zurücktreten durfte. (Duden 1941, 4*)

Die vorgenommene Ersetzung der Leitvarietät bezeichnen die Autoren der Wörterbuchvorworte als neueste ‚lebendige' Sprachentwicklung, der sie aktuell folgen. Sie wirkt besonders subtil dann, wenn im Außentext der Anspruch vertreten wird, „das gesamte heutige Deutsch" (*Sprach-Brockhaus* 1935, III), „das Alltagsgut der deutschen Sprache" wiederzugeben, „das allen Schichten unseres Volkes geläufig ist und das auch an die Jugend, an den heranwachsenden Menschen herantritt" (Volks-Duden 1933, 7*). Wenn Gebrauchswörterbücher etwas vermitteln, wird daraus automatisch die Repräsentation einer Sprachnorm – aus der Standard- wird die Leitvarietät der Sprachgemeinschaft.

10.3.2 Auswahl der Stichwörter

In den Wörterbuchtexten selbst fallen als Erstes die Eingriffe in den Lemmabestand der vorhergehenden Auflagen auf. Vor allem die Volkswörterbücher wurden um alle Bezeichnungen für NS-Organisationen und -Einrichtungen erweitert. Der Rechtschreib-Duden (Duden 1941) verzeichnet etwa *Braunhemd*, *Frauenschaft*, *Volksempfänger*, *Sturmbannführer*, *Hitlergruß* sowie alle Abkürzungen, etwa die mit *NS-* beginnenden. Ferner wurden eine Menge von neuen Zusammensetzungen zu den Hochwert- und Stigmawörtern aufgenommen, etwa mit dem Element *Volk-*, aber auch mit *Jude-*. Die Menge der *Volk*+X-Komposita und -Ableitungen im Rechtschreib-Duden betrug im Jahr 1929 48 Stichwörter, stieg 1934 auf 71 und 1941 auf 115 Lemmata, um 1947 wieder auf 71 zu sinken. Der Aufmerksamkeitseffekt, den ein Wort durch seine in zahlreichen Wortbildungen wiederholte Lemmatisierung erhält, lässt sich bei positiv und bei negativ wertenden Wörtern ausnutzen. Der Inhalt des Begriffs *Volk* bzw. *Jude* wird nicht nur durch Bedeutungsangaben und Beispiele vergegenwärtigt, sondern auch durch Zusammensetzungen und Ableitungen wie *Volkwerdung, Volksschädling* oder *judenfrei* (Duden 1942). Außerdem wurden die ideologisch grundlegenden Bereiche wie die sog. Rassenlehre und das Militärische mit umfangreichen Teilwortschätzen wiedergegeben. Die Kriegsausgabe des Rechtschreib-Duden enthielt unverhältnismäßig viele Neubildungen mit *Rasse*, von *Rassenaufartung* bis *Rassenschändung* und *Rassenverfall* (nach Senya Müller 1994, 177).

In der großen Masse des Wortschatzes, den das *Deutsche Wörterbuch* verzeichnet, fallen die im ‚Dritten Reich' erschienenen Bände und erst recht die in ihnen enthaltenen Ideologie-Wörter und -Bedeutungen des Nationalsozialismus kaum ins Gewicht. Z. B. wird das Lemma *Sturmabteilung* mit zwei Bedeutungen angeführt, einer älteren militärischen und einer wie folgt paraphrasierten: „in der nationalsozialistischen bewegung ursprünglich die dem saalschutz dienenden ordnungstrupps". Dazu werden zwei Hitler-Zitate und ein Beleg aus dem Horst-Wessel-Lied angegeben (DWB Bd. 20, 601). In dem gut siebeneinhalb Spalten langen Artikel *System* wird unter der Bedeutung ‚3.b', in der es um politische Systeme geht, zweimal Goebbels zitiert. Die Nationalsozialisten benutzten *System* als Stigmawort, um die Weimarer Republik abzuqualifizieren. Dies drückt auch die Bedeutungserläuterung aus:

> in betont verächtlichem klang, mit dem beisinn des künstlichen, ausgeklügelten, volksfremden politischen gebildes, so *das Weimarer system*, das durch die Weimarer Verfassung von 1919 geschaffene *parlamentarische system* (DWB Bd. 20, 1439).

In diesem Sinne spricht Goebbels in einem Zitat dann vom „widersinnigen politischen System" und dessen Niedersinken. Im 41 Spalten langen Artikel *Glaube* wird dreimal Hitler zitiert (DWB Bd. 7) und im ebenfalls sehr langen Artikel *Sünde* findet sich ein Zitat von Hitler über eine „sünde wider den bestand der weiszen menschheit" (DWB Bd. 20, 1132; alle Stellen nach Boehlich 1961 a, 52).

Dieser Befund ergibt für eine halbwegs vollständige Dokumentation des ns-typischen Wortschatzes bzw. ns-typischer Wortverwendungen zu wenig, so dass man eher geneigt ist, in solchen vereinzelten Anführungen pflichtschuldige Signale der Anpassung oder der Anpassungsbereitschaft an die herrschende Ideologie und ihre Zensurbehörden zu sehen. Als Propagandainstrument waren die Volkswörterbücher viel brauchbarer.

„Sprachliche Neuschöpfung verlangte gebieterisch Aufnahme [...] auch Buchstabenwörter wie NSBO [...] sind aufgenommen", schrieb Otto Basler im Rechtschreib-Duden von 1934 (zit. in Senya Müller 1994, 112). Hier wird an die allgemeine Qualitätsforderung, dass Wörterbücher aktuell zu sein haben, angeknüpft, um die rasche Verbreitung des NS-Jargons zu rechtfertigen.

10.3 Wörterbücher als Propagandainstrument

Volk s.; _[e]s, Völker
Volkamerie [..ĭə] (Pflanze) w.; _, _n
volk|arm ‖ **Völkchen, Völklein**
Volker (Spielmann der Nibelungen)
Völker‿ball (Ballspiel; m.; ‿[e]s), ‿bund (m.; _[e]s) ‖ **Völkerbundstagung** ‖ **Völker‿kunde** (w.; _), ‿kundler ‖ **völkerkundlich** ‖ **Völker‿raum, ‿recht** ‖ **völkerrechtlich** ‖ **Völkerrechts‿kundler, ‿lehrer** ‖ **Völker‿schlacht, ‿wanderung**
volkhaft ‖ **Volkheit** ‖ **volkheitlich** ‖ **Volkheitskunde** w.; _
völkisch; _[e]ste (R. II, 6), aber (R. I, 18): Völkischer Beobachter (Zeitung; Abt.: VB.) ‖ **volklich**
Volkmar (m. Vn.)
volk|reich
Volks‿abstimmung, ‿aufklärung (w.; _)
Volks‿begehren (s.; _s, _), ‿beglücker, ‿beglückung (w.; _) ‖ **volks‿bewußt, ‿bildend** ‖ **Volks‿bildung** ‖ **Volksbildungswert** s.; _[e]s ‖ **Volks‿boden** (m.; _s), ‿buch, ‿bücherei, ‿bund (m.; _[e]s; _ für das Deutschtum im Ausland [Abk.: VDA.])
volksdeutsch (dem Volkstum [nicht der Staatsangehörigkeit] nach deutsch) ‖ **Volks‿deutsche** m. u. w., ‿deutung (auch für: Volksetymologie), ‿dichte, ‿dichtung
Volks‿empfänger (Rundfunkgerät; Abk.: VE.), ‿entscheid, ‿etymologie (Volksdeutung)
Volks‿feind ‖ **volks‿fremd** ‖ **Volks‿fremde** m. u. w.
Volks‿ganze (s.; _n; R. II, 5), ‿gas‿maske (Abk.: VM.), ‿geist (m.; _es), ‿gemeinschaft, ‿genosse (Abk.: Vg.), ‿gericht, ‿gerichtsbarkeit, ‿gerichtshof (m.; _[e]s), ‿gesundheit (w.; _)
Volks‿heer, ‿held, ‿herrschaft, ‿hochschule, ‿insel
Volks‿kanzler, ‿kartei, ‿kirche ‖ **volkskirchlich** ‖ **Volks‿kunde** (w.; _), ‿kundler ‖ **volkskundlich** ‖ **Volks‿kunst** w.; _
Volks‿leben, ‿lied
volksmäßig
‖ **Volks‿mittelschule, ‿mund** (m.; _[e]s) ‖ **volksnah** ‖ **Volks‿nähe**
Volks‿ordnung (w.; _), ‿pflege, ‿pflegerin, ‿recht
Volks‿schädling, ‿schauspiel, ‿schule, ‿schüler, ‿schülerin, ‿schullehrer, ‿seele (w.; _) ‖ **volks‿sorgerisch** ‖ **Volks‿sprache** ‖ **volkssprachlich** ‖ **Volks‿staat, ‿stück**
Volks‿tanz, ‿tod (m.; _[e]s), ‿tracht, ‿tum ‖ **volkstümlich** ‖ **Volkstümlichkeit** ‖ **Volkstums‿forschung, ‿insel, ‿kampf, ‿pflege**
Volks‿verband ‖ **volksverbunden** ‖ **Volks‿verbundenheit** (w.; _), ‿vermögen, ‿verrat, ‿verräter
Volks‿wagen ‖ **Volkswagenwerk** s.; _[e]s ‖ **Volks‿weise** w., ‿wirt, ‿wirtschaft** ‖ **volkswirtschaftlich** ‖ **Volkswirtschafts‿lehre** ‖ **Volks‿wohl, ‿wohlfahrt** (NS‿Volkswohlfahrt; Abk.: NSV.)
Volkszählung
Volkwerdung w.; _
voll; _ Wein[es], _ des süßen Weines; _[er] Angst; ein Eimer _[er] Wasser, der Saal war _[er] Menschen; _ schönem Ernst; (R. I, 28:) aus dem _en¹ schöpfen, im _en leben, in die _en (9 Kegel) geb[e]ln, ins _e¹ greifen; zehn Minuten nach _ wird geschlossen; ein Armvoll († b.); eine Handvoll († b.); ein Mundvoll († b.); voll gießen usw., aber: einem die Hucke voll lügen usw.; _s
voll.. in Verbindung mit Zeitwörtern: **a)** Zusammenrückung (R. II, 12), z. B. vollbringen († b.), vollgebracht; **b)** Zusammensetzung (R. II, 11), z. B. vollbringen († b.), vollbracht
voll|auf
vollaufen (Tr.: R. I, 2); es läuft voll, vollgelaufen; vollzulaufen; † laufen
vollbereiten (völlig herstellen, ausrüsten); † vollaufen
Voll‿blut ‖ **Vollblüter** (Vollblutpferd) ‖ **vollblütig** ‖ **Voll‿**

---
¹ ⟨ÖR. auch: aus dem Vollen, ins Volle; PR. u. BR. o.⟩

Aus: Duden 1941, 648 f.

Ausdrücklich wird nirgends thematisiert, dass ein Wörterbuch die neue Sprache einführt, sondern es wird suggeriert, sie sei einfach ‚da'.

Mundartliche Ausdrücke und Lehn- bzw. Fremdwörter wurden in den Stichwortlisten hingegen zurückgedrängt oder als veraltet markiert. Die historische Sprachforschung hatte eigentlich zu den Dialekten ein ausgesprochen positives Verhältnis, galten sie doch als alte und bereichernde Quelle für den ‚heruntergekommenen' Gegenwartswortschatz. Doch störten die Mundarten und alles, was auf eine regionale Identität hinweisen könnte, die Propagierung des einigen Großdeutschland. Dass bezüglich fremdsprachlicher Entlehnungen Purismus waltete, wird man erwarten. Jedoch schossen die professionellen Sprachreiniger und Wörterausmerzer in den Augen Hitlers und Goebbels bald über ihr Ziel hinaus. Die Politik brauchte ein Inventar von Bezeichnungen, die sich als Euphemismen eigneten wie *Eugenik* oder *Euthanasie* (Duden 1942). Hitler löste die traditionelle Puristenvereinigung, den Allgemeinen Deutschen Sprachverein, 1940 auf (von Polenz 1999, 278 ff.). Im Vorwort des Rechtschreibdudens von 1942 heißt es dazu:

> Eifernder Deutschtümelei abhold, haben wir [...] an fremdem Wortgut aufgenommen, was die eigene Sprache bereichert, ihr aber durch Übersetzung nur schadet. (Duden 1942, 4*)

10.3.3 Formulierung der Bedeutungsangaben

Wichtiger bei den ‚Volks'-Wörterbüchern sind offensichtlich die Bedeutungsangaben, die meist die Form einer Äquivalentangabe oder einfachen Paraphrase haben. Mit Bedeutungsangaben kann man relativ unbemerkt, weil im Gewand der vom Wörterbuch erwarteten ‚Information' Umwertungen und Umdeutungen selbst von ideologisch ganz ‚unverdächtigen' Wörtern vornehmen. Wer unter *Blut, Rasse, Jude* und ähnlichen Stichwörtern nachschlägt, findet, was zu erwarten ist, eher sogar schwächere Formulierungen. Im ‚Großen Duden-Bildwörterbuch der deutschen Sprache', das auch für deutschlernende Ausländer gedacht war, findet man kein Lemma *Rassenkunde*, wohl aber wird unter der Rubrik *Mensch* die *nordische Rasse* dargestellt. (Senya Müller 1994, 121). Die Bedeutungserläuterung von Entlehnungen, die euphemistischen Zwecken dienen sollten, war aus propagandistischer Sicht natürlich kontraproduktiv und verlangte offenbar eine besonders sorgfältige Formulierung. Bei *Eugenetik, Eugenik* heißt es im Rechtschreib-Duden (Duden 1942): „Erbpflege, Förderung des Erbgutes", bei *Euthanasie* „leichtes Sterben, Todeslinderung" und bei *Propaganda* „politisches Führungsmittel [durch Werbung und Aufklärung]" (ebd.). Umdeutungen also auch hier.

10.3 Wörterbücher als Propagandainstrument

Erwartbar ist auch, dass das konservative Schlagwort der Weimarer Republik *Kriegsschuldlüge* im Duden (1942) erläutert wird als „unwahre Behauptung der deutschen Alleinschuld am Ausbruch des ersten Weltkrieges". Wichtiger hingegen war die Umdeutung per Bedeutungsangabe bei den Wörtern der liberalen und sozialistischen Ideologien, die auf diese Weise stigmatisiert wurden (Senya Müller 1994, 205).

In Trübners *Deutschem Wörterbuch* wurden Belege aus der Literatur, darunter die des traditionellen Kanons und nationalsozialistischer Provenienz, derart mit den Bedeutungsangaben verwoben, dass ein durchgehend scheinargumentierender Text entsteht, der immer auf den nationalsozialistischen Sprachgebrauch als Höhepunkt zuläuft. In den ersten vier Bänden des Trübner unterschieden die Lexikografen in ihren narrativen Texten nicht mehr zwischen Wort und Sache. Ein Beispiel findet sich unter *Klub*:

> […] Auch in Frankreich war Klub heimisch geworden. Hier erhielt er in der großen Revolution politischen Sinn; … erst Turnen und Sport verliehen dem Klub einen höheren Wert… Im nationalsozialistischen Deutschland ist die politische Bedeutung des Klubs endgültig zu Ende. (Trübner 1939 ff., Bd. 4, 185 f.)

Das Stichwort wird hier nicht kursiv oder mittels Anführungszeichen als objektsprachlich gekennzeichnet, wie das üblich war und ist, sondern lediglich durch Sperrung etwas vom Text abgehoben und dadurch *hervor*gehoben. Spätestens ab dem zweiten Satz des obigen Zitatausschnitts ist nicht mehr von dem Wort *Klub*, sondern von der Einrichtung (der ‚Sache') des Klubs die Rede, die als bürgerlich-liberale Erfindung der Französischen Revolution natürlich stigmatisiert werden musste. Der Lexikograf verwendet in seiner Erläuterung die Ausdrücke *Wert, Sinn und Bedeutung*, Ausdrücke also, die doppeldeutig sind, weil sie sich sowohl auf Semantisches als auch auf die Bewertung einer Sache beziehen können. Eben Letzteres ist hier der Fall: Nicht dem Lehnwort *Klub* wird die Bedeutung innerhalb der politischen Rede abgesprochen, sondern der damit gemeinten Sache wird ihre Legitimation abgesprochen.

Weil es in den ersten vier Bänden von Trübners *Deutschem Wörterbuch* primär um die Sache statt um die Wörter geht, werden Belege auch um ihrer Inhalte willen, nicht um ihrer sprachlichen Veranschaulichung willen ausgewählt. So werden die Äußerungen berühmter Dichter mitunter gerügt, wenn etwa ein Romantiker eine Landschaft „freundlich und ausländisch" nennt (Trübner 1939 ff., Bd. 1, 182) oder wenn Goethe Territorien, die von den Nazis als ‚deutsch' beansprucht werden, als Ausland bezeichnet:

> Seltsam berührt uns, wenn Goethe 1797 vom Elsaß sagt: ‚… ein Wagen … Von zwei Ochsen gezogen, den größten und stärksten des Auslands.' (Trübner 1939 ff., Bd. 1, 182).

Von Umwertungen betroffen sind vor allem Wörter der humanistischen, der liberalen und der christlichen Tradition. Bei dem Wort *Menschheit* und den mit ihm verbundenen Ideenpotenzial liest sich das folgendermaßen:

> [...] Mit den Ideen des Liberalismus ist seit 1789 der Gedanke der Welt- und Menschheitsverbrüderung geboren, der viel Hohn und Leid über die Welt gebracht hat. So spottete J. Goebbels über den frömmelnden Lord Halifax: ... [folgt ein Goebbels-Zitat, UHZ]" (Trübner 1939 ff., Bd. 4, 611).

Und weiter:

> Das sozialistische Schlagwort „„menschenwürdiges Dasein", das Lasalle gern verwandte, ist heute gegenstandslos geworden. (ebd.)

Dieses Schlagwort ist in – hier distanzierend gemeinte – Anführungszeichen gesetzt.

Die narrative Gleichsetzung von Bezeichnung und bezeichneter Sache wird im Vorwort des Wörterbuchs als leichtverständlich und volksnah gerechtfertigt:

> Auch Wortgeschichten müssen gut erzählt sein, wenn man sie gern lesen soll. (Trübner 1939 ff., Bd. 1, V).

Das Verfahren wird nebenbei, im Artikel *Mundart,* von Alfred Götzes sogar sprachtheoretisch begründet:

> Wichtiger als die Begriffsbestimmung ist der unserem Worte innewohnende Gefühlswert. (Trübners *Deutsches Wörterbuch* 1939 ff., Bd. 4 (1943), 699)

Die Vernunftfeindlichkeit, die die Germanistik jener Zeit beherrschte, fand in dieser Haltung ihre spezifisch lexikografische Ausprägung. Den Gefühlswert zu bestimmen oder das gesunde Volksempfinden zu definieren, wird nicht den Individuen bzw. Staatsbürgern und deren Diskurs überlassen, denn die Definitionsmacht lag allein in den Händen der Partei und ihrer Propaganda.

Im Wortartikel *Jungfrau* wird das ‚gesunde Volksempfinden' als Informationsquelle und Richtschnur der wissenschaftlichen Lexikografie vorgeführt. Dort heißt es:

> Eine besondere Rolle im Volksglauben spielt die alte Jungfer, deren tragische Komik auf die schonungslose Kennzeichnung des unfruchtbaren und daher überflüssigen Geschöpfes zurückgeht. [...] So heißt es z. B., dass alte Jungfern nicht in den Himmel kommen. Dies ist als Gegensatz zu der hohen Wertung der Jungfräulichkeit in der christlichen Lehre besonders auffallend. Die gesunde Volksempfindung von der Bestimmung der Frau durchbricht hier die unnatürlichen Schranken der christlichen Askese. (Trübners *Deutsches Wörterbuch* 1939 ff., Bd. 4 (1943), 64).

10.3 Wörterbücher als Propagandainstrument

Die in der christlichen Tradition enthaltene Freiheit der Frauen, ein eheloses, kinderloses und trotzdem sinnvolles Leben zu führen, wird hier als widernatürlich und volksfremd stigmatisiert. Abgesehen von dieser Tradition hat aber auch Krieg Frauen gezwungenermaßen und in gesellschaftlich sichtbarer Weise kinderlos bleiben lassen – eine Tendenz, die sich in den Augen der Nationalsozialisten nicht durchsetzen darf. So heißt es im Artikel *Junggeselle*:

> Nach dem Weltkrieg wurde auch das F. Junggesellin geläufig als Bezeichnung für eine ledige Frau, die sich von den Eltern selbständig machte, eine eigene Wohnung bezog und ihr Leben nach ihrem Ermessen gestaltete. […] Das F. hat stets einen etwas abfälligen Beigeschmack." (Trübners *Deutsches Wörterbuch* 1939 ff., Bd. 4 (1943), 65).

> **Junggeselle** M. ist gegen Ende des 14. Jh. zusammengerückt aus „der junge Gesell": Dy junggesellen von der stad... waren da mit 25 pferden einen tag und eine nacht[1]. Ursprünglich ist es ein Wort der Handwerkersprache und bedeutet 'der jüngste oder dem Range nach letzte Geselle' (s. b.), dann auch 'junger Handwerksgesell' überhaupt. Seit dem 16. Jh. bricht sich die Bedeutung 'Unverheirateter, Hagestolz' (s. b.) Bahn als Gegensatz zu (Ehe-)Mann, wie Jungfrau gegen (Ehe-)Frau: „Ihr Herren Ehemänner haltet euer Spiel nur ein wenig heimlicher, als wir Junggesellen, das ist der ganze Unterschied"[2]; „Ich glaube aber, es gibt geborene Junggesellen, die eine vorsorgliche Schöpfung schon in der Wiege für den nützlichen Beruf eines Erbonkels bestimmt hat"[3]. „Ich hätte nicht gedacht, daß ein Junggeselle soviel Vorräte hat"[4], sagt Alexandra erstaunt zu Schlageter. „Seine... Arbeiter wohnten mit ihren Familien oder als Junggesellen in Séraucourt"[5]; „Er (der Leiter des Balls) packte die zunächst stehenden Junggesellen und schmiß sie direkt in die Arme.. eines Mauerblümchens"[6].
> Nach dem Weltkrieg wurde auch das F. Junggesellin geläufig als Bezeichnung für eine ledige Frau, die sich von den Eltern selbständig machte, eine eigene Wohnung bezog und ihr Leben nach ihrem Ermessen gestaltete: „bei den meisten Junggesellen und Jungesellinnen"[7]. Das F. hat stets einen etwas abfälligen Beigeschmack, wie auch Zusammensetzungen wie: Junggesellenleben, -bude, -wirtschaft u.o.
> [1] Trier 1378: B. Rathgen, Das Geschütz im Mittelalter (1928) 183. — [2] J. L. Schlosser, Neue Lustspiele (1767) 128. — [3] H. Seidel 1887 Ges. Werke 1, 126. — [4] H. Johst, Schlageter (1933) 40. — [5] D. v. Liliencron, Kriegsnovellen (1895) 81. — [6] H. Mielche, Wollen mal sehen, ob die Welt

ebd.

Die ‚Volksnähe' der Lexikografie liegt also in der Beliebigkeit, mit der etwas dem ‚Volksempfinden' entspricht oder nicht. Die ‚Volksnähe' der lexikografischen Beschreibungssprache zeigt sich auch in den Wörtern des NS-Jargons, das sie enthält. Beispielsweise wird des öfteren die zeitweilige Konkurrenz zweier Synonyme wie *ausländig* und *ausländisch* dargestellt, die seit dem 14. Jahrhundert nebeneinander belegt sind. Für das 16. Jahrhundert heißt es dann: „Die Führung war damals schon an ausländisch übergegangen." (Trübners *Deutsches Wörterbuch* 1939 ff., Bd. 1, 181). Hier waltet das Führerprinzip also auch in der Bezeichnungsgeschichte. Viele Formulierungen der Wortgeschichten enthalten Metaphern aus dem Militärischen wie im folgenden Beispiel, in dem es um die Bezeichnungskonkurrenz der Wörter *Mundart* und *Dialekt* geht – erwartungsgemäß unterliegt das Fremdwort:

> Auch außerhalb der Sprachforschung dringt im deutschen Schrifttum Mundart siegreich vor, Hans F. K. Günther meidet in seiner Rassenkunde des deutschen Volkes das Fremdwort Dialekt durchaus […] und so ist zu hoffen, daß endlich auch für das deutsche Mundart erreicht werden wird, was W. Riehl bereits 1849 für Volkskunde gegen engl. folklore erkämpfte. (Trübners *Deutsches Wörterbuch* 1939 ff., Bd. 4 (1943), 699).

Die ‚Volksnähe' der Lexikografie äußert sich ebenfalls darin, dass der „Volksglauben", der sich in „heute üblichen Sprichwörtern" und „volklichen Wendungen" ausdrücke, zur Informationsquelle und normativen Instanz herangezogen wird. Im Wortartikel *Jude* wird mit diesen historisch verbrämten Konzepten gearbeitet, um die nationalsozialistische Entrechtungspolitik zu rechtfertigen. Mit Bezug auf spätes Mittelalter und frühe Neuzeit heißt es:

> „Sie [die Juden] blieben also von der Volksgemeinschaft abgesondert und standen unter Eigenrecht: ihre Wohnungen in den Städten waren abgegrenzt und mußten zusammengefaßt sein in den Judengassen, sie mußten eigene Tracht mit gelber Erkennungsfarbe tragen und waren von den meisten Berufen und Tätigkeiten ausgeschlossen. Den Gedanken des deutschen Blutschutzes betonen schon die alten deutschen Volksrechte: […] (Trübners *Deutsches Wörterbuch* 1939 ff., Bd. 4 (1943), 56).

Man sieht hier, wie historische Informationen funktionalisiert werden können, um gegenwärtige Ziele zu rechtfertigen und unangreifbarer zu machen. Die geschichtliche Überhöhung bezieht auch Sprichwörter, Sprachbilder und Wendungen mit ein, deren Zitierung den Lexikografen auch von der sonst verbindlichen Pflicht der genauen Quellenangabe von Beispielen zu entheben scheint, da mündliche Überlieferungen ja oft nicht schriftlich fixiert wurden. Natürlich wurden im Trübner solche zum Teil frei erfundenen und durch eigenmächtige Variation vervielfachten ‚Volkssprüche' für die Wahrheit genommen und nicht etwa sozialhistorisch kontextualisiert:

Nächst dem fragwürdigen Geschäftsgebaren ist besonders die körperliche Unsauberkeit des Juden in volkläufige Wendungen eingegangen: ‚Dem ist's angeboren wie dem Juden das Stinken'. (Trübners *Deutsches Wörterbuch* 1939 ff., Bd. 4 (1943), 56).

10.3.4 Beispiele und Belege

Ein relativ auffälliger Eingriff ist die Formulierung bzw. Auswahl der Beispielsätze. Die ‚Volks'-wörterbücher verfügten oft über grammatische Regelteile, die Gelegenheit zu absichtsvoll formulierten Beispielsätzen boten. Senya Müller (1994) hat herausgefunden, dass vordergründige Indoktrination hier fehlt; ein paar „Adolf-Hitler-Straßen", „Kraft-durch-Freude-Fahrten" und „Großdeutschlands" sind alles, was sich findet.

Für die Lexikografen der nationalsozialistischen Zeit war es wichtig, einerseits bei den Beispielen sichtbare Zeichen ihrer Regimetreue zu setzen, andererseits vor allem bei den ns-spezifischen Lexemen nicht in einer Weise zu übertreiben, die dem Image des objektiven Nachschlagewerks widersprach. Die propagandistisch auffälligsten Beispiele finden sich *nicht* bei den Lemmata *Rasse*, *Jude* usw., sondern bei schwer vorhersagbaren, anderen Lexemen. So wird eine deskriptive Bedeutungsangabe oft mit ideologisch motivierten Beispielen verknüpft oder umgekehrt. Bei Hoffmann/Block (1942, 387) wird *nordisch* erläutert mit

dem europäischen Norden angehörig, ihm eigentümlich, auch skandinavisch,

wozu dann die Beispielsyntagmen „die nordische Rasse, die nordischen Sprachen" treten. Im *Sprach-Brockhaus* (1935) wird ähnlich verfahren. Die propagandistische Funktion wird eher den Beispielen als den Bedeutungsangaben übertragen:

Einheit – 1) etw. Festgefügtes, Untrennbares: wir bilden eine Einheit; die E. Deutschlands (*Sprach-Brockhaus* 1935, 139)
Freund – 1) Ggs. Feind: e. Person, zu der man sich durch Übereinstimmung der Gefühle und Gesinnungen hingezogen fühlt: du bist mein F.; unsere politischen Freunde, Parteigenossen […] **Freundschaft** – „F. geht über Verwandtschaft" (Hoffmann/Block 1942, 198)

Von allen Informationsarten waren solche usuellen Syntagmen und Kompetenzbeispiele wegen ihrer Tendenz zur gesprochenen Sprache am besten geeignet, die Leitvarietät des Nationalsozialismus einzuüben.

Etwas anders sieht es mit den Beispielbelegen (Zitaten) aus, die nur in Trübners *Deutschem Wörterbuch* (1939 ff.) und im *Deutschen Wörterbuch* vorkommen. Im DWB spielen die Verfassernamen schon in der Typografie eine auffallende Rolle; sie sind in Kapitälchen gesetzt. Die Zitierung jüdischer

Autoren wurde dem DWB verboten – dafür waren bekannte nationalsozialistische Autoren zu berücksichtigen (vgl. Senya Müller 1994, 70 ff.). Im Ganzen gleicht die Suche nach solchen Beispielen – ähnlich wie die nach den ns-spezifischen Wortbedeutungen (s. o.) – im DWB aber der Suche nach der Stecknadel im Heuhaufen.

10.3.5 Reihenfolge und Verknüpfung der Einzelbedeutungen

Eine vordergründig unverdächtige lexikografische Entscheidung, die sich allerdings hervorragend zur propagandistischen Zweckentfremdung eignet, ist der Aufbau der Wortartikel und die Gliederung eines Wortartikels in mehrere Einzelbedeutungen. In den ‚Volks'-Wörterbüchern der nationalsozialistischen Zeit wurde das Verhältnis zwischen der zuerst aufgeführten Hauptbedeutung und den anschließend und oft nicht mehr fett gedruckten Nebenbedeutungen nach ideologischen Prioritäten gestaltet, oder es wurde eine missliebige Bedeutung getilgt, so dass bekannte und gewohnte Konzeptinhalte verändert und umgedreht werden. Ein Beispiel für die systematische Konzeptänderung und Umordnung ist das Lemma *Volk*. In Hoffmanns Volkswörterbuch war 1928 (nach Senya Müller 1994, 135) wie folgt untergliedert worden:

> 1.a) die Einwohner eines Landes; die Angehörigen eines Staates
> 1.b) die Menschen gleicher Abstammung und Sprache
> 2. der große Haufen, die große Masse, die unteren Klassen.

Man kann 1.a) als demos-Bedeutung, 1.b) als ethnos-Bedeutung und 2. als Klassen-Bedeutung bezeichnen. In den Neubearbeitungen von 1936 und 1942 wird die Reihenfolge von demos-, ethnos- und Klassen-Bedeutung beibehalten, obwohl der nationalsozialistischen Ideologie gemäß die rassistische ethnos-Bedeutung an erster Stelle hätte stehen müssen und es eine Klassen-Bedeutung gar nicht hätte geben dürfen. Aber 1936 wird die ethnos-Bedeutung ergänzt um die Kriterien ‚gemeinsames Schicksal und Kultur' und die Klassen-Bedeutung wird inhaltlich vollständig verändert zu:

> die schlichte große Masse der Einwohner, die Gemeinschaft (ehemaliger Gegensatz die Herrschenden, Gebildeten), die unteren Schichten im Staat. (Senya Müller 1994, 135 f.).

Damit ist die Existenz von Klassen gelöscht. Im *Sprach-Brockhaus* (1942) wird die Bedeutungsgliederung selbst umgedreht. Zuerst und damit im Zentrum der Aufmerksamkeit steht die rassistisch definierte ethnos-Bedeutung von *Volk*:

> die Gemeinschaft rassisch verwandter Menschen, die durch Sprache, Geschichte und Kultur verbunden sind: das deutsche Volk.

10.3 Wörterbücher als Propagandainstrument

Dann folgt – mit † als veraltet markiert – die Klassen-Bedeutung:

2) † die ‚breiten Schichten': Bauern, Handwerker, Arbeiter.

Und an dritter Stelle noch eine Sonderbedeutung, die die Verbindung des ideologischen Hochwert-Wortes *Volk* zum Militär herstellt:

3) Schar, Menschengruppe, z. B. Schiffsmannschaft, Heertruppe [...] ein lustiges Völkchen (*Sprach-Brockhaus* 1942, 710).

Es sollte deutlich geworden sein, dass man mittels Gliederung von Wortbedeutungen Propaganda treiben kann, wie auch das folgende Beispiel zeigt:

> die **Rede**, -n 1) die Verantwortung: jm.
> ~ stehen; jn. zur ~ stellen; ~ und Antwort geben, sich rechtfertigen, verteidigen; 2) der zusammenhängende Vortrag: eine ~ halten; eine ~ ausarbeiten; geistliche, politische Reden halten; jm. in die ~ fallen; 3) das Gespräch: davon ist eben die ~; der in ~ stehende Gegenstand; wenn die ~ darauf kommt; die ~ darauf bringen; das ist nicht der ~ wert; verfängliche Reden führen; viel Redens machen von etw.; es ist die ~ davon, man spricht allgemein davon, daß usw.; das ist immer meine ~, schon lange meine Meinung; i. Zuſ.: die **Rede**‖= **figur**, der bildliche, übertragene Ausdruck; der **~fluß**, der fließende Vortrag; die **~freiheit**, die Freiheit, seine Meinung ohne Rückhalt auszusprechen; die **~gabe**,

Aus: Hoffmann/Block 1942, 425 (weitere Beispiele Haß-Zumkehr 2000a, 148).

Analog sind die Autoren von Trübners *Deutschem Wörterbuch* (1939 ff.) mittels Untergliederung von Zeitaltern verfahren. Voraussetzung war, wie oben (in 10.3.3) gezeigt die in Wörterbüchern allgemein übliche Trennung zwischen Wort und Sache aufzugeben. Im Artikel *Aufklärung*, der auf vordergründige Abfälligkeiten verzichtet, wird beispielsweise die europäische Geistesgeschichte neu geordnet:

> Fassen wir den Begriff Aufklärung in diesem weitesten Sinn, dann ist er gültig für die gesamte Zeit von 1688 bis 1933 [...] Heute erst ist es uns möglich, dieses Zeitalter, das wir zusammenfassend das der Aufklärung zu nennen vorschlagen, rückschauend zu würdigen, weil wir uns gläubig am Bau eines neuen Weltbilds wissen. (Trübners *Deutsches Wörterbuch* 1939 ff., Bd. 1, 147)

Die historisch-narrative Darstellung ist in Trübners *Deutschem Wörterbuch* so weit getrieben, dass höchst selten verschiedene Einzelbedeutungen klar, mittels Zahlziffern, voneinander unterschieden werden, und zwar nur dann, wenn synchron zu verschiedenartige Bedeutungen vorliegen, als dass sie sich in eine gemeinsame Geschichte von Wortwurzel und Fortentwicklung einspinnen lassen. Normalerweise ist im Trübner jedes Wort in semantischer Hinsicht ‚alles zugleich'. Die Annahme verschiedener Bedeutungen oder Verwendungen eines Worts setzt im Grunde auch die Vorstellung eines Sprechers voraus, der zwischen den verschiedenen Bedeutungen wählen kann. Diese Vorstellung wäre aber einerseits für den Nationalsozialismus zu individualistisch gewesen; andererseits hätte eine solche Vorstellung die Sprachteilhaber vielleicht zur autonomen Handhabung der Sprache ermächtigt, die selber dadurch entmachtet und als untergeordnetes Instrument erschienen wäre.

10.4 Übergang

Die vier letzten Bände von Trübners *Deutschem Wörterbuch* wurden von 1954 bis 1957 von Walther Mitzka in Zusammenarbeit mit Alfred Schirmer verantwortet. Mitzka hatte auch das Schlesische Mundartwörterbuch herausgegeben und Schirmer eine Auflage des Wörterbuchs von Hermann Paul. Diese letzten vier Bände unterscheiden sich vor allem dadurch von den ersten vier nazistischen, dass primär über Wörter statt über Sachen geschrieben wird und dass die Wortgeschichten insgesamt strukturierter angelegt sind. Dennoch blieb der narrative Stil erhalten; die Wortgeschichten thematisieren – so der Eindruck – relativ viel Kurioses aus den Verwendungen. Damit liefern sie eine Art gekürzte und syntaktisch verflüssigte Form der Grimmschen Lexikografie. Unter dem Stichwort *Welt* heißt es z. B.:

> zeigt Doppelbedeutung ‚Zeitalter' und ‚Welt' [...] Wenn wir von der Alten oder Neuen Welt sprechen, so denken wir bei Welt an einen geschlossenen Kulturraum [...] Ins Politische kommen wir hinüber, wenn wir bei E. Jünger lesen: ..." (Trübners *Deutsches Wörterbuch* 1939 ff., Bd. 8 (1957), 111 f.).

Dieser harmlose Plauderton erinnert an die Überleitungen heutiger Radio- und Fernsehmoderatoren; wissenschaftlicher Stil ist prägnanter.

Ab Band 5 verschwinden die Nazi-Autoren aus den Belegen, dafür finden sich hier und da sogar Nachkriegsautoren. Im Artikel *Wirklichkeit* wird eingebettet in lexikografische Lebensweisheiten das berühmte Nachkriegsstück „Draußen vor der Tür" von Wolfgang Borchert (1948) zitiert:

> Wer auf dem Boden der Wirklichkeit steht, gilt als wirklichkeitsnah: „Wir brauchen [...] eine unromantische, wirklichkeitsnahe und handfeste Jugend" [Zitat Borchert,

10.4 Übergang

UHZ]. Über wirklichkeitsnahe Kunst gehen die Ansichten auseinander. (Trübners *Deutsches Wörterbuch* 1939 ff., Bd. 8 (1957), 196).

Was im Einzelnen zur Entnazifizierung der Nachkriegslexikografie gehörte, behandelt das nachfolgende Kapitel.

Literatur:

a) Wörterbücher:

Deutsches Wörterbuch (1854–1971/1984), Duden (1941), Duden (1942), Hoffmann/Block (1942), Pekrun (1933), Sprach-Brockhaus (1935), Trübners Deutsches Wörterbuch (1939 ff.), Volks-Duden (1933).

b) Forschungen:

Boehlich 1961 a; Gardt 1999; Haß-Zumkehr 2000 a; Kohlmayer 1997; Kühn/Püschel 1990 b; Lenschen 1985; Senya Müller 1994; von Polenz 1999; Sauer 1988; Sauer 1989; Schmitz-Berning 1998.

11. Wörterbuchlandschaft mit und ohne Mauer

11.1 Entnazifizierung und Tradierung – Retuschen und Kompilation

1947 beginnt in den Besatzungszonen und anschließend in beiden deutschen Staaten eine neue Phase der Lexikografiegeschichte. Zunächst wurden bekanntere und traditionsreiche, d. h. seit längerem aufgelegte Werke wie der Sprach-Brockhaus, der Rechtschreib-Duden und das noch aus dem 19. Jahrhundert stammende Wörterbuch von Hoffmann in entnazifizierter Form mehrfach neu aufgelegt.

Entnazifizierung bedeutet, dass in erster Linie typische NS-Vokabeln aus der Stichwortreihe getilgt (Schmitz-Berning 1998, passim) und die augenfälligsten Bekenntnisse zur nationalsozialistischen Ideologie aus den Bedeutungserläuterungen und den Beispielen entfernt wurden. In dem 1947 als erstem erschienenen Wörterbuch, dem Sprach-Brockhaus, ist etwa der Artikel *Nationalsozialismus* getilgt. Zwar konnten die Autoren dieses Wörterbuchs aus Platzgründen keine längeren kritischen Kommentierungen vornehmen, aber es drängt sich bei diesem an der Oberfläche bleibenden Verfahren doch die Frage auf, ob es nicht in die allgemeine Tendenz jener Jahre passte.

Alternativ griffen die Lexikografen zum Teil auf die Auflagen von vor 1933 zurück. Aber auch neue Einbänder wurden nach dem Verfahren der Kompilation älterer Wörterbücher auf den Markt gebracht. Hier sind vor allem Richard Pekrun (1933; 2. Aufl. 1953; vgl. Wiegand 1990, 2115) und Lutz Mackensen (1952) zu nennen. Letzterer hatte 1937 eine Sprachforschung „auf rassischer Grundlage" für sich selbst als „Erlösung" begriffen (zit. nach Maas 1988), und umschreibt noch bis in die 70-er Jahre das Stichwort *Ostmark* mit ‚Österreich, östliches Grenzland'. In der 12. Auflage von 1986 wurde dies geändert zu: ‚ehemaliges deutsches Grenzland im Osten'. In der selben Auflage – 1986 – ist verzeichnet *Ostrasse* mit der Angabe ‚ostbaltische Rasse'.

Im Wörterbuch von Pekrun (Auflage von 1959) wird *national* als ‚vaterländisch, völkisch' erklärt, unter dem Stichwort *Reich* finden sich die Kompositen *Deutsches Reich, Reichsautobahn, Reichshauptstadt, Reichstagsabgeordneter, Reichsver-*

fassung. Allerdings stehen unter *Bund* dann *Bundesbahn, Bundestag* („das vom Volk gewählte Parlament der westdeutschen Bundesrepublik') und andere Kompositen. Bei Letzterem handelt es sich offenbar um Ergänzungen aus der individuellen Kompetenz des Lexikografen, der in der Bundesrepublik lebte.

Die Kompilation aus Werken der 20-er Jahre setzte sich im Ergebnis aber gegenüber der punktuellen kompetenzgestützten Erweiterung durch. D. h. dass bis 1961 kein deutsches Wörterbuch die Sprache der unmittelbarer Gegenwart aus entsprechenden Quellentexten exzerpierte und dokumentierte. Nach Wiegand (1990, 2109 und 2129) spiegeln sie alle den Sprachzustand bis etwa zum Ersten Weltkrieg wider und sind darüber hinaus stark auf die Formseite der Sprache, d. h. auf etymologische Angaben und auf Orthografie ausgerichtet.

Mackensen und Pekrun sind in kaum noch zu entwirrenden Neuauflagen und Bearbeitungen z. T. unter veränderten Titeln heute noch auf dem Markt. Das Arbeiten aus zweiter Hand ohne systematische Berücksichtigung der Sprachwirklichkeit in Form von Quellenexzerption oder Korpora führt auch zu lexikografischen Kuriositäten wie „Schutzkleidungsstück" für *Schürze* bei Mackensen (Wiegand 1990, 2123).

11.2 Das *Wörterbuch der deutschen Gegenwartssprache* (WDG)

Die Behebung des „unwürdigen Mißstands" der deutschen Nachkriegslexikografie, wie Wiegand (1990) ihn nennt, beginnt 1952, aber nicht in der BRD, sondern in der DDR. An der Deutschen Akademie der Wissenschaften zu Berlin wurde ein Institut für deutsche Sprache und Literatur gegründet, das nicht nur die Arbeitsstelle des Grimm'schen *Deutschen Wörterbuchs* aufnehmen, sondern auch gegenwartssprachliche Aufgaben übernehmen sollte. Auf der Gründungstagung dieses Instituts im April 1952 hielt der Finnougrist Wolfgang Steinitz, einer der wenigen NS-Gegner unter den Sprachwissenschaftlern und als KPD-Mitglied 1934 in die Sowjetunion emigriert, eine Rede *Über die Aufgaben der Abteilung Deutsche Sprache der Gegenwart*. In dieser Rede skizzierte Steinitz Pläne zu einer großen Grammatik des gegenwärtigen Deutsch, zu einem Marx-Engels-Wörterbuch und zu einem fünf bis sechs Bände umfassenden gegenwartsbezogenen Wörterbuch. An die Realisierung dieses Wörterbuchplans machten sich zwei Frauen, Ruth Klappenbach als Leiterin und ihre ältere Schwester Helene Malige-Klappenbach. Zum ersten Mal in der deutschen Lexikografiegeschichte beteiligten sich Frauen offen und hauptamtlich an lexikografischer Arbeit. Neben den Schwestern Klappenbach arbeiteten in wechselnder Zusammensetzung etwa fünfzehn, zeitweise bis zu dreißig hauptamtliche Lexikografen und Lexikografinnen an dem Unternehmen, zuzüglich mindestens drei hauptamtlicher Exzerptoren (Klappenbach/Malige-Klappenbach 1980, 8; Malige-Klappenbach 1986, 193–198). Sechs Mitarbeiter und Mitarbeiterinnen wechselten zwischen 1951 und 1961 in die Bundesrepublik (ebd. 49). Steinitz blieb Leiter einer Beraterkommission, gegen deren wohl nicht immer praktikable Ratschläge sich die in der Fremdsprachendidaktik und Lexikografie erfahrenen Frauen wenigstens zum Teil mit eigenen Vorstellungen durchsetzen konnten. Neun Jahre dauerte die Vorbereitungsphase, fünfundzwanzig Jahre die Bearbeitung insgesamt.

Der Gegenwartsbezug ergab sich nicht zuletzt aus einer Forderung der Systemlinguistik, d. h. aus der von Ferdinand de Saussure herrührenden Unterscheidung von Synchronie und Diachronie und aus der Betrachtung von Sprache und Wortschatz als einem System (Klappenbach/Malige-Klappenbach 1980, 60; vgl. Malige-Klappenbach 1986, 125). Vorbilder und Lösungen wurden gezielt in der russischen und tschechischen Lexikografie gesucht, weil die deutsche Tradition zu historisch-diachron ausgerichtet war (Klappenbach/Malige-Klappenbach 1980, 7).

Die wichtigste Entscheidung, die das *Wörterbuch der deutschen Gegenwartssprache* zum Meilenstein in der Lexikografiegeschichte der Nachkriegszeit machen sollte, war die Entscheidung für die Exzerption des darzustellenden Wortschatzes aus einer eigenen Quellenbasis – eine Entscheidung, die gegen den Widerstand der Berater getroffen wurde. Allein dadurch konnte das Wörterbuch endlich unabhängig gemacht werden von den seit der Jahrhundertwende mehr oder weniger unverändert gebliebenen kompilierten Wortlisten der Überlieferung. Ab 1953 wurde am Aufbau einer Wortkartei gearbeitet, die am Ende 2,5 Mio. Belege umfasste (Klappenbach/Malige-Klappenbach 1980, 6), die aus 822 Werken der Literatur, darunter vielen mehrbändigen ‚Gesammelten Werken' und Zeitschriftenreihen, exzerpiert worden waren. Über die im Quellenverzeichnis im sechsten und letzten Band hinaus genannten Werke wurden noch eine Menge weiterer auch pressesprachlicher Texte, alle großen ein- und zweisprachigen Wörterbücher und sowie die Wortkarteien des Grimm'schen und des Goethe-Wörterbuchs, die beide ebenfalls an der Ostberliner Akademie untergebracht waren, ausgewertet.

Das Profil dieser Quellenbasis wurde von Steinitz bestimmt, der im Vorwort des 1. Bandes folgendes schrieb:

> Das Wörterbuch […] soll die deutsche Sprache der bildungstragenden Schicht der Gegenwart darstellen. Unter der bildungstragenden Schicht sind die in Wissenschaft und Kunst, in Technik, Wirtschaft und Verwaltung, in den gesellschaftlichen Organisationen und Parteien verantwortlich tätigen Menschen verstanden, die die Sprache unseres öffentlichen Lebens sowie der schönen, wissenschaftlichen und technischen Literatur und der Presse bestimmen. (WDG Bd. 1, 10. Aufl. 1980, 04).

11.2 Das *Wörterbuch der deutschen Gegenwartssprache* (WDG)

Aus dieser Bestimmung ergibt sich, dass das Allgemeinverbreitete und Typische der Gegenwartssprache, nicht aber das Eigenwillige und ausschließlich Dichterische dokumentiert wird. Es ergibt sich ferner die selbstverständliche Aufnahme des gebräuchlichen Fremdwortschatzes. Der fach- und sondersprachliche sowie der mundartliche Wortschatz wird hingegen nur sehr restriktiv, nach dem Grad der Integration in den allgemeinen Standardwortschatz aufgenommen. Hinter Steinitz' Vorstellung von der Sprache der bildungstragenden Schicht steckte aber noch mehr. Er wollte im Wörterbuch „auch die Sprache der in unserer Zeit noch gelesenen, lebendigen deutschen Literatur der Vergangenheit", und zwar unter Einbeziehung „der Literatur des 19. Jahrhunderts und in gewissem Umfang des letzten Drittels des 18. Jahrhunderts" (ebd.) verstanden wissen.

Nun sollten aber nicht alle veralteten Wörter dieser Literatur erfasst werden, sondern diejenigen aus bekannten klassischen Werken, „die für das Verständnis ihres Inhaltes nötig erscheinen" (ebd.). Die Lexikografinnen haben in der Praxis wohl dafür gesorgt, dass die Moderne und das 20. Jahrhundert nicht hinter den Klassikern verschwand. Dennoch spiegelt das WDG mit dem Rückgriff auf das 18. und 19. Jahrhundert den bildungsbürgerlichen Literaturkanon. Man findet dort angefangen mit Lessing, Bettina von Arnim, Clemens Brentano, Goethe, Droste-Hülshoff, Heinrich Heine, Gerhart Hauptmann, Lion Feuchtwanger, Arnold und Stefan Zweig, Heinrich, Klaus und Thomas Mann, Brecht, Benn, Grass und Böll. Die Entscheidung für die „Literatursprache", wie Steinitz die Sprache der bildungstragenden Schicht auch nennt, hatte einen ideologischen Grund:

> Unsere klassische Dichtung wird von der deutschen ‚Linken', der deutschen Arbeiterklasse und ihren Partei, der Sozialistischen Einheitspartei Deutschlands, als unvergänglicher Bestandteil der deutschen Kultur geliebt und gepflegt, und wir tun alles, um die Sünden der vergangenen Jahrzehnte, der Weimarer wie der Nazizeit, wieder gutzumachen. Unsere Jugend wird ein lebendiges Verhältnis zu unserem klassischen Erbe haben. (Steinitz 1954, zit. in Wiegand 1990, 2132).

Die damals noch junge DDR reklamierte also das bildungsbürgerliche Kulturerbe der deutschen Nation für sich und das Wörterbuch sollte diesen Anspruch dokumentieren und vielleicht auch diejenigen eines Besseren belehren, die die Kommunisten einerseits für kulturlos und andererseits für antinational und internationalistisch hielten. Wiegand urteilt: „Das ist von oben verordnete, normative Sprachkultur." Nicht erst mit der politisch-ideologischen Kurskorrektur ab dem 4. Band habe sich der Einfluss der SED bemerkbar gemacht, sondern von Anfang an in diesem literatursprachlichen Wörterbuchkonzept (Wiegand 1990, 2132). Immerhin kann sich Steinitz auf die lexikografische Tradition berufen, in der seit Adelung und Campe die zu kodifizierende Hochsprache mit dem Sprachbesitz der gebildeten Schichten, d. h. mit der Literatursprache, gleichgesetzt wurde.

Die Beispiele und Belege, die dem Korpus entnommen wurden, erwecken insgesamt den Eindruck, es mit einem Wörterbuch des 20. Jahrhunderts zu tun zu haben. Kurze, beispielhafte Syntagmen sind reichlich vorhanden und illustrieren die Wortverwendung; Literaturbelege hingegen sind eher sparsam gegeben, aber gut ausgewählt. Helene Malige-Klappenbach betonte später, dass sie hierin eine „Kulturaufgabe" gesehen hätten (Malige-Klappenbach 1986, 194; vgl. auch 69 u. 138). Unter der Bedeutung 5 des Stichworts *Feld* findet man also das Fontane-Zitat aus *Effi Briest*, das einem Roman von Günther Grass den Titel lieh: „Ach, Luise, laß ... das ist ein zu weites Feld." (WDG 2. Bd., 7. Aufl. 1981, 1246).

Das WDG rechtfertigt aber noch durch weitere Entscheidungen den Ruf eines Meilensteins. Die zwei wichtigsten sind die systematische Behandlung der Stilmarkierungen und die Behandlung der Wortbildung. Beides ist auf die Anbindung des Unternehmens an die Akademie der Wissenschaften zurückzuführen, die in der DDR naturgemäß die sprachwissenschaftlichen Forschungen Russlands, der damaligen Tschechoslowakei und anderer slavischer Länder intensiv rezipierte. Der russische Strukturalismus in Syntax und Lexikologie sowie die Stilistik der Prager Schule hatten und haben heute noch einen guten internationalen Ruf. Das WDG wurde das erste Wörterbuch, das die Modelle der strukturellen lexikalischen Semantik in die Lexikografie einführte und dabei eigene sprachwissenschaftliche Forschung leistete, so dass man sagen kann: Hier ging die Lexikografie der Lexikologie, der Soziolinguistik und der Stilistik ein Stück voraus. So fanden die Ideen de Saussures mit dem Erscheinen der 1. Lieferung des WDG im Jahr 1961 erstmals einen Niederschlag in deutschen Wörterbüchern.

Die Stilmarkierungen beruhen auf einem von Ruth Klappenbach erarbeiteten System vier sogenannter „Stilschichten" und elf sogenannter „Stilfärbungen", das zum Teil russischem Vorbild folgte, wo z. B. eine Markierung „vorrevolutionär" für Wörter benutzt wurde, die durch die russische Revolution verdrängt worden waren (Klappenbach/Malige-Klappenbach 1980, 149 ff.; Malige-Klappenbach 1986, 37 f.). Die Schichten gehen vom „Normalsprachlichen" aus, oberhalb dessen die „gehobene" Schicht und unterhalb dessen die „saloppe" und die „vulgäre" Schicht angesetzt sind. Prinzipiell sollte das gesamte Spektrum dargestellt werden. Wörter und Redewendungen der „vulgären Schicht" wurden jedoch „in beschränktem Umfang" berücksichtigt und die „obszönen" Wörter, die einen Teil der „vulgären Schicht" bilden, wurden nicht aufgenommen (Klappenbach/Malige-Klappenbach 1980, 68 f.; Wolfgang Müller 1990, 240). Der uns heute geläufige Markierungsausdruck *salopp* ist von den Autorinnen des WDG er- bzw. gefunden worden (ebd. 34).

Die Stilfärbungen differenzieren die Schichten: als „scherzhaft" markiert werden z. B. die Wörter *Adamskostüm* und *Angsthase*, als „vertraulich" etwa *Alterchen*, als „verhüllend" *abberufen werden* für *sterben*, als „altertümelnd" *alldieweil* und *Konterfei*, als „gespreizt" *Beinkleid, beehren,* als „papierdeutsch" viele Wörter kanzleisprachlicher Herkunft wie *aktenkundig* oder Konstruktionen mit der Präposition *laut*. Die siebte Stilfärbung ist „übertrieben", illustriert mit dem Satz „sie ist abscheulich reich", dann achtens „abwertend" für Wörter wie *abschachern*, „spöttisch" für *Amtsmiene*, „Schimpfwort" für *Aas* und *Esel*, und schließlich „derb" etwa für *abkratzen*.

Hier sind etliche Aspekte der späteren pragmalinguistischen Sprachbeschreibung bereits greifbar, allerdings bestimmt letztere die Größe ‚Stil' über Sprechereinstellungen, Situationsangemessenheit usw. als Faktoren, die mit dem Wortgebrauch regelhaft verbunden sind, und nicht wie das WDG als Eigenschaften der Wörter. Zudem ist dem Stilschichtenmodell des WDG die Kodifizierung einer Norm („Literatursprache", siehe oben) eingeschrieben, obwohl eine explizit stilnormierende Absicht mit all den Markierungen nicht verfolgt wurde (Malige-Klappenbach 1986, 112).

Zum System der Stilmarkierungen des WDG gehören auch die zeitlichen, räumlichen und fachlichen Zuordnungen der Wörter. Bei den zeitlichen Markierungen werden „veraltet", „veraltend", „historisch", „nazistisch" und verschiedene Arten der Neologie, d. h. der Neuschöpfungen unterschieden. Die Markierungen „Neuwort", „Neuprägung" und „Neuschöpfung" werden bei Bedarf um den Hinweis „DDR" und „BRD" ergänzt. Im Vorwort zum 1. Band werden als Beispiele hierfür *volkseigen, Held der Arbeit* einerseits und *Parkometer* andererseits genannt. Die räumlichen Markierungen sind wegen des Verzichts auf alles Mundartliche großlandschaftlich und grundsätzlich eher spärlich. Bei den fach- und sondersprachlichen Markierungen ist ebenfalls vorausgesetzt, dass nur das Verbreitete überhaupt aufgenommen wird.

Die Gefahr der Subjektivität von Stilentscheidungen war den Lexikografinnen sehr bewusst; sie versuchten ihr erstens durch kollegiale Diskussionen zu begegnen und zweitens durch Einbeziehung des Verwendungskontextes und des Wortfelds, innerhalb dessen ein stilistisch so und so markiertes Wort seine spezifische ‚ökologische Nische' hat und sich von den anderen Feldgliedern abgrenzen lassen muss (Malige-Klappenbach 1986, 42). Zur Einschätzung von Fachsprachlichkeit wurden die Auskünfte von etwa zwanzig Informanten herangezogen (Klappenbach/Malige-Klappenbach 1980, 43).

Systematische Lösungen wurden wie oben erwähnt auch für die Darstellung der Wortbildung, insbesondere der Komposition entwickelt. Die nach rechts erweiternden Zusammensetzungen eines Stichworts, also die Zusammensetzungen, in denen das Stichwort Bestimmungswort ist, werden beim WDG innerhalb des Wortartikels als Unterstichwörter oder in eigenen Sammelartikeln erläutert. Z. B. folgt auf den Wortartikel *Besatzung* mit vier unterschiedlichen Bedeutungen ein Sammelartikel zu den Komposten von *Besatzungsarmee* über *Besatzungsmacht* bis *Besatzungszone*. Das lexikografisch grundsätzlich schwierigere Problem stellen aber die linkserweiternden Komposita wie *Bootsbesatzung, Panzerbesatzung, Zugbesatzung* usw. dar. Das WDG führt diese am Schluss des Wortartikels in kleinerer Schrift auf und ordnet sie mittels Zahlen der Einzelbedeutung des Hauptstichworts zu, die in ihnen realisiert ist. *Bootsbesatzung* etc. gehört zu *Besatzung* in der Bedeutung 1. ‚Personal, bes. eines Schiffes oder Flugzeuges, Bemannung', nicht jedoch zu Bedeutung 3. ‚Truppen, die ein Gebiet besetzt halten'. Dieses Verfahren hatte zwar schon Sanders im 19. Jahrhundert vorgeführt, aber die historische Ausrichtung der deutschen Lexikografie hatte es in Vergessenheit geraten lassen, so dass es jetzt als Innovation galt.

Die ersten drei Lieferungen des WDG erschienen 1961, in dem Jahr, als das Grimmsche DWB abgeschlossen wurde und neun Jahre nach Planungsbeginn. Die nächsten Lieferungen folgten zügig, so dass der dritte Band 1969 vollständig vorlag. Danach trat aber eine Verzögerung ein, die mit der von ‚oben' erzwungenen Konzeptionsänderung des WDG zusammenhing. In der Vorbemerkung zum 4. Band, die mit der 31. Lieferung 1970 veröffentlicht wurde, heißt es:

> Das Wörterbuch der deutschen Gegenwartssprache [...] wird vom 4. Band an den gesamten Wortschatz konsequent auf der Grundlage der marxistisch-leninistischen Weltanschauung darstellen. Das gilt für die Auswahl der Stichwörter, für die Bedeutungsangaben, die kommentierenden Bemerkungen und auch für die Auswahl der Beispiele. (WDG 4. Bd., 2412).

Als Begründung für die künftig weltanschaulich gebundene Darstellung des Wortschatzes wird die angeblich sprachliche Auseinanderentwicklung der beiden deutschen Staaten angeführt:

> Die tiefgreifendste Veränderung in der Lexik beider Gesellschaftsordnungen ist durch die Bedeutungsdifferenzierung ein und desselben Zeichens entstanden [...] Die begrifflichen Unterschiede haben ihre Ursache darin, dass in der sozialistischen und in der bürgerlichen Ideologie gegensätzliche Klasseninteressen zum Ausdruck kommen, die die adäquate Widerspiegelung gesellschaftlicher Verhältnisse möglich machen bzw. verhindern. (ebd. 2411).

Es ging aber keineswegs nur um die Darstellung ideologischer und gesellschaftlicher Unterschiede – das hatten die ersten drei Bände des WDG auch schon geleistet. Dort wurde mit Formulierungen wie „im nichtsozialistischen Wirtschaftssystem" oder „wird auf sozialistische Verhältnisse nicht angewandt" (s. v. *Arbeitgeber*) die Zugehörigkeit zum bundesrepublikanischen System markiert (zit. Braun in Malige-Klappenbach 1986, 163; vgl. Klappenbach/Malige-Klappenbach 1980, 10 und 18 ff.). Markierungen für abweichenden Wortgebrauch in DDR und BRD wurden von Anfang an besonders bei Neologismen eingesetzt. Ab dem 4. Band ging es dann aber um eine politische Bewertung dieser Unterschiede zum Zwecke der deutlichen Abgrenzung des ‚guten' sozialistischen Systems gegenüber dem ‚dekadenten', ‚bourgeoisen' System. Helene Malige-Klappennach nannte diese Konzeption selbst eine „Konzeption der Abgrenzung" (Malige-Klappenbach 1986, 50), die neue Methoden erfordert hätte.

Dazu gehörte auch eine Reihe von redaktionell verabredeten Formulierungen zur „Markierung von gesellschaftlichen Verhältnissen", wie *in der kapitalistischen Wirtschaft* bei *Prokurist*, *in der bürgerlichen Gesellschaft* bei *Oberschicht*, *im bürgerlichen Rechtswesen* bei *Nebenkläger* (Malige-Klappenbach 1986, 50 f.). Es wurde ein besonderer Beirat für „ideologiegebundene Lexeme" (ebd.) eingerichtet, in dem über die semantische Darstellung etwa von *Mensch* und *deutsch* lange gestritten worden sei. Demgegenüber seien Wortartikel zu *Materialismus* und *Marxismus* leicht und problemlos gewesen (ebd. 50 f.). In der nationalsozialistischen Lexikografie war die ideologische Funktionalisierung von Bedeutungsangaben ebenfalls weniger bei den eindeutigen Ideologismen und Schlagwörtern als im unauffälligeren Kern- und Alltagswortschatz festzustellen (vgl. 10.3.3).

Auch die älteren Bände des WDG wurden ab 1971 einer entsprechenden Bearbeitung unterzogen. Schaeder hat ausgerechnet, dass vom „Ideologieproblem" im WDG nur 2601 Stichwörter (zit. nach Wiegand 1990, 2134) oder 3 % des behandelten Wortschatzes betroffen gewesen seien (Hausmann 1986, 177). Solche Quantifizierungen sind sicher mit Vorsicht zu genießen, aber es ist richtig, dass das Wörterbuch dadurch nicht an Qualität verlor. Das WDG hat trotz der ideologisch gezielten Anpassung den „unwürdigen Mißstand" der Nachkriegslexikografie (Wiegand, s. o.) durch eine Reihe von innovativen Leistungen beendet, denn

- es ist aus Primärquellen gearbeitet,
- es hat ein linguistisch fundiertes Konzept,
- es gelangt endlich weg von der Formorientierung hin zur Bedeutungsorientierung,
- es weist einen zwischen dichter Information und Übersichtlichkeit ausbalancierten Wörterbuchstil auf,

Mensch[1], der; -en, -en
das höchstentwickelte Lebewesen, das gesellschaftlich lebt und arbeitet, die Fähigkeit zu denken und zu sprechen hat, die Welt in ihrer Gesamtheit erkennen und nach dem Maß seiner Erkenntnis planmäßig verändern und gestalten kann **a)** der aufrechte Gang, Körper, Knochenbau des Menschen; und weil der Mensch ein Mensch ist, / Drum will er was zu essen BRECHT *Einheitsfrontl.*; die Bedürfnisse des Menschen; das Denken, Fühlen, Handeln des Menschen; d. Bewußtsein, Geist, schöpferischen Kräfte, Fähigkeiten, Würde des Menschen; die Beziehung des Menschen zu seiner Umwelt; im Mittelpunkt der sozialistischen Gesellschaft steht der M.; der M. beherrscht, verändert die Natur; Es wächst der Mensch mit seinen größern Zwecken SCHILLER *Wallenst., Prolog*; umg. jetzt bin ich wieder (ein) M. (*fühle ich mich wieder wohl*); ich bin (ja) gar kein M. mehr (*bin völlig erschöpft*); er ist nur noch ein halber M.; scherzh. etw. für den inneren Menschen tun (*für das leibliche Wohl sorgen*); etw. für den äußeren Menschen tun (*sich mehr pflegen, auf sein Äußeres achten*); *das bestimmten moralischen Normen folgt*: Wesen ohne geistig-sittliche Verantwortung sind keine Menschen mehr H. MANN *Zeitalter* 168; sind das (noch) Menschen, die so etwas tun?; der neue M. der sozialistischen Gesellschaft; Edel sei der Mensch, / Hilfreich und gut! GOETHE *Das Göttliche*; an das Gute im Menschen glauben; *das Anspruch auf menschenwürdige Behandlung, auf ein von Ausbeutung und Unterdrückung freies Leben hat*: die Ausbeutung des Menschen durch den Menschen beseitigen; Daran kann ich mich nicht gewöhnen, Mensch zweiter Ordnung zu sein KLEPPER *Schatten* 142; daß man auch Soldaten wie Menschen behandeln konnte ZUCHARDT *Spießrutenlauf* 10; die Sorge um den Menschen in der sozialistischen Gesellschaft; umg. er konnte endlich wieder M. sein, als M. (*von drückendem Zwang befreit*) leben; *das in seinen (individuellen) Fähigkeiten gewissen Begrenzungen unterworfen ist*: ich bin ein M., ich kann mich irren; Es irrt der Mensch, so lang er strebt GOETHE *Faust, Prolog* 317; umg. ich bin auch nur ein M. (*ich kann nicht mehr leisten, als in meinen Kräften steht; auch ich habe Schwächen, Fehler*); */in bezug auf jmds. besondere persönliche Situation unter Nichtbeachtung seiner sozialen Funktion/* als M. kann ich ihn verstehen, als Richter muß ich ihn verurteilen; mit jmdm. von M. zu M. (*ohne konventionelle Schranken, ganz persönlich*) sprechen
b) (*bestimmte*) *männliche oder weibliche Person*: ein erwachsener, hübscher, gesunder,

Aus: WDG Bd. 4, 2486 f.

- es geht systematisch neue Wege in der Stilmarkierung und in der Neologismenmarkierung
- und es integriert die Darstellung linkserweiternder Komposita in den Artikel des Grundworts (nach Wiegand 1990, 2130).

Zum WDG gehört das auf zwei Bände reduzierte, aber aktualisierte Handwörterbuch der deutschen Gegenwartssprache (HWDG). Auf Belege wurde hier verzichtet; es war stärker synchronisch angelegt. und bemühte sich – im Wesentlichen erfolgreich – darum, mit der aktuellen linguistischen Forschung Schritt zu halten (Kempcke 1999). An ihm wird vor allem eine Behandlung der Phraseologismen (Redewendungen) gelobt, die auf dem Stand der neueren Phraseologieforschung stand (Wiegand 1990, 2150; vgl. Klappenbach/Malige-Klappenbach 1980, 176–221). Fünfzehn Jahre nach seinem Erscheinen urteilte der Leiter des HWDG:

> Die kommunikativ-pragmatische Wende der 70er Jahre bescherte dem HDG [= Handwörterbuch der deutschen Gegenwartssprache, UHZ] die Auseinandersetzung mit Sprache und Politik, was – zum Schaden des Projekts – zur Ideologisierung der Wörterbucharbeit führte. (Kempcke 1999, 121)

Dieses Argument, wenn es denn richtig ist, könnte partiell auch noch für das WDG ins Feld geführt werden. Die ‚Schuld‘ an der deutlicheren Kulturspezifik eines Wörterbuchs wird hier also der wissenschaftsgeschichtlichen Entwicklung zugewiesen, wonach formal arbeitende Ansätze (wie die strukturelle Sprachwissenschaft) gegenüber funktional arbeitenden Ansätzen (wie die kommunikationsorientierte oder Pragmalinguistik) für solche Wissenschaftler angenehmer sind, die selbst im Falle anwendungsorientierter Wissenschaft wie der Lexikografie möglichst große Distanz gegenüber den gesellschaftlichen Interessen an ihrer Arbeit wahren möchten. Doch kann der Abstinenzwunsch allein ideologische ‚Neutralität‘ offenbar nicht sichern.

11.3 Duden *Das Große Wörterbuch der deutschen Sprache* in sechs Bänden

Während die Lieferungen des sechsten und letzten Bandes des WDG erschienen, kam auf der anderen Seite der Mauer, in Mannheim, der erste Band des großen, ebenfalls auf sechs Bände geplanten Duden-Wörterbuchs mit dem Titel *Das große Wörterbuch der deutschen Sprache* zum Vorschein. Die von vielen für amtlich gehaltene Institution ‚Duden‘ war aus der Orthografiereform von 1903 hervorgegangen und hatte sich im Laufe der Zeit auch andere Bereiche der Sprachpflege und Sprachberatung erobert (Näheres siehe 15.4). Der Zeitpunkt des Erscheinens war geschicktes Timing, denn das prinzipiell auch auf dem westdeutschen Buchmarkt erhältliche WDG (Hausmann 1986, 175 f.) konnte auf diese Konkurrenz konzeptionell nun nicht mehr reagieren. Es handelt sich dabei um eine sehr brisante Konkurrenz, die Hausmann als „überwiegend verschwiegene (vereinzelt sogar skandalös verschwiegene) Abhängigkeit des Mannheimer von dem Ostberliner Wörterbuch" bezeichnet (Hausmann 1986, 178).

Im Vorwort des ersten Bands des sechsbändigen Duden hieß es 1976 allerdings: „Im deutschsprachigen Raum gibt es seit mehreren Jahrzehnten kein modernes allgemeines Wörterbuch der deutschen Sprache." – eine Falschaussage, die im durchgesehenen Nachdruck 1977 dann auch stillschweigend korrigiert wurde. Der damalige Leiter der Duden-Redaktion erkannte in weiteren Veröffentlichungen die lexikografische Qualität des WDG an, womit die Rivalität der beiden Sechsbänder offenkundig geworden war.

Doch ein wissenschaftlicher Vergleich fand nicht statt, was sicher auch an der noch in den Kinderschuhen steckenden germanistischen Wörterbuchforschung lag. Hausmann:

> Man kann sich des Eindrucks nicht erwehren, daß die bundesrepublikanische Wörterbuchforschung schwieg, um Duden zu schonen. In dieses Bild paßt, dass sie dann aus allen Rohren schoß, als ein bundesrepublikanischer Konkurrent für Duden auftauchte. (Hausmann 1986, 179).

Der Konkurrent war das sechsbändige *Deutsche Wörterbuch* von Brockhaus-Wahrig, das 1980 zu erscheinen begann, als der sechsbändige Duden kurz vor dem Abschluss stand (s. 11.5).

Verglichen mit den 822 Primärquellen des WDG umfasst das Quellenverzeichnis des sechsbändigen Duden-Wörterbuchs deutlich weniger, nämlich ca. 540 Titel. Überdies ist die Schnittmenge beider Korpora gering. Die Duden-Redaktion legt andere Texte und Literatursorten zugrunde als die Bearbeiterinnen und Bearbeiter des WDG. Alle Duden-Werke – das lässt sich generell sagen – befinden sich relativ nah an der Alltags- und Umgangssprache, d. h. an der vordersten Linie der Sprachentwicklung und sind damit alles andere als konservativ. Das Textsortenspektrum des Duden ist erheblich breiter als das des WDG und dokumentiert damit angemessener die innere lexikalische Differenzierung der modernen deutschen Standardsprache (Wiegand 1990, 2132).

Hier sind nicht nur Brecht und Mann, Böll und Grass vertreten, sondern etwa auch die ADAC-Motorwelt, Heftchenromane, Männermagazine, Gütermanns Näh-Lexikon, eine Elektronik-Fachzeitschrift, Sigmund Freud und Jürgen Habermas, Brehms Tierleben und die Sitzungsprotokolle des Bundestags. Die Quellen umfassen einen Zeitraum von neunzig Jahren mit dem

11.3 Duden *Das Große Wörterbuch der deutschen Sprache* in sechs Bänden

Schwergewicht auf der Zeit von 1950 bis 1975. Über die Dichte der Exzerption des Duden-Korpus und über den Umfang der (zusätzlichen?) Belegsammlung, die der Duden von jeher durch freiwillige Helfer gepflegt und unterhalten hat, weiß man allerdings wenig. Man erfährt im Vorwort nur, dass die kurzen Beispiel-Syntagmen der „Sprachkartei" entnommen seien und die Zitate dem Nachweis von Neubildungen und wenig geläufigen Verwendungsweisen dienen sollen. Eine Belegkartei, die aus den Funden freiwilliger Sammler zusammengetragen ist, enthält vor allem das Auffällige und ein Stück weit das Abweichende, Ungewöhnliche und Neue, während eine Komplett-Exzerption das Normale und das Abweichende in realistischem Verhältnis widerspiegelt.

Auch in diesem ersten großen westdeutschen Wörterbuch, das nach 1945 erschien, ist die historisch-diachrone Orientierung in die zweite Reihe gestellt, wenn auch nicht völlig aufgegeben worden: „Es ist ein Wörterbuch der deutschen Gegenwartssprache – mit historischer Tiefe", heißt es im Vorwort. Bei der Aufnahme von Mundart- und Fach- bzw. sondersprachlichen Wörtern verfährt Duden genau wie das WDG, nämlich eher restriktiv. Das System stilistischer Bewertungen folgt zu weiten Teilen dem des WDG, wobei Duden aber unterhalb der unmarkierten normalsprachlichen Schicht vier weitere Ebenen – „umgangssprachlich", „salopp", „derb" und „vulgär" – ansetzt und deren Lexeminventare auch ohne explizite Einschränkungen beschreibt. Das Ergebnis muss nicht weniger puritanisch ausfallen als beim WDG, denn wo ausschließlich schriftsprachliche Quellen zugrunde gelegt werden, fehlt von vornherein ein Teil des ‚obszönen' Wortschatzes, sofern er überwiegend in mündlichem Gebrauch ist. Dennoch ist der Sexualwortschatz hier im Unterschied zum WDG „umfassend und fast ohne jede Einschränkung lemmatisiert" (Wolfgang Müller 1990, 240).

Oberhalb des Normalen sind drei Ebenen angesetzt, darunter als Novum das „Bildungssprachliche" für Wörter wie *eruieren* und *omnipräsent*. Zu den „räumlichen Zuordnungen" werden auch die BRD-DDR-Unterschiede gezählt, ebenso wie die zu Österreich und der Schweiz. *Arbeitsfriede* ist so ein BRD-typisches Wort, *Abschnittsbevollmächtigter* ein DDR-typisches. Zu den zeitlichen Zuordnungen zählen auch die mittels „ns." vorgenommenen Markierungen, etwa *Braunhemd* und *SS-Mann*.

Nach eigener Aussage will der Duden „die deutsche Sprache in ihrer ganzen Vielschichtigkeit [darstellen] und damit auch bewußt [machen] [und] zugleich ein Spiegelbild unserer Zeit [d. h. der 70er Jahre, UHZ] und ihrer gesellschaftlichen Verhältnisse" sein (Duden-GWDS 1. Bd., durchges. Nachdruck 1977, Vorwort). Wer sich heute in dieses Wörterbuch vertieft, merkt, dass trotz bleibender Aktualität aller grammatischen und semantischen Kern-

Angaben ‚Sprach- und Diskurswelt' auch schon wieder fünfundzwanzig Jahre alt ist. Man liest die Nachkriegszeit und die 68-er Bewegung mit all ihren gesellschaftlichen Folgen heraus:

Die *Onkelehe* wird als

> ‚Zusammenleben einer verwitweten Frau [u. ihrer Kinder] mit einem Mann, den sie nicht heiratet, um ihre Witwenrente o. ä. nicht zu verlieren' (Duden-GWDS Bd. 5, 1922)

erläutert. Beim Stichwort *Ohne-Michel* wird der *Ohne-mich-Standpunkt* erklärt:

> ‚Standpunkt eines Menschen, der sich ganz auf sein Ich u. sein persönliches Leben zurückziehen u. sich für keinerlei Aufgaben der Öffentlichkeit u. der Gesellschaft engagieren will'. (Duden-GWDS Bd. 5, 1915)

Hier fehlt aus heutiger Sicht aber der Hinweis auf die pragmatische Dimension dieses Ausdrucks; *Ohnemichel* war nämlich zur Zeit der Wiederbewaffnungsdebatte der BRD ein Stigma- oder Schimpfwort für die Pazifisten, die am „Nie wieder" der unmittelbaren Nachkriegszeit festhielten (Stötzel/Wengeler 1995, 129 ff.). Kann dies übersehen worden sein? Oder wollten die Lexikografen politische Zurückhaltung üben?

Man kann das Fehlen der gesellschaftspolitischen Dimension in den Bedeutungsangaben entsprechender Schlüsselwörter vielleicht damit erklären, dass die Linguistik der 70-er Jahre noch mitten in der pragmatischen Wende begriffen war und der Duden – trotz Aufnahme sprachwissenschaftlicher Fachzeitschriften ins Quellenverzeichnis – die kommunikativen Aspekte der Wortverwendung noch nicht systematisch in seine Bedeutungsangaben mit einzubeziehen wusste.

Darunter leidet dann auch die „historische Tiefe" (Bd. 1, 1976, Vorwort), die der Duden anstrebt und die sich nach 1945 sowohl aus wissenschaftlichen wie auch aus Gründen des ‚kollektiven Gedächtnisses' nicht mehr im Nachzeichnen der Formgeschichte der Wörter erschöpfen kann. Man kann kritisch fragen, was ein Benutzer denn davon hat, zu erfahren, dass *völkisch* von lat. *popularis* herkommt und „im Rahmen des Rassismus u. Antisemitismus der ns. Ideologie" im Sinne von ‚national' verwendet wird. Andererseits wird das Lemma *Volksgeist* aber ganz unhistorisch als „Geist, Bewußtsein des Volkes" erläutert, ohne Hinweis auf die Zugehörigkeit dieses gesellschaftlichen Schlagworts zum Nationalismus des 19. und frühen 20. Jahrhunderts.

Es ist festzuhalten, dass sich das sechsbändige Duden-GWDS in der historischen Dimension gemäß der Lexikografietradition etymologisch formorientiert verhält und sich bei den Inhalten auf die Markierung „ns." beschränkt. Weitere historische Schichten werden innerhalb der neunzig Jahre, die das Quellenkorpus abdecken soll, nicht identifiziert. In gewisser Hinsicht eindimensional verhält sich dieses Wörterbuch auch bei den ideologischen

Markierungen: Hier werden nur DDR-spezifische Lemmata wie *volkseigen* usw. markiert, aber keine Hinweise auf das politische Meinungsspektrum und den sich daraus ergebenden Schlagwortcharakter vieler Stichwörter innerhalb der BRD gegeben. Die Stärke des Duden liegt in seiner Nähe zur Alltags- und Umgangssprache und in seiner Offenheit gegenüber allen nicht-literarischen Textsorten. Gerade diese Varietät verändert sich aber am schnellsten, so dass spätestens nach zwanzig Jahren eine gründliche Neubearbeitung nötig wird.

Der exemplarische Vergleich von Ausschnitten verschiedener Auflagen des Rechtschreibdudens (Duden – Die Rechtschreibung 20. Aufl. von 1991, 21. Auflage von 1996) zeigt ein ganz ähnliches Bild. So wird offenbar die Öffnung für mit „umgangssprachlich" und „derb" markierte Wörter aus den Schichten ‚unterhalb' der Standardvarietät weiter getrieben (Barz/Neudeck 1997, 116). Ferner ist auch eine allerdings auswählende Aufnahme movierter Feminina (*Abonnentin, Absolventin, Afrikanerin, Antragstellerin, Archivarin, Astronomin, Hörerin, Lehrerin* usw.) festzustellen (ebd. 110), was einer schon seit Längerem deutlich werdenden gesellschaftlichen Entwicklung schließlich Rechnung trägt. Wenn feminine Personenbezeichnungen als eigenes Stichwort angesetzt werden, besteht der Wortartikel allerdings aus nicht mehr als einem Verweis auf die jeweilige maskuline Form (*Hörer, Lehrer* usw).

Dass die Sprache sich wandelt, ist ein Gemeinplatz. Jeder macht ab einem bestimmten Alter die Erfahrung, dass neue Wörter in Gebrauch kommen, die es „früher" nicht gab. Wörterbücher dokumentieren diesen Zuwachs, aber ebenso den Verlust von Wörtern, die außer Gebrauch gekommen sind. Wörterbücher sind bisher fast die einzige Quelle, die zur Beantwortung von Fragen des quantitativen Wortschatzwandels herangezogen werden kann (siehe 17). Munske (1992) hat durch einen exemplarischen Vergleich des Sechsbänders von Duden (Duden GWDS 1976–1981) mit Sanders (1860–1865/1969) einige Antworten gefunden, die zeigen, dass auch die quantitativen Eigenschaften von Wörterbüchern, d. h. ihr jeweiliger Anteil von Erb- und Lehnwortschatz, von Simplizia und Komposita sowie Ableitungen, kulturspezifisch begründet sind.

So zeigt sich z. B., dass der Anteil des Fremdwortschatzes um 1860 deutlich größer war als um 1980. Verschwunden sind in der dazwischen liegenden Zeit vor allem viele lateinische Zitatwörter wie *in puncto* oder *sancta simplizitas*, zahlreiche Gallicismen, Italianismen und auffallend viele Bezeichnungsexotismen aus der Welt des nahen und fernen Orients. Der Rückgang lateinischer Zitatwörter lässt sich mit dem Rückgang des Prestiges der humanistischen Bildung in Zusammenhang bringen – man kann sich heutzutage und in bestimmten Situationen durchaus unbeliebt machen, wenn man mit lateinischer Sprachkenntnis ‚protzt'. Der Rückgang von Orientalismen hängt mit dem Ende des Osmanischen Reichs zu Beginn des 20. Jahrhunderts und der politischen Isolierung osteuropäischer und ostasiatischer Regionen zusammen. Das (Des-)Interesse an orientalischen Kulturen lässt die Bezeichnungen ihrer zentralen Elemente im deutschen Wortschatz auf einen Rest schwinden, der nur noch ein stereotypes Bild dieser Kulturen zu vermitteln vermag. Auf der anderen Seite entstanden eine Menge Anglizismen neu; dies muss hier nicht erläutert werden.

Auch im einheimischen Wortschatz gibt es – sowohl im ausdrucksseitigen Inventar, wie auf der Bedeutungsseite – Schwund *und* Neues, und auch diese Veränderungen lassen sich durchaus kulturell interpretieren. Ein Beispiel nach Munske (1992): Im Duden-GWDS (1976–1981) finden sich die Kompositen: *Badeanstalt, Badeanzug, Bademütze, Badezimmer.* Sanders (1860–1865/1969) hingegen verzeichnete die für den ganz anderen Begriff vom Baden im 19. Jahrhundert typischen Lexeme *Badearzt, Badegast und Badereise.* Prüfen wir die *Bade*-Zusammensetzungen im neuesten zehnbändigen Wörterbuch von Duden (GWDS 3. Aufl. 1999), so scheint das Baden in den Bereichen von Urlaub, Kur, Gesundheit und häuslicher Entspannung noch beliebter geworden zu sein: 57 Kompositen von *Badeanlage* über den – wieder aufgenommenen! – *Badearzt* bis zu *Badestrand* und *Badezusatz* sind hier verzeichnet.

Für solche quantifizierenden Untersuchungen werden Wörterbücher notgedrungen gewissermaßen als getreues Abbild der tatsächlichen Wortschatzsituation genommen, obwohl sie dies nicht sind. Nur ein außerordentlich umfangreiches, elektronisch aufbereitetes Textkorpus könnte die Wörterbücher hierbei ersetzen. Deshalb darf der Aspekt der Auswahl der Lemmata aus der den Lexikografen zugänglichen Wirklichkeit des Wortschatzes nicht außer Acht gelassen werden. Munske (1992) stellt fest, dass diese Auswahl im 19. Jahrhundert anderen Prioritäten folgte als heute. Moderne Wörterbuchautoren konzentrieren sich demnach stärker auf ihre Gegenwartssprache und weisen dem mundartlichen und fachsprachlichen Sonderwortschätzen eine mindestens quantitativ weit geringere Bedeutung zu als die Lexikografen des 19. Jahrhunderts. Damals wurde der Wortschatz offenbar eher als eine Einheit begriffen – heute hingegen scheint die Ausgliederung spezieller Terminologien und Sonderwortschätze selbstverständlich. Erklärungen für die veränderte Gewichtung sind vorerst spekulativ: Der Behandlung des deutschen Gesamtwortschatzes könnte die durch Arbeitsteilung und pluralisierte Milieus sozial differenzierte Industrie- und Informationsgesellschaft entsprechen, die sich womöglich auch in der Sozio- und Varietätenlinguistik der letzten Jahrzehnte niedergeschlagen hat. Mithin sind gesellschaftliche und sprachwissenschaftliche Faktoren für die Veränderungen im Wortschatz selbst wie in seiner lexikografischen Darstellung zu veranschlagen.

11.4 Duden – *Universalwörterbuch*

Auf der Grundlage des Sechsbänders erschien 1983 das einbändige Duden-*Universalwörterbuch*, 1989 in 2. Auflage und 1996 in 3. Auflage. Hier wurde und wird sogar zwischen den Auflagen ständig aktualisiert. Z. B. ist seit 1985 das Lemma *Aids* drin. Ist schon der Sechsbänder ein Wörterbuch mit hohem Textverdichtungsgrad, d. h. mit viel, oft abgekürzter Information und entsprechend geringer Übersichtlichkeit, so ist dies im *Universalwörterbuch* noch einmal gesteigert, wo im Großen und Ganzen lediglich die Beispiele gekürzt und die Belege ganz weggelassen sind. Wer sich in diesem kompakten Text zurechtzufinden bereit ist, erhält viel Information fürs Geld. Die 1996 hinzugekommene CD-Rom-Version (Version 1.1) erhöht die Informativität noch, zumindest inbezug auf Fragen, die über Punktuelles hinausgehen. Ein Beispiel wäre die Frage nach Umfang und Art des Wortschatzes zum Sachbereich Computer, der spätestens in den 90-er Jahren des 20. Jahrhunderts nicht mehr als Fachsprache gelten kann, sondern in die Gemein- und sogar Alltagssprache Einzug gehalten hat. Um diesen Wortschatz aufzufinden, muss man mehrere mögliche Markierungsausdrücke berücksichtigen.

„EDV" als Markierung eines bestimmten, boomenden Themenbereichs kommt im Duden-*Universalwörterbuch* aber nur zwölf Mal vor, davon einmal als Stichwort. Diese 11 edv-spezifischen Wörter stellen eine etwas seltsame Mischung dar: *Assembler, Desktop-Publishing, einspeichern, elektronisch, Expertensystem, Modul, Multivibrator, Stammdaten, Statement, Takt*. Das ist nicht gerade der Wortschatz, den man in Computerzeitschriften o. ä. findet. Z. B.

> **ein|spei|chern** <sw. V.; hat>: **1.** (selten) als Vorrat, zur Aufbewahrung o. Ä. einlagern, speichern: Lebensmittel für den Winter e. **2.** (Datenverarb.) (einer technischen Anlage, bes. einer EDV-Anlage) über Lochkarte, Lochstreifen o. Ä. eingeben: Daten, Programme [in den Rechner] e.; (Duden-*Universalwörterbuch* 1996, CD-Rom)

Das Markierungslexem „Computer/computer" kommt schon 41 mal vor; „Datenverarb." sogar 154 mal. Der *Matrixdrucker* ist dabei, der *Laserdrucker* noch nicht. Und die *Maus* ist

> **5.** (Datenverarb.) meist auf Rollen gleitendes, über ein Kabel mit einem PC verbundenes Gerät, das auf dem Tisch hin u. her bewegt wird, um den Cursor od. ein anderes Markierungssymbol auf dem Monitor des Computers zu steuern. (Duden-*Universalwörterbuch* 1996, CD-Rom)

Damit sind es insgesamt über 200 Wörter bzw. Wortbedeutungen, die ausdrücklich, mit unterschiedlichen Markierungsausdrücken dem Sachgebiet ‚Computer' zugewiesen sind. Nun ist dieser Wortschatz extrem schwer zu erfassen und auf aktuellem Stand zu erhalten, weil er sich so rasant entwickelt und verändert. In der CD-Rom-Version des zehnbändigen Duden-GWDS (1999) sind es immerhin schon an die 500 Stichwörter, die mittels „EDV" markiert sind. „EDV", und nicht „Computer" und „Datenverarbeitung", ist jetzt auch der einheitliche Markierungsausdruck. Wie man sieht, erhöhen die Abfragemöglichkeiten der CD-Rom-Version den Druck auf die Lexikografen, ihre fach- und sondersprachlichen Markierungen zu vereinheitlichen und den jeweils markierten Teilwortschatz insgesamt konsistenter darzustellen.

Die solide Basis des Duden-*Universalwörterbuchs* auch in seiner neuen medialen Version als CD-Rom bleibt aber, wie Hausmann betont, das WDG. Es „[gäbe] heute kein DUW [Deutsches Universalwörterbuch, UHZ] von Duden, wenn nicht Ruth Klappenbach in den 50er, 60er und 70er Jahren das WDG gemacht hätte." (Hausmann 1986, 183).

11.5 Wahrigs Wörterbücher

Der Konkurrent des Duden-*Universalwörterbuchs* ist Wahrigs *Deutsches Wörterbuch* in einem Band (siehe Knobloch 1984), das bereits seit 1966 zunächst unter dem Titel *Das Große Deutsche Wörterbuch*, und ab 1978 in einer inhaltlich identischen Taschenbuchausgabe (*dtv-Wörterbuch der deutschen Sprache*, letzte Ausgabe 1997) auf dem Markt war (Bibliografisches zu den Auflagen siehe Wiegand 1990, 2231). Es erfreut sich wegen seines umfangreichen grammatischen Teils mit Konjugationstabellen und der in den Wortartikeln integrierten grammatischen Angaben vor allem bei ausländischen Deutschlernenden nach wie vor großer Beliebtheit. Außerdem fällt am einbändigen Wahrig der übersichtliche Druck auf, der durch die im Vergleich zum Duden-*Universalwörterbuch* geringere Informationsdichte bedingt ist. Aber wie sieht es mit der Eignung der semantischen Angaben speziell für Deutschlerner aus? In älteren Ausgaben sowie im stichwortreicheren Sechsbänder (s. u.) finden sich noch viele Zirkeldefinitionen oder solche Erläuterungen, die implizit auf einen oder mehrere andere Wortartikel verweisen. Da kann es mehrere Anläufe brauchen, bis von *Leiharbeit* („durch einen Leiharbeitnehmer durchgeführte Arbeit") über *Leiharbeitnehmer*? („Arbeitnehmer, der in einem Leiharbeitsverhältnis steht") zuletzt zu *Leiharbeitsverhältnis* („Abordnung eines Arbeitnehmers zur Arbeit im Betrieb eines anderen Arbeitgebers für eine begrenzte Zeit unter Fortbestand seines Arbeitsverhältnisses mit dem bisherigen Arbeitgeber") geleitet wird und Antwort auf seine Frage findet. (Brockhaus-Wahrig 1980–1894, Bd. 4, 451). In Wahrig (2000) sind solche Zirkeldefinitionen weitgehend beseitigt. Ein anderer Nachteil des Einbänders ist die kaum erkennbare Unterscheidung verschiedener Einzelbedeutungen. Lediglich ein Semikolon trennt z. B. beim Stichwort *Lehrberuf* zwischen ‚Beruf des Lehrers' und ‚Beruf, für den eine Lehrzeit verlangt wird, z. B. jedes Handwerk (zuletzt in: Wahrig 2000, 812).

Der ‚Wahrig' war das erste Wörterbuch der Nachkriegszeit, das „wenigstens einen ungefähren Eindruck vom Sprachstand in den 50er und 60er Jahren vermittelt, doch bleibt die Erfassung des Wortschatzes zu ungleichmäßig" (Wiegand 1990, 2147). In nahezu allen Vorworten des einbändigen Wahrig wird auf die besondere Berücksichtigung des aktuellen Fachwortschatzes hingewiesen, z. B.:

> [...] wird nicht nur der deutsche Grundwortschatz berücksichtigt, sondern es werden auch zahlreiche fachsprachliche Begriffe, die Eingang in die deutsche Gegenwartssprache gefunden haben, erläutert. Der aktuellen Entwicklung der deutschen Sprache wurde Rechnung getragen, indem ca. 3000 neue Begriffe aus den Bereichen EDV, Naturwissenschaften, Medizin, Wirtschaft, Technik, TV, Sport, modernes Leben usw. in das Deutsche Wörterbuch aufgenommen wurden. (Wahrig 2000, Vorwort zur Neuausgabe, o. S.)

Als Beispiele dazu werden genannt: *Browser, Computer, Internet, Edutainment, Call-in, Ghostwriter, Bungeejumping, Longline, Longshirt, Benchmarking, Outplacement, Mobbing, Peanuts* (ebd). Aktualität erweist sich aber nicht nur bei der Berücksichtigung neuer Ausdrücke – der Wortschatz wandelt sich mindestens ebenso sehr durch Veränderung der Bedeutung vorhandener Wörter und durch Bildung neuer Bedeutungen. Diese lassen sich allerdings nicht durch einfaches Abgleichen von Stichwortlisten ermitteln. Z. B. ist bei *Navigation* und *navigieren* in den 90-er Jahren der Bezugsbereich Internet neu hinzugekommen und sehr gebräuchlich geworden, sodass es nicht mehr aktuell ist, Navigation als „Lehre von der Schiffs- oder Flugzeugführung; Orts- u. Kursbestimmung von Schiffen u. Flugzeugen" (Wahrig 2000, 912) zu bestimmen. Auch inbezug auf Tiere und ihre Orientierungsfähigkeit wird *Navigation* seit Längerem verwendet, ferner zunehmend Steuerungssysteme in Autos, die mittels Satellitenunterstützung arbeiten.

Für den Einbänder von Wahrig, der im Jahr 2000 in 7. Auflage erschien (Wahrig 2000), sowie für das *dtv-Wörterbuch* (1997) von Wahrig gilt dasselbe wie für den sechsbändigen Brockhaus-Wahrig (1980–1984): Alle sind ganz ohne Quellenbasis erarbeitet und enthalten folglich auch keine Belege. Die Stichwortliste wird ausschließlich aus vorhandenen Wörterbüchern abgeleitet und höchstens punktuell ergänzt. Die fehlende Quellenbasis macht sich auch in den Bedeutungsangaben bemerkbar, die sich auffällig stark auf die zur Wortbildung herangezogenen deutschen oder fremdsprachigen Elemente des jeweiligen Lemmas stützt; die Bedeutung einer Zusammensetzung wird so gewissermaßen aus ihren Bestandteilen konstruiert, statt aus den Verwendungszusammenhängen hergeleitet:

> **Benchmark** <[...] EDV> *Maßeinheit zur Ermittlung der Leistungsfähigkeit von Computern* [engl., „Nivellierungszeichen" (z. B. an Messlatten), zu *bench* „Schicht" + *mark* „Zeichen"] (Wahrig 2000, 254)

Der Brockhaus-Wahrig (1980–1984) hat in der germanistischen Wörterbuchkritik, nicht zuletzt, weil er in unmittelbarem zeitlichen Zusammenhang mit dem sechsbändigen Duden herausgebracht wurde, größere und zwar durchweg sehr kritische Aufmerksamkeit erregt (Wiegand/Kučera 1981; Wiegand/Kučera 1982). Hausmann (1986, 190 f.) hat gezeigt, dass der Brockhaus-Wahrig stark an den großen Duden angelehnt ist und damit letztlich auch von den Vorarbeiten des WDG zehrt. Die Abhängigkeit der Wörterbücher untereinander ist notwendig – keine Frage. Der Wortschatz gehört allen. Aber um so wichtiger wäre die ehrliche Offenlegung der Übernahmen und Anregungen in den jeweiligen Vorworten.

Der Brockhaus-Wahrig (1980–1984) warb nicht nur mit der Berücksichtigung der technischen und wissenschaftlichen Entwicklung, sondern auch mit dem erstmaligem Computereinsatz in der Lexikografie:

> [...] ohne die Hilfe modernster Technik wäre es unmöglich gewesen, die vorliegende Datenmenge in vergleichsweise kurzer Zeit zu bewältigen. Der Einsatz des Computers gewährleistet Präzision und größtmögliche Aktualität zum Zeitpunkt des Erscheinens. Präzision, weil der formale Aufbau der Daten eine streng systematische Behandlung aller Wörterbucheinträge sicherstellt. Aktualität, weil die gespeicherten Daten jederzeit in eine Druckvorlage umsetzbar sind, d. h.: bis zum Druckbeginn können Informationen korrigiert, ausgetauscht oder hinzugefügt werden. (Brockhaus-Wahrig Bd. 1, 1980, Vorwort, 5).

In den Hinweisen zum „Aufbau der Wortartikel" wird das „einheitliche System" des Artikelaufbaus als Methode zum Erreichen eines „größtmöglichen Maß[es] an Objektivität" bezeichnet (ebd. 9). Aber jeder PC-Benutzer weiß heute, dass genau diese Dinge – Systematik, gar Objektivität – einem Text, wenn überhaupt, dann nur durch den Menschen, nicht durch die Maschine verliehen werden können. Die technisch-wissenschaftliche Aktualität des Brockhaus-Wahrig (1980–1984) stellt sich im Wesentlichen als eine wenig sinnvolle, überproportionale Aufnahme von Fachwortschatz dar. Teilweise hat man den Eindruck, im Wahrig seien komplette botanische, medizinische usw. Wörterbücher und sogar Vornamenbücher aufgegangen, etwa wenn man folgende Stichwortstrecke liest: *Kiefernbastkäfer, Kiefernblastrost, Kiefernbuschhornblattwespe, Kiefernkreuzschnabel, Kiefernmarkkäfer.*

Vieles, was am Brockhaus-Wahrig (1980–1984) und den einbändigen Wahrig-Wörterbüchern kritisiert wurde, ist ohne eine ausreichend breite

Quellenbasis nicht zu beheben. Der Bertelsmann-Verlag konzentriert sich auf den Einbänder von Wahrig und auf weitere handliche flankierende Wörterbücher etwa zu Fremdwörtern und Redewendungen und wirbt daher vor allem mit Menge und Aktualität der aufgenommenen Stichwörter.

11.6 Duden *Das Große Wörterbuch der deutschen Sprache* in acht Bänden 1993–1995

Die Neubearbeitung des Sechsbänders aus der Duden-Redaktion erschien 1993 bis 1995, umfasst acht Bände und enthält ca. 30.000 Stichwörter mehr als die erste Auflage, nämlich über 200.000. Außerdem ist die zweite Auflage „völlig neu bearbeitet". Die Umfangserweiterung wird einmal auf die Berücksichtigung neu aufgekommener Wörter zurückgeführt, zum anderen aber und wohl auch zum größeren Teil auf die Aufnahme von „Wörter[n] und Verwendungsweisen aus der Literatur, die heute nicht mehr üblich, aber für den Zugang zu den klassischen deutschsprachigen Autoren wichtig sind." (Duden GWDS 1993–1995, Vorwort, o. S.). Unter klassisch wird die zweite Hälfte des 18. und das gesamte 19. Jahrhundert, „von Lessing bis Fontane" (Duden GWDS Bd. 1, 1993, 7), verstanden. Hier wird dem WDG, dessen Auflagengeschichte mit der Vereinigung Deutschlands zu Ende war, ein weiteres Mal gefolgt. Auch dort sollte die klassische Dichtung bereits in der Gegenwartssprache aufgehoben und das Verständnis älterer literatursprachlicher Wörter sichergestellt werden. Neu aufgenommen sind in dieser 2. Auflage des GWDS ferner unselbstständige Wortbildungsmittel, die „Bausteine unseres Wortschatzes […], mit deren Hilfe neue Wörter gebildet werden und der Wortschatz ausgebaut wird", sowie Abkürzungen und „wichtige geographische Namen und Namen von Institutionen und Organisationen" (ebd.).

Movierte Feminina (*Hörerin, Lehrerin*) waren schon in der ersten Auflage als (verweisendes) Stichwort angesetzt worden. In den 90-er Jahren musste man sich dann die Frage nach der Behandlung von Wortformen mit großem Binnen-I stellen, die sich in vielen Texten allmählich durchzusetzen begann. Der Duden schließt sie ganz aus und verweigert ihnen damit die Kodifizierung.

Die zweite Auflage spricht – im Unterschied zu ersten Auflage, in deren Vorwort noch auf Modernität, Umgangs- und Fachsprache abgehoben wurde, – vom Wörterbuch als „Kulturgut" (Duden GWDS Bd. 1, 1993, Vorwort o. S.). Dieses Prädikat wird zwar nicht ausdrücklich mit der Ausdehnung der „historischen Tiefe" (ebd. 18) dank überarbeiteter etymologischer Angaben und mit der Einbeziehung älteren literarischen Wortschatzes begründet, aber ein solcher Zusammenhang wird implizit nahegelegt. Der diskursive und seine Existenz legitimierende Rahmen, in den das Wörterbuch zu Beginn der 90-er Jahre gestellt wird, wird mit den Schlagwörtern *Kulturgut*, *Sprachkultur* und *Literatur* umrissen (alle in den letzten zwei Absätzen des Vorworts).

Weniger hervorgehoben als die Aufnahme älterer literarisch bezeugter Wörter wird im Vorwort und im einleitenden Text „Anlage und Artikelaufbau" (Duden GWDS Bd. 1, 1993, 7–25) ein methodisch-konzeptioneller Aspekt: Das Wörterbuch soll „die sprachlichen Mittel und deren Funktion" zeigen (Vorwort o. S.); es bietet „Gebrauchsangaben [...], die etwas über die Haltung des Sprechers oder die Nuancierung einer Äußerung aussagen" (Duden GWDS Bd. 1, 1993, 20). Die Umorientierung der germanistischen Sprachwissenschaft von der sprachsystematisch-strukturellen zur sprachgebrauchsbezogen-funktionalen Betrachtung, die sich in den 80-er Jahren durchsetzte, findet hier erstmals einen Niederschlag in der Verlagslexikografie, auch wenn die im Vorwort geäußerte Position in der Wörterbuchpraxis nicht gerade zu auffälligen Veränderungen führt und hier genährte Wünsche dort nicht selten offen bleiben. Pragmatisch-funktionale Bedeutungsangaben müssten die kulturelle Symbolik mancher Bezeichnungen mit einbeziehen. Hieran aber fehlt es oft:

> der Artikel *Rose* läßt den sprachlich sich manifestierenden Symbolwert dieser ‚Königin der Blumen' vermissen; [...] ebenso ist der *Frosch* im Sprachbewusstsein nicht als ‚im u. am Wasser lebendes, zu den Froschlurchen gehörendes Tier' präsent, sondern gehört wie der Maikäfer in spezifischer Weise in die Kinderwelt. Das Wörterbuch als Gesamtwörterbuch und als Kulturgut – das meint nicht nur die wissenschaftlich exakte Paraphrase, sondern auch die weltenspezifische Spiegelung bestimmter Wortschatzbereiche. (Kämper 1999, 25)

Die hervorstechendste Neuerung dieser Auflage, der Aufnahme älteren literatursprachlichen Wortschatzes, beruht auf einer beträchtlichen Erweiterung der Quellenbasis. Das Quellenverzeichnis ist gegenüber der ersten Auflage um mehr als das Doppelte angewachsen (18 statt 8 Seiten). Natürlich geht dieser Zuwachs nicht ausschließlich auf das Konto älterer Literatur – literarische wie sachliterarische Werke bis zum Erscheinungsjahr 1992 sind neu ausgewertet worden –, aber doch zu einem guten Teil. Klassik, Romantik, Realismus und Naturalismus sind mit ihren großen Namen vertreten. Sie werden zudem nach den preiswerten Ausgaben bekannter Taschenbuchverlage zitiert, so dass man sicher nicht zu Unrecht an die Schullektüre erinnert wird, die manche heute schwer verständlichen Wörter enthält. Die Erklärung älterer literarischer Wörter soll, so heißt es im Vorwort, „den Zugang zu den klassischen deutschsprachigen Autoren" erleichtern. *Alfanz, anjetzt, preßhaft,*

Puffscheitel und *Prose* (nach Kämper 1999, 26) sind solche Wörter, die das Wörterbuch der 90er Jahre neu verzeichnet.

Kämper (1999) hat die lexikografische Behandlung dieses historischen Teilwortschatzes eingehend untersucht, der im Duden GWDS (1993–1995) mittels einer Raute ♦ besonders markiert wird. Es handelt sich im Wesentlichen um veraltete oder veraltende Wortformen, seltener auch um nicht mehr gebräuchliche Bedeutungen. Nicht immer ist diese Markierung nachvollziehbar, insbesondere da auch die Markierungen „hist." und gelegentlich „veraltet" verwendet werden (Kämper 1999, 27 f.). Die mittels Raute markierten Wortformen sind oft lediglich ältere Schreibvarianten ‚moderner' Stichwortformen, z. B. *auffodern* statt *auffordern*, *Pursch* statt *Bursch(e)* (ebd. 26). Da hier die Bedeutung gleich bleibt, wird semantisch auf die heutige Schreibform verwiesen, aber ein literarischer Beleg für die alte Form gegeben.

Das Auffällige an den Belegen aus der älteren wie auch der jüngeren, modernen deutschen Literatur ist nun, dass nicht die ästhetisch besondere, ggf. verfremdete Verwendung gezeigt wird, sondern diejenige, die mit der nicht-literarischen, gebrauchssprachlichen Verwendung zur Deckung kommt. Literarische oder literatursprachliche Verwendung heißt mithin ‚in literarischen Texten vorkommend'. Der kreative Umgang mit „Literaturwörtern", d. h. mit Wörtern in der Schönen Literatur, bleibt also außerhalb der lexikografischen Darstellung: „Literaturwörter sind solche sprachlichen Ausdrücke, deren semantisches Potential Raum für Übertragungen bereithält, deren assoziative Kraft Okkasion zu ästhetischer Ausdeutung bietet – in großer Dichte." (Kämper 1999, 30).

Gerade dieses Potenzial wird im Duden GWDS aber ausgeschlossen. Dies zeigt sich bereits im Ausschluss lyrischer Texte aus der Quellenbasis. Dagegen fordert Kämper (1999, 28 ff.) nun, dass Wörterbücher auch Archive der Literatursprache sein sollen, indem sie nicht nur die alltäglich-gewohnten, sondern die ästhetisch-ungewohnten, die kreativen und bildlichen Verwendungen dokumentieren, von denen viele das ‚Kulturgut' Sprache insgesamt bereichert haben, und das nicht nur in Form geflügelter Worte und bekannterer Zitate wie „Schwarze Milch der Frühe wir trinken sie abends wir trinken sie mittags und morgens" (Paul Celan zit. in Kämper 1999, 36). Kämper plädiert dafür, die „Literarisierung allgemeinsprachlicher Wörterbücher" als „kulturelle Aufgabe" zu begreifen, weil die Sprache der Literatur ein Teil der Gesamtsprache und nicht wirklich von ihr zu trennen ist:

> Das Wörterbuch, verstanden als Kulturgut sowohl wie als Gesamtwörterbuch, sollte literarisch geprägten Wortschatz verzeichnen und dessen literarische Güte semantisch beschreiben, nicht nur den historischen, sondern auch […] den der Gegenwartsliteratur. (Kämper 1999, 39)

11.7 Duden *Das Große Wörterbuch der deutschen Sprache* in zehn Bänden 1999

Vier Jahre nach der zweiten erschien bereits die dritte Auflage des großen Duden-Wörterbuchs, fast gleichzeitig als zehnbändige Druck- und als CD-Rom-Ausgabe. Grund für diese bei mehrbändigen Wörterbüchern ungewöhnliche Eile war die staatliche Neuregelung der deutschen Orthografie, die am 1. 7. 1996 in Kraft trat und auf deren Grundlage der Duden-Verlag nun möglichst bald alle seine Wörterbücher, nicht nur den Rechtschreib-Duden, vereinheitlichen wollte. Das Selbstverständnis des „Duden" als Richtschnur in Zweifelsfällen muss sich gerade in Zeiten des offensichtlichen Wandels und der Veränderung sprachlicher Normen als über alle Zweifel erhaben erweisen.

Um die Orientierung im Übergang von alter zu neuer Schreibung zu leisten, werden sowohl die alten als auch die neuen Schreibvarianten der von der Neuregelung betroffenen Wörter lemmatisiert (als Stichwörter angesetzt). Von der alten wird dann auf die neue Schreibform verwiesen, z. B. von *plazieren* auf *platzieren*. In der CD-Rom-Version behandelt der Suchalgorithmus die alte Schreibung (z. B. *Kuß*) automatisch wie die neue (*Kuss*). Tatsächlich ist die alte Schreibung dieses Wortes nur noch ein einziges Mal aufzufinden, nämlich in der wiederholten Quellenangabe „Eppendorfer, Kuß" (für Eppendorfer' Hans: Barmbeker Kuß. Szenen aus dem Knast. Reinbek: Rowohlt Verlag' 1981). Sonst heißt es in der Stichwortliste wie in den Belegen nur noch *Kuss*. Was für ein wissenschaftlich-philologisches Wörterbuch undenkbar scheint, hat der Duden aus seinem Selbstverständnis als Richtschnur in Sprachfragen getan, nämlich die Schreibung der Belege, die aus dem gesamten 20. Jahrhundert und damit größtenteils aus der Zeit *vor* der Rechtschreibreform stammen, der Neuregelung anzupassen und entsprechend zu verändern.

Bei einigen Kritikern, solchen, die sich in erster Linie als Agitatoren gegen die Rechtschreibreform betätigt hatten wie Ickler (Ickler 2000), löste dieses Verfahren einen Aufschrei des Entsetzens aus:

> Mit manipuliertem Quellenmaterial wird der Eindruck erweckt, deutsche Schriftsteller wie Thomas Mann, Stefan Heym oder Edgar Hilsenrath hätten schon vor Jahrzehnten so geschrieben, wie es jetzt die Reformwillkür befiehlt. (Krieger 2000, o. S.)

Das hier beklagte Verfahren der Duden-Redaktion belegt, welch hohes Gewicht der Duden-Verlag der Orientierungsleistung aller seiner Produkte beimisst, nicht nur der des Rechtschreibwörterbuchs. Demgegenüber kann die

11.7 Der Duden in zehn Bänden 1999

Dokumentationsfunktion, die im Vorwort kurz erwähnt wird („[...] ist die umfassende und authentische Dokumentation der deutschen Sprache vor dem Übergang ins neue Jahrtausend."), kaum lexikografische Folgen erzwingen. Sie ist eher eine Chiffre für den Umfang und den Anschein der Vollständigkeit.

Wer hier philologisches Geschütz auffährt, sollte sich zuvor daran erinnern, dass auch das ‚philologischste' aller deutschen Wörterbücher, das DWB, vor allem in den von Jacob und Wilhelm Grimm bearbeiteten Teilen die Schreibung der Belege sehr eigenen Maßstäben angepasst hat, von denen die radikale Kleinschreibung am auffälligsten ist (vgl. 6.2). Lag beim DWB ein präskriptives Interesse an der Sprach- bzw. Schreibkultur vor, so ist das sprachkulturelle Interesse des Duden auf die staatlicher Initiative folgende, einheitliche Schreibung gerichtet.

Die Ziele des Wörterbuchs, die stärker noch in einem Buchprospekt als im Vorwort herausgestellt werden, lauten:

- Verständigung erleichtern zwischen Menschen, über die Grenzen der Fachbereiche hinaus und zwischen Fachleuten und Laien,
- die sprachlichen Fähigkeiten des Einzelnen weiterentwickeln,
- Dokumentation der deutschen Gegenwartssprache,
- Förderung der Sprachkultur.

Angesichts der kurzen Zeit, die für die Neuauflage zur Verfügung stand, und angesichts der Dominanz der Orthografie ist es zweifelhaft, dass diese Ziele zu nennenswerten Veränderungen in der Wortschatzdarstellung geführt haben.

Was hat sich in der 3. Auflage über die geänderte Orthografie hinaus geändert? *Nicht* geändert hat sich die Praxis, Wörter des „klassischen Literaturkanons" (Buchprospekt) mittels Raute zu markieren. Diesbezügliche Wortartikel sind sicher weitestgehend unverändert aus der 2. Auflage übernommen worden. Gleiches gilt wohl auch für die ausdrückliche Markierung von Austriazismen, Helvetismen sowie regionaler Varianten des bundesrepublikanischen Deutsch, auf die in den Vorworten der dritten und der zweiten Auflage mit den gleichen Worten hingewiesen wird.

Natürlich sind neu aufgekommene Wörter aufgenommen worden; ihre Zahl wird aber nicht genannt und kann vier bis sechs Jahre nach der Vorgänger-Ausgabe auch nicht bedeutend sein. Eine wesentliche Neuerung betrifft aber die Quellen, aus denen Neologismen und neuere Verwendungsweisen und Belege ‚alter' Wörter geschöpft werden: Zum ersten Mal in der Geschichte des Duden werden zusätzlich zur eigenen Sprachkartei elektronische Textkorpora (siehe 16.1), Datenbanken und das Internet als Quellen für vor allem aktuelle Belege genannt. Benutzt wurden elektronische Textkorpora schon in den 80er Jahren, allerdings im Rahmen eines kleineren Wörterbuchs, das nur einzelne Wortschatzausschnitte, nicht den deutschen Gesamtwortschatz behandelte (Brisante Wörter 1989).

In einem weiteren und gravierenden Punkt hat sich die mediale Revolution (siehe Kapitel 16) auf die dritte Auflage des Duden-GWDS ausgewirkt: Es wurde zugleich auch auf CD-Rom vorgelegt und damit für neue Arten der Benutzung geöffnet. Die auf dieser CD-Rom installierten Suchfunktionen gehen zudem deutlich über diejenigen hinaus, die die CD-Rom-Version des Duden-*Universalwörterbuchs* (3. Auflage 1996/1997) bietet. Erstmals kann man nun auch gezielt in bestimmten Feldern der Wortartikel suchen. Zuvor gab es nur die Möglichkeiten ‚Suche in der Stichwortliste' und ‚Volltextsuche'. Nun stehen folgende Felder zur Auswahl: Bedeutung, Beispiel, Etymologie, idiomatische Wendung, räumliche Zuordnung, Redensart, Sachgebiete/Fachsprachen, Sprichwort, stilistische Bewertung, übertragene Bedeutung, Wortartangabe, zeitliche Zuordnung, Zitat.

Tests zeigen jedoch, dass die interne Markierung der einzelnen Felder offensichtlich wenig trennscharf ist. Wer ein bestimmtes Wort auf das Feld ‚Beispiel' eingeschränkt sucht, erhält auch Treffer, bei denen das Wort in der Bedeutungsangabe oder in der etymologischen Angabe steht.

Einige Felder erlauben eine weitere Differenzierung. So kann man mit der Feldsuche ‚Etymologie', nach Herkunftssprachen differenziert, z. B. die Zahl der Wörter englischer Herkunft (4395) mit derjenigen griechischer (6753) und lateinischer Herkunft (13 410) vergleichen. Diese Zahlen könnten in der aktuellen Diskussion über die ‚Anglizismenflut' sehr nützlich sein.

Die Eingrenzung von Sachgebieten/Fachsprachen auf z. B. „Seemannssprache" ergibt 610 Treffer. D. h. dass 610 Wörter bzw. Bedeutungen als seemannssprachlich markiert sind. Unter dem Aspekt der Dokumentation des Gegenwartswortschatzes bedeutete dies, dass hier derjenige Teilwortschatz dargestellt ist, mit dem der „seemannssprachliche" Fachwortschatz in die Gemeinsprache hineinragt und dessen Elemente mithin durch Häufigkeit in den benutzten gemeinsprachlichen Quellen auffallen. Entsprechend heißt es im Vorwort

> Ausschlaggebend für die Aufnahme von Begriffen aus Fach- und Sondersprachen sind [sic! UHZ] ihre Häufigkeit, d. h. ihre Verwendung in der geschriebenen und gesprochenen Alltagssprache. (Duden-GWDS 1999, 23).

Die Sichtung der 610 Treffer ergibt jedoch eine unsystematisch und fragmentarisch erscheinende Menge von teilweise veralteten Wörtern, deren Beziehungen untereinander außer Acht gelassen sind und bei denen eine nachweisbare besondere Häufigkeit schwer vorstellbar ist. Entgegen dem im Vorwort betonten Grundsatz:

11.7 Der Duden in zehn Bänden 1999

Die Bedeutungsangaben sind möglichst leicht verständlich formuliert und enthalten im Allgemeinen nur Wörter, die der normalsprachlichen Ebene angehören und die im Wörterbuch selbst als Stichwörter erscheinen. (Duden-GWDS 1999, 37)

wird *Schot* in der Erläuterung

Groß|schot, die (Seemannsspr.): Schot, mit der das Großsegel bedient wird.

nicht als Stichwort angesetzt. Zudem fehlt das aus sachlichen Gründen genauso häufige und systematisch zugehörige *Fockschot*. Viele Wortartikel zeigen, dass die normalsprachliche Erläuterung von Fachausdrücken hohe Anforderungen an die lexikografische Methode stellt, die hier oft erfüllt, manchmal aber nicht erfüllt werden.

Der aus der Zeit vor der Erfindung der Dampfmaschine stammende Ausdruck *Seemannssprache* ignoriert zudem, dass Seefahrt heutzutage in mindestens zwei sprachlich nur noch lose zusammenhängende Bereiche zerfällt: in die Berufsschifffahrt, deren Wortschatz enge Beziehungen zu technischen und ökonomischen Wortschätzen aufweist und schon seit Jahrzehnten international und damit zunehmend vom Englischen dominiert ist, und auf der anderen Seite in einen Sport- und Freizeitbereich (Segel- und Motorboote, Surfen), dessen Wortschatz mit dem der beruflichen Segelei *vor* ca. 1900 nur noch teilweise übereinstimmt. Tatsächlich dominieren in den 610 ‚seemannssprachlichen' Ausdrücken die Wörter der alten Segelschiffszeit.

Die Suche nach z. B. den Wörtern *Hand* und *Fuß* im Feld ‚Redensart' verspricht, die Menge derjenigen Phraseologismen zu ermitteln, in denen *Hand* (60 Treffer) bzw. *Fuß* (24 Treffer) vorkommen. Darauf ließen sich sprachwissenschaftlich wie kulturgeschichtlich vielversprechende Untersuchungen aufbauen. Prüft man die Treffer aber genauer, liegt gar nicht in jedem Fall eine idiomatische Verwendung vor. In der Bedeutungsangabe des Stichworts *Schritt* kommt das Wort *Fuß* begreiflicherweise mehr als einmal vor; zugleich enthält der Wortartikel mit Sternchen markierte Redewendungen wie *Schritt in die richtige Richtung, Schritt für Schritt,* nur haben diese nichts mit dem Suchwort *Fuß* zu tun. Der Algorithmus erfasst demnach lediglich das gemeinsame Vorkommen des Felds ‚Redensart' und des eingegebenen Suchworts in *einem* beliebig umfangreichen Wortartikel eines beliebig polysemen Lexems und ist damit nicht wirklich in der Lage, Fragen wie die nach allen Redensarten, in denen *Fuß* vorkommt, zu beantworten.

Die Möglichkeiten der Wortschatzbetrachtung sind in einem digitalen Wörterbuch mit feldspezifischer Suche wie in dieser CD-Rom-Ausgabe dergestalt, dass Systematisierungslücken überhaupt erstmals auffallen können. Die angebotenen Suchmöglichkeiten versprechen ganz neue Einblicke in den Wortschatz, seine internen Zusammenhänge und Gewichtungen, Einblicke, die man von einem gedruckten Wörterbuch niemals erwartet hätte. Die geweckten Erwartungen werden dann aber enttäuscht, weil sowohl der angewandte Algorithmus als auch und offensichtlich vor allem die Struktur der Wortartikel, auf die zugegriffen wird, nicht konsequent bzw. trennscharf genug konzipiert worden sind. M. a. W.: Man hat die Möglichkeiten zwar vorher kaum vermisst, sieht bei ihrer Realisierung aber zahlreiche Schwächen, die die Lexikografen eigentlich herausfordern müssten.

Die offensichtlichen Zufälligkeiten der Stichwortauswahl zu einer gegebenen Fachsprache, die groben Inkonsistenzen der Beschreibungssprache, die oft fehlende Allgemeinverständlichkeit der Erläuterungen, die teilweise unvollständigen oder falschen Sacherklärungen (z. B. s. v. *Vollschiff*) und die mechanische und damit oft falsche Zuordnung von Feldern und Wörtern sind ohne Computerunterstützung auch für die Lexikografen selbst kaum oder nur mit sehr großem Aufwand zu kontrollieren. Die Lexikografen hätten quasi vorab eine gesonderte Analyse aller relevanten sondersprachlichen Wortschätze und ihrer Überlappung mit der Gemeinsprache vornehmen müssen. Sie hätten die Markierung von Redensarten nach strikten Kriterien vornehmen und die Programmierung der Suchalgorithmen sprachwissenschaftlich (intensiver) begleiten müssen. Alles Dinge, die in einem kommerziell arbeitenden Wörterbuchverlag tendenziell unterbleiben, solange die Druck- und nicht die elektronische Version des Wörterbuchs den Markterfolg prägt. Der Aufwand für die Systematisierung ‚rechnet sich' für die kommerzielle Lexikografie nicht; hier müssten wissenschaftliche Einrichtungen tätig werden.

Das Duden-GWDS (1999) bietet inhaltlich und im Hinblick auf die Dokumentation des Gegenwartswortschatzes kaum etwas über die vorhergehende Auflage hinaus. Durch die Hervorhebung der orthografischen Informationen verstärkt es einmal mehr die Sprachrichterfunktion des Wörterbuchs, von der die erste Auflage von 1976–1981 noch ein Stück weit abgerückt war. Mit der elektronischen Version und ihren zusätzlichen Nutzungsmöglichkeiten wird Neuland beschritten, dadurch aber zugleich überdeutlich gezeigt, welche Aufgaben die lexikografische Methodik und die ihr zugrundeliegende Lexikologie in Zukunft erwarten.

Literatur:

a) Wörterbücher:

Brisante Wörter 1989; dtv-Wörterbuch der deutschen Sprache 1997; Duden – Das Große Wörterbuch der deutschen Sprache 1. Aufl. 1976–1981, 2. Aufl. 1993–1995, 3. Aufl. 1999; Duden – Die Rechtschreibung, 13. Aufl. 1947 – 22. Aufl. 1999;

Duden 1949; Duden-Universalwörterbuch, 1. Aufl. 1983, 3. Aufl. 1996; Handwörterbuch der deutschen Gegenwartssprache 1984; Mackensen 1952; Pekrun 2. Aufl. 1953; Wahrig 2000; Wörterbuch der deutschen Gegenwartssprache 1961 ff.

b) Forschungen:

Augst 1984; Barz/Neudeck 1997; Beneš 1976; Geschichte und Leistung des Dudens 1968; Hausmann 1986; Ickler 2000; Kämper 1999; Klappenbach/Malige-Klappenbach 1980; Knobloch 1984; Krieger 2000; Malige-Klappenbach 1986; Wolfgang Müller 1990; Munske 1992; Nerius 1988 (zum Rechtschreibduden in Ost- und Westdeutschland); Rosengren 1976; Schaeder 1984; Stötzel/Wengeler 1995; Weinrich 1985; Wiegand 1984; Wiegand 1990; Wiegand/Kučera 1981 (zum Brockhaus-Wahrig); Wiegand/Kučera 1982 (zum Brockhaus-Wahrig).

12. Über die Grenzen – der europäische Rahmen der deutschen Lexikografie

Es geht in diesem Kapitel um folgende Fragen: Was ist ‚deutsch' an der Geschichte der deutschen Lexikografie und was nicht? Gibt es in der Wörterbuchtradition europäische Gemeinsamkeiten? Haben außereuropäische Wechselbeziehungen die Lexikografiegeschichte mitgeprägt? Es geht mithin um die Frage der Durchlässigkeit nationalkultureller Grenzen, die in der Gesellschaft immer wieder mittels sprachlicher und damit wortschatzbezogener Argumentationen gezogen werden. Auch dieses Buch konstituiert – notgedrungen – eine nationalen Grenzen folgende Wörterbuchgeschichte, Grenzen, die in diesem Kapitel reflektiert und relativiert werden sollen.

Einschlägige Untersuchungen über den europäischen oder weltweiten Zusammenhang der Lexikografie in Gegenwart und Geschichte fehlen bisher weitgehend (vgl. aber P. O. Müller demn.). Nachfolgende Bemerkungen resümieren daher nur, geleitet von obigen Fragen, jene einzelnen Beobachtungen, die in Überblicksdarstellungen zur Wörterbuchtradition europäischer und außereuropäischer Sprachen verstreut sind.

Fragen wir uns zunächst, welcher Art transnationale Einflüsse auf ein Wörterbuch zur deutschen Sprache, verstanden als Ergebnis eines lexikografischen Arbeitsprozesses, grundsätzlich sein können. Zu diesem Zweck sollen nacheinander sechs Ebenen anhand von Beispielen aus der Geschichte daraufhin geprüft werden, welchen fremdkulturellen Einflüssen deutsche Wörterbücher ausgesetzt waren und welchen Einfluss sie ihrerseits auf andere Wörterbuchlandschaften ausgeübt haben:

- Wörterbuch-Basis (Quellen, Vorlagen)
- Wortschatz (Lemmazeichen-Inventar)
- lexikografische Methodik
- Sprachtheorie und wissenschaftliches Interesse an Sprache
- gesellschaftliche Sprachauffassung und gesellschaftliches Interesse an Sprache
- gesellschaftliche Funktion, die dem Wörterbuch zugeschrieben wird.

12.1 Wörterbuch-Basis

Die älteste und bis heute wichtigste Quellenart eines Wörterbuchs sind andere Wörterbücher. Von den jeweiligen Vorgängern lässt sich nicht nur einiges an Know-how abgucken, sondern sie müssen auch als Materiallieferanten einspringen, wo das eigene Korpus Lücken aufweist. Adelung, der sich intensiv mit Samuel Johnsons *English Dictionary* auseinander setzte, vertrat sogar die Auffassung, dass die Qualität eines Wörterbuchs erst dann erwiesen sei, wenn es als Vorlage zu einem anderen Wörterbuch diene (Strohbach 1984, 233 ff.).

Vom 8. bis zum 16. Jahrhundert waren deutsche Wörterbücher bzw. deutschsprachige Teile zweisprachiger Wörterbücher in außerordentlich starker Weise abhängig von lateinischen Wörterbüchern. Auch nach 1600 war das „Kulturmonopol des Lateins" (von Polenz) noch lange nicht gebrochen, doch verschoben sich die Gewichte in den Wörterbüchern mehr und mehr zugunsten des Deutschen. Erst die barocken Lexikografen versuchten, das durch den Humanismus ausgelöste volkssprachige Selbstbewusstsein zur Grundlage sprachtheoretischer und methodischer Entscheidungen zu machen. Bis dahin aber waren Quellen und Vorbilder, literarische und stilistische Autoritäten aus der antiken, später der humanistischen lateinischen Tradition übernommen worden. Deren Einfluss galt auch dann, wenn eine lateinisch-deutsche Anordnung des Wortschatzes in eine deutsch-lateinische umgesetzt wurde, denn an der Dominanz des ‚römischen' konzeptuellen Systems änderte sich dadurch nichts. Die Suche nach volkssprachigen Entsprechungen, und seien sie noch so differenziert in mundartlicher, fachsprachlicher und idiomatischer Hinsicht, blieb doch auf die Inhaltsseite des lateinischen Wortschatzes bezogen.

Der Abrogans basierte auf einer lateinischen Synonymik (vgl. 3.1). Das Dictionarium des Ambrosius Calepinus von 1502 wird mit einer großen Menge meist polyglotter Bearbeitungen, die bis ins 18. Jahrhundert reichen, in Europa so populär, dass der Name des Lexikografen in den appellativischen Wortschatz eingeht: italien. *calepino*, frz. *calepin* bedeuten heute noch ‚dicker Band; Notizbuch' (Pfister 1990, 1849 f.). Die für die nachantike lateinische Lexikografie wichtigen Werke von Robertus Stephanus wurde von Johannes Frisius an die deutsche Volkssprache ‚angekoppelt' und in dieser Form nachweislich von vielen kleineren und Spezialwörterbüchern als Ausgangsbasis genutzt (P. O. Müller demn.; Krömer 1990, 1715 ff.)

Von außerordentlicher Wichtigkeit ist nun die Tatsache, dass diese Fixierung der volkssprachigen Lexikografie auf das Lateinische für nahezu alle Volkssprachen galt, die im Einflussbereich der römisch-katholischen Kirche

('Westroms') gesprochen wurden. Dieser reichte von Italien bis Finnland, von Portugal bis Polen, von Irland bis Kroatien. Seit Anfang des 16. Jahrhunderts scheint zwischen Lateinisch, Italienisch, Französisch, Spanisch und Deutsch ein besonders enger lexikografischer Kontakt bestanden zu haben. Bei diesem Kontakt sind zwei Formen zu unterscheiden: Einmal der Kontakt durch kompilatorische Rezeption: Im 15./16. Jahrhundert wurde diese Form besonders zwischen deutschen und niederländischen Wörterbüchern genutzt; niederländische Werke wurde im deutschen Sprachraum rezipiert und umgearbeitet, deutsche im niederländischen (P. O. Müller, demn.).

Die andere, weitaus leichter zu untersuchende Form ist der Kontakt durch Äquivalentsetzung in zwei- und mehrsprachigen Wörterbüchern. In dieser Hinsicht hat P. O. Müller (demn.) für das 16. Jahrhundert die mit Abstand größte Bedeutung des Französischen als lebender Fremdsprache im deutschsprachigen Raum belegt; außer mit Latein ist Deutsch in der zweisprachigen Lexikografie des 16. Jahrhundert nur noch mit Französisch verbunden. Eine weitere Stufe jenseits der romanischen Sprachen scheint der Ring der westlich, östlich und nördlich davon liegenden Sprachräume gebildet zu haben, der den vorreformatorischen Einflussbereich der katholischen Kirche absteckt (Haensch 1991, 2913), z. B. folgten die beiden schwedischen Wörterbücher des 16. Jahrhunderts deutschen Vorbildern (Hannesdóttir/Ralph 1988; Holm/Jonsson 1990). Erst 1706, im Gefolge dynastischer Verbindungen, wird das Sprachenpaar Englisch-Deutsch nach französischem Vorbild lexikografisch bearbeitet (Hausmann/Cop 1985).

Die Grenze im Osten verläuft zwischen dem west- und dem oströmischen Gebiet; in letzterem trat zunächst das Griechische, ab dem späten Mittelalter das Kirchenslavische (Altostslavische) an die Stelle des Latein den jeweiligen Volkssprachen (Ukrainisch, Weißrussisch usw.) gegenüber. Es handelt sich dabei in etwa um den Bereich der heutigen orthodoxen Kirchen von Russland über Serbien bis Griechenland. Bulgarisch und Russisch treten in mehrsprachigen Wörterbüchern Zentraleuropas erst im 17. Jahrhundert hinzu, ebenso die Sprachen der Kolonisation, z. B. Chinesisch und Japanisch, sowie die Sprachen besonderer kultureller wie politischer Kontakte: Türkisch, Persisch, Arabisch (Haensch 1991, 2913 u. 2916).

Natürlich waren die Wortschätze und konzeptionellen Systeme dieser beiden transnationalen christlich-kirchlichen ‚Blöcke' nicht ohne Gemeinsamkeiten und Überschneidungen, aber in der Lexikografie entstanden durch die Kirchenspaltung indirekt doch zwei kulturspezifische Traditionen, deren innerer Zusammenhang durch Vorlagenbenutzung, Kompilation, Wiederholungen, Abhängigkeiten und Reaktionen geschaffen und von anderen solchen Zusammenhängen abgegrenzt wurde. Mit Letzterem sind die arabische

12.1 Wörterbuch-Basis

und chinesische Lexikografie gemeint, bei denen strukturell ähnlich wie in Westeuropa eine Gelehrten- bzw. Schriftsprache als lexikografischer Bezugspunkt mehrerer, vorwiegend mündlicher Volkssprachen fungierte (Kromann/ Riiber/Rosbach 1991, 2711).

Die zwei- und mehrsprachige Lexikografie, die mehrere Volkssprachen zum Latein und damit auch zueinander, Deutsch also erstmals zum Italienischen, Spanischen, Französischen, erst relativ spät auch zum Englischen (Hausmann/Cop 1985) in Beziehung setzt, begann im 15./16. Jahrhundert. Erst um 1700 verzichten diese territorialsprachigen ,Brücken'-Wörterbücher zunehmend auf das Latein. War die vom Latein ausgehende europäische Wörterbuchlandschaft auf die Benutzung im Umkreis von Bildung und Gelehrsamkeit, von Textverstehen und Rhetorik konzentriert gewesen, so bezog sich die mehrere Volkssprachen verbindende Lexikografie seit dem ausgehenden 15. Jahrhundert auf eine ganz andere Ebene des Sprachkontakts: auf die Bedürfnisse der Kaufleute und Reisenden. Es ist das Zeitalter der Entdeckungen, der Verbesserung der Verkehrswege, der Ausdehnung regelmäßiger Handelskontakte mit ihren speziellen Anforderungen an Wortschatzwissen und Sprachfertigkeit (vgl. Sarmiento/Niederehe 1992).

Die Renaissance stärkte das Interesse des übrigen Europa an der italienischen Sprache. Die Produktion mehrsprachiger Wörterbücher ohne Latein beginnt nicht nur in Italien (in der 2. Hälfte des 15. Jahrhunderts), Italienisch bleibt in der mehrsprachigen Lexikografie bis ins 18. Jahrhundert auch überproportional häufig vertreten (Pfister 1990, 1844 ff.). Die ältesten deutsch-italienischen Sprachbücher (Glossare, verbunden mit anderen sprachdidaktischen Textsorten) stehen im Zusammenhang mit engen Handelskontakten zwischen Nürnberg, Augsburg, Ulm und Köln mit den norditalienischen Handelszentren. Sie lösen sich weitgehend von den lateinischen Vorlagen, indem gesprochene Sprache und funktionaler Wortschatz ins Zentrum rükken (Pfister 1990, 1847). Dem Eingehen auf solche Anforderungen erwuchs das umfängliche deutsch-italienische / italienisch-deutsche Wörterbuch von Matthias Kramer (1700/1702), das – auch wenn man es allein unter dem Aspekt der Kodifizierung deutschen Wortschatzes betrachtet – neue Bereiche erschließt.

Ähnliches gilt auch von der zweiten Welle mehrsprachiger Lexikografie mit Deutsch am Ende des 19. Jahrhunderts. Auch dort wurde eine Wende von einer bestimmten, mehr wissenschaftlich-theoretischen Konzeption des Wortschatzes hin zu einer mehr an praktischen Zwecken ausgerichteten Wörterbuchbenutzung vollzogen. War in der frühen Neuzeit der Handel Motor der Innovation gewesen, so war es im 19. Jahrhundert die Industrialisierung. Die transkulturellen bzw. -nationalen Bezüge in der Lexikografie scheinen parallel mit den wichtigsten Entlehnungsvorgängen von anderen Sprache ins Deutsche zu verlaufen: Bezeichnungen für grundlegende Wissens- und Bildungskonzepte stammen aus dem Lateinischen, Bezeichnungen für Waren- und Geldverkehr aus dem Italienischen, Konzepte eher als Bezeichnungen für Industrie aus dem Englischen. Entlehnungen sind eine Frucht des kulturellen Kontakts, den Wörterbücher nicht nur nachträglich dokumentieren, sondern an dem sie maßgeblichen Anteil haben.

Die zwei- und mehrsprachigen Wörterbücher des 19. Jahrhunderts bauen aber nicht auf denen des 16. Jahrhunderts auf, sondern auf den großen einsprachigen Werken ihrer jüngsten Vergangenheit. Die Basis der deutschen Wörterbücher seit dem frühen 18. Jahrhundert (Steinbach 1734/1973; Frisch 1741/1977) besteht mehr und mehr aus original deutschsprachigen Texten. Die Lexikografen griffen nun nicht mehr nur auf Vorgänger-Wörterbücher zurück, sondern zunehmend auf literarische und fachliterarische Texte und Belege, allerdings nicht nur auf solche in ihrer Gegenwart, sondern auch auf weitaus ältere. Allgemein lässt sich sagen, dass mit dem Bewusstsein einer eigenen literarischen Tradition und Kultur sowie einer dieser entsprechend hoch entwickelten Sprache Wörterbücher entstehen, die eben dieses bezeugen wollen und die wohl deshalb die umfangreichsten und gesellschaftlich hoch geschätztesten Wörterbücher werden, die eine national orientierte Epoche jeweils hervorbringt.

Die Betonung des Eigenen war schon im 17. Jahrhundert sehr, später unterschiedlich stark mit einer Abgrenzung vom Fremdkulturellen verknüpft, nicht nur in der Lexikografie. Die Bindung an Sprache, Literatur und Kultur der eigenen Nation hat aber der deutschen Lexikografie ihre nationalen Grenzen gezogen. Und sie hat das umfangreiche einsprachige Bedeutungswörterbuch in ihr Zentrum gesetzt, auf das sich selbst kleinere Spezial- und zweisprachige Wörterbücher beziehen, sei es bestätigend oder kritisch.

12.2 Wortschatz und Inventar der Stichwörter

Obwohl die Menge der Stichwörter, die ein Wörterbuch auswählend beschreibt, prinzipiell nicht mit der Stichwortmenge einer Vorlage oder eines Vorbildwörterbuchs identisch sein muss, kann man sagen, dass der behandelte Wortschatz bis um 1600 dem Kulturmonopol des Lateins ebenso unterworfen war wie die Stichwörter auf antike und humanistische Quellentexte beschränkt waren. Damit war das lexikografisch gezeichnete Bild vom Wortschatz in dieser Zeit eine gesamteuropäische Angelegenheit, wenn man das äußerste Osteuropa ausnimmt. Das Bild änderte sich aber mit der barocken

12.2 Wortschatz und Inventar der Stichwörter 257

Sprachideologie; Schottelius und Stieler zogen vor allem zur Welt der Romania hin einen bewehrten Grenzzaun. Der lexikografische Wortschatz wird in einer Weise germanisiert, die auch ein so produktiver Wörterbuch-Autor wie Matthias Kramer mit seinen umfangreichen zweisprachigen Werken zu Italienisch-Deutsch (und vice versa) (Nürnberg 1700/1702), Französisch-Deutsch (und vice versa) (Nürnberg 1715) sowie Niederländisch-Hochdeutsch (und vice versa) (Nürnberg 1719) nicht nachhaltig mildern konnte.

Dass die deutsche Lexikografie des 17. Jahrhunderts im Urteil der Nachwelt einen Schwenk vom europäisch breiten zum engeren, aber historisch ‚vertieften' deutschen Horizont vollzog, ist allerdings im Wesentlichen von der selektiven Wahrnehmung späterer Lexikografen und Sprachforscher zu verantworten, die alles bloß Praktische und damit das ganze Spektrum gegenwartsbezogener, politisch wie kulturell wacher Benutzungsmöglichkeiten marginalisierten und aus der Ahnenreihe ihrer jeweiligen Vorbilder ausschlossen. Tatsächlich stellt die ‚germanisierende' nur eine von mehreren lexikografischen Traditionslinien dar, deren vielleicht größerer Teil tendenziell ausgeblendet bzw. abgewertet wurde. Dies traf neben Kramer später Campe, Heyse und Sanders (vgl. Kapitel 8), und es traf die gesamte zwei- und mehrsprachige Lexikografie. Die langfristig fortwirkende Germanisierung des Wortschatzes in den deutschen Wörterbüchern brachte mit ihrer puristischen Ausschließung aller Entlehnungen den spezifisch deutschen Typ des Fremdwörterbuchs hervor. Im Fremdwörterbuch verdichten sich zwar die Spuren des jahrhundertelangen Kultur- und Sprachkontakts, aber sie erscheinen gettoisiert und oft genug auch stigmatisiert. Fremdwörterbücher galten in praktischer Hinsicht als notwendig, nicht aber als nationalkulturelle Leistung ihrer Verfasser. Auch wenn die sprachpuristische Haltung bei den Bearbeiterinnen und Bearbeitern der heutigen gegenwartssprachlichen Wörterbücher sicher nicht mehr vorhanden ist, erweist sich die Tradition getrennter Wörterbücher für ‚deutsche' und ‚fremde' Wörter im Bewusstsein von Benutzern und Käufern als äußerst zäh. Die neue Auflage des Duden-Fremdwörterbuchs von 1994 beweist es.

Die Mundartwörterbücher, die seit dem 18. Jahrhundert entstanden und im 19. und frühen 20. Jahrhundert ihre Blütezeit hinsichtlich Umfang der Unternehmungen, staatlicher Förderung und öffentlicher Aufmerksamkeit erlebten, wurden immer fraglos als nationale Kulturleistungen gesehen. Dabei entsprechen Mundartgrenzen erstens der kulturellen Selbstverortung von Sprechern oft stärker als nationalsprachliche Grenzen, und zweitens gibt es nicht wenige Mundarten, deren Sprecher sich in sprachlichen und kulturellen Zusammenhängen um nationale Grenzen nicht scheren und heute das Schlagwort vom ‚Europa der Regionen' anführen, um der eigenen Mundartbegeisterung ein politisch fortschrittliches Aussehen zu geben. Es ist allerdings kaum zu beurteilen, inwieweit die gegenwärtig noch in der Bearbeitung befindlichen großen Mundart-Wörterbücher für solche kulturpolitischen Argumentationen eingespannt werden; dazu ist die Art und Weise ihrer Darstellung möglicherweise zu wissenschaftlich.

Im 19. Jahrhundert jedenfalls wurde die mangelnde Übereinstimmung der Grenzen der deutschen Mundarten und der Grenzen des deutschen Nationalstaats in der Regel ignoriert. Die Mundarten galten als Lebens- und Wiederbelebungsquell der deutschen Sprache; entsprechend hoch ist ihr Stellenwert auch im *Deutschen Wörterbuch* der Brüder Grimm, dem Wörterbuch mit der stärksten nationalsymbolischen Funktion der gesamten deutschen Lexikografiegeschichte.

12.3 Methodik

Der Informationsgehalt von Wörterbüchern besteht nicht nur aus dem, was schon die verarbeiteten Quellen an Informationen enthielten, sondern entsteht im Gegenteil überwiegend erst aus den Interpretationen und Analysen der Quellen und aus den neu hergestellten Beziehungen zwischen den Interpretations- und Analyseergebnissen. Vor allem Letzteres können Lexikografen aus den Besonderheiten der Präsentation eines Vorgängerwerks ablesen. Daneben rezipieren sie natürlich die Überlegungen, die in Vorworten, Rezensionen und sonstigen Schriften über methodische Aspekte der Wörterbucharbeit angestellt werden.

Bis weit ins 18. Jahrhundert hinein war der gelehrte Diskurs, in dem die genannten Überlegungen kursierten, vermittelt über Latein als die Sprache der Wissenschaft, ein gesamteuropäisches Forum, das durch keinerlei staatliche Grenzen beeinflusst war. Auch durch das Zeitalter der Aufklärung und die Phase der Ausdifferenzierung der modernen Nationalphilologien im frühen 19. Jahrhundert hindurch existierten innerhalb der Wissenschaftlergemeinschaft kaum sprachliche Hindernisse: ‚Alle' kannten z. B. Leibniz, Locke, Hume, Diderot, Johnson, Adelung, Bopp, v. Humboldt, Grimm, H. Paul, de Saussure etc. Man darf sicher sein: Wer sich selbst an ein Wörterbuch setzte, hatte die Werke der europäischen Kollegen eingehend studiert. Das Methodeninventar der Lexikografie bis ins 17. Jahrhundert stammte größtenteils noch aus den lateinisch-humanistischen Wörterbüchern, die hinsichtlich Ein- und Zweisprachigkeit, semasiologischer (das Bedeutungsspektrum einer Wortform betrachtend) und onomasiologischer (das Spektrum der Ausdrücke für einen Begriff betrachtend) Anordnung und diverser Al-

12.3 Methodik

phabetisierungsarten alles Nötige vorgeführt hatten. Mit dem Beginn spezifisch nationaler Wörterbuch-Traditionen wurden methodische Innovationen mal hier, mal dort gemacht und mehr oder weniger nachweisbar initiiert und adaptiert, nicht selten auch kritisch gewendet.

Das erste nationale Wörterbuch mit gesamteuropäischer Vorbild-Funktion war das italienische der Accademia della Crusca von 1612, an dem sich noch Jacob und Wilhelm Grimm über 200 Jahre später orientierten. Das Wörterbuch der 1629 gegründeten Académie française von 1694 berief sich auf diesen italienischen Vorläufer, um seinerseits in vielen, vor allem südeuropäischen Ländern zum Vorbild zu werden, so in Spanien, das 1726–1739 ein eigenes Akademiewörterbuch vorlegte. Es stachelte die britische Öffentlichkeit zu Aktivitäten an, die eigene Sprache zu verbessern. Daniel Defoe und Jonathan Swift beteiligten sich daran und Samuel Johnson legte 1747 seinen Wörterbuchplan vor (Landau 1984, 48). Man weiß, dass Johnson Ausgaben des italienischen und französischen Akademiewörterbuchs und viele andere ausländische Wörterbücher besaß (Osselton 1990). Adelung setzte sich in einem Essay *On the relative merits and demerits of Johnson's English Dictionary* (Strohbach 1984, 69 ff., 233 ff.) mit diesem Werk auseinander, bevor er auf dessen Grundlage 1783 ein deutsch-englisches Wörterbuch verfasste, das unmittelbar auf das theoretische wie praktische Konzept seines *Grammatisch-kritischen Wörterbuchs der hochdeutschen Mundart* wirkte.

Die Idee der distinktiven Synonymenlexikografie (vgl. Kapitel 13) entsprang der gesellschaftlichen Sprachdiskussion in Frankreich im 18. Jahrhundert und bewirkte eine europaweite Welle von Nachahmungen; sogar die lateinische Synonymik erhielt neue Impulse. Nicht nur in Deutschland und England, auch in Spanien, Italien, Dänemark, Schweden, den Niederlanden und in der Hebraistik wurde die distinktive Synonymik aufgegriffen und den eigenen sprachreflexiven Themen angepasst. Die kumulative Synonymenlexikografie wurde in der zweiten Hälfte des 19. Jahrhunderts durch den britischen Hugenotten Peter Mark Roget angestoßen. Eine tschechische Synonymik von 1969–1987 orientierte sich an einer lexikografietheoretischen Schrift der deutschen Romanisten Rudolf Hallig und Walther von Wartburg (Jedlička 1990, 2281). Das Grimm'sche Wörterbuch setzte, vor allem mit seiner historisch-diachronen Darstellung und mit der Breite der Literaturdokumentation, europäische Maßstäbe, die z. B. auf die niederländische und auf die britische Lexikografie wirkten (Landau 1984, 65 ff.). Der französische *Trésor* zeigte früh und in herausragender Weise Wege der Computernutzung in der Lexikografie, die über Frankreichs Grenzen hinaus diskutiert wurden. Auch die Lexikografie der klassischen Sprachen Latein, Griechisch und auch die des Hebräischen nimmt am internationalen methodischen Diskurs teil. Das Werk des deutschen Gräzisten Franz Passow von 1812 wurde in Frankreich und in Großbritannien adaptiert, von wo er auch die amerikanische Lexikografie beeinflusste (Zgusta/Georgacas 1990, 1699 ff.). Dornseiffs *Deutscher Wortschatz nach Sachgruppen* war ursprünglich als Vorarbeit zu einem Thesaurus der altgriechischen Sprache gedacht. – Diese wenigen Beispiele zeigen, dass vor allem von den Lexikografien der größeren westeuropäischen Länder methodische Innovationen aufeinander und auf die der übrigen Länder ausstrahlten, verständlicherweise weniger umgekehrt. Untereinander aber haben die Lexikografien jener größeren Länder gleichberechtigten Anteil an der Entwicklung eines gesamteuropäischen Methodeninventars.

12.4 Sprachtheorie und wissenschaftliches bzw. gesellschaftliches Interesse an der Sprache

Vor allem Wörterbücher, die sich als wissenschaftlich verstehen, berufen sich auf sprachtheoretische Grundannahmen, welche sie bestätigen, und auf Forschungsinteressen, denen sie dienen wollen. Erst seit dem Beginn des 19. Jahrhunderts lassen sich wissenschaftliche Sprachtheorien von den in der Gesellschaft verbreiteten Sprachauffassungen und den damit zusammenhängenden kulturpolitischen Interessen an Sprache wenigstens teilweise unterscheiden. Letztere finden ihren Niederschlag vor allem in den eher populären und praktisch konzipierten Wörterbüchern.

Für die gelehrten und wissenschaftlichen Theorien gilt über die gesamte Geschichte hin, dass sie in einem internationalen Rahmen diskutiert wurden. Das Erforschen von Etymologien samt der Begründung, warum dies so wichtig ist, die rationalistische Sprachauffassung und die romantische mit all ihren Spielarten waren keine in sich geschlossenen, nationalen Theorien, sondern ebenso europäisch wie das, was wir Rhetorik, Scholastik, Renaissance, Aufklärung, Romantik und Moderne nennen. Die allgemeinen Koordinaten etwa der französischen Lexikografie zwischen 1878 und 1932 waren die gleichen wie die der deutschen (Boulanger 1994, 30–32).

Etwas anders sieht es mit dem Gebrauch aus, den die nationalen Gesellschaften von diesen Theorien machten. Das Etymologisieren sollte im Deutschland des 17. und des 19. Jahrhunderts der Reinigung der Nationalsprache dienen; damit war dem Wörterbuch von vornherein eine Zweckbestimmung nahegelegt, die seine Verfasser kaum ignorieren konnten. Die Beschäftigung mit den Mundarten wurde in Frankreich, Einfachheit und Klarheit einer Darstellung wurden in England ganz anders bewertet als in Deutschland.

Populäre und auch wissenschaftliche Wörterbücher folgen zwar einerseits international diskutierten wissenschaftlichen Prinzipien, doch werden diese national spezifisch interpretiert, durch die Lexikografen selbst und vor allem durch die Benutzer. Für sie steckt die jeweils gültige kulturpolitische Betrachtung von Sprache den Erwartungshorizont ab, vor dem Zweck und Güte eines Wörterbuchs beurteilt werden.

12.5 Gesellschaftliche Funktion der Wörterbücher

In der Folge des genannten Verhältnisses von gesellschaftlichem und wissenschaftlichem Interesse an Sprache sieht die Wörterbuchlandschaft in jeder Kultur bzw. in jeder Nation etwas anders aus. Die Briten haben ihre „hard words [‚schwierige Wörter'] lexicography" über Jahrhundert beibehalten und schenken der Aussprache große Aufmerksamkeit. Fremd- und orthografische Wörterbücher, die mit der gesellschaftlichen Überbewertung der Rechtschreibkenntnisse zusammenhängen, sind hingegen eine deutsche Spezialität. In Frankreich wiederum steht die „clareté" des Ausdruck in der sozialen Wertung weit oben, was wohl dafür verantwortlich ist, dass die Franzosen über relativ viele Kollokationswörterbücher verfügen und ihre allgemeinen Wörterbücher reichhaltige Informationen zur syntaktischen Einbettung eines jeden Worts anbieten. – Es haben sich nationale Wörterbuchkulturen entwickelt, die kaum miteinander in Berührung kommen.

Auf einer allgemeinen Ebene gibt es eine nationale Funktion, die allen europäischen Wörterbüchern gemeinsam ist; dies ist die normative Beeinflussung der jeweiligen Standardsprache. Auf ein Sprachrichteramt sind sie alle festgelegt und können sich nur ansatzweise davon lösen. Das ‚gute' Latein war schon Ziel der Humanisten, aber das italienische Akademiewörterbuch machte 1612 erstmals vor, wie ein Wörterbuch dazu beitragen kann, aus einer Vielfalt regionaler Sprachen bzw. Dialekte eine überregionale Hochsprache zu schaffen. Das italienische Vorbild fand besonders in Frankreich, Spanien und Deutschland Nachahmer, in letzterem auch ohne eine akademieähnliche Institution. Das Russische wurde erst im 18. Jahrhundert zu einer lexikografisch bearbeiteten Sprache; das russische Akademiewörterbuch von 1789 – 1794, orientierte sich daher am Werk der französischen Akademie und diente wie das Vorbild der Festigung einer standardsprachlichen Norm (Jachnow 1990).

Zusammenfassend lässt sich sagen, dass jedes deutsche Wörterbuch einem Bündel von Einflussfaktoren ausgesetzt ist, die es einerseits in vier umeinander gelagerte Bezugsrahmen stellen: einen westeuropäischen, einen gesamteuropäischen und einen weltweiten, historischen, andererseits aber in einen spezifisch nationalen Rahmen, der eng mit der jeweiligen Sprach- wie Gesellschaftsgeschichte verflochten ist, wobei die nationalen Sprach- und Gesellschaftsgeschichten ihrerseits ebenfalls und z. T. unabhängig von der Lexikografie nicht unabhängig voneinander sind. Nationale Funktionen bekamen deutsche Wörterbücher erstmals im 17. Jahrhundert und sind sie seither im Grunde nie wieder los geworden. Das Nationale der deutschen Wörterbuchtradition beruht in erster Linie auf einer anwachsenden Menge immer wieder benutzter Quellenmaterialien und Vorbilder und auf der unausweichlichen Einbettung in einen gesellschaftlichen Erwartungshorizont an ein ‚deutsches' Wörterbuch, der sich allerdings langsam verändert, ohne dass man die Richtung der Veränderung angeben könnte.

Dadurch dass heute das Englische zur Weltsprache wird, dadurch dass es viele nationale und zunehmend mehr funktionale Varietäten des Englischen gibt, wächst auch der Kreis der auf das Englische und seine lexikografische Tradition bezogenen Wörterbücher. Das heißt, dass Methoden und Quellen eines immer größeren Teils der Lexikografie der Welt zur Homogenität tendieren (vgl. Ilson 1990, 1967). Die Computerisierung der Lexikografie bewirkt zweifellos eine stärkere Internationalisierung bzw. Anglisierung der Lexikografie nicht nur in methodischer Hinsicht (siehe Kapitel 16). Dass daneben auch nationale Argumente, etwa bei der Beschaffung finanzieller und ideeller Unterstützung für größere Wörterbuchprojekte, wieder stärkeres Gewicht bekommen, ist keineswegs auszuschließen. Besonders größere Projekte bedienen sich seit der deutschen Vereinigung kulturnationaler Argumente in verstärkter Weise (z. B. das Projekt ‚Digitales Wörterbuch' der Berlin-Brandenburgischen Akademie der Wissenschaften).

Literatur:

Forschungen:

Geschichtlicher Überblick zur mehrsprachigen Lexikografie: Haensch 1991, 2909 ff.; Jones 1999; Kromann/Riiber/Rosbach 1991, 2711; P. O. Müller (demn.; Kapitel „Zur deutschen Lexikographie im europäischen Kontext").

Zur gemeinsamen europäischen Lexikografietradition: Jones 1999; McArthur 1986.

Siehe auch die inzwischen fünfbändige Reihe „Studien zur zweisprachigen Lexikographie mit Deutsch", hrsg. von Herbert E. Wiegand, als Themenhefte der Zeitschrift *Germanistische Linguistik*, Hildesheim.

Zur altgriechischen und lateinischen Lexikografie: Krömer 1990; Zgusta/Demetrius 1990.

12.5 Gesellschaftliche Funktion der Wörterbücher

Zur englischen und amerikanischen Lexikografie: Alego 1990; Hartmann 1992; Hartmann/James 1998, Bibliography 161 f.; Hausmann/Cop 1985; Hüllen 1999; Ilson 1990; Jones 1998; Landau 1984, 35–7; Osselton 1990; Simpson 1990.

Zur polnischen, polabischen, tschechischen, slowakischen Lexikografie: Horecký 1990; Jedlička 1990; Urbańczyk 1990.

Zur portugiesischen, spanischen, katalanischen, französischen und italienischen Lexikografie: Bielfeld 1995; Bierbach 1997; Boulanger 1994; Bray 1990; Duro 1990; Gorcy 1990; Haensch 1990 a; Haensch 1990 b; Pfister 1990; Rey 1990; Sarmiento/Niederehe 1992; Woll 1990.

Zur russischen und ukrainischen Lexikografie: Jachnow 1990; Rudnyckyj 1990.
Zur schwedischen Lexikografie: Hannesdóttir/Ralph 1988; Holm/Jonsson 1990.

13. Sinn- und Sachverwandtschaften – Ordnung der Wörter oder Ordnung der Welt?

Es geht in diesem Kapitel um Wörterbücher, die die Bedeutungsbeziehungen zwischen Wörtern und damit die semantische Vernetzung des Wortschatzes in den Mittelpunkt stellen. Ihre gängigen Bezeichnungen sind *Wörterbuch der sinn- und sachverwandten Wörter, Begriffswörterbuch, Synonymik, Thesaurus, Wörter und Gegenwörter, Sag's treffender!, Wortschatz nach Sachgruppen*. Unmittelbarer als die in den Kapiteln 3 bis 11 behandelten Bedeutungswörterbücher scheinen manche Synonymenwörterbücher auf die außersprachliche Wirklichkeit bezogen zu sein, so dass vor allem die umfangreicheren Vertreter dieses Wörterbuchtyps immer wieder als besonders charakteristische Dokumente der Sprach- und Zeitgeschichte bezeichnet worden sind.

Man nennt die Wörterbücher, die in den Kapitel 3 bis 11 behandelt wurden, semasiologische Wörterbücher: Sie gehen von einer Wortform aus und beschreiben dann, was sich an Begrifflichem mit der Wortform verbinden lässt. Etwa *Hammer: ein Werkzeug, das so-und-so beschaffen ist und mit dem man das-und-das macht*. Semasiologische Wörterbücher sind nicht zwangsläufig, aber in aller Regel alphabetisch geordnet.

Onomasiologisch nennt man die Vorgehensweise, bei der man von einem außersprachlich gedachten Begriff oder Begriffsfeld ausgeht, etwa von dem der Werkzeuge, und dann alle diejenigen Wörter sucht bzw. benennt, die diesen Begriff oder einen bestimmten Teil oder Aspekt des Begriffsfelds bezeichnen und somit bedeutungsverwandt sind: *Hammer, Zange, Säge* usw. Von *Zange* ausgehend können wiederum Untergruppen sogenannter kohyponymer Bezeichnungen (Bezeichnungen für ‚gemeinsame Unterbegriffe') gebildet werden: *Rohrzange, Kneifzange, Abisolierzange*, usw. Die Wörter eines bestimmten Begriffsfeldes sind kaum jemals bedeutungs*gleich*, sondern eher bedeutungs*verwandt* (partiell synonym), und sie sind dies nur aus einem bestimmten Blickwinkel, nämlich dem des Sprechers bzw. der Situation. Selbst wenn zwei Wörter sich auf den selben (realen oder vorgestellten) Gegenstand beziehen, können mit ihnen unterschiedliche Sichtweisen und Wertungen inbezug auf den Gegenstand ausgedrückt werden. Begriffswörterbücher ordnen mithin Bezeichnungen, die unter irgend einem bestimmten Aspekt in gemeinsame und daneben meist auch in komplementär-gegensätzliche Klassen geordnet werden. Der Synonymiebegriff der Synonymiken unterscheidet sich folglich von dem mancher semantischer Theorien, die verschiedene Grade bzw. Arten lexikalischer Synonymie allgemein zu definieren suchen. Der Synonymiebegriff der Synonymiken ist weiter, insofern auch Bezeichnungen für Ober- und Unterbegriffe (Hypero- und Hyponyme), Gegensatzbegriffe (Anto-, Komplenyme) und solche Bezeichnungen in ein Synonymenwörterbuch einbezogen sein können, die unter irgend einem sachlichen Aspekt (z. B. „Restaurantbesuch") in semantischer Beziehung zueinander stehen.

Solche begrifflich geordneten Zusammenstellungen von Bezeichnungen werden in der Sprachdidaktik und in Nachschlagewerken heute dazu benutzt, von vagen Ausdrucksweisen, z. B. „Sie zog ein Werkzeug aus der Tasche" zu genaueren zu kommen, also zu „Sie zog eine Zange bzw. eine Abisolierzange aus der Tasche". Synonymiken eignen sich gut für Fragen, die bei der Textformulierung auftauchen (z. B. für Werbetexter, Journalistinnen, Schriftsteller, Übersetzerinnen, Terminologen, Redenschreiberinnen), wohingegen semasiologische Wörterbücher eher bei Fragen nach den Bedeutungen eines Worts zu Rate gezogen werden. Die bekanntesten Synonymiken auf dem gegenwärtigen Markt sind:

Duden Band 8 *Die sinn- und sachverwandten Wörter*. Das entsprechende Buch des Fischer-Verlags heißt *Wörterbuch der Synonyme und Antonyme* (1983). *Sag es treffender* ist der Titel eines weiteren, erfolgreichen Taschenwörterbuchs von einem Autor mit dem Pseudonym A. M. Textor, Untertitel: *Ein Handbuch mit 25 000 sinnverwandten Wörtern und Ausdrücken für den täglichen Gebrauch in Büro, Schule und Haus*.

Die Zusammenhänge zwischen den Wortinhalten werden in den genannten Synonymiken eher selten ausdrücklich genannt; meist werden sie durch Anordnung in Klassen und Unterklassen nur grob angegeben (vgl. 13.2). Letzteres leisten auch viele sachbezogene Nachschlagewerke (Enzyklopädien), die deshalb unmittelbar im Anschluss an dieses Kapitel behandelt werden. Weil Sinnverwandtschaften häufig mit Sachverwandtschaften zusammenfallen, weil begrifflich geordnete Wörterbücher meist auch sachliche Systematiken spiegeln, gehören Kapitel 13 und 14 eng zusammen und sollten möglichst im Zusammenhang gelesen werden.

13.1 Anordnungsweisen

Dass semasiologische Wörterbücher meist alphabetisch, onomasiologische Wörterbücher hingegen meist begrifflich-sachlich geordnet sind, ist nicht zwingend, sondern hat sich aus kultur- wie sprachhistorischen Gründen ergeben. Grundsätzlich können onomasiologische Nachschlagewerke auch alphabetisch geordnet sein. Dazu muss in jedem Bezeichnungsfeld eines seiner Elemente als ‚Kopfwort' bestimmt sein, das zur alphabetischen Anordnung herangezogen wird. Sie können aber auch begrifflich geordnet sein, so dass man von allgemeineren und weiten zu immer spezielleren und engeren Begriffsgruppen kommt, zwischen denen auch die Relationen sichtbar sind. Die Bezeichnung für den Oberbegriff zu *Werkzeug* ist *Artefakt* im Gegensatz zu *natürliche Dinge*. Begrifflich-sachliche Anordnung braucht aber eigentlich zusätzlich ein alphabetisches Register, weil kaum ein bestimmtes begriffliches System jemals allgemein verbindlich oder auch nur allgemein bekannt war. Mit dem Alphabet hingegen können Wörterbuchbenutzer auf Anhieb finden, was sie suchen.

Der Blick in die Geschichte (im Folgenden v. a. nach Miethaner-Vent 1986; Günther 1996) macht klar, dass es bis heute viele Verbindungen beider Ordnungsverfahren innerhalb desselben Werkes gibt und dass das Alphabet in bestimmten Fällen besonders bevorzugt wurde. Am stärksten fällt das Ordnungsprinzip ins Auge, das auf der ersten Ebene, d. h. in der Ordnung der Stichwörter, angewandt wird. Innerhalb eines Wortartikels bzw. eines Wörterbuchabschnittes, insbesondere wenn er lang ist, muss aber ebenfalls eine möglichst prinzipielle und für Nutzer nachvollziehbare Ordnung herrschen. Sogar für die Anordnung der einzelnen Lesarten/Einzelbedeutungen wäre das Alphabet eine theoretisch mögliche Ordnung.

Das Alphabet entstand im 2. Jahrtausend v. Chr. in mehreren Varianten im Nahen Osten, von wo es über das Phönizische, eine der kulturell einflussreichsten semitischen Sprachen des Altertums, ins Griechische und damit in unseren Kulturkreis gelangte (Haarmann 1994). Wie und warum es zu der bekannten Reihenfolge des ABCs kam, ist bisher ungeklärt; vermutlich haben mnemotechnische Kriterien eine Rolle gespielt (Günther 1996). Schon in der Entstehungszeit, um die Mitte des 2. Jahrtausends v. Chr. diente die Alphabetreihe zum Schreiben und Schreibenlernen. Im europäischen Mittelalter bildete die auswendig zu lernende Buchstabenfolge die Grundlage jedes weiteren Unterrichts und es fehlte nicht an Versuchen, die Buchstabenfolge ebenso wie den Wortlaut der Bibel als heilig und göttlich begründet zu deuten. Bis dahin war die Reihenfolge der Buchstaben aber keineswegs völlig fixiert (auch heute noch werden z. B. die Umlautbuchstaben unterschiedlich einsortiert), sondern lag in vielen Varianten vor – die metaphysischen Begründungen weisen indirekt auf dieses Defizit hin. Die unverrückbare Reihenfolge wird erst dort notwendig, wo die Buchstaben auch zum Zählen und Rechnen genutzt werden, wie in einem der Zahlensysteme des antiken Griechenlands (und im modernen Hebräisch).

13.1 Anordnungsweisen

Damit man das Alphabet zum Sortieren etwa in der Lexikografie nutzen kann, muss die Abfolge des ABCs genauso wie die Abfolge der Zahlen allgemein fest stehen. Es sollen gelehrte Glossatoren aus dem Umkreis der Bibliothek von Alexandria gewesen sein, die das Prinzip des alphabetischen Sortierens erfanden (Günther 1996, 1578) – so gesehen hat die frühe Lexikografie eine schriftkulturelle Innovation hervorgebracht, die noch für die Informationsgesellschaft des 21. Jahrhunderts grundlegend ist. Im europäischen Mittelalter traten konsequent bis zum letzten Buchstaben alphabetisch sortierte Wörterlisten erst im Zusammenhang mit der Durchsetzung des arabischen Zahlensystems vermehrt auf, etwa seit dem 11. Jahrhundert. Innerhalb der Lexikografie stellt die alphabetische Sortierung eine methodische Neuerung gegenüber älteren, sachlichen oder chronologischen Sortierweisen dar. Die neue Methode kam aber nur sekundär zum Einsatz, nämlich dort, wo inhaltlich motivierte Ordnungsprinzipien fehlten. Und sie hatte einen weiteren Mangel.

Das mittelalterliche Latein besaß keine einheitliche Orthografie; zahlreiche Schreibvarianten eines Wortes ließen seine eindeutige Platzierung in der alphabetischen Reihe nicht zu. Wörterbuchautoren konnten dadurch bei der Sortierung nur noch den ersten, die ersten drei Buchstaben oder die Aussprache und damit den ersten Silbenvokal berücksichtigen. Ist die Menge der zu sortierenden Wörter nicht größer als 100 oder 200, reicht eine Sortierung nach dem Anfangsbuchstaben noch aus. Ferner genügt ein einziger Schreibbogen (aus teurem Pergament), der in Felder je Buchstaben eingeteilt wird; erst größere Mengen verlangen eine Feinsortierung über den dritten Buchstaben hinaus. Wie aber sollten die Lexikografen (viele) Wörter sortieren, deren Anfangssilbe identisch war? Dazu sind entweder kleinere Zettel aus billigerem Schreibmaterial, d. h. aus Papier notwendig, das es in Europa seit dem späten 13., in Deutschland seit Ende des 14. Jahrhunderts gab (Knoop 1994, 865). Oder sie nutzten zusätzlich zum Alphabet sekundäre Ordnungsprinzipien: die (altbekannte) Ordnung nach sachlichen Gesichtspunkten, nach biblischen Ordnungen wie den sieben Schöpfungstagen, nach Wortarten, nach Herkunftssprachen (bei griechischen, lateinischen, hebräischen Wörtern), bei Textglossaren nach der Reihenfolge der fraglichen Wörter im zu glossierenden Text (siehe 3.1).

Angesichts dieser Möglichkeiten scheint es ein kleiner Schritt, die Verteilung der Ordnungsweisen nach Textebenen umzudrehen, d. h. das Alphabet nicht ausschließlich auf der obersten, sondern auf den unteren Ebenen, und stattdessen sachliche Gesichtspunkte auf der oberen Ordnungsebene anzuwenden, ohne dass sich dabei Ziel und Funktion eines Nachschlagewerks grundsätzlich ändern mussten. An der Ordnungsweise allein ist der Typ eines Wörterbuchs nicht abzulesen.

Die berühmte Realenzyklopädie Isidors von Sevilla, *Etymologiarum sive originum libri XX* aus dem 7. Jahrhundert enthält sowohl *Bücher* ('libri') genannte Textabschnitte, die jeweils einer Wissenschaft gewidmet sind und diese vom Ursprung ihrer zentralen Bezeichnungen her erklären, als auch komplementär zu letzteren ein alphabetisch geordnetes Buch zur Erklärung von Wörtern (vgl. 14.2.1). Sachbezogene Informationen *in generali* wurden offenbar tendenziell auch sachlich geordnet: Pflanzenarten nach ihren Merkmalen, Naturkundliches nach den vier Elementen usw. Auf den nächst tieferen Ebenen, wo *in speciali* Bezeichnungen für Arten von Pflanzen, Tieren, Gesteinen usw. aufzulisten waren, kam bevorzugt das Alphabet zur Anwendung. Die Flexibilität der Kombination mehrerer Ordnungsverfahren entsprach der Verknüpfung sach- und sprachbezogener Information in einem Lexikon, das die heutige Differenzierung von Wörterbuch und Enzyklopädie noch nicht kannte. Isidors ‚Etymologien' genanntes Werk wird einhellig der enzyklopädischen Tradition zugeordnet (s. 14.2.1).

Mit den Bemühungen der Humanisten um Reinigung des mittelalterlichen Lateins wurde die Orthografie standardisiert und von der Aussprache abgelöst, so dass etwa ab der ersten Hälfte des 16. Jahrhunderts eine durchgehende alphabetische Sortierung möglich wurde. Nun musste das Alphabet nicht mehr zwangsläufig mit anderen Ordnungsprinzipien kombiniert werden; es war – anders als sachlich-begriffliche Ordnungen – überall einsetzbar.

13.2 Der Typ des onomasiologischen Wörterbuchs

Onomasiologische Wörterbücher mit dem Anspruch, den Wortschatz einer (National-)Sprache insgesamt abzudecken, sind viel seltener und im Umfang geringer als semasiologische. Es wurden und werden meist bestimmte Wortschatzbereiche ausgewählt. Die sachlich-begriffliche Anordnung wird bei der Dokumentation fachsprachlicher Terminologie und Nomenklaturen bis heute bevorzugt; fachterminologische Thesauri sind dabei nicht selten zwei- bis mehrsprachig.

Die beiden Wörterbuchtypen, der meist alphabetisch geordnete semasiologische und der meist sachlich geordnete onomasiologische, haben sich in zwei großen, aber komplementär aufeinander bezogenen Traditionen entwickelt. Der alphabetisch-semasiologische Typ scheint dabei in der Neuzeit zunehmend dominanter geworden zu sein, entsprechend steht er im Mittelpunkt der Lexikografiegeschichte. Hinzu kommt sein größerer Einfluss auf Sprachgeschichte und Sprachwissenschaft. Die Entwicklung des sachlich-onomasiologischen Typs ist aber nicht nur mit diesem dominanten Typ ver-

13.2 Der Typ des onomasiologischen Wörterbuchs

knüpft, sondern steht außerdem mit der Geschichte der enzyklopädischen Nachschlagewerke in einem engen, aber noch wenig erforschten Zusammenhang. Die Verwandtschaft von Thesauren und Enzyklopädien ist keinesfalls auf den deutschsprachigen Raum beschränkt ist, sondern bildet in vielleicht noch stärkerem Maße als die alphabetisch-semasiologischen Wörterbücher ein gesamteuropäisches Netz der Wissensorganisation, in dem die Teilnetze der einzelnen Nationalkulturen eine eher untergeordnete Rolle spielen (vgl. McArthur 1986).

Eine wichtige Unterscheidung innerhalb der Klasse der onomasiologischen Wörterbücher betrifft das Vorhandensein lexikografischer Erläuterungen der Bedeutungs- und Gebrauchsunterschiede der verzeichneten Wörter. Sind solche bedeutungsdifferenzierenden Angaben vorhanden, spricht man von einem *distinktiven* Synonymenwörterbuch. Sind die Bezeichnungen systematisch, aber kommentarlos aufgelistet, handelt es sich um eine sogenannte *kumulative* Synonymik. Auch Mischformen, sogenannte teildistinktive Synonymiken, hat es immer wieder gegeben. Zwei Beispiele vom Anfang des 20. Jahrhunderts:

> **Spiel / Sport** — Beschäftigung zur Erholung und Unterhaltung; — Spiel ist jede belustigende Beschäftigung lediglich zum Zeitvertreib; Sport: die Ausübung einer Liebhaberei (z. B.: Sammelsport), insbes. aber Bewegungssport zur Übung körperlicher Kraft und Gewandtheit. — R. gute Miene zum bösen Spiel machen = ohne Murren etwas Unangenehmes tun; kein Spielverderber sein; seine Hand im Spiele haben = heimlich beteiligt sein; leichtes Spiel haben, gewonnenes Spiel haben u. v. a.
>
> **spitz / spitzig / spitzfindig** — auf seine Art scharf; — spitz: nach dem Ende zu schmal oder in einen Punkt zusammenlaufend; spitzig: sehr fein und scharf; spitzfindig: scharf eindringend, bes. in geistiger Beziehung, verletzend, z. B.: eine spitzfindige Rede.
>
> **Sporn / Stachel** — ein zum Stechen oder Stoßen geeignetes spitzes Werkzeug; — Stachel bez. dies allgemein; Sporn: ein gekrümmter Stachel, bes. der an den Beinen befestigte, zum Antreiben der Pferde benutzte. — R. sich die Sporen verdienen = sich zum erstenmale hervortun.
>
> **spotten / aufziehen / sich aufhalten** — höhnische Bemerkungen machen; — spotten: die Fehler anderer mit beißenden Worten rügen und an den Tag bringen; aufziehen: jemanden lächerlich machen; sich aufhalten: allgemein, die Handlungsweise von Personen lächerlich finden.
>
> **Spuk / Gespenst** — ein den Menschen schreckendes Wesen oder Treiben; — Gespenst: ein in der Einbildung vorhandener Geist oder ein körperloses Wesen in körperlicher Gestalt; Spuk: im allgemeinen ein Schreckbild, namentlich wenn es sich mit Gepolter und Lärm ankündigt.

Aus: Hoffmann 1929, 201.

838. Ausdruck des Vergnügens.
Freudenbezeigung; Lustbarkeit; Frohlocken; Triumph; Jubel 883; Päan, Loblied; Siegeslied 990; Festlichkeit; Ergötzlichkeiten.

Glückwunsch; Gratulation; Beifallsbezeigung.

Lächeln; Schmunzeln; Gekicher; Grinsen; — sardonisches Lächeln. Lachen; Gelächter; freudiges Lachen; homerisches Gelächter; Hohngelächter; Frohlocken 853, 856.

Jubelgeschrei; Jauchzen; — übermütige, tolle Streiche.

Spaß; Scherz; Schäkerei; Spott; — das Auslachen.

Momus; Demokrit.

V. Freude bezeigen 827, 829; frohlocken; (be)jubeln; besingen; triumphieren 883, 884; jauchzen; beglückwünschen; gratulieren. (Be)lächeln; (an)grinsen; schmunzeln; kichern; laut (hell) auflachen, aufschreien; Freudentränen vergießen; sich (freubig) die Hände reiben; ins Fäustchen lachen; vor Lachen die Seiten halten; in ein (schallendes) Gelächter ausbrechen; das Lachen nicht (zurück)halten können; der Lustigkeit freien Lauf lassen, Ausdruck geben; Freudensprünge machen; vor Freude tanzen, Luftsprünge machen ꝛc.

Spaßen; scherzen; schäkern; — zum besten halten.

Zum Gelächter werden.

Gelächter veranlassen, hervorrufen, erregen, erwecken ꝛc.; kitzeln; zum Lachen bringen; (sich) tot lachen wollen; aus dem Gelächter nicht kommen (können); vor Lachen Tränen vergießen; alles in Auf-

839. Ausdruck des Schmerzgefühls.
Schmerzausbruch; Wehklage; Lamentation; Klage; Jammer; Geseufze; Gestöhn; Ächzen; Gewimmer; Gewinsel. Das Weinen; Heulen; Tränenerguß; Schluchzer; Seufzer; Stoßseufzer; Händeringen; Träne; Zähre ꝛc.; Betrübnis (Unglück) 735, (Schmerz) 828, 830.

Schmerzensruf; Wehgeschrei; Angstruf; Klageruf; Geschrei; Geheul; Gebrüll ꝛc. 414; Zetergeschrei.

Stirnrunzeln; Zähneknirschen; Fäuste-ballen.

Beschwerde; Beschwernis; Klage; Gemurr. Klagsucht.

Mattigkeit; Erschlaffung ꝛc. 841.

Trauer; Trauerkleid; Witwenschleier; Flor; Krepp; crepon; (Trauer-)Weide; Cypresse.

Klaggesang; Sterbelied; Grabgesang; Leichenmarsch; Threnodie; das letzte Geleit; Grabrede; Nachruf; Elegie; Jeremiade.

Ein Wehklagender, Trauernder, Leidtragender, Schmerzerfüllter ꝛc.; Heuler ꝛc.; — Trauergestalt; Heraklit; Niobe; Hiob; büßende Magdalena; laudator temporis acti.

V. Klagen; wehklagen; knurren; murren; brummen; trauern; beweinen; lamentieren. — Weinen; heulen; plärren; schluchzen; greinen; flennen; schreien; wimmern; winseln; ächzen; stöhnen; seufzen; betränen 339; Zähren vergießen; in Tränen schwimmen, ausbrechen; entmannen 837, 860.

Sich abhärmen; abzehren; (ab)grämen; trauern.

Beweinen; beklagen; bejammern; be-

Aus: Schlessing 1903, 18.

Sachlich-begrifflich geordnete Wörterbücher sind in der Realität häufig, aber nicht notwendigerweise kumulativ, während semantisch-distinktive Nachschlagewerke zur alphabetischen Anordnung tendieren. Erstere heißen in den europäischen Sprachen oft Thesaurus, letztere Synonymik.

Innerhalb der allgemeinen, deutschsprachigen Lexikografie haben kumulative Thesauri einerseits und distinktive Synonymiken andererseits seit dem Ende des 18. Jahrhunderts spezielle Traditionslinien herausgebildet, die ihrerseits an europäische Traditionen, nämlich an eine britische und eine französische, anknüpfen. Die ausschließlich kumulativen Werke der vorhergehenden Jahrhunderte vom Mittelalter bis ins 18. Jahrhundert (Sachglossare, Florilegien und dergl.) stehen der Enzyklopädik nahe, die distinktiven Synonymiken eher der semasiologischen Lexikografie.

Ob ein bestimmtes onomasiologisches Wörterbuch kumulativ oder distinktiv angelegt ist, hängt wesentlich von den Motiven der Lexikografen einerseits und den Benutzungsmöglichkeiten in einer konkreten historischen Situation andererseits ab. Über die tatsächlichen Benutzungsanlässe und -arten onomasiologischer Wörterbücher ist ebenso wenig bekannt wie im Falle der semasiologischen (Bedeutungs-)Wörterbücher, und ganz sicher darf man sie nicht unmittelbar aus den Vorworten ableiten. Wie unrealistisch viele der dort genannten Zwecke sind, hat Püschel (1986) gezeigt. Trotzdem sind allgemeinsprachliche Thesauri und Synonymiken auch heute noch gut verkäuflich. Es scheint also, dass die Benutzerinnen und Benutzer ihren eigenen Beitrag zur kulturgeschichtlichen Bedeutung onomasiologischer Wörterbücher leisten (vgl. Kühn 1989, 118), indem sie sie als eine Art „exteriorisiertes Wortgedächtnis" (Wiegand 1990, 2180) schätzen.

Benutzungsmöglichkeiten und lexikografische Motive stellen in der folgenden beispielhaften Darstellung einzelner Werke der kumulativen und der distinktiven Tradition den leitenden Gesichtspunkt dar.

13.3 Historische Skizze

Die onomasiologische (vom begrifflichen Inhalt herkommende) Sicht auf den Wortschatz ist offenbar genauso alt wie die semasiologische (von der Bezeichnung, vom Ausdruck herkommende) und ergänzte sie von Anfang an und sicher nicht nur in der deutschen Wörterbuchtradition. Schon in den Dialogen Platons stellt ein Mann namens Protagoras Reflexionen über Wortbedeutungen mittels Vergleichen an. Das lässt darauf schließen, dass das Nachdenken über Unterschiede und Gemeinsamkeiten von Wortbedeutungen in allen literalen Kulturen Teil der Sprecherkompetenz ist. Kulturspezifisch hingegen scheint die Art und Weise zu sein, in der dieses Nachdenken zum Ausdruck gebracht, versprachlicht und in literarische oder lexikografische Textformen gegossen wird.

13.3.1 Mittelalter und frühe Neuzeit

Der *Abrogans*, das älteste lateinisch-deutsche Glossar (siehe 3.1), bietet zu jedem Element eines lateinischen Synonymenpaars je ein althochdeutsches Äquivalent. Da diese Ausdrücke auch untereinander (partiell) synonym sind, stellt bereits der *Abrogans* im Ansatz Bedeutungsbeziehungen zwischen althochdeutschen Wörtern dar (vgl. West 1993). Das früheste bekannte Wörterbuch, das Wortgleichungen zweier Sprachen nach sachlichen Gesichtspunkten ordnete, datiert aus dem gleichen Zeitraum wie der *Abrogans*: Der *Vocabularius Sancti Galli* aus der 2. Hälfte des 8. Jahrhunderts war allerdings anders als der *Abrogans* ein praktischer Sprachführer, nicht ein gelehrtes Hilfsmittel zum Textverstehen oder zur Förderung stilistischer Kompetenz in Bezug auf das Lateinische. Auch das erste jemals gedruckte Wörterbuch war ein zweisprachiger (venetisch-deutscher) Thesaurus für Reisende: *Introita e porta* (1477).

Damit sind drei der möglichen Motive onomasiologischer Wörterbücher benannt, die vom Mittelalter bis heute wirksam geblieben sind. Praktische Sprachführer für die Reise gliedern den für diesen Zweck notwendigen Vorrat an Wörtern und Wendungen nach Situationen wie ‚Unterwegs', ‚Im Hotel', ‚Beim Arzt' usw. Fachsprachliche Thesauri, etwa zur Photochemie oder zur Elektrotechnik helfen u. a., den Gegenstandsbereich des Fachs zu strukturieren, und populäre Taschenwörterbücher vom Typ *Sag's treffender!* versprechen, mit oder ohne Bezug zum Schulunterricht, zu einem besseren Stil zu verhelfen.

Das stilistische Motiv war bei den zahlreichen lateinischsprachigen Synonymiken des Humanismus dominant. Den Hintergrund bildete ein bestimmtes Ideal der Rhetorik, der sogenannte ornatus, das einen varianten- und figurenreicher Ausdruck forderte. In diesen Zusammenhang gehört die Bildung von Zwillings- oder Paarformeln aus sinnverwandten Wörtern. Bei der allmählichen Übertragung dieses Stilideals ins Deutsche des 15. und 16. Jahrhunderts erfuhr die stilistische Motivation der Synonymiken eine Erweiterung. Paarformeln wie *Haus und Hof, biegen und brechen* eigneten sich hervorragend dazu, Texte überregional rezipierbar zu machen, indem Wörter aus unterschiedlichen deutschen Sprachlandschaften kombiniert und dadurch der überregionale Sprachausgleich befördert wurde. Als Beispiel für eine Synonymik, die diese Art der Benutzung ermöglichte, wird Jacob Schöppers *Synonyma* von 1550 angesehen. Ein Lehrbuch mit Bezug auf die besonderen stilistischen Erfordernisse des Stadtschreiberamts, d. h. eines juristisch geprägten Textsortenstils, stellte Leonhard Schwartzenbachs *Synonyma und Formular* (Schwartenbach 1564; vgl. Haß 1986) dar.

Der Spezialfall des lateinischen Antonymenwörterbuchs, das im Humanismus sehr beliebt war, knüpft an eine andere Forderung der Rhetorik an: an die Rolle der Antithese, die mittels sogenannter Antitheta und Opposita, Wörtern irgendwie entgegengesetzter Bedeutung also, umgesetzt wurde. Antonymiken waren aber meist unselbstständige Veröffentlichungen im Rahmen anderer synonymischer Wortschatzsammlungen. Im 19. Jahrhundert, bei Rogets *Thesaurus* und Sanders' *Deutschem Sprachschatz*, ist jede Begriffseinheit zweigeteilt: Rechts stehen die Synonyme, links die Antonyme und Komplenyme. Im 20. Jahrhundert erfüllte Hausmann (1990 c, 1081 f.) zufolge die Antonymenlexikografie in kommunistischen Staaten eine spezielle Funktion, die offensichtlich mit der Methode der Dialektik in Zusammenhang stand. Das klassisch-rhetorische Redemittel der Antithese erhielt hier eine neue Bedeutung. Das erste deutsche Antonymenwörterbuch brachten Chr. und E. Agricola 1977 in Leipzig heraus: *Eine Sammlung von Wortpaaren zum sprachlichen Ausdruck dialektischer und logischer Gegensätze*, so lautete der Untertitel auf dem Buchumschlag von *Wörter und Gegenwörter. Antonyme der deutschen Sprache*.

Zurück zur Funktion der sachlich-begrifflich geordneten Wörterbücher in Mittelalter und früher Neuzeit, die als praktische Sprachführer dienten (vgl. P. O. Müller demn.). Im Zusammenhang mit dem genannten venetisch-deutschen Thesaurus für Reisende: *Introita e porta* von 1477 (Marello 1990) muss man sich einerseits adelige Söhne und Studenten auf Bildungs- und Gelehrte auf Studienreise (peregrinatio academica) vorstellen. Für beide Gruppen gab es vom späten 15. bis ins 17. Jahrhundert ein vielfältiges reisepädagogisches Schrifttum zwecks Vorbereitung und praktischer Bewältigung der Reisen, die, mit dem Schwerpunkt Italien, einer der wichtigsten Kanäle humanistischer Ideen nach Deutschland waren (Handbuch Bildungsgeschichte 1996, 23, 87, 117, 158, 241). Andererseits muss man an die enorme Bedeutung des expandierenden Handels jener Epoche denken, dessen Zentren die Wahl der jeweiligen Sprachenpaare und dessen Interessen die Schwerpunkte des behandelten Wortschatzes maßgeblich beeinflussten. Auch hier lag der Schwerpunkt auf Italien.

Der wirkungsmächtigste Vertreter der sachlich gegliederten Wörterbücher diente allerdings eher gelehrten Zwecken und systematischer Erkenntnis: das *Summarium Heinrici* (um 1070), dessen Handschriften zehn bzw. sechs Sachkapitel ansetzten; *Summen* waren gelehrte Übersichtsdarstellungen eines bestimmten Gebiets. Die Verfasser schöpften hierbei aus dem umfassendsten und grundlegendsten Wissensspeicher der Spätantike, den o. g. *Etymologiae* Isidors von Sevilla. Das *Summarium Heinrici* half bei der Verbreitung dieses Wissens bis ins 15. Jahrhundert hinein mit.

Die Vokabulare, Nomenklatoren, Thesauren und Onomastiken des praktischen Typs erfreuten sich im 15. und 16. Jahrhundert anhaltender Beliebtheit. Das bedeutete, dass sie, um immer mehr Sprachen ergänzt, für andere Sprachen adaptiert und zahlreich nachgedruckt wurden. Meistens wurde in ihnen ein recht begrenzter Wortschatz für einen begrenzten und alltagsnahen Weltausschnitt präsentiert, wohingegen die gelehrten Summen, Lapidarien (Sammlungen von Gesteinsbezeichnungen) und Herbarien (Sammlungen von Pflanzennamen) zur vollständigen wissenschaftlichen Bestandsaufnahme und Klassifizierung ihres Gegenstandsbereichs beitrugen. Die rhetorisch-stilistischen Synonymensammlungen waren ebenfalls tendenziell an Situationen der Produktion schriftlicher Texte gebunden und wurden oft innerhalb von rhetorischen Regelwerken, selten eigenständig gedruckt. Im humanistischen Bildungsprogramm besaßen nach Sachgruppen geordnete Wörterbücher überdies eine zentrale Funktion; die sachliche Anordnung ermöglichte Schülern ohne Lateinvorkenntnisse die Benutzung und vermittelte ansonsten zusätzliches Wissen und erleichterte das Auswendiglernen (P. O. Müller, demn.).

Die genannten Motive, Funktionen und Benutzungsmöglichkeiten onomasiologischer Wörterbücher berührten und vermischten sich vielfach und waren immer auch mehr oder weniger belehrend und pädagogisch, d. h. sie dienten der aktiven wie der passiven Sprachkompetenz und zugleich der Aneignung von Wissen über die Welt. Systematische Klassifikationen von Realia, enzyklopädische Darstellungen und Werke über Gedankenalphabete und Gedächtniskunst, die aus der philosophisch-rhetorischen Tradition erwuchsen, waren vom 14. bis ins 17. Jahrhundert eng miteinander verwoben. Je umfangreicher ein Thesaurus wurde, desto mehr scheint der praktische Adressaten- und Situationsbezug in den Hintergrund gedrängt, und desto bestimmender wurde die Absicht, Welt *und* Sprache zugleich zu systematisieren und dahinter womöglich die verborgene Ordnung der Natur zu entdecken. Der Wunsch nach Systematisierung des Wortschatzes prägte auch die semasiologischen Wörterbücher jener Epoche (siehe 3.2), aber eine nicht-alphabetische Anordnungsweise musste diesem Wunsch ungleich besser entsprechen.

Wie sahen nun die Ordnungsentwürfe in der frühen Neuzeit konkret aus und welche kulturellen Orientierungen werden in den Ordnungen sichtbar? Als durchaus repräsentatives Beispiel sei das *Onomasticon Latinogermanicum* von Theophilus Golius, Straßburg 1579, herangezogen. Es ist unterteilt in drei große Klassen:

I.   Gott und Religion
II.   Die Natur
III. Der Mensch und seine Welt.

Jede Klasse ist nochmals einfach untergliedert, die letzte in sieben weitere Klassen. Wo ist wohl das Pflanzenreich eingeordnet? – Nicht in die Natur, sondern zusammen mit Essen und Trinken als 4. Untergruppe in Klasse III über den Menschen und seine Welt. Die Pflanzen werden damit als etwas eingeordnet, das dem Menschen und seinem Überleben dient. Die Wörterbuch-Anordnung drückt aus, dass der Zweck von Pflanzen nicht in ihnen selbst liegt, sondern darin, durch Menschen unmittelbar oder mittelbar (als Tierfutter) verwertet zu werden.

Auch wenn diese Zwecksetzung zwischen dem 16. Jahrhundert und heute einige Relativierungen durch Ideologien erfahren hat, die den Eigenwert der Natur, der Tiere und Pflanzen betonten, so hat doch wohl erst die Ökologiebewegung des späten 20. Jahrhunderts hier eine Umwertung vorgenommen, die aus der zweckgebundenen Wahrnehmung des Pflanzenreichs eine mit Appellen verbundene Wahrnehmung macht: ‚Pflanzen sind durch den Menschen zu schützen und zu schonen'.

Bis ins 17. Jahrhundert sind Begriffssysteme bzw. thematisch geordnete Wortlisten wie das von Golius recht ähnlich, wenn auch nicht identisch. Sie wurden in ihrer Zeit jedoch überwiegend als systematische Abbilder der Welt und ihrer Dinge verstanden und sind deshalb der Tradition der Enzyklopädik zuzuordnen (siehe 14.2.1). Mit den Religionskriegen, vor allem dem Dreißigjährigen Krieg, musste die Annahme, es gäbe nur *eine* Weltordnung für alle Menschen, ins Wanken geraten. Politische, soziale und moralische Werte verloren ihre Verbindlichkeit. Umso stärker wurden auf der anderen Seite Versuche gemacht, die verloren gegangenen Orientierungen mittels politischer oder gelehrter Autorität wieder aufzurichten. Man liest in diesem Zusammenhang manchmal, dass Synonymiken, verstanden als dominant sprachbezogene Nachschlagewerke, aus dem 17. und frühen 18. Jahrhundert nicht bekannt und ihre Tradition wohl abgebrochen sei (Kühn/Püschel, 1990 a, 2058; Reichmann 1989, 231; zuletzt Wiegand 1998 a, 690). Dafür bietet sich als einleuchtende Erklärung an, dass zu jener Zeit in Deutschland ein Zustand erreicht wurde, in dem

> der Anspruch des Besitzes von Wahrheit bzw. ein Handeln, das diesen Anspruch voraussetzt, angesichts des faktischen geschichtlichen Zustandes nicht mehr aufrechterhalten werden konnte, umgekehrt ausgedrückt, seit dem die Bildungsinhalte immanenter Gegenstand der öffentlichen Diskussion wurden, also der Aushandlung unterlagen [...] Lexikographiegeschichtlich ist es die Zeit, in der die Glossographie des Mittelalters und vor allem die in ihrem Inhalt und ihrer Gliederung von der christlichen Religion geprägten Sach- und Synonymenglossare ihr definitives Ende gefunden haben. (Reichmann 1989, 231)

Gegen die Annahme eines Traditionsabbruchs und dessen Rückführung auf gesellschaftlichen Wertewandel könnte hingegen Folgendes sprechen:

Die Menge der onomasiologischen Nachschlagewerke des 16., 17. und 18. Jahrhunderts erscheint als eine heterogene Textsortenmischung mit unklaren Grenzen gegenüber nicht-lexikografischen Gattungen. Synonymiken erscheinen in Werken der Rhetorik und Stilistik. Nomenklatoren geraten rückblickend in den Sog der enzyklopädischen Tradition und damit aus dem sprachgeschichtlichen Fokus heraus; sie hatten wohl in der Tat eher wenig mit den Ideen der humanistischen Bildungsbewegung zu tun (vgl. Kapitel 3;

Wiegand 1998 a, 647). Eine Anleitung zur Textproduktion, die wesentliche Merkmale einer Synonymik aufweist, war z. B. Johann Just Winkelmanns *Proteus. Das ist eine unglaubliche Lustnützliche Lehrart/ in kurzer Zeit ohne Müh Deutschund Lateinische Vers zumachen/ auch einen Französischen und Lateinischen Brief zuschreiben* (Oldenburg 1657; nach Gardt 1999, 141). Ähnlich Johann Joachim Bechers *Novum Organum Philologicum Pro Verborum Copia in quavis Materia acquirenda, das ist: Neuer Werkzeug der Wolredenheit / Worinnen Von jeder Sach zu reden Wörter gnugsam erfunden werden können. Ed. sec.* (Frankfurt am Main 1674). Werke wie diese sind ihres in eine andere Richtung zielenden Titels wegen nicht leicht als Synonymiken zu erkennen; im Einzelfall dürfte ihre Textsortenzugehörigkeit auch diskutabel sein. Als Nomenklator lässt sich durchaus das erfolgreichste Wörterbuch der europäischen Geschichte, Johann Amos Comenius' *Orbis pictus*, bezeichnen (vgl. Kapitel 14.2.3), der, wie Hüllen (1992) zeigt, in engem Zusammenhang mit der Tradition des Lehrens und Lernens fremder Sprachen steht.

Um nun diesen ‚Mischmasch' lexikonartiger Gattungen in den Griff zu bekommen, wurden in der modernen Sprachgeschichtsforschung mit Hilfe linguistischer Kriterien (scheinbar) klar abgegrenzte Typen wie Synonymik, Thesaurus, Enzyklopädie, Sprachlehrbuch definiert und danach (scheinbar) klar voneinander abgrenzbare Wörterbuchtraditionen angesetzt. Schaut man daraufhin die ‚konstruierten' Typen an, sieht es tatsächlich so aus, als sei die eine oder andere Textsortentradition im 17. Jahrhundert verschwunden.

Wenn man hingegen eine andere als die typologische Perspektive auf die Vielfalt sachlich-begrifflich geordneter Nachschlagewerke einnimmt, lässt sich der verlorengegangene rote Faden in den weitgehend übereinstimmenden Textfunktionen und auch in den umfangreichen synonymischen Elementen der semasiologischen Wörterbücher sowie in den begriffssystematisierenden Aspekten der enzyklopädischen Lexika wiederfinden. Für diese, eher textfunktionale Perspektive sprechen vier gute Gründe:

Erstens sind die Reflexionen über Wortbedeutungen und Gegenstände in ihren Netzen ‚Sprache' und ‚Welt' schon in den mittelalterlichen und frühneuzeitlichen Nachschlagewerken so eng miteinander verflochten, dass eine klare Unterscheidung zwischen sprachbezogenen und weltbezogenen Werken nicht gelingt. Dies gilt umso mehr für das 17. Jahrhundert, zu dessen sprachtheoretischer Grundlage die Eins-zu-eins-Beziehung zwischen Wort und Ding gehörte, im dem darüber hinaus die „Überzeugung von der Präexistenz der Dinge gegenüber der Sprache" (Gardt 1999, 94) vertreten wurde und beides mit dem beherrschenden *ordo*-Gedanken verbunden war. Infolgedessen geriet die Stilistik, im Humanismus noch das Hauptmotiv für Synonymensammlungen, auf der *sprachtheoretischen* Ebene in Misskredit. Denn das

13.3 Historische Skizze

Vorliegen mehrerer, wenigstens partiell synonymer Bezeichnungen für dieselbe Sache widersprach dem idealen Zeichenmodell und gefährdete seine Geltung. Wo ein Wort für ein und nur ein Ding steht und die Leistung der Wörter im Abbilden der Dinge gesehen wird, macht es nur noch aus rhetorisch-stilistischen, nicht aus sprachtheoretischen Gründen Sinn, Sammlungen bedeutungsähnlicher und wechselseitig substituierbarer Wörter zu schreiben – alles Wesentliche, auch die Systematisierung des Wortschatzes, wird dann von den systematisch aufgebauten und den Nomenklatoren ähnlichen Enzyklopädien geleistet, die mit der Ordnung der Bezeichnungen zugleich die Ordnung des Bezeichneten leisteten. Synonymiken, an denen man nicht die Sprachstruktur, sondern primär die der Welt ablesen soll, fallen mit Enzyklopädien zusammen. Auf der anderen Seite waren rhetorische und stilistische Normen, darunter die des variantenreichen Ausdrucks, der Paarformeln usw., in der Sprachpraxis vollkommen unangefochten und wurden z. T. von den selben Autoren propagiert, die in der Theorie nicht mehr als ein Wort für jede Sache zuließen. Damit konnte es synonymische *Wort*sammlungen nur noch innerhalb der rhetorisch-stilistischen Literatur geben, während der Zweck der *Begriffs*ordnung von den Enzyklopädien (mit)erfüllt wurde.

Gegen die strikte Unterscheidung verschiedener Traditionslinien nach dem Modell moderner Wörterbuchtypologien spricht zweitens, dass Wörterbuchbenutzer zu allen Zeiten die hermeneutische Freiheit besessen haben, sprachbezogene Information, etwa zur Wortbedeutung, als Information über die bezeichnete Sache zu lesen, und umgekehrt sachbezogene Informationen, etwa über die Beschaffenheit eines Gegenstands oder die Aspekte einer kollektiven Idee, als Information über die betreffenden Bezeichnungen zu lesen. Lexikonautoren konnten und können nicht viel tun, um diese Freiheit der Rezipienten einzuschränken. Warum das so ist, lässt sich mit zeichentheoretischen, d. h. linguistischen Mitteln zeigen: Für die Beziehung zwischen einem Lemma, sei es in einem alphabetischen Bedeutungswörterbuch oder in einem onomasiologischen Werk, und dem zugeordneten Wortartikel, sei es ein erläuternder Text oder eine Ansammlung bedeutungsverwandter Ausdrücke, gibt es mindestens zwei Lesarten (Näheres Reichmann 1990). Das heißt, die Nutzerinnen und Nutzer können ein Stichwort als Sprachzeichen oder als nur in sprachlicher Form dargebotenen Ersatz einer Sache auffassen.

Aus diesen Überlegungen folgt nun drittens, dass man lexikografische und enzyklopädische Traditionen nicht so scharf trennen sollte, wie es eine typologisch vorgehende Lexikografiegeschichte tut. Schon gar nicht mit Bezug auf das 17. Jahrhundert, dessen Literatur von einer Sprachauffassung geprägt war, die zumindest theoretisch das Ideal einer die Welt unverfälscht spiegelnden Sprache, einer ‚paradiesischen' Einheit von Wort und Ding propagierte. Eine Unterscheidung zwischen Sach- und Sprachlexikon ist deshalb bei Autoren gerade dieses Jahrhunderts nicht zu erwarten.

Der vierte Grund gegen die Annahme eines Traditionsabbruchs begrifflich geordneter Wörterbücher im 17. Jahrhundert ist, dass bedeutungsvergleichendes und -hierarchisierendes Nachdenken über Wörter in den semasiologischen, ein- und mehrsprachigen Wörterbüchern des 17. und frühen 18. Jahrhunderts – von Stieler, Kramer, Steinbach, Frisch – einen umso größeren Raum einnimmt, desto umfangreicher deutsches Wortschatzmaterial in diesen Werken wird, auch wenn die Autoren dies nicht ausdrücklich vermerken. Die Anführung mehrerer deutscher Äquivalente, seien es einzelne Lexeme oder längere Syntagmen und satzwertige Paraphrasen, erfüllt zumindest die Bedingungen einer kumulativen Synonymik. Untersuchungen zum onomasiologischen Informationsgehalt der genannten semasiologischen Wörterbücher des 17./18. Jahrhunderts sind bisher nicht angestellt worden; da dies hier auch nicht nachgeholt werden kann, muss es vorläufig bei einer These bleiben.

13.3.2 Das 18., 19. und 20. Jahrhundert

Die Weiterentwicklung des volkssprachigen Bewusstseins in den europäischen Ländern war Voraussetzung für die Entdeckung der distinktiven Synonymik im Dienst von Philosophie und Sprachpflege zu Beginn des 18. Jahrhunderts. Es galt, immer wieder neu zu belegen, dass die eigene Sprache vollkommen sei. Mit Bezug auf das Deutsche war das aber insofern noch schwierig, als man zwar überzeugt war, dass hier genau die richtige Menge an „Stammwörtern" vorhanden seien, dass aus diesen aber erst noch weitere neue Wörter gebildet werden müssten, um den Bezeichnungsbedarf wirklich zu befriedigen (vgl. 4.1). In Frankreich war man hingegen weiter; hier herrschte die Überzeugung vor, dass die französische Sprache weder zu wenige noch zu viele Wörter habe und dass die Bedeutungen dieser Wörter genau bestimmt und voneinander abgegrenzt seien, ohne echte synonymische Doppelungen zu enthalten. Gabriel Girards *La justesse de la langue française, ou les différentes significations des mots qui passent pour synonymes* (Paris 1718) war die erste distinktive Synonymik einer modernen europäischen Sprache in Buchform. Dieses Werk oder zumindest seine Idee wurde in etlichen europäischen Ländern für die eigene Sprache adaptiert. In Deutschland versuchte sich Gottsched 1733 auf gut 20 Seiten mit den *Gleichgültigen Wörtern (Synonymis) in der deutschen Sprache*, danach Samuel J. E. Stosch „in richtiger Bestimmung einiger gleichbedeutender Wörter der deutschen Sprache". Der letztere „Ver-

13.3 Historische Skizze

such" erstreckte sich schon über drei Bände, die 1770–1775 erschienen. Auch die „Deutsche Gesellschaft zu Mannheim" brachte 1794 eine zweibändige Synonymik heraus und ein J. F. Gottlieb Delbrück 1796 ein Werk über *Deutsche sinnverwandte Wörter, verglichen in Hinsicht auf Sprache, Seelenlehre und Moral*.

Das Gespräch über Begriffsunterschiede war vor allem in Frankreich, aber auch in Deutschland zu einem Gesellschaftsspiel geworden. Während es den Franzosen in erster Linie um die Erziehung zu ‚Genauigkeit', ‚Reinheit' und ‚Klarheit' des Ausdrucks ging, zeigten Stosch und Delbrück, dass das Nachdenken über Begriffe als moralische Klugheitslehre verstanden werden kann. Denn im Gefüge der nur scheinbar gleich bedeutenden Wörter werden beim genaueren Hinsehen soziale Erfahrungen und gesellschaftliche Normen sichtbar. Wer nun mittels eines Wörterbuchs über Begriffsunterschiede nachzudenken und zu sprechen angeregt werde, dem werde die eigene Werteordnung im Spiegel der Sprache bewusst gemacht. Dazu passend waren Stoschs Quellen abendliche Tischgespräche.

> Die Übung in dem Zerlegen und Absondern der Begriffe bey gleichbedeutend scheinenden Wörtern geschah anfangs gewöhnlich Abends bei der Mahlzeit, wo er gern von 8 bis 10 Uhr verweilte. Hier brachte er dann mehrere Wörter zum Vortrag, forderte das Gutachten seiner erwachsenen Kinder, und hielt nicht selten ihre Meynungen des Benutzens werth. Auf seinen Reisen nahm er seine Aufsätze mit, und legte sie seinen Freunden zur Beurtheilung vor. Andere Hülfsmittel fehlten ihm damahls beynahe gänzlich. (Stoschs Biograph Hirsching 1809 zit. in Pörksen 1993, 232)

Als einflussreichster Vertreter der distinktiven Synonymik in Deutschland trat 1795 bis 1802 Johann August Eberhard mit seinem sechsbändigen *Versuch einer allgemeinen deutschen Synonymik in einem kritisch-philosophischen Wörterbuche der sinnverwandten Wörter der hochdeutschen Mundart* auf den Plan. Die sozial-moralische Dimension Stoschs und Delbrücks wurde hier aufgegeben und durch die philosophische Begriffsanalyse ersetzt. Eberhard knüpfte daran die Hoffnung, Streitigkeiten unter Gelehrten vermindern zu können. Tatsächlich war er zuvor in einem solchen Streit mit Immanuel Kant unterlegen. Worte und Begriffe, Sprache und Denken lagen für den Philosophen immer noch, auch wenn die Einszueins-Beziehung zwischen Wort und Ding sich gelockert hatte, dicht beieinander. Synonymenunterscheidung diene der „Erweiterung der Sprachkenntnis" und der „Entwicklung des Verstandes" (zit. nach Kühn/Püschel 1990a, 2059). Der von Eberhard behandelte Wortschatz konzentrierte sich dementsprechend auf „anschauungslose Begriffe und bilderlose Wörter" (zit. nach Püschel 1985, 243), d. h. auf Abstrakta. Ein Beispiel:

Heftig siehe **Auffahrend**.
Heftig siehe **Ungestüm**.
Hegen. Pflegen. Warten. [ü.] Für die Vollkommenheit eines Dinges sorgfältig thätig sein. [v.] Dazu gehört, dass man Alles, was ihm nachtheilig ist, abzuwenden, und Alles, was ihm gut ist, zu befördern suche. **Hegen** bezeichnet das erstere, **Pflegen** das Andere und **Warten** aber Beides. **Hegen** stammt nämlich ab von **Häge** (Hag), Zaun, welches auf den Begriff der Beschützung führt. Sich **Pflegen** sagt man aber anstatt: sich gütlich thun. Wer einen Kranken **warten** soll, d. i. die Aufsicht über ihn hat (**Wärter**), Der muss nicht blos alles Uebel und Ungemach von ihm abzuwenden suchen, sondern sich auch bestreben, Alles zu thun, was ihm nützlich und angenehm sein kann; er muss ihm die Arzneien zu rechter Zeit eingeben, den Arzt, wenn es nöthig ist, herbei rufen, u. s. f.

Hehr. Erhaben. [ü.] Was so beschaffen ist, dass es durch seine Grösse und Macht das Gefühl zu Ehrfurcht erregt. [v.] **Erhaben** nennt man, was in und durch sich selbst eine solche Grösse, Hoheit und Macht hat, dass es alle sinnlich messbare Grösse, Höhe und Macht übertrifft. Solchen gegenüber kann der Mensch sich nur klein und unmächtig fühlen, und es kann daher nur das Gefühl der Furcht erregen. Weil aber der Mensch es **denken** kann, mindert sich die Furcht, und weil er dadurch seiner eigenen Hoheit und Grösse sich bewusst wird, fühlt er sich **erhaben**. Was so erhebend auf ihn einwirkt, Das ist sein Selbstgefühl und Selbstbewusstsein, in welchem sich ein von der Sinnenwelt unabhängiges Sein ankündigt, welches nicht der Naturnothwendigkeit verfällt, da es einem Reiche der Freiheit angehört. Es ist das gefühlte Uebergewicht der Idealität in ihm über die Realität um ihn, die ihn **erhebt**. „Hier steh' ich Erde! was ist mein Leib, Gegen diese, selbst den Engeln unzählbare, Welten! Gegen meine Seele!" *Klopstock.* Mag es Wesen geben, die an Grösse, Hoheit und Macht den Menschen übertreffen, so ist Dieses doch nur vergleichungsweise der Fall; aber nur Eins, das einzige wahrhaft **erhabene** Wesen, die **Gottheit**, gestattet eine solche nicht, und sie kann nur das Gefühl der **Ehrfurcht** erregen. — **Hehr** von demselben Stamme wie **Herr, Herrlich, Ehre** u. s. f. weiset eigentlich auf Etwas hin, was sich durch Macht, Pracht, Würde, Hervorragendes, Majestät auszeichnet. „Wie schön und wie **hehr** war diese Sternennacht." *Klopstock.* Es liegt aber in diesem Worte etwas Geheimnissvolles, das auf Heiliges hindeutet (ob von ἱερός?) und an Feierliches erinnert, wie es denn auch nur in hohem, feierlichem Stile gebraucht wird. Daher mag es wol auch gekommen sein, dass man erklärt hat, die Ehrfurcht, die es einflösst, sei mit Schauerlichem oder dem Schauer des Heiligen gemischt.

Aus: Eberhard/Maaß/Gruber 1852/1971, Bd. 1, 494.

Im Laufe der nächsten Jahrzehnte wurde Eberhards Synonymik in drei weiteren Auflagen von den Bearbeitern Maaß, Gruber und Meyer erweitert (4. Aufl. Leipzig 1852). Wie konnte ein Werk, das für Wissenschaftler, Philosophen, Gelehrte gedacht war, über ein halbes Jahrhundert solch einen Erfolg haben? Bearbeiter und Rezensenten haben seine Zweck umdefiniert und den

13.3 Historische Skizze

praktischen Nutzen jeder Synonymik hervorgehoben, der darin besteht, Findebuch für den ‚richtigen', ‚scharfen' oder ‚treffenden' Ausdruck zu sein. Das philosophische Werk wurde zum stilistischen Hilfsmittel des gebildeten Bürgertums uminterpretiert und umgeschrieben. Einen großen Anteil daran hatte der Verleger mit seiner Idee, ein einbändiges Handwörterbuch aus Eberhards vierbändigem Werk machen zu lassen (Eberhard/Lyon 1910). Dieses erlebte von 1802 bis 1910 siebzehn Auflagen; vor allem sein Bearbeiter Otto Lyon sorgte dabei für eine weitere Funktionsveränderung. War Eberhards Synonymik fraglos auf die Sprache seiner Gegenwart bezogen gewesen, legte Lyon dem Handwörterbuch ganz zeitgemäß eine historisch-etymologische Bestimmung von Bedeutung zugrunde. Danach entspringt Bedeutungsverwandtschaft primär aus einer gemeinsamen Wortwurzel, nicht aus dem Gebrauch.

Eine Synonymik, die von vornherein auf der historisch-etymologischen Methode des 19. Jahrhunderts aufbaute, war Friedrich Ludwig Karl Weigands *Wörterbuch der deutschen Synonymen* von 1842:

> 407. **Bote. Büttel**. Ü. Wer zum Verschicken in Ausrichtung von Aufträgen gebraucht wird. V. **Bote**, ahd. der poto = der Darbringer (**Bieter**) von **bieten** ahd. piotan (S. Nr. 104), bez. den gegebenen Begriff allgemein. Selbst der Gesandte heißt so: „Stehn wir nicht – In tiefem Frieden mit dem Czar zu Moskau? – Ich selbst als euer königlicher **Bote** – Errichtete den zwanzig'jährgen Bund" (**Schiller**, Demetrius). Auch figürlich: „Du ew'ge Sonne, die den Erdball – Umkreis't, sei du die **Botin** meiner Wünsche!" (**Schiller**, Demetrius). **Büttel**, ahd. putil, die Verkleinerungsform von **Bote**, hat der Sprachgebrauch nur noch in der Bedeutung eines niedern Gerichtsdieners, besonders des Häschers und des Henkers, – der niedern Gerichts**boten**." (Weigand 1842, Bd. 1, 235, Hervorhebung im Original durch Sperrung)

Hier stehen die historisch frühesten Bedeutungen im Zentrum. Diese werden lediglich um eine sehr knappe Angabe des gegenwärtigen Gebrauchs ergänzt, der dadurch als mehr oder weniger defizitär („nur noch") erscheint.

Neben der Einführung der historisch-etymologischen Lexikografie auch bei der Synonymik hält sich im 19. Jahrhundert das Motiv der Denkschulung in Verbindung mit dem der Stillehre in zahlreichen kleineren synonymischen Werken für den Schulgebrauch.

Wieviel hatten die distinktiven Synonymiken mit der Sprachwirklichkeit ihrer jeweiligen Zeit zu tun? Die Antwort lautet: nicht viel; ein Wörterbuchkorpus als Basis der Beschreibung lag nirgends zugrunde. Für Stosch und Delbrück ließe sich wohl die These vertreten, hier spiegele sich so etwas wie das Sprachbewusstsein und Bedeutungswissen gebildeter Kreise, doch wird die moralische Absicht jenes Wissen oft in einer bestimmten Richtung verzerrt haben. Lediglich die moralischen Orientierungen der Autoren und gegebenenfalls ihres Umfelds kann man sich als im Wörterbuch gespiegelt vorstellen. Für Eberhard gilt dasselbe mit Bezug auf gelehrte Kreise und philosophische Orientierungen.

Das Besondere an der philosophisch motivierten, distinktiven Synonymik ist, dass sie tendenziell künstliche Bedeutungen beschreibt und keineswegs immer die Sprachwirklichkeit. Denn natürlich sind die Wortbedeutungen nicht alle scharf gegeneinander abgegrenzt, und erst recht nicht sind die auf diese Weise beschriebenen Unterschiede eine Sache des Bedeutungsumfangs oder der Eigenschaften des bezeichneten Dings, sondern – das wissen wir heute – sehr oft pragmatisch bedingte Unterschiede, d. h. Unterschiede in der Sicht der jeweiligen Sprecher oder in der situationsgeprägten Sicht, nicht Unterschiede in der Beschaffenheit des bezeichneten Gegenstands. Bei Eberhard ist davon erst sehr ansatzweise, nämlich bei tadelnden und lobenden Ausdrücken, etwas zu ahnen. Die etymologische Synonymik eines Weigand und Lyon vernachlässigt den gegenwärtigen Gebrauch ohnehin.

Eine eigenständige, begrifflich geordnete, kumulative Synonymik war in Deutschland seit dem 16./17. Jahrhundert nicht mehr erschienen. In der zweiten Hälfte des 19. Jahrhunderts wurde sie von Daniel Sanders aus England neu importiert. Sanders hatte aus den Zettelkästen seines eigenen dreibändigen *Wörterbuchs der deutschen Sprache* mehrere Synonymiken erarbeitet, darunter auch eine distinktive (*Wörterbuch deutscher Synonymen* von 1871; vgl. Haß-Zumkehr 1995), mit der er die rationale Begriffsbestimmung gegen den alle Sprachreflexion überwuchernden historischen Ansatz eines Lyon und Weigand verteidigte. Bekannter jedoch wurde Sanders' zweibändiger *Deutscher Sprachschatz* von 1873–1877. Mit diesem Werk wurde der heute noch aufgelegte *Thesaurus of English words and phrases* von Peter Mark Roget (1852; vgl. Roget 1982) von Sanders und später erneut von August Schlessing (1903) auf das Deutsche übertragen.

Sanders setzte sich sowohl von der etymologischen Überwucherung der Synonymik wie auch von der begrifflichen Weltordnung Rogets kritisch ab. In seiner Kritik ist die auch heute noch gültige Diskussion um begriffshierarchische Wörterbücher (vgl. Ballmer/Brennenstuhl 1986) enthalten.

Anders als seine Vorgänger bestimmte Sanders ein Synonym als ein Wort in einer Einzelbedeutung, das innerhalb desselben Satzkontextes durch ein anderes monosemiertes Wort ersetzt werden kann. Ganz wichtig: Ein Wort wie *Kopf* mit seinen 21 verschiedenen Einzelbedeutungen kann niemals mit irgendetwas synonym sein, sondern immer nur in einer der Einzelbedeutungen/Lesarten mit der Leseart eines anderen Worts; man sagt, nur das durch den Kontext monosemierte Lexem ist synonym mit einem anderen. Weiter: Nicht die gleiche Menge an semantischen Merkmalen macht zwei Wörter

13.3 Historische Skizze

synonym, sondern ihre Austauschbarkeit im Satzzusammenhang macht sie synonym.

In seiner Kritik an Grimms lexikografischer Behandlung semantischer Relationen hatte Sanders wie folgt geschrieben:

> Arg soll gleichbedeutend sein mit übel, aber von diesem Wort ist nachher auch mit keiner Silbe weiter die Rede und in keinem der Beispiele könnte es ohne wesentliche Veränderung des Sinnes stehen. Arge Leute sind nicht üble Leute! (Sanders zit. nach Haß-Zumkehr 1994, 268)

Sein Synonymiebegriff führte zu einer relativ feinen semasiologischen Differenzierung. Deren Fehlen kritisierte Sanders bei Lyon, der angibt, die Bedeutungen von *Pirat* und *Seeräuber* seien „gar nicht verschieden" und man könne das Fremdwort *Pirat* daher vermeiden. Lyon hatte aber eine metaphorische Verwendung von *Pirat* übersehen.

> Dass aber auch zwischen diesen beiden Ausdrücken eine − wenn auch nur geringe − Verschiedenheit obwaltet, wonach das deutsche Wort nicht unbedingt und überall für das Fremdwort gesetzt werden kann, hätte Herr Dr. Lyon aus meinem ‚Wörterbuch deutscher Synonymen' [...] ersehen können [...]: ‚Allgemein üblich aber ist im Sinne von Seeräuber und für dasselbe das Fremdwort Pirat, das aber auch bildlich in Anwendungen steht, wo die deutsche Zusammensetzung wegen der bestimmt hervorgehobenen Beziehung auf die See nicht berechtigt ist. So wird man z. B. einen unverschämten Plagiator, der frechen Raub an andern Schriftstellern begeht, wohl ohne weiteres einen Piraten oder Räuber, nicht aber einen Seeräuber nennen.' (Sanders zit. nach Haß-Zumkehr 1994, 269)

Sanders war weit davon entfernt, ein hierarchisch-logisch geordnetes Begriffssystem als eine außer- oder vorsprachliche Gegebenheit aufzufassen. Er nannte die Zahl von genau 1000 „Begriffsfächern" in Rogets *Thesaurus* eine „Zahlenspielerei", da

> das System der Anordnung − wie dies der Natur der Sache nach füglich nicht anders sein kann − ein künstliches und wenigstens in manchen Punkten einigermaßen willkürliches ist. (zit. nach Haß-Zumkehr 1994, 270)

Benutzer könnten sich darin schwer zurecht finden. Bei seiner Bearbeitung erhöhte Sanders daher die Zahl von Rogets großen „Klassen" durch Umgruppierung von sechs auf sieben und verringerte die Zahl der kleineren „Begriffsfächer" von 1000 auf 688. Eigentlich hatte er gar keine begriffshierarchische Anordnung vornehmen, sondern ein alphabetisches kumulatives Wörterbuch machen wollen, aber der Verleger Campe beharrte auf der systematischen Anordnung, ergänzt durch ein möglichst knappes alphabetisches Register. Sanders (1873−1877/1985, VIf.) gibt sein System wie folgt an:

Plan der Anordnung
nach 7 Klassen.

I. Klasse: **Abstrakte Beziehungen**.
Abtheilung	1: Existenz
„	2: Beziehung
„	3: Quantität
„	4: Ordnung
„	5: Zahl
„	6: Zeit
„	7: Veränderung
„	8: Ursache und Wirkung

II. Klasse: **Raum**.
Abtheilung	1: Raum allgemein
„	2: Raumausdehnungen
„	3: Form
„	4: Bewegung

III. Klasse: **Stoff**.
Abtheilung	1: allgemein
„	2: unorganischer Stoff
„	3: organische Welt

IV. Klasse: **Erkenntnisvermögen**.
Abtheilung	1: Bildung von Begriffen
„	2: Mittheilung von Begriffen
„	3: Ausdrucksmittel für geistige Vorstellungen

V. Klasse: **Wille**.
| Abtheilung | 1: in Bezug auf den Wollenden selbst |
| „ | 2: in Bezug auf Andere |

VI. Klasse: **Besitz, Eigenthum**.
Abtheilung	1: allgemein
„	2: Übergang des Besitzes in eine andere Hand
„	3: Austausch des Besitzes
„	4: Geld und Geldbeziehungen

VII. Klasse: **Empfindungen, Gefühle, Gemüthsbewegungen**.
Abtheilung	1: allgemein
„	2: in Bezug auf den Empfindenden selbst
„	3: in Betreff der Verbindung mit Andern und der daraus entspringenden Beziehungen
„	4: sittliche Empfindungen
„	5: religiöse Empfindungen und Institutionen

13.3 Historische Skizze

Wie man leicht sieht, sind die Pflanzen in der III. Klasse, 3. Abteilung eingeordnet; ein Bezug zum Menschen ist, anders als bei Golius 1579 (siehe 13.3.1), nicht unmittelbar ausgedrückt.

In der Diskussion der Anordnungsweise hatte Sanders längst festgestellt, was Eggers 1968 als neue Einsicht bezeichnete:

> Viele Jahrzehnte mußten vergehen, bevor sich die heute wohl allgemein anerkannte Erkenntnis durchsetzte, daß es unmöglich ist, ein objektiv und unanfechtbar gültiges, allgemein verbindliches Begriffssystem zu schaffen, welches sich für jede Sprache anwenden läßt und die Aufnahme eines jeden Wortschatzes ohne Härten und Widersprüche gestattet. (Wehrle-Eggers 1961/1968, IX)

Vom letzten Viertel des 19. Jahrhunderts bis heute werden in der deutschen Synonymik im Wesentlichen drei Titel genannt: (1.) August Schlessings *Deutscher Wortschatz* (1881), bearbeitet von Wehrle 1914, als (2.) Wehrle/Eggers 1961 ff. neu aufgelegt, und (3.) Dornseiffs *Deutscher Wortschatz nach Sachgruppen* 1933 (7. Aufl. 1970). Weitere siehe Kühn/Püschel (1990b, 2086 ff.) und Wiegand (1990, 2177 ff.). Diesen praktischen Arbeiten steht ein theoretisch begründetes, aber nicht umgesetztes *Begriffssystem als Grundlage für die Lexikographie* von Hallig/von Wartburg von 1952 (2. Aufl. 1963) gegenüber, das in der Diskussion ebenfalls eine Rolle spielt.

Während Roget, Sanders und Dornseiff den Wortschatz einer Einzelsprache einer nicht-alphabetischen Ordnung unterzogen, damit auf der sprachlichen Ebene blieben und ein speziell der jeweiligen (nationalen) Sprachgemeinschaft korrespondierendes ‚Weltbild' repräsentierten, waren Hallig/von Wartburg überzeugt, von einem außersprachlich vorgegebenen Begriffssystem ausgehen zu können, das die einzig existierende Welt in allgemein menschlicher Perspektive darstelle (Hüllen 1990). Mit einem solchen System wollten sie den Lexikografen ein Instrument an die Hand geben, mit dem sich der Wortschatz jeder konkreten Einzelsprache allgemein gültig ordnen ließe.

Hallig/von Wartburg (1963) setzten auf der obersten Ebene des Systems drei andere, interessanterweise aber nicht völlig andere Klassen an als Golius im 16. Jahrhundert (s. o.):

A. L'Univers
B. L'Homme
C. L'Homme et l'Univers

In den Untergliederungen von A (*L'Univers*) finden sich *les plantes* neben *la terre* und *les animaux*. Die Pflanzen sind überwiegend nach Nutzungsaspekten subklassifiziert – da hat sich in vier Jahrhunderten nichts geändert, wenn man vom nun weiter gezogenen Horizont absieht, in dem die Natur durch das Universum ersetzt wird. Gott und Religion, die im 16. Jahrhundert die Haupt- und erste Klasse bildeten, finden sich in den 50-er Jahren als *les croyances, la religion* in der Klasse *l'organisation sociale* unter *B. L'Homme* wieder.

Zum Vergleich: Wehrle/Eggers (1961/1968) setzen sechs Klassen auf der ersten Ebene an:

A. *Begriffliche Beziehungen*
B. *Raum*
C. *Stoff*
D. *Geistesleben*
E. *Gebiete des Wollens*
F. *Gefühlsleben*

Die Kategorie *C. Stoff* ist dreigeteilt, darunter *Organische Materie*, worunter die Pflanzen fallen müssen. Religion wird der Klasse *F. Gefühlsleben* als *Religiöse Gefühle* zugeordnet. Letzteres stellt doch einen deutlichen Unterschied zum etwa zeitgleichen System Hallig/von Wartburgs dar. Während sich beim utilitaristischen Blick auf die Pflanzen der Anspruch auf Allgemeingültigkeit ihres Systems über die Jahrhunderte hinweg zu bestätigen scheint, ließe sich die jeweilige Einordnung des Themas Religion möglicherweise konfessionell deuten. Das französisch verfasste Begriffssystem der beiden deutschen Romanisten deckt sich in diesem Punkt mit dem eher ‚objektiven', institutionellen Status von Religion im Katholizismus, während die Deutung der Religion als individuelles Gefühl in deutschen Begriffssystemen typisch für den Protestantismus des 19. Jahrhunderts genannt werden könnte. Allerdings sind diese sämtlich Imitationen des Systems von Peter Mark Roget (geboren 1779, gestorben 1869), dem britischen Mediziner, der in der Tat kein Anglikaner, sondern calvinistisch-hugenottischer Herkunft war (Roget 1982, XIII). Sanders überträgt Rogets „Affections, Religious" korrigierend mit „religiöse Empfindungen und Institutionen" ins Deutsche, korrigierend insofern, als die institutionellen und somit dinghaft existierenden Elemente der Religion(en) hinzugefügt werden.

Auf Franz Dornseiff (geboren 1888, gestorben 1960) soll, vor allem wegen des bis in die Gegenwart reichenden Erfolgs seiner Synonymik, näher eingegangen werden. Die 1. Auflage erschien 1933, die dritte 1943, und auch die fünfte von 1959 wurde noch von Dornseiff selbst veranstaltet. Er war Altphilologe und hatte eigentlich einen griechischen Thesaurus geplant, zu dem der deutsche lediglich eine Vorarbeit sein sollte. Sanders' *Deutscher Sprachschatz* sei, obwohl kulturell überholt, für ihn „am wichtigsten gewesen", schreibt er in der 5. Auflage von 1959: „Sein [Sanders'] Buch ist heute ein Zeitdenkmal für den Sprachstand von damals" (Dornseiff 1964, 88). Dornseiffs gesammelte Wörterbuch-Vorreden sind vollständig und zusammen mit

13.3 Historische Skizze

einigen Aufsätzen nach seinem Tod in einem Sammelband *Sprache und Sprechender* herausgebracht worden (Dornseiff 1964); sie sind heute noch lesenswert und enthalten u. a. Sprachkritisches zur nationalsozialistischen Zeit – und das schon vor 1960.

In der heute noch erhältlichen 7. Auflage der Synonymik von 1970 ist einleitend Dornseiffs System abgedruckt:

ANWEISUNG ZUM GEBRAUCH DES BUCHES

Der gesamte Wortschatz ist in 20 Hauptabteilungen gebracht. Die Teilung in 20 Gruppen geht einen Weg von der äußeren Natur (Abtl. 1—2) und den allgemeinen Seinsbeziehungen (Abtl. 3—8) zum Subjektiven (Abtl. 9—12), zum sozialen Bereich und der Kultur (Abtl. 13—20). Sie sieht so aus:

1. Anorganische Welt. Stoffe
2. Pflanzen. Tier. Mensch (körperlich)
3. Raum. Lage. Form
4. Größe. Menge. Zahl. Grad
5. Wesen. Beziehung. Geschehnis
6. Zeit
7. Sichtbarkeit. Licht. Farbe. Schall. Temperatur. Gewicht. Aggregatzustand. Geruch, Geschmack
8. Ortsveränderung
9. Wollen und Handeln
10. Sinnesempfindungen
11. Fühlen. Affekte. Charaktereigenschaften
12. Denken
13. Zeichen. Mitteilung. Sprache
14. Schrifttum. Wissenschaft
15. Kunst
16. Soziale Verhältnisse
17. Geräte, Technik
18. Wirtschaft
19. Recht. Ethik
20. Religion. Das Übersinnliche

Jeder der 20 Hauptabteilungen zerfällt in etwa 20—90 Begriffsnummern, die zusammen am Schluß dieser Anweisung und gesondert vor jeder Hauptabteilung zu finden sind. Ein alphabetisch geordnetes Verzeichnis ausgewählter Worte findet sich am Schluß des Bandes.

Vergleicht man diese Einteilung mit der von Golius aus dem 16. Jahrhundert und mit der von Sanders aus dem 19. Jahrhundert, sieht man erstens, dass die beiden Pole des Metaphysischen, Übersinnlichen und der unbelebten Natur irgendwie erhalten geblieben sind, und zweitens, dass die Pole umgekehrt erscheinen; seit dem 19. Jahrhundert zuerst das Anorganische, zuletzt das Göttliche, und zwar offensichtlich als eine der kulturellen Hervorbringungen des Menschen.

Dornseiffs zwanzig Hauptabteilungen sorgen für eine vergleichsweise flache Begriffshierarchie. Bei den Pflanzenarten legt er die in der Botanik seinerzeit übliche Linnésche Klassifikation zugrunde; in der Klasse „Geräte. Technik" kann er sich auch an den menschlichen Artefakten orientieren, kann also die von Menschen vorgenommene sachliche Gliederung der Welt übernehmen. Aber bei „Gesellschaft und Gemeinschaft" (Klasse 16) muss der Lexikograf Vorstellungen ordnen, die z. T. anthropologisch vorgegeben, z. T. aber ohne gezielte Intention sozial verursacht und damit kulturspezifisch sind. Unterklassen hier heißen z. B. „Die große Welt" (16.62) und „Modeheld" (16.63). Ähnlich „überholt" wirkende Klassifizierungen finden sich bei Wehrle/Eggers (1961/1968), wozu Ballmer/Brennenstuhl u. a. bemerken:

> Aus manchen Klassifizierungsversuchen spricht eine im Hintergrund wirkende Weltanschauung. Allerdings geht es entschieden zu weit, *verführen* und *entjungfern* und die Nomina *Geschlechtsgenuß, Beischlaf, Erotik, Onanie* und *Orgasmus* bei 961 *Unreinheit* einzugliedern. Keiner dieser Ausdrücke erscheint bei 897 *Liebe*. Die Kategorie *Unreinheit* enthält noch unzählige andere Lacherfolge der genannten Art. (Ballmer/Brennenstuhl 1986, 122)

Diese Kritik ist sichtlich selbst durch die gesellschaftlichen Veränderungen seit 1968 geprägt. Da stellt sich die Frage, ob begriffssystematische Wörterbücher überhaupt ohne im weitesten Sinne ideologische Voraussetzungen denkbar sind. Die Frage ist insofern falsch gestellt, als auch alphabetisch geordnete Bedeutungswörterbücher von ihren gesellschaftlichen Voraussetzungen nicht zu trennen sind, mit dem Unterschied, dass dies hier nicht beim ersten Blick auf die Anordnungsweise auffällt. Allerdings haben die Autoren begriffssystematischer Wörterbücher in der Vergangenheit immer wieder auch kulturprägende Absichten erkennen lassen. Reichmann (1990, 1059) betont, dass bei der Auswahl der begrifflichen Einheiten durchaus mehrere Gründe ins Spiel kommen können, von denen die bewusste Vermittlung einer religiös oder politisch begründeten Weltanschauung nur einer ist. Insbesondere bei fachlichen Thesauren dominiert die Absicht, über Inhalte und Struktur eines speziellen Wissensbereichs zu belehren. Auch die Adressatenorientierung, d. h. das Vorwegnehmen derjenigen Begriffe, über die die potenziellen Adressaten verfügen, kann die Systematik prägen. Beschreibung einerseits und Einflussnahme auf Sprache, Sprachwissen und Weltorientierung andererseits verbinden sich schwer trennbar in den Intentionen der Lexikografen.

Seit 1970 sind mehrere Versuche gemacht worden, den Dornseiff in neuer Bearbeitung herauszubringen (Kaiser 1984). Aber eine Überarbeitung, selbst wenn sie aus den alten 20 Hauptklassen 15 oder auch 30 machen und sonst noch viel verändern würde, scheint auf unüberwindliche Schwierigkeiten zu stoßen. Schon Sanders hatte im 19. Jahrhundert argumentiert, dass man ‚heute' kein hierarchisch geordnetes und sozial verbindliches oder konsentisches Weltbild mehr habe und dass man deshalb auch einen Thesaurus nicht mehr machen könne, der mehr als einen begrenzten Wortschatzbereich, etwa einer Fachsprache umfasst.

Denkt man an aktuelle Schlagworte wie Pluralismus und postmoderne Beliebigkeit, scheinen die Hindernisse zu Beginn des 21. Jahrhunderts noch höher geworden zu sein. Man kann daraus ableiten, dass man endgültig auf begriffssystematische Wörterbücher verzichten müsse. Man kann aber auch, wie Reichmann (1990, 1065), befürworten, dass Vertreter unterschiedlicher kultureller Orientierungen je ein solches Wörterbuch als Dokument wie Instrument ihrer Überzeugungen verfassen. Jeder leiste seinen Beitrag zu einer Wörterbuchkultur, die demokratisch erst heißen kann, wenn mehrere Ideologien sich in ihr ergänzen. Skeptisch hinzugefügt sei, dass wer sich anschickt, ein onomasiologisches Wörterbuch der eigenen Überzeugung gemäß zu schreiben, sehr schnell entdecken könnte, dass Überzeugungsvielfalt schon innerhalb des postmodernen Individuums blüht und ein konsistentes System nicht zulässt.

Literatur:

a) Wörterbücher und verwandte Quellen:

Agicola/Agricola 1977; Dornseiff 1934; Dornseiff 1970; Duden − sinn- und sachverwandte Wörter 1986; Eberhard/Maaß/Gruber 1852/1971; Eberhard/Lyon 1910; Golius 1579/1972; Hallig/von Wartburg 1952/1963; Hoffmann 1929; Roget 1982; Sanders 1873 − 1877/1985; Schlessing 1903; Schwartzenbach 1564; Textor 1996; Wehrle-Eggers 1961/1968; Weigand 1842; Wörterbuch der Synonyme und Antonyme 1983.

b) Forschungen:

Ballmer/Brennenstuhl 1986, 112−126 (mit kritischem Überblick über alle bekannteren Begriffssysteme seit Roget und mit Veranschaulichung der Systeme selbst); Dornseiff 1964; Gardt 1999; Gauger 1973 (zur französischen Synonymik); Grubmüller 1990; Günther 1996 (zur funktionalen Genese des Alphabets); Haarmann 1994; Haß 1986; Haß-Zumkehr 1994; Hausmann 1990a; Hausmann 1990b; Hausmann 1990c; Hüllen 1990 (zu Hallig/von Wartburg 1963); Hüllen 1992 (zum Orbis pictus von Comenius); Hüllen 1994 (Sammelband zur historischen und gegenwärtigen Synonymik in verschiedenen Nationalkulturen); Hüllen 1999 (zu onomasiologischen Tradition in der englischen Lexikografie bis 1700); Hüllen/Haas 1992 (zu Junius); Kaiser 1984 (zum Plan eines neuen ‚Dornseiff'); Knoop 1994; Kühn 1985; Kühn 1989 (zu Benutzungsaspekten); Kühn/Püschel 1990a; Kühn/Püschel 1990b; Marello 1990; McArthur 1986; Meyer 1991; Miethaner-Vent 1986 (zum Alphabet in der mittelalterlichen Lexikografie); Pörksen 1993 (zu Stosch); Püschel 1985 (zu Joh. August Eberhard); Püschel 1986; Reichmann 1989; Reichmann 1990 (Überblicksartikel über den Typ des onomasiologischen Wörterbuchs); Roget 1982 (Einleitung, zu den Zielen Rogets und zu den weiteren Auflagen bis in die Gegenwart); Szlęk 1999 (zum 18. Jahrhundert 95–122; zum Anordnungproblem 201–214); West 1993; Wiegand 1990; Wiegand 1998 a.

14. Die Sachlexikografie und ihr Verhältnis zur Sprachlexikografie

Bei der Bezeichnung *Lexikon* denken die meisten an ein nach alphabetischen Stichwörtern geordnetes Buch. Damit haben sie sich aber noch nicht entschieden zwischen einem sprachbezogenen und einem sachbezogenen Nachschlagewerk, wofür es die Bezeichnungen *Wörterbuch* und *Enzyklopädie* gibt. Mit *Lexikon* kann beides gemeint sein; die Bezeichnung ist ungenauer und wird deswegen in wissenschaftlichen Zusammenhängen ungern verwendet. Wörterbuch und Enzyklopädie sind nicht nur im deutschsprachigen Raum an bestimmte Produktnamen geknüpft, die dazu tendieren, Gattungsnamen zu sein: *Duden* und *Brockhaus* stehen nicht selten für ganze Klassen ähnlicher Werke, gleich aus welchem Verlag, so dass manche sogar vom „Duden von Bertelsmann" und vom „Brockhaus vom Fischer-Verlag" sprechen. Die Verwirrung wird noch größer dadurch, dass es zahlreiche Mischformen gab und gibt, die sich *Lexikon der Wörter, Namen und Sachen*; *enzyklopädisches Wörterbuch*, *Allbuch*, *Descriptionary*, *Factopedia*, *Cyberpedia* usw. nennen (zur Vielfalt der Bezeichnungen in der deutschen und der angelsächsichen Tradition siehe Wiegand 1988, 734 und Hartmann/James 1998, 144).

Im Sprachwörterbuch lernt man bei vielen Wörtern, z. B. bei *Zebra, online* oder *Eschatologie*, automatisch etwas über die Welt, in der wir leben, wenn wir lernen, wie man dieses Wort gebraucht und umgekehrt. Bei Wörtern wie *Idiot, Engel* oder *tierisch* wird uns ein Sachwörterbuch die interessantesten Aspekte des Wortgebrauchs, die man bildungssprachlich Konnotationen nennt, verschweigen.

14.1 Abgrenzungen und Wechselwirkungen

Das Problem der abgrenzenden Unterscheidung zwischen sprach- und sachbezogener Lexikografie gibt Anlass zu der Vermutung, dass beider Traditionen in Wechselwirkung miteinander stehen und dass die Geschichte der Enzyklopädik die Rezipientenerwartungen an die Textsorte Wörterbuch mit geprägt hat, wie dies ist auch in Kapitel 13 deutlich wurde. Nachfolgend wird ein Abriss der Geschichte der Enzyklopädik gegeben, weil sie zum engeren kulturellen Kontext der Sprachlexikografie gehört. Die Geschichte der Enzyklopädik scheint weit besser zusammenfassend dokumentiert als die der Sprachlexikografie, und zwar überwiegend in den Disziplinen Geschichtswissenschaft, Philosophie und Mediävistik, nicht aber aus sprachwissenschaftlicher Perspektive. Diese wird nachfolgend aber eine wesentliche Rolle spielen, denn es geht um die Fragen:

- Inwiefern haben Enzyklopädien (deutsche) Wörterbücher und umgekehrt beeinflusst?
- Entfernten sich beider Traditionen zunehmend voneinander oder näherten sie sich (wieder) an?
- Welche Faktoren spielten dabei mit?
- Was bedeutet es für die Zukunft der sprachbezogenen Lexikografie, wenn Nutzer beides bis zur Ununterscheidbarkeit nah bei einander sehen?

Benutzer von Sprachwörterbüchern sind zum Teil an Informationen über eine Sache interessiert, zum Teil an Informationen über die Bedeutung und über die (korrekte oder tatsächliche) Verwendung eines Worts; wobei sie sich wohl selten über den Unterschied Gedanken machen.

Sehen wir uns zunächst einige parallele Einträge zu verschiedenen Stichwörtern einmal aus dem Duden-*Universalwörterbuch* (1996) als Vertreter des Sprachwörterbuchs, aus der Microsoft *Encarta* als Vertreter der Multimedia-Enzyklopädie (1999) (Unterstreichungen stellen Verweiswörter dar) und aus dem in letzterer enthaltenen Wörterbuch aus dem Verlag Langenscheidt (1999) an:

Duden-Universalwörterbuch	Encarta	Langenscheidt-Wörterbuch
beige [...] <indekl. Adj.> [frz. beige, H. u.]: *von der Farbe des Dünensandes:* ein b. Kleid; wir haben die Möbel b. gestrichen; <nicht standardsprachl.:> ein -s Kleid;	**beige** /kein Eintrag/	**beige** [...] *Adj;* von e-r hellen, gelblich braunen Farbe (wie Sand): *ein beiges Hemd* ‖ NB: die attributive Verwendung gehört der gesprochenen Sprache an; um sie zu vermeiden, verwendet man *beigefarben: e-e beigefarbene Bluse*

14.1 Abgrenzungen und Wechselwirkungen

Delphin
(auch:) Delfin, der; -s, -e [mhd. delfīn < lat. delphinus < griech. delphín, älter: delphís (Gen.: delphínos), wohl zu delphýs = Gebärmutter, wahrsch. nach der gebärmutterähnlichen Körperform]: *(zu den Zahnwalen gehörendes) im Wasser, meist in Herden lebendes Säugetier mit schnabelartig verlängertem Maul;*

Delphine, Familie der Zahnwale aus der Ordnung der Wale. Die Familie umfasst vier Unterfamilien mit insgesamt über 30 Arten, sie ist eng mit den Schweinswalen verwandt. Delphine sind vorwiegend meerbewohnende Säugetiere und gewandte, kraftvolle Schwimmer. Sie haben eine schnabelartige Schnauze mit kegelförmigen Zähnen und meist eine deutliche Rückenflosse. Ihre Gesamtlänge liegt zwischen einem und neun Metern. Delphine ernähren sich vorwiegend von Fischen. Unabhängig von der systematischen Einordnung werden auch alle kleineren Arten von Zahnwalen als *Delphine* bezeichnet; die größeren Arten nennt man *Wale* ... [gekürzt, UHZ]

Delphin
der; -s, -e; ein (Säuge)Tier, das wie ein großer Fisch aussieht u. im Meer lebt

---

Glück das; -[e]s, -e < Pl. selten > [mhd. gelücke = Schicksal(smacht); Zufall < mniederd. (ge)lucke < mniederl. (ghe)lucke, H. u.]: **1.** < o. Pl. > *etw., was Ergebnis des Zusammentreffens besonders günstiger Umstände ist; besonders günstiger Zufall, günstige Fügung des Schicksals:* großes, unverdientes, unverschämtes G.; [es ist] ein G. *(es ist nur gut),* dass dir das noch eingefallen ist; das ist dein G. *(es ist nur gut, günstig für dich),* dass du noch gekommen bist; er hat G. gehabt, dass ihm nichts passiert ist; G. im Unglück haben; mit diesen Plänen wirst du bei ihm kein G. haben

Glück
in der Philosophie Bezeichnung für das Gefühl, in einem harmonischen Zustand vollkommener Befriedigung zu leben. Bei Aristoteles ist das Glück das letzte Handlungsziel des Menschen; diese These wird Eudämonismus genannt. Für den zuerst von Epikur vertretenen Hedonismus ist die Lust selber der Inhalt des Glücks. Immanuel Kant kritisierte Eudämonismus und Hedonismus gleichermaßen: Demgegenüber setzte er die Pflicht oder die Sittlichkeit als obersten Maßstab vollkommenen Glücks.

Glück *das;* -(e)s; nur Sg; **1** günstige Umstände od. erfreuliche Zufälle, auf die man keinen Einfluss hat u. die einem e-n persönlichen Vorteil od. Erfolg bringen ↔ Pech < großes, unverdientes, unverschämtes G.; (kein, wenig, viel) G. (in der Liebe, im Spiel) haben; etw. bringt j-m G.; j-m (viel) G. für/zu etw. wünschen; sich auf sein G. verlassen >: *Er hat noch einmal G. gehabt – der Unfall hätte schlimmer ausgehen können!;* Wenn du G. hast, ist vielleicht noch Kuchen übrig; Viel G. im Neuen Jahr!
... [gekürzt, UHZ]

(keinen Erfolg haben, nichts erreichen); etw. bringt jmdm.
G.; ein G. bringender Anhänger; jmdm. viel G. für, zu etw. wünschen; [bei jmdm.] sein G. versuchen; er hat sein G. gemacht; R G. muss der Mensch haben!; mehr G. als Verstand haben; noch nichts von seinem G. wissen (iron.; *noch nicht wissen, was einem an Unerfreulichem bevorsteht*); ... [gekürzt, UHZ]

Ein Vergleich von Wörterbuch und Enzyklopädie anhand vorstehender Beispiele ergibt zunächst Unterschiede in der Stichwortauswahl. Die Enzyklopädie verzichtet auf die Erläuterung von Wörtern des Allgemein- oder Grundwortschatzes wie *beige*, es sei denn die Bedeutung eines Wortes hat eine fachsprachliche Dimension wie *Glück*. Letzteres wird zwar von beiden Lexikontypen als Stichwort angesetzt, aber es gibt Unterschiede in der Art der gebotenen Information. Wortgeschichtliche, grammatisch-morphologische, phraseologische Informationen und Verknüpfungen mit sinnverwandten Lexemen wie *Pech* und *Pflicht* enthält nur das Wörterbuch, nicht die Enzyklopädie. Dafür bietet letztere Hinweise auf philosophische Reflexionen von Epikur bis Kant und Verknüpfungen zu verwandten Themen wie Eudämonismus und Hedonismus. Fachwortschatz können Wörterbücher nur dann verzeichnen, wenn sie umfangreicher sind – der Grund- und allgemeine Wortschatz ‚geht vor'. Dies ist auch bei den Bedeutungsangaben zu *Delfin* zu sehen: Während der *Universalduden* fachliche, d. h. zoologische Informationen mit einzubeziehen versucht, bleibt *Langenscheidts* Wörterbuch, weil es ja komplementär zu *Encarta-Enzyklopädie* genutzt werden soll, ganz bei der Alltagssicht von Menschen, die noch nicht gelernt haben, dass Delfine keine Fische, sondern Säugetiere sind. Der zugehörige Enzyklopädie-Artikel präsentiert das Wissen über Delfine dann fast wie in einer Schulstunde.

Substantivische Stichwörter sind in der Enzyklopädie die Regel, wohingegen Verben höchst selten erläutert werden. Wörterbücher dürfen keine der Wortarten vernachlässigen, verzichten aber in der Regel auf Eigennamen, die in Enzyklopädien zu den traditionell wichtigen biografischen Informationen gehören. Die verbleibenden Stichwortklassen müssen selbst in vielbändigen Enzyklopädien weiteren Selektionsverfahren unterzogen werden, etwa dem

14.1 Abgrenzungen und Wechselwirkungen

Ausschluss nur lokal interessanter Ort, Berge, Personen usw. (vgl. Kunsemüller 1965, 579).

Die genannten Unterschiede taugen aber kaum zu einer verlässlichen Unterscheidung der Texttypen, da es vor allem im romanischen und im angelsächsischen Sprachraum zahlreiche Mischformen gab und gibt, die sprach- und sachbezogene Information zugleich enthalten (s. 14.3).

Während der linguistische Strukturalismus eher die Trennung zwischen Sprach- und Weltwissen verteidigte, hat die sog. Gebrauchstheorie der Bedeutung in Anlehnung an Wittgenstein die These gestützt, dass Sach- und Bedeutungswissen und die entsprechenden Erläuterungen im kognitiv ‚gespeicherten' Lexikon, hier verstanden als Komponente des menschlichen Sprachvermögens, weitgehend zusammenfallen. Denn angeben, wie ein Wort verwendet wird, heißt angeben, auf welche Gegenstände oder Sachverhalte es bezogen werden kann. In beiden Fällen spielen also Eigenschaften und Merkmale des Denotats (des Bezeichneten) eine zentrale Rolle. Eine klare Trennung von Weltwissen und Sprachwissen gelingt aus theoretischen Gründen nicht (Wiegand 1998 c); eine semantische Angabe ist immer zugleich auch eine enzyklopädische Angabe.

Man kann enzyklopädisches und semantisches Wissen als zwei sich teilweise überschneidende Kreise darstellen (Wiegand 1998 c, 774). Der Überschneidungsbereich enthält das zur angemessenen Wortverwendung notwendige Sachwissen („wie ein Delfin aussieht"). Der rein enzyklopädische Bereich enthält zoologisches, mythologisches und ökologisches Wissen. Der rein semantische Bereich erlaubt lediglich Zuordnung des Ausdrucks zu Fernsehtieren, Gummitieren, Zootieren usw.

Aber die Eigenschaften, die etwa einem Delfin im Alltag und diejenigen, die ihm in der Zoologie zugeschrieben werden, unterscheiden sich deutlich voneinander: Hier die Fischähnlichkeit und ‚positive Ausstrahlung', dort die Zugehörigkeit zur Gattung Wal und zu den räuberischen Meeresbewohnern. Hier die Nennung der prototypisch notwendigen Eigenschaften, dort die fachwissenschaftliche Hintergrundinformation. Die Abgrenzung der Texttypen muss also auf der Ebene der Darstellung, nicht auf der des Wissens vorgenommen werden.

Speziell mit Bezug auf die Typisierbarkeit der deutschsprachigen Nachschlagewerke hat Wiegand (1988 und 1998 c) einen handlungs- und kommunikationstheoretischen sowie kulturwissenschaftlichen Ansatz gefordert, auf dessen Basis man die Unterscheidung an Benutzungssituationen und Arten von Fragen festmachen kann, auf die ein Nachschlagewerk zugeschnitten ist.

Die Angaben zu einem Stichwort können so formuliert werden, dass semantische und sachliche Erläuterung zusammenfallen und Nutzer nicht entscheiden können (bzw. müssen), ob die Informationen sach- oder sprachbezogen sind. Sie können bei entsprechender Formulierungskunst aber auch deutlich von einander unterschieden werden, wie Dieckmann (1988) fordert und veranschaulicht: „Das Wort *Hund* hat keine Beine, und das schwanzwedelnde Tier ist kein Nomen." (Dieckmann 1988, 793). Allgemein ausgedrückt folgen *sprach*bezogene Informationen dem Muster „‚X wird von Sprechern des Deutschen verwendet, um etwas zu bezeichnen, was die Eigenschaften Z^1, Z^2 ... Z^n hat'" und *sach*bezogene Informationen dem Muster „‚Y hat die Eigenschaften Z^1, Z^2 ... Z^n'" (ebd.).

Zuletzt muss noch auf die wichtige Unterscheidung von Alltagssachwissen und Expertensachwissen hingewiesen werden. „Expertendefinitionen" sind für ein allgemeinsprachliches Wörterbuch eher sekundär (siehe obiges Beispiel *Glück*); primär ist die fachsprachenunabhängige, allgemeine Bedeutung und Verwendung, wie sie aus den Textquellen ‚herausgefiltert' werden kann. Ob die sprachbezogenen, Alltagswissen enthaltenden Informationen in einem allgemeinsprachlichen Wörterbuch zutreffend sind, können Sprecher und Sprecherinnen im Prinzip nachprüfen. Bei fachwissenschaftlichen Informationen sieht das anders aus; hier muss man den jeweiligen Fachexperten schon vertrauen. Aber fachliches Wissen ist immer Gruppenwissen und kann unter Umständen – die Beispiele im Einführungskapitel, im 10. und im 11. Kapitel haben dies gezeigt – manipulatorischen Absichten dienstbar gemacht werden. Man denke an Wörter aus dem Bereich von Bio- oder Gentechnik, Chemie und Ökologie. Enzyklopädien und auch Fachwörterbücher müssen erwartungsgemäß die Struktur des Genoms und die Atomformel des Ozons darstellen. Wenn allgemeinsprachliche Wörterbücher dies täten, hieße dies, die Expertensicht zur ‚eigentlichen' und richtigen Sicht der Dinge zu erklären, und gleichzeitig den öffentlichen, in diesen Fällen kritischen und emotionsgeladenen Begriff von Gen und Ozon auszublenden oder als ‚falsch' und ‚unsachlich' abzuwerten. Eben dieser semantisch-pragmatische Gehalt der Ausdrücke aber ist der sprachlichen wie gesellschaftlichen Wirklichkeit unserer Tage näher als die von Experten für Zwecke der wissenschaftlichen Gegenstandserklärung und Kommunikation geschaffenen Bedeutungsfestlegungen.

Sehen wir uns nun die Geschichte der Enzyklopädie auf die gesellschaftliche Funktion der Texte hin an und fragen dabei jeweils auch nach dem Gehalt wortschatzbezogener Information sowie nach den vereinzelt bekannt gewordenen unmittelbaren Wechselwirkungen zwischen Sprach- und Sachlexikografie.

14.2 Geschichtlicher Abriss der Enzyklopädik

14.2.1 Antike und Mittelalter – vom Bildungsprogramm zum Wissenschaftskanon

In der Sophistik, der Bildungsbewegung des 5. vorchristlichen Jahrhunderts, stand griechisch εγκύκλιος παιδεία [egkyklios paideia ‚rund, im Kreise gehend; wiederkehrende, gewöhnliche Lehre oder Ausbildung'] im Wesentlichen für die musische Erziehung des Freien. Platon erweiterte dieses Ideal um die übrigen Gegenstände der artes liberales (freien Künste), bestehend aus den Fächern des Trivium und Quadrivium (Trivium = Grammatik, Rhetorik, Dialektik; Quadrivium = Arithmetik, Geometrie, Musik, Astronomie). Die lateinischen Entsprechungen *orbis doctrinae*, *orbis disciplinarum*, die im Mittelalter üblich waren, deuten die griechische Originalbezeichnung um in ‚Kreis der Wissenschaften'. Aus der Bezeichnung für einen antiken Bildungskanon wurde die Bezeichnung für den Kanon der mittelalterlichen Wissenschaften. Die Vorstellung von der Enzyklopädie im Sinne eines ‚Kreises der Wissenschaft(en) in geordneter Form' bestimmt die Geschichte der Textsorte bis ins 19. Jahrhundert, auch bei den Spezialenzyklopädien.

In der Bedeutung ‚Kreis' oder ‚Grundlehre der Wissenschaften und Künste' etablierte sich das mittellateinische Wort *encyclopaedia* unter dem Einfluss einiger bedeutender Werke, die den Gedanken einer umfassenden Wissenssammlung konkretisierten. Das herausragendste von ihnen waren die *Etymologien* Isidors von Sevilla (geb. ca. 560; gest. 636), genauer *Etymologiarum sive originum libri XX*, was sich übersetzen ließe mit ‚Über die Wurzeln und Urspünge in zwanzig Büchern'. „Wurzeln und Ursprünge" deutet die Methode an: Isidor ging von den Bezeichnungen und ihrem Klang aus und interpretierte diese entstehungsgeschichtlich, wobei vorausgesetzt wird, dass Wort und Begriff (Ausdruck und Inhalt) metaphysisch, nicht willkürlich aneinander geknüpft sind. Die Erörterung der Bezeichnungen führte so unmittelbar zur Einordnung der Dinge. Wörterbuchtypologisch gesehen könnte man Isidors *Etymologien* daher als onomasiologisches Wörterbuch der lateinischen Sprache bezeichnen (s. 13.2). Dieses später in zwanzig „Bücher" eingeteilte und *Enzyklopädie* genannte Werk wurde in fast 1000 Handschriften überliefert, wobei einzelne thematische Ausschnitte als Spezialenzyklopädien gesondert tradiert wurden. Als Ganzes wie in solchen Ausschnitten diente das Werk lange als Muster der Textsorte (Mittelstraß 1980; Lexikon der philosophischen Werke 1988; Duden-Fremdwörterbuch 1994). Es verbreitete die erkenntnistheoretische Grundansicht, dass der Weg zur Erkenntnis der Dinge über die Sprache, und zwar über die Wortgeschichte führe. Nach Schweickard (1985) ist Isidors ungeheuer wirkungsmächtiger Etymologiebegriff auf die Erschließung der semantischen „Kraft" (lateinisch *vis*) des Worts gerichtet. Wenn die *vis* mit der *origo*, d. h. dem (angenommenen) Wortursprung zusammenstimmt, treten die — bei Isidor immer in theologischer Perspektive zu sehenden — wesentlichen Eigenschaften des bezeichneten Sachverhalts zutage. Die Erkenntnis des Wortursprungs ist Voraussetzung für die Erkenntnis der ‚eigentlichen' Bedeutung nicht nur des Worts, sondern in erster Linie der Sache. Die Suche nach dem étymon als dem ‚wahren Kern' der Wörter war schon seit Homer als mehr oder weniger ernste Spielerei bekannt (Alpers 1990, 27 ff.). Trotz des starken Sprachbezugs sind Isidors *Etymologiae* aber den Enzyklopädien zuzurechnen, denn seine Art der Bedeutungserschließung ist nur Mittel zum Zweck; das an eine Sache geknüpfte Wissen steht im Zentrum seiner Intentionen.

Wie in Kapitel 13.1 bereits erwähnt, war nur eines der zwanzig Bücher der *Etymologiae* alphabetisch geordnet; die übrigen besaßen außer thematischen Bündelungen keine systematische Ordnung und reihten den Stoff eher kompilatorisch aneinander. Es liegt auf der Hand, dass diese Art von ‚Ordnung' vor allem für die Leser unbefriedigend war und insbesondere bei größeren Umfängen die Frage nach einer besseren, nachvollziehbaren Ordnung aufkommen musste, die auch die einzelnen Wissensgebiete in einen sinnvollen Bezug zueinander setzte. Das Alphabet ist benutzerfreundlich und war nachvollziehbar, konnte aber eine inhaltliche Systematisierung nicht leisten.

Eine sachliche Gliederung hingegen erlaubte bis in die frühe Neuzeit hinein theologische oder philosophische Begründungen, letztere regelmäßig im Anschluss an Aristoteles. Beispielsweise beginnt die typische Enzyklopädie um 1200 mit einem Kapitel über den Schöpfer, widmet den Hauptteil der Schöpfung und ihren biblisch ableitbaren Untergliederungen (Mensch, Natur usw.) und geht in den abschließenden Teilen auf die Künste und ähnliches ein (Meyer 1991, 320 ff.). Raimundus Lullus entwarf zu Beginn des 14. Jahrhunderts ein theologisch begründetes, d. h. aus den Eigenschaften Gottes abgeleitetes System von Kategorien, auf das alles Wissen zurückzuführen sei. Man nannte solche Kategorien auch „Alphabetum cogitationum humanarum". Lullus' System bestand aus 6 mal 9 kategorialen Begriffen: I. Absolute Begriffe (göttliche Prädikate, Moralbegriffe); II. Relative Begriffe (aus dem Bereich der Logik); III. Quaestiones (Wer, wann, was, usw.); IV. Subjecta (theologisch-anthropologische Grundbegriffe); V. Virtutes (Tugenden); VI. Vitia (Laster) (Schmidt-Biggemann 1995, 8; vgl. Gardt 1999, 140 mit grafischer Darstellung von Lullus' System).

Weitere Ordnungsmodelle folgten einmal der Topik, die die Zusammenhänge der Dinge auf rhetorisch begründete Schlüsse zurückführt (Leinsle 1995, 100 f.) sowie dem Fächersystem der Artes liberales, bestehend aus den

14.2 Geschichtlicher Abriss der Enzyklopädik

sprachlichen Fächern des Trivium und den mathematisch-realen Fächern des Quadrivium. Das Modell der Topik ist ein Stück sprachnäher als die Modelle der Artes liberales und insbesondere als die philosophischen und metaphysischen Modelle. Von all diesen sachlichen Ordnungsmodellen war aber das – Sprach- und Sachwissen kombinierende Modell – der Artes liberales offenbar das verbreitetste; es stellte seit dem 8. Jahrhundert die Grundlage der abendländisch-mittelalterlichen Bildung dar.

Die alphabetische Sortierung ließ sich nur mit Mühe theologisch oder philosophisch begründen, dafür aber bei Bezeichnungen anwenden, die kein oder kaum ein systematisch-hierarchisches Gefüge erkennen ließen und für die dennoch eine lexikografische Bestandsaufnahme beabsichtigt war. Dies ist z. B. bei Bezeichnungen für Mineralien, Tiere oder Pflanzen der Fall, die zum Teil in gesonderten Lapidarien und Herbarien gesammelt wurden und über die seinerzeit, *vor* Klassifikationen wie der Linnés, nur mithilfe des Alphabets ein Überblick zu gewinnen war. In diesem Zusammenhang begegnet schon bei Albertus Magnus das werbende Argument der größeren Benutzerfreundlichkeit des Alphabets.

Eine eher unzusammenhängende Menge von Einzelelementen stellen auch solche Wörter dar, die eher als sprachliche Phänomene, weniger als geschriebene Platzhalter für Gegenstände oder Sachverhalte (wie bei Isidor) gesehen werden. Dies war in Mittelalter und früher Neuzeit immer dort der Fall, wo Wörterlisten sich erklärend oder kommentierend auf vor allem biblische Texte oder, abstrakter, auf Literatur, etwa klassischer Autoren, bezogen. Die sich im Laufe der Neuzeit herausbildende Affinität sprachbezogener Nachschlagewerke und alphabetischer Ordnung ist also keineswegs zufällig entstanden. Nach Meyer (1991, 322 f.) wurden alphabetische Wörterlisten schon um 1200 zum Vorbild für sachlich-enzyklopädische Lexika, deren Verfasser freier waren, je nach Gegenstandsbereich eines Kapitels sachliche, alphabetische oder noch andere Ordnungsweisen zu wählen und zu kombinieren. Schon früh wurden Darstellungen nach der *ordo rerum* um Registerhilfen, *tabulae alphabeticae*, ergänzt.

Angestoßen durch die Technik des Registermachens vollzog sich im 13. Jahrhundert ein Wandel. Zu wissen, dass man dem Text später ein Register beifügen wird, beginnt allmählich, die Struktur des Textes selbst zu verändern: Die Registerwörter wurden bereits im Moment des Schreibens in irgend einer Weise stärker hervorgehoben. In der Folge wurden größere Kapitel einer Enzyklopädie sachlich stärker in solche Einheiten untergliedert, für die sich prägnante und als Registerwörter geeignete Überschriften finden ließen. Es entstanden Teiltexte, die Lexikonartikeln ähneln. Meyer (1991, 334) nennt dies die „Mutation vom Kapitel zum Artikel". Dieser informationstechnische Wandel entspricht dem Interesse von Rezipienten, die ohne lange Lektüre und aufwändige Suche Informationen zu einzelnen Spezialfragen abrufen wollen. Es ist klar, dass dieses Interesse mehr wuchs, je umfangreicher das relevante und publizierte Wissen wurde. Die Einführung des Buchdrucks und die sogenannte Leserevolution gegen Ende des 18. Jahrhunderts müssen das Interesse an gezielter Information jeweils noch gesteigert haben.

Das Wort *Enzyklopädie* erschien zu Beginn des 16. Jahrhunderts in entsprechend assimilierten Schreibungen in Texten der europäischen Volkssprachen. In der frühen Neuzeit wurden die Gelehrten mit dem heute noch beklagten Phänomen der ‚ansteigenden Wissensflut' konfrontiert, die vor allem auf die geistige Horizonterweiterung in der Renaissance wie auf die zunehmende Zahl der Publikationen infolge des Buchdrucks zurückzuführen ist. In dieser Situation rückte das Ziel der Vollständigkeit immer ferner und das des ordnenden Zusammenhangs, symbolisiert durch den Kreis, ins Zentrum der enzyklopädischen Idee. Die drei grundlegenden und nicht selten kombinierten Ordnungsmodelle des humanistischen 16. Jahrhunderts folgten sämtlich antiken Klassifikationen: erstens dem System der sieben Artes liberales zusammen mit dem im Mittelalter hinzugekommen System der Artes mechanicae, zweitens der aristotelischen Einteilung in theoretische, praktische und poietische Philosophie und drittens dem stoisch-neuplatonischen Schema von Logik, Ethik und Physik.

Festzuhalten ist, dass für die Wissenssammlungen von der Antike bis zum Humanismus die möglichst vollständige Sammlung des Wissens Priorität hatte, dass aber seit dem Mittelalter und verstärkt seit der Renaissance das Ziel der Ordnung dieses Wissens immer wichtiger wurde. Diese zwei Intentionen – vollständige Repräsentation und systematische Ordnung des Wissens – sind für enzyklopädische Texte bis heute konstitutiv. Die Gewichtung beider Ziele wechselte in Abhängigkeit von kulturellen Faktoren.

Der Wille zur vollständigen Repräsentation des Wissens muss auch der chinesischen Enzyklopädie aus dem 15. Jahrhundert zugrunde gelegen haben, die 22.937 Bände umfasst haben soll (Lenz 1972, 58).

Auch in der Sprachlexikografie, in erster Line bei den großen einsprachigen Wörterbüchern, spielten beide genannten Intentionen eine Rolle: Die vollständige Repräsentation des Wortschatzes standen Lexikografen vom Barock bis ins 19. Jahrhundert als durchaus erreichbares Ziel vor Augen. Es fällt auf, dass die enzyklopädische Tradition früher als die lexikografische vom Vollständigkeitsideal Abstand nahm und sich der Aufgabe der Systematisierung zuwandte. Mit der systematischen Ordnung des Wortschatzes ist es generell schwieriger, denn sie liegt nicht so offen zutage wie in der Dingwelt und setzt gewisse sprachreflexive Erkenntnisse voraus. Aber die wiederholten historisch-etymologischen Ansätze, die die Wortwurzel zum Ordnungsprinzip machten, die wortbildungsbezogenen Ansätze, die von den Grundwörtern oder Ableitungsbasen her systematisierten, und die synonymisch-begrifflichen Ansätze folgten hierin dem gleichen Ziel wie die Enzyklopädien.

14.2.2 Barock und Frühaufklärung – Systeme für die Gelehrtengemeinschaft

Im Zeitalter von Barock und Dreißigjährigem Krieg hielt man zwar an den überlieferten antiken Ordnungsmodellen aus Philosophie und Theologie fest, aber die Systeme wurden immer komplizierter, die sie darstellenden Tabellen immer größer und neben die Philosophie trat gleichberechtigt die Theologie, die nun, im Zeitalter der Konfessionskämpfe, nicht mehr in der allgemeinen Metaphysik aufging. Gleichzeitig erhielt die Sammlung wissenschaftlicher Erkenntnisse ein eigenes Gewicht, gewannen Einzelwissenschaften an Profil. Die Vorstellung von der Einheit des Wissens, begrenzt durch die Kategorien einer theologisch-philosophischen Leitwissenschaft, zerfiel wie die Reichsgewalt.

Hinzu kam nun die sprachtheoretische Prämisse, dass die Wörter die Ordnung der Dinge idealerweise getreu abbildeten bzw. dass auf die Sprache notfalls in dieser Richtung, d. h. vereindeutigend, einzuwirken sei (vgl. Kapitel 4 und 13.3.1). Auf der einen Seite stand diese ‚neue Unübersichtlichkeit', auf der anderen Seite das Ideal von der Eindeutigkeit des Sprachzeichens; beides stärkte den Wunsch nach einfachen Ordnungen und damit unter anderem die Tendenz zur alphabetischen Ordnung (Schmidt-Biggemann 1995, 16; Eybl 1995, 134).

Die bekannteste Enzyklopädie dieser Zeit stammte von Johann Heinrich Alsted *(Encyclopaedia septem tomis distincta,* Herborn 1630, 2 Bde.), der – ganz dem *ordo*-Denken der Zeit verpflichtet – die ihm bekannten Wissenschaften in lediglich vier Gruppen einteilte und den Begriff der Enzyklopädie gewissermaßen pragmatisch über die Artes liberales und den engeren Bereich der Philosophie hinaus auf ‚alles, was sich lehren lässt' erweiterte. Sein System ist grafisch wiedergegeben in Chr. Meier (1995, 40).

Ebenfalls auf die Zunahme des relevanten Wissens reagierten sogenannte Zeitungslexika (Hübner 1737), die die schwer verständlichen Ausdrücke in den seit Anfang des 17. Jahrhunderts verbreiteten Zeitungen erklären wollten: Fremdwörter, geografische, politische und Personennamen (eines der frühesten Fremdwörterglossare mit dieser Funktion ist Stieler 1695/1969). Sie boten gewissermaßen Hilfen zur Teilnahme am sich herausbildenden öffentlichen Diskurs, bezogen sich jedoch nicht exklusiv auf das Wissen der Gelehrtengemeinschaft.

Die Sach- und Synonymenglossare, die ja ebenso zur Ordnung der Welt (und der Sprache) beitragen sollten wie die Enzyklopädien zur Ordnung des Wissens (und der wissenschaftlichen Sprache), fielen in dem Moment mit der Enzyklopädik zusammen, in dem die Sprache nurmehr als *speculum rerum* und (noch) nicht als relativ autonomes begriffliches System gesehen wurde. In diesen Zusammenhang gehören auch die Versuche von u. a. René Descartes, Gottfried Wilhelm Leibniz, Johann Amos Comenius, Johann Joachim Becher und John Wilkins, eine Universalsprache aus einer kleinen Menge von Grundkategorien zu konstruieren, die von den Defiziten der realen Sprachen hinsichtlich Eindeutigkeit in der Wort-Ding-Beziehung frei wäre und mit deren Hilfe man Verständnis- oder Benennungsschwierigkeiten wie Rechenaufgaben lösen (Leibniz, Descartes) bzw. Verständigung und Harmonie unter den Menschen herstellen (Comenius, Wilkins) könnte. Mittelalterliche Systematisierungsbemühungen wie die *Ars combinatoria* von Raimundus Lullus, der diese ausdrücklich in den Dienst der Wahrheitsfindung stellte, wurden wieder aktuell und beeinflussten nicht nur die Enzyklopädik und die Konstruktion von Universalsprachen, sondern auch die praktischen Ebenen der Sprachverwendung, d. h. die Stilistik und Synonymik wie diejenige von Johann Just Winkelmann (s. Kapitel 13.1).

Weitgehend eigenständig und eher neben den Traditionen verwandter Textsorten entwickelte sich die philosophische Idee der Enzyklopädie von Bacon über Leibniz und Kant bis zu Hegel. Leibniz' Bemühungen um die Konstruktion einer *lingua universalis*, einer allgemeinen Gelehrtensprache – an eine Verwendung in Alltagskommunikation und gesellschaftlicher Konversation hat er wohl nicht gedacht –, ging davon aus, dass sich die Begriffe und Sachverhalte aller Wissenschaften durch streng logische Kombination weniger Grundzeichen ausdrücken lassen müssten. Mit kritischem Bezug auf enzyklopädische Werke wie das Alsteds forderte er, dass zu einer Enzyklopädie außer der Einbeziehung der Naturforschung, der Geschichte und der Geografie auch die Erklärung der wichtigsten Wörter und Zeichen und ihrer Verwendung gehören müsse. Es gelte, die in den Wissenschaften herrschende Unordnung zu überwinden und der „horrible masse des livres" (zit. nach Dierse 1977, 35) Herr zu werden, die dem Vorratslager eines Kaufmannes ähnelten, der keine Bücher über seinen Besitz anlegte.

Leibniz diskutierte die verschiedenen Ordnungsmodelle für eine Enzyklopädie und fügte ihnen schließlich ein weiteres hinzu: die Anordnung nach den wissenschaftlichen Termini. Die Grammatik einschließlich eines systematischen Inventars von Termini wird hier zur zentralen, weil ordnungstiftenden Disziplin der Enzyklopädie.

Realisieren ließ sich Leibniz' Idee einer auf Terminologie und Sprachlexikografie aufbauenden Enzyklopädie nicht, weil, wie heute allgemein anerkannt, die Sprache der Wissenschaften, insbesondere ihr begriffliches System, sich gar nicht prinzipiell, nur graduell unterscheidet von den nichtwissenschaftlichen Sprachformen. Johann Leonhard Frisch (s. 5.4) griff diese Idee versuchsweise auf; sein Ergebnis führte nicht nur von Leibniz' Plan weg, sondern zeigte die Probleme einer Terminografie historisch gewachsener Fachsprachen. Versuche, die Welt von der Sprache her systematisch erklären zu wollen, schienen damit fürs Erste gescheitert.

Auf den weiteren Verlauf der philosophischen Idee der Enzyklopädie, darunter die Konzeption einer „Architektonik der Vernunft" bei Kant und die Trennung der Begriffe ‚(philosophisches) System (der Wissenschaften)' und ‚(propädeutische) Enzyklopädie' bei Hegel, soll hier nicht weiter eingegangen werden. Die Entwicklung der Enzyklopädie als Textsorte seit der Frühaufklärung haben diese Überlegungen nicht sichtbar beeinflusst.

Die funktionale Differenzierung zweier Traditionslinien, der des sprachbezogen-alphabetischen und der des sachbezogen-systematischen Nachschlagewerks begann mit der Frühaufklärung und führte gewissermaßen unter der Hand die Unterscheidung von Sprach- und Weltwissen ein, die auch heute vielen fraglos ist.

14.2.3 Der erfolgreichste Lexikograf: Comenius

Mit einigem Recht hätte dieser Abschnitt über Comenius' Beitrag zu Lexikografie- wie Enzyklopädiegeschichte auch im Zusammenhang des vorhergehenden Kapitels 13 stehen können. Seine beiden erfolgreichsten Werke, die *Janua linguarum reserata aurea* (1631) und der *Orbis sensualium pictus* (lateinische Erstausgabe 1653), sind sowohl Wörterbuch als auch Enzyklopädie. Nimmt man alle später bearbeiteten Auflagen dieser beiden zusammen, war Comenius der einflussreichste Lexikograf aller Zeiten und ganz Europas. Da sich die erwähnten Werke aber an Kinder und Jugendliche richteten, wurden sie in beiden Textsortentraditionen nicht in der Weise gewürdigt, wie es unter den Gesichtspunkten

- (a.) der Methode der Informationsvermittlung,
- (b.) der vor-aufklärerischen Pädagogisierung des Enzyklopädiegedankens (siehe 14.2.4),
- (c.) der Herausbildung der deutschen Standardsprache und
- (d.) der europäischen Angleichung der einzelsprachlichen Begriffsinventare

angemessen wäre. Comenius ist bisher überwiegend als Pädagoge, Theologe und Philosoph (Sprachphilosoph) bearbeitet worden (weiterführende Literatur bei Gardt 1994 und Dieterich 1995). Die angedeuteten Forschungslücken können hier nicht gefüllt werden; ich will anhand der vorstehend genannten Gesichtspunkte aber wenigstens den Versuch machen zu begründen, warum Comenius in die Lexikografiegeschichte hineingehört.

(a.) Jan Amos Komenský (latinisiert Johann Comenius, geb. 1592 in Mähren, gest. 1670 in Amsterdam) verstand sich in erster Linie als Bischof der Böhmischen Brüder-Unität, einer der damals zeitweilig von der Gegenreformation verfolgten protestantischen Kirchen. Aus theologischen Motiven, im Sinne einer universellen Erneuerung der Menschheit, entwarf er ein ebenso religiös wie rationalistisch ansetzendes enzyklopädisches System, die Pansophie, die auf die Erkenntnis der Schöpfungsharmonie in den Dingen und damit auf die Erkenntnis ihres Schöpfers hinzielte (Leinsle 1995, 112 ff.; Gardt 1999, 144). Comenius antwortete damit, wie alle übrigen Enzyklopädisten und Lexikografen der Zeit, auf die Erfahrung einer aus den Fugen geratenen und keiner allgemein anerkannten Ordnung mehr unterworfenen Welt. Comenius hatte unter anderem bei Alsted (s. o.) studiert und dessen enzyklopädische Thorien sowie Verzettelungsverfahren kennen gelernt. Er erkannte aber, dass ‚Besserung' nur zu erreichen sei, wenn sie bei der Erziehung der Kinder ansetzte. Das pansophische System sollte daher nicht nur Abbild einer vorgestellten Weltordnung und damit Enzyklopädie sein, sondern zugleich der appellativ-pädagogische Versuch, eine (neue) Ordnung einzuführen − Comenius richtete sich oft explizit an die Lehrenden −, eine Ordnung, die vom harmonischen Zusammenwirken von Wirklichkeit, Denken und Sprache bzw. Denken, Sprechen und Handeln ausging und diese drei Größen in beinahe modern anmutender Weise aufeinander bezog (Gardt 1994, 222−226). Obwohl Comenius das für seine Zeit spezifische Primat der Dinge gegenüber der Sprache nicht aufgab, wies er der Sprache eine erkenntnistheoretische Schlüsselrolle zu, die anders und noch stärker gewichtet ist als bei Isidor von Sevilla, auf den auch er sich bezieht (Hüllen 1992, 158).

In der Vorrede der *Janua linguarum reserata aurea*, zu deutsch *Geöffnete güldene Sprachentür*, wird das integrative Lernziel formuliert: [lernen], „was der Vnterscheid sey aller Dinge / vnd ein jedwedes mit seinem rechten (eigenen) Namuliert: [lernen], „was der Vnterscheid sey aller Dinge / vnd ein jedwedes mit seinem rechten (eigenen) Namē bezeichnen" (zit. nach Gardt 1994, 222). Die Bezeichnungen zu kennen fordert eine genaue semantische Bestimmung nach *genus proximum* und *differentia specifica* (vgl. 2.7), mittels derer ein festgefügtes (taxonomisches) System entsteht, in dem sich Dinge und Begriffe symmetrisch zueinander verhalten.

Die Anwendung des klassischen Definitionsschemas korrespondiert mit einem weiteren wesentlichen Merkmal von Comenius' System, nach dem sich

14.2 Geschichtlicher Abriss der Enzyklopädik

nämlich komplexe Größen vollständig aus einfachen zusammensetzen. Gottes Ordnung ist sozusagen ‚eigentlich ganz einfach'; man muss nur lernen, per Analogie von den grundlegenden Ordnungsprinzipien auf die komplexeren Zusammenhänge zu schließen. Comenius' System liefert diese Grundprinzipien; häufig nennt er seine Bücher *Tür, Tor, Eingang, Vorhalle* (Dieterich 1995, 63) und entsprechend sollen auch seine Wörterbücher das Benennungssystem nicht vollständig darstellen, sondern die Grundzüge exemplarisch vermitteln.

(b.) Bei Comenius bekam der Begriff der Enzyklopädie eine pädagogische Ausrichtung. Wichtiger als Klassifikation der einzelnen wissenschaftlichen Disziplinen war für ihn die Frage der Vermittlung des Wissens, d. h. die Frage, *wie* ein enzyklopädisches Buch geschrieben werden soll. Stoffhäufung sei von Nachteil, geboten vielmehr eine exemplarische Konzentration auf die Grundlagen der Dinge, in denen die göttliche Harmonie *alles* Geschaffenen sichtbar werde.

Das exemplarische Prinzip der pansophischen Enzyklopädie ist pädagogisch und zugleich deutlich sprachnäher als die anderen enzyklopädischen Programme der Zeit. In der Einleitung der *Janua rerum* schreibt Comenius, dass er die Vermittlung adressatengerecht – „pueris pueriliter, simplicibus simpliciter, sapientibus sapienter" – gestalten will (zit. nach Leinsle 1995, 114). Die Kategorien der pansophischen Metaphysik setzen bei der menschlichen Erkenntnis- und Lernfähigkeit, bei den menschlichen Gedanken an, die den Eigenschaften Gottes analog sind. Nach Leinsle (1995, 116) sind für Comenius nicht die Dinge der Welt das primär zu Ordnende, sondern die Tätigkeiten des Geistes in der Erfassung der Dinge und die daraus resultierenden mentalen Bilder („notiones", „notationes", Gardt 1994, 224). Aus der *lux mentium* folgt erst die *lex rerum*. In der *Janua rerum* (1681/1968, 25), einem Werk für gelehrte Leser, wird *Ding* von *denken*, *Sache* von *sagen* hergeleitet. Die mentalen Bilder bilden eine universale kognitive Struktur („Intellectûs structura", Gardt 1999, 145), von der die einzelnen Sprachen mehr oder weniger abweichen.

Beide genannten und so ungemein erfolgreichen Wörterbücher Comenius' (*Janua linguarum* und *Orbis pictus*) sind onomasiologisch, d. h. sie gehen von den – einfachen – Dingen aus und verzeichnen deren muttersprachliche Benennungen samt semantischen Erklärungen. Von den sprach- wie enzyklopädietheoretischen Voraussetzungen her kommt bei Comenius nur das onomasiologische Verfahren infrage, weil nur hier die gleichzeitige, symmetrische Ordnung von Sprache und Welt mit lexikografischen Mitteln möglich ist.

Die *Janua linguarum* (vgl. Přívatská 1994, Schaller 1994) und der *Orbis pictus* (1659/1970) (vgl. Hüllen 1992) unterscheiden sich darin, dass letzterer für die die Dinge repräsentierenden mentalen Einheiten zusätzlich Bilder verwendet:

> Orbis sensualium pictus ... Die sichtbare Welt/ Das ist/ Aller vornemsten Welt=Dinge und Lebens=Verrichtungen Vorbildung und Benamung (1. deutsche Aufl. Nürnberg 1658)

Nach Comenius' Willen war der *Orbis pictus* zweisprachig; es sollte seitenweise ein landessprachliches Äquivalent zum lateinischen Text hinzu kommen. Der Text ist wie folgt aufgebaut (faksimilierte Beispiele siehe Dieterich 1995, 102, 118 f):

Jede Seite behandelt eine Art Oberbegriff (*Titula*), beginnend mit *I Deus/ Gott, II Mundus/Die Welt*. Das obere Drittel der Seite nimmt ein Holzschnitt (später Kupferstich) ein, der den Oberbegriff bildlich darstellt. Die *Welt* etwa zeigt Land, Wasser, Himmel, Tiere und Menschen. Die einzelnen Elemente des Bildes sind nummeriert. Unter dem Bild finden sich Textspalten, je Sprache eine, beginnend links mit einem lateinischen Text. Der Text besteht aus einfach gebauten Sätzen, die den Bildinhalt beschreiben, etwa „Die Fische[4] schwimmen im Wasser." Die Zahlziffern an einigen Wörtern verweisen dabei auf ein nummeriertes Bildelement. So sind bildlich repräsentierte Dinge und Wörter einander zugeordnet, darüber hinaus aber – im Bild wie in den sprachlichen Erläuterungen – der Schöpfungsordnung gemäß zueinander in Beziehung gesetzt. Ein alphabetisches Register der *Titulae* erlaubt andere, wortbezogenere Zugriffsweisen.

Einerseits werden Bild und Sprache unter Wahrung des Zusammenhangs eines Sachverhalts korreliert, denn der *Orbis pictus* bietet nicht Darstellung und Bezeichnung *eines* Dings, sondern – komplexer – die Darstellung eines Sachverhalts und des diesbezüglichen Wortfelds. Andererseits wird der Sachverhalt intern in Elemente und deren Benennungen differenziert. Beides stellt eine wohl noch nicht angemessen gewürdigte Innovation in der Methodengeschichte der Wissensvermittlung dar, die von heutigen Hypermedia-Techniken noch nicht überholt worden ist und Parallelen zu sog. frames und scripts (Kategorien der modernen Semantik) erkennen lässt.

Das geschilderte Prinzip bleibt auch in späteren Bearbeitungen des *Orbis pictus* erhalten. Als Beispiel sei angeführt:

> Neuer Orbis pictus für die Jugend oder Schauplatz der Natur, der Kunst und des Menschenlebens in 322 lithographirten Abbildungen mit genauer Erklärung in deutscher, lateinischer, französischer und englischer Sprache nach der früheren Anlage des Comenius bearbeitet und dem jetzigen Zeitbedürfnisse gemäß eingerichtet von J. E. Gailer ... Reutlingen 1835 (Gailer/Göbels 1835/1979).

Die Zahl der Oberbegriffe hat sich hier erhöht, und auch ihre Anordnung ist verändert. *Die Welt* macht den Anfang, *Der Tod und das Begräbnis* bilden

14.2 Geschichtlicher Abriss der Enzyklopädik

den Schluss. Auf der anderen Seite sind technische Neuerungen aufgenommen, etwa die Telegrafie. Der erläuternde Text ist länger, seine Sätze sind komplexer, die Abbildungen sind drucktechnisch feiner geworden, aber es fehlen zumindest in dieser Bearbeitung die Verweise durch Nummerierung.

Pilz (1967) hat die Auflagengeschichte dieses erfolgreichsten Wörter- und Lehrbuchs aller Zeiten erhellt. Von 1653, der lateinischen Originalausgabe, bis 1965 zählt er 244 verschiedene bearbeitete Ausgaben in nahezu allen europäischen Sprachen, deren jede natürlich vielfach wieder aufgelegt wurde. Die erste lateinisch-deutsche, von Comenius selbst initiierte Ausgabe erschien 1658, die erste lateinisch-englische ein Jahr später. Die erste viersprachige Ausgabe von 1662 enthielt neben Lateinisch Deutsch, Italienisch und Französisch. *Orbis pictus* nannte sich im Untertitel auch ein 1870–1882 von Otto Spamer herausgegebenes *Illustriertes Konversations-Lexikon* (Zischka 1959, 3).

(c.) Comenius selbst hat Wesentliches zur Entwicklung der tschechischen Standardsprache geleistet, obwohl sein *Thesaurus der böhmischen Sprache*, an dem er vierundvierzig Jahre lang gearbeitet hatte, 1656 mitsamt seinem übrigen Besitz in gegenreformatorischen Unruhen verbrannte (Dieterich 1995, 22 und 97). Der Beitrag vor allem des *Orbis pictus* an der Herausbildung der in unserem Zusammenhang interessierenden deutschen Standardsprache ist ungeklärt, aber sicher nicht gering zu veranschlagen, wenn man an die enorme Verbreitung gerade im Muttersprachunterricht denkt. Lange Zeit war die Adressierung an Kinder und die damit zusammenhängende Beschränkung auf Alltagssprache ein Grund, ihn nicht zum Forschungsgegenstand zu ‚erheben'. Die Zeitgenossen haben diese Trennung nicht in gleicher Weise vorgenommen. Es war Sigmund von Birken, Mitglied einer Sprachgesellschaft des Barock und Dichter, der den *Orbis pictus* erstmals ins Deutsche übersetzt und auch die Herstellung der Holzschnitte angeleitet hat (Pilz 1967, 41; Comenius 1659/1970, 290). Der Lexikograf Matthias Kramer hat 1707 eine weitere viersprachige Ausgabe verantwortet (Pilz 1967, 56, 63, 158). Und Goethe wird nicht der einzige sein, in dessen autobiografischen Jugenderinnerungen (*Dichtung und Wahrheit*, 1. und 14. Buch) der *Orbis pictus* zwar als ‚alt', aber zugleich von ungebrochenem Interesse für Kinder beschrieben wird.

Allein aufgrund seiner ungeheuren Verbreitung verdiente das Werk heute eine eingehendere Untersuchung der Benennungen, aber auch der Beschreibung der Sachverhalte (frames und skripts), die mit bestimmten syntaktischen Formen korreliert werden.

(d.) Ebenso unerforscht wie der Einfluss auf das Deutsche sind die Folgen, die die Korrelierung mehrerer europäischer Sprachen im *Orbis pictus* in Richtung auf eine Angleichung der einzelsprachlichen Begriffsinventare bewirkt haben muss. Die Bebilderung stellte, neben dem Latein, einen relativ konstanten übereinzelsprachlichen Bezugspunkt dar, der zweisprachigen Wörterbüchern fehlt. Da die Darstellung keine isolierten Lexeme enthält, sondern syntaktisch und kontextuell vollständig ist, werden auch keine kontextfreien Lexeme, sondern ganze Phrasen äquivalent gesetzt. Die dadurch gegebene kollokativ erweiterte Wortschatzkorrelierung sowie die sonst seltene Nähe zu Grund- und Alltagswortschatz könnten für die aktuelle Europäismenforschung (vgl. 12) von einigem Interesse sein.

14.2.4 Aufklärung – das System der Vernunft

Der Vielzahl metaphysisch begründeter enzyklopädischer Systeme des 17. Jahrhunderts setzten in der 2. Hälfte des 18. Jahrhunderts die Ideen der Aufklärung und hier besonders die Verfasser der *Encyclopédie ou Dictionnaire raisonné des sciences, des arts et des métiers*, Denis Diderot und Jean le Rond d'Alembert, die Idee der Vielfalt menschlich geschaffener Systeme entgegen. Außerdem breitete sich die Menge des immer spezialisierteren Wissens in der Gesellschaft in einer Vielzahl von Foren aus – Akademien, gelehrte Gesellschaften, private Salonzirkel – , aus denen niemand mehr einen Überblick hätte gewinnen können und das augenscheinlich nur noch wenigen Eingeweihten nutzbringend war. Wo die Menge gelehrter Literatur unübersichtlich zu werden droht, entstehen Enzyklopädien, die den Stoff durch Gliederung und typografische Mittel zugänglicher machen und darüber hinaus eine ganze Bibliothek ersetzen können. Entsprechend vielfältig war die Produktion lexikografisch-enzyklopädischer Texte:

> Wir leben anjetzo in *Lexicon*- und *Journalen*-Tagen. Dann *Seculum* darff ich es nicht nennen; weil ich nicht glaube/ und es auch für die solide Gelehrsamkeit nicht gut wäre/ daß diese Mode/ welche hauptsächlich nur von dem *Ingenio* einige Buchhändler entsprungen/ so lange währen wird. Jnzwischen solange es Mode/ so lange muß man es ertragen/ und kann man keinem Buchhändler verübeln/ wenn er alles *per Lexica* will ediret haben; wann nur die Sache nicht gar zu ungereimt heraus kommt. (anonym. Rezensent in der Zeitschrift *Neue Bibliothec*, Frankfurt a. M./ Leipzig 1715, zit. nach Eybl 1995, 120)

Die Ausdifferenzierung der Spezialgebiete und der wissenschaftlichem Arbeit am Detail, die soziale Ausdifferenzierung der Gelehrtengemeinschaft in Expertengruppen und die funktionale Ausdifferenzierung der Textsorten belegen, dass die als universal geltende, systematische Ordnung des Wissensganzen, sei sie rhetorisch-topisch und damit sprachbezogen oder philosophisch-metaphysisch und damit sachbezogen begründet, an ihr Ende gekommen war und neue Formen der gesellschaftlichen Wissensverarbeitung

14.2 Geschichtlicher Abriss der Enzyklopädik

gesucht wurden. Damit wird auch der noch bei Alsted und Comenius in gewisser Weise vorhandene metaphysisch hergeleitete Vollständigkeitsanspruch der Darstellung endgültig fallen gelassen.

Neben der (a) *Relativierung* und Verschiebung der in Enzyklopädien abgebildeten Ordnung sind zwei weitere Merkmale für die Enzyklopädik der Epoche der Aufklärung prägend: (b) *Pädagogisierung* und (c) *Differenzierung*.

(a) Die Relativierung der Systementwürfe resultiert aus einer der zentralen Leitideen der Aufklärung, der Idee des ständigen Fortschritts der Geschichte wie des menschlichen Geistes. Demgegenüber konnten Systeme und Ordnungen, die gewissermaßen abgeschlossene Erkenntnisse und ewige Gültigkeit beanspruchten, nur als beschränkt gelten (vgl. Köhler in: D'Alembert 1750/1955, XI). „Die Herrschaft der Mathematik besteht nicht mehr; der Geschmack hat sich geändert: jetzt stehen wir im Reich der Naturgeschichte und der Literatur", schrieb Diderot am 19. Februar 1758 an Voltaire (D'Alembert 1750/1955, 251). Unter Relativierung ist in diesem Zusammenhang natürlich (noch) nicht an einen Kulturrelativismus im Sinne des modernen Konstruktivismus zu denken, sondern an ein ‚Aufweichen' der Welt- und Seinsordnung durch die Anwendung der allgemeinen menschlichen Vernunft und Wahrnehmungsfähigkeit. Dass auch diese anthropologische Größe kulturell überformt, Wahrnehmung perspektiviert und insofern weiter relativiert wird, beschäftigte die Aufklärung noch nicht.

Die Enzyklopädisten (Verfasser der französischen *Encyclopédie*) sahen in der Aufhebung der Absolutheit enzyklopädischer Systeme keinen Ordnungs- oder Gewissheitsverlust, sondern hielten sie im Gegenteil für vorteilhaft. Das in der *Encyclopédie* zugrundegelegte System der Wissenschaften sei nicht das einzig mögliche und damit auch nicht verbindlich; jedes System sei im Prinzip standpunktbezogen. Natürlich waren die Enzyklopädisten von der politischen und moralischen Richtigkeit ihres eigenen Standpunktes und damit *ihres* enzyklopädischen Systems überzeugt, aber in der Theorie begründeten sie, warum die alten autoritativen Systeme ‚entmachtet' werden müssten:

> Aber dürfen wir uns rühmen, die richtige Form gefunden zu haben? Wir können nicht oft genug wiederholen, daß die Natur sich nur aus Einzeldingen zusammensetzt, die den ursprünglichen Gegenstand unserer Empfindungen und unmittelbaren Wahrnehmungen darstellen. Zwar bemerken wir an diesen Einzeldingen gemeinsame Eigenschaften [...] und die Eigenschaften mit abstrakten Benennungen haben zur Bildung einzelner Klassen geführt, denen diese Gegenstände zugeordnet sind. Aber oft greift ein Gegenstand, der infolge einer oder mehrerer Eigenschaften der einen Kategorie zugesprochen wurde, durch andere Qualitäten in eine andere über und könnte durchaus ebenso dorthin gehören. Die allgemeine Einteilung ist also zwangsläufig nicht frei von Willkür. (d'Alembert 1750/1989, 47)

Ein allgemein gültiges System müsste mit der in Gott existierenden Ordnung identisch sein, die der Mensch aber nicht erkennen könne. Stattdessen seien ihm immer nur Ausschnitte zugänglich. „Das Weltall ist wie ein großer Ozean, auf dessen Oberfläche wir einige größere oder kleinere Inseln bemerken, deren Zusammenhang mit dem Festland uns verborgen bleibt." (ebd.)

Mit der Relativierung der Systeme verloren auch die diese darstellenden Ordnungsprinzipien ihre Geltung. Die einzig sinnvolle Anordnungsweise für die Auffassung von der Standpunktbezogenheit der enzyklopädischen Darstellung ist das Alphabet, das allerdings von d'Alembert wegen seiner Nutzerfreundlichkeit gelobt wird – ein Argument der Käuferwerbung. Dennoch oder gerade wegen der Angewiesenheit auf das sinn-lose Alphabet wird das Wesen der Enzyklopädie darin gesehen, das Ausschnitthafte der Weltordnung im (alphabetischen) Nachschlagewerk wieder ein Stück weit zusammenzuführen und zu vernetzen: durch Tafeln, Tabellen, Bilder und Querverweise. Diderot entwickelt in seinem Artikel zum Stichwort *Encyclopédie* geradezu eine Philosophie des Verweises, den er als den wichtigsten Aspekt der enzyklopädischen Ordnung bezeichnete und auch zur Unterwanderung der Zensur nutzte (vgl. Albert 1995, 203). Insbesondere Abbildungen repräsentieren in der *Encyclopédie* komplexe Handlungszusammenhänge, wie schon im *Orbis pictus* Comenius'. Allerdings ging es hier nun um Wissenschaft, insbesondere um handwerkliche Produktions- und Manufakturtechniken.

D'Alembert vergleicht die Ordnung der *Encyclopédie* mit einer Weltkarte – die Leser erhalten eine Gesamtschau aus der Vogelperspektive, die nur die wesentlichen Länder und Verbindungen zeigt – und sie quasi ‚über den Dingen' stehen lässt. Aber woher nahmen die Autoren diese Weltkarte? Sie rekonstruierten sie aus Francis Bacons System *De augmentis et dignitate scientiarum* (Über die Würde und den Fortschritt der Wissenschaften, London 1623). Es wird von Bacon selbst mit einem Stammbaum verglichen, deren Zweige die einzelnen Wissenschaften sind, ein Bild, das auf den gemeinsamen Ursprung aller Erkenntnis verweist: Dies sind nun „Gedächtnis, Vernunft und Einbildungskraft", wie es zuvor der Schöpfergott war. d'Alembert druckt das Bacon'sche Wissenschaftssystem in seiner Einleitung zur *Encyclopédie* auf einem zusammengefalteten und gesondert eingehefteten Blatt ab.

Das von den Verfassern der *Encyclopédie* gewählte und bei Bacon vorformulierte System war aber kein reines Gedankenprodukt. Es richtete sich am bürgerlich verfassten Individuum, seinen Sinneswahrnehmungen und Fähigkeiten aus. Aus der Leitidee der *Erfahrung* leiteten sie eine unlösbare Verbindung zwischen den physischen Gegebenheiten der Welt und dem Denken ab, das sich an ihnen entzündet und ausbildet (vgl. Mensching in: d'Alembert 1750/1989, 148 f). Insofern stellt die *Encyclopédie* die unmittelbare Anschauung der Dinge gleichberechtigt neben ihre sprachlich-begriffliche Erfassung und führt beides zusammen.

Um den Vorwurf, dass die alphabetische Anordnung den Zusammenhang des Wissens trotz aller gegenteiligen Beteuerungen zerstört habe und dass er auch durch das Gegenmittel der mit Hilfe des Baconschen Systems vorgenommenen Querweise nicht wieder herzustellen sei, kreisen die öffentlichen Diskussionen seit dem Erscheinen der französischen *Encyclopédie* und bis in unser Jahrhundert. Die Kritik schuf zu Beginn des 19. Jahrhunderts sogar einen neuen pejorativen Ausdruck: *Enzyklopädismus* mit der Bedeutung ‚Ansammlung, geist- oder kritiklose Anhäufung von Wissenselementen'. Die Pejorisierung wirkte sich auf die Bedeutungsgeschichte der Bezeichnung *Enzyklopädie* aus. Von Herder und Goethe, der an die dreißig Sach- und zwanzig Sprachlexika besessen haben soll, sind entsprechend abfällige Bemerkungen bekannt (Dierse 1977, 68 f.; Schalk 1977, 223). Bis heute gelten weder Enzyklopädik noch Lexikografie kaum als wissenschaftliche Tätigkeiten und die Autorinnen und Autoren nur als nachschaffend, d. h. als *Bearbeiterinnen* und *Redakteure*.

War das Merkmal der Vollständigkeit schon durch die fachliche Ausdifferenzierung in den Hintergrund getreten, so wird nun auch noch das Merkmal der systematischen Ordnung aus der Bedeutung des Ausdrucks *Enzyklopädie* eliminiert. Übrig bleibt die nur noch alphabetisch mögliche Verzeichnung der von irgend einem Verfasser ausgewählten wichtigsten Elemente des unüberschaubaren Wissens. Die Auswahl kann wissenschaftsinternen und gegenstandsbezogenen Kriterien folgen; sie folgt in der Praxis der Spätaufklärung im Konversationslexikon wohl ausschließlich den Nutzerinteressen des Bürgertums, ihren vom sozialen Prestige der Bildung diktierten Frage- und Informationsbedürfnissen.

(b) Auch die Pädagogisierung der Enzyklopädie folgt aus einer Leitidee der Aufklärung, derjenigen der Bildung, worunter zunächst verstanden wurde, dass die Gelehrten sich zu den noch Ungebildeten ‚herablassen' und sie zum Objekt der Wissensvermittlung und ‚Besserung' machten. Seit der Reformation war dieser pädagogische Impetus dem Enzyklopädie-Gedanken wenn auch nachgeordnet eingeschrieben. Für die Enzyklopädik bedeutete dies, dass die Funktionen der Texte sich von der vollständigen Repräsentation des Wissens und seiner Ordnung von Gelehrten für Gelehrte verlagerte hin zu einer belehrenden, notfalls exemplarischen Vermittlung des Wissens von Gelehrten für *Gebildete*, idealtypisch für *das Volk*. Hinter dieser Entwicklung standen die weiter anwachsende Menge des Wissens, insbesondere auf technisch-manufakturiellem Gebiet, sowie die Veränderungen in der Schichtung der Gesellschaft, insbesondere die Entwicklung des Bürgertums und der bürgerlichen Bildung zum sozialen Leitbild.

Für die Enzyklopädien der Aufklärung galt die Formel ‚Aufklärung der bürgerlichen Gesellschaft durch wissenschaftliche Bildung'. Ihr Programm zielte einmal darauf, die Gesellschaft selbst dadurch zu erneuern; diese revolutionären Ziele sorgten denn auch für Zensur und Verfolgung der Enzyklopädisten. Zum anderen zielte es darauf ab, die soziale Trennung zwischen der Gelehrtengemeinschaft und den alphabetisierten und insofern ‚bloß' Gebildeten, zwischen den Rezipienten von Enzyklopädien und den Nutzern von Zeitungen und Zeitungslexika, aufzuheben, indem Wissenschaft und Bildung in eins gesetzt wurden. Dies hatte Folgen für die Bestimmung dessen, was in den Kreis des Wissens aufzunehmen war.

(c) In der französischen *Encyclopédie* wurden die nicht-wissenschaftlichen Bereiche des Wissens, die freien Künste und mechanischen Kunstfertigkeiten entschieden aufgewertet. Aus dem pädagogischen Anspruch ergab sich aber auch die Notwendigkeit, die Menge des Wissensstoffes auf grundlegende Prinzipien und exemplarische Ausschnitte zu begrenzen. Die Enzyklopädie kann keine *vollständige* Repräsentation des Wissens einer Zeit mehr leisten, obwohl d'Alembert in seiner Einleitung noch davon sprach, dass dieses Werk „einem gebildeten Menschen in jeder Richtung eine Bibliothek ersetzen kann und auf jedem Gebiet – außer in seiner Fachrichtung – auch einem Berufsgelehrten" (d'Alembert 1750/1989, 113). Die Zahl der Fachenzyklopädien, die zwar seit dem Mittelalter existierten und schon im 17. Jahrhundert die Einheit der Wissenschaft aufzulösen begannen, nahm seit Mitte des 18. Jahrhunderts in dem Maße zu, wie die Ausdifferenzierung der Wissenschaften fortschritt (vgl. Klein 1995). Sie beschränkte sich von vornherein auf Ausschnitte und blieb anfangs auch an den praktischen Unterricht in einem bestimmten Fach gebunden. Symptomatisch hierfür sind die ‚enzyklopädischen Vorlesungen', die um die Mitte des 18. Jahrhunderts in allen Fächern nicht nur üblich, sondern teilweise sogar Pflicht waren (Dierse 1977, 44, 73 ff.). Sie korrespondierten mit der Enzyklopädie als Lehrbuch.

Im 18. Jahrhundert setzt sich Deutsch als Sprache der Fachenzyklopädien durch. Da sie in der Regel auf lateinischen und griechischen Vorlagen beruhten, mussten nun deutsche Äquivalente für lateinische Termini gesucht, ihre Wahl zuweilen begründet oder erläutert werden; dadurch geriet die Vermittlung von Sprachwissen gegenüber dem Sachwissen in den Vordergrund (Klein 1995, 28 ff.).

Wenn die Enzyklopädie keine Gesamtschau des Wissens mehr sein kann, müssen eine Reihe fachspezifischer und zugleich sprachbezogener Wissenssammlungen an ihre Stelle oder zumindest an ihre Seite treten. Nimmt man diese Entwicklung mit der Relativierung der Systeme zusammen in den Blick, lassen sich die Folgen dieser textgeschichtlichen Entwicklung für den Zusam-

14.2 Geschichtlicher Abriss der Enzyklopädik

menhang der Disziplinen untereinander ermessen. Der fachübergreifende Austausch geschah nicht mehr ‚automatisch' in ein und demselben Buch; die Fächer standen untereinander in keinem notwendigen Zusammenhang mehr und entwickelten sich unabhängig voneinander weiter. Der Wortschatz der Wissenschaften, der ja einen gemeinsamen Kern von Bezeichnungen aufweist (*System, Funktion, Struktur, Substanz, Form, Regel* usw.), fällt selbst in diesem Kernbereich semantisch auseinander. Auf der anderen Seite brachte die Konzentration auf das jeweilige Gebiet eine Reihe von Vorteilen (Genauigkeit, Intensivierung, Differenziertheit). Heute sind selbst enzyklopädische Texte über eine universitäre Teildisziplin wie die germanistische Sprachwissenschaft selten und heikel geworden.

Die französische *Encyclopédie* verdankt ihre Entstehung den ökonomischen Hoffnungen ihres Verlegers, der das erfolgreiche englische Vorbild, Ephraim Chambers *Cyclopedia; or an Universal Dictionary of Arts and Sciences* (London 1728, 2 Bände) qua Übersetzung nach Frankreich importieren wollte.

Die *Encyclopédie* erschien in den Jahren 1751–1772 in siebzehn Bänden; von 1776–1777 folgten fünf Ergänzungsbände; sie umfasst über 60.000 Stichwörter, die von 142 genannten und vielen ungenannten Mitarbeitern, darunter so berühmten wie Voltaire, Rousseau und Montesquieu, geschrieben wurden. Die Autoren, die *Enzyklopädisten* genannt, damit als ‚umstürzlerisch' gekennzeichnet wurden und als *société de gens de lettres* (Diderot zit. in d'Alembert 1750/1989, 165) eine Gruppenidentität ausbildeten, gehörten wie auch die ca. 4000 Subskribenten überwiegend, aber keineswegs ausschließlich dem Bürgertum an (Darnton 1993, 26 ff.).

Die Erweiterung des Adressatenkreises einer Enzyklopädie auf nicht wissenschaftlich gelehrte Personen war ein Novum. Entsprechend umgriff der Stoff nicht nur *les sciences*, sondern fast gleichberechtigt auch *les arts* und *les métiers*. Nicht genug, dass die Enzyklopädisten systematisch Quellen der Fachliteratur auswerteten; vor allem von Diderot wird berichtet, er sei regelmäßig in Ateliers und Werkstätten gegangen, um Handwerk und Manufakturen zu studieren oder gar auszuprobieren und die Handwerker nach ihrem Tun und nach den Bezeichnungen zu befragen (vgl. d'Alembert 1750/1989, 109 ff.).

> Da man jedoch kaum gewöhnt ist, über die Handwerke zu schreiben oder Schriften darüber zu lesen, war eine verständliche Erklärung der Dinge ziemlich schwierig, und hieraus ergab sich die Notwendigkeit von Zeichnungen. […] Ein Blick auf den Gegenstand selbst oder auf seine bildliche Darstellung ist aufschlußreicher als eine seitenlange Besprechung. […] die bildlichen Darstellungen jedoch haben wir auf die wesentlichen Bewegungen des Arbeiters und ausschließlich auf Momente der Tätigkeit beschränkt, die einfach zu zeichnen, aber äußerst schwierig zu erklären sind. (d'Alembert 1750/1989, 110 f.)

Schuf Comenius das Bildwörterbuch zur Alltags- und Gemeinsprache, war die *Encyclopédie* das erste Nachschlagewerk, das in größerem Umfang Abbildungen enthielt, die sich auf wissenschaftlich-technische Gegenstände und ihre Bezeichnungen bezogen. Mit den in der fachlichen Umgangssprache in der face-to-face-Situation ‚an der Werkbank' vielfach entbehrlichen Benennungen fehlten der *Encyclopédie* die für die schriftliche Wissensvermittlung unentbehrlichen Stichwörter. Die Abbildungen lösten dieses Problem, weil die z. T. recht ungenauen Bezeichnungen im bildlich dargestellten Produktionszusammenhang vereindeutigt und untereinander korreliert werden konnten. Die große Zahl der Abbildungen forderten die Lexikografen erstmals zu einer Auseinandersetzung mit den Prinzipien der Verbindung von Text und Bild auf.

Welchen Stellenwert besaßen Sprache und Informationen zum Wortschatz in der *Encyclopédie*?

Der zweifache Titel (*Encyclopédie et Dictionnaire* ...), den die *Encyclopédie* schon von dem englischen Vorbild übernommen hatte, wurde von ihren Verfassern wohl nicht so verstanden, dass hier ein sach- und ein sprachbezogenes Nachschlagewerk kombiniert werden sollten; vielmehr stand *Encyclopédie* für den Anspruch, eine Systematik des Wissens aufzustellen, und *dictionnaire* für den Anspruch, gleichzeitig eine umfassende Bestandsaufnahme vorzunehmen. Bacon, dessen System d'Alembert zur Basis bestimmt hatte, zeichnete sich durch eine besonders sprachskeptische Haltung aus (Gardt 1999, 40); entsprechend sind die der *Encyclopédie* zugrunde liegenden Kategorien nicht als Begriffe, sondern als Realia gefasst. Doch schon während der Abfassungszeit, am 29. Januar 1758, schrieb Voltaire aus Lausanne an d'Alembert:

> Und, lassen Sie um Gottes Willen die geschmacklosen Abhandlungen nicht mehr zu, die man in Ihre Enzyklopädie einschmuggelt. Geben Sie unseren Feinden kein Recht zu der Klage, daß diejenigen, die auf dem Gebiet der Kunst völlig erfolglos geblieben sind oder sogar ausgepfiffen wurden, nun Regeln über die Kunst aufzustellen wagen und ihre lächerlichen Hirngespinste für Gesetze ansehen. Schalten Sie die abgedroschene Moral aus, mit der gewisse Artikel aufgebauscht sind. Der Leser will die verschiedenen Bedeutungen eines Wortes wissen und verabscheut einen farblosen Gemeinplatz über dieses Wort. (d'Alembert 1750/1955, 249)

Schon Voltaire sieht also in der *Encyclopédie* eine Art Mehrzweck-Lexikon, das Systematisierung der Sachwelt und der sozialen Welt mit semantischer Information zum Stichwort als *Wort* verbindet. Auf Seiten der Rezipienten vor allem späterer Epochen und anderer Länder hat der doppelte Titel dieses einflussreichen und vorbildlichen Werkes zweifellos zu jener Gleichsetzung von *Enzyklopädie* und *Wörterbuch* beigetragen, die Traditionslinien der sprach- und der sachbezogenen Nachschlagewerke einander angenähert und die heutigen Mischformen mit verursacht.

14.2 Geschichtlicher Abriss der Enzyklopädik

In seiner Einleitung wie im Artikel ‚Dictionnaire' widmet sich d'Alembert ausführlich dem Wert und Unwert von Definitionen (d'Alembert 1750/1989, 104 f.; vgl. Hausmann 1989 c). Aber es geht ihm hierbei um die Rückbindung der wissenschaftlichen Begriffsbildung an die physischen Gegebenheiten und ihre unmittelbare Erfahrung und um Kritik an den rein abstrakt konstruierten Begriffen, denen eine Entsprechung in der Realität fehle. Definieren wird hier nicht als sprachwissenschaftliche, sondern als philosophisch-wissenschaftstheoretische Aufgabe verstanden. Ihr Gegenstand sind keineswegs die teils vagen, teils unbestimmten Bezeichnungen der Gemeinsprache, wie sie ein Sprachwörterbuch zu beschreiben hat.

Natürlich gehören zu den freien Künsten, die die *Encyclopédie* darstellt, auch Grammatik, Rhetorik und Stilistik und insbesondere eine Beschreibung der französischen Sprache und Literatur. Insofern trägt jede Enzyklopädie zur gegebenenfalls popularisierenden Verbreitung sprachwissenschaftlicher Vorstellungen bei. Welche dies jeweils waren und wie sie begründet wurden, hätte genauere Untersuchungen verdient, die der heutigen Linguistik viel über die eigene gesellschaftliche Relevanz verrieten.

Das nach Hausmann (1990 a) einzige sprachreflexive Element in der französischen *Encyclopédie* war eine an Girard anknüpfende distinktive Synonymik, was den philosophischen und auch gesellschaftlichen Stellenwert zeigt, der der Synonymik seinerzeit zugemessen wurde (siehe 3.3.2). Hoinkes (1993) hingegen zeigt, dass der zeitgenössische „Wissensbereich Sprache" von den Enzyklopädisten in über 300 Artikeln ausgebreitet wird, unter denen der Artikel *Langue* zentral ist. Die sprachtheoretische Position, die der hier federführende Enzyklopädist Beauzée vertritt, greift vorsichtig sensualistisch-empiristische Ideen auf, bleibt aber überwiegend im Rahmen der aus dem 17. Jahrhundert tradierten, grammatikzentrierten und eher abstrakten als anwendungsbezogenen Vorstellungen.

Der Ruf der *Encyclopédie* reichte weit über Frankreich hinaus; sie fand zahlreiche Nachahmer, die zwar nicht unbedingt Konzept und Methoden kopierten, aber doch immer den wirtschaftlichen Erfolg und das heißt: ihre gesellschaftliche Nützlichkeit anstrebten. Das Praktische – und ökonomisch Verwertbare – gewann gegenüber dem Theoretischen Priorität (vgl. Albrecht 1995). Wie auch bei den Wörterbüchern (siehe Kapitel 8) entstanden um diese Zeit populäre Enzyklopädien für Adressaten mit Bildungsbedarf und Defiziten, die in der Überlieferungsgeschichte leicht marginalisiert werden. Der Nürnberger Pfarrer Johann Ferdinand Roth brachte 1788 ein Werk heraus, dessen Titel die Funktion populärer Enzyklopädien genau angibt:

> Gemeinnütziges Lexikon für Leser aller Klassen, besonders für Unstudierte; oder kurze und deutliche Erklärung der, in mündlichen Unterhaltungen und in schrift-

lichen Aufsätzen gebräuchlichsten Redensarten, Ausdrücke und Kunstworte, in alphabetischer Ordnung. Mit einem Verzeichniße der Worte, welche anders ausgesprochen als geschrieben werden, und mit einer Erklärung der gewöhnlichsten Abbreviaturen. (zit. nach Albrecht 1995, 235)

Es handelt sich hierbei offensichtlich um eine Mischung aus Populär-Enzyklopädie, Rechtschreib- und Fremdwörterbuch, das das mächtige Bildungsideal für viele derer in greifbare Nähe rückte, die die Schulzeit schon hinter sich gelassen hatten. An einer Trennung zwischen Sach- und Sprachwissen konnten Werke wie dieses kein Interesse haben, war es doch im Gegenteil für die Teilnahme an der gesellschaftlichen Konversation wichtig, Sprachkompetenz und Sachwissen gleichermaßen unter Beweis zu stellen.

Im deutschsprachigen Raum sind drei größere und ‚gelehrte', der Aufklärung zuzurechnende enzyklopädische Unternehmungen entstanden, von denen die beiden späteren auf den Spuren der *Encyclopédie* wandelten und die deutsche Geschichte der Textsorte ins 19. Jahrhundert führten.

Noch der Frühaufklärung zuzurechnen ist das unter dem Namen seines Verlegers Johann Heinrich Zedler geführte *Große vollständige Universal-Lexicon aller Wissenschaften und Künste, welche bißhero durch menschlichen Verstand und Witz erfunden und verbessert worden,* dessen 64 Bände von mehreren Universitätsgelehrten aus Halle und Leipzig verfasst wurden und von 1732 bis 1754 erschienen. Sein Schwerpunkt liegt auf geografischen, dynastischen und sonstigen personenbezogenen Informationen, es bezieht aber auch bereits bürgerliche Tätigkeiten aus Handwerk und Handel mit ein, und zwar durchaus im Sinne konkreter Handlungsanweisungen wie aufgenommene Kochrezepte zeigen (Eybl et al. 1995, 307).

Der Arzt und Schriftsteller Joahnn Georg Krünitz gab die ersten 73 Bände des mit 242 Bänden wohl umfangreichsten deutschsprachigen Nachschlagewerks überhaupt allein heraus: *Oeconomisch-technologische Encyclopädie oder allgemeines System der Staats-Stadt-Haus- und Landwirthschaft und der Kunstgeschichte in alphabetischer Ordnung* (Berlin 1773–1858).

An Krünitz, über dessen Werk man dank Fröhner (1994) mehr als über andere weiß, sei ein allgemeines Merkmal der Enzyklopädien der Aufklärungszeit erläutert. Krünitz sah es als seine Aufgabe an, die seit Ende des 17. Jahrhunderts enorm angewachsene Fachliteratur in Ökonomie und Technologie zu referieren. Die Quellen wurden entweder ordnungsgemäß zitiert oder am Ende des Artikels in bibliografischen Hinweisen vermerkt. Das Werk ist eine um Aktualität bemühte (Fröhner 1994, 355 ff.) Kompilation der in- und ausländischen, vor allem der französischen Spezialliteratur, mit deren Hilfe insbesondere die Vermittlung französischer Produktionsweisen in Deutschland vorangetrieben werden sollte. In der Darstellung erhalten

14.2 Geschichtlicher Abriss der Enzyklopädik

diese ein entsprechend größeres Gewicht als die älteren deutschen Handwerkstraditionen. So ist etwa die Färberei, eine ‚High-Tech-Branche' des späten 18. und frühen 19. Jahrhunderts, bei Krünitz um ein vielfaches umfangreicher abgehandelt als etwa das Drechseln und die Drehbank (Elkar 1995, 228 f.). Eine Enzyklopädie, die eine ganze Fachbibliothek ersetzen soll, wird einerseits Verfahren der Textzusammenfassung entwickeln, andererseits zu einem Korpus gezielt ausgewählter Fachtexte werden. Das kompilatorische Prinzip ermöglicht darüber hinaus die nicht-wertende Wiedergabe unterschiedlicher Meinungen. Beides macht Krünitz heute zu einer wichtigen Quelle für die historische Fachsprachenforschung.

Der Aufbau der Artikel folgt in etwa dem gleichen Schema wie bei Isidor von Sevilla, denn die Erklärung von Wortbedeutung und Wortherkunft steht am Anfang; danach wird gewissermaßen die Theorie und schließlich die Seite der praktischen Anwendungen behandelt. Worterklärungen bilden auch bei Zedler und Ersch-Gruber (s. u.) stets den Anfang des Artikels. Allein für Krünitz ist nachgewiesen, dass die wortbezogenen Informationen regelmäßig aus Joh. Christoph Adelungs *Versuch eines vollständigen grammatisch-kritischen Wörterbuchs* von 1774–1786 entnommen sind, wenn auch ohne Nennung dieser Quelle. Mitunter setzt sich Krünitz sogar kritisch und explizit von Adelung ab (Fröhner 1994, 431–34). Umgekehrt hat Adelung in seiner zweiten Auflage, dem *Grammatisch-kritischen Wörterbuch* von 1793–1801, einige wenige fachsprachennähere Lemmata von Krünitz übernommen (Fröhner 1994, 454), was auf eine intensivere Auseinandersetzung schließen lässt.

Es ist nicht anzunehmen, dass Krünitz und Adelung und die hier nachgewiesene Wechselwirkung zwischen enzyklopädischer und lexikografischer Tradition die seltene Ausnahme darstellen. Wie der Sprachbezug in den Enzyklopädien genau aussieht und welche Funktion die jeweilige Art der Worterklärung besaß, sind aber bisher nicht gestellte Fragen. Ihre Beantwortung könnte dazu beitragen, die unter dem Einfluss der Nachschlagewerke historisch gewachsenen *Vorstellungen vom Zusammenhang* zwischen Sprach- und Weltwissen zu erhellen.

Vereinzelt bekannt gewordene Fälle veranschaulichen, inwiefern Enzyklopädien auch die literarische Produktion zu inspirieren vermögen. Schiller gab offen zu, dass er sein bekanntes *Lied von der Glocke* nur habe schreiben können, weil er sich bei Krünitz so anschaulich über die Glockengießerei und alle anderen Aspekte der Glocke habe unterrichten lassen:

> Deswegen bin ich jetzt an mein Glockengießerlied gegangen, und studiere seit gestern Krünitz' Enzyklopädie, wo ich sehr viel profitiere. Dieses Gedicht liegt mir sehr am Herzen, es wird mir aber mehrere Wochen kosten, weil ich so vielerlei verschiedene Stimmungen dazu brauche und eine große Masse zu verarbeiten ist. (Schiller am 7. 7. 1797 an Goethe zit. in Fröhner 1994, 5).

Die „große Masse" ist der 94 Seiten umfassende Artikel Krünitz' zur Glocke. Er legt die Geschichte der Kirchenglocken dar, erläutert die verschiedenen Instrumente und Methoden des Glockenbaus und erklärt die Arten, eine Glocke zu läuten. Diese Art der Themenentfaltung erscheint uns heute assoziativ und weitschweifig, aber es ist eine Art, die nicht nur die Dinge, sondern auch das mit den Dingen verbundene Tun wichtig nimmt. Krünitz fokussiert die Handlungsaspekte des dargestellten Wissens und unterstreicht dadurch die Bedeutung des ‚bürgerlichen Gewerbefleißes' und das Interesse an Nutzanwendungen wissenschaftlicher Erkenntnisse.

Johann Samuel Ersch und Johann Gottfried Gruber begannen 1818 in Leipzig die *Allgemeine Encyklopädie der Wissenschaften und Künste in alphabetischer Folge*, die 1889, bei einem Stand von 167 Bänden abgebrochen werden musste. Ihr Scheitern ist Ausdruck des im 19. Jahrhundert stattfindenden Wandels von der Enzyklopädie zum Konversationslexikon. Die Verfasser wollten diesem Wandel nicht nachgeben, sondern den überlieferten enzyklopädischen Gedanken für das 19. Jahrhundert verwirklichen (Kunsemüller 1965). Der längste Artikel mit über 3600 Seiten findet sich beim Stichwort *Griechenland*. Am Ende des 19. Jahrhunderts wurde hier auf geradezu dramatische Art und Weise klar, dass der Zuwachs des Wissens in der industriellen Gesellschaft quantitativ nicht mehr einzuholen und zu fixieren war. Das mittelalterliche Vollständigkeitsideal von der Enzyklopädie als Summe *allen* Wissens musste, trotz seiner vorausschauenden Kritik durch die Enzyklopädisten, erst faktisch scheitern, um vom Konzept der popularisierenden und exemplarischen Überblicksdarstellung des *Konversationslexikons* abgelöst zu werden.

14.2.5 Das Konversationslexikon für die bürgerliche Bildung des 19. und 20. Jahrhunderts

Im 19. Jahrhundert wird aus der Enzyklopädie als der gelehrten Summe allen Wissens unter Einfluss der oben erläuterten Faktoren Relativierung, Pädagogisierung und Differenzierung das allgemeinverständlich geschriebene und mehr oder weniger stark auswählende Konversationslexikon, das dem auf Bildung fixierten Bürgertum gerade außerhalb der akademischen Welt in den zahlreichen Vereinen, Gesellschaften und Salonzirkeln zum gewünschten Prestigegewinn verhelfen konnte. Bildung zeigte sich vor allem im gesellschaftlichen Umgang, in der ‚Konversation', wo sie für das soziale Prestige entscheidend war. Das Motto des 1826 von Joseph Meyer in Gotha gegründeten Verlags mit dem Namen *Bibliographisches Institut* lautete „Bildung macht frei". Was damit gemeint war, erhellt aus einer Stelle des 1864 erschienenen Romans *Die verlorene Handschrift* von Gustav Freytag:

14.2 Geschichtlicher Abriss der Enzyklopädik

> Wenn die Frau Oberamtmann Rollmaus uns des Sonntags besucht, so setzt sie sich auf dem Sofa zurecht und greift mit einem Gespräch den Vater an. Der Vater mag sich winden wie er will, um ihr zu entgehen, sie weiß ihn festzuhalten, über Engländer und Tscherkessen, über Kometen und die Dichter. Aber die Kinder sind dahintergekommen, daß sie ein Lexikon für Konversation hat, daraus nimmt sie alles. Und wenn sich in einem Lande etwas ereignet, oder die Zeitung von etwas Lärm macht, so liest sie im Lexikon darüber nach ... (zit. nach Lenz 1972, 12)

Freytags Schilderung ist durchaus korrekt darin, dass das Konversationslexikon intertextuell nicht mehr wie bei der Enzyklopädie in Wechselwirkung mit Fach- und Wissenschaftstexten stand, sondern mit Tageszeitungen und Zeitschriften, einem ebenfalls vom Bürgertum geprägten Diskussionsfeld. Ganz ähnlich wie Joahnn Ferdinand Roth 1788 in seinem *Gemeinnützigen Lexikon* (s. o.) hatte der Verfasser des Brockhaus-Vorgängers, Löbel, im Vorwort geschrieben, dass das Werk „diejenigen Kenntnisse enthalten [solle], welche ein jeder als gebildeter Mensch wissen muß, wenn er an einer guten Conversation Theil nehmen oder ein Buch lesen will" (zit. nach Albrecht 1995, 237).

Die herausragende Bedeutung, die das Konversations- wie das speziellere Staatslexikon für die politische Bildung und das politische Selbstverständnis des deutschen Liberalismus spielte, zeigt unter anderem die Haltung der Zensur. Zu Beginn der 20er Jahre wurden speziellere Staatslexika wie das von Rotteck-Welcker (1834–1843), aber auch das Konversationslexikon von Brockhaus in Preußen und in Österreich

> scharfen Beschränkungen unterworfen und sein Erwerb für „Beamte niederer Kategorie und insbesondere Personen aus dem Bürger- und Gewerbestande" untersagt. Dieses Mißverhältnis erwies sich, wie die Preußischen Jahrbücher [in einer Rezension über ‚Drei deutsche Staatswörterbücher', Bd. 2, 1858, UHZ] feststellten, „um so schlimmer, als die Verteilung Deutschlands in so viele Staaten eine sehr große Anzahl von Männern zu staatlicher Mitwirkung als Wähler, Gewählte und Beurteiler berief, somit auch eine ungewöhnlich große und in ziemlich tiefe gesellschaftliche Schichten hinunterreichende politische Bildung und gemeinsames Handeln Bedürfnis gewesen wäre." [...] (Haltern 1976, 74).

Wie sich die politische Haltung des Bürgertums im Laufe des 19. und frühen 20. Jahrhunderts vom Liberalismus entfernte, lässt sich in allen Facetten im Brockhaus nachvollziehen, z. B. bei den Veränderungen, die der Artikel ‚Bürger' von Auflage zu Auflage erfuhr (detailliert: Haltern 1976, 77–90). Die Enzyklopädie des 19. Jahrhunderts besaß von Gustav Freytag bis Theodor Fontane, von Wladimir I. Lenin bis zu Jean Paul Sartre als Medium der Öffentlichkeit wie als individuelles Bildungs- und Emanzipationsinstrument ein ausgesprochen positives Image (Lenz 1972, 12 ff.), für das in Deutschland besonders zwei Werke, *Brockhaus* und *Meyer's*, typbestimmend geworden sind.

Das Konversationslexikon rief auf der anderen Seite aber die Kritik derer auf den Plan, die auf gründlichere humanistische Bildung Wert legten bzw. enzyklopädische Bildung der wissenschaftlichen Elite vorbehalten wissen wollten. Der Verleger Friedrich Perthes sah 1834 durch das „Versinken in den Dienst der Seichtigkeit, der Oberflächlichkeit, der Vielwisserei, des Bilderkrames unter der täuschenden Firma der Volksbildung nur um des Gewinnes willen" den Ruf des deutschen Buchhandels in Gefahr, der sich auf Gelehrsamkeit und Wissenschaftlichkeit gründe. Und Heinrich v. Treitschke polemisierte 1892 über die „dilettierende Vielwisserei" als „Krankheit unseres Jahrhunderts" (zit. in Haltern 1976, 71 und 96).

Die im deutschsprachigen Raum bekannteste und unter französischem Einfluss auf die Bedürfnisse des Bürgertums zugeschnittene Enzyklopädie entstand in einem 1805 in Amsterdam von Friedrich Arnold Brockhaus gegründeten Verlag. Nachdem der zunächst an Zeitschriften und gesamteuropäischer Literatur interessierte Verleger aus der Konkursmasse eines anderen Verlags das Fragment eines Sachlexikons (Löbel-Franke, *Conversations-Lexicon oder kurzgefaßtes Handwörterbuch für die in der gesellschaftlichen Unterhaltung aus den Wissenschaften und Künsten vorkommenden Gegenstände mit beständiger Rücksicht auf die Ereignisse der älteren und neueren Zeit*) erworben und selbst an dessen Fertigstellung mitgewirkt hatte, war der Grundstein des Brockhaus-Imperiums gelegt. Der wirtschaftlichen Erfolg dieser im Vergleich zu den Werken von Zedler, Krünitz, Ersch-Gruber geradezu handlichen Ausgabe war enorm; es folgte Auflage um Auflage der seit 1818 abgeschlossenen zehnbändigen *Allgemeinen Hand-Encyklopädie für die gebildeten Stände*. Die 5. Auflage der Jahre 1819 – 20 mit dem Titel *Konversationslexikon, Allgemeine Real-Encyklopädie für die gebildeten Stände* wurde zum Vorbild aller sachbezogenen Nachschlagewerke in Westeuropa und den Vereinigten Staaten (Haltern 1976, 68).

Dank des exemplarischen Prinzips konnte der Verlag auf die unterschiedliche Kaufkraft der Adressaten flexibel reagieren. Einerseits erhöhte sich die Bandzahl des *Brockhaus* allmählich auf heute 24, andererseits wurden für entsprechend kleinere Geldbeutel parallel kürzere Handausgaben auf den Markt gebracht (zur Auflagengeschichte Lenz 1972, 51 – 55; zur Verlagsgeschichte Hübscher 1955). Mit der elften, 1868 abgeschlossenen Auflage waren insgesamt über 300.000 Exemplare des Werks verkauft worden (Wittmann 1982, 111 ff. und 192 ff.), was einen noch nie da gewesenen Erfolg für ein zuvor wissenschaftlichen Adressaten vorbehaltenes Nachschlagewerk bedeutete. Ein neuer Markt hatte sich dafür etabliert – das an Bildung ausgerichtete und zur tonangebenden Schicht gewordene Bürgertum. Spätere Auflagen führten die Bezeichnungen *Real-Encyklopädie* und *Conversations-Lexikon* im Titel – der Typ des Zeitungs- und Konversationslexikons hatte sich mit der

14.2 Geschichtlicher Abriss der Enzyklopädik

Enzyklopädie vereinigt. *Real* verwies auf die Realbildung, d. h. eine in Opposition zum humanistisch-altsprachlichen Bildungsideal stehende, mehr naturwissenschaftlich orientierte Richtung. Die Adressaten der frühen Konversationslexika waren demnach eher im Bürgertum der Handwerker und Kaufleute angesiedelt, als im Bildungsbürgertum, dessen Angehörige – Lehrer, Juristen, Theologen und andere ‚Büchermenschen' – in der Regel das neuhumanistische Gymnasium absolviert hatten.

Der Verfasser des Artikels ‚Enzyklopädie' in der 1980 bis 1996 erschienenen *Enzyklopädie Philosophie und Wissenschaftstheorie*, ein bundesdeutscher Gelehrter höchsten Ranges, Jürgen Mittelstraß, urteilt heute über die Entwicklung, in der an die Stelle der Enzyklopädie speziell in Deutschland zu Beginn des 19. Jahrhunderts das Konversationslexikon trat, mit scharfzüngigem Bedauern:

> Die Zukunft gehörte nicht der *wissenschaftlichen* E[nzyklopädie] im engeren Sinne, sondern dem ‚Konversationslexikon', das unter Preisgabe der aufklärerischen Fiktion einer allgemeinen Harmonie des wissenschaftlichen und des gebildeten Interesses, gestützt auf die soziologische Konstruktion des *gebildeten Laien*, das wissenschaftssystematische Programm der E[nzyklopädie] der Vorstellung einer unsystematischen, nur noch alphabetischen Anordnung des (weiterhin unter den Gesichtspunkt seiner vollständigen Repräsentation gestellten) Wissens opfert. (Mittelstraß 1980, 559 f.)

Der große Erfolg des *Brockhaus* beflügelte in den 30-er und 40-er Jahren die Fantasie der Brüder Grimm und ihres Verlegers Reimer, während sie den Plan für das *Deutsche Wörterbuch* entwickelten. Um einen ähnlichen Erfolg auch in der Sprachlexikografie zu erzielen – Abnehmer waren ja offensichtlich vorhanden – müsste nach Verlegeransicht das Wörterbuch praktischpopulär und auf die Bedürfnisse eben der Käuferschicht ausgerichtet sein, die den *Brockhaus* so überaus positiv aufgenommen hatte. Für ein streng wissenschaftliches Werk seien statt 32.000 Exemplaren maximal 2.000 Exemplare je Auflage zu erzielen (Haß-Zumkehr 1995, 286 ff.). Jacob und Wilhelm Grimm akzeptierten diese Alternative allerdings nicht, was zu der langen und problemgeladenen Geschichte des *Deutschen Wörterbuchs* beitragen sollte (vgl. Kapitel 6).

Daniel Sanders, Kritiker und Konkurrent des Grimm'schen Unternehmens, stellte den Bezug zwischen Sprach- und Sachlexikografie auf andere Weise her, nämlich indem er die konzeptuell maßgebliche 5. Auflage des *Brockhaus* (1819–1820) als Quelle für sein *Wörterbuch der deutschen Sprache* (1859–1863) verwertete und dies auch im Quellenverzeichnis vermerkte. Die eine oder andere Sachdefinition fand so ihren Weg vom Konversationslexikon ins Wörterbuch. Die Lexikografen des *Deutschen Wörterbuchs* taten das aus verschiedenen Gründen nicht; erst in den jüngeren Bearbeitungsphasen des 20. Jahrhunderts wurden *Brockhaus*, *Meyer's* und andere zwecks Sachinformation benutzt, aber nicht oder nur ausnahmsweise auch zitiert (Hinweis von Hartmut Schmidt).

Innerhalb der Textsorte Konversationslexikon vollzieht sich während der rund 170 Jahre vom Beginn des 19. Jahrhunderts bis in die Zeit nach dem Zweiten Weltkrieg ein sprachgeschichtlich bedeutsamer, aber noch nicht eingehend untersuchter Wandel. Der typische Lexikon-Stil wandelt sich parallel zum Zeitungsstil und sicher in Abhängigkeit von diesem. Herrscht zu Beginn eine ausführliche, zum Teil subjektiv gebundene, erzählende Darstellung vor, steht am Ende eine immer knapper werdende, syntaktisch kaum noch vollständig ausformulierte, um Tabellen und Grafiken angereicherte und Objektivität signalisierende Darstellung. Kurz gesagt, es vollzieht sich ein Wandel vom Zeitschriftenstil des frühen 19. Jahrhunderts zum Telegrammstil ursprünglich amerikanischer Prägung (vgl. Haß-Zumkehr 1998 a). Kunsemüller (1965, 62 ff) hat die Artikel zum Stichwort ‚Glasgow' in der 1. Auflage von *Meyer's Lexikon* von 1839–1852 mit dem *Duden-Lexikon* von 1962 verglichen. Der ältere Artikel besteht aus einem mehrere Seiten langen persönlichen Reisebericht mit Äußerungen wie:

> Prachtvolle Hospitäler, Armen-, Krankenhäuser, die man Paläste nennen sollte, gibt es im Uebermaß; sie scheinen dem wirklichen Zustande der Gesellschaft Hohn zu sprechen, [...] Aber- und abermals sey es gesagt, das Uebel liegt tief unter der Oberfläche, es liegt da, wo es die schottischen Theologen nicht suchen [...] Nirgendwo, weder in London, noch Paris, zeigt sich das gesunkene weibliche Geschlecht in einer ekelhafteren Verworfenheit, in unweiblicheren Manieren und Sprache, als in den frommen Städten Schottlands. (zit. nach Kunsemüller 1965, 64)

Genauso hätte es um 1840 in der *Augsburger Allgemeinen Zeitung* oder irgend einem anderen größeren Blatt mit eigenen Korrespondenten stehen können. 1962 umfasst der Artikel zu ‚Glasgow' gerade 11 Zeilen mit den wichtigsten Zahlen und Angaben zu Bevölkerung, Industrie und Bauwerken und ist entsprechend mit Abkürzungen gespickt.

Der Stilwandel zeigt einen Funktionswandel an: Diente das Konversationslexikon zunächst dem Mitreden-Können, als wäre man selbst da und dabei gewesen, so tendiert es seit 1945 mehr und mehr zum Informationsspeicher, aus dem die Nutzer sich das ihnen Nötige selbst heraussuchen. Wissen sie aber, was das ihnen im Augenblick Nötige ist? Auf diese Frage antworten moderne Enzyklopädien im Unterschied zu ihren Vorgängern nicht mehr. Das Konversationslexikon repräsentierte einen Wissenskanon bürgerlicher Bildung, dessen Verbindlichkeit und ‚Wahrheit' unangefochten war; so verwundert es nicht, dass es zum Instrument der Propaganda werden konnte.

14.2 Geschichtlicher Abriss der Enzyklopädik

Erwartungsgemäß haben sich die Konversationslexika dem Nationalsozialismus ebenso wenig entziehen können wie die Wörterbücher. Durch welche redaktionellen Mittel die zwischen 1933 und 1945 erschienenen Auflagen dem totalitären Anspruch genüge taten, ist immerhin ansatzweise untersucht worden. Ziel war, auch Konversationlexika zum Propagandainstrument der nationalsozialistischen Ideologie zu machen und damit das letzte Fünkchen aufklärerischen Geistes preiszugeben. Die Mittel propagandistischer Funktionalisierung sind bei den enzyklopädischen Werken zum Teil identisch mit denen, die bei den lexikografischen gezeigt wurden (vgl. 10.3): Gezielte Stichwortselektion; einschlägige Erläuterungstexte, Zitate und Literaturhinweise.

Lenschen (1985) hat in diesem Zusammenhang die Technik des ausdrücklichen Verweisens herausgearbeitet, mit deren Hilfe das nationalsozialistische Begriffsnetz mit seinen besonderen interbegrifflichen Relationen aufgebaut, verbindlich gemacht bzw. kognitiv verfestigt wurde, z. B.:

> *Kamerad* verweist auf *Gemeinschaft* und *Männerbund*, diese beiden verweisen nicht auf *Kamerad*; *Freund* verweist auf *Kamerad*, nicht umgekehrt (Lenschen 1985, 228).

Solche Asymmetrien sind häufig und belegen, dass die Begriffsrelationen zentrifugale Netze mit zentralen und abgeleiteten Ideen aufbauen:

> So führt die Klärung dessen, was mit *Kamerad* gemeint sei, zu *Schicksal*, von dort zu *heroisch*, von dort zu *Opfer*; (ebd. 229)

Außer den Verweisen mittels Pfeil („→") oder „siehe" spielt eine weitere, subtilere Form eine Rolle: Derselbe Ausdruck wird einmal als Definiendum (zu Definierendes), einmal als Definiens (Definierendes) eingesetzt. Wenn Ausdrücke unsicher gewusster Bedeutung durch Ausdrücke ebenso unsicher gewusster Bedeutung umschrieben werden, ohne dass eine der Bedeutungen außerhalb des Netzes, etwa in einer universalen oder zumindest übernationalen Logik verankert werden könnte, finden sich die Nutzer in der semantisch abgeschlossenen Welt des Lexikons hin und hergeschickt, die die angeblich in sich konsistente ‚Weltanschauung' des Nationalsozialismus repräsentiert.

Die Möglichkeiten des Verweisens hatten bereits die französischen Enzyklopädisten, insbesondere Diderot entdeckt und praktiziert. Ihre Subtilität half hier, die Zensur zu überlisten, aber natürlich auch, die eigenen Ansichten über Politik und Gesellschaft auf eine Weise zum Ausdruck zu bringen, die eine offene Diskussion zunächst erschwert. Wenn Diderot, wie oft zitiert, *Eucharistie* und *Anthropophagie* mittels Verweis in Beziehung zueinander setzt, dann behauptet er damit natürlich nicht ausdrücklich die Identität der beiden Sachverhalte – es ist ja ‚nur' ein Verweis. Die Leser konnten dies aber durchaus als Werturteil über das zentrale katholische Sakrament lesen, dem mittels Verweis die Qualität eines kannibalistischen Rituals zugeschrieben wurde.

Die Verfasser von Enzyklopädien wie von Wörterbüchern verfügen über eine Reihe von Mitteln, darunter das subtile des Verweisens, um ihre eigenen kulturellen Orientierungen zu vermitteln, seien diese moralisch und politisch ‚gut' oder ‚schlecht'. Diese Mittel wirken umso manipulativer, je undurchsichtiger sie den Lesern sind. Und Autoren scheinen vor allem dann zu manipulativen Mitteln zu greifen, wenn sie mit ihrem Werk an der Verbreitung eines neuen Wertesystems mitwirken wollen, wie die Beispiele Diderots (s. o.), Campes (Kapitel 5), der NS-Wörterbücher (Kapitel 10) und NS-Enzyklopädien sowie des *Wörterbuchs des deutschen Gegenwartssprache* (Kapitel 1 und 11) es belegen.

14.2.6 Nach 1945 – Multimedia für die Informationsgesellschaft

Wann in den Jahrzehnten nach 1945 das Konversationslexikon vom Informationsspeicher abgelöst wurde, ist nicht exakt zu bestimmen. Mit dem endgültigen Verschwinden des Bildungsbürgertums und seiner spezifischen kulturellen Orientierung verschwand allmählich auch der Typ des Konversationslexikons. Laut Umfragen besaßen Mitte der 60-er Jahre durchschnittlich knapp 50 % der westdeutschen Haushalte ein sicherlich oft nur einbändiges enzyklopädisches Nachschlagewerk; je nach Schulbildung liegen die Abweichungen nach oben bei über 80 %. Dennoch ist dies, verglichen mit Zahlen aus den USA und Schweden, insgesamt eine sehr viel geringere Quote (nach Lenz 1972, 30), wobei sicher zu berücksichtigen ist, dass in vielen Ländern außerhalb Deutschlands weitaus mehr Mischformen von Enzyklopädie und Wörterbuch gekauft werden.

An die Stelle der Leitidee Bildung trat noch vor dem Ende der Industriegesellschaft die Leitidee der Information. Schon Kunsemüller (1965, 66) stellt fest, dass kein Sachlexikon darauf verzichte, im Vorwort auf die außerordentliche Vermehrung des Wissens ‚in der letzten Zeit' hinzuweisen – ein seit der Renaissance beliebter Topos. Heutzutage kursieren mitunter Formeln wie die, dass sich das Wissens alle fünf Jahre verdopple. Auch wenn diese Behauptung nicht ganz falsch sein mag, bleibt sie eine bloße Schätzung, denn wie wollte man ‚Wissen' messen? An der Zahl der Stichwörter in irgend einem Nachschlagewerk?

Tatsächlich lässt sich für die Zeit nach 1945 bis in die 60-er Jahre verglichen mit den Konversationslexika des 19. Jahrhunderts die Zunahme der Stichwörter aus den Bereichen Technik und Biologie sowie geografischer Eigennamen und eine relative Abnahme biografischer Stichwörter belegen (Kunsemüller 1965, 67 ff.). Aber dies ist doch lediglich der Versuch der Redaktionen, dem angenommenen, historisch veränderten Wissensprofil nachzufolgen und gerecht zu werden.

14.2 Geschichtlicher Abriss der Enzyklopädik

Die Enzyklopädien dieser jüngsten Epoche verpflichten sich der Idee einer ‚informierten Gesellschaft'. Sie liefern Orientierung in einer Welt, die sich durch Wissenschaft und Technik permanent spürbar verändert und für Laien undurchschaubar zu werden droht, obwohl der Anspruch einer vollständigen Welterklärung gegeben ist. Der Topos von der drohenden Undurchschaubarkeit der Welt lässt zu leicht vergessen, dass auch die vormoderne Welt niemals durchschaubar war; sie musste es auch nicht sein, denn eine Welt ohne Geheimnisse war unvorstellbar. Erst die weitestgehende Säkularisierung und „Entzauberung der Welt" (Max Weber) hat den Anspruch etabliert, durch Wissenschaft und Informationsverbreitung aller Dinge Herr werden zu können. Schon die Gelehrten gehören seit dem 19. Jahrhundert in nahezu allen Bereichen, die nicht mit dem eigenen Spezialgebiet zusammenfallen, zu den Laien. Solche Rezipienten erwarten, dass die Enzyklopädie die ständige Wissensvermehrung und -erweiterung dokumentiert und zur Weiterverwendung handlich aufbereitet, und sie erwarten vor allem Aktualität. Unter den Argumenten der Werbung hat Aktualität das einstige Ideal der Vollständigkeit vom ersten Platz verdrängt. Aktualität bei gleich bleibender ‚Handlichkeit' und Bezahlbarkeit bedeutet aber auch, dass Altes oder Veraltetes gestrichen wird. Welche Folgen hat dies fürs kollektive Gedächtnis einer Gesellschaft? Der Stellenwert historischer Informationen wird am unmittelbar Gegenwartsbezogenen und gegenwärtig Verwertbaren gemessen, das allerdings die modernen enzyklopädischen Informationsspeicher zu definieren bestrebt sind.

In die selbstverständlich alphabetische Ordnung – eine andere kommt nach der Aufhebung eines konsentischen Bildungskanons erst recht nicht in Betracht – sind in den neueren Auflagen der *Brockhaus Enzyklopädie* Überblicksartikel zu sogenannten „Schlüsselbegriffen zu hochaktuellen Themen oder Dauerthemen unserer Zeit" (Klappentext in *Brockhaus Enzyklopädie*, 1. Bd. 1996) getreten, in denen der wissenschaftliche Kenntnisstand in Bezug auf ein Thema (z. B. *Abfallwirtschaft*, *Abrüstung*, *Aggressivität*, *Agrarpolitik*, *Aids*, *Allergie*, *Altern*, *Angst*, ebd.) gleichgewichtig neben dessen gesellschaftliche Relevanz gestellt ist. Es wird also wieder ein Stück Systematik in die Enzyklopädie eingeführt, aber im Sinne thematischer Inseln, die untereinander unverbunden bleiben. Die enzyklopädische Zusammenschau des Wissensganzen entfällt. Ein Kriterium wie gesellschaftliche Relevanz, „aktuelles Thema unserer Zeit", ist wegen seiner Vagheit außerordentlich flexibel.

In den elektronischen Nachschlagewerken, die zur Zeit nach und nach alle Enzyklopädie- und Wörterbuchverlage aus den gedruckten Vorgängerwerken herstellen (lassen) – *Encyclopedia Britannica*, *Microsoft Encarta*, *Brockhaus multimedial*, *Meyer digital* u. a. –, ergeben sich neue Formen des alten enzyklopädischen Ideals: Vernetzung durch sogenannte *Links*. Der Text enthält farbig markierte Wörter oder Bildelemente, die angeklickt werden können. Dadurch springt der Nutzer zu einer anderen Stelle des Werks, die thematisch über das verlinkte Wort bzw. das Bildelement mit der ersten verknüpft ist. Die Vorgehensweise des Rezipienten wird *Datennavigation* genannt, was eine klare Zielorientierung unterstellt, die kaum gegeben ist.

Bisher sind diese Links mehr oder weniger assoziativ angelegt („Hotlinks") und dienen vor allem zur Bündelung der zu einem Schlüsselthema gehörenden Elemente. Von der Anlage eines neuen, themenübergreifenden Wissen*systems* kann nicht die Rede sein, obwohl die Technik eine Typologie der Links nach ihrer spezifischen Funktion und nach den Informationsarten, die sie verbinden, durchaus gestattet. Dazu müssten die Redakteure aber zunächst eine abstrakte inhaltliche Systematik herstellen, die zwar kein neues Weltsystem repräsentieren müsste, aber doch die kognitiven, neurophysiologisch bedingten Möglichkeiten der Wissensverarbeitung in Rechnung stellte. Wenn die elektronischen Enzyklopädien die gedruckten an Informationsqualität wirklich einholen sollten und der mediale Wandel ein wirklich neues Kapitel der Enzyklopädiegeschichte aufschlägt – bis jetzt ist das eindeutig nicht der Fall – dann werden diese neuen Systematisierungen dabei die Hauptrolle spielen.

Die enormen Speicherkapazitäten nicht der CD-Roms, wohl aber von Online-Datenbanken, die via Internet zugänglich sind (z. B. bei der *Encyclopedia Britannica* über http://www.britannica.com) erlauben die oft mit dem Schlagwort Multimedia verheißene Integration von Bildern, auch von bewegten Bildern, in die Informationstexte. Die Bebilderung von Enzyklopädien hat auf die Illustrierung in Sprachwörterbüchern und Mischformen von sprach- und sachbezogener Information prägend gewirkt. Seit Comenius' *Orbis pictus* wurde die bildliche Darstellung als wissensvermittelndes Instrument genutzt. Ab Mitte des 17. Jahrhunderts gab es vereinzelt Bilder in Wörterbüchern. Die französische *Encyclopédie* stellte mit ihren umfangreichen Tafeln, die u. a. Benennungslücken kompensieren sollten (s. 14.2.4), in der damaligen Zeit noch eine Ausnahme dar; in der 2. Hälfte des 19. Jahrhunderts enthalten die Konversationslexika schon mehr Abbildungen, allerdings in Deutschland viel seltener als etwa in Frankreich und Spanien. Die Bild-Anteile in Enzyklopädien steigen seit dem 19. Jahrhundert allgemein ständig. Neben den technischen Bedingungen wirken sich hierin englische und französische Vorbilder auf deutsche Enzyklopädien aus.

Der *Brockhaus* wurde erstmals in der 13. Auflage (1882–1887) mit eingebundenen Tafelseiten ausgestattet. Die 14. Auflage (1892–1895) wies dann auch Bilder im Text auf. Wie in Wörterbüchern mit der Stichwortzahl wird in Lexika nicht selten mit der Zahl der Abbildungen geworben. Doch auch hier leuchtet ein, dass Qualität, z. B. die richtige Größe und Aussagekraft eines Bildes wichtiger ist als Quantität. Zwischen Mitte der 50-er und Mitte der 70-er Jahre nahm der Anteil der Abbildungen am Druckraum in deutschsprachigen Enzyklopädien deutlich zu. Waren zunächst 20 % bebildert, sind es z. B. im Bertelsmann-Lexikon (1972–1974) an die 50 % (Zahlen nach Lenz 1972, 26).

Unter kulturwissenschaftlichem Aspekt vergrößert ein hoher Bildanteil die Zeit- und Kulturabhängigkeit eines Nachschlagewerks, denn nicht-sprachliche Elemente wie Fotos, Zeichnungen und Filme sind deutlich kontextabhängiger und damit kulturspezifischer als sprachliche Zeichen, die abstrakter und situationsenthobener sein können. Sprache gilt auch als das einzige Zeichensystem, in dem es möglich ist, über das System selbst zu kommunizieren und so etwa eigene Begriffsfestlegungen zu relativieren oder Gebrauchsweisen eines Wortes zu ändern. Das Foto eines Baums zeigt immer ein Exemplar einer ganz bestimmten Baumart, etwa eine Buche; es kann nicht einen Baum ganz allgemein zeigen. Mit einer ‚abstrakteren' schwarz-weißen Zeichnung gelingt dies schon eher. Ein prototypisches Haus oder ein Fahrrad und seine Teile sehen in Deutschland anders aus als in den USA oder in China oder in den Niederlanden. Den allgemeinen Begriff von *Haus* oder *Fahrrad* kann man selbst dann nicht bildlich ausdrücken, wenn man eine Reihe verschiedener Häuser, Fahrräder usw. nebeneinander abbilden wollte. Auf der anderen Seite macht die größere semantische Offenheit von Bildern eine vereindeutigende Interpretation durch sprachlich ausgedrückte Legenden notwendig; ihre Kulturspezifik ist dadurch dennoch nicht aufzuheben. In Zeichnungen und auch in den scheinbar realistischeren Fotografien drückt sich die kulturelle Orientierung der Zeichner oder Fotografen mindestens ebenso aus wie in sprachlichen Erläuterungen (Hupka 1989 a).

14.3 Mischformen und ihre Bedeutung für die Sprachreflexion

Der Trend zu ‚Multimedia' soll auch neue Käuferschichten für elektronische Nachschlagewerke ansprechen. Gerade unter den Jüngeren ist die Hemmschwelle gegenüber dem Computer mittlerweile geringer als gegenüber Bibliotheken und Buchhandlungen. Im Hinblick auf den gewünschten Erfolg in Schule und Studium wird z. B. für die *Microsoft-Encarta* geworben und das Werk entsprechend konzipiert. D. h. es werden zunehmend elektronische Nachschlagewerke angeboten, die sach- und sprachbezogene Informationen in Einem enthalten. Solche Mischformen sind nicht neu, auf dem deutschen Markt aber bisher eher fremd.

Selbst Nachschlagewerke, die eindeutig als Wörterbuch zu erkennen sind, enthalten — vor allem in den USA, aber auch in den romanischen Ländern — seit dem 19. Jahrhundert fast immer Anhänge und Register mit enzyklopädischen Informationen oder beziehen Eigennamen bis zu einem gewissen Umfang in die Stichwortliste mit ein. Der Mischtyp hat also meist ein Sprachwörterbuch als Basis, die sachbezogen ergänzt wird (zu einem der seltenen umgekehrten Fälle Duro 1990). Da amerikanische Käufer zusätzliche Textteile viel eher erwarten als deutsche, sind solche Zusätze in den USA umfangreicher als im deutschsprachigen Raum. Beim amerikanischen National-Wörterbuch, dem *Webster,* machen informative Anhänge bis zu 20% des Umfangs aus. Sie enthalten ein biografisches Porträt Noah Websters, Tabellen historischer Daten, Universitäts- und Collegeverzeichnisse, die amerikanische Unabhängigkeitserklärung, einen Atlas usw. Am amerikanischen Beispiel werden die wirtschaftlichen Motive solcher Mischformen deutlich. Zu Beginn des 19. Jahrhunderts war das *Dictionary* in vielen amerikanischen Haushalten neben der Bibel das einzige Buch. Nützliche Zusatzinformationen konnten so zum Ausschlag für die Kaufentscheidung werden, um die im Falle von Webster und Worcester ein regelrechter *dictionary war* entbrannte. Auch in Frankreich waren seit dem 18. Jahrhundert mittelgroße Wörterbücher mit enzyklopädischen, insbesondere geografischen Anhängen kommerziell erfolgreicher als ohne. In der Sowjetunion hingegen, wo ein Wettbewerb zwischen Wörterbuchverlagen nicht existierte, fehlten enzyklopädische Anhänge ganz (Cop 1989).

In Europa ist der Mischtyp des ‚Enzyklopädischen Wörterbuchs' besonders in den Ländern der Romania verbreitet. Enzyklopädisch erweiterte Wörterbücher entstanden in Frankreich und Italien teilweise in ausdrücklicher Opposition zu den rein sprachbezogenen Akademiewörterbüchern und beanspruchten dabei bessere Lesbarkeit und größere Informativität (Hupka 1989 b); man zielte hier mit den Sprachinformationen von vorneherein auf nicht-gelehrte Nutzer. In Deutschland hingegen dominierte seit der Aufklärung der Typ des rein sprachbezogenen Wörterbuchs, was mit der Funktion der Nationalsprache im Kontext der verspäteten Nationalstaatswerdung zusammenhing. Das deutsche ‚Allbuch' von Brockhaus (*Der Neue Brockhaus. Allbuch in vier Bänden und einem Atlas*, Leipzig 1938) hat sich wohl aufgrund dieser Tradition seinerzeit noch nicht durchsetzen können. Von 1947 bis nach 1984 (9. Auflage) war unter dem Titel *Sprachbrockhaus* ein enzyklopädisch erweitertes Wörterbuch auf dem Markt; auch der geplante Nachdruck des achtbändigen Duden-Wörterbuchs als 26. bis 28. Band zur 20. Auflage der vierundzwanzigbändigen *Brockhaus Enzyklopädie* zeigt die Tendenz zum Mischtyp.

Die Kombination sprach- und sachbezogener Information ist für Verleger lukrativer, was im Zusammenhang mit dem enorm hohen Kapitaleinsatz über mehrere Jahre des Vorlaufs gesehen werden muss. Allerdings gibt es für die Art der Kombination sprach- und sachbezüglicher Informationen, die Gewichtung der Anteile und die Herstellung ihres Zusammenhangs keine Regeln und v. a. im deutschsprachigen Raum auch noch keinen Usus. Sicher scheint jedoch, dass nicht nur im Druckmedium der Raum für enzyklopädische Information auf Kosten der Sprachinformationen ausgeweitet werden wird. Zu Beginn dieses Kapitels war in einer Übersicht die Behandlung verschiedener Stichwortarten in Wörterbüchern und einer Enzyklopädie (*Microsoft-Encarta*) gezeigt worden. Diese Übersicht vermittelt auch, wie die Nachrangigkeit sprachbezogener Information im Mischtyp festgeschrieben wird. Dadurch drohen alltagsweltliche Kategorien, soziale Bedingungen des Wortgebrauchs und die Tatsache, dass es konkurrierende und konfliktäre Bedeutungsfestlegungen gibt, aus dem zu verschwinden, was die Gesellschaft für die Wortbedeutung hält. Nur liegt diese sprachwissenschaftliche Art von Information nicht im bewussten Käuferinteresse. Es wird also Aufgabe einer nicht kommerziell arbeitenden Lexikografie in Universiäten, Akademien und öffentlich finanzierten Forschungseinrichtungen bleiben, der Reduktion der Wortbedeutung auf fachgebundenes Sachwissen durch eigene, auf gebrauchssprachlichen Textkorpora basierende Produkte entgegenzuwirken (dazu engagiert: Dieckmann 1988).

14.4 Enzyklopädie und Politik

Enzyklopädien sind nicht weniger als Wörterbücher den Bedingungen ihrer Umgebungskultur unterworfen und können ebenso zu propagandistischen Zwecken eingesetzt werden. Die Enzyklopädien in der ersten Hälfte des 19. Jahrhunderts standen im Zeichen des politischen Liberalismus und des nach Demokratisierung strebenden Bürgertums. Vor diesem Hintergrund muss der von Hermann Julius Meyer 1857 geäußerte Grundsatz gesehen werden: „Eine Parteifarbe soll und wird unser Lexikon nicht tragen, es sei denn die der Wahrheit, der Aufklärung, der Bildung, des Fortschritts in Wissenschaft, Kunst und Leben." (zit. nach Lenz 1972, 94). Natürlich gibt auch die hier als neutral klassifizierte „Parteifarbe" unverwechselbar die Farbe der bürgerlichen Kultur der Jahrhundertmitte zu erkennen. Für den Eindruck der gegenüber der älteren, noch vom Vater Joseph Meyer veranstalteten Auflage objektiveren und sachlicheren Darstellung dieses *Neuen Konversations-Lexikons für alle Stände* (15 Bde., 1857–1860) sind stilistische Faktoren verantwortlich.

Zeitgleich veränderte sich auch der Stil der Zeitungen: die Einführung der Telegrafie ließ die Menge der Nachrichten anschwellen, und infolge dessen entwickelten die Journalisten einen knapperen, referierenderen Stil als in der Zeit vor 1848 (s. o.). Ähnliches geschah auch beim Konversationslexikon. Die stilistische Entwicklung hat die „Parteifarbe" der Redaktionen in den Hintergrund rücken helfen.

Lenz berichtet über Auswirkungen politischer Machtkämpfe auf die Redaktionen polnischer und sowjetischer Enzyklopädien sowie solcher aus der DDR (Lenz 1972, 104, 110, 119). Noch unmittelbarer als Wörterbücher sind Enzyklopädien an der Konstruktion des kollektiven Gedächtnisses einer Gesellschaft beteiligt, da hier historische und biografische Angaben eine große Rolle spielen, die noch größer wird, wenn das Werk das gesellschaftlich relevante Wissen zusammenfassend aufbereiten soll und darin ein uneingeschränktes Monopol innehat. Die Mitarbeiter der 2. Auflage der *Großen Sowjetischen Enzyklopädie*, die in den Jahren 1950 bis 1958 in fünfzig Bänden erschien, waren direkt dem Ministerrat unterstellt. Nachdem Berija, einflussreicher Vertrauter Stalins, 1953 unter Chruschtschow liquidiert worden war, ging den Subskribenten die schriftliche Aufforderung zu, die Berija betreffenden Seiten herauszuschneiden und stattdessen die gleich mitgeschickten Artikel über die Beringstraße und Bertholz, einen ziemlich unbedeutenden Staatsmann des 18. Jahrhunderts, einzufügen (Lenz 1972, 110).

Es wäre allerdings ein Irrtum anzunehmen, der ideologische Streit um Inhalte von Enzyklopädien sei ausschließlich ein Sache kommunistischer Staaten. Kontroversen können prinzipiell immer dort entstehen, wo Gruppenidentitäten von der Identität einer Gesamtgesellschaft abweichen oder sich dieser gar nicht mehr zugehörig fühlen. Der Herder-Verlag brachte sein *Conversations-Lexikon* 1854 bis 1857 ausdrücklich als katholisches Gegenstück zu denen von Brockhaus, Meyer und Pierer heraus, die wie die deutsche Publizistik der Zeit insgesamt, aus Herders Sicht von Autoren protestantischer Herkunft geprägt waren.

Aktueller ist der Kampf der in Deutschland lebenden Sinti und Roma, die sich sowohl in Sprachwörterbüchern als auch in Enzyklopädien nicht ihrem Selbstverständnis gemäß dargestellt finden. So lehnen die meisten Angehörigen dieser Gruppe das Stichwort *Zigeuner* als diskriminierende Fremdbezeichnung ab und fordern außer einer Revision der stereotypen, teils kriminalisierenden, teils romantischen Darstellung ausführlichere Informationen über die auf Vernichtung zielende Verfolgung der Sinti und Roma durch die Nationalsozialisten. Die verschiedenen Beiträge des Sammelbands Awosusi (1998) zeigen, wie das Zigeuner-Stereotyp in sach- wie sprachbezogenen Nachschlagewerken von der frühen Neuzeit bis in die 90-er Jahre des 20. Jahrhunderts

14.4 Enzyklopädie und Politik

ungebrochen tradiert wurde – „strukturellen Konservatismus lexikographischer Arbeit" nennt dies die Herausgeberin Awosusi (1998, 8). Erst seit 1994 heißt es in der *Brockhaus Enzyklopädie*:

> Zigeuner: im dt. Sprachraum verbreitete Benennung der Sinti und Roma, die diese Bez. als diskriminierend ablehnen. (19. Aufl., Bd. 24, S. 543)

Der Zeitpunkt des korrigierenden Bruchs mit der Tradition der Stereotype scheint spät. Fragt man sich aber, wodurch solche und andere Änderungen in der Darstellung gesellschaftlicher Gruppen angestoßen werden, zeigt sich, dass drei Faktoren notwendig zusammentreffen müssen: erstens die öffentliche Selbstdarstellung einer Gruppe und ihre Selbstorganisierung, gewissermaßen ihre ‚Lobbyarbeit', zweitens das deutliche Echo dieser Selbstdarstellung in den zentralen Medien und drittens der Nachvollzug der öffentlichen Thematisierung durch die Redaktion einer Enzyklopädie oder eines Wörterbuchs. Dieser letzte Schritt wird im Falle der Enzyklopädien bestimmt durch die Ausrichtung auf die gesellschaftliche Relevanz eines Themas im späten 20. Jahrhundert. Im Falle der Sprachwörterbücher, insbesondere wenn sie auf Primärquellen, d. h. Text- oder Belegkorpora basieren, werden Zeitungen und Zeitschriften und damit das, was man öffentliche Diskussion nennt, das Schwergewicht haben; auch hier wird also nachvollzogen, was Meinungsführer, die von ‚Lobbyisten' bearbeitet werden, irgendwann in die Debatte geworfen haben.

Im Zuge der Entthronung vieler Autoritäten in der Nachachtundsechziger-Zeit standen auch die Marktführer bei Enzyklopädie und Lexikografie auf der Liste, doch offensichtlich ohne durchschlagenden Erfolg. Georg Picht, der einflussreiche Bildungsreformer der 60-er und 70-er Jahre, polemisierte ausgerechnet in seinem Festvortrag zum Erscheinen des *Großen Meyer* im März 1971 gegen die Enzyklopädie als Autorität: „Wer glaubt, was in einem Lexikon steht, hat noch nicht gelernt, es zu benutzen." (zit. nach Lenz 1972, 19). Tatsächlich kann man, wie Thomas Randow 1968 in einer Rezension aller damaligen mittelgroßen Enzyklopädien in der Wochenzeitung *Die Zeit,* mittels Vergleich feststellen, wie sehr diese „unfehlbaren Informanten" in ihren Angaben divergieren (Lenz 1972, 20) und demnach so unfehlbar nicht sein können. Aber der Bedarf an eindeutigem Orientierungswissen hat trotz dieser relativierenden Kritik offenbar eher zu- als abgenommen; wie groß er ist, hat zuletzt die Diskussion um die Reform der deutschen Rechtschreibung vor Augen geführt (s. Kapitel 15).

Autorinnen und Redakteure von Nachschlagewerken haben nie behauptet, ihre Angaben seien letztgültige Wahrheiten. Zur unfehlbaren Autorität sind die Werke vor allem von den Nutzern erhoben worden. Allerdings dürften die Marketingabteilungen der Verlage über das historisch gewachsene Image der ‚Lexika' als Informationsautoritäten froh sein, es in der Werbung noch verstärken und relativierende Versuche aus dem eigenen Haus zu verhindern wissen.

Literatur:

a) Enzyklopädien und verwandte Quellen:

Alsted 1630; Bertelsmann-Lexikon 1972–1974; Der Große Brockhaus 1952–1957; Brockhaus 1996–1999; Comenius 1642; Comenius 1658/1991; Comenius 1659/1970; Comenius 1681/1968; Das große Conversations-Lexikon („Meyer's") 1839–1853; D'Alembert 1750/1955; D'Alembert 1750/1989; Diderot/d'Alembert 1751–1765/1969; Enzyklopädie Philosophie und Wissenschaftstheorie 1980–1996; Ersch-Gruber 1818–1889; Gailer/Göbels 1835/1979; Hübner 1737; Krünitz 1773–1858/1970/1982; Microsoft-Encarta 1999; Rotteck-Welcker 1834–1843; Stieler 1695/1969; Zedler 1732–1754/1962–1964.

Allgemeiner Hinweis: Der Harald Fischer Verlag, Erlangen, gibt seit 1984 die Reihe *Archiv der europäischen Lexikographie* heraus; ihre drei Abteilungen (1: Enzyklopädien; 3: Fach-Enzyklopädien) bieten Mikrofiche-Ausgaben wichtiger Textexemplare ihrer Gattung, z. T. mit Kommentaren von Otmar Seemann (Abteilung 2: Wörterbücher umfasst (bisher nur) zweisprachige und romanische einsprachige Wörterbücher; die meisten sind von Laurent Bray herausgegeben).

Der K. G. Saur Verlag, München usw., hat 1993 unter dem Titel *Große deutsche Lexika*, hrsg. von Walther Killy, eine 421 Silberfiches umfassende Ausgabe wichtiger Enzyklopädien und Konversationslexika aus Aufklärung und frühem 19. Jahrhundert herausgebracht.

Über die aktuellen Ausgaben von F. A. Brockhaus, Meyers Lexikonverlag und Dudenverlag informiert die Internet-Seite des diese Marken vereinenden Verlags *Bibliographisches Institut & F. A. Brockhaus* AG (http://www.bifab.de).

b) Forschungen

Albert 1995; Albrecht 1995; Alego 1990; Alpers 1990; Awosusi 1998; Bogner 1999; Cop 1989; Darnton 1993; Dieckmann 1988; Dierse 1977; Dieterich 1995; Duro 1990; Elkar 1995; Eybl 1995; Fröhner 1994; Gardt 1994; Gardt 1999; Gläser 1999; Haltern 1976; Hanimann 1997; Hartmann/James 1998; Hausmann 1989 c (Übersetzung und Paraphrase von D'Alemberts Artikel ‚Dictionnaire', ebd. 79 ff.); Hoinkes 1993; Hübscher 1955; Hüllen 1992; Hupka 1989 a; Hupka 1989 b; Kalverkämper 1999; Klein 1995; Kühn 1987; Kühn 1989; Kunsemüller 1965; Lara 1989; Leinsle 1995; Lenschen 1985; Lenz 1972; Marello 1990; Chr. Meier 1995; Meinel 1995; Meyer 1991; Mittelstraß 1980; Pilz 1967; Přívatská 1994; Puschner 1997; Sandkühler 1990; Schalk 1972; Schalk 1977; Schaller 1994; Schmidt-Biggemann 1995; Schweickard 1985; Suchy 1979; Wiegand 1988; Wiegand 1998 c; Wittmann 1982; Zischka 1959.

15. Das Wörterbuch als Sprachrichter

15.1 Die Perspektive der Wörterbuchbenutzer

Warum und wozu werden Wörterbücher benutzt? – Fragen und Benutzungsanlässe sind in jeder Sprach- und Kulturgemeinschaft anders akzentuiert. Wörterbücher antworten spezifisch darauf und erhalten eine entsprechende Funktion im Bildungssystem und im kollektiven Wissen. Warum und wozu wurden und werden Wörterbücher im deutschsprachigen Raum benutzt? – Typische Benutzerfragen sind etwa: Wie schreibt man *on line*, mit Bindestrich, zusammen oder auseinander? Heißt es *im Januar diesen Jahres* oder *dieses Jahres*? Heißt es heutzutage *wir backten* oder *wir buken*? Was ist eine *Hausse* und wie spricht man das aus? Ist es eine Beleidigung, seinen Chef *autoritär* zu nennen? Kann man in einem Polizeibericht schreiben, dass jemand *im Suff* oder *besoffen* war? Kann man anstelle von *im Plenum tagen* auch das Verb *plenen* verwenden, oder gibt es dieses Wort gar nicht? Woher kommt eigentlich *kaputt*?

Die Reihenfolge der Fragen deutet bereits die Prioritäten an, die in der deutschsprachigen Kultur gelten. Deutsche Wörterbücher müssen demnach in erster Linie auf Fragen zur richtigen Schreibung und zur richtigen Flexion von Wörtern antworten, ferner auf Fragen zur Bedeutung fremd klingender Wörter. Seltener sind Fragen zum illokutiven Potenzial, d. h. zu dem, was bei der Verwendung eines Ausdrucks möglicherweise mitgemeint ist, zur stilistischen Einordnung, zu den Möglichkeiten der Wortbildung und zur Etymologie, wohinter sich meist die Frage nach dem Benennungsmotiv und das Interesse an einer möglichst durchsichtigen Wortform verbirgt. Von letzterem abgesehen zielen die gängigen Fragen auf Orientierung hinsichtlich ‚richtigen' und ‚falschen' Sprach- bzw. Wortgebrauchs. Das Wörterbuch soll Sprachteilhabern helfen, nicht gegen die ihnen undurchsichtigen ‚Gesetze' der Sprache zu verstoßen, weil ihre soziale Stellung, ihr Ruf und ihr Image davon betroffen sind. Es ist ein Spezifikum der deutschen Sprachkultur, dass Rechtschreibfähigkeiten als Zeichen für Intelligenz gewertet werden. In Großbritannien beispielsweise kommt die sozialsymptomatisch prominente Rolle eher der Aussprache zu, in anderen Kulturen wieder anderen Aspekten der Sprachverwendung.

Die Fragen, auf die ein Wörterbuch antworten soll, sind aus sozialen Gründen mehr oder weniger dringende Fragen. Wörterbücher sollen die Orientierung über geltende sprachliche Normen ermöglichen, wo diese Normen soziale Sanktionen zur Folge haben können, wie dies vor allen Dingen im Beruf und in Kontakten mit Behörden der Fall ist. Obwohl ‚ungeschriebene' Normen auch in anderen Kommunikationszusammenhängen, z. B. der Jugendsprache oder im privaten Briefwechsel gelten, besteht hier nicht der gleiche Orientierungsbedarf, nicht die gleiche Furcht vor den Folgen von Verstößen wie in den ‚offiziellen' Situationen.

In pädagogischen Zusammenhängen, d. h. in der Schule und bei der Vermittlung von Deutsch als Fremdsprache, sollen Wörterbücher die Orientierung über geltende Sprachnormen im Verein mit Grammatiken und Lehrwerken im Ganzen leisten. Hier wird allgemeineres Regelwissen in größeren Zusammenhängen, etwa zur Adjektivflexion in Nominalphrasen oder zur Flexion schwacher Verben, vermittelt. Im Beruf und im gesellschaftlichen Leben kommt es jedoch darauf an, Normfragen gezielt einzelfallbezogen (wie heißt das zweite Partizip von *winken*?) und ohne Umwege zu klären. Die Antworten des Wörterbuchs sollen eindeutig sein; Nutzer wollen hier keine differenzierte Situationsschilderung etwa der Zusammen- und Getrenntschreibung im Allgemeinen lesen und erst recht keine Begründung über die Entstehung solcher Schreibgebräuche, sondern suchen einzelwortbezogene Auskünfte über ‚Richtig' und ‚Falsch'. Die Atomisierung des Wortschatzes durch die alphabetische Ordnung unterstützt die Annahme, hier einzelfallbezogene Angaben zu finden. Letztlich gilt diese Bedarfsausrichtung für den sprachpädagogischen Bereich ebenfalls, wo eher das Wörterbuch die besonderen Einzelfälle, Grammatik und Lehrbuch hingegen die allgemeineren Regeln behandeln.

Da es in den deutschsprachigen Ländern keine zentrale Sprachakademie gab und gibt, die als Gruppe von Personen greifbar ist und denen die gesellschaftliche Aufgabe der Setzung und Wahrung sprachlicher Normen zugeordnet werden könnte, wie dies in Frankreich der Fall ist, so sind die Wörterbücher (aber welche?) und insbesondere der „Duden" (aber welcher?) zu einer Art Sprachrichteramt gekommen. Es sind zwar in erster Linie die Bedürfnisse der Wörterbuchbenutzer und nicht die Lexikografen, die dieses Amt bestimmten Werken zuweisen, aber es liegt auch an den Wörterbüchern selbst, dass sie sich als Sprachrichter benutzen lassen. Zudem ist dieses Amt je nach (sprach)-historischer Konstellation unausweichlich gewesen und unter heutigen Bedingungen womöglich neu und anders zu entdecken: nicht als unlauterer Übergriff auf die sich ‚basisdemokratisch' entwickelnde Sprache, sondern als Instanz der Klärung und Aufklärung über Fragen, die sehr viel mit der kulturellen Identität einer Gesellschaft zu tun haben. Die öffentlichen Reaktionen auf die Reform der deutschen Schreibung und auf eine weitere

15.2 Leitvarietät

Purismuswelle im Hinblick auf sogenannte Anglizismen Ende der 90er Jahre des 20. Jahrhunderts sind Anzeichen für ein wachsendes Interesse an Sprachreflexion. Es gibt allerdings unterschiedliche Möglichkeiten, dieses Interesse zu befriedigen. Methodisch sorgfältig gearbeitete Wörterbücher wären verglichen mit klischeebeladenen Zeitungsartikeln eine der besseren Möglichkeiten.

Dass Wörterbücher ein Sprachrichteramt ausüben, ist keine deutsche Erfindung. Vorbild dafür waren wohl die Humanisten und ihr Versuch, das Latein ihrer Zeit wieder dem klassischen Standard der Antike anzunähern; nicht standardgemäße Ausdrücke und Ausdrucksweisen wurden entsprechend stigmatisiert. Die ersten einsprachigen italienischen Wörterbücher wurden in der Renaissance verfasst und

> sind in der Regel als sprachliche Richtschnur konzipiert, als Instrument im Rahmen der sprachlichen Auseinandersetzung, der ‚Questione della lingua'. Daher befaßten sich einzelne Wörterbuch-Autoren des 16. Jh. mit dem Wortschatz eines bestimmten Dichters, [vor allem Petrarcas, Dantes und Boccaccios] (Pfister 1990, 1850).

Daran anknüpfend entstand die Idee einer „überregionalen Richtsprache" (ebd. 1851), an deren Verwirklichung seit dem 17. Jahrhundert das Wörterbuch der Accademia della Crusca maßgeblich arbeitete (dazu Pfister 1990, 1852 ff.). Die Crusca-Akademie und das Crusca-Wörterbuch wurden zum Vorbild für etliche europäische Nationalsprachbewegungen (z. B. Frankreich, Deutschland, Spanien, später auch England).

In diesem Kapitel sollen Faktoren erläutert werden, die die deutsche Tradition des Sprachrichteramts von Wörterbüchern geprägt haben. Die wichtigsten dieser Faktoren sind: die Leitvarietät einer Epoche (15.2), die Kenntnis von und die Einstellung gegenüber Normen (15.3) sowie die historisch bedingten und kulturell tradierten Fokussierungen des Normeninteresses (15.4). Am Ende steht die Frage: Was kann, was soll ein Wörterbuch heute leisten, um die berechtigten Orientierungsbedürfnisse von Sprachteilhabern ohne obrigkeitliche Geste zu befriedigen und eine demokratischen Gesellschaften angemessene Sprachkultur zu befördern? (15.5)

15.2 Leitvarietät

Die linguistischen Bezeichnungen *Leitvarietät* und *Standard(sprache)* stehen für das, was Sprachteilhaber heutzutage meist ‚Hochdeutsch' nennen, womit sie zugleich eine Bewertung im Sinne von ‚höherwertig' vollziehen, die den linguistischen Benennungen fehlen. Letztere beziehen sich auf diejenige ‚Sprache in der Sprache' Deutsch (= auf diejenige Varietät des Deutschen), die zu einem gegebenen historischen Zeitpunkt allgemein als vorbildlich anerkannt ist und auf die sich die Fragen nach Richtig und Falsch beziehen. Die Leitvarietät vor allem der Gegenwart wird allgemein Standardsprache genannt; in absolutistischer Zeit waren die Sprachen der Höfe Leitvarietäten für einen bestimmten Umkreis. Standardsprache muss keineswegs mit Nationalsprache zusammenfallen; die Humanisten schufen eine europaweite Standardform des Lateins, auch Religionen haben einen ihrem Kommunikationsbereich entsprechenden Standard (Kirchenslavisch, das biblische und Mischna-Hebräische im Unterschied zum Jiddischen und zum Iwrit) geschaffen. Aber natürlich spielt ein Standard, der mit einer (gedachten) Nation räumlich bzw. sozial zusammenfällt, bei der Entstehung von Nationalstaaten eine besonders gewichtige Rolle.

Dass es neben der Leitvarietät noch eine Reihe anderer und keineswegs immer abgewerteter Existenzformen von Sprache (Varietäten) gibt, z. B. die Dialekte, Fach- und Sondersprachen, ändert nichts an der Funktion der jeweiligen Leitvarietät. Dass man von ihr auch abweichen kann, bestätigt vielmehr ihre Geltung. Bezeichnenderweise begann die wissenschaftliche und lexikografische Beschäftigung mit den deutschen Mundarten in dem historischen Moment (nämlich gegen Ende des 18. Jahrhunderts), in dem die Durchsetzung einer überregionalen deutschen Leitvarietät begann.

Die Aufgabe der Sprach(geschichts)forschung ist es zunächst, diese leitende Existenzform der Sprache in sozialer und kultureller Hinsicht näher zu bestimmen (Wer vertritt schreibend oder sprechend die Leitvarietät?) und dann ihre systematischen Merkmale auf den Ebenen von Wortschatz, Syntax, Stil usw. zu beschreiben (Wie schreiben oder sprechen die Repräsentanten der Leitvarietät?). Für die deutsche Sprache charakteristisch ist, dass es eine relativ lange Phase des Nebeneinander mehr oder weniger konkurrierender regionaler Varietäten gab, und dass erst spät und im engen Zusammenhang mit der Herausbildung der Idee des deutschen Nationalstaats sowie mit dem kulturellen Siegeszug des Bürgertums eine überregional anerkannte Form des Deutschen Gestalt gewann.

Wörterbücher spielen in diesem und in vergleichbaren Prozessen anderer Sprachgemeinschaften eine wichtige Rolle, weil sie eine Sprache stabilisieren und konsolidieren, ihre Entwicklung hemmen oder beschleunigen können. Aber Wörterbücher und auch vom Staat erlassene Sprachgesetze können dies nie gegen den Willen der Mehrheit der Sprachgemeinschaft tun. Lexikografen versuchten immer wieder, eine im Entstehen begriffene Leitvarietät vorwegzunehmen oder auch eine im Stadium ihrer Blüte festzuhalten, versuchten, die Leitvarietät argumentativ zu begründen, ihre Merkmale anzugeben, ihre Grenzen gegenüber anderen Varietäten abzustecken, sie in ihren Wörterlisten

15.2 Leitvarietät

quasi zu materialisieren, d. h. greifbar zu machen und sie notfalls gegenüber konkurrierenden Varietäten zu verteidigen. Nach Zgusta (1989) kann man Wörterbücher sogar danach einteilen, ob sie einen Standard schaffen, einen Standard modernisieren, einen Standard archaisieren oder einen Standard beschreiben. Entscheidend dabei ist die jeweilige Einstellung der Lexikografen gegenüber dem sprachlichen Wandel. Faktisch werden meist mehrere dieser Möglichkeiten in einem Wörterbuch zugleich realisiert sein. Vor der Aufgabe, einen Standard zu schaffen, stehen heute viele der ehemaligen Kolonialländer.

Wenn ein deutsches Wörterbuch alle maskulinen Personenbezeichnungen zugleich auch in der femininen Form als Stichwort ansetzte, statt das Femininum wie das Diminutivum als Ableitung vom Maskulinum zu verzeichnen, könnte man dies z. B. als tendenzielle Modernisierung des Standards bezeichnen.

Auch ohne dass besondere Bemühungen seitens der Lexikografen vorliegen, wird das, was Wörterbücher und auch Grammatiken im Hinblick auf eine (Leit-)Varietät bewirken, oft *Kodifizierung/Kodifikation* genannt. Der Ausdruck ist der Rechtssprache entlehnt und bezieht sich auf eine Material organisierende Handlung („Gesetze, Rechtsnormen in einem Gesetzeswerk zusammenfassen", Duden-*Universalwörterbuch* 2. Aufl. 1989, 857), aber auch auf das damit potenziell verbundene Festlegen von Normen (s. u. 15.3). In der allgemeinen Bildungssprache hat *Kodex* entsprechend auch die Bedeutung „ungeschriebene Regeln des Verhaltens, des Handelns, an denen sich eine [gesellschaftliche] Gruppe orientiert" (Duden-*Universalwörterbuch* 2. Aufl. 1989, 856).

Für die Zeit vom 16. bis zum Ende des 18. Jahrhunderts wird die kodifizierende Leistung von Wörterbüchern und Grammatiken als positiver Beitrag zur Sprachentwicklung anerkannt. Beide Textgattungen müssen in dieser Zeit ihren Gegenstand erst einmal fixieren, „kodifizieren", weil noch kein schriftsprachlicher Standard existiert, den man rein beobachtend beschreiben könnte (Donhauser 1989).

War die Leitvarietät einmal sicher etabliert, was im Deutschen seit der ersten Hälfte des 19. Jahrhunderts der Fall war, mussten Lexikografen sich für deren konservativere oder progressivere Fortschreibung entscheiden sowie Zugehöriges von Nichtzugehörigem möglichst begründet trennen. Es ist insofern nicht falsch, auch mit Bezug auf einen bereits existierenden Standard von Kodifizierungen zu sprechen, obwohl diese nun eher deskriptiv statt präskriptiv sind. Erst wenn die Leitvarietät in einem oder doch in wenigen Büchern zusammengefasst und niedergelegt ist, kann eine Sprach- und Kulturgemeinschaft sich ihrer vorübergehend sicher sein. Insofern sind auch deskriptive Wörterbücher Kodifikationen ihres Gegenstands und damit partiell normativ. Ihre normierende Wirkung ist unabhängig von der individuellen Intention der Lexikografen um so stärker, je größer der Wunsch der Sprachgemeinschaft nach einer einheitlichen ‚Sprache' bzw. nach Beseitigung von Unsicherheiten ist. Für die Lexikografen des 17. bis 19. Jahrhunderts war eine aktive Mitwirkung an der Entwicklung der überregionalen Standardsprache in gewisser Weise unausweichlich, so dass absolute Etikettierungen der Wörterbücher nach ihrer Deskriptivität oder Normativität fragwürdig sind (Kühn/Püschel 1990 a, 2050 f.).

Die Entwicklung einer deutschen Leitvarietät begann im 16. Jahrhundert und kam erst um 1800 zu einem Abschluss. Sie ging mit der Herausbildung sprachlicher Autoritäten in Form von Grammatiken und Wörterbüchern einher, die aus dem Ideal erst durch Kodifikation eine ‚greifbare' Tatsache machten (Hartweg/Wegera 1989, 22 f.). Im 16. und 17. Jahrhundert löste sich das horizontale Nebeneinander landschaftlicher Schreib- und Druckersprachen, das Nebeneinander sozialer und fachlicher Varietäten allmählich auf. Durch das teils höhere, teils niedrigere Sozialprestige einiger dieser Varietäten wurde die horizontale Vielfalt der sprachlichen Existenzformen vertikalisiert; an seiner Spitze stand diejenige Varietät, an der fortan alle übrigen gemessen und bewertet wurden. Damit wurden alle Autoren und Texte, die in den Augen der Sprachgemeinschaft die Leitvarietät repräsentieren, zu Autoritäten. Durch die Schriftform wird das Vergleichen und Bewerten erleichtert oder überhaupt erst ermöglicht – die Leitvarietät war die ‚Schriftsprache'.

Die Veränderungen einer Kultur durch die Schrift wurden in Europa stets wohl einhellig positiv beurteilt, so dass der Schriftsprache gegenüber der gesprochenen Sprache und den Schriftstellern gegenüber allen übrigen Sprechern schon in der griechisch-römischen Antike Vorbildfunktion zukam. Auch im deutschen Mittelalter war Lesen und Schreiben professionelle Tätigkeit einer gebildeten Elite, die bis ins 18. Jahrhundert hinein nicht vollständig mit der politisch einflussreichsten sozialen Gruppe, dem Adel, zusammenfiel. Mit anderen Worten, Klerus und gebildetes Bürgertum prägten gerade die Entstehung der deutschen Leitvarietät maßgeblich, während etwa der Adel im 17. und 18. Jahrhundert überwiegend französisch sprach und schrieb. Dem Französischen auf der einen und dem Lateinischen auf der anderen Seite galt es, eine in ihren Möglichkeiten verbesserte und leistungsfähige deutsche Sprache entgegen zustellen. An der Verwirklichung dieses Ideals für poetische Zwecke und daher relativ weit entfernt von den Versprachlichungsbedürfnissen großer Teile der Gesellschaft (Händler, Lehrer usw.) arbeiteten die barocken Sprachgesellschaften (vgl. Kapitel 4). Die weniger beachteten zweisprachigen Wörterbücher wie die von Matthias Kramer leisteten einen nicht minder wichtigen Beitrag zur Sprachentwicklung, weil sie den wirtschaftli-

15.2 Leitvarietät

chen Interessen der Sprachgemeinschaft im Hinblick auf die Herstellung eines einheitlichen Handels-, Verkehrs- und Kommunikationsraums entgegenkamen.

Einige der aufgeklärten absolutistischen Herrscher des 18. Jahrhunderts begriffen allmählich, wie wichtig der Ausbau der deutschen Sprache als einer leistungsfähigen Hochsprache, die dem Lateinischen und den modernen europäischen Nachbarsprachen in seinen strukturellen und pragmatischen Möglichkeiten zumindest ebenbürtig ist, auch für ökonomische Machtentfaltung war, initiierten und unterstützten entsprechende Aktivitäten (vgl. Kapitel 5).

Die allmähliche Durchsetzung der deutschen Leitvarietät vom 17. bis ins 19. Jahrhundert ist nicht einer einzigen autoritativen Instanz zu verdanken, sondern einem Verbund von Instanzen bzw. Vorbildern. Dieser Verbund bestand aus Schriftstellern einer bestimmten Region (Meißen; Norddeutschland), bestimmten Schriften und Autoren (hier vor allem Luther, später den Weimarer Klassikern), großräumig einflussreichen Institutionen wie Kanzleien und Gerichten, und den großen (umfangreichen) Wörterbüchern und Grammatiken. Letzteren kam in der Aufklärung die besondere Aufgabe zu, die Wahl bzw. Setzung des regionalen und sozialen Vorbilds zu begründen und sie als vernunftgemäß zu erweisen. Die Autoren von Grammatiken und Wörterbüchern hatten aus den – nicht in allen Punkten miteinander zu vereinbarenden – vorbildlichen Sprachgebräuchen Prinzipien des guten und richtigen Schreibens und Sprechens abzuleiten, mit denen die vorhandenen Möglichkeiten der Sprache ausgebaut und Erfordernissen neuer gesellschaftlicher Entwicklungen angepasst werden konnten.

Prinzipien und Verallgemeinerungen aber setzen die Analyse des betreffenden Sprachgebrauchs voraus. Grammatikografen und Lexikografen waren damit als Experten in Sachen *deutscher* Sprache gefragt; ihre besondere Kompetenz bildeten sie in der Auseinandersetzung mit den Anforderungen und Problemen ihrer Arbeit heraus. Sie nahmen keine willkürlichen Setzungen ‚richtiger' Wörter bzw. grammatischer Konstruktionen vor, sondern erklärten, was schon da war und begründeten im Nachhinein, was warum als vorbildlich galt. Ihre rational-deskriptive Tätigkeit diente in der damaligen sprachgeschichtlichen Situation aber durchaus der normativen Orientierung und kam faktisch einer regulierenden Einflussnahme von Experten auf eine unübersichtliche und die Sprachgemeinschaft verunsichernde Situation konkurrierender Varietäten gleich. Insbesondere für die Lexikografen der Aufklärung gilt, dass ihre Stellungnahmen zu Eigenschaften und Grenzen der Leitvarietät argumentativ begründet waren und öffentlich auch entsprechend diskutiert wurden; dies lässt sich von anderen Einflussnehmern aus den puristisch-nationalistischen Bewegungen des 19. und 20. Jahrhunderts nicht in gleicher Weise sagen.

Adelung brach ausdrücklich mit der explizit präskriptiven weil normsuchenden Haltung seiner Vorgänger vor allem in der Grammatikografie (Gottsched) und begründete den Übergang zu einer stärker deskriptiven Sprachbetrachtung insbesondere in der Grammatik (Hartweg/Wegera 1989, 60). Im *Umständlichen Lehrgebäude* bestimmte Adelung die „Pflichten des Sprachlehrers":

> Er ist nicht Gesetzgeber der Nation, sondern nur der Sammler und Herausgeber der von ihr gemachten Gesetze, ihr Sprecher und der Dollmetscher ihrer Gesinnungen. Er entscheidet nie, sondern sammelt nur die entscheidenden Stimmen der meisten. Nie läßt er sich durch Vorurtheil oder Eigenliebe verleiten, die Gesetze der Nation zu verfälschen, oder ihr seine Meinungen unterzuschieben. (zit. nach von Polenz 1994, 166)

Auch in der Einleitung zur 1. Auflage seines Wörterbuchs stellte Adelung das Prinzip der Deskriptivität heraus:

> Es ist bisher in der deutschen Sprache nur zu viel entschieden worden; es ist Zeit, dass man einmal anfange, zu prüfen und zu untersuchen. (zit. nach von Polenz 1994, 190)

Doch mit seiner entschieden deskriptiven Position trug Adelung in der besonderen sprachhistorischen Situation um 1800 so sehr wie kaum ein anderer Lexikograf in seiner Zeit dazu bei, dass die etablierte Leitvarietät kodifiziert und konsolidiert wurde.

Die soziale Trägerschicht der deutschen Leitvarietät bis ins 20. Jahrhundert war das humanistisch gebildete Bürgertum, dass sich auch politisch emanzipierte. Vor diesem Hintergrund wollte der Nationalsozialismus unter anderem mit Hilfe von Wörterbüchern eine andere Leitvarietät durchsetzen, die nicht länger an der humanistischen Bildung und ihren intellektuellen Maßstäben, sondern an der mündlichen Varietät der ‚Volksempfängersprache' ausgerichtet war (vgl. Kapitel 10). Selbstverständlich wurde diese Ersetzung der Leitvarietät hier nicht argumentativ, sondern so subtil wie möglich versucht.

Die humanistisch-bildungsbürgerlich geprägte Leitvarietät hat nach 1945 beträchtlich an Vorbildcharakter verloren, ohne jedoch abgeschafft worden zu sein. Alternativen sind kaum in Sicht. Die Omnipräsenz der Sprache der audio-visuellen Medien (Telefon, Rundfunk, Fernsehen, Internet) bewirkt eine Tendenz zu gesprochener Sprache, einer ‚neuen' Mündlichkeit, die auf Schriftsprache fußt und alte Schwerfälligkeiten durch saloppe Umgangssprache, kurze, parataktische Sätze ersetzt. Die erste Auflage des *Großen Wörterbuchs der deutschen Sprache* von Duden und die ZDF-Heute-Sendung repräsentieren diese Tendenz. Wem sie zu weit geht, der orientiert sich an der ARD-Tagesschau, die nach dem wohl breitesten Konsens die gegenwärtige Leitvarietät veranschaulicht.

Eine zum Vorbild erkorene Varietät unterscheidet sich von einer anderen durch sprachliche und durch soziale Normen, die auf unterschiedliche Weise in Wörterbüchern vermittelt werden.

15.3 Regeln, Normen und Gebräuche – in der Sprache und im Wörterbuch

Lexikografen haben es mit zwei unterschiedlichen Arten sprachlicher Regeln zu tun: Erstens mit Regularitäten des Sprachsystems (früher „Sprachgesetze" genannt), die Sprecher unbewusst und blindlings beachten, wenn sie der betreffenden Sprache hinreichend mächtig sind (vgl. Wiegand 1986, 79 ff.) und die „nur Spezialisten erkennen und abstrahierend als ‚Sprachsystem' beschreiben können" (von Polenz 1999, 229).

Zweitens haben sie es mit soziokulturellen Bewertungen bestimmter Gebrauchsweisen von Wörtern, grammatischen Formen, Schreibweisen, Stilmitteln, usw. zu tun, die man „subsistente Normen" nennt (Gloy nach von Polenz 1999, 229) und die meist durch Sozialisation und Nachahmung erlernt werden. Sie können aber durchaus Gegenstand von Sprachpädagogik, Sprachpflege, Sprachkritik sein und damit auch lexikografisch relevant werden. In all diesen Fällen sind sie eher als die o. g. Regeln in irgendeiner Weise formuliert, z. B.: „Einen Brief beginnt man nicht mit *ich*." (Wiegand 1986, 87). – Einen Satz dieser Art wird wohl jeder in seinem Leben einmal gehört haben, aber lernen kann man diese Gebrauchsnorm auch aus einer Menge als vorbildlich anerkannter Briefe. Die Existenz beider Arten, der sprachsystematischen Regeln wie der soziokulturellen Gebrauchsnormen ist unabhängig davon, ob sie ausgesprochen oder niedergeschrieben sind. Es ist für Muttersprachler wie für Fremdsprachenlerner wohl sogar der Normalfall, dass sprachsystematische Regeln und Gebrauchsnormen aus Beispielen erschlossen und nachahmend erlernt werden, insbesondere wo ein Vorbild gesehen wird. Damit sind Regeln wie Normen zunächst einmal auch unabhängig von ihrer Kodifikation in Grammatiken und Wörterbüchern. Aber die Tatsache, dass, und die Art, wie sie dort kodifiziert sind, wirkt sich auf die Einstellung der Sprachgemeinschaft und der Wörterbuchbenutzer insbesondere gegenüber den variableren und soziokulturell ‚sensibleren' Gebrauchsnormen aus.

Aus subsistenten Gebrauchsnormen können drittens statuierte, präskriptive Sprachnormen werden, wenn eine bestimmte Gebrauchsweise soziokulturell bewertet wird, d. h. wenn eine subsistente Norm zur Symbolisierung sozialer (Nicht)-Zugehörigkeit wird und etwa die Schicht, das Alter, den Bildungsstand oder das Geschlecht des Sprechenden zu erkennen gibt (vgl. von Polenz 1999, 231).

Ob Lexikografen Gebrauchsnormen unkommentiert wiedergeben oder mittels Vorbildern und Autoritäten verdeutlichen oder gar durch ausdrückliche Vorschriften vermitteln und ihre Geltung verstärken, hängt ganz von wörterbuchexternen Faktoren ab.

Zu den sprachsystematischen Regeln zählt etwa, dass das Subjekt eines Satzes in die Nominativform gesetzt wird, dass es bei Substantiven fünf Deklinationstypen des Plurals (auf *e*, *[e]n*, *er*, *s* und die Nullform) gibt oder dass das finite Verb in Nebensätzen ans Ende rückt. Diese Regularitäten gelten für das Deutsche mindestens der neuhochdeutschen Periode. Dass Sprachgefühl sagt Muttersprachlern, ob sie ‚eingehalten' werden oder nicht. Nur selten oder bei Lernern des Deutschen gibt es bei diesen Regularitäten Unsicherheiten und daraus folgenden Nachschlagebedarf. Deshalb wird die Bildung des Plurals in Wörterbüchern traditionsgemäß angegeben. Niemand würde dies als Ausübung eines Sprachrichteramts bezeichnen.

Schon anders sieht es aus, wo Unsicherheiten und Varianten in der Pluralbildung vorliegen wie bei neu gebildeten oder aus anderen Sprachen entlehnten Wörtern: *Atlasse* oder *Atlanten*, *Wracke* oder *Wracks* usw. Manchmal lässt das Sprachsystem mehrere Möglichkeiten zu und der Sprachgebrauch, genauer gesagt: viele schreibende und sprechende Menschen, entscheiden mit der Zeit, was gebräuchlicher ist und ob es neben einer gebräuchlichen auch noch weitere, weniger gebräuchliche Formen gibt und ob diese Formen eines Tages sozialsymbolisch werden und etwa als altmodisch oder ungebildet gelten. Tatsächlich gibt es fließende Grenzen zwischen sprachsystematischen Regeln, subsistenten Gebrauchsnormen und soziokulturell wertenden Sprachnormen, und nur der fließenden Grenzen wegen kann sich ein Sprachsystem historisch weiter entwickeln. Im Sprachgebrauch bilden sich also Normen und Bewertungen von Gebrauchsvarianten aus, über die Wörterbuchbenutzer genau so informiert werden wollen wie über viele der systematischen Regularitäten; der theoretische Unterschied zwischen Regeln und Normen dürfte sie nicht einmal sonderlich interessieren. Insbesondere die Wortbedeutungen entstehen im wiederholten Gebrauch, d. h. über Konventionalisierung. Wortgebräuche im Sinne soziokultureller Übereinkünfte verändern sich mit der Zeit und sind stark abhängig von den sozialen Verhältnissen in einer Sprachgemeinschaft. Es gibt in ihr Gruppen mit größerem oder kleinerem Einfluss auf den allgemeinen Gebrauch, Gruppen, deren Gebrauch sprachlicher Mittel die Leitvarietät repräsentiert, und Gruppen, die davon abweichen bzw. einen eigenen spezifischen Gruppensprachgebrauch entwickeln.

Lexikografen und Lexikografinnen müssen sich verschiedenen Sprachgebräuchen und ihrem jeweiligen sozialen Prestige gegenüber verhalten, ob es

15.3 Regeln, Normen und Gebräuche

ihnen bewusst ist oder nicht. Normalerweise werden sie versuchen, die soziokulturellen Sprachnormen der Leitvarietät und der angesehensten gesellschaftlichen Gruppen zu beschreiben. Sie schreiben dann: „Der Ausdruck X bedeutet das-und-das; der Ausdruck X wird so-und-so gebraucht." Feststellungen dieser Art resultieren im günstigsten Fall aus Beobachtungen des bzw. eines bestimmten Sprachgebrauchs. Doch Nutzer mit Orientierungsbedarf lesen solche Feststellungen meist als Vorschrift: „Der Ausdruck X muss mit der-und-der Bedeutung verwendet werden, sonst ist es ‚falsch'" und „Der Ausdruck X muss so-und-so verwendet werden, sonst ist das ‚schlechtes' Deutsch" oder „sonst wird man so-und-so eingeschätzt". Das Wörterbuch wird hier nolens volens zum Sprachrichter, aus einer Beschreibung des Gebrauchs wird im Akt der Rezeption eine Vorschrift. Ob Nutzer ein Wörterbuch als normativ begreifen, hängt von ihrer Einstellung gegenüber dem jeweiligen sprachlichen Standard ab. Akzeptieren sie ihn und wollen sie sich ihm anschließen, interpretieren sie die Angaben in einem standardsprachbezogenen Wörterbuch als beschreibend, aber zugleich als orientierend. Lehnen sie hingegen den Standard ab, der im Wörterbuch dargestellt wird, werden auch die beschreibenden Angaben kritischer gesehen und als versuchte Sprachlenkung infrage gestellt. In diesem Fall können deskriptive Angaben als besonders raffinierte und manipulative Normierungsversuche gesehen werden – eine hermeneutische Freiheit, ohne die auch die lexikografiehistorische Interpretation der nationalsozialistischen Wörterbücher nicht möglich wäre. Das Verhältnis zwischen Wörterbuch und Standardsprache als dessen Gegenstand ist, wie man sieht, von den Wörterbuchbenutzern so vielfältig bestimmbar, dass man sich fragt, welche Möglichkeiten den Lexikografen da noch bleiben, auf die deskriptive oder präskriptive Deutung ihrer Angaben im Wörterbuch Einfluss zu nehmen.

Dabei kommt es sehr darauf an, wie eine bis dahin unausgesprochene Regel bzw. eine konventionalisierte und darum sozial normierte Art des Wortgebrauchs formuliert wird. Wo möglichst viele Angaben auf begrenztem Druckraum gemacht werden müssen, herrscht eine extrem hohe Textverdichtung durch syntaktische Ellipsen, Abkürzungen, Ersetzung sprachlicher Ausdrücke durch nonverbale Symbole oder Zahlziffern u. Ä. Bei dieser hohen Textverdichtung dominieren die impliziten Angaben von und über sprachsystematische Regeln wie soziokulturelle Normen. Explizit, d. h. in vollständigen Sätzen formulierte Angaben, die u. a. den Geltungsbereich (wie weit bzw. wo gilt die Norm?), den Relevanzgrad (wie wichtig ist die Norm?) und die Sanktionsmöglichkeiten (was passiert bei Verstößen?) einer soziokulturellen Norm angäben, sind eher selten. Hat schon ein Satz wie

„Das Subjekt des Satzes steht im Nominativ"

zwei Lesarten, nämlich:

(a) ‚Das Subjekt ... steht immer im Nominativ und so ist das eben', und
(b) ‚Das Subjekt muss in den Nominativ gesetzt werden, alles andere wird von der Sprachgemeinschaft sanktioniert',

so gilt die Zweideutigkeit erst recht für Angaben wie

Evaluation: sach- und fachgerechte Bewertung (Duden-Universalwörterbuch 2. Aufl. 1989, 468).

Sieht man von der Mehrdeutigkeit allein des Doppelpunktes ab und denkt ihn sich durch ein Gleichheitszeichen ersetzt, so kann man lesen:

(a) ‚*Evaluation* muss (und darf nicht anders als) gleichbedeutend mit *sach- und fachgerechte Bewertung* verwendet werden' oder
(b) ‚*Evaluation* kann gleichbedeutend mit *sach- und fachgerechte Bewertung* verwendet werden', oder auch
(c) ‚*Evaluation* wird gemeinhin im Sinne einer sach- und fachgerechten Bewertung verstanden'.

Die präskriptive Interpretation der Formulierung der Norm könnte sogar soweit gehen, dass das Sachgerechte und das Fachgerechte an einer Bewertung als notwendige Bedingungen aufgefasst werden, ohne die eine Bewertung nicht *Evaluation* genannt werden darf. Diese Art der Interpretation ähnelte der juristischen Auslegung von Gesetzestexten, die ja auch nur selten explizit präskriptiv formuliert sind, sondern deklarativ:

Alle Menschen sind vor dem Gesetz gleich (Grundgesetz).

Dies heißt ja nicht:

‚Wunderbar – so ist es, wir brauchen uns nicht weiter darum zu kümmern',

sondern:

‚Dies soll so sein bzw. so werden, und Du sollst danach handeln.'

Je höher der Textverdichtungsgrad, je impliziter die Aussagen einer lexikografischen Angabe, desto weiter der Interpretationsrahmen. Dieser wird aber auf alle normativen Deutungsmöglichkeiten (Empfehlungen, Ge-, Verbote, Anweisungen) eingeschränkt und fixiert, weil Wörterbuchbenutzer zumindest im deutschsprachigen Raum primär Orientierung über sprachsystematische wie über soziokulturelle Normen erwarten (vgl. Ripfel 1989 b).

Wenn Lexikografen den Wortschatz einer Leitvarietät und deren sprachsystematische Regeln wie soziokulturelle Normen beschreiben und dabei überwiegend implizite Mittel verwenden, die von den meisten Nutzern als normierend interpretiert werden, dann vermitteln Wörterbücher Sprachge-

15.3 Regeln, Normen und Gebräuche

brauchsnormen selbst da, wo Lexikografen dies weit von sich weisen möchten. Tatsächlich tragen auch die Lexikografen selbst ihr Scherflein zur Kodifizierung einer Leitvarietät bei.

In jedem Lexikografen und in jeder Lexikografin steckt ein Sprachteilhaber, der – geht es um die Sprache der eigenen Zeit – Gefühl, Geschmack und damit auch die kulturell vermittelten Bewertungen sprachlicher Ausdrücke und ihrer Verwendung einbringt. Wissenschaftliche Lexikografen kennen Mittel und Wege, die eigenen Geschmacksurteile wenigstens am tatsächlichen Sprachgebrauch zu überprüfen, bevor sie ihnen Eingang ins Wörterbuch gewähren (vgl. Kapitel 2.3). Dabei sind möglichst große Beleg- oder besser noch Textkorpora von entscheidender Bedeutung. Ob ein Wort veraltet ist, ob ein anderes beleidigend aufgefasst oder ein drittes aufwertend, abwertend oder wertneutral verwendet werden kann, muss dann nicht auf der Basis des eigenen sprachlichen Normempfindens eingeschätzt, sondern kann durch Analyse des Wortgebrauchs in exemplarischen Kontexten nachvollziehbar festgestellt und anschließend beschrieben werden. Ohne die strikte Fundierung sämtlicher im Wörterbuch gemachten Angaben auf Korpora, deren Zusammensetzung detailliert, etwa in einem Quellenverzeichnis, nachgewiesen ist, d. h. ohne das sogenannte Korpusprinzip kann ein Wörterbuch von vornherein das Ziel der Deskriptivität nicht erreichen (vgl. Bergenholtz/Schaeder 1978, Haß 1991 c).

Setzt man die Befolgung des Korpusprinzips voraus, werden aufgrund von Auswahlentscheidungen implizit Normen vermittelt, von denen nachfolgend einige erläutert seien. Von Auswahlentscheidungen sind Stichwörter, einzelne Bedeutungen, Redewendungen, Synonyme, alternative Bezeichnungen, Textsorten, Kommunikationsbereiche, Autoren und vieles mehr betroffen – alles in Allem eine schwierige Situation für Lexikografen, die sich in immer zu engen Druckraum- und Zeitgrenzen bewegen müssen.

Schon die Zusammenstellung des Korpus enthält ein Urteil über diejenigen Autoren und Werke, die die zu beschreibende Leitvarietät repräsentieren. Die „optimi auctores" wurden sie im Humanismus genannt, die „mustergiltigen Schriftsteller" im 19. Jahrhundert. Der schlesische Lexikograf Steinbach (vgl. Kapitel 5.3) bevorzugte, womöglich mehr aus praktischen Gründen denn aus normativer Absicht, schlesische Dichter. Von der Ausnahme Sanders abgesehen waren Zeitungs- und viele andere gebrauchssprachliche Texte bis in die 70-er Jahre des 20. Jahrhunderts aus Wörterbuchkorpora gänzlich ausgeschlossen; die kodifizierte Varietät konzentrierte sich somit auf literarische und fachsprachliche Kommunikation. Inbezug auf das, was als Schöne Literatur gilt, können insbesondere mit Bezug auf die jeweilige Gegenwart die Meinungen weit auseinander gehen. Für Jacob und Wilhelm Grimm gehörten die Autoren des Jungen Deutschland nicht zu der Sprache, die sie mit ihrem Wörterbuch fördern wollten.

Die Stichwortauswahl kann von einer angenommenen Höher- oder Minderwertigkeit bestimmter Wörtern oder Wortklassen geleitet sein. In der Geschichte der deutschen Lexikografie sind hierbei vor allem als fremd eingeschätzte Wörter abgewertet und demgegenüber ‚ursprüngliche' und ‚altehrwürdige' Wörter durch exklusive Aufnahme in die Stichwortliste der Wörterbücher aufgewertet worden. Durch den Ausschluss auf der einen Seite entstanden auf der anderen Seite separate Wörterbücher für Lexeme, deren Entlehnung aus einer anderen Sprache noch nicht sehr lange zurücklag und die deshalb in Aussprache, Schreibung und Morphologie noch nicht vollständig an das Deutsche angeglichen waren (Fremdwörter), sowie für Lexeme, die unter Zuhilfenahme fremdsprachlicher Wortelemente im Deutschen erst gebildet worden waren (*Videothek, Handy*). Das Fremdwörterbuch als ‚Getto' gibt es nur in der deutschen Sprach- und Lexikografiegeschichte.

Die heute umstrittene Markierung von Stilebenen zwischen ‚dichterisch' oder ‚gehoben' und ‚vulgär' bzw. ‚obszön' und die damit verbundene Zulassung von Wörtern und Verwendungsbesonderheiten gerade der unteren Stilebenen war um 1800 undenkbar. Die damaligen Lexikografen verzeichneten Elemente der untersten Stilebenen in der Regel gar nicht und begründeten dies im Vorwort mit Bewertungen, die auf Parallelisierungen der Angehörigen unterer sozialer Schichten und Wörtern ‚niedrigen' Stils beruhten. Es handelt sich damit um ein Beispiel für eine explizit präskriptive Angabe. Auch die Diskussion um die Aufnahme ‚anstößiger' Wörter aus dem Bereich der Körperfunktionen wurde von Stieler, Kramer, Grimm bis hin zum WDG explizit geführt. Die meisten der genannten Lexikografen entschieden sich jedoch einhellig *für* deren Aufnahme und *gegen* das implizite Sittenwächteramt, zu dem sie sich von einigen Zeitgenossen wohl aufgefordert sahen.

Beispiele und Belege sind für die implizite Vermittlung nicht nur sprachlicher, sondern auch soziokultureller Normen prädestiniert. In Beispielen und Belegen spielen beide Normensysteme zusammen; nirgendwo sonst in einem Wörterbuch sind Sprache und Gesamtkultur so eng und sichtbar miteinander verwoben. Kompetenzbeispiele stehen dabei den individuellen wie sozialgruppenspezifischen Wertesystemen der sie erfindenden Lexikografen am nächsten, wohingegen Belegbeispiele nur vermitteln können, was die ins Korpus aufgenommenen Texte enthalten. Allerdings ist hier die Auswahl und der Belegschnitt entscheidend. Wie weit und über die Sprache hinausgehend die Auswahl von Belegbeispielen interpretiert werden kann, haben die in der Einleitung behandelten Fallbeispiele gezeigt (1.2.1 – 1.2.3).

Dies ist nur eine kleine Menge der Möglichkeiten, wie Wörterbücher durch die implizite Vermittlung sprachlicher und z. T. auch sozialer Normen

15.3 Regeln, Normen und Gebräuche

Einfluss auf die Sprache nehmen, weil Wörterbuchbenutzer es so erwarten und obwohl Lexikografen das Sprachrichteramt für sich ablehnen. Auch bei den übrigen Informationsarten müssen Auswahlentscheidungen getroffen werden. Angaben zu einer Verwendungsweise, Angaben zum Gebrauch eines Lexems in einer anderen als in der Leitvarietät sondern es von der stilistisch und dialektal unmarkierten Standardsprache ab. Weggelassenes wird als nicht zum Standard gehörig oder zumindest doch als peripher interpretiert.

Wenden wir uns nun den Fällen zu, in denen nicht durch Auswahl und Weglassen, sondern durch Formulierungen oder nichtsprachliche Symbole den Wörterbuchbenutzern nahegelegt wird, eine Angabe als normierend aufzufassen.

Für ausführlichere Stellungnahmen zu existierenden Sprachgebrauchsnormen bieten sich zunächst Vor- und Nachworte an. Joachim H. Campe erläuterte dort beispielsweise ein eigenes Angabesymbol für solche Wörter, welche in die Schriftsprache „eingeführt zu werden verdienen" (zit. nach Wiegand 1998a, 681). Ferner stellte er fest, dass es Wörter gebe, die aus irgend einem Grund nicht zur „Schriftsprache" zu gehören scheinen, die aber doch von bedeutenden Schriftstellern vereinzelt gebraucht werden und die deshalb im Wörterbuch nicht fehlen dürfen:

> Wir sind nämlich der Meinung, daß in solchen Fällen auch das Fehlerhafte, wiewohl mit Mißbilligung, aufgenommen werden muß, weil die Verfasser eines Wörterbuches die Sprache darlegen sollen, nicht wie sie selbst sie gemodelt zu sehen wünschen, sondern wie sie im gesellschaftlichen Umgange von gebildeten Menschen geredet wird, und von guten Schriftstellern bisher gebraucht worden ist. (Campe zit. in Wiegand 1998a, 681).

Deskriptive Lexikografie kann also heißen, dass alles beschrieben und nichts bewusst ausgeschlossen wird, dass aber das Beschriebene anschließend einer Bewertung unterzogen wird. Das zeigt an einem konkreten Beispiel, dass Deskription und Präskription sich in einem Wörterbuch keineswegs ausschließen, sondern im lexikografischen Arbeits- und Entscheidungsprozess an unterschiedlichen Stellen zum Tragen kommen können. Während Campe und auch Adelung in ihren Einleitungen präskriptive Absichten zu unterschiedlichen Ebenen des Sprachgebrauchs ausbreiteten, sah die Umsetzung dieser Absichten in beider Wörterbuchpraxis anders aus. Adelung enthält sich hier meist der präskriptiven oder bewertenden Formulierungen. Campe hingegen spart nicht mit Kommentaren wie *besser* und *man sollte (nicht)*, weil seiner Ansicht nach die Leitvarietät der erwarteten neuen Gesellschaftsordnung noch angepasst werden musste. Campe wollte die Veränderung der sozialen Verhältnisse mithilfe der Sprache vorwegnehmen und beschleunigen (vgl. Kapitel 5.6 und 5.7). Infolgedessen griff er wenn auch selten zu präskriptiven Angaben oder er markierte ein Wort oder eine Verwendungsweise mittels „ehemals" als überholt.

Im Bereich der Wortartikel sind die Möglichkeiten der expliziten Angabe von Normen nur dann überhaupt gegeben, wenn auf viel Druckraum eher wenig Stichwörter behandelt werden müssen. Im 19. Jahrhundert setzte sich der Einsatz kurzer Bewertungsprädikate statt ganzer Sätze durch; nur Jacob Grimm durchbrach diesen Usus bei Bedarf. Im Wortartikel *EIDAM* des *Deutschen Wörterbuchs* bedauerte er 1862:

> Heute verschwindet das gute, alte wort beinahe vor den schleppenden zusammensetzungen schwiegersohn und tochtermann. (zit. nach Kühn 1991, 130).

In die Beschreibung des sich wandelnden Verhältnisses dreier bedeutungsverwandter Wörter werden wertende Adjektive eingemischt. *Gut, schleppend, richtig, falsch, fehlerhaft, unorganisch, ungeschickt, verwerflich, tadelhaft, richtig, richtiger, besser,* „das wort männlich zu gebrauchen ist sünde gegen die sprache" (DWB 1, 400 s. v. *ANLEITE,* fem.) – mit solchen und anderen Bewertungen hielt Jacob Grimm sich in keiner Weise zurück (Kühn 1991, 114 ff.). Er wollte Einfluss auf die Entwicklung der deutschen Sprache nehmen und brachte dies in seinen Kommentaren unmissverständlich zum Ausdruck. Dies trug ihm seitens eines Kritikers den Vorwurf der Schulmeisterei und der Ausübung sprachpolizeilicher Gewalt gegenüber der Sprache bzw. den Sprechern ein und dies war ein Vorwurf, den ein Werk mit wissenschaftlichem Anspruch längerfristig nicht auf sich sitzen lassen durfte. Jacobs Praxis des expliziten Bewertens ist weder von Bruder Wilhelm noch von den nachfolgenden Bearbeitern mit Ausnahme Rudolf Hildebrands weitergeführt worden (Kühn 1991, 144). Es war Wilhelm Grimm, der sich in seinem Frankfurter *Bericht über das Deutsche Wörterbuch* entschieden zu der seit Adelung vertretenen primär deskriptiven Position der Lexikografen bekannte:

> [...] wir wollen kein Gesetzbuch machen, das eine starre Abgrenzung der Form und des Begriffs liefert und die nie rastende Beweglichkeit der Sprache zu zerstören sucht. Wir wollen die Sprache darstellen, wie sie sich selbst in dem Lauf von drei Jahrhunderten dargestellt hat, aber wir schöpfen nur aus denen, in welchen sie sich lebendig offenbart. (W. Grimm 1946 zit. in Denecke 1985, 232).

Allerdings hat auch Wilhelm, wie der Nachsatz und die hier nicht mehr wiedergegebenen Folgesätze zeigen, eine genaue Vorstellung von denjenigen Autoren und Texten, die die in seinem Sinne „lebendige" Sprache enthalten und die deshalb exklusiv ins Wörterbuchkorpus aufzunehmen sind; das Übrige ist das „Gewürm der Literatur" (ebd.).

Der Grimm-Kritiker Sanders (vgl. Kapitel 7) kritisierte die präskriptiven Kommentare Jacob Grimms auf das Schärfste; dennoch war auch ihm be-

15.3 Regeln, Normen und Gebräuche

wusst, dass das Orientierungsbedürfnis der Wörterbuchbenutzer in normrelevanten Fragen befriedigt werden muss, nicht zuletzt im Interesse des eigenen Erfolgs. Aber er formulierte Gebrauchsnormen anders; seinen Formulierungen ist der Maßstab des allgemeinen Sprachgebrauchs und einiger stilistischer Qualitäten wie Klarheit und Eindeutigkeit anzusehen – Maßstäbe, von denen er überzeugt war, dass die Benutzer sie teilen. Am häufigsten in Sanders' Wortartikeln sind Sprachbewertungsausdrücke wie *lieber, besser, deutlicher, korrekt* und *minderkorrekt, ungewöhnlich, nicht nachahmenswert* und *sinnverwirrend* (Haß-Zumkehr 1995, 231). Sanders reflektierte in seiner Kritik die Berechtigung des Setzens von Normen an sich und lehnte solche Normierungen ab, die der sozialen Abgrenzung insbesondere höherer sozialer Schichten gegenüber unteren dienen.

An einem Punkt gelingt dies grundsätzlich nur sehr schwer: bei den stilistischen Normen, insofern der ‚gute' Stil stets an den Sprachgebrauch einer höheren bzw. der renommiertesten sozialen Gruppe gebunden war. An ihm gemessen fällt der Sprachgebrauch anderer Gruppen, etwa von Dialektsprechern oder Jugendlichen auf die niedrigeren Stilschichten „umgangssprachlich" oder „derb" ab.

In den heutigen Bedeutungswörterbüchern muss man schon eingehend suchen, um ausdrückliche Bewertungen zu finden (vgl. Glatigny 1989, 700). Die Redaktion des Duden-*Universalwörterbuchs* (2. Aufl. 1989) gibt im Vorwort an, dass hier der „Wortschatz [...] erfaßt und [...] dargestellt" werde und dass die „Beschreibung des Sprachgebrauchs den neuesten Stand der Sprachentwicklung [widerspiegele]", was die Lexikografen zu einer im Wesentlichen deskriptiven Haltung verpflichtet. Zugleich haben aber alle Produkte aus dem Hause Duden, nicht nur der Rechtschreibduden (Duden – *Die Rechtschreibung*), das Image des ‚Sprachpapstes', das beim Vorliegen mehrerer Varianten der Schreibung, der Flexion usw. die Lexikografen offenbar zu einer klaren Entscheidung für eine der Varianten drängt. Aber statt Verbote auszusprechen wird im Duden-*Universalwörterbuch* die Abweichung einer bestimmten Verwendungsweise von der Standardsprache vermerkt, ohne diese Abeichung als solche zu verurteilen, z. B.:

abwinken <sw. V.; hat; 2. Part. standardspr. nicht korrekt: abgewunken> (Duden-*Universalwörterbuch* 3. Aufl. 1996, CD-Rom)

Die gleiche Form wird an anderer Stelle ohne den Umweg über die Standardsprache als sondersprachlich („landschaftlich") bzw. stilistisch („scherzhaft") markiert:

winken <sw. V.; hat; 2. Part. landsch. od. scherzh.: gewunken> (Duden-*Universalwörterbuch* 3. Aufl. 1996/97, CD-Rom)

Dass sich hinter der scheinbar neutralen Markierung nicht nur aus Sicht der Benutzer eine Empfehlung verbirgt, erhellt aus einem speziellen Wörterbuchtyp des gleichen Verlags, bei dem die Information über Sprachnormen im Zentrum steht: Im Duden-Band *Hauptschwierigkeiten der deutschen Sprache*, das ab der 3. Auflage den Titel *Richtiges und gutes Deutsch* trägt, wird dasselbe explizit als Verbot formuliert, in der späteren Auflage sogar noch entschiedener als in der früheren:

> **winken** [...] zweites Partizip: Das 2. Partizip von w. heißt „gewinkt". Die Form „gewunken" ist landschaftlich und gilt hochsprachlich nicht als korrekt, z. B. nicht: „doch dieser habe nur apathisch abgewunken" (MM, 19. 8. 1965, 9) (Duden *Hauptschwierigkeiten der deutschen Sprache* 1965, 692)
>
> **winken** [...] Das zweite Partizip von *winken* heißt *gewinkt*. Die Form *gewunken* ist landschaftlich und gilt standardsprachlich als falsch. (Duden *Richtiges und gutes Deutsch* 1985, 763)

Die Autoren dieses speziell auf Normenorientierung hin angelegten Nachschlagewerks begründen ihr entschiedenes Eingreifen in die Sprachentwicklung im Vorwort wie folgt:

> Die Frage, ob es überhaupt zulässig sei, sprachliche Normen festzulegen, hat in den letzten Jahren wiederholt im Brennpunkt sprachwissenschaftlicher Diskussionen gestanden. Mit Bestimmtheit läßt sich heute sagen, daß unsere Gesellschaft ohne eine normativ geregelte Hoch- oder Standardsprache nicht auskommt. Die Sprachwissenschaft darf sich daher nicht darauf beschränken, wertfrei nur das zu beschreiben, was ist; sie hat auch zu sagen, wie die über Mundarten, lokalen Umgangssprachen und Gruppensprachen stehende Hoch- oder Standardsprache sein soll. Für eine vernünftige Einstellung vor allem der Lehrenden und Lernenden gegenüber dieser normierten Sprache und für eine aufgeschlossenere Einschätzung der Normabweichungen zu sorgen, das ist Aufgabe der Sprachdidaktik. (Duden *Richtiges und gutes Deutsch* 1985, 5)

Kehren wir zurück zum zweiten Partizip von *winken*. Im *Universalwörterbuch* des selben Verlags allerdings können unsichere Nutzer die standardsprachlich korrekte Form des 2. Partizips *gewinkt* nur aus der Angabe *sw. V.* für ‚schwaches Verb', d. h. ohne Änderung des Stammvokals, entnehmen; es gibt in der gesamten CD-Rom kein Beispiel für die Verwendung dieser Form. Auch in einigen wenigen weiteren Fällen wird eine geltende Norm mittels „nicht standardsprachlich" eher implizit vermittelt:

> **wegen** <Präp. mit Gen.; bei allein stehendem st. Subst. im Sg. auch mit unflekt. Form bzw. im Pl. mit Dativ; sonst nicht standardspr. mit Dativ> [...] w. des schlechten Wetters/(geh.:) des schlechten Wetters w. [...]; w. meines Bruders neuem Auto/w. des neuen Autos meines Bruders; (Duden-*Universalwörterbuch* 3. Aufl. 1996)

In einem weiteren per Computer durchsuchbaren Wörterbuch der Gegenwart (Paul 1992) kommt die Wertung ‚(nicht) korrekt' nur drei Mal vor; ein

15.3 Regeln, Normen und Gebräuche

weiteres mal (s. v. *lehren*) wird „nicht korrekt" aus dem Duden-Stilwörterbuch zitiert:

> Im allgemeinen wird in dem letzteren Sinn der Gen. vorgezogen […] Ebenso korrekt ist der Akk. in Fällen wie… (Paul 1992, s. v. *wert*)
>
> gelegentl. findet sich auch die bei *welche(r/s)* übliche, aber schriftspr. nicht korrekte relativische Beziehung von *was* auf ein Subst. (Paul 1992, s. v. *was*)
>
> völlig korrekt sind dagegen Formulierungen wie […] (Paul 1992, s. v. *was*)

Die Normunsicherheit bei *gewunken/gewinkt* kommentieren die Lexikografen des ‚Paul' wie folgt:

> **winken** (ahd.), wgerm. schw. Vb. (engl. wink). Das Part. *gewunken* ist erst eine Neubildung, die sich in verschiedenen Mdaa. findet, bisweilen auch literar. und besonders ugs.; (Paul 1992).

Auch hier greift man zu einer Markierung spezifischer Varietäten, die von der Leitvarietät abweichen, ist aber sonst um eine neutral beschreibende Formulierung bemüht. Die Bezeichnung *Neubildung* zeigt gar an, dass die Lexikografen hier den Sprachwandel am Werk sehen; immerhin wird die Form *gewunken* auch schon in der hoch bewerteten Literatursprache verwendet. Ähnliches konstatieren die Lexikografen des Paulschen Wörterbuchs bei *wegen* mit Dativ:

> **wegen** wird gew. mit Gen. verbunden zur Bez. der Sache oder Person, um deretwillen etwas geschieht: w. des Bruders, w. dieser Angelegenheit; mdal. und ugs., bisweilen aber auch schriftspr. mit Dat.: w. diesem und so manchem andern wunderbaren Beistand Goethe, w. den Anwesenden Schiller; (Paul 1992).

Der Kommentar „nicht standardsprachlich", z. T. mit Hinweis auf regionale Varietäten wird im Paulschen Wörterbuch ebenso vorsichtig eingesetzt wie im Duden-*Universalwörterbuch*:

> **wie** […] zuerst in der nordd. Ugs., dann auch md. u. südwestd., hat sich *wie* auch an die Stelle von *als* nach Komp. eingedrängt, wo es älteres *denn* vertritt; schon im 18. Jh. auch bei Schriftstellern*: sie war hübscher und liebenswürdiger w. sonst* (Goethe Br.); *mein Mann ist kälter w. mein Bruder* (Iffland); (Paul 1992)

Dass Wörter irgendwo „eindringen" oder sich gar wo „eindrängen", ist eine traditionelle lexikografische Metapher, die jedoch eine komplexe Vorstellung vom Gang der Sprachentwicklung impliziert, wonach Wörter, die sich unrechtmäßig und gewaltsam gegenüber anderen verhalten haben, eigentlich keine Daseinsberechtigung in der Standardsprache verdienen. Ein sich „eindrängendes" Wort ist ein Fremdkörper.

Dass Wörterbücher bisher selten als kulturgeschichtlich wichtige und interessante Texte wahrgenommen wurden, liegt nicht zuletzt − in Deutschland – an ihrem Image als Sprachrichter oder, schlimmer noch, als Sprachpäpste. Richter argumentieren wenigstens, Päpste hingegen verkünden ex cathedra, was kaum jemand nachvollziehen kann. In den Augen der Nutzer sind Wörterbücher mit leidiger, aber unantastbarer Autorität behaftet, nach deren argumentativen wie institutionellen Grundlagen man nach fünfzig Jahren Demokratie in Deutschland immer noch nicht fragt.

15.4 Fokussierungen des Normeninteresses – Fremdwörter und Rechtschreibung

Das Interesse einer Sprachgemeinschaft an ihren (einsprachigen) Wörterbüchern hat sehr viel mit den jeweils zentralen Normendiskussionen und Normenunsicherheiten zu tun, um derentwillen Wörterbücher konsultiert werden. Längst nicht alle sprachlichen Gebrauchsnormen und schon gar nicht alle sprachsystematischen Regeln ziehen die gleiche Aufmerksamkeit auf sich. Die heute im deutschsprachigen Raum, speziell in Deutschland festzustellenden Fokussierungen des allgemeinen und öffentlichen Interesses auf bestimmte Bereiche sprachlicher Normen werden eher durch Traditionen geprägt als durch aktuelle Kommunikationsbedürfnisse. Diese Traditionen sind in den chronologischen Kapiteln dieses Buches (Kapitel 3 bis 11) in ihren größeren Zusammenhängen dargestellt worden und sollen deshalb hier nur noch einmal unter dem Aspekt des Normeninteresses in den Blick genommen werden.

Die Interessen der humanistischen Lexikografen an einer großräumigeren, überregionalen deutschen Sprache standen zwar neben einem dominanteren Interesse am Latein, waren aber durchaus erkennbar. Durch die bloße Kodifikation des überregional tauglichen Wortschatzes nahmen die Wörterbücher Einfluss auf die Entwicklung hin zur Vertikalisierung des Varietätenspektrums und damit zur Standardsprache. Explizite Formulierungen von Gebrauchsnormen finden sich in ihnen noch nicht, obwohl Orthografielehren außerhalb der Wörterbücher bereits existierten.

Die unter anderem lexikografisch verfolgten Ziele der barocken Sprachgesellschaften waren dezidiert ordnend. Dass es höchste Zeit sei, bessernd und erweiternd in Wortschatz und Grammatik des Deutschen einzugreifen, stand bei den Angehörigen der Bildungselite des 17. und frühen 18. Jahrhunderts außer Frage, und auch, dass es kein besseres Instrument dafür gäbe als ein umfassendes und autoritativ anerkanntes Wörterbuch. Auf dem Boden dieser explizit normativen Grundeinstellung der „Sprachkultivierungsbewegung" (von Polenz 1994, 108) waren es folgende Normenbereiche, die theoretisch erörtert und lexikografisch behandelt wurden: die der Stammworttheorie implizite Klassifizierung des Wortschatzes in einerseits ‚deutsche', andererseits ‚fremde', aber auch ‚anstößige', regional beschränkte und veraltete Wörter, Wendungen und grammatikalische Formen (von Polenz 1994, 107), in einerseits ‚kurze' und ‚kräftige' und andererseits ‚schwerfällige' und ‚abgeleitete' Wörter, daneben auch Orthografie und Aussprache.

Seither ist die deutsche Sprachgemeinschaft sozusagen an den Gedanken gewöhnt, dass es ‚gute' und ‚schlechte' Wörter gibt, und dass man verpflichtet sei, dieser Bewertung durch Verwendung der ‚guten' und Vermeidung der ‚schlechten' im eigenen Sprachgebrauch auch zu entsprechen. In erster Linie durch Auswahl, aber auch durch explizite Kommentierungen wurde dieses Wertesystem vor allem im Wörterbuch von Stieler (1691/1968 a bzw. 1691/1968 b) umgesetzt.

Wichtig für die Tradierung wortschatzbezogener Wertungen und Normen war ihre einerseits religiöse, andererseits nationale Begründung. Während die religiösen Begründungen mit den rationalistischen und säkularisierenden Tendenzen des 18. Jahrhunderts auf sprachlichem Gebiet an Boden verloren, wurden nationale Begründungen insbesondere des Fremdwortpurismus in der Folgezeit immer wieder neu belebt und verstärkt. Normen, die national begründet sind und mit Wörterbuchhilfe zustande kommen, zeigen eine starke Resistenz gegenüber späteren Modernisierungen und Anpassungen an die Weiterentwicklung der Gesellschaft; sie wirken archaisierend und hemmend (vgl. Malkiel 1989). Zwar hat der Fremdwortpurismus auch andere als nationale Begründungen erfahren, doch blieb es eine Hauptaufgabe der Wörterbücher, den ‚deutschen' Wortschatz auszubauen, ‚deutsche' Ersatzwörter anzubieten, Fremdwörter vermeiden zu helfen, aber auch, sie zu erklären.

Das Bedürfnis nach einerseits einheitlicher, andererseits sprachsystematisch begründeter Schreibung (etwa durch das Prinzip der Analogie und durch die Anbindung an vorbildliche Aussprache) entwickelte sich als eine professionelle Fähigkeit der Drucker, andererseits als ein eng mit den übrigen Zielen der Sprachkultivierung, insbesondere mit der Wortbildung zusammenhängender Bereich. Orthografische Normen wurden seit humanistischer Zeit außerhalb der Wörterbuchartikel, in separaten Schriften oder in Wörterbuchvorworten als sogenannte Rechtschreibregeln niedergeschrieben, aber die Wörterbücher vermittelten diesbezügliche Normen vor allem implizit, durch Befolgung der allgemein formulierten Regeln im Einzelfall. Nutzer erwarten von einem Wörterbuch mehr noch als von irgend einer anderen Textsorte, dass die in ihm praktizierte Schreibung landläufigen Normen entspricht und somit vorbildlich ist. Die Schreibung jedes Wörterbuchstichworts impliziert die Angabe, wie dieses Wort geschrieben werden *soll*.

Doch erst um die Mitte des 18. Jahrhunderts wurde die Orthografie zu einem Thema der gebildeten Öffentlichkeit; erst jetzt und wohl parallel zur allmählichen Steigerung des Anteils deutschsprachig gedruckter Bücher entstand das Bedürfnis nach einer einheitlichen Schreibung (von Polenz 1994, 242 ff.). Es gelang dabei nicht, die Einheitlichkeit der Schreibung auf eine konsequente Befolgung weniger Prinzipien zu gründen, da die existierenden Prinzipien einander widersprachen und die mögliche Richtschnur der Aussprache ('Schreib wie du sprichst') der vielen regionalen Aussprachevarianten wegen nicht zum Zuge kam. Infolgedessen hat sich die Rechtschreibung des Deutschen als einzelwortbezogene Norm entwickelt. Als Schreibnorm für jedes Wort wurde die verbreitetste und renommierteste Schreibweise genommen und somit eine Fülle von Regel-Ausnahmen geschaffen. Die für das Deutsche typische „Tendenz zur Einzelwortnorm" (Garbe zit. in von Polenz 1994, 244) führte zwangsläufig dazu, dass Wörterbücher für die Tradierung und die sprachpädagogische Vermittlung der Rechtschreibung wichtiger waren als Bücher, in denen die Prinzipien und Regeln der Schreibung dargelegt sind.

Die Lexikografen der Aufklärung nahmen Abstand von expliziter Normierung, hatten dabei aber eine umso größere Wirkung in Richtung auf die Durchsetzung der überregionalen Leitvarietät. Ein Wörterbuch, dass so hoch angesehen war wie das von Adelung, wirkte zwangsläufig als Richtschnur in allen Bereichen. Gerade die Kritik Campes an Adelungs Wörterbuch zeigt, wie bewusst einem Zeitgenossen mit abweichenden gesellschaftlichen wie sprachbezogenen Maßstäben das Maßstab-Setzende an Adelungs Wörterbuch war. Campe fokussierte in seinem lexikografischen Gegenentwurf (wieder) die Fremdwörter, vor allem dadurch, dass er sie in einem gesonderten Wörterbuch(band) sammelte und explizit – teils selbst erfundene – Ersatzwörter empfahl (Campe 1801). Mit diesem besonderen Typ von Wörterbuch setzt eine eigene, spezifisch deutsche lexikografische Tradition ein, deren Höhepunkt im 19. Jahrhundert liegt, die aber bis heute ungebrochen ist, obwohl eine sprachwissenschaftlich eindeutige Bestimmung von *Fremd-* und *Lehnwort* nicht zufriedenstellend gelingt (vgl. Braun 1979), weil die soziokulturelle Bewertung bestimmter Wortschätze und Herkunftskulturen mit den politischen Gegebenheiten einer jeden Epoche zusammenhängen.

Die Motive wie die Ziele der Fremdwortlexikografen unterscheiden sich zum Teil erheblich von einander. Man kann zur Vermeidung von Fremdwörtern aufrufen, weil man in ihrem Gebrauch eine Benachteiligung von Bevölkerungsschichten sieht, die keine Fremdsprache, insbesondere kein Latein, Griechisch oder Englisch gelernt haben. Man kann ein Fremdwörterbuch aber auch schreiben mit dem Ziel, eben diesen Bevölkerungsgruppen die

15.4 Fremdwörter und Rechtschreibung

ihnen unbekannten Wörter zu erklären, d. h. ihre Bildungsbenachteiligung abzubauen. Man kann aber auch aus sprachnationalistischen Motiven heraus zur Vermeidung von Fremdwörtern aufrufen und sie in einem eigenen Wörterbuch sammeln, um die jeweiligen Ersatzwörter durchzusetzen (Verdeutschungswörterbuch).

Die allgemeine deutschsprachige Lexikografie des 19. Jahrhunderts hat im Großen und Ganzen (vor allem jüngere) entlehnte Wörter aus den ‚deutschen' Wörterbücher herausgehalten und den so ausgeschlossenen Wortschatz daneben aus wie gesagt unterschiedlichen Motiven in Fremdwörterbüchern dokumentiert, so dass in manchen Fällen ein komplementäres Verhältnis entstand (zum Typ des Fremdwörterbuchs s. Kirkness 1990). Campe fügte sein Verdeutschungswörterbuch dem eigenen *Wörterbuch der deutschen Sprache* als letzten Band an (Campe 1807–1811/1969). Heyse verfasste neben seinem *Handwörterbuch der deutschen Sprache* (Heyse 1833–1849/1968) auch ein äußerst erfolgreiches *Fremdwörterbuch* (Heyse/Böttger 1891 = 10. Aufl.). Sanders schloss nur die weniger gebräuchlichen Fremdwörter aus seinem *Wörterbuch der deutschen Sprache* (1860–1865/1969) aus, um sie in einem eigenen Band zu dokumentieren und zu erläutern (Sanders 1871); zusätzlich verfasste er später noch ein puristisch motiviertes *Verdeutschungswörterbuch* (vgl. Haß-Zumkehr 1995).

Auch für das *Deutsche Wörterbuch* wurde, allerdings erst im 20. Jahrhundert, ein Komplement geschaffen, dass den deutschen Fremdwortschatz in historisch-diachroner Weise ausführlich dokumentiert, das von Hans Schulz begründete, von Otto Basler fortgeführte und heute im Institut für Deutsche Sprache, Mannheim, neu bearbeitete *Deutsche Fremdwörterbuch*. Dieses ist ein rein wissenschaftlich deskriptives Werk, dessen Entstehung aber auf die normativ-puristische Haltung des *Deutschen Wörterbuchs* der Brüder Grimm und damit auf eine ältere lexikografische Tradition zurückgeht.

Wurde der Fremdwortschatz im *Deutschen Wörterbuch* und auch im *Deutschen Wörterbuch* von Hermann Paul gewissermaßen durch Weglassung, im DWB auch durch positive Bewertung ‚alter' deutscher Wortbildungen fokussiert, so verbanden die Gründer Grimm mit ihrer lexikografischen Arbeit auch das Ziel einer reformierten Orthografie. Die Schreibung sollte nach ihrem Wunsch dem Usus des Mittelhochdeutschen wieder angenähert werden, der durch die nachfolgende Entwicklung verdorben worden sei. Mit ihrer orthografischen Norm fanden Jacob und Wilhelm Grimm um die Mitte des 19. Jahrhunderts jedoch keine Unterstützung mehr, so dass sich die staatlichen Reformbemühungen nach der Reichsgründung mit ihrem Ansatz nicht weiter befassten. Das dritte Ziel des *Deutschen Wörterbuchs* war eher appellativer denn normativer Art, insofern es um die Vermittlung eines national- und traditionsbewussten literarischen Geschmacks ging. Inwiefern Jacob Grimm hier zu explizit normativen Kommentaren griff, ist in Abschnitt 15.3 gezeigt worden.

Sanders bekämpfte zwar den normativen Anspruch des Grimm'schen Wörterbuchs und entwickelte in seinem Wörterbuch eine differenzierte Technik der Darstellung von Sprachgebrauchsnormen, ohne dabei autoritativ aufzutreten, spiegelte in seinem Gesamtwerk aber eben die Fokussierungen des öffentlichen Interesses an Sprache seiner Zeit. Die Gründung des Deutschen Reichs 1871 führte zu Vereinheitlichungsbemühungen auf vielen Gebieten (z. B. bei den Münz- und Gewichtssystemen) und so auch zur Ersten Orthografischen Konferenz 1876, die in den Zeitungen ein starkes Echo fand.

Die Geschichte der staatlichen Reformen auf dem Gebiet der Rechtschreibung kann hier nicht erzählt werden (vgl. Veith 1985; Mentrup 1993; Lasselsberger 2000). Wichtig in unserem Zusammenhang ist aber, dass der Schulrektor Konrad Duden mit seinen lexikografischen Umsetzungen der preußischen Rechtschreibregeln so erfolgreich wurde (Mentrup 1985, Wurzel 1998; Mentrup 1999), dass daraus ‚der' Duden als Inbegriff der sprachrichterlichen Instanz werden konnte:

> Konrad Duden: Vollständiges orthographisches Wörterbuch der deutschen Sprache. Nach den neuen preußischen und bayerischen Regeln. Leipzig 1880. (= 1. Auflage)
>
> Duden, Rechtschreibung der deutschen Sprache und der Fremdwörter. Mit Unterstützung des Allgemeinen deutschen Sprachvereins, des Deutschen Buchdruckervereins, des Reichsverbandes österreichischer Buchdruckereibesitzer, des Schweizerischen Buchdruckervereins sowie der deutschen und österreichischen Korrektorenvereine nach den für Deutschland, Österreich und die Schweiz gültigen amtlichen Regeln bearbeitet von Dr. J. Ernst Wülfing und Dr. Alfred C. Schmidt, unter Mitwirkung des Kaiserlichen Oberkorrektors Otto Reinecke. Neunte bearbeitete und vermehrte Auflage. Leipzig und Wien 1915.

Der zweite Titel vereinigt die 9. Auflage des meist kurz Rechtschreib-Dudens genannten Wörterbuchs mit dem umfangreicheren Buchdruckerduden und führte, da Konrad Duden 1911 gestorben war, seinen Namen erstmals quasi als Markenzeichen im Titel. Das 1901 erlassene amtliche Regelwerk ließ relativ viele Schreibvarianten nebeneinander zu, was in der Öffentlichkeit, aber besonders bei den Druckereien nicht begrüßt wurde. Darauf hatte der Buchdruckerduden mit der eindeutig bevorzugenden Wertung nur je einer der Varianten reagiert (Nerius 1988, 257). Der ‚Duden' von 1915 enthielt außer den amtlichen Rechtschreibregelungen also auch noch weitere, zum Teil normierende Angaben, die nicht staatlicherseits, sondern durch die Öffentlichkeit und ihre weitergehenderen Vereinheitlichungswünsche veranlasst waren.

15.4 Fremdwörter und Rechtschreibung

Die Fokussierung der Rechtschreibung und der Fremdwörter blieb über die nationalsozialistische Zeit hinweg erhalten, auch wenn wie gezeigt die staatliche Propaganda Wörterbücher zur Durchsetzung primär ideologischer Ziele einzusetzen versuchte. Dabei konnte sie bereits auf die etablierte Sprachrichterfunktion setzen, die seit der amtlichen Rechtschreibregelung und dem Siegeszug des ‚Duden' deutlich an Profil gewonnen hatte.

Im Hinblick auf die ideologischen Ziele nationalsozialistischer Wörterbücher stand die manipulative Ausnutzung der impliziten Vermittlung sprachlicher und sozialer Normen im Vordergrund. Daneben gab es aber auch explizite Wertungen, insbesondere Abwertungen bildungsbürgerlich-intellektueller Sprachgebräuche. Beides sollte der Veränderung der Leit- oder Standardvarietät dienen, die verglichen mit der Ideologie selbst aber nur als Mittel zum Zweck verstanden wurde. Fremdwörter wurden auch hier großenteils abgewählt.

Ideologische Beeinflussung mittels Wörterbuch konzentriert sich auf semantische Angaben und auf Beispiele. Bei diesen Informationsarten setzten auch die Autorinnen und Autoren des *Wörterbuchs der deutschen Gegenwartssprache* an, die die Normierung bestimmter, ideologisch relevanter Wortbedeutungen im Einklang mit der offiziellen ideologischen Sicht im Wörterbuchvorwort offen legten.

Das bundesrepublikanische Pendant, das *Große Wörterbuch der deutschen Sprache* der Duden-Redaktion zeigte in den 70er Jahren des 20. Jahrhunderts erstmals eine größere Toleranz gegenüber auch neueren Fremdwörtern v. a. aus dem Angloamerikanischen sowie gegenüber unteren Stilschichten. Dies geschah aber vor allem durch eine entsprechende Stichwortwahl, nicht durch explizite Bewertungen. Im Falle der Stilmarkierungen wurde wie schon beim GWDS eine deskriptive Haltung eingenommen, ohne freilich sondersprachliche Varietäten mit der Standardsprache gleichzusetzen. Letztere bleibt auch in der neuesten, dritten Auflage des großen Duden-Wörterbuchs als Vorbild erkennbar.

Die tradierte Fokussierung der Orthografie hat mittelbar dazu geführt, dass in weiten Teilen der Öffentlichkeit der einbändige gelbe Rechtschreibduden für ‚das' deutsche Wörterbuch gehalten wird. Für BRD wie DDR galt, dass der Duden „in sehr vielen Fällen [...] überhaupt das einzige einsprachige Wörterbuch [ist], von dem die Sprachteilnehmer Kenntnis haben und mit dem sie in Berührung kommen." (Nerius 1988, 251; Nerius 1990). Dies gilt sogar für Lehrer (Kühn/Püschel 1982) und dürfte sich nach der letzten Orthografiereform nicht wesentlich geändert haben, obwohl jetzt auch andere Verlage Wörterbücher mit der amtlichen Regelung herausbringen. Nerius betont, dass im europäischen Vergleich der Duden, gemeint sind alle seine Auflagen in beiden deutschen Staaten in ihrer gemeinsamen Wirkung als vermeintlich amtliche Institution, „das wichtigste orthographische Wörterbuch der deutschen Sprache" sei und „unter den europäischen Orthographiewörterbüchern eine absolute Sonderstellung" einnehme (Nerius 1988, 250 f.).

Diese Stellung verdankt sich aber nicht nur Fokussierung des öffentlichen Interesses, sondern auch der Tatsache, dass der Verlag Bibliographisches Institut, in dem die diversen Duden-Wörterbücher erscheinen, die Funktion des Rechtschreibduden gewissermaßen von der dritten Auflage 1887 an auf weitere Informationen zur Etymologie, auf Sacherklärungen und Verdeutschungen von Fremdwörtern ausgeweitet hat. So entwickelte sich der ‚Duden' von einer allein orthografischen Informationen dienenden Wörterliste zum „Mehrzweckwörterbuch mit besonderer Berücksichtigung der Rechtschreibung" (Nerius 1988, 252). Auch in anderen Bereichen als in dem der staatlich sanktionierten Rechtschreibung strebte er so das Sprachrichteramt an.

Ganz ohne staatlichen Auftrag wuchs die Stichwortmenge von 28.000 in der ersten Auflage 1880 auf 103.000 Stichwörter in der 19. Mannheimer Auflage; auch der Leipziger Duden weitete sich, wenn auch nicht ganz so stark aus (Nerius 1988, 254). Die 20. Auflage von 1991, dem wegen der erstmaligen Synthese aus Leipziger und Mannheimer Rechtschreibduden sogenannten ‚Einheitsduden' gibt schon 115.000 Stichwörter an. Gewiss kam die Redaktion damit dem über die Orthografie hinausgehenden Orientierungsbedürfnis entgegen, trug so aber dazu bei, dass die vielfältige deutsche Wörterbuchlandschaft in der Wahrnehmung der Öffentlichkeit auf einen kleinen Einbänder reduziert wurde. Viele glauben daher, mehr als jenen brauche man gar nicht bzw. der deutsche Wortschatz sei in diesem relativ kleinen gelben Buch vollständig dokumentiert.

Selbst, wo diese Sicht einmal korrigiert werden muss, weil das *Große Wörterbuch der deutschen Sprache* (1999) der Duden-Redaktion in dritter Auflage und mit nunmehr zehn Bänden in der Zeitung angezeigt werden soll, werden die Möglichkeiten eines Wörterbuchs auf die Beseitigung orthografischer und einiger anderer Zweifelsfälle reduziert:

> Keine Frage: Für den ganz normalen Hausgebrauch reicht der ganz normale Duden. Alles das, was sich an aktuellen Änderungen durch die Rechtschreibprüfung ergeben hat, ist hier rot angemerkt. Die wichtigsten Zweifelsfälle lassen sich damit klären. […] Irgendeiner muss schließlich in Zweifelsfällen entscheiden, was richtig und was falsch ist. (Johannes Loy, Standardwerk der Sprache. In: Münsterländische Volkszeitung 4. 2. 2000 und in: Westfälische Nachrichten 12. 2. 2000)

Die Duden-Redaktion unterhält eine der deutschen Sprachberatungsstellen, so dass sich feststellen lässt, mit was für Fragen Sprachteilhaber an die Instanz Duden herangehen. Dabei muss angenommen werden, dass sie ihre Fragen mithilfe eines der im Haushalt oder Büro befindlichen Wörterbücher nicht haben beantworten können oder ihnen die Suche in ihnen zu umständlich war. In einer empirischen Auswertung der Anfragen hat Russ (1993) festgestellt, dass die Orthografie mit über 43 % an der Spitze liegt, Fragen zu Syntax und Flexion machen mit etwas über 14 bzw. 10 % die zweihäufigsten Gruppen aus. Die meisten Ratsuchenden stellten eine Ja/Nein-Frage und suchten eine klare Entscheidung. Daraus erwachse, so Russ (1993, 517 f.) in seinem Fazit, ein gewisser Zwang zur Variantenbewertung, obwohl die Redaktion selbst nicht den Anspruch erhebe, in allen Bereichen der Sprache die einzige Autorität zu sein:

> This then becomes part of the language norm by being incorporated into new editions of Duden volumes. In this way, Duden takes part, paradoxically, in the normalization of the ever changing German language. (Russ 1993, 518)

15.5 Das Wörterbuch als Sprachaufklärer?

Vergleicht man die tradierten Fokussierungen des allgemeinen Interesses einer Sprachgemeinschaft auf die vorgenannten zwei Bereiche mit der Fülle der Informationen, die Wörterbücher zu jedem Stichwort bieten, so stellt sich erstens die Frage nach den Konsequenzen, die eine mögliche Ausweitung oder Verlagerung des Sprachrichteramts auf etwa semantische Angaben hätte (1). Zweitens ist zu fragen, ob denn im Hinblick auf die gesellschaftlichen Interessen an der Sprache eine Alternative zum Sprachrichteramt der Wörterbücher vorstellbar wäre (2).

(1.) Dass Wörterbücher als Entscheidungsinstanz für Fragen der Wortsemantik, der Herkunft und der stilistischen Einordnung eines Worts herangezogen werden, ist nichts Ungewöhnliches und darf bei der Herausstellung der eindeutig fokussierten Bereiche nicht übersehen werden. Schwierige Wörter semantisch korrekt und stilistisch angemessen zu verwenden, kann durchaus das soziale Prestige des Sprechers beeinflussen oder etwas über seine Gesinnung verraten. Wortsemantik und Stilistik können auch viel eher als regelgerechte Schreibung juristisch relevant werden. Doch wendet man sich mit solchen Fragen lieber an Experten als ans Wörterbuch; jedenfalls ist mir nicht bekannt, dass Juristen sich bei Beleidigungsklagen ausschließlich von einem Wörterbuch beraten ließen: Ist *Kuh* eine rechtsrelevante Beleidigung? Impliziert *Entlassungszeugnis*, dass die zugehörige Ausbildung *nicht* abgeschlossen wurde? Was sind eigentlich die Merkmale für *gesund*? Darf ein Autohersteller mit dem Prädikat *umweltfreundlich* werben? Die meisten solcher Fragen haben eine konkrete Entscheidungsfrage im Hintergrund, die außerhalb des Sprachlichen liegt und der die sprachbezogene Frage als Mittel zum Zweck dient. Es geht um die sozialen Folgen bestimmter Verwendungsweisen.

Ein deskriptives, dokumentierendes Wörterbuch könnte in der Tat veranschaulichen, wie die Sprachgemeinschaft in ihrer Mehrheit oder in ihren einzelnen Gruppen die infrage stehenden Wörter verwendet und was dabei impliziert wird und was nicht. Wörterbücher sind deskriptiv, wenn ihre Aussagen anhand von Beleg- oder Korpusdaten nachprüfbar sind, d. h. wenn sie methodisch transparent sind. Dazu muss das Korpusprinzip strikt und ausschließlich befolgt werden (Ripfel 1989 b). Voraussetzung für die Brauchbarkeit als Orientierungsinstanz in o. g. Fragen wäre aber, dass sich ein Wörterbuch auf dem je aktuellen Stand der Sprachentwicklung befindet.

Gelegentlich begegnen Fragen nach der Herkunft eines Wortes, die sich bei näherem Hinsehen als Fragen nach der ‚wahren' Bedeutung entpuppen. – Die Etymologie als Königsweg zur ‚richtigen' Bedeutung. Diesem Interesse ist auch ein weiterer Typ populärer Spezialwörterbücher zu verdanken, das Herkunfts- oder Etymologiewörterbuch (z. B. Kluge 1989; Pfeifer 1989). Sprachwissenschaftlich ist der hier versuchte Schluss von der ältesten oder einer älteren Bedeutung auf die gegenwärtige nicht zulässig; dem Bedeutungswandel sind kaum Grenzen zu setzen und die Etymologie ist für die Gegenwart nicht mehr, aber auch nicht weniger aufschlussreich wie die Archäologie. In beiden Fällen hat man es überwiegend mit Scherben und Puzzles zu tun.

Das Wörterbuch kann wichtige Dinge der Sprachwirklichkeit zeigen, Dinge die für Handlungsentscheidungen wichtig werden können, aber es kann die notwendigen Handlungsentscheidungen nicht selbst treffen und den Benutzern abnehmen.

(2.) Die gesellschaftliche Brauchbarkeit eines deskriptiven Wörterbuchs, das auf Vorschriften ganz verzichtet und auch nicht (mehr) präskriptiv interpretiert würde, ließe sich mit der Funktion des Sprachaufklärers umschreiben. Es stellt den Sprachgebrauch einschließlich der in der Gesellschaft verbreiteten Sprachgebrauchsnormen dar. Statt jugendsprachliche Ausdrücke als „derb" oder „vulgär" und literarische Ausdrücke als „veraltet" zu markieren, gäbe es die Gesprächs- und Textgattungen, die sozialen Beziehungen von Sprechern und Hörern sowie die Situationsmerkmale an, in denen die Wörter gebraucht werden. Es widerstände der Versuchung, sich bei mehreren Varianten für eine ‚bessere' zu entscheiden. Es blendete nichts aus, was das definierte Korpus enthält, und müsste daher äußerst umfangreich sein. Es stellte durch ausdrückliche Formulierungen immer wieder klar, dass es beschreibt und nicht vorschreibt. Dazu müsste es auf Textverdichtung weitgehend verzichten können und folglich noch umfangreicher sein. Ein gewaltiges Programm, doch prinzipiell möglich.

15.5 Das Wörterbuch als Sprachaufklärer?

Das Wörterbuch als Sprachaufklärer enthielte auch Angaben, die das Verhältnis bestimmter Wortverwendungen zur kommunikativen Ethik betreffen. Auch Aufklärung bedarf eines Maßstabes und könnte nicht auf kommunikativ-ethische Normen verzichten wie: Verständlichkeit, Ehrlichkeit, Gleichbehandlung der Geschlechter und gesellschaftlichen Gruppen. Diese Art von Normen haben rationale Argumente für sich. *Brisante Wörter* (1989) war ein Versuch, die Entwicklung und Formulierung kommunikativ-ethischer Normen des Wortgebrauchs durch die Sprachteilhaber selbst lexikografisch zu dokumentieren und die dabei ins Spiel und zur Sprache gebrachten Maßstäbe deutlich zu machen. Denn nicht die Lexikografen machen die Normen, sondern die Sprach- und Kulturgemeinschaft selbst. Mithilfe eines entsprechenden Wörterbuchs könnte die Gemeinschaft sich ihrer eigenen kommunikativen Maßstäbe und Normen, ihrer Geltung, aber auch ihrer Veränderbarkeit bewusster werden, so wie dies die wenig wissenschaftlich zu nennenden Aktionen der ‚Wörter' und ‚Unwörter' des Jahres im Ansatz tun.

Das Wörterbuch als Sprachaufklärer ist zumindest derzeit eine fruchtbare Illusion.

Literatur:

a) Wörterbücher

Brisante Wörter 1989; Campe 1801; Deutsches Fremdwörterbuch 1977 ff.; Duden – Die Rechtschreibung 1973–2000; Duden – Hauptschwierigkeiten der deutschen Sprache 1965; Duden – Richtiges und gutes Deutsch 1986; Duden-Fremdwörterbuch 1994; Heyse/Böttger 1891; Sanders 1871; Sanders 1872.

b) Forschungen:

Antos 1996; Augst/Schaeder 1991; Bergenholtz/Schaeder 1978 (zum Korpusprinzip); Braun 1979 (zur Fremdwort-Diskussion); Deutsche Rechtschreibung 1992; Donhauser 1989 (zum Zusammenhang von Sprachentwicklung und Grammatikschreibung); Gardt 1999, von Polenz 1999; Geschichte und Leistung des Dudens 1968; Glatigny 1989; Haß 1991 c (zum Korpusprinzip); Heringer 1974; Kirkness 1990 (zum Typ des Fremdwörterbuchs); Kühn 1991; Kühn/Püschel 1982; Kühn/Püschel 1990 a; Lasselsberger 2000 (zur Orthografie in Österreich); Malkiel 1989; Mentrup 1985; Mentrup 1993; Mentrup 1999 (zur Geschichte der Rechtschreibreform); Nerius 1988 (zum Rechtschreibduden); Nerius 1990 (zum Typ des Orthografiewörterbuchs); von Polenz 1994; Ripfel 1989 b; Russ 1993; Siegl 1989 (Vergleich von Leipziger und Mannheimer Duden); Veith 1985 (zu den diversen Orthografiereformen); Wiegand 1986; Wörterbücher und ihre Benutzer 1994; Wurzel 1998 (zu K. Duden); Zgusta 1989.

16. Computer in der Lexikografie – eine Revolution?

Wörterbücher und Enzyklopädien sind in der Regel auf Papier gedruckt, das zwischen Buchdeckeln gebunden wird. Es geht auch anders. Es gibt Nachschlagewerke auf Mikrofilm bzw. Mikrofiche; hier liegt meist ein gedrucktes Werk zugrunde, das, weil es selten oder kostbar ist, ‚abgefilmt' wurde und so mehr Nutzern zur Verfügung steht und obendrein viel weniger Platz benötigt. Und es gibt Wörterbücher ‚im Computer'. Letzteres umfasst mehrere Möglichkeiten: ein Wörterbuch-Manuskript, das von Lexikografen mittels PC hergestellt wird, ein Wörterbuch auf CD-Rom und eines, das irgendwo in der Welt im Computer gespeichert ist und das man online via Internet nutzt. In diesem Kapitel sollen die zuletzt genannten Möglichkeiten kurz skizziert und im Hinblick auf ihre Kulturbezogenheit beurteilt werden. Es kommt mir dabei nicht auf technische Einzelheiten und Verfahren an, sondern auf eine möglichst auch für Computerunerfahrene verständliche Darlegung der kleineren und größeren Veränderungen der Lexikografiegeschichte durch die Digitalisierung.

Die Experimente in Sachen Computerlexikografie und die darüber berichtende Forschungsliteratur nehmen seit nunmehr vierzig Jahren ständig zu (vgl. Stickel 1964 und die dort angeführte Literatur). Schon zehn oder fünf Jahre alte Veröffentlichungen sind hoffnungslos veraltet. Auf Literaturangaben wird hier deswegen weitgehend verzichtet. Wer sich aktuell informieren möchte, kann dies in großen Bibliotheken oder in Internet-Katalogen unter deutschen, überwiegend aber englischen (!) Schlagworten wie Computerlexikografie/computer lexicography, Computerphilologie, electronic dictionaries, corpora, corpus technology, language ressources, hypertext, hypermedia u. ä. probieren. Hinzuweisen ist auch auf die *European Association for Lexicography* (EURALEX) und die *Dictionary Society of North America* (DSNA). Die EURALEX veranstaltet regelmäßige Kongresse, deren Berichte (EURALEX Proceedings) in Buchform erscheinen.

Die ersten Versuche, Computer in der lexikografischen Praxis einzusetzen, stammen aus den 50-er Jahren; es ging dabei um die vollständige Erfassung der Wortformen bestimmter (lateinischer) Texte, die zuvor digitalisiert, d. h. per Hand in den Computer eingespeist worden waren (Wiegand 1998 c, 134). Es begann also auch hier, wie in der deutschen Lexikografiegeschichte überhaupt, mit einer Art textbezogenem Glossar im Dienst philologischer Fragestellungen. Der Computer erleichterte das Zählen, Sortieren und Umordnen der Wörter und ermöglichte damit den Vergleich der Wortbestände verschiedener Texte (vgl. Gräfe/Stickel 1966). Die einzigen Informationen, die den Wörtern hierbei zugeordnet wurden, waren Angaben zu den Textstellen, an denen sie vorkamen. Zunächst waren nur identische Wortformen zähl- und sortierbar. Sog. Lemmatisierungsprogramme, die verschiedene Wortformen einer Grundform zuweisen und nur noch letztere zählen und sortieren, gibt es seit den 70er Jahren.

16.1 Compterunterstützte Herstellung von Wörterbüchern

Vergegenwärtigen wir uns noch einmal die Arbeitsschritte, die bei der Herstellung eines Wörterbuchs zu durchlaufen sind (vgl. Kapitel 2) und fragen dann nach den Möglichkeiten des Computereinsatzes und den Veränderungen, die dieser mit sich bringt. Es kann inzwischen davon ausgegangen werden, dass sämtliche kommerziellen wie wissenschaftlichen Wörterbuchunternehmen den Computer mindestens als ‚bessere Schreibmaschine' benutzen. Daraus resultieren bereits einige Veränderungen (verbesserte und damit weniger fehleranfällige Korrekturmöglichkeiten, tendenzielle Verlagerung der Druckvorlagenherstellung in die Wörterbuchredaktionen), auf die ich nicht weiter eingehen will. In Kapitel 2 war der lexikografische Prozess in zwölf Schritte untergliedert worden, für die nachfolgend darüber hinaus gehende computerbedingte Veränderungen benannt werden sollen:

1. Allgemeine Vorstellungen über Zweck und Adressatengruppe

Soll der Computer bei der Herstellung eines gedruckten Wörterbuchs eingesetzt werden, muss sich deshalb an der Konzeption nichts ändern. Anschaffung der Geräte und − oft unterschätzt − Pflege der Software kosten allerdings zusätzlich Geld. Außerdem sind nicht alle Lexikografinnen und Lexikografen uneingeschränkt glücklich über die neue Technik und müssen erst dafür gewonnen werden.

Will man das Wörterbuch öfter aktualisieren oder plant man eine Präsentation auf CD-Rom oder im Internet, muss der Einsatz des Computers frühzeitig auf diese Ziele hin geplant werden. Man wird das Manuskript dann nicht mit einem Textverarbeitungsprogramm schreiben, sondern andere Software, eine Datenbank und/oder eine sog. markup language (,Textauszeichnungssprache') verwenden, mit der eine strikte Trennung von Textinhalt und

Typografie vorgenommen wird. Vorteil ist, dass man später entscheiden kann, in welcher Schriftart oder Farbe welche Angaben präsentiert werden oder welche Angaben bei einer von mehreren Druckversionen wegfallen oder in geänderter Reihenfolge erscheinen sollen.

2. Auswahl der Stichwörter

Die hierzu gehörenden Überlegungen hängen wesentlich vom Umfang des geplanten Endprodukts ab. Ist es ein gedrucktes Wörterbuch, ändert sich durch Computereinsatz nichts. Bei einer CD-Rom gibt es kaum und bei online-Wörterbüchern überhaupt keine materiellen Umfangsbeschränkungen mehr. Die reinen Materialkosten sind in letzteren Fällen verschwindend gering, nicht aber die Kosten der Erarbeitungszeit. Die neue Technik könnte dazu verführen, sich das Problem einer sinnvollen und nachvollziehbaren Selektion des zu behandelnden Wortschatzes durch ein „Wir nehmen alles" vom Hals zu schaffen. Nur kann dann nicht mehr „alles" mit gewohnter oder gleicher Informationstiefe behandelt werden.

3. Materialgrundlage

Der Computereinsatz hindert niemanden daran, ein Wörterbuch aus dem eigenen Kopf (kompetenzbasiert) zusammenzustellen oder aus anderen Wörterbüchern (kompilatorisch) abzuleiten. Ersteres hat zu einigen mehr oder weniger lustigen Internet-Wörterbüchern (etwa zum Schwäbischen) geführt, bei denen nicht nur ein Autor, sondern auch seine Leser via elektronischer Post Angaben zu einzelnen Wörtern beisteuern. Eine ‚Autorität' kann solch ein Produkt sicher nicht mehr sein. Das Verfahren ließe sich aber auch auf Fachwortschätze anwenden. Es würden nur die weltweit verstreuten Experten des jeweiligen Fachs als Beiträger zugelassen. Solch ein Fachwörterbuch diente als aktuelles Diskussionsforum zur Reflexion der eigenen Fachbegriffe und wäre später auch ein Archiv der Diskussionsprozesse.

Die Kompilation eines neuen aus alten Wörterbüchern scheint dank des Computers etwas leichter zu werden, da man gedruckte Wörterbücher leicht scannen (über eine Art Fotokopierer direkt in den Computer einspeisen) kann oder auf CD-Rom vorliegende Wörterbücher – illegal – zusammenkompiliert.

Die folgenschwerste Änderung bringt der Computereinsatz für die korpusbasierte Lexikografie mit sich, gleich welche mediale Form das Endprodukt haben soll. Belegkorpora verschwinden und die Arbeit des Exzerpierens entfällt, wo ganze Texte digitalisiert werden oder als solche schon in den lexikografischen Prozess übernommen werden können. Die für die Arbeit notwendigen Belege werden aus möglichst großen digital gespeicherten Textmengen mittels spezieller Suchprogramme herausgeholt und können auch unmittelbar in das Wörterbuchmanuskript hinein kopiert werden. Diese Suchprogramme gehen weit über das hinaus, was unter „Suchen und Finden" in Textverarbeitungprogrammen üblich ist. Sie können nicht nur Flexionsformen auf Grundformen beziehen, sondern teilweise auch trennbare Verben und Wörter in Abhängigkeit von bestimmten syntaktischen Positionen finden sowie das gemeinsame Vorkommen von Wörtern (Kollokationen bzw. Kookkurrenzen) registrieren.

Je spezieller die Vorstellungen über Umfang und Zusammensetzung des Textkorpus sind, desto eher müssen die Lexikografen selbst die Digitalisierung in die Hand nehmen, müssen abschreiben (lassen) und scannen (lassen), wie sie zuvor exzerpierten oder exzerpieren ließen. Zwar gibt es mittlerweile technische Standards, die den kollegialen Austausch digitaler Texte gestatten, doch lassen die angesichts der Digitalisierung immer höher werdenden Schranken des Urheberrechts die mehrfache oder gemeinsame Nutzung durch die Fachöffentlichkeit nicht oder nur sehr eingeschränkt zu. Was die individuellen Rechte – auch wissenschaftlicher – Autoren und Autorinnen schützt, erschwert die lexikografische und linguistische Forschung sehr.

Nach der Digitalisierung müssen die Texte des Korpus in Abstimmung auf das Suchprogramm und auf das, was später an lexikologischen Informationen herausgeholt werden soll, präpariert werden. Wer im Wörterbuch Angaben etwa über die relative Textsorten- oder Varietätengebundenheit eines Worts machen will, muss zuvor die Zugehörigkeit eines Korpustextes zu einer Textsorte und einer Varietät ausdrücklich markieren. Das Gleiche gilt für Zeitstufen, Regionalität, individuelle Autorschaften, Textteile wie Überschriften oder Einleitungen. Dabei muss der Aufwand der Präparation der Korpustexte in Relation zum gewünschten Ertrag gesehen werden.

Im Prinzip kann also aus einer digitalen Wörterbuchbasis sehr viel mehr an einzelwortbezogener, aber auch an allgemeinerer Information über den jeweils repräsentierten Wortschatz (z. B. gezählte, nicht bloß geschätzte Häufigkeiten, nachweisbare, nicht nur gemutmaßte Beziehungen zwischen Begriffen usw.) gewonnen werden als dies bei der Exzerption ohne Computereinsatz der Fall war. Wörterbücher, gleich ob gedruckte oder elektronische, könnten hierdurch neue Qualitäten bekommen. Was durch den Wegfall der Exzerption an Zeit gespart wird, wird allerdings durch Aufbau und Pflege des Textkorpus mindestens wettgemacht. Ein Lexikografenkollege drückte es eimal so aus: „Es ist immer noch Knochenarbeit, aber man kann am Ende mehr damit anfangen."

4. Anordnungsprinzipien und Lemmatisierung der Stichwörter

Für gedruckte Wörterbücher ändert sich hier nichts. Der Computer nimmt den Lexikografen lediglich die Arbeit des alphabetischen Sortierens, nicht die Mühen der Sublemmatisierung (Ordnung und Ansatz der Unterstichwörter) und der Einordnung von Mehrwortlemmata (z. B. Redensarten) ab. Greifen aber auch die Nutzer via Computer aufs Wörterbuch zu, brauchen weder die Nutzer das Alphabet überhaupt zu kennen noch das Wörterbuch intern alphabetisch geordnet sein, solange irgendein Programmteil das eingetippte Suchwort entgegen nimmt und den passenden Wortartikel ausgibt. Wo mit Druckraum nicht mehr gegeizt werden muss, werden viele der wörterbuchtypischen Abkürzungen hinfällig, z. B. die Sublemmatisierung mittels Tilde (*Tisch-, Arbeits-, ~tuch*). Solche Arten von Abkürzungen erfordern sogar ein viel komplizierteres Suchprogramm als bei ausgeschriebenen Wörtern und sind eher hinderlich. In digitalen Wörterbüchern können Sublemmata also entfallen; dafür werden u. U. besondere Verweise nötig, um den Wortartikel zu einem Kompositum wie *Arbeitstisch* mit den Wortartikeln zum Bestimmungs- wie zum Grundwort zu verknüpfen, in deren räumlicher Nähe er ja nicht mehr steht. Mehrwortlemmata finden die Nutzer nun auf Anhieb, gleich wo sie alphabetisch eingeordnet sind.

Denkbar, aber m. W. noch nirgends ausprobiert oder ins Auge gefasst wäre die gleichzeitig semasiologische und onomasiologische Anordnung eines Wörterbuchs, wo Nutzer nach Bedarf zwischen beidem hin- und herschalten.

5. Grammatische Angaben
(einschl. orthografischer und Aussprache-Angaben)

Auf der Basis eines digitalen Textkorpus, vorausgesetzt dieses ist auch morphologisch und syntaktisch analysiert und entsprechend markiert, könnten grammatische Angaben sogar vollautomatisch in ein Wörterbuchmanuskript hinein geschrieben werden. Der Programmieraufwand dafür ist natürlich relativ hoch; Vorteil wäre jedoch eine wirklich deskriptive Darstellung des grammatischen und orthografischen ‚Verhaltens' der Lexeme im Sinne einer Bestandsaufnahme. Soll ein Wörterbuch auf CD-Rom oder im Internet benutzbar sein, ist heutzutage die Verknüpfung von Text, Bild und Ton (Schlagwort Multimedia) möglich. Damit ließen sich Ausspracheangaben statt in phonetischer Umschrift lesbar über die Lautsprecher des Computers hörbar machen. Wie bei der Grammatik könnte man hierbei den tatsächlichen Sprachgebrauch darstellen und auf Idealisierungen wie Normierungen verzichten.

6. Untergliederung der Gesamtbedeutung in Einzelbedeutungen

Diese intellektuelle Arbeit kann der Computer nicht übernehmen, auch wenn in der Computerlinguistik (nicht in der Computerlexikografie) immer wieder Versuche gemacht werden, die verschiedenen Einzelbedeutungen/Lesarten einer Wortform auf der Basis digitaler Textkorpora automatisch disambiguieren zu lassen. Dies gelingt bisher nur in so groben Zügen, und zwar am ehesten auf der syntaktisch-semantischen und der enzyklopädischen Ebene (siehe 2.6), dass die Verfahren für die Lexikografie im engeren Sinne noch nicht unmittelbar anwendbar sind.

7. die verschiedenen Elemente der Bedeutungserläuterung

Computer können Bedeutungen nicht erkennen und Bedeutungserläuterungen nicht schreiben (vgl. Wiegand 1998 a, 698 ff.).

8. der enzyklopädische Kommentar

Computer können Sachwissen nur ähnlich grob aus Texten extrahieren wie Bedeutungswissen. Im Übrigen basieren enzyklopädische Kommentare in der Regel auf Quellen, die über die eigentliche Wörterbuchbasis hinausgehen. Hier ist auch im Computerzeitalter die gute Allgemeinbildung der Lexikografen und ihre Fähigkeit zu gezielter Informationsbeschaffung gefragt.

9. Angaben zu den paradigmatischen Beziehungen des Lemmas (vgl. 2.9)

Hier ergeben sich Veränderungen nur dann, wenn infolge des Computereinsatzes erstmals ein Textkorpus an die Stelle des Belegkorpus getreten ist und sofern Synonymie, Hyponymie usw. korpus- statt kompetenzgestützt bestimmt werden sollen. Nach Bedeutungsbeziehungen könnten Suchprogramme erst dann suchen, wenn sie imstande wären, Bedeutungen zu identifizieren.

10. Angaben zu Etymologie und Bedeutungsgeschichte

sind ausschließlich intellektuell zu leisten.

11. Angaben zur Wortbildung

Mithilfe großer digital verfügbarer Textkorpora können Übersichten über Wortfamilien und besonders produktive Wortbildungsmittel sprachrealistischer und etwas bequemer als ohne Computer gewonnen werden. Die Analyse der Wortbildungen jedoch und die Darstellung bleiben in der Hand der Lexikografen.

12. Beispiele und Belege

Große, digital zugängliche und gut recherchierbare Textkorpora versorgen die Lexikografen mit einer vielleicht noch größeren Fülle von Belegbeispielen als sie durch Exzerption zusammengetragen worden ist. Auf selbst gebildete Kompetenzbeispiele könnte da bei einigen Wörterbuchtypen tendenziell verzichtet werden. Die Fülle der Belege stellt aber vor das Problem, auswählen zu müssen. Computer können die Auswahl unterstützen, sofern man sich mit der Zufallsauswahl in einer gewünschten Größenordnung zufrieden gibt. Ist das Textkorpus nach Raum, Zeit, Varietäten und/oder Textsorten klassifiziert, können Lexikografen die zu durchsuchende Textmenge selbst gezielt reduzieren.

Bei der Präsentation der Belege in einem CD-Rom- oder online-Wörterbuch steht man vor der Entscheidung, ob Nutzer sich unbedingt und immer durch eine komplette Belegliste hindurch scrollen (blättern) müssen, oder ob man ihnen nicht freistellt, sich Belege nach bestimmten Auswahlparametern („nur aus Österreich", „nur aus den 1980er Jahren", „nur aus naturwissenschaftlichen Fachtexten nach 1945", usw.) anzeigen zu lassen.

Wo wie in elektronischen Wörterbüchern genügend Raum zur Verfügung steht, können Belege bei Bedarf auch lexikografisch kommentiert werden.

Es gibt einen weiteren, in Kapitel 2 nicht eigens genannten Punkt, an dem der Einsatz von Computern die Lexikografie verändern wird, sogar besonders stark: bei den Verweisen.

In gedruckten Nachschlagewerken führen Pfeile oder auch ein „siehe" von einer Stelle eines Wortartikels zu einem anderen Lemma, etwa bei Synonymen. Die Menge solcher Verweise hält sich aber in Grenzen, weil Nutzer ihnen nur selten folgen. Der Aufwand erneuten Nachschlagens, womöglich in einem anderen Band, lässt bei den Lexikografen den Gedanken gar nicht aufkommen, an jeder sich bietenden Stelle Verweise anzubringen. Werden Wörterbücher und Enzyklopädien im Computer benutzt, reduziert sich das Verfolgen eines Verweises auf einen Mausklick. Daraus folgen erhebliche lexikografisch-methodische Veränderungen sowie erweiterte Rezeptionsmöglichkeiten:

- Die Menge der Verweise ist unbegrenzt.
- Ein Verweis kann gezielt auf ein Lemma und damit auf den Wortartikel als Ganzes bezogen sein (wie bisher), oder aber auf einen bestimmten Abschnitt eines anderen Wortartikels oder auch desselben Wortartikels. Auf diese Weise können zwischen gleichartigen Angaben unterschiedlicher Lemmata Verweise angelegt und diese zu Ketten zusammengeschlossen werden, etwa zwischen den orthografischen Angaben zu jenen Lemmata,

16.1 Compterunterstützte Herstellung von Wörterbüchern

deren Schreibung sich durch die Orthografiereform ab 1999 geändert hat, oder zwischen den wortbildungsbezogenen Angaben jener Lemmata, die eine Wortfamilie bilden, oder zwischen den pragmatischen Angaben jener Lemmata, die die Gruppe der Stigmawörter in der politischen Sprache bilden.

- Verweise können unter diesen Bedingungen und müssten sogar typisiert werden, damit Nutzer sich in der Fülle noch zurechtfinden. Statt des einen Pfeils können verschiedene farbige Markierungen eingesetzt werden, um etwa zwischen synonymischen und antonymischen einerseits und wortbildungsbezogenen und pragmatischen Verweisen andererseits zu unterscheiden. Auch ausformulierte Verweise wie „Wenn Sie hier klicken, sehen Sie eine Liste weiterer politischer Stigmawörter" sind möglich.
- Mit der Planung von Verweistypen können Lexikografen Strukturen und Vernetzungen innerhalb des Wortschatzes sichtbar machen, die bisher Gegenstand der Lexikologie, nicht aber der Lexikografie waren. Dies könnte sogar grafisch als Netz dargestellt werden. Hier wird die Lexikografie u. U. wissenschaftlich interessanter, wird zum Medium der Darstellung und Erweiterung sprachwissenschaftlicher Forschung. Dies ist aber noch Zukunftsmusik.
- Dass Verweise sich für eine subtile Propaganda besonders eignen, indem sie implizite Gleichsetzungen vornehmen, hat Kapitel 14 gezeigt. Legt nun ein neues Medium die Vergrößerung der Verweismenge nahe, und wird diese Menge nicht zur Repräsentation wissenschaftlich konstruierter Strukturen genutzt, sondern werden die Verweise wie bisher undifferenziert, assoziativ und willkürlich gesetzt, werden in elektronischen Wörterbüchern (und Enzyklopädien) sehr viel mehr implizite Gleichsetzungen und Assoziationen vorgenommen als in gedruckten. In der Folge hätten Lexikografen, die bestimmte Orientierungen und Werte verbreiten wollen, leichteres Spiel. Auch ohne solch propagandistische Absicht enthalten assoziative Verweise unausgesprochene kulturelle Orientierungen, die durch eine noch zu entwickelnde Methode kritischer Interpretation kenntlich gemacht werden müssten.

Zusammenfassend lässt sich zu den Veränderungen, die der Computer für die Lexikografie bedeutet, Folgendes sagen: Sofern am Ende ein gedrucktes Wörterbuch steht oder eine CD-Rom-Version, die ein gedrucktes Wörterbuch weitgehend unverändert auf den Bildschirm bringt, kann von Revolution keine Rede sein. Es wird auch keine Arbeit ‚gespart', sondern es treten zusätzliche Aufgaben an Lexikografinnen und Lexikografen heran, die das Wörterbuch allerdings konsistenter und besser machen können. Veränderungen der Textsorte Wörterbuch (und Enzyklopädie) gibt es erst dort, wo quantitative Begrenzungen entfallen und das Verweissystem ausgebaut wird. Beides ist nur in online-Wörterbüchern (und Enzyklopädien) möglich, die sich den sog. Hypertext zunutze machen (s. u.).

16.2 Computerlexikografie im Dienst linguistischer Forschung

Unter Computerlexikografie wird aber nicht nur die computerunterstützte Herstellung von Wörterbüchern verstanden, sondern auch ein Teilgebiet der Computerlinguistik. In deren Forschungs- und Anwendungszusammenhang stehen wörterbuchähnliche Datensammlungen, die als Komponente sprachtechnologischer Software benötigt werden. Z. B. setzen Programme zur Rechtschreibprüfung, Spracherkennungs- oder Übersetzungsprogramme, sinnvoll v. a. bei Fach- und Verwaltungstexten, spezielle Wortinventare voraus. Die Erstellung dieser Inventare ist auch eine Art der Lexikografie. Je nach computerlinguistischem Ziel und Anwendungszweck werden die Einheiten der Wortinventare um einige (wenige) Informationen ergänzt, die computerlesbar, d. h. stark formalisiert (verschlüsselt) sein müssen. Dies geschah zu Beginn ‚von Hand', dann unter Zuhilfenahme ‚normaler' gedruckter Wörterbücher meist aus dem Bereich von Grund- und Lernerwortschatz, und erst zuletzt durch u. a. statistische Analysen großer elektronischer Textkorpora. Letzteres verspricht maschinenlesbare ‚Wörterbücher', die über einzelne Zwecke hinaus als allgemeine Instrumente der maschinellen Sprachverarbeitung tauglich sind.

Die Korpuslinguistik hat sich als eine wichtige Teil- oder Nachbardisziplin der Computerlinguistik entwickelt. Es ist heute z. B. möglich, die Wörter eines Textkorpus automatisch nach Wortart und Genus markieren zu lassen (engl. *taggen*) und die verschiedenen Flexionsformen einer Grund- oder ‚Normalform' zuzuordnen (lemmatisieren). Damit lassen sich Wortinventare erstellen, die zu jedem Lemma die Wortart, das Genus und das Flexionsparadigma enthalten. Durch die automatische syntaktische Analyse von Sätzen (engl. *parsing, parsen*) kann die Zugehörigkeit einer Wortform zu einer der Phrasen des Satzes festgestellt werden, wenn zuvor „getaggt" wurde.

Auch die automatische Extraktion, Verschlagwortung oder Zusammenfassung von Information aus großen elektronisch gespeicherten Textmengen – eine Aufgabe, die in der Informationsgesellschaft immer wichtiger wird – setzt ein annotiertes Wortinventar voraus, das hierzu möglichst auch semantische Informationen enthalten sollte. Deren Gewinnung aus elektronischen Textkorpora stellt das wohl größte Problem wörterbuchähnlicher Soft-

16.2 Computerlexikografie im Dienst linguistischer Forschung

warekomponenten dar. Es kann hierbei überhaupt nur um eine sehr grob kategorisierende, auf den Kern reduzierte Form dessen gehen, was in der Sprachlexikografie als semantische Information gilt, etwa um die Zuordnung der Merkmale ‚belebt' und ‚unbelebt', um die Rolle als Agens oder Instrument in Bezug zu bestimmten Verben oder um die Feststellung einer begrifflichen Beziehung zwischen zwei Lexemen. Auf die Hinzuziehung ‚normaler', d. h. intellektuell erzeugter Wörterbücher kann bei der Generierung semantischer Informationen im o. g. Sinne noch immer nicht verzichtet werden.

Dort, wo die Computerlexikografie sich auf Begriffsbeziehungen konzentriert, entstehen Gebilde (z. B. in Alterman 1985, 173), die große Ähnlichkeit mit den hierarchischen Begriffssystemen der onomasiologischen Lexikografie (s. Kapitel 13) aufweisen. Sie heißen hier meist Ontologien oder semantische Taxonomien. Hier wird ein Lemma eines Wortinventars mit Markierungen versehen, die ausdrücken, zu welchen anderen Lemmata dieses hyperonym, hyponym, synonym, antonym usw. ist, und auch, zu welchen anderen Lemmata es in einer Teil-Ganzes-Relation, einer Ursache-Wirkung-Relation, einer Ist-begleitet-von-Relation usw. usw. steht. Da ja zugleich auch Merkmale annotiert werden, lassen sich Regeln aufstellen, welche der Merkmale in einer Begriffshierarchie von oben nach unten ‚vererbt' werden.

Begriffsbeziehungen der letztgenannten Art lassen sich nicht wie die der ersteren hierarchisieren; es entstehen also mehrere, dreidimensional vorstellbare Netze. Die Namen einiger diesbezüglicher Projekte aus den Jahren 1995–1999 (WordNet, GermaNet, AQUILEX, EAGLES) können helfen, sich im Internet über den neuesten Stand solcher und ähnlicher Forschungen zu informieren; Literaturangaben veralten hier zu schnell.

Über die bei der Vernetzung bzw. Relationierung zugrunde gelegten Kategorien kann und muss debattiert werden, da sie meist implizite Annahmen über die universal-anthropologische oder einzelsprach-kulturspezifische Basis des semantischen Wissens enthalten. Von „Ontologie" oder „Taxonomie" zu sprechen zeigt schon, dass computerlexikografische Ziele tendenziell offenbar mit kognitionswissenschaftlichen Zielen identifiziert oder vermischt werden. Es geht nicht mehr nur oder in erster Linie um die semantischen Eigenschaften der Lexeme in einem Textkorpus, sondern je größer das Korpus ist, desto eher um das darin vermutete Weltwissen der Sprecher. Sprachtheoretisch geurteilt: Sprache bzw. Wörter sind hier Gefäß für Gedanken und Begriffe; die Semantik(forschung) dient als ‚Dosenöffner'. Da Ontologien und Taxonomien sich bisher nur ansatzweise automatisch aus elektronischen Korpora ableiten lassen, wird in Projekten wie den oben genannten teilweise auf mehr oder weniger veraltete gedruckte Synonymiken wie Wehrle-Eggers oder Dornseiff (siehe Kapitel 13) zurückgegriffen. Es besteht somit die Gefahr, dass die individuellen Wortassoziationen dieser Autoren die Grundlage sprachtechnologischer Systeme in einer Weise beherrschen, die ihrem Modernitäts- wie teilweise gegebenen Universalitätsanspruch widersprechen.

In der mehr oder weniger computerunterstützten Sprachlexikografie hingegen stehen die lexikalischen Mittel und das, was Sprecher mit ihnen tun (können), im Vordergrund; Weltwissen und semantische Basiskategorien bilden hier nur einen Teil der Bedeutung, deren anderer Teil die kommunikativen ‚Feinheiten' bildet, die den Wörterbuchnutzern und Sprachteilhabern bewusst gemacht werden sollen.

Für eine Beurteilung maschinenlesbarer Wörterbücher in kulturwissenschaftlicher Hinsicht sind zwei Dinge wichtig: Erstens gilt es, das zugrunde gelegte System semantischer Kategorien auf seine Kulturspezifik und daraufhin zu überprüfen, inwiefern die meist anhand des Englischen gewonnenen Ergebnisse übereinzelsprachlich gültig sein können. Auch eine bisher nicht in Angriff genommene Kulturgeschichte solcher Kategoriensysteme könnte Relativität und Universalität der jeweiligen Kategorien klären. Zweitens muss das einer automatischen semantischen Analyse zugrundegelegte Textmaterial daraufhin beurteilt werden, ob es generalisierungsfähig ist, d. h. ob die Analyseergebnisse auf den Wortschatz anderer (und welcher) Texte übertragbar sind. Auch eine Übernahme von Merkmalen intellektuell erarbeiteter semantischer Informationen ‚normaler' Wörterbücher kann u. U. die Kategorien semantischer Ontologien kulturell spezifisch prägen.

16.3 Revolution durch Hypertext

Die Frage nach einer revolutionären Entwicklung der Lexikografie war oben in 16.1 dahingehend beantwortet worden, dass erst dort, wo quantitative Begrenzungen entfallen und das Verweissystem ausgebaut wird, wirkliche Veränderungen der Textsorte Wörterbuch (und der Textsorte Enzyklopädie) stattfinden. Die technologisch-medial verursachte Revolution besteht in der sog. Hypertextualisierung, durch die aus zweidimensionalen Texten dreidimensionale werden. Hypertext beruht auf der dritten Dimension des Textes und konzentriert sich auf diese.

Als erste Dimension gilt die lineare Reihung gesprochener oder geschriebener Zeichen: die Zeile ist ihre typografische Entsprechung. Die zweite Dimension ist gegeben, wo Augen oder Finger beim Lesen vertikale Bewegungen vollziehen: im Inhaltsverzeichnis, beim ‚diagonalen' Lesen von Absatzanfang zu Absatzanfang oder sonstigen typografischen Signalen, beim Suchen eines (fettgedruckten) Stichworts. Die Geschichte der Typografie zeichnet

16.3 Revolution durch Hypertext

den Ausbau dieser vertikalen, zweiten Dimension und damit die Entlinearisierung des Lesens seit dem 7. Jahrhundert nach (Freisler 1994).

Auch die dritte Dimension ist eigentlich nicht neu: Welches Buch wird heute schon von der ersten bis zur letzten Zeile durchgelesen? Leser wählen Kapitel, Abschnitte aus, wechseln zwischen Text und Fußnoten, Literaturverzeichnis, Registern, Verweisen usw. hin und her, aber doch eher von vorn nach hinten als umgekehrt. „Einleitung", „Schluss" und „Anmerkungen" bleiben an ihrem gewohnten Ort und in ihrer gewohnten Funktion; sie sind (bisher) keinesfalls austauschbar. Die Reihenfolge, die der Autor oder die Autorin den Textteilen gibt, ist, bei aller Freiheit, an gewisse Konventionen gebunden, denen die in Aufsätzen und Büchern üblichen Textverknüpfer (*siehe oben*, *Daraus folgt*, ... *Nachfolgend sei erst A, dann B behandelt*, u. a.) entsprechen.

Hypertexte hingegen sind netzartige Texte, in denen die Konventionen des zweidimensionalen Textes mehr oder weniger (das entscheiden die Autoren) durch andere, neue Konventionen ersetzt werden. Bei diesen neuen Konventionen setzt das Lesen am Computerbildschirm wichtige Rahmenbedingungen. Als positive Rahmenbedingung und die dritte Dimension verstärkend muss vor allem die Ersetzung des Blätterns durch den Klick mit der Maus gelten. Hinzu kommt die Möglichkeit, beliebige Wortzeichen maschinell suchen zu lassen statt nachzuschlagen. Einschränkend wirkt sich hingegen die Bedingung aus, dass man beim bisherigen Stand der Technik ungern mehrere Textseiten am Bildschirm liest, sondern hier kurze Textabschnitte von zehn bis zwanzig Zeilen bevorzugt. Von diesen gehen dann ein oder mehrere Verweise zu anderen Kurztexten oder auch zu Bildern, Video- und Tonsequenzen usw., so dass sich eine Art Netz kürzerer Text- bzw. Medien-Einheiten („Hypertext" – „Hypermedia") ergibt, von denen jeder Leser und jede Leserin eine andere Menge in u. U. nicht determinierter Abfolge rezipiert.

Den Hypertext-Autoren stellt sich die Aufgabe, diese Texteinheiten einerseits als relativ selbstständige Sinneinheiten zu formulieren, sie andererseits durch Verweise unterschiedlichen Typs miteinander zu verknüpfen. Sie legen im Gesamttext Pfade an: als Haupt- oder Nebenwege zwischen inhaltlich definierten Stationen, als tour d'horizon oder als ‚Vertiefungsschächte' mit schnell beschreitbaren Rückwegen. Es sollten auch überall Wegweiser und Übersichtstafeln aufgestellt werden, damit die Leser sich im Text- und Medienraum nicht verloren fühlen (‚lost in hyperspace'). Zwischen didaktischem Zwang und ganz offenem Angebot ist alles möglich.

Eine Zeit lang haben Kognitionswissenschaftler geglaubt, solche Textnetze entsprächen exakt der Netzstruktur des Wissens in unseren Köpfen, die alte Linearität sei mit den neuronalen Netzen inkompatibel gewesen und könne nunmehr ‚überwunden' werden. Inzwischen ist diese Annahme der eher nüchternen Sicht auf die Vor- und Nachteile des neuen Mediums gewichen. Hypertextuelle Netzstrukturen sind vor allem für informative Texte und die Darstellung komplexer Wissenszusammenhänge geeignet, die schon in ihrer zweidimensionalen (gedruckten) Form auf selektive Rezeption hin angelegt sind. Damit kommen Nachschlagewerke wie Wörterbücher und Enzyklopädien, Einführungs- und Lehrwerke für die neue Textform besonders in Betracht. Diese können auf CD-Roms gebrannt oder über das Internet angeboten werden. Letzterem wird wohl, wenn die Sicherheit von Verfahren kommerzieller Nutzung höher wird, die Zukunft gehören, da der Speicherplatz auf CD-Roms vor allem bei zusätzlichen Bild-, Ton- und Filmdaten zu gering ist. Das Angebot via Internet lässt auch eine Vernetzung des einen Hypertextes mit denen anderer Autoren zu: Denkbar wäre die Verknüpfung eines gegenwartssprachlichen Bedeutungswörterbuchs mit einem historischen, einem etymologischen, einem synonymischen und einem enzyklopädischen Nachschlagewerk. Wohlgemerkt: hier ist nicht bloß eine gemeinsame Suchoberfläche gemeint, die zu einem Suchwort sämtliche Fundstellen auflistet, durch die man sich dann hindurch liest, als hätte man sie aus allen Büchern heraus und auf ein Blatt kopiert. Gemeint ist eine echte Vernetzung der Informationsinhalte auf der Ebene der Artikelstrukturen bzw. des Wortschatzes. Gäbe es einen solchen Informationsverbund, könnten Fragen verfolgt werden wie: Welche Verba dicendi dominierten in Zeitungen der Weimarer Republik? Haben die Nomina auf *-ion* im 19. Jahrhundert eine gemeinsame semantische Struktur? Wie viele Ableitungen und Zusammensetzungen gibt es zum Stamm *arbeit*? usw. Dies ist mit bisherigen Mitteln nur in begrenztem Umfang und mit großem Aufwand möglich.

Wörterbücher und Sachlexika nehmen in ihrer Textstruktur einige hypertextuelle Eigenschaften schon lange vorweg. Sie sind auf größtmögliche Übersichtlichkeit, auf selektives Lesen kurzer Textabschnitte und hohe Informationsdichte hin angelegt. Diese Textgattung nutzt die Zweidimensionalität immer schon stärker aus als andere: Fett gedruckte, ggf. links ausgerückten Lemmata, typografische Strukturanzeiger innerhalb eines Wortartikels orientieren über die Lage bestimmter Informationselemente, die gezielt gesucht und dann linear gelesen werden. Überall dort, wo die lineare Ordnung des Alphabets die Gliederung eines Textes aus Gründen der Findesicherheit beherrscht wie bei Wörterbüchern und modernen Enzyklopädien, können in der Struktur von Hypertext Sach- oder Wissenszusammenhänge (wieder) dominant werden (vgl. Kapitel 14), ohne dass dadurch die Findesicherheit beeinträchtigt wird oder ein zusätzliches alphabetisches Register erforderlich würde. Das Nachschlagen eines Wortes wird durch Eintrag in eine Suchmaske erledigt. Welcher Variante des Alphabets der Computer intern folgt, kann Autoren wie Nutzern gleichgültig sein. Die Länge von Lexikon-Artikeln entspricht häufig dem maximalen Umfang idealer Hypertext-Einheiten; längere Artikel, z. B. mit umfangreicheren Beispielteilen, können mittels elektronischer Verweise (Links) mit dem Wortartikel verknüpft werden, so dass Nutzer die Beispiele nur bei Interesse aufrufen.

Die Herstellung wissenschaftlicher Hypertext-Wörterbücher erfordert nicht nur technischen, sondern auch beträchtlichen konzeptionellen Aufwand, der Methode wie Theorie der Lexikografie grundlegend verändern wird. Qualitätsvoller Inhalt und differenzierte Informationsstruktur vorausgesetzt, wird die empirische Basis vor allem der Wortschatzforschung deutlich verbessert werden.

16.4 Kritik

Dennoch darf nicht übersehen werden, dass der Motor hinter der allgemeinen Entwicklung zum elektronischen Wörterbuch kommerzieller Natur ist. Die großen Wörterbuch- und Lexikonverlage sind längst mit CD-Rom-Fassungen ihrer Buch-Produkte auf dem Markt, ohne dass die eigentlichen Vorteile des neuen Mediums konzeptionell umgesetzt werden (vgl. 11.7). Eine die medialen Aspekte einbeziehende inhaltliche Kritik entwickelt sich erst: CD-Rom-Rezensionen in Computerzeitschriften können in der Regel nur die technische, nicht die inhaltliche Seite kompetent beurteilen, während es in allgemeinen Zeitungen und Zeitschriften, wo überhaupt beachtet, eher umgekehrt ist. Nachfolgend sollen einige Aspekte benannt werden, die für eine kritische und integrative Sicht auf Technik und Inhalte elektronischer Nachschlagewerke wichtig sind.

16.4.1 Verhältnis der Medienelemente zueinander

Vor allem bei Enzyklopädien hat die Zeit von Multi- bzw. Hypermedia begonnen: Neben und an die Stelle der üblichen Bilder treten Filme und Tondokumente, die weitaus mehr Speicherplatz benötigen als Text. Deshalb belegt die *Encyclopedia Britannica* (EB) drei, der multimediale *Brockhaus* und die *Microsoft-Encarta* '99 zwei CD-Roms – Nutzer müssen lästigerweise umso mehr zwischen den Scheiben wechseln je mehr sie den elektronischen Verweisen folgen wollen; wer weiß, ob hier die Autoren die Zahl der Links nicht schon wieder reduzieren. In der *Encarta* '99 hat man den gesamten Text auf die eine Scheibe, die multimedialen Elemente auf die andere verteilt. Infolgedessen geraten Bilder, Ton- und Filmdokumente in die Rolle nicht unbedingt notwendiger Zusätze, die nur bei Zeit und Lust rezipiert werden. Nicht gerade ein Fortschritt, wenn man bedenkt, dass die ersten Bebilderungen der Konversationslexika im 19. Jahrhundert aus buchbindetechnischen Gründen ebenfalls in Form separierter Bildtafeln vorgenommen wurden, die u. U. viele Seiten vom zugehörigen Text entfernt waren. Die Drucktechnik hat diesen Nachteil damals rasch beseitigt (s. 14.2.6).

In der Sprachlexikografie sind audiovisuelle Informationen bisher wenig üblich; sie könnten dennoch sinnvoll sein, etwa indem die vielen unverständliche, durch phonetische Umschrift vorgenommene Angabe der Aussprache durch etwas Hörbares ersetzt wird.

Im Übrigen gilt für alle nicht-sprachlichen Informationsarten eine größere Kulturspezifik. Wenn sich der Anteil von Bildern, Karten, Videoclips und Tondaten medial bedingt stark vergrößert, wächst damit auch die Bindung des Werks an eine bestimmte Umgebungskultur.

In alle CD-Rom-Enzyklopädien sind Wörterbücher mit knapper Artikelstruktur integriert, die vor allem dem Verständnis des fach- oder bildungssprachlichen Wortschatzes dienen wollen. Hier zeigt sich eine Tendenz zum ‚Allbuch'; Sach- und Sprachinformationen rücken nun auch im deutschsprachigen Raum enger zusammen und das System der Gattungen verändert sich (vgl. Kapitel 14.3).

Die meisten der CD-Rom-Enzyklopädien werben unter anderem mit einer großen Zahl sog. Weblinks, das sind Verweise, die unmittelbar ins Internet führen, sofern der Computer daran angeschlossen ist. Es wird unterstellt, dass diese Verweise aktuellere Informationen zu einem nachgefragten Thema bieten als eine CD-Rom selbst bei jährlicher Aktualisierung bieten kann. Dies mag bei Links zu Nachrichtenagenturen und -magazinen und bei Themen aus Politik und Zeitgeschichte der Fall sein, ist aber nicht garantiert. Nutzer müssen hierbei auf die Angabe des Veröffentlichungsdatums der betreffenden Web-Seite achten. Je stärker Hersteller und Nutzer von Enzyklopädien die Einbeziehung von Weblinks gewichten, desto überflüssiger wird das Trägermedium CD-Rom. Warum dann nicht den gesamten Informationsverbund über Internet anbieten, wo man nicht zwischen den Scheiben wechseln muss? Die *Encyclopedia Britannica* ist diesen Weg inzwischen gegangen und bietet den Zugriff auf ihre über 70.000 Artikel seit 1999 kostenlos an (http://www.britannica.com). Die Verknüpfung mit Weblinks ist derart ausgebaut, dass der eigentliche enzyklopädische Teil in diesem Informationsangebot nur noch ein Viertel ausmacht. Das sich unter der angegebenen Adresse öffnende „Wissensportal" ist von Navigationsleisten und Werbebannern abgesehen in

16.4 Kritik

vier Sparten geteilt. Nach Eingabe eines Suchworts erscheinen in der ersten Spalte die Anfänge relevanter Enzyklopädie-Artikel, in der zweiten Spalte thematisch zugehörige Weblinks, in der dritten Spalte Links zu entsprechenden Artikeln in Internet-Magazinen und in der vierten eine Bücherliste, an deren Ende empfohlen wird: „Buy these books at Barnes & Noble"; natürlich kann man gleich online bestellen. Die Enzyklopädie wird Teil eines gigantischen und kommerziell offensichtlich attraktiven Informationsverbunds. Gleichzeitig werden die finanziellen Hürden der Benutzung einer qualitätsvollen Enzyklopädie wie der *Britannica* drastisch gesenkt.

16.4.2 Höhere Informativität

In der Regel handelt es sich bei den heute zu kaufenden einschlägigen CD-Roms um digitalisierte Printwörterbücher, in denen erstens außer in der Stichwortliste auch im gesamten Wörterbuchtext gesucht werden kann (Volltextsuche) und zweitens die schon vorhandenen Verweispfeile in elektronische Verknüpfungen umgewandelt sind. Auch wenn dazu jeweils noch Zusatzfunktionen (wie Export- und Druckfunktion) angeboten werden, ist das alles entschieden zu wenig, um den Wechsel eines Wörterbuchs in das neue Medium gerechtfertigt erscheinen zu lassen! Manchmal ist das Ergebnis sogar schlechter bzw. weniger informativ als die gedruckte Fassung (Wiegand 1998 b).

Ziel muss die zusätzliche Einführung eines Systems typisierter Links (s. o. 16.1) und die Suche relativ zu den Informationsarten sein, damit selektives und vergleichendes Arbeiten mit dem Wörterbuch möglich ist. Nur in einem einzigen derzeitigen CD-Rom-Wörterbuch (Duden *Das große Wörterbuch der deutschen Sprache* 1999) kann man z. B. gezielt nach Wörtern in bestimmten Feldern der Wortartikel suchen (siehe 11.7), nicht aber komplexere Suchen etwa nach den grammatischen Angaben zu mehreren sinnverwandten Wörtern durchführen. Man sieht den meisten Produkten an, dass Lexikografinnen und Computerexperten (noch) getrennt voneinander, nicht zusammen gearbeitet haben.

16.4.3 Aktualität

Da bei allen Nachschlagewerken Aktualität eine herausragende Rolle spielt, bieten die Hersteller von CD-Rom-Enzyklopädien regelmäßige Aktualisierungen über Internet an, die die Silberscheiben bald überflüssig machen werden.

Was bei CD-Rom-Produkten noch möglich ist, die Unterscheidung verschiedener Auflagen oder datierter Ausgaben, droht bei häufig aktualisierten online-Informationssystemen verloren zu gehen. Welche Veränderungen wann vorgenommen wurden, welche Elemente herausgenommen und welche hinzugefügt wurden – alles dies ist durch Nutzer nicht mehr nachvollziehbar. Ein Kulturgeschichte von online-Wörterbüchern wäre in hundert oder zweihundert Jahren schwerlich zu schreiben. Dass das Internet in der Tat kein allen zugängliches Gedächtnis hat – in Kalifornien arbeitet jemand daran, das gesamte weltweite Netz täglich zu speichern (siehe: http://www.archive.org/) – liegt aber nicht eigentlich am Internet, sondern an den Autoren und Verwaltern, die nicht nur jede Bildschirmseite mit Datum und Verfasserangabe kennzeichnen könnten, sondern auch in der Lage wären, die jeweilige Version eines Nachschlagewerks zu jedem beliebigem Zeitpunkt zu speichern und auch für Nutzer zugänglich zu archivieren. Viele Firmen und Institutionen tun dies intern wohl auch schon mit ihren eigenen Internet-Seiten. Hier Transparenz zu schaffen, sollte in Zukunft zu den Merkmalen eines seriösen Informationsanbieters gehören.

Die von den Nutzern unbemerkte Veränderung der Inhalte, sei es um der Aktualität oder anderer Gründe willen, birgt grundsätzlich die Gefahr einer propagandistischen Instrumentalisierung von Enzyklopädien und Wörterbüchern: Lexikografen oder auch Zensoren haben es hier leichter als im Druckmedium, Artikel, die nicht mehr als wahrheitsgetreu oder linientreu gelten, auszutauschen oder zu entfernen. Es müssen weder bereits gedruckte Bände eingezogen und vernichtet werden, noch müssen Käufer zum Austausch ganzer Seiten aufgefordert werden, etwa nachdem ein neues Regime die Macht erklommen hat (s. Kapitel 14.4). Wo leicht aktualisiert werden kann, können Inhalte ebenso leicht aus anderen Gründen geändert werden.

16.4.4 Quantität

Produkte des neuen Mediums werben außer mit gesteigerter Aktualität stets auch mit der großen Menge an Information, die auf kleinem (Regal- oder Schrank-)Raum unterzubringen ist. Welchen Wert hat Quantität unter veränderten medialen Bedingungen?

Wo gedruckte Bücher mit dem Druckraum geizen müssen, können elektronische Informationen mit dem immer preisgünstiger werdenden Speicherplatz verschwenderisch umgehen. Die Zahl der Bände im Regal vermittelt allerdings einen greifbaren Eindruck von der zu erwartenden Informationsfülle wie -tiefe. Dagegen sieht eine CD-Rom wie die andere aus, und wenn die Anfrage bei einer online-Datenbank längere Sekunden dauert, muss dies noch längst nicht an der Größe der Datenbank und der Fülle ihrer Informationen, sondern kann am bescheidenen Datendurchsatz der Leitung liegen.

16.4 Kritik

Im neuen Medium können Nutzer die Quantität nicht mehr selbst abschätzen. Was liegt da näher, als dass mit Stichwortzahlen und Hinweisen zur Menge multimedialer Elemente geworben wird. Die 38.500 Artikel der *Microsoft-Encarta 99 plus* sind trotz der 13.700 Medienelemente recht wenig verglichen mit den 260.000 Stichwörtern und 35.000 Abbildungen, Karten und Tabellen der 20. Auflage der gedruckten *Brockhaus Enzyklopädie* (1996 – 1999). Wo liegt die Obergrenze, die wirklich keine Suchanfrage mehr unbeantwortet lässt? Bei 300.000 oder 400.000? Es gibt heute über 1,2 Mio. beschriebene Insektenarten; ständig werden neue chemische Elemente entwickelt und benannt; jeder von uns bildet nahezu täglich neue Wortzusammensetzungen, von denen im Moment der Bildung nicht abzusehen ist, ob sie sich im Wortschatz etablieren werden (siehe 17). Beispiele wie diese zeigen: Es gibt keine Vollständigkeit im quantitativen Sinne, weder bei Sprach- noch bei Sachnachschlagewerken. Daraus folgt, dass Lexikografen immer auszuwählen haben und dies idealerweise nach vernünftigen, vor allem aber ausdrücklich angegebenen und nachvollziehbaren Kriterien tun. Bisher ist darüber kaum etwas zu lesen.

16.4.5 Qualität und Autorität der Information

Bei der *Britannica online* konnte man sich gründlichst über Inhalt und mögliche Benutzungsweisen informieren, bevor man sie abonnierte. In der (deutschen) Regel sind die Produktinformationen über CD-Rom-Lexika unakzeptabel gering. Auf die Verpackung passt noch weniger ‚Klappentext' als bei einem Buch, aber nicht einmal der wird genutzt. Widersinnig ist es geradezu, wenn beim Kauf via Internet noch weniger Information geboten wird als auf der Packung selbst Platz hat, die man im Laden in die Hand nehmen kann. Online-Kataloge bieten sich eigentlich dazu an, ein CD-Rom- oder Online-Produkt in irgendeiner Weise (eingeschränkt) ausprobieren zu können.

Das, was auf der Verpackung angegeben oder auch irgendwo in der ‚Tiefe' des Hypertexts versteckt genannt wird, sind selten Informationen der Art, die man bei einem Werk erwartet, das eine informationelle Autorität zu sein beansprucht. Bei den CD-Rom-Versionen des Duden *Universalwörterbuchs* dem *Deutschen Wörterbuch* von Hermann Paul und dem Duden *Großen Wörterbuch der deutschen Sprache* (1999) sind Autoren und Autorinnen verschwunden oder in einem schwer auffindbaren Impressum versteckt. Auch Auflagenangaben, Ort und Jahr fehlen meist, Angaben mithin, die keine philologischen Schnörkel sind sondern Vorbedingungen dafür, dass ein Werk als Informationsautorität infrage kommt. Personen und Institutionen hinter den Inhalten müssen identifizierbar sein und befragbar bleiben, denn keine mediale Revolution kann aus Computern den Himmel schaffen, aus dem das endgültige Wissen hernieder fällt. Wörterbücher waren immer schon ganz auf der Erde zuhause und sie bleiben es.

Literatur:

b) Forschungen

Alterman 1985; Breidt 1998; Fraas/Haß-Zumkehr 1998; Freisler 1994, Gräfe/Stickel 1966; Haß-Zumkehr demn. a.; Gorcy 1990; Schmitz 1999; Stickel 1965; Storrer/Harriehausen 1998; Wiegand 1998 b; Zgusta 1991.

17. Anhang: Wie viele Wörter hat die deutsche Sprache?

Die Frage nach der messbaren Größe des Wortschatzes einer Einzelsprache ist leicht gestellt und außerordentlich schwer zu beantworten. In diesem Anhang sind Zahlen, die in der sprachwissenschaftlichen Literatur oder von Wörterbuchverlagen genannt werden, so zusammengestellt, dass Vergleiche möglich werden.

In tabellarischer Form ist es nicht möglich dasjenige, was jeweils gezählt worden ist, ganz genau anzugeben. Besonders problematisch ist die abgrenzende Bestimmung von ‚Wort‘, aber auch von ‚Stichwort‘ (‚Lemma‘). Sowohl elementarere wie komplexere Ausdrücke wie *-bar* in *heilbar* und *Heiliger Vater* sind wissenschaftlich gesehen je ein Element des deutschen Wortschatzes. Da viele Wörterbücher Haupt- und Unterstichwörter haben – zu letzteren zählen oft auch Mehrworteinheiten wie Redewendungen – müsste bei Zahlenangaben insbesondere von Verlagsseite angegeben werden, welche Stichwortarten einbezogen worden sind. Dies geschieht allerdings höchst selten.

Nicht zu verwechseln sind die Stichwortmengen in einem ein- oder mehrbändigen Wörterbuch mit der Wortmenge *des* Wortschatzes. Letzterer kann eigentlich nicht einmal geschätzt werden, denn er verändert sich ständig, ist durch Mittel der Wortbildung, der Metaphorisierung usw. beliebig erweiterbar, hat offene Grenzen zu benachbarten Wortschätzen und ist nicht einmal theoretisch exakt zu bestimmen. M. a. W. man kann nicht einmal festlegen, was man zählen sollte, wenn man es denn abschließend zählen könnte. Gehören die Namen aller Einwohner der Bundesrepublik Deutschland zum deutschen Wortschatz? Die Vornamen? Gehören die Bezeichnungen aller chemischen Verbindungen dazu, die ja von deutsch sprechenden Chemikern gebraucht werden? Die Namen aller Insekten? Die Namen aller Länder und Städte der Erde? Gehören alle deutschen Wörter der Werke Goethes und Luthers dazu, von denen heute viele ungebräuchlich sind? usw. usw. Die existierenden und unten genannten Schätzungen geben ihre Kriterien kaum an; es ist aber davon auszugehen, dass sich die Schätzungen über den Umfang des *Wortschatzes* in irgendeiner Weise am Umfang vorhandener *Wörterbücher* orientieren und damit deren Kriterien der Stichwortauswahl zugrunde legen. Diese wiederum richten sich nach den von der Sprachwissenschaft beschriebenen Kommunikationsbereichen aus, in denen unterschiedliche sprachliche Varietäten und deren Wortschätze dominieren. Als identisch dürfen Stichwortmenge und Wortschatzumfang dennoch nicht gelten (außer vielleicht beim Scrabble-Spielen), denn ein Wort, das nicht im Wörterbuch steht, existiert meistens doch – nämlich genau dann, wenn es gebraucht wird!

Der standardsprachliche Wortschatz hat offene Grenzen zu allen deutschen Mundarten und einige von diesen zu anderen Nationalsprachen (z. B. Schweizerdeutsch), ferner zu mehr oder weniger spezialisierten Fach- und Berufssprachen sowie zu älteren Sprachzuständen. Wenn Sprachwissenschaftler von der Gesamtsprache (des Deutschen) sprechen, ist dies ein idealisiertes Konstrukt, in dem alle Mundarten, Fach- und Sondersprachen zusammengefasst sind, dessen man aber niemals habhaft werden kann. Konstrukt zu sein, gilt ebenso für die Größe ‚Standardsprache/standardsprachlicher Wortschatz' (siehe 15.2), die überregional gebräuchlich und gesellschaftlich anerkannt ist. Unter Grundwortschatz wird meist eine zu mutter- bzw. fremdsprachdidaktischen Zwecken bestimmte Menge von Wörtern verstanden, die deshalb hier nicht relevant ist.

Die unten zusammengestellten Zahlen können zu Fragen wie den genannten anregen. Alle nachfolgenden Angaben (mit Ausnahme derer zu den Schriftstellern Shakespeare und Joyce) beziehen sich auf die deutsche Sprache. Für andere Sprachen sehen die Zahlen und die Relationen selbstverständlich ganz anders aus.

Quellen u. a.: Helmut Meier 1967 (nicht mehr auf aktuellem Stand); Drosdowski 1977; Hausmann 1986; Hartmut Schmidt 1986, 99–101; Nerius 1988; Bußmann 1990; Glück 1993, 697; vgl. Sauer 1988; Duden – Grammatik der deutschen Gegenwartssprache 1998; Wiegand 1990, 2127–2129.

Wörterbuchumfänge: (z. T. eigene Zählung):

Wörterbuch	Zeichen in Mio
Duden–GWDS 6 Bde.:	26
Duden–GWDS 8 Bde.:	37,8
Duden–GWDS 10 Bde.:	36,4
Brockhaus-Wahrig 6 Bde.:	23,5
WDG 6 Bde:	19,5
Duden-Universalwörterbuch	16,6
HWDG 2 Bde:	8

Stichwortzahlen:

Wörterbuch	Stichwortmenge	Bemerkungen	Quelle
DWB, 32 Bde.	400.000–500.000		
Duden-GWDS, 6 Bde:	168.000	(davon 35% Fachlexik);	
dass.	160.000		(Drosdowski 1977, 107)
Duden-GWDS, 8 Bände:	120.000		
Duden-GWDS, 10 Bde.	ca. 200.000		
Universalduden 1996:	120.000		
Wahrig, Deutsches Wörterbuch, 1975:	100.000		(Drosdowski 1977, 107);
dass.	90.000		(Schaeder 1984, 85)
Wahrig-dtv, 1978:	16.000		(Schaeder 1984, 85)
Rechtschreib-Duden (ab 17. Aufl. 1973):	ca. 100.000		
WDG, 6 Bde.:	99.000	(davon max. 15% Fachlexik);	
dass.	85.000		(nach Drosdowski 1977, 107)
HWDG, 2 Bde.:	60.000		(Vorwort)
Brockh.-Wahrig, 6 Bde:	220.000	davon: 85.000 Fachwörter 80.000 Fremdwörter 6.000 Vornamen Rest: 49.000 (Standardsprache)	(Wiegand/Kučera 1981, 111)

Verteilung über das Alphabet

Hartmut Schmidt (1986, 101) hat errechnet, wieviel Prozent des Druckraums in einem Wörterbuch der allgemeinen deutschen Gegenwartssprache auf je einen Anfangsbuchstaben der Stichwörter entfallen. Diese Zahlen dürfen jedoch nicht mit den Anteilen der Stichwortmengen gleichgesetzt werden, die in Abhängigkeit von der Länge der Wortartikel sehr variieren:

A	7,1 %	I+J	2,0 %	S	14,0 %
B	5,8 %	K	6,8 %	T	3,4 %
C	0,5 %	L	3,7 %	U	3,1 %
D	3,5 %	M	4,6 %	V	4,3 %
E	4,6 %	N	2,4 %	W	4,3 %
F	4,7 %	O	1,2 %	XYZ	3,0 %
G	5,8 %	P+Q	5,2 %		
H	5,1 %	R	4,1 %		

Umfang des deutschen Wortschatzes (geschätzt):

Art des Wortschatzes	Menge der Wörter	Quelle
genutzter Alltagswortschatz:	2.000	
aktiver Wortschatz eines durchschnittl. Erwachsenen	6.000 – 10.000	(Bußmann 1990)
passiver Wortschatz eines durchschnittl. Erwachsenen	16.000 – 100.000	Bußmann 1990
standardsprachliche Alltagssprache, „für welche u. a. gilt, daß sie über mehr als vier Generationen lexikalsemantisch stabil bleibt"	35.000	Wiegand 1990, 2127
Kern der deutschen Standardsprache	70.000	Wiegand 1990
Kern plus zentrumsnahe Bereiche der Dialekte, Fachsprachen und historischen Varietäten	100.000	
Gesamtwortschatz	300.000 – 400.000	u. a. nach Duden-*Grammatik der deutschen Gegenwartssprache* 1998, 89
Gesamtwortschatz	500.000	Bußmann 1990
Gesamtwortschatz	300.000 – 500.000	Mentzerath 1944 zit. in: Drosdowski 1977, 107

17. Anhang: Wie viele Wörter hat die deutsche Sprache?

Fachwortschätze

Umfang von Wörterbüchern einzelner deutscher Fachsprachen	5.000 – 100.000	Meier/Albrecht zit. in H. Schmidt 1986, 94; 106
Fachsprachlicher deutscher Wortschatz insgesamt	> 1.000.000 Fachwörter	

Vergleich:

Der Wortschatz einer Wochenzeitung

In den vier Jahrgängen der Wochenzeitung *Die Zeit* von 1995 bis 1998 kamen 645.228 verschiedene Wortformen (*Haus, Häuser, Hauses* je einmal gezählt) und 430.000 verschiedene Wörter (*Häuser, Hauses, Haus* als ein Wort gezählt) vor; als Wort gilt bei der hier zugrunde gelegten digitalen Zählung jede Zeichenkette zwischen zwei Leerzeichen. 58 % der 430.000 Wörter kamen nur einmal vor. Der Anteil der mehrfach vorkommenden Wörter macht demnach gut 180.000 Wörter aus; darunter fallen natürlich viele Namen, die in einem Sprachwörterbuch fehlen. (Dieter E. Zimmer in: Die Zeit 12. 8. 1999, 2)

Wortschätze von Schriftstellern

Johann Wolfgang Goethe:	80.000 Wörter
William Shakespeare:	25.000 Wörter
James Joyce:	100.000 Wörter

(alle drei Angaben: D. E. Zimmer, a. a. O.)

18. Literatur

18.1 Wörterbücher, Enzyklopädien und verwandte Quellen

Adelung, Johann Christoph (1775–1786): Versuch eines vollständigen grammatisch-kritischen Wörterbuchs der hochdeutschen Mundart, mit beständiger Vergleichung der übrigen Mundarten, besonders aber der Oberdeutschen. 5 Bde. Leipzig.

Adelung, Johann Christoph (1793–1801/1975): Grammatisch-kritisches Wörterbuch der hochdeutschen Mundart, Leipzig. Nachdruck hrsg. und mit einer Einleitung versehe von Helmut Henne, Hildesheim, New York. – 2. Nachdruck 1990.

Agricola, Christiane/Agricola, Erhard (1977): Wörter und Gegenwörter. Antonyme der deutschen Sprache. Mannheim. – 2., durchges. Aufl. 1992.

Alberus, Erasmus (1540/1975): Novum Dictionarii genus. Mit einem Vorwort von Gilbert de Smet. Hildesheim, New York

Allgemeine deutsche Real-Encyklopädie für die gebildeten Stände (Conversationslexikon) (1819–1820). 5. Aufl., 10 Bde. Leipzig, Brockhaus.

Alsted, Johann Heinrich (1630): Encyclopaedia septem tomis distincta, Herborn.

Das Bertelsmann-Lexikon (1972–1974). 10 Bde. Gütersloh. – 2. Aufl. in 15 Bden. 1985–1986.

Bierce, Ambrose (1980): Aus dem Wörterbuch des Teufels. Auswahl, Übers. u. Nachwort von Dieter E. Zimmer. Frankfurt/M.

Brisante Wörter (1989) = Strauß, Gerhard/Haß, Ulrike/Harras, Gisela: Brisante Wörter von Agitation bis Zeitgeist. Ein Lexikon zum öffentlichen Sprachgebrauch. Berlin, New York.

Brockhaus (1996–1999): Die Enzyklopädie in 24 Bden. 20. neubearb. Aufl. Mannheim.

Brockhaus-Wahrig (1980–1984): Deutsches Wörterbuch, hrsg. von Gerhard Wahrig, 6 Bde. Wiesbaden.

Campe, Joachim Heinrich (1801): Wörterbuch zur Erklärung und Verdeutschung der unserer Sprache aufgedrungenen fremden Ausdrücke. Ein Ergänzungsband zu Adelung's Wörterbuche. 2 Bde. Braunschweig. Neuauflage 1813.

Campe, Joachim Heinrich (1807–1811/1969): Wörterbuch der deutschen Sprache. 5 Bde. Braunschweig. Nachdruck mit e. Einf. u. Bibliogr. hrsg. von Helmut Henne, Hildesheim, New York.

Cholinus, Petrus/Frisius Johannes (1541): Dictionarium Latinogermanicum. Zürich.

Chytraeus, Nathan (1582/1974): Nomenclator latinosaxonicus. Mit e. Vorwort von Gilbert de Smet. Hildesheim, New York.

Comenius, Johann Amos (1642): Janua linguarum aurea ... Eröffnete Güldene SprachenThür: Oder Pflantz-Garten aller Sprachen und Wissenschaften. Das ist. Eine Kurtze vnd Vortheilhafftige Anleitung/ die Lateinische /vnd jede andere Spra-

18.1 Wörterbücher, Enzyklopädien und verwandte Quellen

che/ zugleich mit den Wissenschafften vnd Künsten wol zu lernen/ in 100 Capittel /vnd 1000 Sprüchen begriffen. 9. Aufl. Hamburg.

Comenius, Johann Amos (1658/1991): Orbis sensualium pictus ... Die sichtbare Welt das ist Aller vornehmsten Weltdinge und Lebensverrichtungen Vorbildung und Benamung. Nachdr. d. Ausg. 1658. 4. Aufl. Dortmund.

Comenius, Johann Amos (1659/1970): Orbis sensualium pictus. In: ders., Opera omnia Bd. 17, hrsg. von Jaromír Červenska, Stanislav Králík, Jiří Kyrášek. Prag.

Comenius, Johann Amos (1681/1968): Janua rerum. Nachdruck der Ausgabe von 1681 mit e. Einleitung von Klaus Schaller. München.

Corvinus, Andreas (1623): Fons latinitatis. Leipzig.

d'Alembert, Jean Le Rond (1750/1989): Einleitung zur Enzyklopädie. Discours Préliminaire de l'Encyclopédie. Hrsg. und mit e. Essay von Günther Mensching. Aus dem Französischen von Annemarie Heins. Revision dieser Übersetzung von Günther Mensching. Frankfurt/M.

D'Alembert, Jean Lerond (1750/1955): Einleitung zur Enzyklopädie. Discours Préliminaire de l'Encyclopédie. Hrsgg. und eingeleitet von Erich Köhler. Aus dem Französischen von Annemarie Heins. Hamburg.

Dasypodius, Petrus (1536/1971): Dictionarium latinogermanicum. Nachdr. d. Ausg. Straßburg 1536. Mit e. Einf. hrsg. von Gilbert de Smet. Hildesheim, New York 1971.

Denecke, Ludwig (Hrsg.) (1985): Jacob Grimm, Wilhelm Grimm – Schriften und Reden, Stuttgart.

Deutsches Fremdwörterbuch (1977 ff). Begonnen von Hans Schulz, fortgeführt von Otto Basler, weitergeführt im Institut für deutsche Sprache von R–Q samt Registerband, Berlin, New York. Bd. 1–4 (A–C), 2. Aufl., völlig neubearbeitet im Institut für deutsche Sprache. Berlin, New York 1995–1999.

Deutsches Wörterbuch (1854–1971/1984) = Deutsches Wörterbuch von Jacob Grimm und Wilhelm Grimm. 33 Bde. Leipzig/Stuttgart. Nachdruck München 1984.

Diderot, Denis und Jean le Rond d'Alembert (1751–1765/1969): Encyclopédie ou Dictionnnaire des Sciences, des Arts et des Metiers. 17 Bde. Paris. Nachdr. Pergamon Press 1969.

Dornseiff, Franz (1934): Der deutsche Wortschatz nach Sachgruppen. Berlin/Leipzig. – 7. Aufl. Berlin, New York 1970.

Duden – Das große Wörterbuch der deutschen Sprache (1976–1981). 6 Bde. Mannheim.– 2. Aufl. in 8 Bden. 1993–1995. – 3., vollständig überarbeitete und aktualisierte Auflage in 10 Bden. 1999 (auch als CD-Rom).

Duden – Die Rechtschreibung (1973). 17. Aufl. Mannheim. – 22., völlig neu bearbeitete und erweiterte Aufl. 2000.

Duden – Hauptschwierigkeiten der deutschen Sprache (1965). Bearb. von Günther Drosdowski, Paul Grebe, Wolfgang Müller. Mannheim.

Duden – Sinn- und sachverwandte Wörter (1986). Wörterbuch der treffenden Ausdrücke. Hrsg. und bearb. von Wolfgang Müller. 2., neubearb., erw. und aktual. Aufl. Mannheim.

Duden – Richtiges und gutes Deutsch (1985). Wörterbuch der sprachlichen Zweifelsfälle. Bearb. von Dieter Berger und Günther Drosdowski unter Mitwirkung von Otmar Käge. 3. neu bearb. u. erweit. Aufl. Mannheim.

Duden (1941) = Der Große Duden. Rechtschreibung der deutschen Sprache und der Fremdwörter. 12. neu bearb. Aufl. Leipzig.
Duden (1942) = Der Große Duden. Rechtschreibung der deutschen Sprache und der Fremdwörter. Normalschriftausgabe der 12., neubearb. und erweit. Aufl. Leipzig.
Duden (1949). Rechtschreibung der deutschen Sprache und der Fremdwörter. Bearbeitet von der Duden-Schriftleitung des Bibliographischen Instituts. Hrsg. von Horst Klien. 13. Aufl. Wiesbaden. (Die 13. Aufl. erschien erstmals 1947). „Veröffentlicht unter der Zulassung Nr. US-W-2041 der Nachrichtenkontrolle der Militärregierung".
Duden (1954) = Der Große Duden Band 1. Mannheim o. J. (n. d. Vorwort = 14. Aufl.)
Duden-Bedeutungswörterbuch (1985) = Duden. Das Bedeutungswörterbuch. 2., völlig neu bearb. und erw. Aufl., hrsg. und erw. von Wolfgang Müller unter Mitwirkung von Mitgliedern der Dudenredaktion. Mannheim.
Duden-Fremdwörterbuch (1994): Duden – Das große Fremdwörterbuch. Mannheim.
Duden – Grammatik der deutschen Gegenwartssprache (1998). 6., neu bearbeitete Aufl., hrsg. von der Dudenredaktion, bearb. von Peter Eisenberg, Hermann Gelhaus, Helmut Henne, Horst Sitta und Hans Wellmann. Mannheim.
Duden-GWDS = Duden – Das Große Wörterbuch der deutschen Sprache.
Duden-Universalwörterbuch = Duden – Deutsches Universalwörterbuch. Mannheim, 1. Aufl. 1983. – 2. Aufl. 1989. – 3. Aufl. auch als CD-Rom 1996.
dtv-Wörterbuch der deutschen Sprache (1997). Hrsg. v. Gerhard Wahrig u. Renate Wahrig-Burfeind. München.
DWB = Deutsches Wörterbuch.
Eberhard/Maaß/Gruber (1852/1971) = Eberhard, Johann August/Johann Gebhardt Ehrenreich Maaß/Johann Gottfried Gruber: Deutsche Synonymik. 4. Aufl., durchgesehen, ergänzt und vollendet von Carl Hermann Meyer. 2 Bde. Leipzig. Reprogr. Nachdruck Hildesheim, New York 1971.
Eberhard/Lyon (1910): Johann August Eberhards synonymisches Handwörterbuch der deutschen Sprache. Mit Übersetzung der Wörter in die englische, französische, italienische und russische Sprache und einer vergleichenden Darstellung der deutschen Vor- und Nachsilben unter erläuternder Beziehung auf die englische, französische, italienische und russische Sprache von Otto Lyon. 17. Aufl. Leipzig.
Enzyklopädie Philosophie und Wissenschaftstheorie (1980–1996), hrsg. von Jürgen Mittelstraß in Verbindung mit Gereon Wolters. 4 Bde. Mannheim.
Ersch, Johann Samuel/Gruber, Johann Gottfried (1818–1889): Allgemeine Encyclopädie der Wissenschaften und Künste. 167 Bde. Leipzig. Nachdruck Graz 1971.
Flaubert, Gustave (1985): Wörterbuch der Gemeinplätze. Aus dem Französischen und mit Anmerkungen versehen von Monika Petzenhauser. München.
Frisch, Johann Leonhard (1741/1977): Teutsch-Lateinisches Wörter-Buch, Nachdr. mit e. Einf. u. Bibliografie hrsg. von Gerhardt Powitz, Hildesheim, New York.
Gailer/Göbels (1835/1979): Neuer Orbis pictus für die Jugend oder Schauplatz der Natur, der Kunst und des Menschenlebens in 322 lithographirten Abbildungen mit genauer Erklärung in deutscher, lateinischer, französischer und englischer Sprache nach der früheren Anlage des Comenius bearbeitet und dem jetzigen Zeitbedürfnisse gemäß eingerichtet von J. E. Gailer. Reutlingen. Hrsg. und mit Nachwort von Hubert Göbels. Dortmund.

18.1 Wörterbücher, Enzyklopädien und verwandte Quellen

Golius, Theophilus (1579/1972): Onomasticon Latinogermanicum. Mit einem Vorwort von Gilbert de Smet. Hildesheim, New York.
Grimm, Jacob (1854): Vorrede, in: Deutsches Wörterbuch, Bd. 1, Sp. I-LXVIII.
Grimm, Wilhelm (1846): Bericht über das deutsche Wörterbuch, in: Wilhelm Grimm. Kleinere Schriften 1 (1881). Nach d. Ausg. von Gustav Hinrichs neu hg. von Otfrid Ehrismann, Hildesheim, Zürich, New York 1992 (= Jacob und Wilhelm Grimm Werke. Abt. II, Bd. 31), 508 – 520. Dasselbe in: Denecke 1985, 227 – 239.
Der Große Brockhaus (1952 – 1957). 16. Aufl., 13 Bde. Wiesbaden.
Das große Conversations-Lexikon (= „Meyer's") (1839 – 1853). 1. Aufl., 46 Bde. Hildburghausen.
Hallig, Rudolf/Walther von Wartburg (1963): Begriffssystem als Grundlage für die Lexikographie. 2. Aufl. Berlin (1. Aufl. 1952).
Handwörterbuch der deutschen Gegenwartssprache (1984). Von einem Autorenkollektiv unter der Leitung von Günter Kempcke. 2 Bde. Berlin.
Henisch, Georg (1616): Teütsche Sprach vnd Weißheit. Thesaurus Linguae et Sapientiae Germanicae. Augsburg.
Heyne, Moriz (1890 – 1895): Deutsches Wörterbuch, 3 Bde. 1. Aufl., Leipzig.
Heyse, Johann Christian August (1833 – 1849/1968): Handwörterbuch der deutschen Sprache mit Hinsicht auf Rechtschreibung, Abstammung und Bildung, Biegung und Fügung der Wörter, sowie auf deren Sinnverwandtschaft. Nach den Grundsätzen seiner Sprachlehre angelegt; ausgeführt von Karl Wilhelm Ludwig Heyse. 3 Bde. Magdeburg. Neudruck Hildesheim, New York 1968.
Heyse/Böttger (1891) = Johann Christian August Heyse's Fremdwörterbuch, neu bearb. von Prof. Dr. Carl Böttger, 10. Stereotyp-Auflage, Leipzig.
Historisches Wörterbuch der Philosophie, begründet von Joachim Ritter, Basel 1971 ff.
Hoffmann, P. F. L. (1929): Volkstümliches Wörterbuch der deutschen Synonyme. Erklärung der in der deutschen Sprache gebräuchlichsten sinnverwandten Wörter. 9. Aufl. umgearbeitet von Wilhelm Oppermann. Leipzig.
Hoffmann/Block (1942): P. F. L. Hoffmann, Wörterbuch der deutschen Sprache in ihrer heutigen Ausbildung. Bearbeitet von Martin Block. 11., verbess. Aufl. Leipzig.
Hübner, Johann (1737): Reales Staats- Zeitungs- und Conversations-Lexicon, darinnen sowohl die Religionen und geistlichen Orden, die reiche und Staaten, Meere, Seen … als auch andere in Zeitungen und täglicher Conversation vorkommende aus fremden Sprachen entlehnte Wörter … beschrieben werden. Neue Aufl. Leipzig.
Hulsius, Levinus (1608): Dictionaire francois alemand & Alemand françois […] Dictionarium Teutsch Frantzösisch unnd Frantzösisch Teutsch. Vor disem niemals gesehen noch gedruckt, Frankfurt/M.
HWDG = Handwörterbuch der deutschen Gegenwartssprache.
Junius, Hadrianus (1567/1976): Nomenclator omnium rerum. Nachdruck Hildesheim, New York 1976.
Kaltschmidt, Jacob Heinrich (1865): Vollständiges stamm- und sinnverwandtschaftliches Gesammt-Wörterbuch der Deutschen Sprache aus allen ihren Mundarten und mit allen Fremdwörtern. Fünfte, wohlfeile Stereotyp-Ausgabe. Nördlingen.
Kluge, Friedrich (1989): Etymologisches Wörterbuch der deutschen Sprache. 22. Aufl. unter Mithilfe von Max Bürgisser und Bernd Gregor völlig neu bearbeitet von Elmar Seebold. Berlin, New York. − 23. erw. Aufl. 1995.

Kluge-Seebold (1989) = Kluge (1989).
Kramer, Matthias (1700–1702/1982): Herrlich-großes Teutsch-Italiänisches Dictionarium, 2 Bde., 2. Auflage (1. Auflage 1678). Nachdr. mit e. Einf. hrsg. von Gerhard Ising, Hildesheim, New York 1982.
Krünitz, D. Johann Georg (1773–1858/1970/1982): Oeconomisch-technologische Encyclopädie oder allgemeines System der Staats-Stadt-Haus- und Landwirthschaft und der Kunstgeschichte in alphabetischer Ordnung, Berlin. 242 Bde. Nachdruck der Bde. 1–5 Hildesheim, New York 1970. Teil-Nachdruck auf Mikrofiches Hildesheim, New York 1982.
Kürschner, Joseph (1921): Kürschners Sechs-Sprachen-Lexikon (Deutsch – Englisch – Französisch – Italienisch – Spanisch – Lateinisch). Hrsg. von Hermann Hillger ... Vierte, vermehrte und verbesserte Auflage des Welt-Sprachenlexikons. Berlin, Leipzig.
Langenscheidt Großwörterbuch Deutsch als Fremdsprache (1993). München.
Leibniz, G. W. (1697/1983/1995): Unvorgreiffliche Gedanken, betreffend die Ausübung und Verbesserung der deutschen Sprache. Hrsg. v. Uwe Pörksen, Stuttgart.
Lexikon der philosophischen Werke (1988). Hrsg. von Franco Volpi und Julian Nida-Rümelin. Stuttgart.
Lisch, G. C. F. (1835): [Besprechung von:] Handwörterbuch der deutschen Sprache [...] von J. C. A. Heyse [...] K. W. L. Heyse [...] Erster Theil A bis K. Magdeburg 1833, in: Jahrbücher für wissenschaftliche Kritik, März 1835, 390–397, 401–405.
Mackensen, Lutz (1952): Neues Deutsches Wörterbuch. Rechtschreibung. Grammatik. Stil. Worterklärung. Fremdwörterbuch. Bearb. u. hrsg. von Lutz Mackensen. Laupheim. – 12. Aufl. 1986.
Maaler, Josua (1561/1971): Die Teutsch Spraach. Nachdr. d. Ausg. Zürich 1561. Mit e. Einf. hrsg. v. Gilbert de Smet. Hildesheim, New York 1971.
Melber, Johannes (um 1480): Vocabularius praedicantium. Reutlingen.
Meyers Enzyklopädisches Lexikon (1971–1979). 9. Aufl., 25 Bde. Mannheim.
Microsoft-Encarta (1999). Enzyklopädie Plus. 2 CD-Roms.
Paul, Hermann (1886/1975) Principien der Sprachgeschichte. 2. erweiterte Aufl. 1886 (1. Aufl. Halle 1880). 9. Aufl. Tübingen 1975.
Paul, Hermann (1894): Ueber die Aufgaben der wissenschaftlichen Lexikographie mit besonderer Rücksicht auf das deutsche Wörterbuch. In: Sitzungsberichte der philosophisch-philologischen und der historischen Classe der k. b. Akademie der Wissenschaften. Heft 1. München, 53–91.
Paul, Hermann (1897): Deutsches Wörterbuch. Halle/Saale – 3. Aufl. 1921 – 4. Aufl. 1935 bearb. von Karl Euling. – 8. unv. Aufl. 1981 bearb. von Werner Betz. Tübingen. – 9., vollständig überarbeitete Aufl. 1992 von Helmut Henne und Georg Objartel unter Mitarbeit von Heidrun Kämper-Jensen. Tübingen (auch als CD-Rom).
Pekrun, Richard (1933): Das deutsche Wort. Rechtschreibung und Erklärung des deutschen Wortschatzes sowie der Fremdwörter. 1. Aufl. Leipzig. – 2. Aufl. Heidelberg 1953. – 12 (?) Auflagen. Seit 1985 unter dem Titel ‚Deutsches Wörterbuch'.
Pfeifer, Wolfgang (1989): Etymologisches Wörterbuch der deutschen Sprache, erarb. v. einem Autorenkollektiv unter d. Leitung von Wolfgang Pfeifer, 3 Bde., Berlin.
Rechtschreibduden = Duden – Die Rechtschreibung.

Roget, Peter M. (1982): Roget's Thesaurus of English words and phrases. New edition prepared by Susan M. Lloyd , London (1. Aufl. 1852).
Rotteck-Welcker (1834–1843): Staats-Lexikon oder Encyclopädie der Staatswissenschaften in Verbindung mit vielen der angesehensten Publicisten Deutschlands hrsg. von Carl v. Rotteck und Carl Welcker. 1. Aufl., 15 Bde., Altona.
Sanders, Daniel (1852): Das deutsche Wörterbuch von Jacob Grimm und Wilhelm Grimm, kritisch beleuchtet, Hamburg. Heft 1.
Sanders, Daniel (1853): Das deutsche Wörterbuch von Jacob Grimm und Wilhelm Grimm, kritisch beleuchtet, Hamburg. Heft 2.
Sanders, Daniel (1854): Programm eines neuen Wörterbuches der deutschen Sprache. Leipzig.
Sanders, Daniel (1860–1865/1969): Wörterbuch der deutschen Sprache. Mit Belegen von Luther bis auf die Gegenwart, Leipzig, 2 in 3 Bden. 1. Aufl. 1860–1865. Nachdruck d. 2. Aufl. 1876 mit einer Einführung und Bibliographie von Werner Betz: Hildesheim, New York 1969.
Sanders, Daniel (1869): Handwörterbuch der deutschen Sprache. Leipzig, 1. Aufl. – 7. unveränd. Aufl. 1906. – 8. Aufl., neu bearb, erg. u. verm. von J. E. Wülfing 1910. – Unveränd. Nachdrucke Leipzig 1911, 1912, 1924.
Sanders, Daniel (1871): Fremdwörterbuch. 2 Bde. Leipzig 1. Aufl. 1871. – 2. unveränd. Aufl. 1891.
Sanders, Daniel (1872): Kurzgefasstes Wörterbuch der Hauptschwierigkeiten in der deutschen Sprache. 1. Aufl. Berlin. – Ab der 31. Aufl. Berlin o. J. neu bearb. von Julius Dumcke. – 38. Aufl. ca. 1908, bis zur 44. Aufl. o. J.
Sanders, Daniel (1873–1877/1985): Deutscher Sprachschatz, geordnet nach Begriffen zur Auffindung und Auswahl des passenden Ausdrucks. Ein stilistisches Hilfsbuch für jeden Deutsch Schreibenden. Bd. 1 Systematischer Teil 1873, Bd. 2 Alphabetischer Teil 1877. Hamburg. – Nachdruck mit e. ausf. Einl. u. Bibliographie von Peter Kühn, Tübingen 1985.
Sanders, Daniel (1885/1969): Ergänzungs-Wörterbuch der deutschen Sprache. Eine Vervollständigung aller bisher erschienenen deutsch-sprachlichen Wörterbücher (einschließlich des Grimm'schen). Mit Belegen von Luther bis auf die neueste Gegenwart. Berlin. Nachdruck Hildesheim, New York 1969.
Sanders, Daniel (1889): Rezension über die von Lyon bearbeitete 12. Ausgabe von Eberhards synonymischem Handwörterbuch, in: Zeitschrift für das Gymnasialwesen 43. Jg., 361–372.
Sandkühler, Hans Jörg (Hrsg.) (1990): Europäische Enzyklopädie zu Philosophie und Wissenschaften, Hamburg.
Schlessing, August (1903): Deutscher Wortschatz oder Der passende Ausdruck, 3., verbess. u. vermehrte Auflage, Stuttgart 1903.
Schottelius, Justus Georg (1663/1995): Ausführliche Arbeit Von der Teutschen HaubtSprache. Braunschweig. Nachdr. in 2 Bden., hrsg. von Wolfgang Hecht, 2. unveränd. Aufl. Tübingen 1995.
Schottelius, Justus Georg (1673/1991): Der schreckliche Sprachkrieg. Horrendum bellum Grammaticae Teutonum antiquissimorum. Neudr. hrsg. von Friedrich Kittler und Stefan Rieger, Leipzig 1991.
Schülerduden Fremdwörterbuch (1975). Herkunft und Bedeutung der Fremdwörter. Hrsg. und bearb. von Günther Drosdowski. Mannheim.

Schwartzenbach (1564) = Haß, Ulrike (1986): Leonhard Schwartzenbachs „Synonyma". Nachdr. d. Aus. Frankfurt/M. 1564. Lexikographie und Textsortenzusammenhänge im Frühneuhochdeutschen. Tübingen.
Sprach-Brockhaus (1935) = Der Sprach-Brockhaus. Deutsches Bildwörterbuch für jedermann. Leipzig. – Der Sprachbrockhaus. Deutsches Bildwörterbuch von A bis Z. 9., neu bearb. und erw. Aufl. Wiesbaden 1984.
Steinbach, Christoph Ernst (1734/1973): Vollständiges Deutsches Wörter-Buch. 2 Bde. Breslau. Nachdr. mit e. Einf. hrsg. von Walther Schröter, Hildesheim, New York 1973.
Sternberger, Dolf/G. Storz und W. E. Süskind (1945–1946/1986): Aus dem Wörterbuch des Unmenschen. Neue erw. Ausg. mit Zeugnissen des Streites über die Sprachkritik. Frankfurt/M. 1986.
Stieler, Kaspar (1691/1968 a): Der Teutschen Sprache Stammbaum und Fortwachs oder Teutscher Sprachschatz. Nürnberg 1691. Mit einer Einführung und Bibliographie von Gerhard Ising. Hildesheim, New York 1968.
Stieler, Kaspar (Der Spate) (1691/1968 b): Der Teutschen Sprache Stammbaum und Fortwachs oder Teutscher Sprachschatz. Nürnberg 1691. Nachdr. hrsg. und mit e. Nachwort vers. von Stefan Sonderegger, München 1968.
Stieler, Kaspar (1695/1969): Zeitungs Lust und Nutz. Vollständiger Neudruck der Originalausgabe von 1695, hrsg. von Gert Hagelweide, Bremen 1969.
Stötzel, Georg/Martin Wengeler (1995): Kontroverse Begriffe. Geschichte des öffentlichen Sprachgebrauchs in der Bundesrepublik Deutschland. In Zusammenarbeit mit Karin Böke, Hildegard Gorny, Silke Hahn, Matthias Jung, Andreas Musolff, Cornelia Tönnesen. Berlin, New York.
Strauß, Gerhard/Ulrike Haß/Gisela Harras (1989) = Brisante Wörter (1989).
Textor, A. M. (1996): Sag es treffender. Ein Handbuch mit 25000 sinnverwandten Wörtern und Ausdrücken für den täglichen Gebrauch in Büro, Schule und Haus. 13. Aufl. Frankfurt/M.
Trübners Deutsches Wörterbuch (1939 ff.). Im Auftrag der Arbeitsgemeinschaft für deutsche Wortforschung herausgegeben von Alfred Götze. Berlin. Bd. 1: 1939. Bd. 2: 1940. Bd. 3: 1939. Bd. 4: 1943. Bd. 5: 1954. Bd. 6: 1955. Bd. 7: 1956. Bd. 8: 1957.
Universal-Duden = Duden – Universalwörterbuch.
Vocabularius ex quo = siehe Ausgabe Grubmüller et al. 1988.
Volks-Duden (1933) = Der Volks-Duden. Neues deutsches Wörterbuch. Nach den für das Deutsche Reich, Österreich und die Schweiz gültigen amtlichen Regeln bearbeitet von Otto Basler und Waldemar Mühlner. Leipzig.
Voltaire (1764/1985): Philosophisches Wörterbuch (Dictionnaire philosophique portatif, 1764). Nach d. Textauswahl von Rudolf Noack hrsg. u. eingeleitet von Karlheinz Stierle. Frankfurt/M. 1985.
Wahrig, Gerhard (2000): Deutsches Wörterbuch. Neu herausgegeben von Dr. Renate Wahrig-Burfeind. Mit einem ‚Lexikon der deutschen Sprachlehre'. Gütersloh.
WDG = Wörterbuch der deutschen Gegenwartssprache.
Wehrle-Eggers (1961/1968) = Deutscher Wortschatz. Ein Wegweiser zum treffenden Ausdruck. 2 Teile, neu bearb. von Hans Eggers, 1. Aufl. Stuttgart 1961. Lizenzausg. Frankfurt/M. 1968.
Weigand, Friedrich Ludwig Karl (1857): Deutsches Wörterbuch. 3., völlig umgearb. Aufl. von Friedrich Schmitthenners kurzem deutschen Wörterbuche. 2 Bde. Gießen.

Weigand, Friedrich Ludwig Karl (1852): Wörterbuch der deutschen Synonymen. 3 Bde. 2. Aufl. Mainz (1. Aufl. 1840–1843).
Weigand/Hirt/Kant/v. Bahder (1909–1910/1968) = Weigand, Friedrich Ludwig Karl: Deutsches Wörterbuch. Nach des Verf. Tode vollst. neu bearb. von Karl von Bahder, Hermann Hirt und Karl Kant. 5. Aufl. Gießen. Neudruck Berlin 1968.
Wenig, Chr. (1876): Handwörterbuch der deutschen Sprache, neu bearb. von L. Kellner, 6. sorgfältig verbesserte u. vermehrte Aufl., Köln.
Wörterbuch der deutschen Gegenwartssprache Hrsg. von Ruth Klappenbach und Wolfgang Steinitz, bearb. von Ruth Klappenbach und Helene Malige-Klappenbach. 6 Bde., Berlin, 1961–1977. 10. bearb. Auflage 1980–1982 [je Bd. unterschiedliche Auflagenzahlen].
Wörterbuch der Synonyme und Antonyme (1983). 18.000 Stichwörter mit 200.000 Worterklärungen. Sinn- und sachverwandte Wörter und Begriffe sowie deren Gegenteil und Bedeutungsvarianten. Von Erich und Hildegard Bulitta. Frankfurt/M. – Unveränd. Aufl. 1992.
Wörterbuch der Unhöflichkeit (1903/1967). Richard Wagner im Spiegel der zeitgenössischen Kritik. Hrsg. von Wilhelm Tappert. 2. Aufl. Leipzig 1903. Neudr. mit e. Vorwort von Heinz Friedrich München 1967.
Wurm, Christian Friedrich Ludwig (1852): Zur Beurtheilung des deutschen Wörterbuches von Jakob und Wilhelm Grimm, zugleich ein Beitrag zur deutschen Lexikographie, München.
Wurm, Christian Friedrich Ludwig (1853): Beleuchtung der Anzeige der fünften Lieferung des deutschen Wörterbuches von Jakob und Wilhelm Grimm. Ein neuer Beitrag zur Beurtheilung desselben, München.
Wurm, Christian Friedrich Ludwig (1858): Wörterbuch der deutschen Sprache von der Druckerfindung bis zum heutigen Tage, 1. Band, Freiburg (mehr nicht erschienen).
Zaunmüller, Wolfram (1958): Bibliographisches Handbuch der Sprachwörterbücher. Ein internationales Verzeichnis von 5600 Wörterbüchern der Jahre 1460–1958 für mehr als 500 Sprachen und Dialekte. Stuttgart.
Zedler, Johann Heinrich (1732–1754/1962–1964): Großes vollständiges Universal-Lexicon aller Wissenschaften und Künste, welche bißhero durch menschlichen Verstand und Witz erfunden und verbessert worden. 64 Bde. Halle/Leipzig. Nachdr. Graz 1962–1964.
Zischka, Gert A. (1959): Index lexicorum. Bibliographie der lexikalischen Nachschlagewerke. Wien.

18.2 Forschungen

Albert, Claudia (1995): Imitation de la nature? Probleme der Darstellung in der Encyclopédie. In: Eybl et. al. (1995), 200–214.
Albrecht, Wolfgang (1995): Aufklärerische Selbstreflexion in deutschen Enzyklopädien und Lexika zur Zeit der Spätaufklärung. In: Eybl et. al. (1995), 232–254.
Alego, John (1990): American Lexicography. In: Handbuch Wörterbücher, 2. Teilbd., Art. 200, 1987–2010.

Alpers, Klaus (1990): Griechische Lexikographie in Antike und Mittelalter. Dargestellt an ausgewählten Beispielen. In: Welt der Information. Wissen und Wissensvermittlung in Geschichte und Gegenwart. Hrsg. von Hans-Albrecht Koch in Verb. mit Agnes Krup-Ebert. Stuttgart, 14–38.
Alterman, Richard (1985): A Dictionary Based on Concept Coherence. In: Artificial Intelligence 25, 153–186.
Antos, Gerd (1996): Laien-Linguistik. Studien zu Sprach- und Kommunikationsproblemen im Alltag. Am Beispiel von Sprachratgebern und Kommunikationstrainings. Tübingen.
Assmann, Jan (1988): Kollektives Gedächtnis und kulturelle Identität. In: Jan Assmann und Tonio Hölscher (Hrsg.), Kultur und Gedächtnis. Frankfurt/M., 9–19.
Augst, Gerhard (Hrsg.) (1984): Wortschatz und Wörterbuch. Der Deutschunterricht Jg. 36, Heft 5.
Augst, Gerhard/Schaeder, Burkhard (Hrsg.) (1991): Rechtschreibwörterbücher in der Diskussion, Frankfurt/M.
Awosusi, Anita (Hrsg.) (1998): Stichwort: Zigeuner. Zur Stigmatisierung von Sinti und Roma in Lexika und Enzyklopädien. Heidelberg.
Bahner, Werner (Hrsg.) (1984): Sprache und Kulturentwicklung im Blickfeld der deutschen Aufklärung. Der Beitrag Johann Christoph Adelungs (= Abhandlungen der Sächsischen Akademie der Wissenschaften Leipzig, Phil.-hist. Klasse Bd. 70, H. 4) Berlin.
Bahner, Werner/Neumann, Werner (Hrsg.) (1985): Sprachwissenschaftliche Germanistik. Ihre Herausbildung und Begründung, Berlin.
Bahr, Joachim (1991): Periodik der Wörterbuchbearbeitung: Veränderungen von Wörterbuchkonzeptionen und -praxis. In: Kirkness/Kühn/Wiegand 1991, Bd. 1, 1–50.
Bakos, Ferenc (1991): Die Lexikographie der uralischen Sprachen: Ungarisch. In: Handbuch Wörterbücher 3. Teilbd., Art. 227, 2375–2383.
Ballmer, Thomas T./Brennenstuhl, Waltraud (1986): Deutsche Verben. Eine sprachanalytische Untersuchung des deutschen Verbwortschatzes. Tübingen.
Barz, Irmhild/Anja Neudeck (1997): Die Neuaufnahmen im Rechtschreibduden als Dokumentation der Wortschatzentwicklung. In : Muttersprache 2, 105–119.
Beaujot, Jean-Pierre (1989): Dictionnaire et idéologies, in: Handbuch Wörterbücher, 1. Teilbd., Art. 9, 79–88.
Beneš, Eduard (1976): Zum Problem des Grundwortschatzes im Deutschunterricht. In: Probleme der Lexikologie und Lexikographie. Jahrbuch 1975 des Instituts für deutsche Sprache, 334–346.
Bergenholtz, Henning/Burkhard Schaeder (1978): Ausblicke auf eine deskriptive Lexikographie. In: Helmut Henne, Wolfgang Mentrup, Dieter Möhn, Harald Weinrich (Hrsg.): Interdisziplinäres Wörterbuch in der Diskussion, Düsseldorf, 116–172.
Bergenholtz, Henning (1989): Probleme der Selektion im allgemeinen einsprachigen Wörterbuch. In: Handbuch Wörterbücher, 1. Teilbd., Art. 68, 772–779.
Bielfeld, Antje (1996): Methoden der Belegsammlung für das ‚Vocabolario della Crusca'. Exemplarisch vorgestellt am lexikographischen Werk Francesco Redis. Tübingen.
Bierbach, Mechtild (1997): Grundzüge humanistischer Lexikographie in Frankreich. Tübingen und Basel.

Blackall, Eric A. (1966): Die Entwicklung des Deutschen zur Literatursprache 1700–1775. Mit einem Bericht über neue Forschungsergebnisse 1955–1964 von Dieter Kimpel. Stuttgart.
Boehlich, Walter (1952): Säkularfeier oder Säkulartrauer? Das Deutsche Wörterbuch der Brüder Grimm. In: Merkur 6, 779–786.
Boehlich, Walter (1961 a): Ein Pyrrhussieg der Germanistik. In: Der Monat 13/1960/61, Heft 154, 38–53.
Boehlich, Walter (1961 b): Blick zurück im Grimm. In: Der Monat 14/1961/62, Heft 159, 80–85.
Bogner, Ralf Georg (1999): Die Fachsprachen in *Zedlers Universallexikon*. In: Handbuch Fachsprachen. 2. Halbbd., Art. 185, 1647–1660.
Boulanger, Jean-Claude (1994): Le Paysage Lexicographique Français entre 1878 et 1932. Portrait d'une culture d'époque. In: cahiers de lexicologie. 65, 29–45
Braun, Peter (Hrsg.) (1979): Fremdwort-Diskussion. München.
Bray, Laurent (1990): La lexicographie française des origines à Littré. In: Handbuch Wörterbücher, 2. Teilbd., Art. 185, 1788–1818.
Bray, Laurent (2000): Matthias Kramer et la lexicographie du français en Allemagne au XVIIIe siècle. Avec une édition des textes métalexicographiques de Kramer. Tübingen.
Bray, Laurent/Maria Luisa Bruna/Franz Josef Hausmann (1991): Die zweisprachige Lexikographie Deutsch-Italienisch, Italienisch-Deutsch. In: Handbuch Wörterbücher, 3. Teilbd., Art. 317, 3013–3020.
Breidt, Elisabeth (1998): Neuartige Wörterbücher für Mensch und Maschine: Wörterbuchdatenbanken in COMPASS. In: Wörterbücher in der Diskussion III, hrsg. von Herbert E. Wiegand, Tübingen, 1–26.
Burkhardt, Armin/Helmut Henne (Hrsg.) (1997): Germanistik als Kulturwissenschaft. Hermann Paul – 150. Geburtstag und 100 Jahre Deutsches Wörterbuch. Erinnerungsblätter und Notizen zu Leben und Werk anläßlich der Ausstellung in Magdeburg […] und Braunschweig […]. Braunschweig.
Bußmann, Hadumod (1990): Lexikon der Sprachwissenschaft. 2., völlig neu bearbeitete Aufl. Unter Mithilfe und mit Beiträgen von Fachkolleginnen und -kollegen. Stuttgart.
Cherubim, Dieter (1995): Varro Teutonicus. Zur Rezeption der antiken Sprachwissenschaft in der frühen Neuzeit. In: Zeitschrift für germanistische Linguistik 23, 125–152.
Claes, Franz (1977): Bibliographisches Verzeichnis der deutschen Vokabulare und Wörterbücher gedruckt bis 1600. Hildesheim.
Cooke, Jessica (1997): Problems of Method in Early English Lexicography. In: Neuphilologische Mitteilungen, 3, XCVIII, 241–251.
Cop, Margaret (1989): Linguistic and Encyclopedic Information Not included in the Dictionary Articles. In: Handbuch Wörterbücher, 1. Teilbd., Art. 67, 761–767.
Coseriu, Eugenio (1979): Zur Vorgeschichte der strukturellen Semantik: Heyses Analyse des Wortfeldes ‚Schall'. In: ders., Sprache. Strukturen und Funktionen. XII Aufsätze zur allgemeinen und romanischen Sprachwissenschaft. In Zusammenarbeit mit Hansbert Bertsch u. Gisela Köhler hrsg. von Uwe Petersen. 3., durchges. Aufl. Tübingen, 149–159.
Creamer, Thomas B. I. (1991): Bilingual Lexicography with Chinese. In: Handbuch Wörterbücher, 3. Teilbd., Art. 327, 3107–3113.

Czochralski, Jan A. (1991): Die zweisprachige Lexikographie mit Polnisch. In: Handbuch Wörterbücher, 3. Teilbd., Art. 323, 3061–3068.

Darnton, Robert (1993): Glänzende Geschäfte. Die Verbreitung von Diderots *Encyclopedie* oder Wie verkauft man Wissen mit Gewinn? Berlin.

de Smet, Gilbert (1986): Zur deutschen Lexikographie im 16. Jahrhundert. In: Beiträge zur Erforschung der deutschen Sprache, Bd. 6, hrsg. von W. Fleischer, R. Grosse, G. Lerchner, Leipzig, 144–155.

Deutsche Rechtschreibung (1992). Vorschläge zu ihrer Neuregelung, hrsg. vom Internationalen Arbeitskreis für Orthographie, Tübingen.

Dieckmann, Walther (1988): Man kann und sollte Bedeutungserläuterung und Sachbeschreibung im Wörterbuch trennen. Ein unpraktisches Plädoyer für Sprachwörterbücher. In: Deutscher Wortschatz. Lexikologische Studien. FS Ludwig Erich Schmitt zum 80. Geburtstag. Hrsg. von Horst H. Munske, Peter von Polenz, Oskar Reichmann, Rainer Hildebrandt. Berlin, New York, 791–812.

Dieckmann, Walther (1989): Die Beschreibung der politischen Lexik im allgemeinen einsprachigen Wörterbuch. In: Handbuch Wörterbücher, 1. Teilbd., Art. 76, 835–842.

Dierse, Ulrich (1977): Enzyklopädie. Zur Geschichte eines philosophischen und wissenschaftstheoretischen Begriffs. Bonn (= Archiv für Begriffsgeschichte, Suppl. Heft 2).

Diesener, Gerald (1996): Propaganda im Konzept der KPD zur Überwindung des Faschismus. In: Gerald Diesener/Rainer Gries (Hrsg.): Propaganda in Deutschland. Zur Geschichte der politischen Massenbeeinflussung im 20. Jahrhundert. Darmstadt, 100–110.

Dieterich, Veit-Jakobus (1995): Johann Amos Comenius. Reinbek 2. Aufl.

Dill, Gerhard (1992): Joh. Chr. Adelungs Wörterbuch der ‚Hochdeutschen Mundart'. Frankfurt/M.

Dipper, Christof (1991): Deutsche Geschichte 1648–1789, Frankfurt/M.

Djahukyan, Gevork (1991): Armenian Lexicography. In: Handbuch Wörterbücher, 3. Teilbd., Art. 225, 2367–2371.

Donhauser, Karin (1989): Das Deskriptionsproblem und seine präskriptive Lösung. Zur grammatikologischen Bedeutung der Vorreden in den Grammatiken 16. bis 18. Jahrhunderts. In: Sprachwissenschaft 14, 29–57.

Döring, Brigitte (1984): Zum Zusammenhang von Sprachgeschichte und Geschichte der Gesellschaft bei Johann Christoph Adelung und Jacob Grimm. In: Zeitschrift für Germanistik 5, 159–167.

Dornseiff, Franz (1964): Sprache und Sprechender. Hrsg. von Jürgen Werner, Leipzig.

Drosdowski, Günther (1977): Nachdenken über Wörterbücher: Theorie und Praxis. In: Günther Drosdowski, Helmut Henne, Herbert E. Wiegand: Nachdenken über Wörterbücher, Mannheim, 103–143.

Duby, Georges/Michelle Perrot (Hrsg.) (1993): Geschichte der Frauen, Bd. 2: Mittelalter, Hrsg. von Christiane Klapisch-Zuber, Frankfurt/M.

Dückert, Joachim (Hrsg.) (1987): Das Grimmsche Wörterbuch. Untersuchungen zur lexikographischen Methodologie, Stuttgart.

Duro, Aldo (1990): La lexicographie italienne du XXe siècle. In: Handbuch Wörterbücher, 2. Teilbd., Art. 188, 1863–1880.

Ehrhardt, Anne-Françoise (1998): Die Grammatik von Johann Christian Heyse. Kontinuität und Wandel im Verhältnis von Allgemeiner Grammatik und Schulgrammatik (1814–1914). Berlin.

Eismann, Wolfgang (1991): Die zweisprachige Lexikographie mit Russisch. In: Handbuch Wörterbücher, 3. Teilbd., Art. 324, 3068–3086.
Elkar, Rainer S. (1995): *Altes Handwerk* und *ökonomische Enzyklopädie*: Zum Spannungsverhältnis zwischen handwerklicher Arbeit und „nützlicher" Aufklärung. In: Eybl et al. (1995), 215–231.
Engels, Heinz (1983): Die Sprachgesellschaften des 17. Jahrhunderts. Gießen.
Eybl, Franz M. (1995): Bibelenzyklopädien im Spannungsfeld von Konfession, Topik und Buchwesen. In: Eybl et. al. (1995), 120–140.
Eybl et. al. (1995) = Eybl, Franz M./Wolfgang Harms/Hans-Henrik Krummacher/Werner Welzig (Hrsg.) (1995): Enzyklopädien der frühen Neuzeit. Beiträge zu ihrer Erforschung. Tübingen.
Feldmann, Roland (1970): Jacob Grimm und die Politik, Kassel o. J.
Fraas, Claudia/Ulrike Haß-Zumkehr (1998): Vom Wörterbuch zum Informationssystem. Über ein neues Projekt des Instituts für Deutsche Sprache. In: Deutsche Sprache 4, 289–303.
Freisler, Stefan (1994): Hypertext – Eine Begriffsbestimmung. In: Deutsche Sprache 1/94, 19–50.
Frevert, Ute (1995): Geschlecht – männlich/weiblich. Zur Geschichte der Begriffe (1730–1990). In: dies., „Mann und Weib, und Weib und Mann". Geschlechter-Differenzen in der Moderne. München, 13–60.
Fröhner, Annette (1994): Technologie und Enzyklopädismus im Übergang vom 18. zum 19. Jahrhundert: Johann Georg Krünitz (1728–1796) und seine Oeconomisch-technologische Encyklopädie. Mannheim.
Gardt, Andreas (1994): Sprachreflexion in Barock und Frühaufklärung. Entwürfe von Böhme bis Leibniz. Berlin, New York.
Gardt, Andreas (1999): Geschichte der Sprachwissenschaft in Deutschland. Vom Mittelalter bis ins 20. Jahrhundert. Berlin, New York.
Gardt, Andreas/Ingrid Lemberg/Oskar Reichmann/Thorsten Roelcke (1991): Sprachkonzeptionen in Barock und Aufklärung: Ein Vorschlag für ihre Beschreibung. In: Zeitschrift für Phonetik, Sprachwissenschaft und Kommunikationsforschung 44, 17–33.
Gauger, Hans-Martin (1973): Die Anfänge der Synonymik. Girard (1718) und Roubaud (1785). Ein Beitrag zur Geschichte der lexikalischen Semantik. Mit einer Auswahl aus den Synonymiken beider Autoren. Tübingen.
Geertz, Clifford (1987): Dichte Beschreibung. Beiträge zum Verstehen kultureller Systeme, Frankfurt/M.
Georgacas, Demetrius J./Barbara Georgacas (1990): The Lexicography of Byzantine and Modern Greek. In: Handbuch Wörterbücher, 2. Teilbd., Art. 179, 1705–1713.
Geschichte und Leistung des Dudens (1968): Mit Beiträgen von Dieter Berger, Günther Drosdowski, Paul Grebe, Wolfgang Müller. Mannheim.
Gläser, Rosemarie (1999): Die Fachsprachen in der *Encyclopaedia Britannica* von 1771. In: Handbuch Fachsprachen. 2. Halbbd., Art. 184, 1636–1647.
Glatigny, Michel (1989): Les commentaires normatifs dans le dictionnaire monolingue. In Handbuch Wörterbücher, 1. Teilbd., Art. 61, 700–704.
Glück, Helmut (1993): Metzler-Lexikon Sprache. Stuttgart, Weimar.
Gorcy, Gérard (1990): L'informatisation d'un dictionnaire: l'exemple du Trésor de la langue française. In: Handbuch Wörterbücher, 2. Teilbd., Art. 173 a, 1672–1678.

Gräfe, M. und Gerhard Stickel (1966): Automatische Textzerlegung und Herstellung von Zettelregistern für das Goethe-Wörterbuch. In: Sprache im technischen Zeitalter 19, 247–257.

Grubmüller, Klaus (1990): Die deutsche Lexikographie von den Anfängen bis zum Beginn des 17. Jahrhunderts. In: Handbuch Wörterbücher, 2. Teilbd., Art. 203, 2037–2049.

Grubmüller, Klaus et al. (1988): ‚Vocabularius ex quo'. Überlieferungsgeschichtliche Ausgabe. Gemeinsam mit Klaus Grubmüller hrsg. von Bernhard Schnell, Hans-Jürgen Stahl, Erltraud Auer und Reinhard Pawis. Bd. 1 (Einleitung). Tübingen.

Gundersen, Dag (1990): Norwegian Lexicography. In: Handbuch Wörterbücher, 2. Teilbd., Art. 194, 1923–1928.

Günther, Hartmut (1996): Schrift als Zahlen- und Ordnungssystem – alphabetisches Sortieren. In: Schrift und Schriftlichkeit. Ein interdisziplinäres Handbuch internationaler Forschung. Writing and its use. Hrsg. von Hartmut Günther, Otto Ludwig, zusammen mit Jürgen Baurmann. Berlin, New York. 2. Halbbd., 1568–1583.

Haarmann, Harald (1994): Entstehung und Verbreitung von Alphabetschriften. In: Schrift und Schriftlichkeit. Ein interdisziplinäres Handbuch internationaler Forschung. Writing and its use. Hrsg. von Hartmut Günther, Otto Ludwig, zusammen mit Jürgen Baurmann. Berlin, New York. 1. Halbbd., 329–347.

Haensch, Günther (1990 a): Katalanische Lexikographie. In: Handbuch Wörterbücher, 2. Teilbd., Art. 184, 1770–1788.

Haensch, Günther (1990 b): Spanische Lexikographie. In: Handbuch Wörterbücher, 2. Teilbd., Art. 182, 1738–1767.

Haensch, Günther (1991): Die mehrsprachigen Wörterbücher und ihre Probleme, in: Handbuch Wörterbücher, 3. Teilbd., Art. 306, 2909–2937.

Halbwachs, Maurice (1985): Das kollektive Gedächtnis. Frankfurt.

Haltern, Utz (1976): Politische Bildung und bürgerlicher Liberalismus. Zur Rolle des Konversationslexikons in Deutschland. In: Historische Zeitschrift Bd. 223, 61–97.

Handbuch Bildungsgeschichte (1996) = Handbuch der deutschen Bildungsgeschichte, Bd. I (15. Bis 17. Jahrhundert). Hrsg. Von Notker Hammerstein unter Mitwirkung von August Buck, München.

Handbuch Fachsprachen = Fachsprachen. Ein internationales Handbuch zur Fachsprachenforschung und Terminologiewissenschaft. 2 Halbbände. Hrsg. von Lothar Hoffmann, Hartwig Kalverkämper, Herbert Ernst Wiegand, in Verbindung mit Christian Galinski, Werner Hüllen. Berlin, New York 1998, 1999.

Handbuch Sprachgeschichte = Sprachgeschichte. Ein Handbuch zur Geschichte der deutschen Sprache und ihrer Erforschung, Hrsg. von Werner Besch, Oskar Reichmann, Stefan Sonderegger, 2 Halbbände, Berlin, New York 1984/1985. 1. Teilbd., 2. vollständig neu bearbeitete und erweiterte Aufl. 1998.

Handbuch Wörterbücher = Wörterbücher. Ein internationales Handbuch zur Lexikographie. 3 Teilbde., Hrsg. v. Franz Josef Hausmann, Oskar Reichmann, Herbert Ernst Wiegand, Ladislav Zgusta, Berlin, New York 1989, 1990, 1991.

Hanimann, Joseph (1997): Von der Kette ins Netz. Eröffnungsausstellung der Pariser Nationalbibliothek zum Thema der Enzyklopädie. In: Frankfurter Allgemeine Zeitung 5. März, 46.

Hannesdóttir, Anna/Ralph, Bo (1988): Early Dictionaries in Sweden: Traditions and Influences. In: Karl Hyldgaard-Jensen, Arne Zettersten (ed.): Symposium on Lexicography VI, Tübingen, 265–279.

Hansen, Klaus P. (1995): Kultur und Kulturwissenschaft. Tübingen, Basel.
Hartmann, Reinhard R. K. (1989): Sociology of the Dictionary User: Hypotheses and Empirical Studies. In: Handbuch Wörterbücher, 1. Teilbd., Art. 12, 102–111.
Hartmann, Reinhard R. K. (1992): 300 Years of English-German Language Contact and Contrast: The Translation of Culture-specific Information in the General Bilingual Dictionary. In: Blank, Claudia, et al. (Ed.): Language and Civilization. A Concerted Profusion of Essays and Studies in Honour of Otto Hietsch. Frankfurt/M., 310–327.
Hartmann, Reinhard R. K. (Ed.) (1986): The History of lexicography. Papers from the dictionary research centre seminar at Exeter, March 1986. Amsterdam, Philadelphia.
Hartmann, Reinhard. R. K./Gregory James (1998): Dictionary of Lexicography. London, New York.
Hartweg, Frédéric/Klaus-Peter Wegera (1989): Frühneuhochdeutsch. Eine Einführung in die deutsche Sprache des Spätmittelalters und der frühen Neuzeit. Tübingen.
Haß, Ulrike (1986): Leonhard Schwartzenbachs „Synonyma". Beschreibung und Nachdruck der Ausgabe Frankfurt 1564. Lexikographie und Textsortenzusammenhänge im Frühneuhochdeutschen. Tübingen.
Haß, Ulrike (1991 a): Zu Bedeutung und Funktion von Belegen und Beispielen im Deutschen Wörterbuch von Jacob Grimm und Wilhelm Grimm. In: Kirkness/Kühn/Wiegand (1991). 2. Teilbd., 535–594.
Haß, Ulrike (1991 b): Der Lexikograph Daniel Sanders und sein Bildungsverständnis. In: Muttersprache 1, 21–37.
Haß, Ulrike (1991 c): Textkorpus und Belege. Methodologie und Methoden. In: Harras, Gisela/Ulrike Haß/Gerhard Strauß: Wortbedeutungen und ihre Darstellung im Wörterbuch. Berlin, New York, 212–292.
Haß-Zumkehr, Ulrike (1994): Daniel Sanders. Onomasiologisches Arbeiten im 19. Jahrhundert. In: Hüllen (1994), 333–346.
Haß-Zumkehr, Ulrike (1995): Daniel Sanders. Aufgeklärte Germanistik im 19. Jahrhundert. Berlin, New York.
Haß-Zumkehr, Ulrike (1997): „alle welt erwartet hier eine erklärung von mir" – Jacob Grimms Vorrede zum Deutschen Wörterbuch zwischen Apologie und Programm. In: Zeitschrift für germanistische Linguistik 25, 1–23.
Haß-Zumkehr, Ulrike (1998): „Wie glaubwürdige Nachrichten versichert haben". Formulierungstraditionen in Zeitungsnachrichten des 17. bis 20. Jahrhunderts. Tübingen.
Haß-Zumkehr, Ulrike (1998): Die gesellschaftlichen Interessen an der Sprachgeschichte im 19. und 20. Jahrhundert, in: Handbuch Sprachgeschichte. 1. Teilbd., 2. Aufl., Artikel Nr. 21, 349–358.
Haß-Zumkehr, Ulrike (1999 a): Germanistische Sprachwissenschaft um 1900. In: Konkurrenten in der Fakultät. Kultur, Wissen und Universität um 1900. Hrsg. von Christoph König und Eberhard Lämmert. Frankfurt/M., 232–247.
Haß-Zumkehr, Ulrike (1999 b): Die kulturelle Dimension der Lexikografie. Am Beispiel der Wörterbücher von Adelung und Campe. In: Gardt, Andreas/Ulrike Haß-Zumkehr/Thorsten Roelcke (Hrsg.): Sprachgeschichte als Kulturgeschichte. Berlin, New York, 247–266.

Haß-Zumkehr, Ulrike (2000a): Propagandainstrument Wörterbuch. Zur lexikografischen Methodik im Nationalsozialismus. In: Herbert E. Wiegand (Hrsg.): Wörterbücher in der Diskussion IV. Vorträge aus dem Heidelberger Lexikographischen Kolloquium. Tübingen, 135–153.

Haß-Zumkehr, Ulrike (2000b): Das „Deutsche Wörterbuch" von Jacob Grimm und Wilhelm Grimm als Nationaldenkmal. In: Andreas Gardt (Hrsg.): Nation und Sprache. Zur Diskussion ihres Verhältnisses in Geschichte und Gegenwart. Berlin, New York, 229–246.

Haß-Zumkehr, Ulrike (demn. a): Zur Mikrostruktur im Hypertext-Wörterbuch. In: Chancen und Perspektiven computerunterstützter Lexikographie. Hrsg. von Bernhard Schröder, Ingrid Lemberg und Angelika Storrer. Tübingen.

Haß-Zumkehr, Ulrike (demn. b): Spiegelungen der Rechtssprache in der Lexikografie. In: Garber, Jörn/Ulrich Kronauer (Hrsg.): Recht und Sprache in der deutschen Aufklärung. Beiträge der Heidelberger Fachtagung. Tübingen.

Hausmann, Franz Josef (1986): Wörterbuch und Wahrheit. Zur Rezeption des Wörterbuchs der deutschen Gegenwartssprache in der Bundesrepublik. In: Malige-Klappenbach (1986), 175–192.

Hausmann, Franz Josef (1989a): Die gesellschaftlichen Aufgaben der Lexikographie in Geschichte und Gegenwart. In: Handbuch Wörterbücher, 1. Teilbd., Art. 1, 1–19.

Hausmann, Franz Josef (1989b): Das Wörterbuch im Urteil der gebildeten Öffentlichkeit in Deutschland und in den romanischen Ländern. In: Handbuch Wörterbücher, 1. Teilbd., Art. 2, 19–28.

Hausmann, Franz Josef (1989c): Kleine Weltgeschichte der Metalexikographie. In: Herbert E. Wiegand (Hrsg.): Wörterbücher in der Diskussion, Tübingen, 75–109.

Hausmann, Franz Josef (1989d): Wörterbuchtypologie. In Handbuch Wörterbücher, 1. Teilbd., Art. 91, 968–981.

Hausmann, Franz Josef (1990): Das Antonymenwörterbuch. In: Handbuch Wörterbücher, 2. Teilbd., Art. 104, 1081–1083.

Hausmann, Franz Josef (1990a): The Dictionary of Synonyms: Discriminating Synonymy. In: Handbuch Wörterbücher, 2. Teilbd., Art. 102, 1067–1075.

Hausmann, Franz Josef (1990b): Das Synonymenwörterbuch: Die kumulative Synonymik. In: Handbuch Wörterbücher, 2. Teilbd., Art. 103, 1076–1080.

Hausmann, Franz Josef (1991): Die zweisprachige Lexikographie Spanisch-Deutsch, Deutsch-Spanisch, In: Handbuch Wörterbücher, 3. Teilbd., Art. 313, 2987–2991.

Hausmann, Franz Josef/Margaret Cop (1985): Short History of English-German Lexicography. In: Hyldgaard-Jensen, Karl/Arne Zettersten (Ed.): Symposium on Lexicography II, Tübingen, 183–197.

Haywood, John A. (1991): Arabic Lexicography. In: Handbuch Wörterbücher, 3. Teilbd., Art. 237, 2438–2448

Heestermanns, Hans (1990): Niederländische Lexikographie und Lexikographie des Afrikaans. In: Handbuch Wörterbücher, 2. Teilbd., Art. 201, 2010–2022.

Heine, Heinrich (1826/1976/1981): Ideen. Das Buch Le Grand. Reisebilder 2. Teil. In: Heinrich Heine, Sämtliche Schriften, hrsg. von Klaus Briegleb, Bd. 3, hrsg. von Günther Häntzschel, Frankfurt/M.

Henne, Helmut (Hrsg.) (1975): Deutsche Wörterbücher des 17. und 18. Jahrhunderts. Einführung und Bibliographie. Hildesheim. – 2. erweiterte, Aufl. (demn.).

Henne, Helmut/Heidrun Kämper/Georg Objartel (1997): Das Wörterbuch im Visier – Hermann Pauls systematische Arbeit. 100 Jahre Deutsches Wörterbuch (1897–1997). In: Zeitschrift für germanistische Linguistik 25, 167–199.
Henne, Helmut/Jörg Kilian (Hrsg.) (1998): Hermann Paul: Sprachtheorie, Sprachgeschichte, Philologie. Reden, Abhandlungen und Biographie. Tübingen.
Heringer, Hans Jürgen (1974): Seminar: Der Regelbegriff in der praktischen Semantik. Frankfurt/M.
Hermanns, Fritz (1988): Das lexikographische Beispiel. Ein Beitrag zu seiner Theorie. In: Das Wörterbuch: Artikel und Verweisstrukturen, Hrsg. von Gisela Harras, Düsseldorf, 161–195.
Hinderling, Robert (1988): Spinnen im Wortgarten. Christian Friedrich Ludwig Wurm als Kritiker Grimms und als Lexikograph, in: Norbert Oellers (Hrsg.), Germanistik und Deutschunterricht im Zeitalter der Technologie. Vorträge des Germanistentages Berlin 1987, Tübingen, 66–77.
Hjorth, Poul Lindegård (1990): Danish Lexicography. In: Handbuch Wörterbücher, 2. Teilbd., Art. 193, 1913–1923
Holm, Lars/Hans Jonsson (1990): Swedish Lexicography. In: Handbuch Wörterbücher, 2. Teilbd., Art. 196, 1933–1943.
Hölscher, Lucian (1979): Zeit und Diskurs in der Lexikographie der frühen Neuzeit. In: Reinhart Koselleck (Hrsg.), Historische Semantik und Begriffsgeschichte. Stuttgart, 327–342.
Hoinkes, Ulrich (1993): Der Begriff der *langue* in der großen französischen Enzyklopädie. In: Beiträge zur Geschichte der Sprachwissenschaft 3, 129–146.
Horecký, Jan (1990): Slowakische Lexikographie. In: Handbuch Wörterbücher, 2. Teilbd., Art. 212, 2284–2288.
Hübscher, Arthur (1955): Hundertfünfzig Jahre F. A. Brockhaus. 1805–1955. Wiesbaden.
Hüllen, Werner (1990): Rudolf Hallig and Walther von Wartburg's Begriffssystem and ist Non-/acceptance in German Linguistics. In: Peter Schmitter (Ed.), Essays towards a history of semantics, Münster, 129–168.
Hüllen, Werner (1992): Der *Orbis Sensualium Pictus* und die mittelalterliche Tradition des Lehrens fremder Sprachen. In: Beiträge zu Geschichte der Sprachwissenschaft 2, 149–171.
Hüllen, Werner (Hrsg.) (1994), Die Welt in einer Liste von Wörtern/The world in a list of words. Symposium at Essen 19–21 November, 1992, Tübingen.
Hüllen, Werner (1999): English Dictionaries 800–1700. The Topical Tradition. Oxford.
Hüllen Werner/Haas, Renate (1992): Adrianus Junius on the Order of his NOMENCLATOR (1577), in: EURALEX '92 Proceedings I–II, ed. Hannu Tommola, Krista Varantola, Tarja Salmi-Tolonen, Jürgen Schopp, Tampere, 581–588.
Hupka, Werner (1989a): Die Bebilderung und sonstige Formen der Veranschaulichung im allgemeinen einsprachigen Wörterbuch. In: Handbuch Wörterbücher, 1. Teilbd, Art. 62, 704–726.
Hupka, Werner (1989b): Das enzyklopädische Wörterbuch. In: Handbuch Wörterbücher, 1. Teilbd, Art. 93, 988–999.
Ickler, Theodor (2000): Bei Hauptmann las man's anders. „Das Große Wörterbuch der deutschen Sprache" in erweiterter Neubearbeitung. In: Rhein-Neckar-Zeitung 12./13. 2. 2000.

Ilson, Robert (1990): Present-Day British Lexicography. In: Handbuch Wörterbücher, 2. Teilbd, Art. 199, 1967–1983.
Informationsschrift (1986) = Das Deutsche Wörterbuch. Informationsschrift herausgegeben von der Arbeitsstelle Göttingen des Deutschen Wörterbuchs (Selbstverlag).
Ising, Gerhard (1956): Die Erfassung der deutschen Sprache des ausgehenden 17. Jahrhunderts in den Wörterbüchern Matthias Kramers und Kaspar Stielers, Berlin.
Jachnow, Helmut (1990): Russische Lexikographie. In: Handbuch Wörterbücher, 2. Teilbd., Art. 217, 2309–2328.
Jedlièka, Alois (1990): Tschechische Lexikographie. In: Handbuch Wörterbücher, 2. Teilbd., Art. 211, 2278–2284.
Jens, Walter (1984): Das Vorratshaus der Deutschen. Zu Geschichte und Bedeutung des Grimmschen Wörterbuchs, München (Privatdruck).
Jones, William Jervis (1999): German Lexicography in its European Context (1600–1900). A report on a bibliographical project. In: Lexicographica 15, 175–197.
Kämper-Jensen, Heidrun (1990): Semantische Strukturen im Wortschatz – Wortfelder und Verweissystem im neuen „Paul". In: Zeitschrift für germanistische Linguistik 18, 185–200.
Kämper-Jensen, Heidrun (1991): Der neue Paul – Strecken- und Feldarbeit. In: Historical Lexicography of the German Language, ed. by Ulrich Goebel and Oskar Reichmann. Lewiston/Queenston/Lampeter, 735–784.
Kämper, Heidrun (1999): Wörterbuch und Literatur. Fragen und Gedanken (nicht nur) zur Neubearbeitung des ‚Großen Wörterbuchs der deutschen Sprache in acht Bänden'. In: Muttersprache 1, 24–42.
Kämper, Heidrun (2001): ‚Teütsche Sprach vnd Weißheit' – Das Wörterbuch von Georg Henisch. In: Henne (Hrsg.) (demn).
Kästner, Hannes J./Eva Schütz/Johannes Schwitalla (demn.): Die Textsorten des Frühneuhochdeutschen. Artikel 116 in: Handbuch Sprachgeschichte 2. Auflage, 2. Teilbd.
Kaiser, Stephan (1984): Der neue Dornseiff. Konzept einer Neubearbeitung von Franz Dornseiffs „Der deutsche Wortschatz nach Sachgruppen". In: Zeitschrift für germanistische Linguistik 12, 181–199.
Kalverkämper, Hartwig (1999): Die Fachsprachen in der *Encyclopédie* von Diderot und d'Alembert. In: Handbuch Fachsprachen. 2. Halbbd., Art. 183, 1619–1636.
Kempcke, Günter (1999): Ein neues Wörterbuch „Deutsch als Fremdsprache". In: Linguistik und Deutsch als Fremdsprache. FS für Gerhard Helbig zum 70. Geburtstag. Hrsg. von Bernd Skibitzki und Barbara Wotjak. Tübingen, 121–132.
Kirkness, Alan (1975): Zur Sprachreinigung im Deutschen 1789–1871. Eine historische Dokumentation Teil I. Tübingen.
Kirkness, Alan (1980): Geschichte des Deutschen Wörterbuchs 1838–1863, Stuttgart.
Kirkness, Alan (1984): Das Phänomen des Purismus in der Geschichte des Deutschen, in: Handbuch Sprachgeschichte, 1. Halbbd., 290–299.
Kirkness, Alan (1990): Das Fremdwörterbuch. In: Handbuch Wörterbücher, 2. Teilbd., Art. 118, 1168–1179.
Kirkness, Alan/Peter Kühn/Herbert Ernst Wiegand (Hrsg.) (1991): Studien zum Deutschen Wörterbuch von Jacob Grimm und Wilhelm Grimm, 2 Teilbände, Tübingen.

18.2 Forschungen

Klappenbach/Malige-Klappenbach (1980) = Studien zur modernen deutschen Lexikographie. Ruth Klappenbach, Auswahl aus den lexikographischen Arbeiten, erweitert um drei Beiträge von Helene Malige-Klappenbach. Hrsg. von Werner Abraham unter Mitwirkung von Jan F. Brand. Amsterdam.

Klein, Wolf Peter (1995): Das naturwissenschaftliche Fachlexikon in Deutschland zwischen Renaissance und 19. Jahrhundert, in: Lexicographica 11, 15–49.

Knobloch, Clemens (1984): Duden contra Wahrig. Zwei einbändige Wörterbücher der deutschen Gegenwartssprache im Vergleich. In: Augst (1984), 101–107.

Knobloch, Clemens (1988): Geschichte der psychologischen Sprachauffassung in Deutschland von 1850 bis 1920. Tübingen.

Knoop, Ulrich (1994): Entwicklung von Literalität und Alphabetisierung in Deutschland. In: Schrift und Schriftlichkeit. Ein interdisziplinäres Handbuch internationaler Forschung. Writing and its use. Hrsg. von Hartmut Günther, Otto Ludwig, zusammen mit Jürgen Baurmann. Berlin, New York. 1. Halbbd., 859–872.

Knowles, Francis E. (1990): The Computer in Lexicography. In: Handbuch Wörterbücher, 2. Teilbd., Art. 173, 1645–1672.

Kochs, Theodor (1967): Nationale Idee und nationalistisches Denken im Grimmschen Wörterbuch, in: Nationalismus in Germanistik und Dichtung. Dokumentation des Germanistentages in München v. 17.–22. 10. 1966, Hrsg. v. Benno von Wiese und R. Heuß, Berlin, 273–284.

Kocka, Jürgen (Hrsg.) (1987): Bürger und Bürgerlichkeit im 19. Jahrhundert. Göttingen.

Korhonen, Jarmo/Ingrid Schellbach-Kopra (1991): Die Lexikographie der uralischen Sprachen: Finnisch. In: Handbuch Wörterbücher, 3. Teilbd., Art. 228, 2382–2388.

Korlén, Gustav (1991): Die zweisprachige Lexikographie Schwedisch-Deutsch, Deutsch-Schwedisch. In: Handbuch Wörterbücher, 3. Teilbd., Art. 321 a, 3043–3047.

Krieger, Hans (2000): Wohl verstanden? Auch der neuen (sic!) Duden belegt: Die Rechtschreibreform ist gescheitert. In: Süddeutsche Zeitung, 4./5. März 2000.

Krömer, Dietfried (1990): Lateinische Lexikographie. In: Handbuch Wörterbücher, 2. Teilbd., Art. 180, 1713–1722.

Kromann, Hans-Peder/Theis Riiber/Poul Rosbach (1991): Principles of Bilingual Lexicography, in: Handbuch Wörterbücher, 3. Teilbd., Art. 285, 2711–2728.

Kühn, Peter (1978): Deutsche Wörterbücher. Eine systematische Bibliographie. Tübingen.

Kühn, Peter (1983): Sprachkritik und Wörterbuchbenutzung. In: Studien zur neuhochdeutschen Lexikographie III (= Germanistische Linguistik 1–4/1982), hrsg. von Herbert E. Wiegand, Hildesheim, 157–177.

Kühn, Peter (1985): Gegenwartsbezogene Synonymenwörterbücher des Deutschen: Konzept und Aufbau. In: Lexicographica 1, 51–82.

Kühn, Peter (1987): Bedeutungserklärungen im Wörterbuch: Angaben zum Verwendungsdurchschnitt oder zur Verwendungsvielfalt? Ein Beitrag zur Lexikographie des Gefühlswortschatzes am Beispiel *Eifersucht*. In: Zeitschrift für Phonetik, Sprachwissenschaft und Kommunikationsforschung 40, 2, 267–278.

Kühn, Peter (1989): Typologie der Wörterbücher nach Benutzungsmöglichkeiten. In: Handbuch Wörterbücher, 1. Teilbd., Art. 13, 111–127.

Kühn, Peter (1991): „… wir wollen kein gesetzbuch machen". Die normativen Kommentare Jacob Grimms im Deutschen Wörterbuch. In: Kirkness/Kühn/Wiegand (1991), 1. Teilbd., 195–168.

Kühn, Peter/Ulrich Püschel (1982): „Der Duden reicht mir." Zum Gebrauch allgemeiner einsprachiger und spezieller Wörterbücher des Deutschen. In: Studien zur neuhochdeutschen Lexikographie II, hrsg. von Herbert E. Wiegand. Hildesheim (= Germanistische Linguistik 3–4/1980), 121–151.

Kühn, Peter/Ulrich Püschel (1990 a): Die deutsche Lexikographie vom 17. Jahrhunderts bis zu den Brüdern Grimm ausschließlich. In: Handbuch Wörterbücher, 2. Teilbd., Art. 204, 2049–2078.

Kühn, Peter/Ulrich Püschel (1990 b): Die deutsche Lexikographie von den Brüdern Grimm bis Trübner. In: Handbuch Wörterbücher, 2. Teilbd., Art. 205, 2078–2100.

Kunsemüller, Johannes (1965): Dauer und Wandel – Das Lexikon und seine Stichwörter gestern und heute. In: Die wissenschaftliche Redaktion, Heft 1, Mannheim, 53–76.

Landau, Sidney I. (1984): Dictionaries. The art and craft of lexicography. New York.

Lara, Luis Fernando (1989): Dictionnaire de langue, encyclopédie et dictionnaire encyclopédique: le sens de leur distinction. In: Handbuch Wörterbücher, 1. Teilbd., Art. 30, 280–287.

Lasselsberger, Anna Maria (2000): Die Kodifizierung der Orthographie im Rechtschreibwörterbuch. Eine Untersuchung zur Rechtschreibung im „Duden" und im „Österreichischen Wörterbuch". Tübingen.

Leinsle, Ulrich G. (1995): Wissenschaftstheorie oder Metaphysik als Grundlage der Enzyklopädie? In: Eybl et al. (1995), 98–119.

Lenschen, Walter (1985): Enzyklopädische Lexika als Hilfsmittel zum kritischen Lesen. In: Lexicographica 1, 225–238.

Lenz, Werner (1972): Kleine Geschichte großer Lexika. Gütersloh, Berlin, Wien, München.

Lexicographica. International annual for lexicography/revue internationale de lexicographie/internationales Jahrbuch für Lexikographie. Hrsg. von Dolezal, Fredric F. M./Antonin Kucera/Alain Rey. Tübingen, 1985 ff.

Ludwig, Klaus-Dieter (1989): Stilistische Markierungen in Adelungs Wörterbuch. In: Soziokulturelle Kontexte der Sprach- und Literaturentwicklung. Festschrift für Rudolf Große zum 65. Geburtstag. Hrsg. von Sabine Heimann, Gotthard Lerchner, Ulrich Müller u. a. Stuttgart, 155–165.

Maas, Utz (1987): Der kulturanalytische Zugang zur Sprachgeschichte, in: Wirkendes Wort 2, 87–104.

Maas, Utz (1988): Die Entwicklung der deutschsprachigen Sprachwissenschaft von 1900 bis 1950 zwischen Professionalisierung und Politisierung, in: Zeitschrift für Germanistische Linguistik 16, 232–252.

Malige-Klappenbach, Helene (1986): Das Wörterbuch der deutschen Gegenwartssprache. Hrsg. von Franz Josef Hausmann, Tübingen.

Malkiel, Yakov (1989): Wörterbucher und Normativität. In: Handbuch Wörterbücher, 1. Teilbd., Art. 7, 63–70.

Marello, Carla (1990): The Thesaurus. In: Handbuch Wörterbücher, 2. Teilbd., Art. 105, 1083–1094.

McArthur, Tom (1986): Thematic lexicography. In: Hartmann 1986, 157–166.

Meier, Christel (1995): Der Wandel der Enzyklopädie des Mittelalters vom *Weltbuch* zum Thesaurus sozial gebundenen Kulturwissens: am Beispiel der Artes mechanicae. In: Eybl et al. (1995), 19–42.

Meinel, Christoph (1995): Enzyklopädie der Welt und Verzettelung des Wissens: Aporien der Empirie bei Joachim Jungius. In: Eybl et. al. (1995), 162–187.
Meier, Helmut (1967): Deutsche Sprachstatistik. 2. Aufl. Hildesheim.
Mentrup, Wolfgang (1985): Die „Kommission für Rechtschreibfragen" des Instituts für deutsche Sprache 1977 bis 1984, in: Die Rechtschreibung des Deutschen und ihre Neuregelung, Hrsg. v. der Kommission für Rechtschreibfragen des Instituts für deutsche Sprache Mannheim. Düsseldorf, 6–48.
Mentrup, Wolfgang (1993): Wo liegt eigentlich der Fehler? Zur Rechtschreibreform und zu ihren Hintergründen. Stuttgart 1993.
Mentrup, Wolfgang (1999): Sprache – Schreibbrauch – Schreibnorm – Amtliche Norm. Diskussion der Neuregelung der Rechtschreibung: Beobachtungen und Überlegungen. In: Sprache – Kultur – Geschichte. Sprachhistorische Studien zum Deutschen. Hans Moser zum 60. Geburtstag, hrsg. von Maria Pümpel-Mader und Beatrix Schönherr. Innsbruck, 183–205.
Meves, Uwe (1994): Zur Namensgebung ‚Germanist'. In: Fohrmann, Jürgen/Vosskamp, Wilhelm (Hrsg.): Wissenschaftsgeschichte der Germanistik im 19. Jahrhundert. Stuttgart, 25–47.
Meyer, Heinz (1991): Ordo rerum und Registerhilfen in mittelalterlichen Enzyklopädiehandschriften. In: Frühmittelalterliche Studien 25, 315–339.
Miethaner-Vent, Karin (1986): Das Alphabet in der mittelalterlichen Lexikographie. Verwendungsweisen, Formen und Entwicklung des alphabetischen Anordnungsprinzips. In: La lexicographie au Moyen Age. Coordonné par Claude Buridant. Lille (= Lexique 4), 83–112.
Mittelstraß, Jürgen (1980): Enzyklopädie, Enzyklopädisten. In: Enzyklopädie Philosophie und Wissenschaftstheorie, hrsg. von Jürgen Mittelstraß in Verbindung mit Gereon Wolters, Bd. 1, Mannheim, Wien, Zürich, 557–562.
Möller, Frank (1996): Die sich selbst bewußte Massenbeeinflussung. Liberalismus und Propaganda. In: Diesener, Gerald/Rainer Gries (Hrsg.): Propaganda in Deutschland. Zur Geschichte der politischen Massenbeeinflussung im 20. Jahrhundert. Darmstadt, 3–22.
Müller, Peter O. (demn.): Deutsche Lexikographie des 16. Jahrhunderts. Konzeptionen und Funktionen frühneuzeitlicher Wörterbücher. Tübingen (Habil.-Schrift Erlangen 1997).
Müller, Senya (1994): Sprachwörterbücher im Nationalsozialismus. Die ideologische Beeinflussung von Duden, Sprach-Brockhaus und anderen Nachschlagewerken während des „Dritten Reichs". Stuttgart.
Müller, Wolfgang (1990): Das „Fremde" in deutschen Wörterbüchern: die Sexualität. In: Begegnung mit dem ‚Fremden'. Grenzen – Traditionen – Vergleiche. Akten des VIII. Internationalen Germanisten-Kongresses Tokyo 1990. München, Bd. 4, 237–246.
Munske, Horst H. (1992): Über Konstanz und Wandel des deutschen Wortschatzes in 120 Jahren. Ein Wörterbuchvergleich. In: Studia Neerlandica et Germanica. FS für Norbert Morciniec zum 60. Geburtstag. Wrocław (= Acta Universitatis Wratislaviensis; 1356), 259–275.
Nerius, Dieter (1988): Zur Geschichte und Funktion des Dudens. In: Symposium on Lexicography IV, ed. by Karl Hyldgaard-Jensen and Arne Zettersten. Tübingen, 249–264.

Nerius, Dieter (1990): Das Orthographiewörterbuch. In: Handbuch Wörterbücher, 2. Teilbd., Art. 140, 1297–1304.
Neumann, Hans/Theodor Kochs (1961): Religion – ja, Manöver – nicht. Das Deutsche Wörterbuch und seine Kritikaster. In: Der Monat 14/1961/62, Heft 158, 54–61.
Neumeister, Sebastian (1995): Unordnung als Methode: Pierre Bayles Platz in der Geschichte der Enzyklopädie. In: Eybl et. al. (1995), 188–199.
Orgeldinger, Sibylle (1999): Standardisierung und Purismus bei Joachim Heinrich Campe. Berlin, New York.
Osselton, Noel Edward (1990): English Lexicography from the Beginning Up To and Including Johnson. In: Handbuch Wörterbücher, 2. Teilbd., Art. 197, 1943–1953.
Otto, Karl F. (1972): Die Sprachgesellschaften des 17. Jahrhunderts. Stuttgart.
Pätzold, Kurt-Michael (1991): Bilingual Lexicography: English-German, German-English. In: Handbuch Wörterbücher, 3. Teilbd., Art. 310, 2961–2970.
Passow, Franz (1831): Erinnerungen an ausgezeichnete Philologen des 16. Jahrhunderts. Folge 2 (Heinrich Stephanus). In: Historisches Taschenbuch, hrsg. von Friedrich von Raumer 2. Jg., 547–604.
Pfister, Max (1990): Die italienische Lexikographie von den Anfängen bis 1900. In: Handbuch Wörterbücher, 2. Teilbd., Art. 187, 1844–1863.
Pilz, Kurt (1967): Johann Amos Comenius. Die Ausgaben des Orbis Sensualium Pictus. Eine Bibliographie, bearb. von (s. o.). Nürnberg.
Poirier, Claude (1989): Les différents supports du dictionnaire: livre, microfiche, dictionnaire électronique. In: Handbuch Wörterbücher, 1. Teilbd., Art. 35, 322–327.
Polenz, Peter von (1985): Deutsche Satzsemantik. Grundbegriffe des Zwischen-den-Zeilen-Lesens. Berlin, New York.
Polenz, Peter von (1991): Deutsche Sprachgeschichte vom Spätmittelalter bis zur Gegenwart, Band I: Einführung, Grundbegriffe, Deutsch in der frühbürgerlichen Zeit. Berlin, New York.
Polenz, Peter von (1994): Deutsche Sprachgeschichte vom Spätmittelalter bis zur Gegenwart. Bd. II: 17. und 18. Jahrhundert. Berlin, New York.
Polenz, Peter von (1996): Die Ideologisierung der Schriftarten in Deutschland im 19. und 20. Jahrhundert. In: Böke, Karin/Matthias Jung/Martin Wengeler (Hrsg.): Öffentlicher Sprachgebrauch. Praktische, theoretische und historische Perspektiven. Georg Stötzel zum 60. Geburtstag gewidmet. Opladen, 271–282.
Polenz, Peter von (1999): Deutsche Sprachgeschichte vom Spätmittelalter bis zur Gegenwart. Bd. III: 19. und 20. Jahrhundert. Berlin, New York.
Pörksen, Uwe (1984): Deutsche Sprachgeschichte und die Entwicklung der Naturwissenschaften. In: Handbuch Sprachgeschichte, 1. Halbbd., 85–101.
Pörksen, Uwe (1993): Stoschs Synonymenwörterbuh der deutschen Sprache von 1770 oder die Brauchbarkeit und Unterhaltsamkeit lexikalischen Reichtums. In: Gesellige Vernunft. Zur Kultur der literarischen Aufklärung. FS Wolfram Mauser zum 65. Geburtstag. Hrsg. von Ortrud Gutjahr. Würzburg, 229–241.
Powitz, Gerhardt (1959): Das deutsche Wörterbuch Johann Leonhard Frischs, Berlin.
Přívatská, Jana (1994): Dictionary as a textbook – textbook as a dictionary: Comenius' contribution to Czech lexicography. In: Hüllen 1994, 151–158.
Pusch, Luise F. (1984): „Sie sah zu ihm auf wie zu einem Gott" – Das Duden-Bedeutungswörterbuch als Trivialroman, in: Der Sprachdienst 1983/9–10, 135–

142; wieder abgedr. in und zit. nach dies.: Das Deutsche als Männersprache. Aufsätze und Glossen zur feministischen Linguistik, Frankfurt/M. 1984, 135–144.
Püschel, Ulrich (1989): Wörterbücher und Laienbenutzung. In: Handbuch Wörterbücher, 1. Teilbd., Art. 14, 128–135.
Püschel, Ulrich (1985): Joh. August Eberhards Synonymik – bloß historisches Dokument oder auch Vorbild für heute? In: Kontroversen, alte und neue. Akten des VII. Internationalen Germanisten-Kongresses Göttingen 1985, Bd. 3, hrsg. von Walter Weiss, Herbert Ernst Wiegand, Marga Reis. Tübingen, 242–247.
Püschel, Ulrich (1986): Vom Nutzen synonymisch und sachlich gegliederter Wörterbücher des Deutschen. Überlegungen zu ausgewählten historischen Beispielen. In: Lexicographica 2, Tübingen, 223–243.
Puschner, U. (1997): „Mobil gemachte Feldbibliotheken". Deutsche Enzyklopädien und Konversationslexika im 18. und 19. Jahrhundert. In: Literatur, Politik und soziale Prozesse. Studien zur deutschen Literatur von der Aufklärung bis zur Weimarer Republik. 8. Sonderheft des Internationalen Archivs für Sozialgeschichte der deutschen Literatur. Tübingen.
Reichmann, Oskar (1986): Lexikographische Einleitung. In: Frühneuhochdeutsches Wörterbuch, hrsg. von Oskar Reichmann, Ulrich Goebel und Robert A. Anderson, Bd. I, Berlin, New York, 10–285.
Reichmann, Oskar (1989): Geschichte lexikographischer Programme in Deutschland. In: Handbuch Wörterbücher, 1. Teilbd., Art. 28, 230–246.
Reichmann, Oskar (1990): Das onomasiologische Wörterbuch: Ein Überblick. In: Handbuch Wörterbücher, 2. Teilbd., Art. 101, 1057–1067.
Reichmann, Oskar (1991a): Zum Urbegriff in den Bedeutungserläuterungen Jacob Grimms (auch im Unterschied zur Bedeutungsdefinition bei Daniel Sanders). In: Kirkness/Kühn/Wiegand 1991, 299–345.
Reichmann, Oskar (1991b): Gemeinsamkeiten im Bedeutungssektrum von Wörtern europäischer Sprachen. In: Magdolns Bartha/Rita Brdar Szabó (Hrsg.): Von der Schulgrammatik zur allgemeinen Sprachwissenschaft. Budapest, 75–94.
Reichmann, Oskar (1992): *Deutlichkeit* in der Sprachtheorie des 17. und 18. Jahrhunderts. In: Verborum Amor. Studien zur Geschichte und Kunst der deutschen Sprache. FS Sonderegger zum 65. Geburtstag. Hrsg. von Harald Burger, Alois M. Haas und Peter von Matt. Berlin, New York, 448–480.
Reichmann, Oskar (1993a): Europäismen im Wortschatz von Einzelsprachen. In: Baldur Panzer (Hrsg.): Aufbau, Entwicklung und Struktur des Wortschatzes in den europäischen Sprachen. Frankfurt/M., 28–47.
Reichmann, Oskar (1993b): Dialektale Verschiedenheit: zu ihrer Auffassung und Bewertung im 17. und 18. Jahrhundert. In: FS Werner Besch, hrsg. von Klaus J. Mattheier, Klaus-Peter Wegera, Walter Hoffmann, Jürgen Macha und Hans-Joachim Solms. Frankfurt/M., 289–314.
Rettig, Wolfgang (1991): Die zweisprachige Lexikographie Französisch-Deutsch, Deutsch-Französisch. In: Handbuch Wörterbücher, 3. Teilbd., Art. 315, 2997–3007.
Rey, Alain (1987): Le dictionnaire culturel, in: Lexicographica 3, 3–50.
Rey, Alain (1990): La lexicographie française depuis Littré. In: Handbuch Wörterbücher, 2. Teilbd., Art. 186, 1818–1844.
Ripfel, Martha (1989a): Wörterbuchkritik. Eine empirische Analyse von Wörterbuchrezensionen, Tübingen.

Ripfel, Martha (1989 b): Die normative Wirkung deskriptiver Wörterbücher. In: Handbuch Wörterbücher, 1. Teilbd., Art. 24, 189–207.
Rosengren, Inger (1976): Der Grundwortschatz als theoretisches und praktisches Problem. In: Probleme der Lexikologie und Lexikographie. Jahrbuch 1975 des Instituts für deutsche Sprache, 313–333.
Rudnyckyj, Jaroslav B. (1990): Ukrainian Lexicography. In: Handbuch Wörterbücher, 2. Teilbd., Art. 218, 2329–2335.
Russ, Charles V. J. (1993): Normalization in Action. The *Duden* and the German Language. In: ‚Das unsichtbare Band der Sprache'. Studies in German Language and Linguistic History in Memory of Leslie Seiffert. Ed. by John L. Flood et al. Stuttgart, 501–519.
Sarmiento, Ramón/Hans-J. Niederehe (1992): Die Verbreitung des Spanischen in Deutschland im Spiegel von Sprachlehrbüchern des 16. und 17. Jahrhunderts. In: Beiträge zur Geschichte der Sprachwissenschaft 2, 173–191.
Sauer, Wolfgang Werner (1988): Der „Duden". Geschichte und Aktualität eines Volkswörterbuchs, Stuttgart.
Sauer, Wolfgang Werner (1989): Der *Duden* im „Dritten Reich". In: Konrad Ehlich (Hrsg.): Sprache im Faschismus, Frankfurt/M., 104–119.
Schaeder, Burkhard (1984): Anleitung zur Benutzung einsprachiger neuhochdeutscher Wörterbücher, in: August 1984, 81–95.
Schaeder, Burkhard (1987): Germanistische Lexikographie. Tübingen.
Schaeder, Burkhard/Henning Bergenholtz (Hrsg.) (1994): Fachlexikographie. Fachwissen und seine Repräsentation in Wörterbüchern. Tübingen.
Schalk, Fritz (1972): Enzyklopädie, Enzyklopädismus. In: Historisches Wörterbuch der Philosophie, hrsg. von Joachim Ritter, Basel, Bd. 2, 573–577.
Schalk, Fritz (1977): Die Wirkung der Diderot'schen Enzyklopädie in Deutschland. In: ders., Studien zur französischen Aufklärung. 2. Aufl. Frankfurt a. M., 221–229.
Schaller, Klaus (1994): Die Kritik des Johann Joachim Becher an der „Janua linguarum" des J. A. Comenius. In: Hüllen 1994, 159–166.
Schenda, Rolf (1977): Volk ohne Buch. Studien zur Sozialgeschichte der populären Lesestoffe 1770–1910. München.
Schiewe, Jürgen (1988 a): Sprachpurismus und Emanzipation. Johann Heinrich Campes Verdeutschungsprogramm als Voraussetzung für Gesellschaftsveränderungen (= Germanistische Linguistik 96–97/ 1988), Hildesheim.
Schiewe, Jürgen (1988 b): Joachim Heinrich Campes Verdeutschungsprogramm. Überlegungen zu einer Neuinterpretation des Purismus um 1800. In: Deutsche Sprache, 16. Jg., Heft 1, 17–33.
Schiewe, Jürgen (1999): Die Fachlexik im *Deutschen Wörterbuch* von Jacob Grimm und Wilhelm Grimm. In: Handbuch Fachsprachen. 2. Halbbd., Art. 187, 1669–1676.
Schmalstieg, William R. (1991): Lexicography of the Baltic Languages I: Lithuanian, Old Prussian. In: Handbuch Wörterbücher, 3. Teilbd., Art. 222, 2351–2354.
Schmidt, Gustav (1986): Gelehrtenpolitik und politische Kultur in Deutschland – Zur Einführung. In: ders. und Jörn Rüsen (Hrsg.), Gelehrtenpolitik und politische Kultur in Deutschland 1830–1930. Bochum, 5–37.
Schmidt, Hartmut (1986): Wörterbuchprobleme. Untersuchungen zu konzeptionellen Fragen der historischen Lexikographie. Tübingen.
Schmidt-Biggemann, Wilhelm (1995): Enzyklopädie und philosophia perennis. In: Eybl et al. (1995), 1–18.

Schmied, Wolfgang P. (1991): Die Lexikographie der baltischen Sprachen II: Lettisch. In: Handbuch Wörterbücher, 3. Teilbd., Art. 222, 2354–2361.

Schmitz, Klaus-Dirk (1999): Computergestützte Terminographie: Systeme und Anwendungen. In: Handbuch Fachsprachen. 2. Halbbd., Art. 224, 2164–2170.

Schmitz-Berning, Cornelia (1998): Vokabular des Nationalsozialismus. Berlin, New York.

Schneider, Rolf (1995): Der Einfluß von Justus Georg Schottelius auf die deutschsprachige Lexikographie des 17./18. Jahrhunderts. Frankfurt.

Schröter, Ulrich (1988): Das Deutsche Wörterbuch der Brüder Grimm in Beziehung zu seinem lexikographischen Umfeld im 19. Jahrhundert in Deutschland, in: Beiträge zur Erforschung der deutschen Sprache, Hrsg. von Wolfgang Fleischer, Rudolf Große und Gotthard Lerchner, Bd. 8, Leipzig, 69–79.

Schweickard, Wolfgang (1985): „ETYMOLOGIA EST ORIGO VOCABULORUM...". Zum Verständnis der Etymologiedefinition Isidors von Sevilla. In: Historiographia Linguistica 12, 1–25.

Seemann, Iris (1993): Die Semantik des Unbekannten. Historische Bedeutungswörterbücher im 19. Jahrhundert – Schmitthenner und Weigand. Tübingen.

Segert, Stanislav/Yona Sabar (1991): Hebrew and Aramaic Lexicography. In: Handbuch Wörterbücher, 3. Teilbd., Art. 236, 2424–2438.

Siegl, Elke Annalene (1989): Duden Ost – Duden West. Zur Sprache in Deutschland seit 1945. Ein Vergleich der Leipziger und der Mannheimer Dudenauflagen seit 1947. Düsseldorf.

Simpson, John A. (1990): English Lexicography After Johnson to 1945. In: Handbuch Wörterbücher, 2. Teilbd., Art. 198, 1953–1967.

Steinke, Klaus (1990): Bulgarische Lexikographie. In: Handbuch Wörterbücher, 2. Teilbd., Art. 216, 2304–2309.

Stickel, Gerhard (1965): Monte-Carlo-Texte. Automatische Manipulation von sprachlichen Einheiten. In: Exakte Ästhetik 5, 53–57.

Storrer, Angelika/Bettina Harriehausen (Hrsg.) (1998): Hypermedia für Lexikon und Grammatik. Tübingen.

Stötzel, Georg (1970): Das Abbild des Wortschatzes. Zur lexikographischen Methode in Deutschland von 1617–1967. In: Poetica. Zeitschrift für Sprach- und Literaturwissenschaft 3, 1–23.

Strauß, Gerhard (1991): Die Bände I und VI der Neubearbeitung des Deutschen Wörterbuchs: Unterschiede in der lexikographischen Bearbeitung. In: Kirkness/Kühn/Wiegand 1991, Bd. 2, 627–702.

Strohbach, Margrit (1984): Johann Christoph Adelung. Ein Beitrag zu seinem germanistischen Schaffen mit einer Bibliographie seines Gesamtwerkes. Berlin, New York.

Subirats-Rüggeberg, Carlos (1994): Grammar and lexicon in traditional grammar. The work of Matthias Kramer and Johann Joachim Becher. In: Historiographia Linguistica 21, 3, 297–350.

Suchy, Barbara (1979): Lexikographie und Juden im 18. Jahrhundert. Die Darstellung von Juden und Judentum in den englischen, französischen und deutschen Lexika und Enzyklopädien im Zeitalter der Aufklärung. Köln, Wien.

Szlęk, Stanisław Piotr (1999): Zur deutschen Lexikographie bis Jacob Grimm. Wörterbuchprogramme, Wörterbücher und Wörterbuchkritik. Bern, Berlin, Frankfurt/M.

Tauchmann, Christine (1992): Hochsprache und Mundart in den großen Wörterbüchern der Barock- und Aufklärungszeit. Tübingen.
Tietze, Andreas (1991): Die Lexikographie der Turksprachen: Osmanisch-Türkisch. In: Handbuch Wörterbücher, 3. Teilbd., Art. 231, 2399–2407.
Urbańczyk, Stanisław (1990): Polnische Lexikographie. Polabische Lexikographie. In: Handbuch Wörterbücher, 2. Teilbd., Art. 209, 2268–2274.
Veith, Werner Heinrich (1985): Die Bestrebungen der Orthographiereform im 18., 19. und 20. Jahrhundert. In: Handbuch Sprachgeschichte, 2. Halbbd., 1482–1495.
Wagner, Doris (1996): Christian Friedrich Wurm (1801–1861). Freiheitskämpfer und germanistischer Querschläger. Bausteine zu einer wissenschaftlichen Biographie. Bayreuth.
Wehler, Hans-Ulrich (1995/1996): Deutsche Gesellschaftsgeschichte. 1. Bd. (1700–1815): 3. Aufl.1996; 2. Bd. (1815–1845/49): 3. Aufl. 1996; 3. Bd. (1849–1914): 1995. München.
Weinrich, Harald (1985): Eine deutsche Wörterbuchlandschaft. Grimm, Duden, Klappenbach/Steinitz, Brockhaus/Wahrig. In: FAZ Nr. 125 vom 1.6.1985.
Wells, Christopher J. (1990): Deutsch. Eine Sprachgeschichte bis 1945. Aus dem Engl. von Rainhild Wells. Tübingen.
West, Jonathan (1993): Early New High German Lexicographers and the New High German Lexicon: ‚Synonyms' in Dasypodius' Dictionary. In: ‚Das unsichtbare Band der Sprache'. Studies in German Language and Linguistic History in Memory of Leslie Seiffert. Ed. by John L. Flood et al. Stuttgart (= Stuttgarter Arbeiten zur Germanistik; 280), 127–147.
Wiegand, Herbert Ernst (1983): Zur Geschichte des Deutschen Wörterbuchs von Hermann Paul, in: Zeitschrift für germanistische Linguistik 11, 301–320;
Wiegand, Herbert Ernst (1984): Germanistische Wörterbuchforschung nach 1945. Eine einführende Übersicht für Deutschlehrer. In: August 1984, 10–26.
Wiegand, Herbert Ernst (1986): Von der Normativität deskriptiver Wörterbücher. Zugleich ein Versuch zur Unterscheidung von Normen und Regeln. In: Sprachnormen in der Diskussion. Beiträge vorgelegt von Sprachfreunden. Berlin, New York, 72–101.
Wiegand, Herbert Ernst (1988): Was ist eigentlich Fachlexikographie? Mit Hinweisen zum Verhältnis von sprachlichem und enzyklopädischem Wissen. In: Deutscher Wortschatz. FS für Ludwig E. Schmitt zum 80. Geburtstag. Hrsg. von Reiner Hildebrandt, Horst H. Munske, Peter von Polenz, Oskar Reichmann. Berlin, New York, 729–790.
Wiegand, Herbert Ernst (1989 a): Arten von Mikrostrukturen im allgemeinen einsprachigen Wörterbuch. In: Handbuch Wörterbücher, 1. Teilbd., Art. 39, 462–501.
Wiegand, Herbert Ernst (1989 b): Die lexikographische Definition im allgemeinen einsprachigen Wörterbuch. In: Handbuch Wörterbücher, 1. Teilbd., Art. 44, 530–587.
Wiegand, Herbert Ernst (1990): Die deutsche Lexikographie der Gegenwart. In: Handbuch Wörterbücher, 2. Teilbd., Art. 206, 2100–2246.
Wiegand, Herbert Ernst (1993): Wörterbuchkritik. Dictionary Criticism. In: Lexikographica 9, 1–7.
Wiegand, Herbert Ernst (1998 a): Historische Lexikographie. In: Sprachgeschichte. Ein Handbuch zur Geschichte der deutschen Sprache und ihrer Erforschung. 2., vollständig neubearb. und erw. Aufl., 1. Teilbd., 643–715.

18.2 Forschungen

Wiegand, Herbert Ernst (1998 b): Neuartige Mogelpackungen: Gute Printwörterbücher und dazu miserable CD-ROM-Versionen. Diskutiert am Beispiel des ‚Lexikons der Infektionskrankheiten des Menschen'. In: Lexicographica 14, 239–253.

Wiegand, Herbert Ernst (1998 c): Wörterbuchforschung. Untersuchungen zur Wörterbuchbenutzung, zur Theorie, Geschichte, Kritik und Automatisierung der Lexikographie. 1. Teilbd., Berlin, New York.

Wiegand, Herbert Ernst/Antonín Kučera (1981): Brockhaus-Wahrig: Deutsches Wörterbuch auf dem Prüfstand der praktischen Lexikologie. 1. Teil. In: Kopenhagener Beiträge zur germanistischen Linguistik 18, 94–217.

Wiegand, Herbert Ernst/Antonín Kučera (1982): Brockhaus-Wahrig: Deutsches Wörterbuch auf dem Prüfstand der praktischen Lexikologie. 2. Teil. In: Studien zur neuhochdeutschen Lexikographie II, hrsg. von Herbert E. Wiegand (= Germanistische Linguistik 3–6/1980). Hildesheim, 285–373.

Wittmann, Reinhard (1982): Buchmarkt und Lektüre im 18. und 19. Jahrhundert, Tübingen.

Woll, Dieter (1990): Portugiesische Lexikographie. In: Handbuch Wörterbücher, 2. Teilbd., Art. 181, 1723–1736.

Wolski, Werner (1986): Partikellexikographie. Tübingen.

Wolski, Werner (1988): Beschriebene und beschreibende Sprache im Wörterbuch, in: Gisela Harras (Hrsg.): Das Wörterbuch. Artikel und Verweisstrukturen, Düsseldorf, 144–160.

Wolski, Werner (1989): Die Synonymie im allgemeinen einsprachigen Wörterbuch. In: Handbuch Wörterbücher, 1. Teilbd., 614–628.

Wörterbücher und ihre Benutzer (1994). Themenschwerpunkt von: FLuL – Fremdsprachen Lehren und Lernen. Hrsg. von Gert Henrici und Ekkehard Zöfgen. 23. Jg. (1994), Tübingen.

Wurzel, Wolfgang Ullrich (1998): Konrad Duden. Leben und Werk. Mannheim usw.

Zgusta, Ladislav (1989): The Role of Dictionaries in the Genesis and Development of the Standard. In: Handbuch Wörterbücher, 1. Teilbd., Art. 8, 70–79.

Zgusta, Ladislav (1991): Probable Future Developments in Lexicography. In: Handbuch Wörterbücher, 3. Teilbd., Art. 334, 3158–3168.

Zgusta, Ladislav/Demetrius J. Georgacas (1990): Lexicography of Ancient Greek. In: Handbuch Wörterbücher, 2. Teilbd., Art. 178, 1694–1705.

Sprachgeschichte bei de Gruyter

Peter von Polenz
Deutsche Sprachgeschichte vom Spätmittelalter bis zur Gegenwart

Band I: Einführung, Grundbegriffe. 14. bis 16. Jahrhundert
2., überarbeitete und ergänzte Auflage
2000. XI, 385 Seiten.
Mit 10 Abbildungen. Broschiert.
ISBN 3-11-016478-7

Band II: 17. und 18. Jahrhundert
1994. IX, 498 Seiten. Mit zahlreichen Abbildungen und Tabellen.
Broschiert. ISBN 3-11-013436-5;
Gebunden. ISBN 3-11-014608-8

Band III: 19. und 20. Jahrhundert
1999. XV, 757 Seiten.
Mit 17 Abbildungen.
Broschiert. ISBN 3-11-014344-5;
Gebunden. ISBN 3-11-016426-4
(de Gruyter Studienbuch)

„...ist das derzeit ultimative Werk zur deutschen Sprachgeschichte, eine hervorragend aufgearbeitete Studie zu allen denkbaren Aspekten von Sprache in Deutschland."

ekz-Informationsdienst

Ulrike Haß-Zumkehr
Daniel Sanders
Aufgeklärte Germanistik im 19. Jahrhundert

1995. XVI, 640 Seiten. Leinen.
ISBN 3-11-014331-3
(Studia Linguistica Germanica 35)

Sanders war der erste jüdische Germanist und der bekannteste Kritiker des Deutschen Wörterbuchs der Brüder Grimm. Seine Sprachauffassung setzte ihrem national-romantischen Sprachgeistbegriff eine rationale Methodik und aufklärerisch-demokratische Ideen vom Sprachgebrauch entgegen und bescherte der Grimmschen Germanistik einen unerwarteten Paradigmenkonflikt. Das Buch verbindet dessen wissenschaftsgeschichtliche Analyse mit einer philologischen Rekonstruktion der dem Konflikt zugrunde liegenden politischen und kulturellen Leitideen.

WALTER DE GRUYTER GMBH & CO. KG
Genthiner Straße 13 · 10785 Berlin
Telefon +49-(0)30-2 60 05-0
Fax +49-(0)30-2 60 05-251
www.deGruyter.de